庆元年鉴

（2018）

中共庆元县委　庆元县人民政府　主办
庆元县档案局（馆、史志办）　编

方志出版社
Publishing House of Local Records

图书在版编目（CIP）数据

庆元年鉴. 2018 / 庆元县档案局编. -- 北京 : 方志出版社，2018.9

ISBN 978-7-5144-3349-4

Ⅰ. ①庆… Ⅱ. ①庆… Ⅲ. ①庆元县－2018－年鉴 Ⅳ. ①Z525.54

中国版本图书馆CIP数据核字（2018）第227059号

庆元年鉴（2018）

编　　者： 庆元县档案局

责任编辑： 宁　芳

出 版 人： 冀祥德

出 版 者： 方志出版社

地址　北京市朝阳区潘家园东里9号（国家方志馆4层）

邮编　100021

网址　http://www.fzph.org

发　　行： 方志出版社图书经销中心

电话（010）67110500

经　　销： 各地新华书店

印　　刷： 杭州半山印刷有限公司

开　　本： 889×1194　　1/16

印　　张： 27.5

字　　数： 719千字

版　　次： 2018年9月第1版　　2018年9月第1次印刷

印　　数： 0001～1000册

ISBN 978-7-5144-3349-4　　**定价：** 108.00元

庆元县地方志编纂委员会

主　任：胡献如

副主任：李见阳　李　乘

委　员：王伟松（县委办）　吴长智（人大办）　吴　勤（县府办）
叶先良（政协办）　赖小文（组织部）　毛茂丰（宣传部）
沈亦平（政法委）　叶文标（农　办）　吴春生（档案局）
吴秋标（发改局）　吴维宏（统计局）　吴进平（经济商务局）
张继誉（教育局）　吴庆洪（科技局）　叶华成（财政局）
胡元胜（文广新局）　黄君贤（人　行）　吴传彪（档案局）

办公室主任：吴春生（兼）

副主任：吴传彪（兼）

《庆元年鉴》编辑部

主　审：李见阳　李　乘

副　审：王伟松　吴长智

主　编：吴春生

副主编：吴传彪　鲍潘菊　叶　庆

编　辑：吴　青　吴美妫　叶帮谷　周明全

编　务：刘　芬

校　对：吴　青

编辑说明

一、本年鉴以马列主义、毛泽东思想、邓小平理论、“三个代表”重要思想、科学发展观、习近平新时代中国特色社会主义思想为指导，坚持辩证唯物主义和历史唯物主义的立场、观点和方法，全面、客观、真实地记述2017年度庆元县经济、政治、文化、社会、生态文明建设的基本情况。

二、本年鉴分类编辑，框架结构由卷首、百科、卷尾三个部分组成。记述时限从2017年1月1日～12月31日，跨年的事物延长至截止期。

三、本年鉴收录主要组织机构及负责人名录均系担任实职副科级以上领导干部。

四、本年鉴由有承编任务的县属机关和各乡（镇、街道）、单位供稿，《庆元年鉴》编辑部编辑，主编汇总审查。

五、本年鉴主要数据以县统计局为准。所用计量单位，以国家法定计量单位为准。

2017年12月13日，中共浙江省委书记车俊（右二）到庆元县调研指导"最多跑一次"改革工作（县审批中心　供）

2017年6月20～21日，中共浙江省委副书记、代省长袁家军（左二）到庆元县调研。图为视察同心安置小区（县国土资源局　供）

2017 年 7 月 26 ～ 27 日，中共浙江省委常委、纪委书记、监委主任刘建超（左二）到庆元调研（胡松　供）

2017 年 4 月 10 日，中共浙江省委常委、公安厅长徐加爱（右二）到庆元县调研公安工作（县公安局　供）

2017 年 3 月 6 日，浙江省副省长冯飞（左二）到庆元县调研工业经济和科技工作（王伊芳　供）

2017 年 10 月 24 日，浙江省副省长熊建平（左二）到庆元县黄田镇调研指导小城镇环境综合整治工作（黄田镇　供）

2017 年 12 月 19 ～ 20 日，浙江省副省长成岳冲（左一）到庆元调研教育工作（吴长久　供）

2017 年 8 月 13 日，中共丽水市委书记史济锡（左二）到庆元县调研香菇小镇建设情况（胡松　供）

2017 年 5 月 24 日，中共庆元县委书记蓝伶俐（左二）实地走访部分规上企业，就企业发展进行调研指导（叶昌用　供）

2017 年 6 月 27 日，中共庆元县委副书记、县长胡献如（右二）深入黄田镇调研防汛和地质灾害防治工作（吴明标　供）

2017 年 11 月 15 日，庆元县人大常委会主任吴青松（左三）带领市、县、镇三级人大代表到荷地镇苏湖村开展接待选民活动（县人大　供）

2017 年 9 月 13 ～ 14 日，庆元县政协主席叶丽娅（左二）督查“8+8”指挥部（推进办）工作（叶余新　供）

2017 年 8 月 9 日，中共庆元县委副书记李见阳（右二）调研小城镇环境综合整治工作（王伊芳　供）

2017 年 5 月 17 日，庆元县举行解放 68 周年纪念日活动（县人武部　供）

2017 年 6 月 10 日，庆元大道开通仪式隆重举行，龙庆高速公路庆元连接线黄坛至县城段宣告正式通车（县交通局　供）

2017 年 9 月 8 日，庆元县举行 2017 香菇始祖吴三公朝圣活动（县委统战部　供）

2017 年 9 月 28 日，首届世界丽水人大会庆元分会场嘉宾合影（县委统战部　供）

2017 年 9 月 29 日，2017 年浙江省全民健身浙南片区运动会在庆元县淤上乡举行（县文广新局　供）

庆元县行

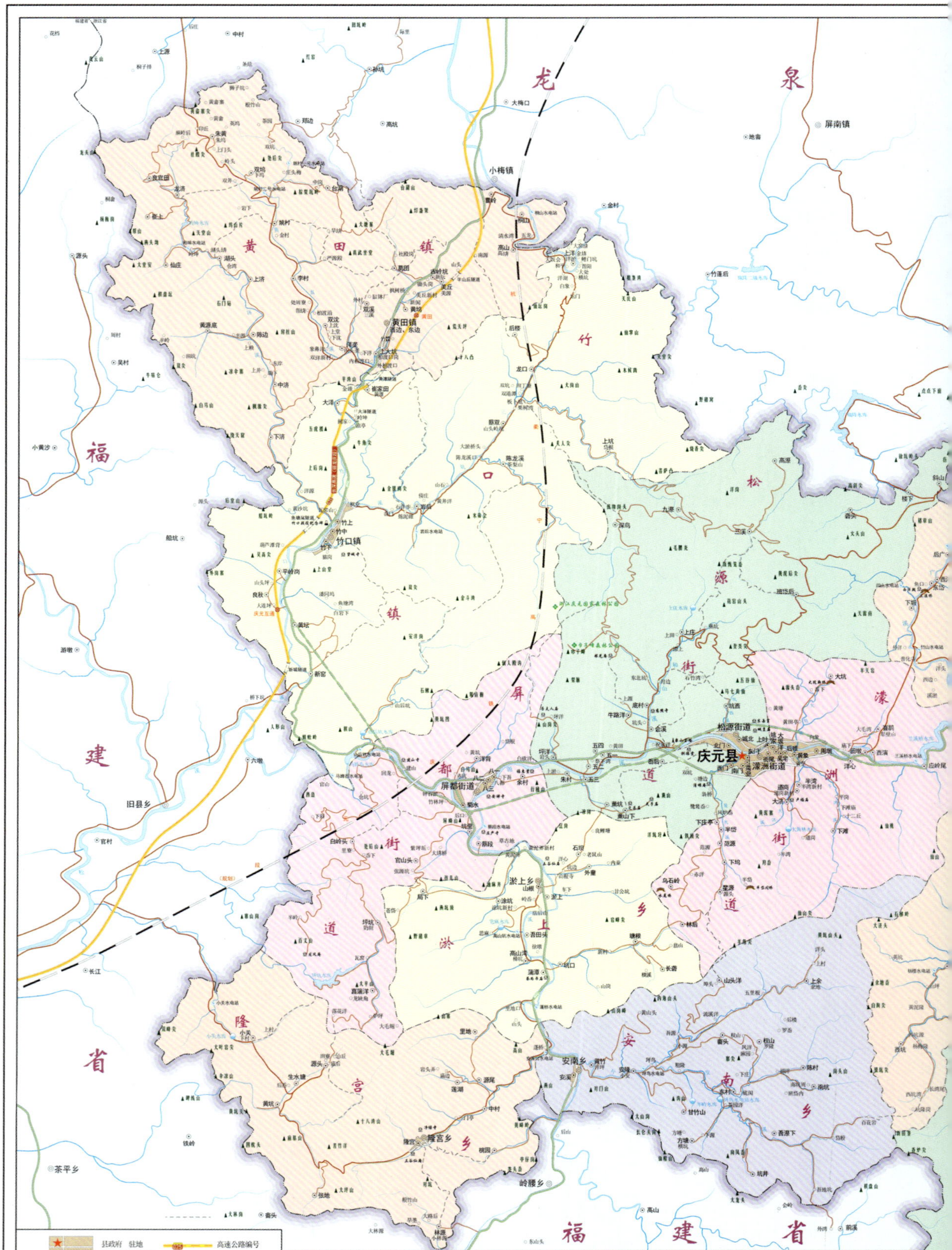

图例

县政府 驻地	高速公路编号
乡(镇)政府 驻地 街道办事处	省道及编号(在建)
村委会 驻地	县道
自然村	乡村道
省界	小路
设区市界	山峰
县（市、区）界	廊桥、庙宇、景区
镇（乡、街道）界	水库、水电站
铁路（规划）	河流、湖泊

本图基础地理底图由浙江省测绘与地理信息局提供
注：本图界线不作划界依据

庆元县行政区划表

乡(镇、街道)	行政村、社区（居民区）	乡(镇、街道)	行政村、社区（居民区）
濛洲街道	上叶、大坂洋、后碓、洋心、下坞、范源、呈源、林后、道岗、下濠、西滨、应岭尾、街尾、姚家、吴宅、大坑、下庄亭、半岱、乌石岭、大济、半湾、周墩、岗鸦、田墩、黄象、濛洲社区、后田社区、同济社区、洋墩社区	安南乡	东村、陈村、南坑、枫山、方塘、坑井、吾漈下、安隆、安溪、黄竹、上余、山头洋、畲头、甘竹山
松源街道	城北、西门、牛路洋、会溪、坑西、北门、南门、东门、菜业、底村、斋后、上庄、五一、五二、五三、五四、朱村、蒸山下、蒸坑、坪洋、三溪、高漈、斜山、斑岱后、九漈、香头、楼下、深乌、新建社区、石龙社区、咏归社区、同德社区	隆宫乡	隆宫、林源、源尾、莲湖、张地、源头、桃园、中村、里地、黄坑、小关、生水塘
屏都街道	八一、八二、八三、菊水、洋背、余村、蔡段、坑里、官山头、白岭头、坪坑、菖蒲洋	五大堡乡	五大堡、坛源、北坑、西川、樟下、濛淤、高大、大淤、黄石、杨楼、半溪、后坪、东山后、阴头、西坑、后广、东坑、西洋、东岱、下雎、盖竹、八洋、天平马、梧桐洋、南源、北洋、甘山、岩下
竹口镇	崔家田、大洋、陈龙溪、岩后、竹上、竹中、竹下、平岭岗、良秋、黄坛、新窑、龙口、后楼、蔡双、上坑、上洋	岭头乡	岭头、后仓坑、大漈头、包坑、黄柏坑、举洋、小漈头、杨家庄、下庄、陈塔坑、山窑湾、岗后洋、大池洋、徐洋、大同、莲花、后村、村尾、龙洋、富楼源、林下、东溪、塘坳、叠坦、八炉、包湖、芳村、白岩下
荷地镇	高住、荷地、漈面、洋边、黄沙、半路、杨桥坑、黄洋、松坑、苏湖、坪头、茶垄、大横岭、底墅、马家地、塘尾、青社、高际、大岩、杨桥、梯坑、岩坑、杨门源、东山、石磨下、胡同洋	淤上乡	淤上、坑口、涂坑、吾田头、石坝、塘根、山根、外垄、局下、高山湾、满源、长善
黄田镇	东西、桐山、曹岭、古岭坑、黄坞、高山、葛田、美丘、上大坑、姚村、朱黄、双沈、双坞、李村、洋垄、双溪、台湖、上济、下济、中济、仙庄、黄源底、陈边、湖头、龙济、良官田、崔上	张村乡	张村、田头、金丝岱、后溪、吴坑、上吴坑、箬五坑、山丘、西营岚、澄湖、南阳、半浦洋、联合、蔡川、高洋、松树湾、叠头、东川、库山
左溪镇	左溪、田坑、湖边、高路坑、梘头、鱼鳞、黄岗、石柱、岱上、青竹、半岭、方村、岚头、岱根、梅树、田寮、溪头角、竹坪、石塘、白柘、印象、安竹、山后、留香、木桥头、半坑	江根乡	江根、箬坑、青田、坝头、水寨、洋头、上店、杉坑、后洋
贤良镇	贤良、黄淤、富林、新村、青林、湖池、库源、溪岩、石川	官塘乡	官塘、横坑、山头、白柘洋、坑下、君溪、荷洋、中央洞、漈下
百山祖镇	车坑、桐梓、黄皮、杨柘、斋郎、龙岩、栗洋、枫坪、合湖、三墩、西排、黄水岙、久住洋、兰泥、黄土洋、坑底、黄水	龙溪乡	西溪、铁岙、兰头、岙里、转水、交溪、后洋坑、荡口、冯家山、鱼川、陈家岭、大毛坪
		举水乡	月山、地虎坑、杉源、大岩、黄山、园坪、择树坑、岩坑、岙岭、丰岭、门林、垒地、庄徐、后坑、龙井面、照田

政区划图

注：内部用途

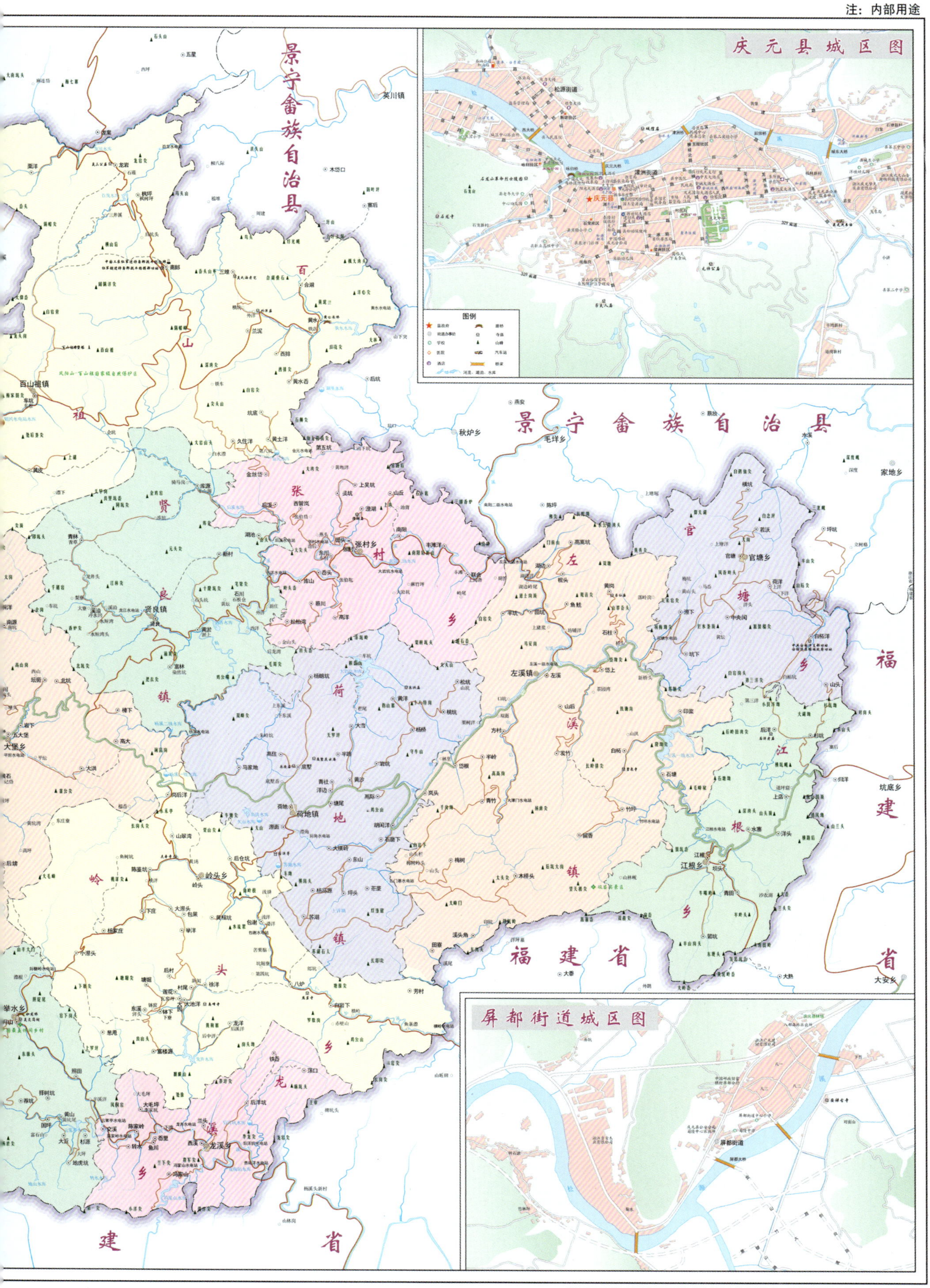

庆元县民政局 浙江煤炭测绘院 联合编制 地图审核号：浙S[2015]81号 二〇一五年五月

石龙山·龙山公园一期（龙山鸟瞰）

后田绿地公园一角

菇乡文化园（亭子）

菇乡文化园（全景）

2017 年，庆元城区相继建成菇乡文化园、后田绿地公园、石龙山·龙山公园一期等一批绿地公园

目　录

经济管理……………………………231

社会团体……………………………243

特　载

对标先进　比拼一流　全力推动“两个高水平”“两大历史使命”在庆元落地生根

——在2018年全县干部大会上的讲话

中共庆元县委书记　蓝伶俐

（2018年2月23日）

同志们：

今天，我们县、乡镇（街道）、村（社区）三级干部肩负着全县21万人民的重托，相聚在这里，目的就是谋发展，话发展。这次会议的主要任务是：深入贯彻落实党的十九大和中央、省市经济工作会议精神，回顾总结2017年工作，研究部署2018年工作，进一步动员全县上下凝聚“对标先进、比拼一流”的精气神，建设美丽“大花园”，勇争最美“花骨朵”，在加快绿色发展、高质量发展中推动“两个高水平”“两大历史使命”在庆元落地生根。

下面，根据县委、县政府研究的意见，我讲五方面问题。

一、变化体现成绩，回首2017年我们收获满满

2017年是意义极其重大，信心极大提振的一年。这一年，党的十九大胜利召开，描绘了新时代的宏伟蓝图。这一年，省市党代会先后召开，作出“两个高水平”“两大历史使命”等一系列重大决策部署。这一年，全县上下围绕县第十四次党代会确立的发展战略和发展目标，埋头苦干、共克时艰。全年完成生产总值69.5亿元，增长7.5%；规模以上工业增加值增长6.5%；固定资产投资增长13%；财政总收入7.11亿元，增长12.3%，其中一般公共预算收入4.2亿元，增长11.6%；外贸出口总额1.17亿美元，增长18.9%；城镇居民人均可支配收入33805元，增长8.2%，农村居民人均可支配收入15626元，增长9.7%。这一年，省、市领导来庆调研指导明显增多，其中省委车俊书记和袁家军省长先后到庆元调研指导，为我们的发展把脉开方，给我们的工作添力鼓劲，这在庆元历史上也是少有的。这一年，我们加压奋进，务实苦干，以更优更实的工作成效创造了一系列振奋人心的崭新业绩。这里我从不同的角度，以小见大，总结印象深刻、令人感动的2017年十大变化。

——变化之一：“大花园”蓝图绘就，“花骨朵”含苞待放。在“生态立县、产业富县、开放兴县”发展战略指引下，我们进一步明确“建设美丽‘大花园’，勇争最美‘花骨朵’”的发展定位。大花园建设是立足庆元发展现状、致力解决发展短板的务实举措，其从提出概念到形成共识、从制定“十大行动方案”到启动实施，体现了县委县政府“一张蓝图绘到底”的坚强决心和庆元人民的共同意愿。

——变化之二：“一根烟囱”展现最大决心，“最美生态”再筑高地。我们进一步坚定生态政绩观，深入实施“811”美丽庆元行动，全市率先消除劣Ⅴ类水、完成散养生猪集中整治，全力整改落实中央和省环保督察组反馈问题，水质综

合评价结果持续优秀。生态环境状况指数(EI值)全省第一，环境空气质量优良率达99.2%。尤其是我们在治气方面取得重大突破，屏都综合新区生物质热电联产项目投产，整个园区只有“一根烟囱”。更为可喜的还有百山祖冷杉人工繁育实现突破，成功实现了世界首例百山祖冷杉胚胎离体培养。

——变化之三：百姓“进一家门、办百家事”，“最多跑一次”等改革红利加速释放。在全省率先“撤完”办事分中心，实现38个涉审部门窗口100%进驻办事大厅，全面完成“一窗受理、集成服务”改革，实现“进一家门、到一个窗、办多家事”。“最多跑一次”事项达到704项，实现率达96.2%。获《人民日报》头版头条点赞。以“最多跑一次改革”为牵引，去年新增省级以上改革试点13项，有不少改革实现了突破。比如，首笔林权不良贷款抵押资产拍卖成功，“五台合一”社会服务管理标准化试点获批国家级标准化试点，乡镇（街道）“四个平台”建设加速推进等等。

——变化之四：庆元大道县城段建成通车，基础设施实现大改观。去年6月10日，庆元大道这条21万庆元人民翘首以盼的希望路、致富路、幸福路，正式迎来了通车。尽管从高速出口到县城这18.5千米的路程，在时间上仅缩短了25分钟，但这段路的开通，我们明显感受到了高速不再是“擦肩而过”。庆元大道的开通只是去年基础设施大改观的一个“缩影”。去年，我们还成功争取了仙居至庆元公路庆元段工程；庆景公路完成项目立项，S329兰溪桥段公路改建工程开工建设；兰溪桥水库扩建工程可行性研究报告获省发改委批复；杨楼溪水库及供水工程可行性研究报告获省发改委批复并通过初步设计审查；双苗尖风电场正式投产发电；屏都110千伏输变电工程及配套工程建成投运。这些关系庆元长远发展的重大基础设施项目，将持续改变我们的发展环境、生活环境。

——变化之五：“木门巨人”再回归，“庆元制造”集聚效应凸显。去年，我们把招商引资作为“一号工程”来抓，推出招商引资“五百工程”，借助世界丽水人大会，全力推动庆商回归，特别是与梦天公司达成搬迁投资协议，“梦天”回归取得实质性进展，真正形成了资源要素大回归态势。全年签订招商项目27个，总投资112.38亿元。屏都综合新区、香菇小镇、百山祖避暑乐氧小镇等一批重大招商平台加快建设，投资6.8亿元的小微企业孵化园开工建设，天宸农业、海丰花卉等大项目顺利落户，与嘉善县成功签约生态旅游文化产业园，“山海协作”迈出新步伐。“无工不富”，以食用菌、竹木、铅笔三大传统优势产业为主体的生态工业是实施“产业富县”发展战略的核心支撑，这一点我们始终坚定不移。打响“庆元制造”品牌，提振生态工业，振兴实体经济，我们有定力，有基础，更有足够的底气，因为我们有一批极富改革创新精神的企业家，有一批优秀的成长型企业，也有政银企合力扶工的良好环境。去年，我们还开设了“政企联心桥”交流平台，切实服务企业，支持企业对接资本市场和科技创新。一年来，新增省股权交易中心挂牌企业3家、拟主板上市企业签约3家，2家企业被认定为省高成长科技型中小企业，1家企业被认定为省“小微企业成长之星”，双枪公司“工艺竹木筷”标准列入全省2017年第二批“浙江制造”标准制修订计划；新正大漆业、三禾竹木成功入选浙江省“隐形冠军”培育库。

——变化之六：“老二中”蝶变新生，“会客厅”加快打造。身居城区核心的菇城宾馆、老二中，见证了香菇经济的繁荣、承载着几代庆元人的梦想。这几个区块的旧城改造涉及户数多，牵涉利益广，群众故土难离的情感浓，但我们事不避难，没有退缩，全力攻坚，仅用30天完成全部292户旧城改造征迁户签约工作，这中间，也得到了广大征迁户的理解、支持和配合。我们相信，这几个区块的改造将使老城区真正实现有机更新。此外，我们还打通了庆元大桥至阁门岭沿溪5千米的慢行道，“一溪两岸”建设取得历史性突破，新建污水管网28.3千米、供水管网11.9千米，雨污分流和提标改造管网17.6千米，启动江滨路等沿街立面改造和濛洲街精品示范街区项目，完成过境公路景点节点工程、后田绿地公园、金水湾休闲公园等项目，城市更新速度不断加快。

——变化之七：电商园开园运营，产业新业态不断涌现。投资达1.2亿元的电商创业园正式开园，吸引了62家企业（网店）入驻。同时，我们成功引进阿里村淘项目，建成17个村级服务点，连续第五年入围“全国电商百佳县”，全年网络零售总额创新高，达32.88亿元，同比增长46.3%，增幅全市第二。此外，新型农业主体、特色生态农产品、农旅融合、乡村休闲游成为年度高频词。全年涉旅在建项目达44个，累计完成投资10.34亿元。农产品转化为旅游地商品营销额达3.21亿元。

——变化之八：小城镇环境综合整治成效明显，村镇旧貌换新颜。去年，微信朋友圈被黄田、竹口、百山祖、安南、举水等小城镇环境综合整治示范点的整治成果刷屏。大家被整治后的美丽图景所震撼，也感慨我们的乡村原来也可以这么美。去年，我们全面启动19个乡镇、村的小城镇环境综合整治工作，完成5个乡镇1个村的整治，投资率、项目开工率、整治率实现“三个超额”。结合小城镇环境综合整治等，打出“六边三化三美”“治危拆违”“环境整治月”“蓝色屋面”、违章建筑“拔钉战”等综合环境整治组合拳，实施“三改”211.3万平方米，累计拆违106.5万平方米，“三改一拆”，获得2017年度综合考核全市第一，取得了自2013年开展“三改一拆”行动以来的最好成绩。在2017年底全省小城镇年终考核验收中，竹口镇在全市中心镇中排名第一；黄田镇在全市15个一般镇中排名第二，举水乡和安南乡分别在全市28个乡（集镇）中排名第二和第十，安南乡安隆村作为今年全市唯一一个原乡镇政府驻地成功通过考核验收。

——变化之九：“大搬快治”让1689户受威胁群众住上“安心房”，群众的获得感幸福感安全感加快提升。把群众的安危冷暖时刻放在心上，这是党委政府的职责所在。去年，我们以超常规的力度实施地质灾害综合治理“大搬快治”三年行动计划，在全市率先完成年度搬迁任务，完成避让搬迁2011户6555人，其中完成安置1689户5506人，完成工程治理29处，建成避灾安置点28个。同时，我们加快危旧房治理，完成214幢城镇危房和2840户农村危房的治理任务，治理率100%。群众有所呼，我们有所应。一年来完成了一系列大事、实事、要事、微事，接连创成“国家卫生县城”、省级卫生应急示范县和省体育强县，启动创建“省示范文明县城”和“省教育基本现代化县”。全年教育项目累计完成投资1.93亿元，创办了首所民办小学——蔚文小学，实现高考成绩“六连增”。县人民医院迁建项目前期加快推进，成立全市首个“1+1+X”医联体，有序推进全面两孩政策实施。全年民生事业累计支出占一般公共预算支出的75.8%。此外，我们助推低收入农户增收，低收入农户人均可支配收入超过1万元；83个集体经济薄弱村成功“摘帽”；“大调解、大化解、大防控”三大工程扎实推进，成功护航十九大，连续十二年获得“平安县”称号，捧回“平安金鼎”。

——变化之十：“庆元速度”贯穿全年，“对标大比拼”拼出庆元精气神。去年我们开展“绿色发展　百团大战”行动，打响五大战役，推行“对标大比拼”工作机制，建立“百日对标”现场点评等载体，广大党员干部充分发扬“担当、奋斗、落实”干事创业精神。仅用12天完成大坑区块49家企业限期腾空拆除承诺书签订、37天完成小微企业孵化园土地出让摘牌并开工建设等等，各个领域的工作速度不断刷新，这背后是我们党员干部的辛勤付出，是群众的支持与理解。此外，我们还实施党建主体责任清单制，全面学习宣传贯彻党的十九大精神，开展“我最喜爱的习总书记一句话”系列宣讲活动，圆满完成村社组织换届，开通三级“书记信箱”，建立技能型乡镇政府建设实训基地，实施“星期天工程师”制度，举办为期一年的百名中青年干部培训班，这些，都取得了积极成效。

一年里，我们有辛酸和辛苦，但更多的是欣喜和欣慰；我们有争论和议论，但更多的是实干和苦干；我们有困惑和疑惑，但更多的是信任和信心。回首2017年，我们更加自豪、更加自信、更加自觉。成绩的取得，离不开上级党委政府的正确领导，离不开县四套班子的同心同德、团结奋斗，离不开全县上下开拓创新、扎实工作。在此，我谨代表县四套班子向所有关心、支持、参与庆元建设与发展的各级党组织、全体党员干部群众和社会各界人士，表示衷心的感谢和崇高的敬意！

二、自信成就未来，要以奋斗的激情催生跨越赶超的动力

党的十九大标定了我国发展新的历史方位，是新时代举旗定向、谋篇布局、引领复兴的新起点。省委、市委又分别提出了“两个高水平”“两大历史使命”的战略任务，更明确了我们今后一个时期的发展方向。在非常关键的历史节点上，庆元该走什么路，实现什么样的奋斗目标，事关百姓福祉、事业兴衰成败。综合分析形势和形成的发展经验，在当下的关口，我们至少要深刻认识把握“两个重大判断”，持续提振“两个更加自信”。

第一个判断，绿色生态发展这条路子庆元走对了，我们要更加自信，更加自觉。为什么这么说？这里可以从三个层面来看，从国家的层面看，我们要有理论自信。十九大把“绿水青山就是金山银山”写入党章，并把“美丽”作为现代化建设目标之一。庆元作为中国生态环境第一县，“两山”理念我们坚守了十多年。县第十四次党代会提出开创生态文明新时代，2017 年干部大会上，我们作出“从美丽出发，建设美丽事业”的工作部署，县委十四届五次全会上又提出“建设美丽‘大花园’，勇争最美‘花骨朵’”，这些正是十九大精神的题中之意。从这点上来说，我们应该为自己一以贯之的坚守点赞。从我们自身优势来看，我们要有生态自信。大家身处青山环绕之中，可能对我们的生态环境之好不以为然，但是对于拨开雾霾来庆元醉氧的大城市人来说，庆元就是一片仙境。我们理应对这个“全国第一”要有高度的自信，并自觉顶格的保护提升。从这几年的发展经历来看，我们要有成果自信。大家可以感受到，过去的几年是庆元历史上变化比较快的几年。无论是基础设施、城乡面貌还是产业发展，都有了较大的改善和提升。而且，我们这些变化的取得不是以牺牲环境的代价取得的。我们的 GDP 是绿色的，不是黑色的。大家生活改善了，但是“青山依旧、绿水长流”。这就是“两山”理念的力量，这就是实践给予我们最大的自信。

第二个判断，实现后发先至、跨越赶超的目标绝不是自吹自擂，我们要更加自信，更加自强。一方面实践证明绿色生态发展的路径符合庆元实际，符合发展大势，将持续指引我们科学发展、赶超跨越。另一方面我们有赶超跨越的潜力和动力，怎么来分析？这里有六个方面：一是机遇无限。中央实施乡村振兴战略，将出台系列政策，这对于以农村为主体的庆元来说，加快发展正逢其时。二是上级倍加关怀。去年，车书记和袁省长后先后到庆元调研，给我们关心指导，这体现了省委、省政府对偏远山区县的关心和厚爱。尤其是今年省两会政府工作报告中还单独点到了庆元，提出“支持庆元开展农村学前教育补短板改革试点”，这在以往是很难见到的，通过这点我们可以感受到上级对庆元的关注和支持。三是发展潜力释放。过去的几年，庆元是打基础、拉框架的几年。2012 年到 2017 年，固定资产投资累计达到了 263.71 亿元。历史经验表明，一个地区，尤其是原有发展基础薄弱的地区基础和框架的逐步拉开，带来的是无限的后发潜力，这一点我想大家应该也能感受到。四是资源优势显现。除了生态环境之外，其实我们还有很多资源对于外界来说是极其稀缺的，这些是实现差异化发展，实现变道超车的宝贵财富。五是吃苦耐劳精神的强大支撑。庆元虽然区位不佳，山区的地形、地势在过去比较难讨生活。但这反而锻炼出了我们庆元人吃苦耐劳、敢于拼搏的精神。比如一直以来，我们菇农先辈们在艰苦环境下的香菇寮讨生活，以及上世纪 90 年代创造辉煌的香菇经济，这 800 多年来香菇产业的发展充分说明了我们庆元人是不畏艰苦、敢闯敢拼的。六是形势的倒逼。一方面是从十九大的精神来看，绿色生态发展的春天即将或者说已经到来，可以说是“大有可为的历史机遇期”，如果我们不紧抓这一轮的发展机遇，就可能错过一个时代。另一方面，2020 年我们要与全省同步高水平全面建成小康社会，时间已经非常紧迫，根本容不得我们有半点迟疑，必须抓紧打点行囊大踏步向前、持续奋斗。正如习近平总书记说的“幸福都是奋斗出来的”“新时代是奋斗者的时代”“只有奋斗的人生才称得上幸福的人生”。庆元的当下，需要全县干部群众齐心奋斗，增强奋斗的勇气，形成奋斗的气势，把自信的力量、自觉的定力、自强的精神、奋斗的劲头，铭刻在庆元绿色跨越发展的伟大征程中。

分析形与势，是为了找准方向，锁定目标，保持定力。2018年是极其重要的年份，中央定调为“三个年”，即贯彻党的十九大精神的开局之年，改革开放40周年，决胜全面建成小康社会、实施“十三五”规划承上启下的关键一年。习近平总书记讲“重要时间节点就是我们工作的坐标”，可见，做好2018年工作极其关键。围绕刚才分析的形势，我们必须把握时间节点，树立目标自信，保持战略定力，一以贯之干事创业。因此，在去年“干事创业开篇年”的基础上，我们确定2018年为“干事创业推进年”。

今年全县工作的总体思路是：高举习近平新时代中国特色社会主义思想伟大旗帜，全面贯彻党的十九大和中央、省市经济工作会议精神，按照高质量发展的要求，以“干事创业推进年”为总载体，深入实施“生态立县、产业富县、开放兴县”发展战略，紧紧围绕“三个百亿跨越、三项全国领先、三大显著提升”发展目标，进一步坚定绿色生态发展的路径自信和后发赶超的发展自信，坚决扛起打开“两山”转化通道、高水平全面建成小康社会、提高党的建设质量“三大使命担当”，建设美丽“大花园”，勇争最美“花骨朵”，为推动“两个高水平”“两大历史使命”在庆元落地生根奠定坚实基础。

建议今年全县经济社会发展主要预期目标为：地区生产总值增长7%左右；固定资产投资增长10%以上；规模以上工业增加值增长7%以上；服务业增加值增长9%以上；社会消费品零售总额增长10%左右；一般公共预算收入增长8%左右；城镇常住居民人均可支配收入增长8%以上，农村常住居民人均可支配收入增长10%左右。

做好今年工作，关键是要把政治建设作为根本性建设，确保全县上下牢固树立“四个意识”，自觉在思想上、政治上、行动上同以习近平同志为核心的党中央保持高度一致，同省委、市委、县委的工作部署保持高度一致，学懂、弄通、做实党的十九大精神，不折不扣地抓好工作落实。同时，在工作中要时刻把握好四对逻辑关系：一是抓贯彻要既连天线又接地气。吃透上级精神，贯彻上级部署，是我们为中央、省委、市委“站好岗、放好哨、把好关”的首要前提。只有坚定不移地把中央和省市方针政策和工作部署落实好、贯彻好，指导工作才有方向、有章法、有轻重缓急。当然，上级的政策要落地生根，我们必须加强调研，熟知内情。要通过调查研究把准“脉搏”，摸清“家底”，因地制宜，找准工作的切入口。二是抓发展要既怀敬畏又敢为人先。我们坚持绿色生态发展，就是要时刻告诫自己敬畏自然环境，敬畏发展规律，决不能“吃祖宗饭、断子孙路”。当然，只要符合庆元实情，符合百姓的最大利益，符合发展的客观规律，一切的工作就要提高效率，能快则快，能突破的马上突破。因为我们的发展基础和现状倒逼我们必须加快发展步伐。三是抓落实要既抓当前又利长远。既要抓好近期已确定的各类大事要事，同时也要对标省市“两个高水平”“两大历史使命”和县第十四次党代会目标任务，谋划好重点战略、重大改革、重大项目，打牢长远发展的基础。四是抓队伍要既讲原则又讲感情。原则就是底线，作为党员干部要坚守党纪国法的底线和最广大人民群众利益的底线。同时，我们讲原则也还要讲感情。这个感情不是“感情用事”，而是对干部的政治爱护，宽容出于公心、敢试敢为、敢闯敢干而工作中出现失误的同志，旗帜鲜明地鼓励和保护改革者、干事者。

三、战略即是方向，要以实施乡村振兴战略为牵引，一以贯之建设美丽“大花园”，坚决扛起打开“两山”转化通道的使命担当

对于“九山半水半分田”的庆元而言，城也是乡。必须抢抓实施乡村振兴战略的重大机遇，对接全省“大花园”建设的战略部署，深入实施建设美丽大花园“十大行动方案”，以全域统筹的视野，深挖资源，找准突破口，不断催生内生发展动力，以此打开“绿水青山”向“金山银山”的转化通道，争当“两山”理念示范区中的排头兵、标杆县。重点要实现“六大突破”：

第一，生态优化大突破。生态环境是庆元实现乡村振兴的优势所在，是“两山”转化的重要前提，必须一以贯之践行总书记“保护好生态就是最大政绩”的生态政绩观，持之以恒打好最美生态牌。一是开展生态保护红线勘界定标，坚守生态保护红线，夯实生态基础。二是强化环境基

础设施保障，打好治水治气治土治废组合拳，推进“污水革命”，继续深化河长制，推动湖长制，实施生态屏障环境监测网络工程，推进清新空气项目，建成5个负氧离子监测站，完善生态环保信息公开发布机制，加速推进县域生态环境质量的数据化、显性化。三是认真做好中央和省环保督察组反馈问题的整改落实，开展第二次全国污染源普查，深入推进“811”美丽庆元行动。四是拓展生态文明建设新平台，全面创建国家生态文明建设示范县，全力争创百山祖国家公园，打造浙江名山“十大公园”的样板公园。五是丰富生态文化宣传阵地，积极开展绿色创建，不断提升群众的生态意识和生态文明素养。

第二，产业提升大突破。产业是庆元实现“乡村振兴”的核心工程，是“两山”转化的关键支撑，必须以创新为驱动，以市场为导向，全力推动“产业富县”战略落地落实。一方面，积极推动传统产业改造提升。加快推进食用菌、竹木、铅笔三大传统产业向“三个百亿综合性产业”迈进，以重振食用菌产业为着眼点，植入文化，做强品牌，建设标准化食用菌产业基地。聚焦竹木和铅笔产业转型发展，加快推动梦天木业迁建，实施竹产业提档升级计划和铅笔产业全产业链发展计划，推动产业迈向中高端。加快完善屏都综合新区配套基础设施，建成小微企业孵化园，引导工业企业集聚、健康、有序发展，全力振兴实体经济。继续加大工业企业扶持力度，实施“凤凰行动”，支持企业股改上市，培育更多小而精、小而强的“小巨人企业”。另一方面，大力培育生态经济新引擎。突出休闲养生旅游业引领，全力创建全域旅游示范县，拓展全县旅游资源平台，推进百山祖景区扩容提质，创成巾子峰国家4A级景区，做实兰溪桥旅游度假区项目前期，推进“大月山”景区开发。抢占绿色精品农业制高点，充分利用6万亩800米以上高山台地资源，建立台地资源信息库，形成“资源超市”，开展精准招商，打造庆元农业产业的800品牌。推进农旅深度融合，打造庆元香菇、庆元甜橘柚、庆元高山冷水茭白等“庆元山货”区域公用品牌，实施余村蜜橘、庆元高山蔬菜等品牌振兴战略，大力培育以香榧、中药材、花卉等为重点的特色产业，打造全省乃至长三角地区的“生态菜园、生态果园、生态休闲园”。加快香菇小镇、百山祖避暑乐氧小镇等特色小镇平台建设，做好开放大文章，用好用足与嘉兴、嘉善的“山海协作”平台，以开放的思路和眼光，拓展产业发展新平台，培植更多新产业。加大产业招商力度，完善招商政策机制，继续实施招商引资“五百工程”，形成领导主动招商、齐抓招商的浓厚氛围，引导更多庆商回归。

第三，城市发展大突破。城市建设是庆元实现“乡村振兴”的龙头引领，是“两山”转化的重要平台，必须按照“项目建城、精细管城、文明享城”的思路，加快打造美丽城市“会客厅”。一方面，加速推进老城区有机更新。坚持“大拆大建”主基调，高标准建设“一溪两岸”景观工程，完成松源溪洋心桥至庆元大桥段4千米慢行道建设，打造更加完整的城市慢行系统；加快菇城宾馆安置房建设，完成老二中、老林业局区块规划设计方案并动工建设；启动黄麻淤区块旧城改造，基本完成签约腾空；继续实施城市沿街立面改造项目，完成石龙街、松源街、濛洲街、江滨路等路段立面改造；推进城区地下综合管网工程、环卫设施工程等项目建设。另一方面，以规划引领新城区建设。围绕“城市新区”标准和“美丽城市”的要求，高质量推进屏都综合新区北区块建设，加速路网形成，完善城市综合体、文教、商住小区等城市功能；完成火车站场区块项目规划设计并动工建设。

第四，乡村建设大突破。乡村是庆元实现“乡村振兴”的基础单元，是“两山”转化的重大载体，必须紧扣“产业兴旺、生态宜居、乡风文明、治理有效、生活富裕”总要求，结合县情实际贯彻落实2018年中央一号文件精神，着力解决乡村振兴“钱”“地”“人”的问题，谋划实施“干部包乡、能人返乡、资本进乡、市民下乡、村民回乡”的“五乡工程”，加快引导更多的人才、资本、技术等要素向农业农村流动，凝聚乡村“人气”。一要挖掘乡村资源，谋划、包装一批乡村振兴项目，培育一批农业龙头企业、专业合作社等，推动工商资本进村投资兴业。搭建社会各类人才、乡贤等创业创新平台，评选出一批高职称的农场主，积极培育新时代职业农民、产业能人和新型经营主体，培育更多“菇乡师傅”。二要结合小城镇环境综合整治、“六边三化三美”等工作，按照“多规合一”理念，系统打造旅游小镇集群、森林小镇集群、古文化体验集群等“三大集群”。旅游小镇集群重点围绕百山祖景区、兰溪桥水库、巾子峰、举水月山等区块合理布局，以通景公路串点，连线成面；森林小镇集群重点完成城市森林公园一期项目，启动中国楠木城项目和“柱联坑”森林特色小镇建设，完成毛竹林道建设100千米；古文化体验集群重点启动谋划古道的环线建设，以古道串联古村、古桥、古树群，融入古文化传习所、体验点。三要按照“小乡大村”发展思路，推动农民向城区、中心镇、中心村梯度集聚。以决胜“大搬快治”为抓手，启动竹口、黄田“示范村居”建设，续建同心、横山和蒲潭二期安置小区，完成2210人的搬迁任务。同时，健全自治、法治、德治相结合的乡村治理体系，建立实施乡村振兴战略领导责任制，形成三级书记抓“乡村振兴”的工作局面。

第五，深化改革大突破。改革是庆元实现“乡村振兴”的动力所在，是“两山”转化的动力源。必须大力弘扬改革创新精神，扭住关键，突出重点，主动融入全市绿色发展综合改革创新区建设，继续推动国家重点生态功能区建设、农民工等人员返乡创业、省级低碳县等省级以上改革试点，同时，着力九大重点改革：一是“最多跑一次”改革，聚焦企业投资审批领域改革难点，实现所有民生事项、企业事项“一次办结”，优化乡镇便民服务平台建设，下放50项以上事项到乡镇(街道）办理。二是农村学前教育补短板改革，合理利用闲置资源，提高等级园、公办园比例，全面提升办园质量，加速推动学前教育发展。三是生态文明建设体制机制改革，深化和完善差异化的绩效评价指标和绿色考核办法，积极探索以奖代补机制和让“污染者付费、受益者补偿”机制。四是用地供地保障改革，聚焦建立健全良性供地保障机制，优化配置土地资源，形成推进土地开发整理工作的合力。五是搬迁安置小区管理体制改革，探索建立以居民为主体，驻区单位、两新组织、业委会、物业企业等共同参与的社区治理体系。六是农村产权制度改革，全力抓好农村土地确权登记颁证工作，深化土地流转，推进林权改革，研究探索宅基地所有权、资格权、使用权“三权分置”改革，盘活农村资源。七是工业园区体制机制改革，完善工业园区平台规划建设、管护职能，理顺关系，明确职责。八是媒体融合改革，实现“报台网”媒体融合发展。九是国有企业改革，积极推进国有企业整合重组。

第六，基础设施建设大突破。交通等重大基础设施是庆元实现“乡村振兴”的保障工程，是“两山”转化的关键一环，必须抢抓机遇，大干快上。要以景区为轴心，着眼内联外通，全力打开交通命脉。集中力量加快实施衢宁铁路庆元段、庆元大道县城过境段、火车站连接线和S329兰溪桥段公路改建工程、“农村四好路”等综合交通项目，加快推进仙居至庆元公路庆元段，开工建设杨楼溪水库段公路改建工程，提档升级美丽经济交通走廊带。完成庆景公路初步设计，积极谋划庆寿高速公路、浙西南景区化高速公路、G528国道庆元段工程等重大交通项目。全力做好兰溪桥水库移民搬迁安置工作，动工建设兰溪桥水库扩建工程、杨楼溪水库及供水工程，加速推进松源溪流域综合治理工程等重大水利基础设施项目。完善城乡电网，确保220千伏濛洲变电站扩建工程建成投产。

四、民生就是导向，要坚持以人民为中心，坚决扛起高水平全面建成小康社会的使命担当

高水平全面建成小康社会是2020年必须实现的奋斗目标，作为后发地区，我们必须以时不我待的紧迫感全力攻坚，不断增强公共服务供给，以实际行动推动民生事业大发展、大跨越。重点要实施“六大行动”。

第一，富民增收大行动。富民增收是高水平全面建成小康社会的头等任务，要突出打好“低收入农户增收攻坚战”。一是实事求是，合理定目标。根据县域发展实际和低收入农户自我发展能力，对症下药，确保低收入农户人均可支配收入增长10%以上。二是精准施策，多渠道促增收。按照“一类一政策”和“一户一办法”，深入实施“五个一批”工程，坚持引资、引技、引智相结合，启动农民增收示范村和示范户建设，大力发展农村电商、来料加工、农家乐民宿等，激发低收入群众内生动力；实施城乡一体化的最低生

活保障制度，保障困难群众基本生活。三是合力攻坚，确保年底前全面完成剩下的83个集体经济薄弱村转化工作。

第二，关键小事大行动。关键小事事关群众切身利益，也直接影响着高水平全面建成小康社会的质量。今年重点要抓好“十件关键小事”：一是推进“厕所革命”，新建城区高标准独立式公厕2座，新建、改扩建旅游厕所13座，全面落实农村公厕保洁运维机制。二是推进“垃圾革命”，实施城区生活垃圾分类治理，启动农村生活垃圾分类处理试点。三是开展“烟头不落地、菇城更美丽”行动。四是开展斑马线前礼让行人行动。五是开展城区占道行为整治。六是增设城区停车位300个，规范城市停车管理，缓解主城区停车难。七是加强公园、广场等公共场所噪音整治。八是出台主城区犬类管理办法，规范主城区犬类饲养行为。九是新增环卫工人爱心休息点5个。十是在庆元大道路段新建加油站1座。各相关责任单位要在这“十件关键小事”上见行动、见担当，积极发动群众，一件一件抓到位，抓出变化，抓出成效，让老百姓切实增强获得感、幸福感。

第三，城乡文明大行动。城乡文明是高水平全面建成小康社会的重要方面，必须齐抓共管，不断提升城乡居民文明素养。县城，以省示范文明县城创建为载体，在落细、落小、落实上下功夫，真正把社会主义核心价值观日常化、具体化、形象化、生活化。更加注重倡导文明礼让、文明停车、文明养犬、文明经商等，开展形式多样的群众性创建活动，共建共享，全力争取省示范文明县城创建提名资格。乡村，以移风易俗乡风文明行动暨小城镇文明行动为载体，依托农村文化礼堂，大力塑造淳朴文明的良好乡风，狠刹歪风邪气、遏制陈规陋习、推进移风易俗。通过典型引路，示范带动，倡导践行村规民约，传递尊老爱幼、邻里和睦等观念深化“关爱空巢老人、关爱留守儿童、关爱残疾人”等志愿服务行动，把文明创建与“厕所革命”“垃圾革命”“污水革命”等工作相结合，创设更多贴近实际、贴近生活、贴近群众的文明创建载体。

第四，文教卫事业大行动。文教卫事业是确保如期实现高水平全面建成小康社会的关键领域，必须深入践行共享发展理念，推进文教卫事业大发展。教育领域，紧盯创成省基本教育现代化县目标，全力补齐短板，加快实施菊隆中学迁建、江滨小学扩建等工程建设，推进城北、同心等幼儿园建设。尤其是要补齐农村学前教育短板，让每个幼儿公平地享受优质教育资源。医疗卫生领域，推进县人民医院迁建项目前期；探索建立山区巡回诊疗服务常态运行机制，继续加强与市中心医院、市人民医院及省中山医院合作力度，深化优质资源下沉，完善“县域医共体”机制，加快构建新型养老服务体系，全力打造“健康庆元”。文化领域，以“公共文化服务重点县”建设为载体，加速实施公共文化服务中心、体育中心、广播电视制作中心等项目。推动庆元香菇系统申报世界农业文化遗产，启动香菇申报“国菇”工作；加大力度宣传廊桥文化，谋划设计相关文化节庆活动宣传载体，继续推动廊桥申报世界文化遗产，不断扩大庆元廊桥文化影响力；培育文化创意产业，加快文旅融合，推动地方特色文化的物化、商品化。实施乡土文化繁荣工程，保护和开发利用好大济、龙岩等历史文化村落及二都戏、香菇功夫等非物质文化遗产，做大做特乡村春晚品牌。

第五，技能型乡镇政府升级大行动。乡镇干部是决胜高水平全面建成小康社会的重要力量，必须创新培养模式，与时俱进打造“升级版”的技能型乡镇政府。重点聚力三个方面：一是培训干部技能。围绕培养造就一支懂农业、爱农村、爱农民的“三农”工作队伍要求，组建技能讲师团，建立技能培训学习库，定期开展乡镇干部技能培训和技能比拼，让干部“学技能、比技能、用技能”。二是增强乡镇服务力量。下沉机关干部资源，推进“一员四助理”入村入企。依托“百名人才培养”工程，探索选派熟悉村镇规划、农经农技等基层经验比较缺乏的人才到乡镇挂职、任职。调动群团组织力量，实现乡村服务全覆盖。三是完善乡镇服务体系。对接新时代群众“技能”新需要，围绕“服务”这个永恒课题，结合“最多跑一次”改革、乡镇（街道）“四个平台”建设，打造县、乡、村“一站式”服务，构建县乡村联动服务机制。健全干部服务网格，依托民情地图、民情手记、住村联心等载体，探索改进乡村公共服务管理方式，推动干部直接联系服务群众，实现精准服务。

第六，平安建设大行动。守牢平安底线是高水平全面建成小康社会的内在要求，必须以“归零”的心态，以夺取全省首批“星级平安金鼎”和打造“全国最平安县”为目标，一以贯之深化“平安庆元”建设，深入实施“三大工程”：一是矛盾纠纷大调解工程。健全三级调解组织，继续深化“大调解”工作，打响“老娘舅”品牌，控制矛盾纠纷增量。探索推进“村民说事”制度，进一步破解农村基层社会治理新情况新问题、完善村级组织运行机制，深入开展“庆元无欠薪”行动。二是信访积案大化解工程。按照“领导包案、单位领办、协同推进、限时完成”的要求，将信访积案“清零行动”与县领导定点接访工作相结合，做到“问题清仓，积案见底”。三是全民大防控工程。构筑“人防、物防、技防、心防”的防控体系，发挥“多员合一，一员多用”群防群治队伍效用，固化完善维稳安保工作机制。积极推进乡镇（街道）综治工作中心标准化建设和“雪亮工程”等重点项目，防范化解重大社会稳定风险。深入开展扫黑除恶专项斗争，着力解决突出违法犯罪问题。

五、奋斗昭示希望，要持续提振“对标大比拼”这个富有时代气息的庆元精气神，坚决扛起提高党的建设质量的使命担当

去年，县委提出了“对标大比拼”工作机制，并先后召开了三次“百日对标”会议，在全县上下形成了比学赶超、一线争先的工作氛围。为什么要提“对标大比拼”？这与庆元当前的发展有哪些联系？今天我想再谈几点想法。

（一）提振“对标大比拼”精气神事关事业兴衰成败

精气神是精神状态和精神面貌的具体体现，也是党员干部作风和形象的集中展现。

第一，党的革命史、发展史就是一部鲜活的精气神教育片。有这样一组数据，从1921年建党到1949年建国，28年浴血奋战，英勇牺牲并有名可查的党员达370万人，还有大量牺牲的无名党员。纵观世界历史，没有哪个国家的政党，党员这么坚强，付出的牺牲这么巨大，背后的支撑就是精神的力量。斋郎战斗中红军以500余人的兵力，击溃了敌军3000余人的进攻，实现“以少胜多、以弱胜强”。这展现了红军战士斗志昂扬、不畏艰险、不怕牺牲，敢于冲锋陷阵的精气神。改革开放40年取得的历史成就，也是各级干部群众敢打敢拼，不甘落后的结果。正如邓小平同志强调的，“没有一点‘闯’的精神，没有一点‘冒’的精神，就走不出一条好路，走不出一条新路，就干不出新的事业。”习近平总书记也多次强调，“干部干部，干是当头的，既要想干愿干积极干，又要能干会干善于干，其中积极性又是首要的。”新时代下，我们就是要传承这种敢闯敢冒、善干会干的精气神，大力弘扬革命精神、红船精神，始终不忘初心，以对标先进、比拼一流的精气神，继续前行。

第二，庆元过去的发展变化就是全县上下对标比拼、拧成一股绳干出来的。这里我先举个例子，今天黄田、竹口、百山祖、安南、举水五个乡镇都有村干部在，我想问下，过去一年，乡镇政府所在的村变化大吗？这些变化是不是就是靠资金投入就能产生？显然不是，这还靠我们的党员干部风雨兼程、“5+2”“白加黑”干出来的，没有党员干部这股精气神，哪来翻天覆地的变化。这是去年的一个例子，再往回翻，旧城改造的速度、新区的拔地而起、新香菇市场的开门营业、庆元大道县城段的通车，这些年来，我们哪一个项目是容易的？哪一个项目不是历经艰辛，一步一步干出来的？在项目现场，我们的县领导既当指挥员又当战斗员，党员干部磨破嘴皮、踏破鞋底。是什么支撑我们干好这些事情？就是我们对标先进、比拼一流的精气神。因为我们始终认为庆元不该落后，也坚信不会一直落后。因为大家都有共同的志向，那就是实现庆元跨越赶超，让老百姓都过上好日子。

第三，干部队伍中的精神缺钙现象也要引起我们的警醒。干部想不想干事、是不是有作为，从精神状态上就可以看出来。正如我前面所说，庆元大多数的干部是有激情、有干劲的。但是不可否认，还是有那么一部分人精神缺钙。有这么七种人：第一种是求“闲”。怀念过去“一张报纸、一杯茶”的日子，得过且过，缺乏思进、求进、奋进的朝气。第二种是求“稳”。乐于守摊子，

喜欢凭老经验、老办法办事，不敢创新，不敢突破，不愿承担责任。第三种是求“混”。陶醉于小成即满的“成绩单”，陶醉于过往成就的“当年勇”，沉迷于“成绩不大年年有、年年难过年年过”的状态。第四种是求“推”。缺乏全县“一盘棋”的思想，只管自己的“一亩三分地”，遇到困难往后退、遇到矛盾往上推，工作上推诿扯皮。第五种是求“权”。“官本位”思想严重，有些事情，局里开会同意了，但是到了科（股、所）长那里就卡壳了，“火柴头大的权力，也能舞出长矛枪的威风”。第六种是求“乱”。自己不干事，反而对干事创业的人评头品足、搬弄是非。第七种是求“戏”。就是喜欢“看戏、评戏”，网络用语来说就是喜欢当“磕瓜群众”。平时就喜欢凑在一起聊八卦。分析上述问题原因，表面看有作风的问题、有执行力的问题，但归根结底是一些干部“精神状态”出了问题。对此，我们要高度重视，坚决予以纠正。

（二）以“对标大比拼”的实际成效掀起干事创业新高潮

我们确定今年为“干事创业推进年”，关键载体是通过“对标大比拼”这一平台，全面掀起“干事创业”新高潮，推进庆元各项任务落到实处。具体来说，要聚焦“四个对标、四个比拼”。

第一，对标思想解放，比拼干事创业状态。回顾庆元过往的发展历史，对标周边县市的发展态势，我们的主要制约因素仍然是思想解放不够彻底。今年，我们将结合“不忘初心、牢记使命”主题教育活动以及贯彻十九大精神的“大讨论”活动，围绕“七个问题在哪里？七个怎么办？”，广泛开展解放思想大讨论，一一剖析病症所在。这个七个问题：一是庆元生态环境甲天下，资源优势突出，但是相比较遂昌、松阳等兄弟县市，我们的生态旅游产业发展落后不少。问题出在哪里？我们怎么办？二是庆元生态工业基础较好，传统的三大产业都是生态产业，但近年来除铅笔产业外，食用菌、竹木加工两大产业产值增速明显放缓。问题出在哪里？我们怎么办？三是庆元香菇、高山蔬菜等一批名优产品驰名省内外，但近年来这些名优产品渐行渐远，问题出在哪里？我们怎么办？四是对比松溪、政和这些地区，我们过去有优势，但近几年这些地区发展之快令人侧目。对比我们的邻居，问题出在哪里？我们怎么办？五是庆元建县有800多年的历史，香菇文化、廊桥文化等源远流长。虽然，近年来我们在文化的传承发扬上作了很多工作，但文化产业却没有得到很好的开发，问题出在哪里？我们怎么办？六是近年来我们固定资产投资额年年攀升，但投入产出的效率比起兄弟县市还有差距，群众获得感没有明显增强，问题出在哪里？我们怎么办？七是随着我们的发展不断加快，人、财、物矛盾不断凸显，大家都感到疲于应付，精力顾不过来。尤其是很多政策处理陷入拉锯战，持续多年，难以画上句号。这些问题出在哪里？我们怎么办？这些问题不是为了质疑我们过去的发展成就，不是质疑大家的努力，而是在横向对标、纵向对标中，我们有差距、有短板的领域，剖析这些短板，是为了督促发展。各级各部门要以问题为“药引”，找准“病根”所在，形成解决“药方”，猛火熬药确保“药到病除”。

第二，对标善学善做，比拼提升干事创业本领。习近平总书记指出，“本领恐慌在党内相当一个范围、相当一个时期都是存在的。”对于本领恐慌大家应该都感受得到，庆元当前是大建设、大发展时期，需要方方面面的人才，但是人才却是我们的重要短板，尤其是专业人才很缺。这种情况下，就是要内部挖潜，自觉加强理论学习和实践锻炼，让自己成为复合型人才，走出去能干、站起来能讲、坐下去能写。当前，重点要不遗余力抓习近平新时代中国特色社会主义思想和党的十九大精神的贯彻落实，聚焦“新时代新使命新作为”主题，围绕大学习、大调研、大谋划、大讨论、大推进、大督导等“六大活动”，以更加开放主动的心态接受新知识、接纳新事物，做到学以致用、以用促学。要集中开展大督导，重点督各乡镇（街道）、部门系列活动的落实情况，确保党的十九大精神在庆元落地生根。

第三，对标比学赶超，比拼干事创业速度。今年，我们将继续树立“定目标更对指标，鼓励先进更倒逼落后，亮出好业绩更赛出精气神”的工作导向，扩面提质开展“对标大比拼”。扩面上，实现乡镇（街道）、县属部门对标比拼全覆盖，年初定目标，季度亮进度，年终集体登台大对标。

提质上，以两月一主题一对标，纵向与横向比拼相结合，纵向上与自定的年度目标比拼，横向上与同类乡镇（街道）、县属部门比拼，与其他先进县找标杆比拼。通过现场观摩、班子成员集中登台汇报、百人现场集中考评、媒体集中亮晒等方式，不断赛出新业绩、比出干事新风貌，实现对标比拼多元化。

第四，对标合心合力，比拼干事创业凝聚力。这里主要有四个方面。一是领导干部带头干。各级领导干部要牢固树立“一线”工作导向，以上率下、身先士卒，一级带着一级干，一级干给一级看。特别是要发挥好领导干部在全面从严治党上的表率作用，严格落实全面从严治党“两个责任”，严明党的各项纪律，聚焦监督执纪问责，坚持正风肃纪，强化党内监督，深化标本兼治，严肃查处群众身边的不正之风和腐败问题，坚决遏制形式主义、官僚主义新表现，驰而不息改作风正作风。二是各级班子齐心干。领导班子要齐心协力、同上“火线”、干在“一线”。尤其是抓住“党建”这个最大政绩，建强基层党组织这个战斗堡垒，以“四个合格”为标尺，压实党建主体责任，实施党建清单制度，同步加强和改进城市、机关、国企、两新等领域党建工作。要打好“双增”攻坚战，实施“村社换届回头看”，持续整顿“软弱涣散”基层党组织，深入开展“村霸”问题专项整治，推行村级小微权力清单制度，加大基层小微权力腐败惩处力度，推动基层党建“全领域建强、全区域提升”，让党员对自身更有认同感、荣誉感，让群众对党员和党组织更有信任感。今年县委将实行集体经济薄弱村消除与干部报酬、任免相挂钩，未完成“消薄”任务的乡镇（街道）、部门主要负责人一律不得调动，希望大家合心合力抓好工作落实。三是青年干部一线干。青年干部是庆元未来发展的中坚力量，要坚持引进青年人才与培养本土青年人才两手抓。今年县委将举办“80、90”后青年干部培训班，并启动实施年轻干部“321”培养工程，分类分批选派年轻优秀干部到不同岗位进行实践锻炼，建全“成长档案”、实施跟踪培育，保证使用上有梯队、选择上有空间。希望广大青年干部坚定理想信念，在干中学、学中干，争当“项目领导”“项目先锋”，争做能征善战的“青年铁军”。四是各方力量协同干。支持人大、政协、人民团体职能作用发挥，持续巩固最广泛的爱国统一战线，主动加强意识形态前沿阵地、国防和后备力量建设，努力形成全县上下心往一处想、智往一处谋、劲往一处使的干事创业合力。

（三）旗帜鲜明地支持、鼓励和保护勇于“对标先进、比拼一流”的干部

干事氛围的形成除了党员干部的自我奋进，还要有制度保障。做好今年干部工作，就是要处理好原则和感情的逻辑关系，旗帜鲜明地鼓励和保护改革者、干事者。

第一，建立健全鼓励激励机制，支持“对标比拼真干事”的干部。严管不能忘了厚爱。我们要坚持激励与约束并重，充分调动干部的积极性主动性。当前，重点要在改进和优化年度目标管理责任制考核、干部评优评先、干部选拔任用、村“三委”主要干部基本报酬补助等方面寻突破，让干事者精神上受鼓舞、物质上得奖励、政治上有提升。今年，县委县政府将设立“金牛奖”和“蜗牛奖”，在明年的干部大会上，对年度确定的30件大事、民生实事、关键小事，完成好的责任单位将颁发“金牛奖”，对屡推不动的责任单位将颁发“蜗牛奖”，并作表态发言。同时，我们将继续整治“四风”问题，紧盯违反中央八项规定精神新形式新动向，加大对“扶贫攻坚”“项目建设”等领域违纪问题的查处力度，发现一起、查处一起，决不放过有问题的干部，也不耽误没问题的干部。

第二，建立健全能上能下机制，鼓励“对标比拼会干事”的干部。今年中央对干部工作的基本要求是：以对党忠诚选忠诚于党的人，以对事业为上选担当干事的人，以扎实作风选作风扎实的人。围绕这一要求，我们重点要在干部“上”的方面抓出示范，注重选用忠诚于党、担当干事、作风扎实、在大是大非面前敢于坚持真理、在项目一线敢于解决困难矛盾、在复杂问题面前有思路有办法的干部。坚决落实“凡提四必”制度，前移审核关口，动议即审、该核早核，切实防止“带病提拔”。要在干部“下”的方面抓出典型，加大对思想政治素质不过硬、纪律规矩意识淡薄、

工作长期打不开局面、不支持不配合县委县政府部署的重点工作、单位工作或分管工作长期处于落后状态、在干部考核中被评为不称职或者不胜任的干部“下”的力度，真正形成优者上、庸者下、劣者汰的鲜明用人导向。

第三，建立健全容错纠错免责机制，保护“对标比拼敢干事”的干部。庆元是一块集聚改革创新的热土，靠着“敢拼、敢抢、敢闯”的庆元改革创新精神，创造出了“香菇经济”奇迹，涌现出了以今天上台领奖为代表的一批优秀企业家和村干部。但大家也能感觉到，近年来这种改革创新精神有所“退潮”，让“七种人”有了存在的空间。为此，今年我们将着力在容错纠错免责上动真格，将容错纠错机制融入改革创新工作当中，保护改革者、鼓励探索者、宽容失误者，让那些敢拼、敢抢、敢闯的干部心无旁骛谋改革、甩开膀子干事业。在此，我也代表县委表个态，只要符合上级决策部署、有利于改革创新和事业发展、按程序进行决策、没有谋取私利，大家就放手大胆去干，县委坚决给你们撑腰。组织、纪委等部门会后要着手研究这些制度深化、具体化。

同志们，习近平总书记指出：“时代是出卷人，我们是答卷人，人民是阅卷人”。在当前这个重要的历史时期，需要在座每一位答卷人以“对标先进、比拼一流”的精气神，全身心投入到“对标大比拼”中。让我们更加紧密地团结在以习近平同志为核心的党中央周围，维护党中央集中统一领导，高举习近平新时代中国特色社会主义思想伟大旗帜，不忘初心，牢记使命，为实现“两个高水平”“两大历史使命”，建设美丽“大花园”，勇争最美“花骨朵”，推动庆元绿色发展、高质量发展而努力奋斗！

庆元县人民代表大会常务委员会工作报告

——在庆元县第十六届人民代表大会第二次会议上

庆元县人民代表大会常务委员会主任　吴青松

（2018 年 3 月 8 日）

各位代表：

我受县人大常委会委托，向大会报告工作，请予审议。

2017 年主要工作

2017 年是党的十九大胜利召开之年，是县十六届人大常委会的开局之年。一年来，在县委的坚强领导下，县人大常委会深入学习贯彻党的十九大精神和习近平新时代中国特色社会主义思想，认真落实中央和省、市、县委各项决策部署，紧紧围绕全县发展大局，务实创新，担当有为，依法履行宪法和法律赋予的各项职权，圆满完成了县十六届人大一次会议确定的各项工作任务，为实现“生态立县、产业富县、开放兴县”发展战略作出了积极贡献。

一、围绕党的核心，着力掀起学习贯彻十九大精神高潮

常委会始终坚持党的领导、人民当家做主和依法治国有机统一，深刻领会习近平新时代中国特色社会主义思想的精神实质和丰富内涵，深刻领会关于健全人民当家做主制度体系、发展社会主义民主政治的新要求和新部署，进一步明确新时代人大工作的职能定位和主攻方向，切实以十九大精神武装头脑、统领实践、指导工作。

自觉坚持党的领导。始终把人大工作置于党的核心领导之下。坚持人大工作与县委工作同心同向，重要工作、重大活动及时向县委报告，及时把县委的主张转变为地方国家权力机关的决议决定，转化为全体人民的自觉行动。做到政治上保持定力，牢固树立“四个意识”，坚定“四个自信”，坚持对党绝对忠诚，对人大事业高度负责。认真学习贯彻中央和省、市、县委的重要会议及文件精神，认真落实常委会党组从严治党的主体责任，严守党的政治纪律和政治规矩，在思想上政治上行动上坚决同以习近平同志为核心的党中央保持高度一致，坚决维护党中央权威，确保中央和省、市、县委的决策部署在人大工作中得到坚决执行和充分体现。

自觉增强政治自信。以迎接十九大、学习十九大、贯彻十九大为主线，县人大及其常委会以高度的政治自觉，按照中央、省、市和县委的部署要求，制定《学习贯彻党的十九大精神工作方案》，对党的十九大报告、新修订的《中国共产党章程》、习近平新时代中国特色社会主义思想、关于人大工作的决策部署四个方面进行深入学习。重点在学懂、弄通、做实上下功夫，切实将十九大精神内化于心、外化于行。常委会组成人员以身作则、率先垂范，先学一步、深学一层，

带头深入乡镇（街道）、部门开展宣传宣讲活动。深刻理解报告中关于人大制度和人大工作的重要论述，做到在思想上认识到位、在政治上始终坚持、在行动上全面落实。以十九大精神为统领，深入基层听民意、摸实情，紧扣全县中心工作，结合省市人大要求，开展2018年工作调研，增强做好新形势下人大工作的责任感、使命感和自觉性，不折不扣贯彻执行党委对人大工作的指示和要求，确保人大工作正确的政治方向。

二、围绕发展大局，着力推动县域经济转型升级

常委会始终坚持围绕发展第一要务，服务经济建设中心，牢固树立和贯彻落实新发展理念，紧扣转型升级“主旋律”，精选监督议题，牵住“牛鼻子”，抓住“关键点”，全力助推经济发展方式转变、促进县域经济平稳较快发展。

强化计划预决算监督。常委会及时掌握全县经济社会发展变化情况及财政收支安排情况，为县政府及相关部门编制计划、预算提出建设性意见。开展上半年国民经济和社会发展计划及财政预算执行情况调研，就我县工业经济持续增长乏力、农村经济持续增长压力较大等突出问题提出意见建议。加强政府债务监督，主任会议听取政府债务情况报告。常委会会议审议通过2017年地方政府债务限额和债务预算调整方案。加强对预算执行及决算的跟踪监督。开展2017年政府性投资建设项目资金预算情况调研，提出的加大项目督查力度、提高财政预算执行率等建议得到较好落实。

强化审计整改监督。全力支持审计部门开展工作，听取审计部门审计工作情况汇报，开展2016年度财政预算执行和其他财政收支情况的审计工作调研，建议县政府要提高预决算编制管理水平、加强和规范政府投资项目监管，要求政府和相关部门要高度重视审计中提出问题的整改工作，并采取有效措施加以纠正和改进，避免屡审屡犯，维护审计权威。

强化重大项目监督。在广泛调研基础上，制定出台《庆元县人大常委会关于政府重大投资项目监督暂行办法》，审议通过2017年度政府重大投资项目安排，县人大常委会将其中的16个新建项目作为重点监督跟踪对象，11个续建项目作为一般监督跟踪对象。全年共组织代表100余人次视察重点项目，加强对重点项目的监督力度。强化规划监督，开展县域总体规划确定的建设用地范围内控制性详规的备案工作。

强化专项工作监督。开展政府产业基金建设情况专项调研，主任会议听取县政府产业基金情况汇报，建议县政府相关部门加快政府产业基金筹建进度，提高政府产业基金投资质量，助推县政府产业基金工作取得实质性进展。开展科技创新工作专题调研，针对调研中发现的科技人才匮乏、科技经费投入不足等问题提出意见和建议，促进自主创新能力建设。开展农旅融合发展调研，就农旅融合发展提出健全工作机制、挖掘文化内涵等意见建议。跟踪监督乡村旅游发展工作审议意见的办理落实情况，并进行满意度测评。

三、围绕群众关切，着力促进民生事业改善

常委会始终坚持把人民对美好生活的向往作为工作追求，把增强人民群众的获得感、满意感、幸福感作为工作的出发点和落脚点，充分发挥人大优势，努力推动民生工作补“短板”，有效促进解决群众关注的热点难点问题，不断助力发展成果更多惠及于民。

助力生态环境优化。常委会听取和审查县政府关于《庆元县生态保护红线划定方案》的报告，在充分调研的基础上，建议县政府及相关部门要确立生态保护红线优先地位、发挥生态保护红线的底线作用等建议。常委会会议首次听取和审议《庆元县2016年度环境状况和环境保护目标完成情况的报告》，针对环保基础设施薄弱、环保监管水平有待提高等问题，提出加快环保设施建设、加大污染综合防治、强化全民环保意识等意见建议。开展农村污水治理和剿灭劣V类水专项监督，组织开展“剿灭劣V类水人大代表在行动”主题视察活动。

助力社会事业发展。听取县政府关于贯彻执行新修订《中华人民共和国人口与计划生育法》工作汇报，向县政府有针对性提出加大宣传力度、

加强队伍建设等意见。调研我县养老服务情况，提出要提高养老服务质量、满足多层次的养老需求等意见建议。主任会议听取县政府关于民族宗教工作报告，就如何落实民族政策、促进民族村经济社会发展和加强宗教场所管理等工作提出具体的意见建议。

助力民生实事落实。县人大常委会专门出台《庆元县人大常委会关于实施县政府民生实事项目人大代表票决制的决定》，在第十六届人民代表大会一次会议上首次施行“政府民生实事项目人大代表票决制”，票决投出政府十大民生实事项目，增强民生实事项目筛选源头把控，真正实现政府确定民生项目建设从“为民做主”到“由民做主”的跨越。及时跟踪“十件民生实事项目”的实施情况。对已完成的实事项目，组织代表开展“回头看”等活动，确保代表票决的政府实事项目真正落到实处。

助力省市人大调研。配合省、市人大开展浙江公益林与森林公园条例、饮用水水源保护条例、立法调研项目库等调研。配合市人大开展乡镇民生实事人大代表票决制、“双下沉、两提升”、全市教育现代化县创建、民族文化与生态旅游良性互动发展、地质灾害综合治理“大搬快治”、小城镇环境综合整治等专题调研，为我县民生事业发展积极建言。

四、围绕公平公正，着力推动法治庆元建设

常委会始终坚持以推进社会主义民主法治建设、强化社会公平正义为己任，注重在日常工作中进行制度化监督，寓支持于监督之中，切实增强监督实效，为与全省同步高水平建成小康社会提供强有力的法治保障。

大力推进公正司法。制定出台《关于进一步推动人民法院执行工作的意见》，要求进一步加大执行工作力度、完善执行联动机制，首次以文件来推动法院执行工作。积极稳妥推进监察体制改革、司法体制改革等改革落地。支持员额法官和员额检察官入额。主任会议听取县监察委员会专题工作报告。

大力推进法规制度约束。以促进司法公正，维护司法权威为目标，开展对2015年出台的相关文件执行情况检查，重点对公检法司机关执行重要文件、特定案件和重大事项向人大常委会报告制度的监督检查，听取自查报告，针对存在问题和不足，召开专门点评会，要求制定切实可行的整改措施，确保整改取得实效，发挥制度的刚性作用。

大力推进信访维稳。常委会坚持把信访工作作为密切联系群众、了解社情民意、加强监督工作的重要途径，认真受理群众来信来访。建立领导定点接待信访群众制度，及时就地解决信访问题。开展深入基层大接访活动，妥善化解接访问题。常委会领导的积案包案全部有效化解。一年来，共受理群众来信51件，接待群众来访45批78人次，为化解矛盾、促进和谐、维护稳定发挥了积极作用。

大力推进规范性文件备案审查。常委会认真审查报送备案的规范性文件，主任会议首次听取县政府关于规范性文件备案审查工作情况报告。先后对县政府报备的48件规范性文件进行备案审查。规范性文件备案审查工作走在全市、全省的前列，得到省、市人大的充分肯定。2017年6月，在全省规范性文件备案审查工作座谈会上作重点交流发言。

大力推进依法任免工作。常委会审议修订《常委会议事规则》、《任免国家机关工作人员办法》和《落实宪法宣誓制度的若干规定》，组织任命人员进行法律考试、表态发言和向宪法宣誓，增强被任命人员的责任意识、法律意识和公仆意识。一年来，共任免国家机关工作人员70人次，为推动我县绿色崛起提供了组织保障。

大力推进任后监督。常委会专题听取和审议县发改局、县人社局、县综合执法局、县文广新局、县卫计局等五位局长履职情况报告，并进行满意度测评。在工作评议中，认真听取审计报告，组织专题调研组，广泛听取基层干部、人大代表及社会各界的意见，听取分管领导、县纪委和县委组织部意见建议。对五位局长的履职情况分别提出审议意见，进一步增强被任命干部依法行政意识和责任意识。人民陪审员陪审工作取得新成效，一年来，人大常委会任命的人民陪审员共计参加707件案件审理，发挥人民陪审员的积极作用。

五、围绕服务主体，着力增强代表履职能力

常委会始终坚持人大代表主体地位，注重健全工作机制，明确“以代表为本、为代表服务”的工作导向，不断加强代表履职的服务保障，创新代表活动方式，激发代表履职积极性，引导代表唱响履职“好声音”，充分发挥代表在全县经济社会建设中的作用。

更加注重代表学习培训。把组织代表学习培训贯穿于代表履职全过程，采取“请进来”和“送出去”相结合的方式，邀请专家开展专题培训，分两批次安排全体代表外出接受专业培训。给代表发放《人大代表执行职务知识读本》、省市人大期刊，提供政情材料和工作信息等学习资料，进一步提升代表履职能力。

更加注重服务代表履职。实行代表列席人大常委会会议制度，科学划分人大代表活动小组。围绕中心工作，积极组织全县各级人大代表开展密切联系群众、“五水共治”、“三改一拆”、“护航村级组织换届”、“美丽乡村建设考察交流”、“对标大比拼”等各类主题活动，全力服务代表履职，助推经济社会发展。启动人大代表监督治水APP应用平台建设，服务和保障省市县乡四级人大代表就近、就便参与监督剿灭劣Ⅴ类水工作。“两站一平台”建设规范有序，19个乡镇（街道）开通网上联络站，实现代表基本信息、履职活动信息电子化管理。

更加注重意见建议督办。常委会不断完善代表建议办理工作机制，健全和完善代表重点建议领督办制度，创新代表建议“政府领导选、人大工委审、主任会议定”的新模式，确保更多优秀建议得到重点关注、重点解决。将代表在人代会、常委会及其他重要会议、活动中的审议发言等以正式公文形式转交“一府两院”及相关单位办理，办理情况纳入全县目标责任制考核范围。开展代表建议办理情况“督办月”和代表建议办理“回头看”活动，督促承办单位按时办结。代表建议办理质量不断提高，逐步从答复型向落实型转变。一年来，收到代表建议181件，代表对办理结果表示满意或基本满意173件，不满意8件，满意或基本满意率95.6%。

更加注重代表履职管理。制定《庆元县人大代表履职登记管理办法》，对代表出席人代会、提交建议案、参加代表联络站活动、与原选区选民和人民群众保持密切联系、参加人大常委会组织活动等方面作出具体规定。制定登记管理具体计分标准，让代表履职评定可量化。注重结果应用，履职情况向代表所在乡镇（街道）、单位反馈，并作为先进代表小组评选的重要参考。完善《人大代表联系人民群众的意见》，进一步明确了联系内容、联系方式、问题处理和联系要求。

六、围绕责任担当，着力提升自身能力素质

常委会始终坚持把思想政治建设摆在首位，加强学习，健全制度，履行法定职责，较好地发挥了工作机关和代表机关的作用。

加强服务中心意识。常委会领导认真落实县委交办的联系乡镇、企业等工作，分别在兰溪桥扩建工程指挥部、特色小镇建设指挥部、衢宁铁路建设指挥部、松源溪南北岸征迁指挥部、城市立面改造指挥部、新能源开发建设推进办公室担任总指挥、副总指挥和副主任，较好完成县委交办任务，有力推动了各项重点工作。人大常委会相关工委负责人、部分乡镇人大主席（副主席）抽调指挥部参与攻坚克难工作。县人大机关干部积极投身省级示范文明县城创建等中心工作，发挥应有作用。

加强制度机制建设。按照“实用、实际、实效”的原则，新出台《庆元县人民代表大会议事规则》等六项制度；修订《庆元县人民代表大会常务委员会组成人员守则》等七项制度，并着重抓好制度落实，做到以制度管权、管人、管事，促进了人大常委会机关工作规范化、制度化。修订完善宣传信息工作考核奖励办法，全年在省、市、县级新闻媒体上刊发我县人大工作理论文章及信息543篇，扩大了我县人大工作的影响力，2017年被省人大评为信息工作先进单位。

加强人大基层组织建设。积极配合县委贯彻落实《中共丽水市委关于进一步加强乡镇（街道）人大工作和建设的若干意见》，全县19个乡镇（街

道）设立人大办公室，配齐专（兼）职人大工作人员。加强乡镇（街道）人大工作指导，制定完善《县人大常委会关于加强乡镇（街道）人大工作的指导意见》和《县人大常委会关于指导乡镇（街道）人大工作的若干规定》，规范乡镇（街道）人大制度建设、会议程序、日常工作、代表活动。“一季一主题”召开乡镇（街道）人大工作例会，对乡镇一年两次人代会召开、民生实事项目代表票决制、视察、调查、评议以及选举等工作进行指导。实行人大街道工委向常委会报告年度工作制度。

各位代表，过去一年常委会工作所取得的成绩，是在县委正确领导下，全体人大代表共同努力的结果。在此，我谨代表县人大常委会，向全体代表、向所有关心支持人大工作的社会各界人士表示崇高的敬意和衷心的感谢！

回顾过去一年的工作，我们清醒地认识到，常委会工作与宪法和法律赋予的职责、与县委的要求、与人民群众对人大工作的期待仍有一定的差距，主要表现在：监督工作的针对性、实效性有待进一步加强；回应社会关切、推动相关问题解决需持续发力；代表闭会期间开展活动的广度有待拓宽；服务保障工作水平有待进一步提升等等，所有这些，都需要在今后的工作中认真加以改进。

2018年工作任务

2018年是全面贯彻落实党的十九大精神的开局之年，是改革开放40周年，是决胜全面建成小康社会、实施“十三五”规划承上启下的关键一年。在新的一年里，我们要高举习近平新时代中国特色社会主义思想伟大旗帜，深入贯彻落实十九大精神，坚持问题导向，找准监督选题，强化监督实效，在中共庆元县委的正确领导下，不忘初心、主动担当、躬行践履、积极作为，认真行使宪法和法律所赋予的各项职权，为与全省同步高水平全面建成小康社会、实现庆元绿色崛起贡献人大的智慧和力量。

一、突出中心大局，力求在推动绿色发展上有新作为

促进财政经济健康运行。审查和批准2017年度财政决算；听取和审议县政府关于2017年度县本级预算执行和其他财政收支情况的审计工作报告；听取和审议县政府关于庆元县2018年上半年国民经济和社会发展计划及财政预算执行情况的报告；听取和审查县政府关于2018年度政府投资项目资金预算的报告；听取审计结果整改落实情况的报告。

促进推动重大决策部署落实。听取和审议县政府关于“十三五”规划纲要实施情况的中期评估报告；听取和审查县政府关于县本级重大投资项目2017年计划执行情况及2018年计划草案报告；开展旧城改造、“一溪两岸”建设情况视察；开展农村土地“三权”分置改革调研；加强与上级人大的联动配合。

促进产业转型升级。围绕生态农业、生态工业、生态旅游业发展，开展提升食用菌产业发展情况调研；听取和审查县政府关于竹木产业转型升级的报告。

二、突出民生诉求，力求在增强监督实效上有新突破

强化民生实事监督。开展县体育中心和公共文化服务中心项目建设情况视察；开展学前教育调研；听取“双下沉、两提升”工作报告；加强对防灾减灾救灾工作和危旧房改造的监督检查；开展地质灾害“大搬快治”三年行动计划推进情况专题调研；推进乡镇（街道）民生实事项目代表票决制全覆盖；听取县政府关于民生实事项目办理情况报告；推动“最多跑一次”改革等工作有效落地。

强化法律法规监督。开展新修订《宗教事务条例》贯彻落实情况专题调研；加强规范性文件备案审查；认真做好人民群众来信来访工作；开展固体废物污染环境防治法律法规执行情况检查；落实县政府向县人民代表大会报告年度环境状况和环境保护目标完成情况制度；听取和审议

县法院关于执行工作开展情况的报告；组织法制（内务司法）委员会开展旁听法院庭审、视察基层派出所规范化建设等活动；继续坚持司法机关重要文件、特定案件和重大事项向人大常委会报告制度；听取县司法局关于人民调解工作的报告。

强化决定和任免监督。依法做好县人大常委会人事任免工作；跟踪监督县人大常委会2017年度做出的审议意见和人大决定的落实情况；完善局长履职评议制度，开展履职监督。

三、突出依法履职，力求在发挥代表主体作用上有新进展

优化服务保障代表履职。加强代表建议督办工作，健全代表建议督办工作机制；做好县十六届人大二次会议代表建议交办督办工作；继续实行重点建议县政府领导领衔办理、县人大常委会领导领衔督办制，并进行办理工作满意度民主测评；开展代表建议“督办月”等活动；深化“两站一平台”建设，让“线上”、“线下”代表履职服务平台和联络站同步发挥作用；开展人大代表监督治水APP应用平台运行工作，以信息化保障人大代表就近就便监督治水；加强人大常委会组成人员与代表、代表与选民的联系；积极开展代表向选区选民述职评议等活动。

优化活动发挥代表作用。围绕“干事创业推进年”这一主题，深化闭会期间的代表活动，在代表中开展“民生实事我参与”主题活动；引导县乡人大代表积极投身乡村振兴战略，在小城镇综合治理、征地搬迁、三改一拆、五水共治等重点工作方面带头示范；改进代表调研和视察方式，组织代表小组开展定向视察活动。

优化培训提升代表素养。加强代表思想政治作风建设、提高代表素质，鼓励和引导代表依法履职；开展人大常委会组成人员履职能力培训，提高议事效率和综合素质；举办乡镇人大代表履职培训班，增强代表履职能力和水平。

四、突出时代要求，力求在履职能力建设上有新提升

坚持人大工作正确方向。深入学习贯彻党的十九大精神，把坚持党的领导、人民当家做主、依法治国有机统一贯穿于人大工作全过程、各方面。不断增强学用系列讲话自觉性，牢固树立政治意识、大局意识、核心意识、看齐意识，在任何时候，任何情况下，始终同以习近平同志为核心的党中央保持高度一致。

坚持完善人大工作制度。进一步完善常委会议事决策机制，不断推进人大工作规范化、制度化，提高人大工作水平；严格落实党建责任和党风廉政建设责任制，认真落实中央八项规定和省、市、县委的有关要求，把纪律和规矩挺在前面，始终保持为民、务实、清廉的良好形象；加强对乡镇（街道）人大工作指导，继续坚持乡镇（街道）人大工作例会制度，丰富例会内容，探索创新召开方式方法，推动乡镇（街道）人大更好地开展工作；指导乡镇开好一年两次人代会和乡镇人大主席团会议；指导人大街道工委开好工作会议。

坚持人大理论宣传研究。加强政治理论学习，坚持常委会组成人员集体学习和机关干部每月集体学习制度，切实提升依法履职素质和能力；进一步加强对人民代表大会制度和人大工作的研究与宣传力度，不断丰富人大工作的理论与实践，推动人大建设和人大工作与时俱进；继续推进人大工作透明公开，接受社会公众监督。

各位代表，道虽迩，不行不至，事虽小，不为不成。新的方位开启新的实践，新的征程承载新的使命，新的时代展现新的作为。让我们更加紧密地团结在以习近平同志为核心的党中央周围，在中共庆元县委的正确领导下，以更加饱满的热情、更加昂扬的斗志、更加扎实的作风，砥砺奋进，笃定前行，为建设美丽“大花园”，勇争最美“花骨朵”，谱写“美丽幸福新庆元”壮丽篇章而努力奋斗！

政府工作报告

——在庆元县第十六届人民代表大会第二次会议上

庆元县人民政府县长　胡献如

（2018 年 3 月 7 日）

各位代表：

现在，我代表县人民政府向大会作政府工作报告，请予审议，并请各位政协委员和其他列席人员提出意见。

一、2017 年工作回顾

2017 年是中共十九大召开之年，是新一届政府履职开局之年。一年来，全县上下紧扣“生态立县、产业富县、开放兴县”战略，统筹抓好发展、改革、民生和政府自身建设等各项工作，经济运行稳中向好，社会大局和谐稳定，发展信心极大提振。全县地区生产总值 69.5 亿元，增长 7.5%；财政总收入 7.11 亿元，增长 12.3%；一般公共预算收入 4.2 亿元，增长 11.6%；城乡居民人均可支配收入分别达 33805 元和 15626 元，分别增长 8.2% 和 9.7%；三次产业结构优化为 11.7 ∶ 40.8 ∶ 47.5。规模以上工业增加值增长 6.5%；固定资产投资 58.42 亿元，增长 13%；社会消费品零售总额 35.81 亿元，增长 11.7%；外贸出口总额 7.92 亿元，增长 21.6%；绿色发展指数排名全市第三；较好完成了县十六届人大一次会议确定的各项目标任务。

（一）优化环境、完善功能，城乡面貌明显改观。坚持“建管治”并重，统筹优化城乡环境，“中国生态环境第一县”底色更加彰显。美丽县城加速推进。同步启动菇城宾馆、老二中和老林业局三个核心区块 4.9 万平方米旧城改造，提前实现 100% 签约和腾空搬迁，菇城宾馆区块安置房启动建设，实现“零强拆”“零上访”和谐征迁。庆中地下停车场、五薰路、后田绿地公园、石龙山•龙山公园（一期）等如期建成，镜山怡景小区、和家园、同心新村等项目顺利推进，城区沿街立面改造、濛洲街精品示范街等项目加快实施，完成建筑业总产值 17.35 亿元。建成松源溪慢行系统 5 千米，启动城市森林公园（一期）建设。完成 35 条背街小巷整治，依法取缔同德、同济马路市场，有效规范云山路疏导点，主城区市容环境明显提升。4 个特色小镇完成固定资产投资 24.76 亿元，百山祖避暑乐氧小镇生态古民居项目开工建设，香菇小镇被授予全国食用菌特色小镇示范单位。镇村面貌焕发新颜。小城镇环境综合整治完成 19 个乡镇（村）规划，创新采用 EPC 模式成效显著，黄田镇、竹口镇、百山祖镇、举水乡、安隆村、安溪村等以优异成绩通过省考核验收。“三改一拆”完成“三改”211.21 万平方米，拆违 106.5 万平方米，拆后利用率达 92.89%，蓝色屋面整治 24.56 万平方米，综合考核位列全市第一。新创成“无违建乡镇”和“基本无违建乡镇（街道）”9 个。全面完成城镇危房、农村 D 级危房和涉及公共安全的 C 级危房治理任务。“六边三化三美”整改重点点位 1104 个，整治菇棚 28.55

万平方米。开展庆元大道综合环境集中整治月行动，庆百公路创成省“双百”项目精品道路，庆元大道美丽乡村风景线、曹岭至百山祖彩色廊道建设成效初显。完成新窑、杨楼等历史文化村建设，开展黄坛、回龙、坑里等美丽乡村精品村建设。完成林相改造56.66公顷。全面清除松材线虫病疑似病株。庆元林场荣获“中国最美林场”“全国十佳林场”称号，庆元楠木森林公园被命名为省级森林公园。生态环境持续优化。围绕“三项全国领先”，到实施“811”美丽庆元行动，生态保护指数、生态环境状况指数位列全省第一。执行最顶格的生态标准，生态保护红线占县域面积45%。扎实推进“五水共治”，完成重点涉水项目投资1.25亿元，建成城镇污水管网18.13千米，河湖库塘清淤18.62万立方米，整治入河排污口34个，污水处理厂（二期）投入运营，连续17年出境水质达到或优于功能区标准。打赢“百日剿劣”攻坚战，全面完成散养生猪专项整治，全市率先剿灭劣Ⅴ类小微水体。农村生活污水治理工作获省三年绩效总评估优胜县称号。开展清新空气行动，强化工业烟尘和油漆废气治理，淘汰6蒸吨以下燃煤锅炉20台，更新改造加油站地下油罐26个，环境空气质量优良率99.2%，PM2.5年均值26微克/立方米。聚力做好中央和省环保督察各项工作，全面完成大坑区块整治。完成中央农村环境综合整治项目54个，县域环境质量不断提高。

（二）转型升级、量质并举，产业实力稳步提升。坚定产业富县道路，加快传统产业改造提升和新产业、新业态培育，生态经济质量进一步提高。生态农业蓬勃发展。大力实施生态精品农业“912”工程，创成市生态精品示范县，创建省级生态循环农业示范主体4个。食用菌产业全产业链和竹产业全产业链上榜全省示范性农业全产业链。香菇市场交易额达25.78亿元，“庆元香菇”品牌连续8年蝉联中国食用菌第一品牌。成功入选中国食用菌协会“信用食用菌主产区”试点单位。成功举办首届食用菌产业农超对接会。基本建成八三村岩头岗香菇标准化生产基地。新建毛竹林道和硬化竹林主干道各100千米。引进竹山中药材农业综合体项目，推进丰乐现代生态循环农业示范区建设，新建粮食功能区395.6公顷。抚育油茶、锥栗、香榧753.33公顷，林下套种中药材总量达136.53公顷。培育农产品旅游地商品生产经营主体55个、旅游地商品90个。新建“丽水山耕”合作基地125个，实现农产品销售额4.65亿元。“庆元香菇”“百山祖”香菇荣登首批省知名农业品牌百强榜，庆元香菇、灰树花、甜橘柚入选全国名特新优农产品目录。农业产业联合会改革有序推进，新培育省级以上农业龙头企业6家，数量位居全市第一。生态工业提质增效。出让工业用地22.13公顷，完成工业投资11.58亿元，23个项目开工建设，19个项目建成投产，省工业强县排名全市第三。成功创建全国首个国家级出口铅笔质量安全示范区，“中国铅笔生产基地”入选全国轻工业特色区域和产业集群创新升级示范区，竹制品行业列入省级“机器换人”智能化改造示范试点。制定小巨人企业培育、股改上市、总部经济等高含金量振兴实体经济政策。到实施以“精准服务企业、振兴实体经济”为主题的“双百”专项行动，创新推出“政企联心桥”活动，解决企业困难158个。屏都综合新区完成基础设施投资7806万元，金山大道（二期）、银山路、竹园路、北一路等主干道开工建设，亮化、排水、绿化等基础设施进一步完善。梦天木业老厂区完成收储，梦天高档木门智能化生产项目完成土地挂牌出让。投资6.8亿元的小微企业孵化园开工建设。完成“低小散”企业整治94家。新增国家高新技术企业2家、省级科技型中小企业14家，新正大漆业、三禾竹木入选省“隐形冠军”培育库。生态服务业亮点纷呈。实施涉旅项目44个，完成投资10.34亿元，旅游收入增幅连续5年全市前三，入选第二批省全域旅游示范县创建名单。百山祖景区提升工程顺利实施，巾子峰景区取得创4A“入场券”，西川景区开园试运行。车坑、月山、莲湖成功创建省3A级景区村庄，举水乡列入省旅游风情小镇创建名单。新培育车根13号、上庄小隐、缘来小筑等优质民宿，建成农家乐综合体5个、农家乐休闲旅游村（点）35个。开展“寻找庆元最美风景”等网络宣传活动158期，累计阅读量超过100万次。发起成立海西旅游联盟，举办乡村文化旅游季活动53场，开展诗画浙江庆元行高铁旅游专列活动。实现网络零售总额32.88亿元，连续5年入围“全国电商百佳县”。电商创业园开园运营，62家企业

（网店）入驻。成功引进阿里村淘项目，建成县级服务中心、菜鸟物流中心和17个村级服务点。来料加工实现年加工费2.6亿元。金融支持地方经济力度加大，新增存贷比达95.81%。着力防范和化解金融风险，金融形势持续稳定。引进萤火虫转贷基金，温州银行庆元支行开业。新增省股权交易中心挂牌企业3家，新设股份企业3家，意向主板上市签约企业3家，上市工作走在全市前列。

（三）扩大投资、强力攻坚，项目建设提速增量。牢牢抓住项目建设“牛鼻子”，创新机制破难题，多措并举抢进度，项目建设稳步推进。合力攻坚氛围浓厚。开展“绿色发展、百团大战”行动，调整完善“8+8”项目推进机制，落实“对标大比拼”工作要求，打响项目建设攻坚战等五大战役，推进106项重点工作，完成91项，完成率86%。开展“拔钉清障”“政策处理集中攻坚”等行动，交办任务53个，销号49个，五都大桥南引线、小微企业孵化园、火车站站前广场等项目政策处理难题得到破解。82个新建项目相继开工，实现“月月有项目开工，季季有项目集中开工”。重点项目有序推进。衢宁铁路庆元段完成投资4.67亿元，完成年度目标投资额的133%。庆元大道建成通车，实现一级公路“零”的突破。S329兰溪桥段公路改建工程开工建设。庆景公路、仙居至庆元公路庆元段、火车站连接线等重大交通项目前期取得实质性突破。兰溪桥水库扩建工程、杨楼溪水库及供水工程可研获省发改委批复。220千伏濛洲变电站扩建项目开工建设，110千伏屏都输变电工程建成投运。双苗尖风力发电场、马蹄岙电站扩容工程正式投入使用。百花岩风电场项目完成可研审查。招商引资成果丰硕。实施招商引资“五百”工程，强化“招商小分队”建设，完善全员全程全责抓招商机制和“6+X”评审机制。引进新项目44个，其中大项目6个，实际利用内资17.8亿元，浙商回归到位资金9.9亿元，实际利用外资900万美元。开展招商推介活动，成功举办两次大型招商项目签约大会，共签订项目27个，签约额112.38亿元，首次突破百亿大关。天宸农业公园、海丰花卉、安益新材料、汇联文具等一批大项目落地建设。与嘉善成功签约共建生态旅游文化产业园，庆元余村与安吉余村实现“南北余村”结对共建。

（四）以人为本、共建共享，民生福祉不断增进。坚持把人民群众对美好生活的向往作为施政方向，群众的获得感、幸福感进一步提升。社会事业持续进步。财政民生支出24.1亿元，支出占比达75.8%。完成教育项目投资1.93亿元，新五都小学投入使用，菊隆中学、安南小学等迁扩建工程加快实施。蔚文小学开始首届招生。高考成绩实现“六连增”。人民医院迁建项目前期有序推进，全市率先推行“1+1+X”医联体模式，创成省级卫生应急示范县。成功命名为国家卫生县城，新增5个省级卫生乡镇，启动省示范文明县城创建。实行主城区禽类“杀白上市”。“全面两孩”生育政策稳妥实施。县体育中心、公共文化服务中心、广播电视制作中心PPP项目动工建设。完成如龙桥、西洋殿文保单位修复，新建农村文化礼堂10家，建成全市首个县级家风馆。市运会成绩创历史新高，浙南片区运动会成功举办。液化天然气城市供应站投入使用，分时租赁电动汽车布设网点12个，投放汽车30辆。完成农村公路路面大中修、安保工程、提升工程98.4千米。社会保障持续提升。社会保险体系进一步完善，参保率和待遇水平继续提高，养老保险和医疗保险参保率分别达84.84%、98.66%。开办首家公建民营养老机构“康馨家园”，县社会福利中心（一期）完成主体工程，荷地社会福利中心动工建设。精准落实残疾人兜底保障政策，发放“两项补贴”1042万元。全力推进“大搬快治”，拆除房屋2011户，安置1689户5506人，同心新村、横山小区、蒲潭（二期）安置小区及星源跨村联建安置点超进度推进。全国地质灾害防治高标准“十有县”通过复查。317个村完成土地确权登记颁证，83个集体经济薄弱村成功“摘帽”，254个村集体经济收入均达10万元以上。社会治理持续加强。圆满完成“中共十九大”“世界互联网大会”“金砖五国会晤”等护航任务，实施大调解、大化解、大防控三大工程，一批信访积案得到攻坚化解。完善社会治安防控体系，推进“雪亮工程”建设，社会治安平稳有序。完善安全生产“1+X”责任体系建设，实现事故起数、死亡人数双下降。“七五”普法有序实施，全民遵法守法氛围更加浓厚。“五台合一”社会服务管理指挥中心获批国家级标准化试点。连续12

年荣获“平安县”称号，勇夺全省首批“平安金鼎”。

（五）深化改革、转变作风，政府运转更加高效。“最多跑一次”改革全市领先，率先实现“只进一家门，办成百家事”，率先推行政务服务大厅现场管理标准化建设，率先研发微信预审批系统，实现“最多跑一次”事项1230项，占比达96.2%，群众满意率达99.3%。基层治理“四个平台”有效运转，县乡两级综合信息指挥体系投入运行，技能型乡镇政府建设到实施。成功入选省清洁能源示范县创建名单，持续推进国家重点生态功能区、全国支持农民工等人员返乡创业、省级重点生态功能区小城市培育等试点建设。全国首笔林权不良贷款抵押资产成功拍卖。推出“星期天工程师”引才制度，深化与西安交大、浙江农林大学等高校战略合作，李玉院士专家工作站获评“全国示范院士专家工作站”。坚持依法行政，实现县乡两级政府法律顾问全覆盖。到推进“两学一做”学习教育常态化制度化，严格落实中央“八项规定”精神和“两个责任”，持续纠正“四风”“两局”，“三公”经费支出下降33.65%。强化政务督查，开展重点督查56次，涉及事项320件。坚持向县人大及其常委会报告工作，向县政协通报情况，全年办理人大代表建议181件、政协委员提案161件，办复率100%，满意和基本满意率分别为95.5%、99.37%。统计、审计、档案、民宗、侨务、外事、防汛防台、人民武装、人民防空等工作取得新进步。年度十件大事、十件民生实事较好完成。

各位代表，一年来成绩的取得，得益于我们始终坚持以人民为中心的发展思想，坚守生态底线，坚定不移走绿色发展之路、产业富民之路、开放推动之路、三美共建之路。得益于我们始终坚持功成不必在我的理念，不图虚名，苦干实干，集中精力办大事、惠民生，抓住关键补短板、谋全局。得益于我们始终坚持敢于全胜的担当精神，不等不靠、主动作为，攻坚破难、善作善成，干一件成一件。更得益于县委坚强领导、科学决策，人大、政协鼎力支持、共谋发展，全县上下同心同向、锐意进取。在此，我代表县人民政府，向全县广大干部群众，向全体人大代表、政协委员、离退休老同志，向公安干警、驻庆部队官兵，向所有关心、支持庆元发展的社会各界人士表示衷心的感谢和崇高的敬意！

在肯定成绩的同时，我们也清醒地认识到，庆元县经济社会发展中还存在不少矛盾和问题，主要是：发展质量和效益还不高；人民群众对高品质生活的期待与优质公共服务供给不足之间的矛盾明显，城乡环境改善、农民持续增收、学前教育补短板、加强社区管理等任务仍然较重；要素制约持续趋紧，资金筹措渠道变窄，财政支撑压力较大；传统产业改造提升还需加速，助工扶工氛围不够浓厚；党风廉政建设仍需常抓不懈，少数部门干部创新意识不强、担当不够、干劲不足。

对照2017年政府工作目标任务，仍有部分工作未完成或未达到预期目标。如：规模以上工业增加值、高新技术产业投资等指标与年度目标尚有差距；全县136个新建项目中书香院、香蕈大道（二期）、屏都综合新区屋顶分布式光伏发电等项目未如期开工；高速连接线县城过境段建设、“六边三化三美”、城市立面改造等工作还需加速。我们一定要高度重视这些问题，采取更加有力措施认真加以解决。

二、2018年政府工作的总体要求和目标任务

2018年是贯彻中共十九大精神开局之年，是改革开放40周年，是与全省同步高水平全面建成小康社会、实施“十三五”规划承上启下的关键一年。综观县域发展，我们仍处于赶越补课任务最为艰巨的历史时期，也是后发优势加快释放的发展机遇期，更是全县上下勠力同心、砥砺奋进的干事创业黄金期。一批事关长远发展的重大项目需要我们决战决胜，一批事关群众生活品质的民生实事需要我们集中攻坚，一批事关发展质量的生态产业需要我们加快培育。新一年工作意义重大、尤为关键，我们始终要保持锐意进取精神、保持昂扬激情斗志、保持破难前行勇气、保持奋发有为状态，确保高质量完成全年目标任务，实现争先进位大赶超。

各位代表！中共十九大宣告了中国特色社会主义进入新时代。2017年工作总体要求是：全面贯彻中共十九大精神，高举习近平新时代中国特色社会主义思想伟大旗帜，坚持稳中求进工作总

基调，牢牢把握高质量发展主题，到实施“生态立县、产业富县、开放兴县”发展战略，进一步坚定“绿水青山就是金山银山”的绿色发展路径，奋力建设美丽“大花园”、勇争最美“花骨朵”，蹄疾步稳、脚踏实地，对标先进、比拼一流，努力实现更高质量的经济发展、更可持续的生态文明、更有品质的城乡环境、更具质感的民生福祉，为与全省同步实现“两个高水平”奠定坚实基础！

综合分析当前的发展形势，结合我县发展实际，建议2018年全县经济社会发展主要预期目标为：地区生产总值增长7%，固定资产投资确保完成省市下达任务，规模以上工业增加值增长7%，服务业增加值增长9%，社会消费品零售总额增长10%，一般公共预算收入增长8%，城乡居民人均可支配收入分别增长8%、10%，节能减排完成省市下达目标任务。

实现上述目标，要切实把握好以下五方面：

紧扣擦亮“中国生态环境第一县”金字招牌，厚植绿色发展基因。秉持“绿水青山就是金山银山”发展理念，加快打开“两山”转化通道，让绿色发展成果惠及更多百姓。坚决制止损害生态环境的发展冲动，让呵护生态环境成为自觉行动，让环境保护观念入脑入心，确保生态环境持续优化。

紧扣县域综合实力提升，全力支持实体经济做大做强。以高质量为要求，强化政策引领，优化发展环境，促进新旧动能转化。全力推进竹木、铅笔、食用菌传统主导产业转型升级，有效培育生物科技、清洁能源等新兴产业，提升产业竞争力，增强县域发展内生动力和综合实力。

紧扣补齐基础设施短板，加快推进重大项目建设。当前我县处于赶趟补课发展期，基础设施欠账较多，要集中精力破瓶颈、补短板、强基础，推进城市、交通、水利、旅游、能源等一批重大项目建设，以决战决胜之势，全力夯实发展基础。

紧扣人民群众对美好生活的向往，努力供给更丰富的优质民生产品。顺应群众对高品质生活的需求，坚持民生供给优先，着力解决好人居环境、就医就学、交通出行、社会保障等现实问题，不断提升公共服务供给水平，让发展更有温度，让幸福更有质感。

紧扣激活要素活力，着力推进重点领域改革。统筹整合资源要素，创新运用投融资模式，搭建投融资平台，为发展提供坚实要素支撑。全面深化国有企业改革，盘活国有资产，通过市场化运营，激发强大活力，为新一轮发展赢得主动、抢得先机。

2018年重点抓好“六个聚焦”

（一）聚焦绿色发展，大力提质产业经济

做精生态农业。推动传统农业产业加速向现代农业产业转变，实现农林牧渔业增加值增长3%左右。完成丰乐现代生态循环农业示范区项目建设，确保粮食播种面积达9466.66公顷以上。扎实推进食用菌强县建设，出台食用菌产业全产业链提升实施意见，促进一二三产全方位提升。继续推进菇棚改造，建成五都村等食用菌标准化基地，食用菌种植规模保持1.1亿袋左右。加快香菇全球重要农业文化遗产申报，启动香菇申报“国菇”工作。加快珍贵树种造林推广，统筹推进“中国楠木城”建设。壮大高山蔬菜、茶叶、甜橘柚、余村蜜橘等特色产业，大力培育中药材、花卉等新兴产业。完成竹林道建设100千米。建设海丰花卉基地、天宸农业公园（二期）、御竹香中医药植物园、黄坛水干果园、吾田头农业观光园等农旅融合示范点。新建“丽水山耕”绿色有机农林产品基地1946.66公顷，新增母子品牌运作商标24个。新培育农业龙头企业8家、家庭农场20个。实施农业标准化提升工程，农业标准化生产覆盖率达63%以上。

做强生态工业。加快生态工业转型升级，当好高质量发展排头兵，努力打造山区生态产业发展示范县、“两山”转化标杆县。大力推进食用菌、铅笔国家级产业外贸转型升级基地和竹制品国家级质量提升示范区创建，加快竹制品行业省级“机器换人”智能化改造示范试点建设。用好小巨人企业培育政策，把梦天木业、双枪竹木等一批龙头企业培育成“品字标”企业，把鸿星文具、欧迪实业等一批优质企业培育成“隐形冠军”。实施“凤凰行动”计划，用足股改上市政策，加快推进主板上市意向企业上市步伐，完成企业股改1家、省股交中心挂牌4家。力争建成梦天高档木门智能化生产项目主体厂房，小微企业孵化

园建成投用，新增投产企业5家以上、“小升规”企业2家。屏都综合新区完成基础设施投资8500万元，建成金山大道（二期）、银山路、竹园路、北一路等主干道路，完成南二路、南三路等路网主体工程，实现“路网尽快成型、配套尽快完善、服务尽快提升”，启动三期项目前期。完成隆宫毛竹特色产业园主体工程，启动竹口洋源区块规划编制。创新精准服务企业载体，深化“政企联心桥”活动，开展“进企业、解难题、兴产业”专项活动，营造合力扶工浓厚氛围。

做优生态旅游业。全力创建省全域旅游示范县，加快打造江南一流生态旅游目的地。推进百山祖景区扩容提质，创成巾子峰4A级旅游景区、莲湖村3A级旅游景区，开展香菇小镇3A级旅游景区创建，新增24个、提升10个A级景区村庄。精致打造艺宿西川、浪漫月山、贤良最慢小镇等景区景点，加快培育旅游小镇集群。深化农旅融合发展，新增农产品旅游地商品生产经营主体24个，转化农产品旅游地商品24个，创建旅游地购物网点3个，旅游特色商业街投入运营。开展“旅游厕所革命”，加快完善景导系统，启动实施精品古道打造工程，谋划县级旅游综合集散中心。凯震大酒店投入营业，动工建设大洋湖生态休闲养生养老项目，推进黄皮湿地旅游基础设施建设，加快黄田竹海公园、茶木淤森林康养、蜂巢驻宿等项目落地，引进高端民宿10家。提升乡村文化旅游季品牌，拓展摄影、写生、会展、体育、研学和节庆等旅游业态，推动全域旅游特色化发展。

（二）聚焦生态宜居，全面提档城市品位

精心推动城市更新。以打造“一溪两岸”景观带为重点，持续大力度推进旧城改造和城中村改造，实现城市建设“一年一变样、三年大变样、五年换新貌”。加快建设菇城宾馆区块安置房，动工建设老二中区块。启动黄麻淤区块旧城改造，基本完成签约腾空。完成石龙街、松源街、江滨路、横城南路等路段城市立面改造，创成濛洲街精品示范街。推进和家园、书香院、翡翠公馆等房地产项目，新增出让商住用地4.66公顷以上。出台集体土地与房屋征收补偿办法、集体土地补偿安置暂行规定，完善城市更新征收政策体系。加快屏都综合新区居住及配套公共服务功能建设，不断提升城市承载力和宜居度。

精致完善城市功能。建成大济中路、小济洋公安大楼南北侧道路、同济新村入口道路，推进东环路、香蕈大道等城市路网建设，打通五都大桥南引线断头路。大力推进主城区地下综合管网改造，力争三年内实现截污纳管全覆盖；建成环卫综合基地，优化市政基础设施。推动城市景观再造，建成菇乡文化园（二期）、城市森林公园（一期）、气象主题公园，加快推进小济洋城市绿地公园、石龙山•龙山公园（二期）、城市夜景亮化工程、松源溪城市慢行系统，提升主城区整体形象。启动城镇危房第二轮排查，加快推进老城区、老街区、老旧小区水气电路、消防等配套设施改造，着力消除公共安全隐患。

精细提升城市管理。完成城市控规编制，推进综合交通、地下空间、“四线”等专项规划编制。聚焦垃圾分类、厕所革命、停车难、马路市场等“关键小事”，努力补齐影响群众生活品质的短板。实施城区生活垃圾源头减量、回收利用、处置能力提升等专项行动，探索建立垃圾分类运行体系。高标准新建独立式公厕2座，提升改造公厕1座，实行“一厕一人”保洁。开发小济洋、菇城宾馆、元帅公庙等新建区块公共地下空间。持续开展违法建筑整治专项行动，实行新违建即查即拆。巩固国家卫生县城创建成果，创建省级园林城市，完成省文明县城复评，夯实省示范文明县城创建基础。抓好市容“六乱”常态化整治，规划和建设一批农贸市场或疏导点，实施主城区禁燃烟花爆竹，不断提升城市文明水平。

（三）聚焦乡村振兴，致力提升镇村面貌

着力建设美丽城镇。推进小城镇环境综合整治，完成9个乡镇整治验收，实现城镇面貌大改观。加快特色小镇建设，香菇小镇大客厅项目基本建成主体工程，百山祖避暑乐氧小镇生态古民居项目完成投资2.5亿元，做好“三公山”“三公湾”、兰溪桥水库综合开发项目招商。加快竹韵小镇、铅笔小镇基础设施建设，提升产业集聚能力，招引更多企业入驻，推进镇园融合发展。加速推进“大搬快治”解危清零行动，建成同心新村、横山小区、蒲潭（二期）安置小区及星源跨村联建安置点，搬迁43处隐患点2210人；完成治理项

目19个，解危1785人，确保三年任务两年完成。完成屏都生态移民安居（黄弄）小区公共配套设施建设。开工建设竹口、黄田生态示范村居项目，引导人口向中心镇、中心村集聚。

着力扮靓美丽乡村。大力实施“乡村振兴战略”，全面落实“二十字”总要求，坚持“规划提升、环境提升、产业提升、治理提升”，高质量打造一批乡村振兴样板示范。打好“六边三化三美”工作扭转战，着力实施庆元大道景观提升工程，力争创成黄坛省级精品入城口、庆百公路省级精品示范道路、菊水至安溪市级美丽乡村风景线，启动会溪至巾子峰县级美丽乡村风景线建设。完成濛淤、崔家田等历史文化重点村建设，启动斋郎历史文化村建设，建成一批花样村庄、美丽乡村特色精品村、美丽经济示范村，建设乡村示范田园绿道1条，实现乡村面貌新提升。持续推进治危拆违，完成农村危房治理改造任务，实施“三改”60万平方米以上，拆违40万平方米以上，新创4个“无违建乡镇（街道）”，争创“基本无违建县”。完善村庄建设规划，修订农民建房管理办法，规范农民建房审批，加强农民建房管理监督。切实打好低收入农户增收攻坚战，确保低收入农户收入增幅10%以上。全面完成集体经济薄弱村转化任务，提升村集体造血能力。

着力优化美丽环境。坚持生态立县，全面开展国家生态文明建设示范县创建，谋划创建百山祖国家公园。完成第二次全国污染源普查和生态保护红线勘界定标。探索开展林业碳汇、排污权、水权等交易，推动建立生态补偿机制。健全生态环境保护综合督查长效机制，巩固提升中央和省环保督察成果。高标准推进“五水共治”，完善河长制，实施湖长制，聚力“污水革命”，着力创建污水零直排区，水环境功能区、省际交接断面水质、饮用水源水质达标率均达到100%。到实施大气污染防治行动，着力整治工业烟尘、油漆废气污染，延伸工业园区集中供热范围，确保环境空气质量优良率达99%以上。实施生态屏障环境监测网络工程，建成5个负氧离子监测站。继续加强松材线虫病防控工作，维护森林生态安全。启动垃圾焚烧发电项目，建成垃圾分类处理省级试点村15个，农村生活污水处理设施基本实现全运维。完成17个村的中央农村环境综合整治项目。

（四）聚焦基础改善，全力提速项目建设

加速打造综合交通网。完成综合交通基础设施投资8.15亿元，加快构建“西进东出、北连南接”大交通格局。加快衢宁铁路庆元段项目进度，动工建设火车站站房、站前广场及连接线工程。基本完成高速连接线县城过境段主体工程，加快S329兰溪桥段公路改建工程建设。推进仙居至庆元公路庆元段项目，开工建设杨楼溪水库段公路改建工程，加快五淤公路等项目前期，完成庆景公路初步设计，谋划庆寿高速公路、G528国道庆元段、浙西南景区化高速公路等工程。动工建设公交总站，新开通1条公交线路，提升公交便民水平。推进交旅融合发展，开通武夷山旅游大巴，加快通景公路建设，积极创建美丽经济交通走廊。加快“四好农村路”建设，完成农村公路路面大中修48千米、提升工程20千米、安保工程9.8千米，建成农村联网公路12千米。

加快完善水利设施网。开工建设兰溪桥水库扩建工程，开展移民动迁，动工建设安置地基础设施，完成投资3亿元。开工建设杨楼溪水库及供水工程，加快推进松源溪、竹口溪流域综合治理，完成庆元大桥至洋心桥段南岸慢行系统建设。加快农水设施建设，新增改善灌溉面积522.8公顷，完成山塘整治2座、水库除险加固1座，完成农村人口饮用水安全提升4.1万人。全面开展美丽河道建设，完成河道综合治理4.7千米、河湖库塘清淤5万立方米。完善防汛防台体系，建设气象防灾减灾标准化村（社区）17个。

加强保障能源信息网。完成城乡电网建设投资1.56亿元，建成投产220千伏濛洲变电站扩建工程，开工建设濛洲至宏山220千伏输电线路工程，升级改造57条35千伏以下线路和46个村电网。力争屏都综合新区分布式光伏发电等新能源项目动工建设。加快推进城市天然气主城区主管网建设，完成沁心园、银泰丽晶城等居民小区及新开发房地产项目天然气管网建设。加快城乡加油站规划布局，建设庆元大道路段加油站1座。增设新能源电动汽车站点，加快推进乡镇网点建设。建设公共WiFi二期，新建通信基站30个，夯实信息化设施基础。

（五）聚焦改革创新，不断提振发展动力

全面深化改革。加快推进国家重点生态功能区、全国支持农民工等人员返乡创业、省级清洁能源示范县、省级低碳示范县、市绿色发展综合改革创新区等改革试点。全面深化“最多跑一次”改革，推进“一窗受理、集成服务”，所有民生事项、企业事项实现“一次办结”，50%以上民生事项实现“一证通办”。推进企业投资项目专业代办服务全覆盖，实现企业投资项目开工前审批全流程最多跑一次。深化农村“三权”制度改革，基本完成农村土地确权登记颁证，全面开展农房确权登记。开展林业股份合作制改革试点，建立合作社或工商资本与林农长期分红模式。搭建森林资源动态监测信息化管理平台，建立森林质量评价体系。推进基本建设政府性资金管理，建立生态经济产业基金，推动政府生态产业发展基金实体运行。推进国企改革，整合城发公司、水发公司、旅发公司等国企资源，做强国有企业，拓宽融资渠道。

强化创新驱动。大力培育创新型企业，新增国家高新技术企业1家，科技型中小企业14家，战略性新兴产业增加值、高新技术产业增加值分别增长8%以上。到实施高层次人才扶持实施办法和“星期天工程师”引才制度，开展“智力返乡”“乡贤回流”等“庆才回归”活动，强化人才支撑，打造人才洼地。争创省级产业科技创新服务综合体，提升双枪竹新功能材料研究院、浙江省丽水食用菌技术创新服务平台等研发机构的技术创新能力。到实施知识产权战略，通过省知识产权示范县考评。

推进开放共享。到实施选商引资“一号工程”，强化争的意识、抢的劲头、引的力度，掀起大招商热潮。大力推进“庆商回归”，用好用活总部经济、重大非工项目招商办法等政策，力求植入性产业招引取得突破，生物科技、生物医药、食用菌精深加工等产业招商取得实效。以招大引强为着力点，高质量举办若干场招商推介活动，争取实际利用内资16亿元、浙商回归资金8亿元，新引进大项目5个。全面深化山海协作，谋划推进“飞地经济”。大力推进庆元—嘉善山海协作生态旅游文化产业园建设，深化庆元与安吉“南北余村”结对共建。提升金融服务水平，实施“虹吸工程”，做大做强资金池，人民币存贷比保持两位数增长。农村信用联社改制成农村商业银行。做优做强电商创业园，积极发展跨境电子商务，加快推进农村淘宝天猫优品等项目，实现网络零售总额40亿元。

（六）聚焦社会建设，着力提标民生服务

加快发展社会事业。实施教育质量提升工程，创成省教育基本现代化县。加快实施菊隆中学、安南小学等迁扩建工程，谋划实验小学分校、濛洲高中等项目前期。大力推进省级农村学前教育补短板改革试点，落实民办学前教育健康发展政策，提高公办园及等级园比例，全面提升办园品质。完成城北和同心幼儿园建设，谋划江滨、教场路、五都及小济洋等区块幼儿园项目。全面实施“健康庆元”战略，完善“双下沉、两提升”长效机制，深化医联体建设，推进山区巡回诊疗服务，提升基层医疗卫生服务水平。加快推进县人民医院迁建项目前期，完成荷地、安南等乡镇卫生院改造。创成国家级卫生乡镇3个、省级卫生乡镇4个。到推进计划生育服务管理改革，启动创建全国计划生育优质服务县。推进公共文化服务重点县建设，县体育中心、公共文化服务中心、广播电视制作中心完成投资1.5亿元，荷地、左溪、五大堡等乡镇文体中心站完成建设。新建8家农村文化礼堂，创建百村慈善爱心基金。加强文物点修缮保护，推进木拱廊桥申遗工作。推进“四提升四覆盖”全民健身工程，举办中国廊桥•庆元超级越野赛、浙江省智力运动会象棋赛。统筹推进民宗、档案、统计、气象等工作，促进各项社会事业协调发展。

全面提高社会保障。实施全民医疗保险制度，提高医疗保险报销标准，基本养老保险参保率达90%以上，实现残疾人意外伤害保险全覆盖。深化“互联网+社保”建设，拓宽社保卡应用领域，推动“一卡多用、一卡通用”。加快建立与经济发展水平相适应的救助资金同步增长机制，实施城乡一体化的最低生活保障制度，实现动态管理下的应保尽保。县老年活动中心投入使用，推进县社会福利中心（一期）公建民营，加快建设屏都、荷地等区域性社会福利中心。完成县残疾人托养

中心、救灾物资储备中心及救助管理站主体工程。加快谋划县城第二社会公墓。落实支持大众创业促进就业政策，城镇登记失业率控制在3.5%以内，实现更高质量和更充分就业。到开展“庆元无欠薪”行动，切实保障劳动者合法权益。推进省级食品安全县、农产品质量安全县创建，县食品药品农产品检验检测中心大楼投入使用。办好年度十件大事、十件民生实事、十件关键小事。

不断加强社会治理。深化大调解、大化解、大防控三大工程，优化社会服务管理指挥中心功能，扎实推进“平安庆元”建设，打造“全国最平安县城”，争创“星级平安金鼎”。加强同心新村等安置小区管理。到推进“雪亮工程”建设，全力开展扫黑除恶专项斗争，创新立体化社会治安防控体系。严格落实安全生产主体责任，统筹推进安全生产领域改革，坚决遏制重特大事故发生，确保人民生命财产安全。推进信访维稳及矛盾纠纷化解工作，促进社会和谐稳定。健全金融风险预警和处置联动机制，建立劳资纠纷解决长效机制。推进“七五”全民普法，完成行政复议体制改革。创新惠企便民服务载体，打造最佳营商法律服务环境。

三、全面加强政府自身建设

各位代表，新时代、新形势、新使命，对政府工作提出了新的更高要求。我们将以中共十九大精神为指引，增强“四个意识”，坚定“四个自信”，围绕“干事创业推进年”这一主题，转变作风提效能，奋力拼搏重落实，不断提高政府执行力，切实增强政府公信力，努力建设人民满意政府！

不忘初心、服务为民，切实优化发展环境。始终把人民对美好生活的向往作为政府工作的奋斗目标，坚持政府过“紧日子”，让群众和企业过“好日子”。以“最多跑一次”改革为抓手，深化各领域改革，实施流程再造，推进简政放权，优化发展软环境，提升群众对改革的获得感。深化技能型乡镇政府和乡镇“四个平台”建设，优化服务资源配置，提高基层治理能力。秉持“亲商、重商、爱商”理念，浓厚合力扶工氛围，激发企业家创业热情。

依法行政、科学决策，切实履行法定职责。坚持把依法行政作为政府工作的基本准则，严格按照法定权限和程序行使权力、履行职责。深化重大决策公众参与、专家论证、风险评估、合法性审查、集体讨论决定制度，提高决策科学化、民主化、法治化水平。自觉接受人大法律监督、政协民主监督，主动接受社会公众监督、新闻舆论监督，强化审计监督。认真办理人大审议意见和代表建议、政协委员提案，全力支持代表委员履行职责。

凝心聚力、一抓到底，切实强化实干担当。坚持把求真务实作为政府工作的基本要求，进一步深化“比学赶超、一线争先”的氛围营造，全面掀起干事创业新高潮。坚持目标导向和问题导向，集中精力谋大事、抓实事、解难事，以钉钉子精神做实做细做好各项工作。坚持把责任铭记心中，把担当扛在肩上，做到矛盾面前不回避，敢于动真碰硬；困难面前不退缩，敢于攻坚克难。强化政府执行力，不推不拖，不说“不”字。加强政务督查，不折不扣落实上级党委、政府和县委的各项决策部署。

牢记使命、干净干事，切实加强廉政建设。认真履行全面从严治党主体责任和“一岗双责”，严格落实中央“八项规定”及实施细则精神，驰而不息纠正“四风”，大力整治“庸懒散拖”等行为，建设廉洁高效政府。严格控制机构、人员编制，“三公”经费只减不增，努力降低行政成本，把有限的资金用在发展经济和改善民生上。加强重点领域和关键环节廉政风险防控，从源头上预防腐败，树立清正廉明的政府形象。

各位代表，新时代孕育发展的希望，新思想指引前进的方向，新征程激发奋斗的力量。让我们以中共十九大精神为引领，高举习近平新时代中国特色社会主义思想伟大旗帜，在中共庆元县委的坚强领导下，紧紧依靠和团结全县人民，以永不懈怠的精神状态和一往无前的奋斗姿态，不忘初心、牢记使命、埋头苦干，为与全省同步高水平全面建成小康社会，建设美丽“大花园”、勇争最美“花骨朵”而努力奋斗！

附件 1：

2018 年庆元十件大事

1. **推进衢宁铁路庆元段建设。**启动火车站站房工程建设，完成投资 3 亿元；开工建设火车站站前广场及连接线工程。

2. **加快重大水利基础设施建设。**开工建设兰溪桥水库扩建工程，开展移民动迁，动工建设安置地基础设施；开工建设杨楼溪水库及供水工程；松源溪流域综合治理工程完成河道整治 3 千米。

3. **加快高速连接线工程建设。**完成投资 1.12 亿元，基本完成县城过境段主体工程。

4. **大力推进旧城改造。**动工建设老二中区块，加快建设菇城宾馆安置房；启动黄麻淤区块旧城改造，基本完成签约腾空。

5. **实施乡村振兴战略。**完成 9 个乡镇小城镇环境综合整治验收；建设庆百公路、菊水至安溪、会溪至巾子峰等美丽乡村风景线；建设历史文化村 3 个，建成花样村庄、美丽乡村特色精品村、美丽经济示范村各 3 个；扎实推进食用菌、毛竹等主导产业提升，壮大高山蔬菜、茶叶、甜橘柚等特色产业，大力培育中药材、花卉等新兴产业，建设海丰花卉等 5 个农旅融合示范点，"丽水山耕"实现销售额 4.7 亿元。

6. **扎实推进屏都综合新区建设。**完成基础设施投资 8500 万元，建成金山大道（二期）、银山路、竹园路、北一路等主干道路，完成南二路、南三路等路网主体工程，启动三期项目前期；力争建成梦天高档木门智能化生产项目主体厂房，小微企业孵化园建成投用，新增投产企业 5 家以上。

7. **提速攻坚"大搬快治"三年行动。**建成同心新村、横山小区、蒲潭（二期）安置小区及星源跨村联建安置点，搬迁 43 处隐患点 2210 人；完成治理项目 19 个，解危 1785 人，确保三年任务两年完成。

8. **推进城乡电网建设。**完成城乡电网建设投资 1.56 亿元，建成投产 220 千伏濛洲变电站扩建工程，开工建设濛洲至宏山 220 千伏输电线路工程，升级改造 57 条 35 千伏以下线路和 46 个村电网。

9. **全力创建省全域旅游示范县。**加快推进百山祖景区扩容提质，创成巾子峰 4A 级旅游景区、莲湖村 3A 级旅游景区，开展香菇小镇 3A 级旅游景区创建，新增 24 个、提升 10 个 A 级景区村庄，举办乡村文化旅游季活动 40 场以上。

10. **实施食用菌全产业链转型升级。**出台食用菌全产业链提升实施意见，建成五都村标准化食用菌生产基地，改造提升标准化菇棚 10 万平方米，食用菌种植规模保持 1.1 亿袋左右；加快香菇全球重要农业文化遗产申报，启动香菇申报"国菇"工作。

附件 2：

2018 年庆元十件民生实事

1. **全面深化"最多跑一次"改革。**到推进"一窗受理、集成服务"，所有民生事项、企业事项实现"一次办结"，其中，80% 以上开通网上办理，50% 以上民生事项实现"一证通办"；下放 50 项以上事项到乡镇（街道）办理。

2. **积极推进教育事业改革发展。**创成省教育基本现代化县；菊隆中学迁建项目后勤区工程完工、教学区工程结顶；安南乡中心小学迁建工程（含中心幼儿园）主体结构基本完成建设；推进省级农村学前教育补短板改革试点，完成城北、同心、蒲潭 3 所幼儿园建设。

3. **加快推进城市面貌更新。**实施石龙街、松源街、江滨路、横城南路等路段城市立面改造，创成濛洲街精品示范街；建成菇乡文化园（二期）、城市森林公园（一期）、气象主题公园，加快建设石龙山·龙山公园（二期）；持续推进"一溪两岸"慢行系统建设。

4. **打赢低收入农户增收攻坚战。**确保低收入农户收入增长 10% 以上，完成 83 个集体经济薄弱村转化工作。

5. **提升社会保障水平。**实施城乡一体化的最低生活保障制度，实现动态管理下的应保尽保；提高医疗保险报销标准，基本养老保险参保率达 90% 以上，残疾人意外伤害保险实现全覆盖；争取农村小额保险参保率达 50% 以上，特殊人群参保实现全覆盖；建立山区巡回诊疗服务运行机制，开展巡回诊疗500场次。

6．加大城乡危旧房治理改造力度。开展城镇危房治理第二轮排查，完成农村C级危房治理改造3667幢6518户。

7．促进毛竹林提质增效。加强竹林基础设施建设，完成毛竹林道建设100千米；建设笋用毛竹丰产示范园2个；新增毛竹林林下经济20公顷。

8．加快“四好农村路”建设。完成农村公路路面大中修48千米、提升工程20千米、安保工程9.8千米，建成农村联网公路12千米。

9．大力推进主城区地下综合管网建设。推进山徐、咏归、西门等区块及濛洲街等主要街道地下综合管网改造2万米以上；完成沁心园、银泰丽晶城等居民小区及新开发房地产项目天然气管道铺设。

10．提升养老服务水平。县老年活动中心投入使用，县社会福利中心（一期）完成装修并推进公建民营，荷地社会福利中心主体工程结顶，屏都社会福利中心主体工程完成70%，打造示范型居家养老中心3个。

附件3：

2018年庆元十件关键小事

1．推进“厕所革命”，新建城区高标准独立式公厕2座，新建、改扩建旅游厕所13座，全面落实农村公厕保洁运维机制。

2．实施城区生活垃圾分类治理，启动农村生活垃圾分类处理试点。

3．开展“烟头不落地、菇城更美丽”行动。

4．开展斑马线前礼让行人行动。

5．开展城区占道行为整治。

6．增设城区停车位300个，规范城市停车管理，缓解主城区停车难。

7．加强公园、广场等公共场所噪音整治。

8．出台主城区犬类管理办法，规范主城区犬类饲养行为。

9．新增环卫工人爱心休息点5个。

10．庆元大道路段新建加油站1座。

附件4：

名词解释

1．EPC模式：即公司受业主委托，按照合同约定对工程建设项目的设计、采购、施工、试运行等实行全过程或若干阶段的承包。

2．“双百”项目：即省政府实施的全省“四边三化”行动“双百”项目创建，从2017年开始，在全省范围内每年创建百条省级精品道路和百个精品入城口。

3．三项全国领先：即生态环境质量、生态文化建设、生态制度保障全国领先。

4．“811”美丽庆元行动：即到2020年实现绿色经济培育、环境质量、节能减排等8个方面的目标，实施“五水共治”行动、大气污染防治行动、土壤污染防治行动等11项专项行动。

5．小巨人企业：即年产值在2亿元及以上或税收入库达到500万元及以上，且预期在未来5年实现企业产值和地方财政贡献增长年均15%以上的制造业企业。

6．“双百”专项行动：即通过百名领导联系百家企业，百名助理帮扶百家企业，精准解决一批影响和制约企业发展的突出问题。

7．品字标：即通过“浙江制造”认证的一个认证标识，体现“浙江制造”品牌至精、至诚、至远的核心价值，代表浙江质造、浙江创造、工匠文化和浙商精神的内涵特质。

8．隐形冠军：即社会知名度较低，但占据市场份额较大，有不可动摇的行业地位、丰厚的利润回报、稳定的员工队伍和高度创新精神的中小企业。

9．生态精品农业“912”工程：即市政府制定实施的生态精品农业“912”工程，到2020年，全市创建生态精品农业示范县9个、示范乡镇100个，培育提升示范企业200家、示范合作社200个、示范家庭农场200家、大学生创业典型200个、生态精品农产品2000个，带动农户20万户。

10．“8+8”项目推进机制：即建立庆元县兰溪桥扩建工程指挥部等8个指挥部和庆元县地质灾害综合治理“大搬快治”行动办公室等8大重点工作推进办公室，推进项目建设。

11．招商引资“五百”工程：即实现百名领导抓招商、组建百人专业招商团队、建立百名浙商庆商名人库、对接盯引百名有效客商、谋划包装百亿招商项目。

12．招商引资“6+X”评审机制：即由“6”（发改局、招商局、财政局、国土局、住建局、环保局）个单位 +“X”（项目责任单位、项目投资方），对招商项目可行性论证评审，确保项目决策科学化、规范化。

13．“1+1+X”医联体模式：医联体：将区域内的医疗资源加以整合，解决看病难问题。“1+1+X”：首个“1”指一家市级三甲医院，第二个“1”指一家县级医院，“X”指数家乡镇卫生院。

14．PPP：即政府与社会资本之间，为了提供某种公共物品和服务，以特许权协议为基础，彼此之间形成一种伙伴式的合作关系，并通过签署合同来明确双方的权利和义务，形成“利益共享、风险共担、全程合作”，以确保合作的顺利完成，最终使合作各方达到比预期单独行动更为有利的结果。

15．两项补贴：即困难残疾人生活补贴和重度残疾人护理补贴。

16．地质灾害防治高标准“十有县”：即从地质灾害防治工作“有制度、有机构、有经费、有预警、有监测、有评估、有避让、有宣传、有演练、有效果”等十个方面建设，并通过省国土资源厅验收的县（市）。

17．雪亮工程：即公共安全视频建设联网应用工作。

18．安全生产“1+X”责任体系：即安全生产组织领导责任体系，“1”为一个安全生产委员会，“X”为安全生产委员会下设的消防、建设工程等8个专委会。

19．基层治理“四个平台”：即综治工作、市场监管、综合执法、便民服务四个平台。

20．星期天工程师：即各级各类专业技术人才、经营管理人才通过事先联系利用星期天或节假日等业余时间，为民营经济、各类企业和政府部门提供各种无偿和有偿服务。

21．“凤凰行动”计划：即省政府2017年10月实施的以推进企业上市和并购重组为核心的“凤凰行动”计划，主要目标是经过4年（2017～2020年）努力，进一步巩固提升浙江省在资本市场上的全国领先地位，建设金融强省，企业上市和并购重组工作促进经济转型升级成效显著。

22．四线：即历史文化街区和历史建筑保护范围线、城市各类绿地范围的控制线、城市规划确定的城市地表水体保护和控制的地域界线、对城市发展有重大影响的城市基础设施用地的控制界线。

23．六乱：即乱停乱占、乱堆乱放、乱贴乱画、乱搭乱建、乱摆摊、乱竖牌。

24．乡村振兴战略“二十字”总要求：即产业兴旺、生态宜居、乡风文明、治理有效、生活富裕。

25．G528国道：即起点于浙江省衢州市龙游县，途经浙江省丽水市遂昌县、龙泉市、庆元县，福建省南平市政和县、建瓯市、顺昌县及三明市将乐县、泰宁县、建宁县，终点于江西省抚州市广昌县。

26．三权：即林权、土地流转经营权、农房产权。

27．飞地经济：即两个相互独立、经济发展存在落差的行政地区打破原有行政区划限制，通过跨空间的行政管理和经济开发，实现两地资源互补、经济协调发展的一种区域经济合作模式。

28．虹吸工程：即运用虹吸效应将县外资本引入，促进县域资金池做大做强，助推县域经济社会发展。

29．双下沉、两提升：即城市医疗人才和医疗资源下沉，提升基层医疗服务能力和群众就医满意度。

30．“四提升四覆盖”全民健身工程：即提升群众身边的体育场地建设水平，实现“15分钟健身圈”便民体育设施全覆盖；提升群众身边的体育组织水平，实现乡镇（街道）“1+5”体育社会组织网络全覆盖；提升群众身边的健身活动水平，实现常态化健身活动全覆盖；提升群众身边的健身指导水平，实现行政村（社区）各健身项目、社会体育指导员及乡镇（街道）体质测试网点全覆盖。

31．四好农村路：即建好、管好、护好、运营好农村公路。

中国人民政治协商会议
第九届庆元县委员会常务委员会工作报告

——在政协第九届庆元县委员会第二次会议上

庆元县政协主席　叶丽娅

（2018 年 3 月 6 日）

各位委员：

现在，我代表政协第九届庆元县委员会常务委员会，向大会报告工作，请予审议，并请列席的同志提出意见。

2017 年工作回顾

践行“两山”理论，共建美丽庆元。2017 年，县政协在中共庆元县委的坚强领导下，认真学习贯彻党的十八大、十八届历次全会以及十九大精神，深入学习习近平新时代中国特色社会主义思想，围绕县第十四次党代会确定的目标任务，紧扣两大主题，履行三大职能，强化忠诚担当，真诚服务群众，倾力助推发展，实现了新一届县政协工作的良好开局，为推进全县经济社会发展作出了积极贡献。

一、强化协商有作为，服务绿色发展

一年来，我们未雨绸缪，坚持协商在党政决策出台前和执行中，做到遇事多商量，有事好商量，为发展谋求最大公约数。

协商讨论议大局之政。九届一次全会期间，委员们和县委、县政府领导同堂议政，共商大计，对“一府两院”工作报告和计划、财政等工作报告开展广泛协商讨论，围绕工业经济发展、生态文明建设、交通事业发展、社会民生改善等畅所欲言，提出意见建议 107 条。十四届县委五次全会召开前，专门召开委员约谈会、社会各界代表座谈会，对美丽“大花园”建设行动方案从目标布局、生态保护、项目谋划等八方面提出建设性意见，做到知无不言，言之有物，为勇争最美“花骨朵”真情助力。

精准建言谋创新之举。全年召开主席会议 12 次、常委会议 6 次。专题听取县委、县政府工作通报，对生态文明建设“三项全国领先”之生态环境建设、全县战略性重大项目谋划等开展了重点协商。围绕《政府工作报告》十件实事落实情况、美丽县城建设与管理、卫生计生事业发展等热点问题提出了许多合理化建议。各专委会针对我县城市森林公园建设、生态产业基金管理等开展对口协商，为推动事业发展积极建言。

课题调研献睿智之策。敏锐把握我县经济发展的战略趋势，精心组织“加快我县制造业转型升级”重点课题调研，形成了关于加快我县制造业转型升级的建议案，提出了七方面 35 条对策建议，得到县委、县政府的高度重视。各专委会发挥调研主力军作用，组织开展杭广高铁线路走向、“小巨人”企业培育、食用菌全产业链提升、学前教育发展等课题调研，提交了 12 份调研报告，为党政科学决策倾力献智。

二、密集跟踪见成效，助推环境优化

一年来，我们从不懈怠，坚持监督在中心工

作推进时和落地后，做到监督必靠前，监督必到位，为发展营造最大动力场。

大跟踪“把脉”深化改革成效。连续两年跟踪督查行政审批改革。省委作出“最多跑一次”改革部署后，县政协第一时间关注跟进，将其列入年度重点工作计划，组织政协委员并配合市政协，先后视察县行政审批中心，现场检查“一窗受理、集成服务”等便民措施落实情况，协商破解改革顽疾。开展医药卫生体制改革、群团改革、教育现代化县创建等专题监督，提出人才队伍建设、资金保障、政策落地等方面的建议，助推了改革事业新进展。

大督查“问诊”美丽城镇建设。常委会走进竹口镇小城镇环境综合整治、地质灾害综合治理“大搬快治”工作现场，督进度，找问题，出对策。听取县政府关于城市特色营造建议案办理落实情况的通报，跟踪建言成果转化。副主席担任县城乡环境综合整治工作督导组组长，对全县的环境整治、农村生活污水处理设施运维管理、特色小镇建设等进行跟踪监督。积极参加省级示范文明县城创建，对乱搭乱建、占道经营等“六乱”问题提出整改意见，耐心劝导整治，促进了城乡环境新变化。

大联动“开方”治水成果巩固。三级政协联动，助推“五水共治”。开展“百名委员督百水”暨“干、查、督”行动，投身全县剿灭劣V类水和生猪散养整治。成立6个专项协调小组、6个监督小组，173名省市县政协委员担任监督员，深入一线监督30多场次，检查村庄80多个、河道100余条，发现大小问题143个，全部现场督促整改。开展“剿灭劣V类水·委员有话说”金点子征集活动，12条优秀金点子移交县治水办办理，主席会议专题听取金点子办理情况通报，确保了监督有始有终，赢得了“五水共治”新成果。

三、积极参政解民忧，促进社会和谐

一年来，我们牢记宗旨，坚持建言在民本民生关注点和聚焦点，做到社情无论巨细，民意不分大小，为发展奏响最美和谐音。

专项视察聚焦社会所盼。围绕美丽“大花园”建设、全域旅游项目建设等专题，主席会议先后视察了龙山·石龙山公园、双苗尖风力发电、巾子峰国家4A级景区创建等项目建设现场，提出视察监督意见。各专委会组织开展了美丽乡村建设、休闲旅游、少数民族企业发展等专题视察活动20余次，体现了政协心系民生的情怀。

社情民意反映群众所求。进一步健全工作机制，充实信息员队伍，调动委员撰写社情民意的积极性。委员们围绕庆元大道安全隐患、“全面两孩”政策下女教师扎堆生产等问题深入调查研究，撰写编报社情民意信息38篇，其中市级27篇，县级11篇。一条条社情民意，凝聚着委员的智慧和汗水，倾注了委员为民解忧的真情。

提案办理回应委员所呼。完善提案交办督办机制，通过政府领导领衔办理、政协领导领衔督办、提案办理“三见面”、常委会议听取办理情况通报、重点提案办理“回头看”和民主评议办理工作等系列措施，全面推进九届一次会议以来的155件提案办理，保障了提案办理质量，推动了工作落实。先后对《关于分步推进小微企业孵化基地建设的建议》等重点提案进行跟踪督办，力促小微企业孵化园开工建设，展现了委员助力发展的热忱。

四、联络联谊增情感，凝聚发展合力

一年来，我们求同存异，坚持团结在各方各界联络时和联谊中，做到密切交流通有无，集智聚力增共识，为发展画好最大同心圆。

多方联谊促进团结。加强与社会各界人士的联谊合作，邀请参与调研视察、协商议政、民主监督等活动。以举办世界丽水人大会庆元分会、吴三公朝圣大典为契机，组织引导委员积极参加各类活动，倾力推动“庆商回归”和“要素回流”。与台湾南投县少数民族参访团开展文化交流联谊活动，拉近了两岸同胞的情感。各专委会通过界别协商、乒乓球联谊赛等活动，增进了委员情感，活跃了工作氛围。

横向交流增进合作。配合省市政协做好特色小镇建设、养老机构改革、实施乡村振兴战略、生态旅游等工作督查或课题调研。与兄弟县政协，就新农村建设、庆寿高等级公路项目前期、企业发展、社会治理创新、美丽县城建设等工作进行广泛交流沟通，宣传推介了庆元，促进了地方合作。

征编文史资政育人。配合省市政协做好浙江发展变化、古村落楹联故事、丽水对外援建等文史专辑资料征编工作，报送文史资料8篇。积极参加丽水市政协系统第十一届书画作品联展、处州学派代表人物胡紘研讨会等，大力宣传我县历史文化。开展“大搬快治”重点村图片史料征集，创编《政协足音》，留记履职印迹。

五、恪尽职守勤服务，强化自身建设

一年来，我们强基固本，坚持提效在政协队伍学习中和业务上，做到既进德修业，又埋头苦干，为发展凝聚最强向心力。

在学习教育中武装思想。扎实推进“两学一做”学习教育常态化制度化和“干净干事创新业”专项活动，组织委员认真学习党的十九大和习近平总书记系列重要讲话精神，全国、省、市“两会”等重要会议精神，学习政协章程和统战理论知识。积极参加“我最喜爱的习总书记的一句话”微型党课比赛。发挥政协党组带头作用，严肃党内政治生活，坚定了为民服务的理想信念。

在遵章守纪中提升素质。主动压实全面从严治党和意识形态主体责任，严实推进党风廉政建设。认真学习贯彻《中国共产党廉洁自律准则》《中国共产党纪律处分条例》，不折不扣执行中央“八项规定”和省市县委各项纪律要求。加强制度建设，修订完善委员大会发言、专委会工作考核、委员履职评价等系列制度，不断改进工作作风，创建了风清气正的工作环境。

在真情服务中树立形象。用心服务委员，经常走访委员和委员所在单位，倾听对政协工作的意见建议，协调解决委员履职存在的困难和问题，当好委员的“娘家人”。真情服务群众，主席副主席深入联系乡镇（街道）、村蹲点调研。各专委会开展捐资助学、访贫问老、服务“三农”、赠送春联、“四送下乡”等活动，广接地气，密切联系群众。精准服务企业，积极融入“双百”专项行动，主动联系重点企业，关心商会和企业发展。助力重点项目建设，政协班子成员深入屏都综合新区、城市立面改造和兰溪桥水库扩建工程项目一线，研究政策，制定措施，协调关系。全体委员积极参与“绿色发展、百团大战”行动，体现了奋发有为的担当精神。

各位委员，过去的一年，我们脚踏庆元大地，胸怀社会民生，至真至诚履职，取得了有目共睹的成绩，树立了良好的社会形象。这是县委正确领导，县人大、县政府大力支持，各部门各乡镇（街道）以及社会各界热情帮助，各位老领导、老同志关心关爱的结果。在此，我谨代表九届县政协常委会，向大家表示衷心的感谢！

回顾历程，我们也清醒地看到，当前的工作与新时代人民政协协商民主建设的要求，与人民群众和广大政协委员的期盼还有差距，主要表现在：委员归属感和政协凝聚力还需进一步加强，政协机关力量还比较薄弱，政治协商渠道还需拓宽，民主监督方式有待创新，参政议政能力还要增强。这些都有待我们在今后的工作中认真加以改进。

2018年重点工作

党的十九大开启了决胜全面建成小康社会，夺取新时代中国特色社会主义伟大胜利的新征程。新时代呼唤人民政协有新气象新担当。我们要以“干事创业推进年”为载体，扛起使命，知行并重，以饱满的热情积极作为。2018年县政协工作的总体要求是：高举习近平新时代中国特色社会主义思想伟大旗帜，全面贯彻落实党的十九大对发展社会主义协商民主、加强人民政协工作的新要求，紧紧围绕“两个高水平”“两大历史使命”目标任务，深入实施“生态立县、产业富县、开放兴县”发展战略，突出绿色发展主题，抓牢转型升级主线，聚焦民生改善重点，坚持履职为民宗旨，凝聚“对标比拼”合力，不忘初心、牢记使命，切实提高政治协商、民主监督、参政议政水平，为推动实现“三个百亿跨越、三项全国领先、三大显著提升”，建设美丽“大花园”，勇争最美“花骨朵”贡献智慧和力量。

一、契合三个节拍，深入学习贯彻党的十九大精神。一是贯彻新时代思想，把牢政治站位。扎实开展“不忘初心、牢记使命”主题教育，把学习贯彻党的十九大精神和推进“两学一做”学习教育紧密结合，争当实践习近平新时代中国特色社会主义思想的排头兵。二是深化新论断认识，把握议政定位。深刻领会新时代社会主要矛盾发生历史性变化的新判断，坚持以人民为中心的思想，坚守政协履职为民的初心，确保履职方向和群众意愿同心同向。三是践行新使命要求，把准工作方位。坚定不移贯彻新时代人民政协协商民主建设新要求，始终做到县委工作谋划到哪里，政协智慧就汇聚到哪里；党政中心工作推进到哪里，政协履职就跟进到哪里，确保履职务实高效。

二、围绕三大重点，进一步开展协商议政。一是助力产业发展。继续重视加快制造业转型升级建议案协商成果的转化落实。围绕产业平台建设、企业技改创新、新兴产业培育、传统产业升级等方面深入调查研究，为振兴庆元实体经济、培育生态经济新引擎出谋献策。二是助力乡村振兴。按照2018年中央一号文件要求，着眼农业供给侧结构性改革，围绕打造旅游小镇、森林小镇、古文化体验三大集群，牵线“庆商回归”“要素回流”，重视“互联网+现代农业”、农旅融合、林下经济等新兴业态发展，关注东部乡村经济社会建设，对农村学前教育补短板改革试点等深入开展协商建言，助力打造乡村振兴庆元样板。三是助推环境优化。主动参与杭广高铁过境、衢宁铁路单幅改双幅、国家公园建设等战略性重大项目谋划。加强对生态环境保护机制建立、异地搬迁新建小区服务管理、“扫黑除恶”专项斗争等重点问题的调研协商。继续关注城市特色营造，开展“一溪两岸”城东段、东环路贯通、石龙新街东延、大济路北延、城市绿道建设、周墩村改造提升、天然气输气管道建设等社会热点问题的对口协商，为建设美丽“大花园”献良策。

三、精设三项载体，进一步压实民主监督。一是开展视察监督。把监督重点放在推动党政决策落实上，放在推进深化改革和生态文明建设上。跟踪“十三五”规划实施，聚焦重点项目建设、“最多跑一次”改革和关键小事等，持续开展视察监督，全力助推各项改革落地见效。二是开展提案监督。加强对提案办理和落实环节的监督。进一步完善县委、县政府领导领衔办理，县政协班子成员分工督办的工作机制，提高提案办理质量和水平，促进群众反映强烈、委员集中关注的问题有效解决。三是开展社情民意监督。完善激励机制，鼓励委员沉下身心调查研究。关注文明县城创建、城市管理、养生养老等热点问题，注重发现苗头性、倾向性情况，及时准确反映群众的意愿和呼声，更好地发挥社情民意信息“直通车”作用，弹好和谐美丽庆元建设协奏曲。

四、优化三个平台，进一步增进民主团结。一是优化联络联谊平台。大力支持和保障工商联、民主党派和社会各界参加政协活动。密切同党外知识分子、非公有制经济人士、新的社会阶层人士、出国和归国留学人员、港澳台侨人士的联系。继续加强与各级各地政协交流，促进沟通协作，拓宽工作视野。二是优化文史资政平台。发挥政协文史工作的独特功能，弘扬传统文化，增强文化自信，挖掘时代内涵，创新文化样式，强化收集整理，精编文史资料，力争多出精品，及时传奏庆元发展和谐乐章。三是优化服务群众平台。发挥政协委员专业优势，深入开展形势教育、政策解读、技术服务、项目咨询等活动。继续开展“四送下乡”、扶贫助困工作，密切政群关系，提高服务群众的实效。

五、带好三支队伍，进一步提升自身素质。一是带好委员队伍。加大委员走访密度，开展委员学习培训，严格日常管理和履职评价，增强委员的政协意识、角色意识和担当意识，充分发挥委员的主体作用。二是带好专委会队伍。支持专委会参政履职，为专委会之间、专委会和界别之间、对口单位与专委会之间的交流联系创造平台，提供帮助。完善专委会工作述职评议机制，强化专委会考核，切实发挥专委会的基础作用。三是带好政协机关队伍。牢牢把握全面从严治党和意识形态主体责任，增强“四个意识”，全面落实党风廉政建设责任制。充实完善政协机关内设机构，着力破解政协机关编制不足、人员短缺的问题。倡导实干苦干精神，强化责任担当，树立大局观念，提高服务意识，提升服务水平，努力打造“忠诚担当、实干高效”的政协机关，着力彰显新时代政协工作新气象。

各位委员，同志们：浩荡东风苏万物，无边春色催征程！让我们更加紧密地团结在以习近平同志为核心的党中央周围，高举习近平新时代中国特色社会主义思想伟大旗帜，在中共庆元县委的坚强领导下，不忘初心、牢记使命，凝心聚力、担当有为，为续写新时代人民政协事业新篇章，创造美丽、和谐、幸福新庆元而团结奋斗！

专 辑

2017 年庆元县国民经济和社会发展统计公报

庆元县统计局

2018 年 3 月 20 日

2017 年，面对错综复杂的国内外经济形势，全县上下牢牢把握高质量发展主题，深入实施“生态立县、产业富县、开放兴县”发展战略，进一步坚定“绿水青山就是金山银山”的绿色发展路径，奋力建设美丽“大花园”、勇争最美“花骨朵”，主动适应经济发展新常态，加快转型升级步伐，全县经济运行总体平稳有进，并呈现结构向好的发展态势。

一、综合

初步测算，2017 年全县生产总值 69.50 亿元，可比价增长 7.5%。其中，第一产业增加值 8.13 亿元，增长 3.6%；第二产业增加值 28.38 亿元，增长 5.5%；第三产业增加值 32.98 亿元，增长 10.5%。产业结构优化为 11.7 ∶ 40.8 ∶ 47.5。第一产业比重和第二产业比重比 2016 年分别下降 1.0 和 0.7 个百分点，第三产业比重比 2016 年提高 1.7 个百分点。人均 GDP 为 50306 元（折算为 7451 美元），增长 6.9%。

全年城镇新增就业 1209 人，帮助下岗失业人员再就业 452 人，帮助困难人员再就业 184 人。年末城镇登记失业率为 2.67%，有效控制在 3.5% 以内。

全年实现财政总收入 7.11 亿元，增长 12.3%，地方财政收入 4.20 亿元（见图 1），增长 11.6%。全年财政支出 31.78 亿元，增长 18.9%，其中民生支出 24.10 亿元，增长 23.4%。

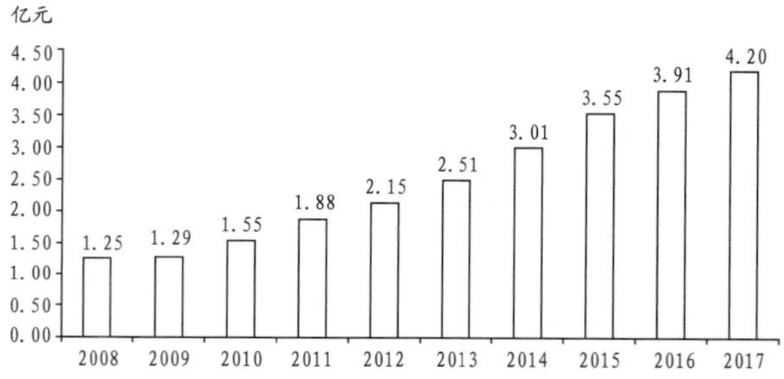

图 1　2008—2017 年地方财政收入图

二、农业和农村建设

全年完成农作物播种面积 12182 公顷，比 2016 年下降 0.6%。其中粮食作物播种 8442 公顷，同比下降 1.8%；全年粮食作物产量达到 49714 吨，同比增长 0.4%。（见表 1）

全年食用菌产量 7927 吨，下降 1%，其中香菇产量 5446 吨，下降 1.9%；黑木耳产量 1918 吨，下降 1.3%。蔬菜产量 52012 吨，增长 4.2%。茶叶产量 536 吨，增长 2.9%。水果产量 14589 吨，增长 7.9%。

全年木材采伐 81095 立方米，同比增长 11.8%；毛竹采伐 1985 万根，同比下降 2.4%。

全年生猪存栏 2.16 万头，比 2016 年下降 27.8%，生猪出栏 4.25 万头，同比增长 13.6%；

家禽年末存栏18.86万只，同比下降10.7%，家禽年内出栏36.56万只，同比下降13.1%。

2017年主要农产品产量统计表

表1

指标	2017年产量（吨）	比2016年增长（%）
粮食	49714	0.4
食用菌	7927	-1.0
其中：香菇	5446	-1.9
蔬菜	52012	4.2
茶叶	536	2.9
水果	14589	7.9
其中：柑橘	9688	9.7
笋干	919	6.9

镇村面貌换新颜。小城镇环境综合整治完成19个乡镇（村）规划，创新采用EPC模式成效显著，黄田镇、竹口镇、百山祖镇、举水乡、安隆村、安溪村等以优异成绩通过省考核验收；“三改一拆”完成“三改”211.21万平方米，拆违106.5万平方米，拆后利用率达92.89%，蓝色屋面整治24.56万平方米，综合考核位列全市第一；全面完成城镇危房、农村D级危房和涉及公共安全的C级危房治理任务；“六边三化三美”整改重点点位1104个，整治菇棚28.55万平方米；续建同心新村，新建横山小区和淤上蒲潭二期安置小区，启动黄田和竹口农居点建设，积极推进生态搬迁扶贫改革，推行货币化补助安置政策；全年完成地质灾害避让搬迁（已拆除旧房）1702户5813人；实施农村生活污水治理项目提标改造工程，完成111个村的提标改造工作；扎实推进美丽乡村精品村建设，提升巩固2016年度美丽乡村精品村7个，新建黄坛、回龙、蔡段等美丽乡村精品村建设3个。多措并举助增收。全年组织开展针对性的农民培训1433人，进一步拓宽就业渠道；认定新一轮低收入农户7736户、14043人，占农村户籍人口的8.1%。全年落实400万元扶贫资金，根据低收入农户的产业发展需求，按照“一类一政策、一户一办法”的要求，通过“菜单式”精准帮扶，助推低收入农户增收，2017年全县低收入农户人均可支配收入达到10994元，增长16.2%；加速推进全域旅游，全年农家乐民宿共接待游客218.98万人次，同比增长22.4%，营业总收入14602.1万元，同比增长31.8%，涌现出上庄小隐、缘来小筑等一批精品民宿点。

三、工业和建筑业

全年规模以上工业总产值同比增长11.4%，其中新产品产值比2016年增长42%，新产品产值率为32%。全年规模以上工业增加值增长6.5%。全年规模以上工业高新技术产业增加值增长9.2%。

规模以上工业销售产值同比增长6.8%，其中出口交货值同比增长7.2%，出口交货值占销售产值的比重为11.2%，比2016年提高0.8个百分点。产品销售率93.3%，比2016年下降4个百分点。利税总额、利润总额比2016年分别增长5%和2.8%。

全年建筑业增加值6.60亿元，比2016年增长3.5%。全年19家资质以上建筑完成总产值17.35亿元，增长18.2%，实现利润总额0.25亿元，比2016年下降13.8%。

四、固定资产投资

全年完成固定资产投资58.42亿元，比2016年增长13%（见图2），国有投资38.96亿元，增长7.4%，占固定资产投资的66.7%。在固定资产投资中，第一产业投资1.28亿元，增长438%；第二产业投资11.58亿元，下降22.2%，其中制造业投资9.20亿元，与上年基本持平；第三产业投资45.56亿元，增长24.6%。全年固定资产投资项目197个，比2016年增加26个，其中，新开工项目120个，比2016年增加1个。

全年房地产开发投资3.0亿元，同比上升9.6%。商品房销售面积4.2万平方米，上升8.2%。

五、国内贸易

全年社会消费品零售总额35.81亿元，比2016年增长11.7%（见图3）。其中，县城消费品零售额21.99亿元，比2016年增长13.1%；农村市场消费品零售额13.82亿元，增长9.6%。分行业看，批发零售贸易业零售额33.06亿元，增长 11.0%；住宿餐饮业零售额 2.75 亿元，增长 20.8%。

六、对外经济

全年进出口总额为 80389 万元，比 2016 年增长 23.4%，其中出口 79153 万元，增长 21.6%。从出口产品看，文体用品出口 25238 万元；香菇出口 11849 万元；干牛肝菌出口 4818 万元；干木耳出口 3253 万元；从出口市场看，亚洲、欧洲、非洲是主要出口地，分别出口 38397 万元、18922 万元和 2025 万元。

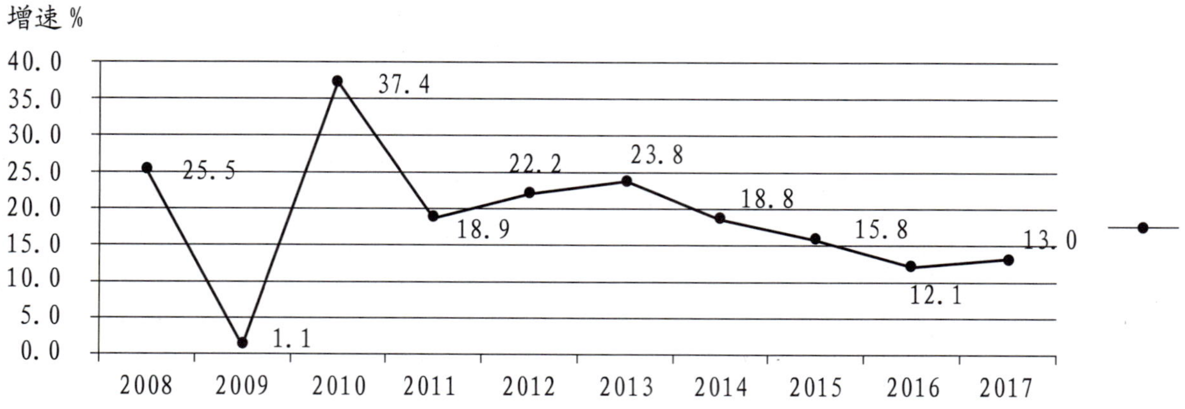

图 2　2008—2017 年全社会固定资产投资情况图

七、交通运输、邮电和旅游

全年交通运输、仓储和邮政业增加值 1.16 亿元，比 2016 年增长 4.3%。全县公路养护总里程 1579.867 千米，按技术等级分：高速 21.214 千米；一级公路 18.5 千米，二级公路 105.13 千米，三级公路 130.771 千米，四级公路 602.659 千米，准四级公路 701.591 千米。

全年完成货运量 259 万吨，增长 3.2%，货物周转量 41633 万吨千米，增长 5.3%；客运量 102 万人，下降 21.5%，客运周转量 5753 万人千米，下降 18.1%。

全年邮电业务总量 12258 万元，增长 8.2%。其中，邮政业务总量 2363 万元；电信业务总量 9895 万元。

年末固定电话用户 1.62 万户，其中城市电话用户 1.21 万户，农村电话用户 0.32 万户；移动电话用户 17.13 万户。年末互联网用户数为 44426 户，比 2016 年新增 6291 户。

全年实现旅游总收入 19.25 亿元，比 2016 年增长 31.6%，其中，国内旅游收入 19.21 亿元，增长 31.7%。

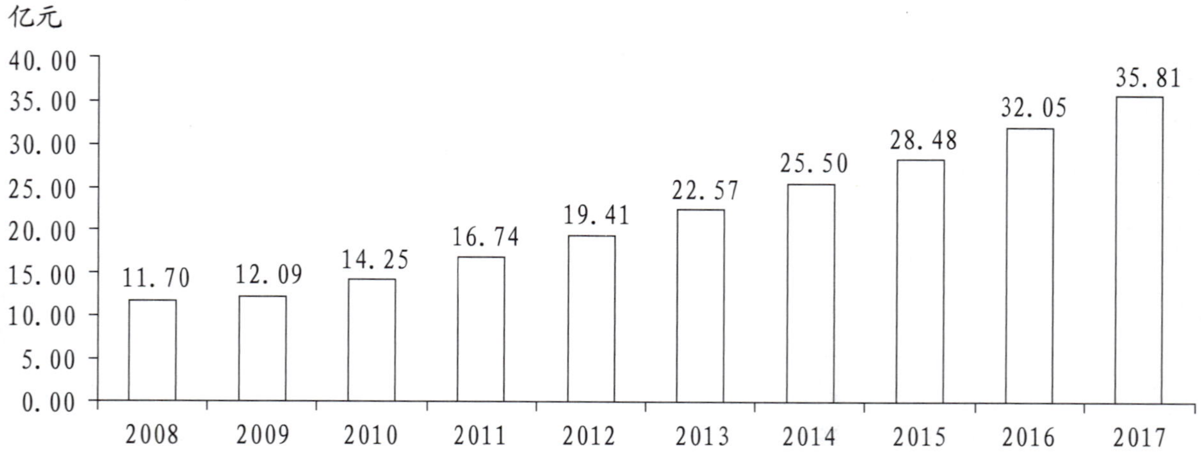

图 3　2008—2017 年消费品零售总额统计图

八、金融、保险

年末金融机构人民币各项存款余额111.38亿元，比2016年末增长8.2%。其中，住户存款余额66.12亿元，比2016年末增长11.5%。人民币各项贷款余额91.76亿元，比2016年末增长9.6%。人民币存贷比82.4%,比2016年末增长1.1个百分点。

全年保险业实现保费收入18375.15万元，比2016年增长4.7%。其中，财产险保费收入7643万元，比2016年增加1.7%；人身险保费收入10732万元，增长7.0%。支付各类赔款及给付6996万元，增长17.4%。其中，人身险赔付2435万元，财产险赔款4561万元。

九、教育和科学技术

全县拥有普通中学10所，招生2648人，在校学生数7522人，毕业生2372人。拥有中等职业中学1所，招生641人，在校生1966人，毕业生682人。拥有小学18所，招生1316人，在校生9796人，毕业生1959人。年末全县有幼儿园29所，在园幼儿4684人。

全年专利申请量586件，专利授权量403件，其中发明专利20件。

十、文化、卫生和体育

文化惠民活动丰富多彩。县图书馆、县文化馆、博物馆、各乡镇文化站常年免费对外开放；全县共举办70场“乡村春晚”和1场“乡村春晚”精品节目会演；“喜迎十九大”第十届农村文艺会演圆满完成，举办2场农村文艺会演总汇演；先后协助举办全民阅读节的阅读晚会、全县乡镇、街道干部大合唱比赛、“非物质文化遗产日”系列活动、“爱上浙江话，方言向前冲”方言大赛庆元站、“光辉历程，永恒记忆—喜迎十九大庆元红桥摄影诗文展”“不忘初心　牢记使命”庆元县宣传贯彻党的十九大精神专场文艺演出等主题文艺演出展览20余场；“三送一走一流通”惠民工程完成送戏下乡114场、送书下乡10000册、文化走亲8场、送电影下乡3200余场，免费培训、指导群众文艺活动近2500余人次。

年末全县共有医疗卫生机构142个，其中：医院、卫生院20个，妇幼保健院（所、站）1个，疾病预防控制中心（防疫站）1个，卫生监督所（中心）1个。卫生技术人员1080人，其中执业医师和执业助理医师437人，注册护士369人。

体育健身运动精彩纷呈。在丽水市第四届运动会上，庆元县代表团竞技体育部在金牌、奖牌、团体总分均排名全市第五，大众体育部在金牌、奖牌、团体总分均排名全市第六，并获得体育道德风尚奖，在竞技体育部游泳项目，大众体育部门球、篮球项目上有较大突破；浙江省健身气功心法培训提高班在庆元县开班，来自全省各市县学员120余人参加培训；浙江省全民健身浙南片区运动会在庆元县淤上乡举行，来自全省各地共28支代表队近300名运动员参赛；先后组织举办全县迎“三八”趣味运动会、庆元县登龙头山爬山比赛、庆元大道山地自行车赛等赛事10余场，11月～12月举办庆元县首届机关运动会，丰富了群众体育的生活，提升全民健身的整体氛围。

十一、人口、人民生活和社会保障

年末全县户籍人口20.55万人，比2016年减少396人。其中，男性人口10.60万人，女性人口9.95万人，分别占总人口的51.6%和48.4%。全年出生人口2758人，出生率为13.4‰；死亡人口1885人，死亡率为9.2‰；自然增长率为4.2‰。

2017年末户籍人口数及其构成表

表2　　　　单位：人

指　标	年末数	比重%
全县总人口	205480	100.0
其中：男性	106013	51.6
女性	99467	48.4
其中：0～17岁	40690	19.8
18～35岁	42271	20.6
35～60岁	86630	42.2
60岁以上	35889	17.5

根据对全县城乡住户抽样调查，全年城镇

居民人均可支配收入33805元，农村居民人均可支配收入15626元，分别比2016年增长8.2%和9.7%。城镇居民人均消费支出21893元，农村居民人均生活消费支出11477元。年末城镇居民人均住房建筑面积50平方米，农村居民人均居住面积61平方米。

机关事业养老保险参保8527人，其中离退休人员2196人；企业职工养老保险参保41415人，城乡居民社会养老保险参保67946人，共计新增2635人（其中企业职工养老保险新增1870人）；职工基本医疗保险参保20477人，净增1911人；城乡居民医疗保险参保160381人，新增5506人；工伤保险参保37944人，净增7098人；生育保险参保15243人，净增870人。2017年全县低保对象6211人，其中城镇312人，农村5899人，平均保障标准为城镇月人均补助387元/人、农村月人均补助317元/人。在册五保对象262人，集中供养85人，集中供养率32.44%。

十二、资源、环境保护和社会安全

全年降雨量1535.6毫米，比2016年减少27%。全年平均气温为18.7℃，与上一年持平。全县水资源总量23.23亿立方米。2017年农户林权信息和森林资源建档率达99.1%，累计发放林权抵押贷款18.5亿元，盘活森林资源77万亩。

全年二氧化硫年平均浓度为0.006毫克/立方米，二氧化氮年平均浓度为0.012毫克/立方米，可吸入颗粒物（PM10）年平均浓度为0.039毫克/立方米，一氧化碳年平均浓度为0.8毫克/立方米，臭氧日最大八小时滑动值年平均浓度为0.060毫克/立方米，颗粒物（PM2.5）年平均浓度为0.026毫克/立方米。县城环境空气质量达到Ⅰ级天数的有234天，Ⅱ级123天，Ⅲ级2天，Ⅳ级1天，Ⅴ级0天。Ⅰ、Ⅱ级（优良）天数为99.2%，整体空气质量状况良好。全县各河段的水质均符合功能区标准，水质良好；兰溪桥水库饮用水源地的各项指标均符合《地表水环境质量标准》Ⅱ类水要求；县城区域噪声昼夜等效声级为52.5分贝，符合声环境质量标准。

全县平安浙江满意率为98.69%。2017年，全县发生各类事故8起，死亡7人。其中，工矿商贸领域发生事故1起，死亡1人。道路交通领域发生事故7起，死亡6人。未发生较大及以上生产安全事故和生产经营性人员伤亡火灾事故。

注：（1）本公报所列各项数据为年度初步统计数据。

（2）全县生产总值和各产业增加值绝对数按现行价格计算，增长速度按可比价格计算。

大事记

2017年庆元县大事记

1月

4～5日　市委常委、纪委书记方向一行到庆元县检查考核全面从严治党主体责任落实情况。

5日　省慈善总会副会长乐益民到庆元县走访慰问生活困难的留守儿童及困境儿童家庭。

10日　省军区参谋长周志斌一行到庆元县看望慰问武警西安工程大学副校长陈文标家属。

10日　市人大常委会副主任杜光旻到庆元县看望慰问困难群众和老党员。

10日　越南社会主义共和国驻上海总领事馆领事范仲诗到庆元县对在庆元越南公民进行探视。

12～13日　庆元创建国家级出口铅笔质量安全示范区接受国家检验检疫总局验收专家组考核验收，并通过审核验收，成为全国唯一一个国家级出口铅笔质量安全示范区。

18日　省委组织部人才办副主任张朝雄一行到庆元县调研食用菌产业人才培育开发项目。

19日　副市长陈景飞到庆元县调研道路交通、旅游业、小城镇环境综合整治等重点工作开展情况。

19日　省发改委副主任翁建荣率领省发改委城乡体改处、综合体改处、社会体改处相关负责人到庆元县调研。

2月

3日　庆百公路义务植树活动举行。

4日　市委常委、军分区政委范金华到庆元县调研美丽乡村建设工作。

16日　省商务厅厅长周日星一行到庆元县调研商务经济工作。

19日　市委常委、组织部部长方健忠到庆元县调研组织工作。

19～23日　政协第九届庆元县委员会第一次会议、庆元县第十六届人民代表大会第一次会议分别在县城召开。

3月

1日　省司法厅党委书记、厅长马柏伟到庆元县调研司法行政工作。

6日　副省长冯飞到庆元县调研工业经济和科技工作。

6～7日　省信访局副局长邵根宝率省综治平安建设考核组到庆元县考核2016年度平安建设（综治工作）。

7日　市人大常委会副主任陈志雄率专题调研组到庆元县调研侦查监督工作情况。

8日　省民政厅厅长王剑侯、副厅长余强一行到庆元县调研民政工作。

10日　陕西省商洛市人大农业与农村工委主任汤洪新一行到庆元县考察学习食用菌产业发展情况。

11日　江西省丰城市委常委谢友根到庆元县考察学习特色小镇、休闲农业和乡村旅游建设方面经验做法。

13日　市人大常委会主任虞红鸣，市中级人民法院党组书记蒋卫宇，市人民检察院检察长过孟超一行到庆元县征求市人代会各项工作报告（征求意见稿）意见。

14～15日　省政协文史编辑部副主编姚立军到庆元县开展“浙江古村落楹联集萃”征集工作调研。

15日　市委常委、副市长任淑女到庆元县组织召开2017年市政府工作报告征求意见座谈会。

16日　市督导组到庆元县督导村和社区组织换届工作。

16～17日　省政协常委、民进省委会常委庄志清到庆元县调研。

20日　全县领导干部会议召开。

20日　市咨询委主任、市政协原主席张向北到庆元县调研。

31日　市人大常委会委员、财经工委主任谢志伟到庆元县调研加强政府重大投资项目监督工作。

31日　庆元连续十二年获得“平安县”称号，并获平安建设最高荣誉——“平安金鼎”。

4月

6日　全市首个县级家风馆——庆元县家风馆开馆仪式在濛洲街道大济村举行。

10日　省委常委、公安厅厅长徐加爱到庆元县调研公安工作。

10日　市人大调研组到庆元县开展立法论证调研工作座谈会。

11日　福建省寿宁县政协副主席缪存万到庆元县考察学习城区空间拓展暨停车场建设与管理的做法和经验。

11～13日　省督察组到庆元县督察指导剿灭劣Ⅴ类水工作。

12日　九景衢铁路浙江有限公司总经理何晓、副总经理杨晖到庆元县对接衢宁铁路庆元段项目建设。

25～27日　省林业厅副厅长杨幼平到庆元县督察“五水共治”、“三改一拆”及小城镇环境综合整治工作。

26日　省妇联副主席童丽君率省换届工作督导组到庆元县督导村社换届工作。

5月

8日　市委常委、组织部部长方健忠到庆元县开展调研。

10日　市人大常委会副主任陈建波一行到庆元县调研重大投资项目和宗教场所监管情况。

10～11日　浙建集团董事长、党组书记沈德法一行到庆元县考察洽谈投资项目。

15日　副市长、景宁县委书记陈重率景宁县党政考察团到庆元县考察。

17日，省委副秘书长、省农办主任章文彪到庆元县调研小城镇环境综合整治、美丽乡村建设等工作。

22～23日　新疆生产建设兵团第一师十三团总会计师侯民伟率党政考察团到庆元县考察基层党建组织工作及美丽乡村建设、特色小镇建设工作。

24日　市卫计委副主任王峰到庆元县调研“双下沉、两提升”、医疗联合体建设、医疗责任险及县级中心血库建设等工作。

25日　省编办督察组到庆元县督察“最多跑一次”改革和基层治理体系“四个平台”建设工作。

6月

1日　双苗尖风电场正式投产发电。该项目是庆元县第一个省重点新能源项目，2015年6月25日由华能新能源股份有限公司投资开工建设。项目总投资3.6亿元，设20台单机容量为2兆瓦的风电机组，总装机容量为40兆瓦。

1～2日　求是杂志社到庆元县考察。

7日　市委常委、组织部部长方健忠到庆元县调研基层党建、村级组织换届等工作。

8～9日　市委常委、宣传部部长葛学斌到庆元县调研。

10日　“庆元大道”开通仪式举行。

10日　市委常委、常务副市长林亮到庆元县调研美丽公路建设、“最多跑一次”改革等工作。

14～15日　省司法厅党委委员、副厅长马时明到庆元县调研结对帮扶工作。

19日　市农业局局长李伟立率督察组到庆元县督察农口重点工作。

20日　抚州市资溪县人大常委会副主任、政府党组成员、工业园区党工委书记邵吉明到庆元县学习考察毛竹加工产业发展情况和产业园排污设施建设情况。

20～21日　省委副书记、代省长袁家军到庆元县调研，走访慰问老党员和困难党员。

21～22日　市督察组一行到庆元县开展生态工业和服务业专项督察。

27～28日　市委常委、组织部部长方健忠到庆元县调研基层党建工作及联系项目建设进展情况。

28日　省文化厅副巡视员李莎率考核组到庆元县考核省公共文化服务重点县建设工作。

29日　省发改委区域发展办主任韩海祥率评审组到庆元县考察“庆元—嘉善山海协作生态旅游文化产业园”项目。

7月

3日　市“无违建乡镇（街道）”创建检查组到庆元县检查“无违建”创建工作。

4～5日　市人大常委会副主任朱继坤到庆元县调研小城镇环境综合整治工作。

5日　景宁县委副书记、县长钟海燕带领考察团到庆元县考察。

5～6日　副市长卢彩柳到庆元县走访基层医疗卫生单位并开展工作调研。

7日　省政府研究室综合处处长马斌到庆元县调研有关浙西南生态旅游带建设工作。

12日　省纪委常委、省监委委员鲍秀英到庆元县调研指导党风廉政建设工作。

13～14日　省国土厅副厅长夏晓鸿率省"除险安居"三年行动联合督导组到庆元县督导"除险安居"工作。

17日　经过全国爱卫会的评审和社会公示，庆元县城被正式命名为国家卫生县城。

18日　市政府副秘书长刘海明率市督察组到庆元县就首届世界丽水人大会筹备工作情况开展督察。

18日　市人大常委会副主任郑力平到庆元县调研民生实事项目代表票决制工作。

18日　市政协副主席朱山华率调研组到庆元县调研特色小镇建设。

19日　市人大调研组到庆元县组织召开农村饮用水安全情况工作座谈会。

19日　永嘉县人大常委会副主任傅朝宗率队到庆元县学习考察农业特色产业发展情况、农产品精深加工企业发展、农产品品牌建设等工作。

19日　市人大常委会副主任戚永远到庆元县调研"双下沉、两提升"工作。

19日　省公路管理局局长洪秀敏到庆元县调研交通运输工作。

19日　市督导组到庆元县督导农村土地承包经营权确权登记颁证工作。

19～20日　省水库移民安置办公室处长龚益民率专家评审组到庆元县，对兰溪桥水库扩建工程征地移民安置规划大纲开展评审。

20日　浙江传媒学院教授张芹、副教授洪长晖到庆元县专题调研媒体融合工作。

20日　市人大常委会副主任沈根花带领调研组到庆元县就《丽水市饮用水水源保护条例（草案修改稿）》开展立法工作调研。

24～25日　市政协副主席邝平正带领调研组到庆元县调研督察生态旅游推进情况、农村生活污水处理设施运维和地质灾害综合治理"大搬快治"工作。

26～27日　省委常委、纪委书记、监委主任刘建超到庆元县调研。

26～27日　副市长王小荣率相关部门到庆元县调研扶贫开发、全域旅游工作。

8月

3日　龙泉市委副书记翁志鸿到庆元县考察"四个平台"建设工作。

7日　文成县人大常委会副主任林乐融到庆元县考察学习生态林业病虫害防治工作。

8日　省审计厅党组书记、厅长朱忠明到庆元县调研。

12～13日　中国前驻法大使赵进军到庆元县考察生态保护、经济社会发展等情况。

13日　市委书记史济锡到庆元县调研香菇小镇建设情况。

15日　庆元县委十四届五次全体（扩大）会议审议通过《中共庆元县委关于建设美丽"大花园"勇争最美"花骨朵"的若干意见》。

15～16日　市剿劣工作验收组到庆元县验收剿灭劣Ⅴ类水工作。

21～23日　市政协副主席廖思红到庆元县调研。

24日　市人大调研组到庆元县调研。

28～29日　市委常委、组织部部长方健忠到庆元县调研基层党建、扶贫攻坚等工作。

30日　省发改委副巡视员谢晓波率调研组到庆元县调研"大花园"建设工作。

31日　云和县政协副主席叶长火到庆元县考察调研乡村、河道、县城保洁工作。

9月

1日　省镇治办考核验收组到庆元县开展小城镇环境综合整治年中考核验收。

4日　副市长徐光文带领相关部门到庆元县调研生态工业发展情况。

6～7日　淮安市清江浦区人大常委会副主

任卢正苏到庆元县学习考察法制委员会、规范性文件备案审查工作、乡镇（街道）人大规范化建设等工作。

8日　2017香菇始祖吴三公朝圣大典在西洋殿菇神庙举行。

8日　庆元电商创业园开园。该创业园位于五都工业园，由一幢12层商务综合楼和一幢6层电商楼组成，项目总投资1.2亿元。

庆元电商创业园投入使用

8～19日　市人大常委会副主任杜光旻率调研组到庆元县调研农旅融合发展情况。

19日　庆元县天然气有限公司挂牌成立。

20～21日　省委宣传部副部长王四清到庆元县调研宣传思想文化工作。

21日　省交通运输厅副厅长王寅中率督察组到庆元县开展安全生产大检查综合督察。

21日　原衢州市人大党组副书记、副主任，浙江省农研中心研究员雷长林到庆元县考察学习绿色发展、农村特色休闲旅游产业发展、培育农业新型主体等工作。

26日　省财政厅厅长徐宇宁到庆元县调研经济社会发展和财政收支运行情况。

26日　省重大项目稽查特派员陶国胜到庆元县菊隆中学慰问学生。

26日　省供销社党委书记、理事会主任邵峰到庆元县开展调研。

26～27日　青田县人大常委会副主任高金华到庆元县学习考察小城镇环境综合整治工作。

27～28日　首届世界丽水人大会庆元分会场系列活动举行。

10月

3日　菇城宾馆、老二中、老林业局三大区块旧城改造提前30天完成房屋拆迁协议签订工作。

10～11日　市委常委、组织部部长方健忠到庆元县督导检查十九大维稳安保工作。

12日　庆元县马蹄岙电站扩容工程完工并通过验收。

17日　首批浙江省AAA级景区村庄正式公布，百山祖镇车坑村、举水乡月山村和隆宫乡莲湖村入选。

18～19日　省旅游局副局长钟新章到庆元县调研旅游发展和旅游标准化工作。

19日　市“跑改办”到庆元县督察“最多跑一次”改革和“四个平台”建设工作。

24日　副省长熊建平到庆元县调研指导小城镇环境综合整治工作。

26日　市委常委、统战部部长任淑女到庆元县调研指导统战工作。

11月

8日　衢州市人大常委会副主任余广宇到庆元县考察学习小城镇环境综合整治工作。

10日　在第二届中国农业品牌百县大会上，2017中国农产品区域公用品牌价值发布，“庆元香菇”品牌价值49.26亿元，位列全国农业品牌第17位，连续8年蝉联中国食用菌第一品牌。

16日　市督察组到庆元县督察扶贫领域专项工作。

22日　市人大常委会副主任戚永远到庆元县

开展2018年工作思路调研。

23日 市政协主席陈瑞商到庆元县宣讲中共十九大精神。

30日 市委书记史济锡到庆元县宣讲中共十九大精神。

12月

1日 市委书记史济锡到庆元县调研2018年工作思路安排。

19日 县体育中心、公共文化服务中心开工建设。

28日 浙江梦天木业有限公司举行搬迁新建投资签约仪式。公司将在屏都新区设立分公司，建设高标准现代化厂区。

（县委办）

2017年庆元县十件大事

1. **加快衢宁铁路庆元段建设。**完成铁路红线内用地补征和地方配套用地征收任务，启动安置小区建设，完成通站道路、站前广场、小流域治理等配套建设项目前期，完成投资3.5亿元。

2. **加快高速连接线工程建设。**黄坛至县城段完成道路亮化、交通安全设施、监控等附属工程，实现向社会通车；县城过境段基本完成土地征收、房屋征迁等政策处理，完成洋心大桥桥面架设，贯通坑西1号隧道、洋心隧道，完成路基工程的60%、坑西2号隧道的50%。

3. **加快推进兰溪桥水库扩建工程。**完成移民安置地区块地质勘探、移民安置规划大纲和规划、用地预审、环境影响评价等专题报批，完成省发改委可研、初设批复。

4. **提速旧城改造。**加快推进老二中、仑山路、菇城宾馆三大区块旧城改造，完成签约、腾空和建筑物拆除；开展老二中、仑山路区块规划设计等项目前期，动工建设菇城宾馆区块安置房。

5. **实施小城镇环境综合整治。**完成全县19个整治对象规划编制，完成黄田、竹口、百山祖、安南、举水和龙溪等乡镇整治任务并通过验收，全县整治总体形象进度在30%以上。

12月28日，浙江梦天木业有限公司搬迁投资协议正式签约

6．**大力推进“治危拆违”**。全面开展城乡危旧房排查、鉴定、治理工作，基本完成城镇危旧房、D级自住危房和涉及公共安全的C级、D级危房治理改造；完成“基本无违建乡镇”创建，拆除违法建筑面积在60万平方米以上。

7．**实施地质灾害综合治理“大搬快治”三年行动**。力争完成搬迁46处隐患点4383人，完成治理项目19个，解危人口1878人。

8．**开展省级全域旅游示范区创建**。大力开展旅游项目招商引资，力争大项目招商有实质性突破；开工及续建13个旅游项目，完成投资2亿元；加快推进巾子峰景区、百山祖景区扩容提质和石龙山·龙山二期、艺宿西川等项目建设，新增省、市级农家乐休闲旅游特色村15个。

9．**继续推进屏都综合新区建设**。完成基础设施投资7000万元，建成工业大道、银山路等5条道路及雨污排水系统，完成南侧及西侧边坡、银山路景观绿化工程和二期电力、通信等基础设施建设；建成固体废物及可再生资源综合利用中心主体工程，开工建设小微企业孵化基地。

10．**加快教育文化体育设施建设**。开工建设县体育中心、县公共文化服务中心，完成投资8000万元；五都小学完成迁建并投入使用，菊隆中学迁建项目基本完成后勤区块主体工程。

2017年庆元县十件民生实事

（12选10）

1．**提升城市品质**。创建濛洲街精品示范街，完成江滨路和松源街立面改造、夜景亮化、景观塑造等项目。

2．**推进农旅产品转化**。培育农产品旅游地商品生产经营主体54个，转化旅游地商品54个。

3．**巩固提升松源溪水质**。加快实施主城区、

11月29日，菇城宾馆区块拆迁改造现场

屏都街道雨污分流、截污纳管，建成污水处理厂二期，五都污水处理厂、垃圾收纳场投入使用，确保松源溪水质保持在Ⅱ类以上。

4．扩大养老服务设施覆盖面。新建城乡社区居家养老服务照料中心34家，完成荷地社会福利中心主体工程50%以上，动工建设屏都社会福利中心。

5．举办乡村旅游季活动。举办系列活动30场以上，吸引游客10万人次以上，实现旅游综合收入1000万元以上，促进农旅融合。

6．建设松源溪慢行系统。建成庆元大桥至阁门岭沿溪慢行通道5千米。

7．推进省级食品安全县创建。完成19个乡镇（街道）食安办、30个村居工作站规范化创建，开展食品安全风险监测140个批次以上，定量检测450个批次以上。

8．启用电子商务创业园。完成电商创业大楼第三方运营商招引，推动电商集聚发展，实现电子商务销售额增长12%以上。

9．推行主城区家禽“杀白”上市。禁止主城区活禽交易，实现家禽“杀白”上市交易。

10．完成“美丽林相”5个点位建设。完成曹岭至百山祖公路沿线崔家田、竹上、黄坛高速路口、山须、下段黄家山等5个点位林相改造。

11．改造升级城乡电网。全面实施新一轮城乡电网升级改造工程，220千伏濛洲输变电工程扩建项目开工建设，110千伏屏都输变电工程及相关配套项目建成并投入使用。

12．提升改善农村公路。完成农村公路路面大中修60千米、安保工程18千米，建成农村联网公路14.5千米。

4月15日，第二届乡村文化旅游季启动仪式暨“跟着春天游庆元”活动开幕

总　述

菌类生长。

地理环境

【地理位置】 庆元县位于浙江省西南部，地处北纬27° 25′ ～27° 51′，东经118° 50′ ～119° 30′之间。东、南、西三面与福建寿宁、政和、松溪三县交界，北与浙江省龙泉市、景宁畲族自治县接壤。南北长49千米，东西宽67千米，总面积1898平方千米。县政府驻地松源街道，距丽水市210千米，距杭州市532千米。

【地形地貌】 庆元地形属浙西南中山区，有溪谷、盆地、丘陵、低山、中山等多种地貌，地势由东北向西南倾斜。东、北部为洞宫山脉所踞，多崇山峻岭、深谷陡坡，海拔1500米以上山峰有23座，主峰百山祖海拔1856.7米，为浙江省第二高峰；百山祖北麓斋郎村海拔1210米，是全县最高居民点。山间盆（谷）海拔600～800米。西南部和中部是仙霞岭——枫岭余脉，地势较东、北部平缓，谷地较宽，山间盆（谷）地海拔330～600米。新窑村海拔240米，是全县最低点。

【溪流湖泊】 庆元县境内有大小溪流926条，较大的有松源溪（总长59千米，支流202条）、安溪（总长29千米，支流87条）、竹口溪（总长29千米，支流164条）、南阳溪（总长44千米，支流115条）、西溪（总长26千米，支流51条）、八炉溪（总长25千米，支流55条）。分布在东部地区的南阳溪、左溪向东流入瓯江，西部地区的松源溪、安溪、竹口溪向西南流入闽江，东南部地区的西溪、八炉溪向东南注入交溪（福安江）。较大的人工湖泊（水库）有兰溪桥水库（水域面积70公顷）、马蹄岙水库（水域面积25公顷）、大岩坑水库（水域面积41公顷）、左溪水库（水域面积83公顷）。

【气候特征】 气候属亚热带季风气候，温暖湿润，四季分明，年平均气温17.4℃，降水量1760毫米，无霜期245天，气候总体特点是冬无严寒，夏无酷暑。就局部而言，东、北部气温较之西南部和中部低，无霜期短，昼夜温差大，最宜于香菇等

【自然资源】（一）土地资源：全县土地面积189800公顷，其中林业用地167796.3公顷，农业耕地15283.01公顷，溪流水域2733.2公顷。（二）森林资源：拥有庆元林场、营林公司、产业公司等国有林场和一批乡（镇）、村集体林场；各地还营建菇木、竹笋、柑橘、锥栗、厚朴、山苍子等经济林基地。全县16万余公顷山林有林木蓄积量846万立方米，立竹量54520400万株。森林覆盖率86%，是浙江省8个林业重点县之一。（三）水力资源：全县水力资源理论蕴藏量达28万千瓦，可开发装机25万千瓦。多年电能70219万千瓦，其中瓯江流域15.56万千瓦，电能40687万千瓦；福安江流域2.72万千瓦，电能8500万千瓦；闽江流域6.72万千瓦，电能21032万千瓦。已开发装机18.739万千瓦。（四）矿产资源：境内矿种有23种，其中金属矿有金、银、铜、铁、铅、锌、钨、钼、锡、铀以及稀土等11种，非金属矿有煤、磷、高岭土、叶蜡石、钾长石、石英、白云母、水晶、大理岩、花岗岩、砖瓦用全风化泥岩、黄砂等12种，已开发利用的矿种有11种，其中金属矿2种，非金属矿9种。正在开采的矿种有5种，均为非金属矿产。境内矿产地质勘查程度总体较低，已查明资源储量的小型矿床6个，分别是老鹰岩铅锌矿、官坳铅锌矿、桉树坳铅锌矿、隆宫乡生水塘钾长石矿、山丘大理岩矿、荷地稀土矿。（五）生物资源：有动物100多种，植物2000多种。珍稀动物有华南虎、短尾猴、猕猴、穿山甲、黑熊、金猫、云豹、金钱豹、大灵猫、獐鬣羚、黄腹角雉、鸳鸯、相思鸟、大鲵（娃娃鱼）等。珍稀植物有百山祖冷杉、钟萼木、香果树、福建柏、银杏、鹅掌楸、华东黄杉、长叶榧树、天竺桂、沉小樟、短萼黄连、八角连、天麻、油杉、银钟花、黄杉木兰、凹叶厚朴、天女花、花梨木、斗枫荷、南方铁杉等。珍贵菌类植物有香菇、木耳、牛肝蕈、灰树花蕈、竹荪、岩蕈、茯苓等。（六）旅游资源：2005年5月，在全国2348个县（市、区）的生态环境现状调查联评中，庆元县被评为“中国生态环境第一县”。2008年1月，庆元县又以木拱廊桥数量最多、保存最好，被中国民间文艺家协会命名为“中国廊桥之乡”。国家AAAA级旅游景区百山祖，国家级

森林公园巾子峰，神奇东溪龙井，中国历史文化名村、省级历史文化保护区大济进士村，全国特色景观旅游名村举水乡月山村，江根乡双苗尖以及中国香菇博物馆、廊桥博物馆等，都是寻幽猎奇、休闲养生、观光览胜的好去处。

沿革区划

【历史沿革】 早在新石器时代就有人类在庆元境内繁衍生息。夏、商、西周时，庆元境域为越地（古代越族聚居地）。春秋为越国地。战国后期（约前306）楚灭越，属楚国。秦属闽中郡（郡治在今福州市）。西汉高帝五年（前202）改闽中郡为闽越国，惠帝三年（前192）分闽越国瓯越地立东瓯国（治所在今温州市），始元二年（前85）以东瓯国地置回浦县（县治在今台州市椒江区章安镇），辖今台、温、丽三市区域，属扬州刺史部会稽郡（郡治在今江苏苏州市）。东汉建武元年（25）省回浦入鄞县（属今宁波市），章和元年（87）析回浦故地置章安县（治今台州椒江章安镇），属扬州刺史部会稽郡（郡治今绍兴市）。建安四年（199）分章安置松阳县，属扬州刺史部会稽郡，建安二十三年（218）分太末县南部置遂昌县，属扬州刺史部会稽郡。从三国、两晋、南北朝、隋至唐朝乾元二年（759），松阳县先后隶属扬州临海郡、永嘉郡、处（栝）州、江南道（或江南东道）栝州；遂昌县先后隶属扬州东阳郡、栝州、江南道（或江南东道）栝州。唐乾元二年析遂昌县、松阳县置龙泉县，庆元境域属浙江东道括州龙泉县，称松源乡。五代十国属吴越国处州龙泉县。后晋天福二年(937)，闽国夺取吴越国龙泉县松源乡大部分地（今福建省松溪县溪东、渭田、旧县、河东、茶平、不含钱园桥行政村的松源镇及政和县东平镇和铁山乡锦屏行政村）建松源镇（治今松溪县旧县村），属闽国；另半（今屏都、淤上、隆宫、安南、松源、四山、百山祖、合湖、贤良、五大堡、张村、举水、龙溪等乡镇）仍属吴越国处州龙泉县。北宋属两浙路（或两浙东路）处州龙泉县。

南宋庆元三年（1197）析龙泉县松源乡及延庆乡部分地（今龙泉市小梅、查田、茶丰、青溪、四源和庆元县三济、黄真、黄田等地）置县，以宁宗年号“庆元”称名——为庆元县建制之始，属两浙东路处州。县治濛洲（今庆元县城）。

元初，庆元县属江淮行省（1284年改属江浙行省）处州路（1359年改为安南府，旋改处州府）。明洪武三年（1370）撤庆元县置庆元巡检司，治查田（今属龙泉市）。洪武十三年（1380）复置庆元县，属浙江布政使司处州府。景泰三年（1452），青田县鸣鹤乡升天西里一部分地域（今江根、竹坪、官塘、左溪、青竹、苏湖、岭头、南峰等地）划给庆元县，“延庆乡之半”地域中的小梅、查田、茶丰、青溪等地划归龙泉县。清属浙江省处州府（辛亥革命时改为浙江军政府处州军政分府）。清嘉庆年间（1796～1820），庆元县属的金村、下洋划归龙泉县。

民国元年（1912），庆元县直属浙江省都督府。民国3年（1914）属浙江省长公署瓯海道（道尹驻今温州市）。民国16年（1927）直属浙江省政府。民国24年（1935）6月属浙江省第九行政督察区。民国37年（1948）属第六行政督察区（同年7月改称第七行政督察区）。

1949年5月17日，庆元和平解放。7月5日庆元县人民政府成立，属浙江省第七专区（同年10月改称丽水专区）。1952年1月至1963年4月撤销丽水专区，改属温州专区。1954年3月原属景宁县的吴坑乡划给庆元县（今属张村乡）。1957年5月原属龙泉县的龙岩村划给庆元县（今属百山祖乡）。1958年3月，隆宫乡的张天村划给福建省政和县。1958年11月，庆元县并入龙泉县。1973年7月17日，国务院批准恢复庆元县建制。1975年3月，原属庆元县的四源乡划归龙泉县。1975年8月18日，庆元县革命委员会挂牌办公（1981年7月县革命委员会改称县人民政府），属丽水地区。2000年撤销丽水地区，设立地级丽水市，庆元县属丽水市。

（史志办）

【行政区划】 2017年，全县辖濛洲、松源、屏都3个街道，竹口、荷地、黄田、左溪、贤良、百山祖6个镇，安南、隆宫、五大堡、岭头、淤上、张村、江根、官塘、龙溪、举水10个乡，共19个乡级政区；辖8个社区居民委员会、345个村民委员会；724个自然村。

2017年庆元县行政区划表

表3

乡（镇、街道）	行政村（个）	社区（居民区）	行政村、社区（居民区）
濛洲街道	25	4	上叶、大坂洋、后碓、洋心、下坞、范源、星源、林后、道岗、下滩、西演、应岭尾、街尾、姚家、吴宅、大坑、下庄亭、半岱、乌石岭、大济、半湾、周墩、喜鹊、田墩、黄象、濛洲社区、玉田社区、同济社区、洋墩社区
松源街道	28	4	城北、西门、牛路洋、会溪、坑西、北门、南门、东门、菜业、底村、岙后、上庄、五一村、五二村、五三村、五四村、朱村、薰山下、薰坑、坪洋、三溪、高漈、斜山、班岱后、九漈、砻头、楼下、深鸟、新建社区、石龙社区、咏归社区、同德社区
屏都街道	12	—	八一村、八二村、八三村、菊水、洋背、余村、蔡段、坑里、官山头、白岭头、坪坑、菖蒲洋
竹口镇	16	—	崔家田、大泽、陈龙溪、岩后、竹上、竹中、竹下、平岭岗、良秋、黄坛、新窑、龙口、后楼、蔡双、上坑、上洋
荷地镇	26	—	高住、荷地、漈面、洋边、黄沙、半路、杨朗坑、黄洋、松坑、苏湖、坪头、茶垄、大横岭、底墅、马家地、塘尾、青社、高际、大岩、杨桥、桃坑、岩坑、杨冯源、东山、石磨下、胡闲洋
黄田镇	27	—	东西、桐山、曹岭、古岭坑、黄坞、高山、葛田、美丘、上大坑、姚村、朱黄、双沈、双坞、李村、洋垄、双溪、台湖、上济、下济、中济、仙庄、黄源底、陈边、湖头、龙济、良官田、崔上
左溪镇	26	—	左溪、田坑、湖边、高嵩坑、枧头、鱼莸、黄岗、石柱、岱上、青竹、半岭、方村、岚头、岱根、梅树、田寮、溪头角、竹坪、石塘、白柘、印浆、发竹、山后、留香、木桥头、半坑
贤良镇	9	—	贤良、黄淤、富林、新村、青林、湖池、库源、溪沿、石川
百山祖镇	17	—	车坑、桐梓、黄皮、桥陌、斋郎、龙岩、栗洋、枫坪、合湖、三堆、西排、黄水岙、久住洋、兰泥、黄土洋、坑底、黄水
安南乡	14	—	东村、陈村、南坑、权山、方塘、坑井、吾漈下、安隆、安溪、黄竹、上余、山头洋、畲头、甘竹山
隆宫乡	12	—	隆宫、林源、源尾、莲湖、张地、源头、桃园、中村、里地、黄坑、小关、生水塘
五大堡乡	28	—	五大堡、坛衕、北坑、西川、樟下、濛淤、高大、大洪、黄石、杨楼、半溪、后塆、东山后、阴头、西坑、后广、东坑、西洋、东岱、下墩、盖竹、八洋、天平马、梧桐洋、南源、北择、甘山、岩下
岭头乡	28	—	岭头、后仓坑、大漈头、包果、黄楠坑、举洋、小漈头、杨家庄、下庄、陈鉴坑、山翠湾、岗后洋、大池洋、徐洋、大园、莲花、后村、村尾、龙洋、富楼源、钵下、东溪、塘堀、葱甩、八炉、包谢、芳村、白岩下
淤上乡	12	—	淤上、坑口、涂坑、吾田头、石坝、塘根、山根、外童、局下、高山湾、蒲潭、长砻
张村乡	19	—	张村、田头、金丝岱、后溪、吴坑、上吴坑、第五坑、山丘、西管岚、澄湖、南阳、丰滩洋、联合、蔡川、高洋、松柏湾、岙头、东川、库山
江根乡	9	—	江根、箬坑、青田、坝头、水寨、洋头、上店、杉坑、后洋
官塘乡	9	—	官塘、横坑、山头、白柘洋、坑下、若沃、荷洋、中央闲、漈下
龙溪乡	12	—	西溪、铁岙、兰头、岙里、转水、交溪、后洋坑、荡口、冯家山、鱼川、陈家岭、大毛坪
举水乡	16	—	月山、地虎坑、杉源、大丘、黄山、国坪、择树坑、荐坑、落岭、丰岭、门林、蔡地、庄徐、后坑、龙井面、照田

（县民政局）

人口与民族

【人口】 2017年年末，全县户籍人口20.55万人，比2016年减少396人。其中，男性人口10.60万人，女性人口9.95万人，分别占总人口的51.6%和48.4%。全年出生人口2758人，出生率为13.4‰；死亡人口1885人，死亡率为9.2‰；自然增长率为4.2‰。

【民族】 2017年，庆元县有汉族和畲族、蒙古族、苗族、彝族、侗族、土家族、壮族、满族、回族、藏族、布依族、朝鲜族、仡佬族、瑶族、拉祜族、佤族、白族、哈尼族、黎族、傈僳族、傣族、水族、羌族、仫佬族、鄂温克族、达斡尔族、景颇族、土族等28个少数民族。全县少数民族人口2597人，分布在19个乡（镇、街道），以畲族人口为主，其中濛洲街道、黄田镇最为集中。全县有道岗村、西演村、东西村、李村村、大坑村、山根村、蔡段村、库山村、龙井面村9个少数民族村。

（民宗局）

国民经济和社会发展

【概况】 2017年，全县生产总值69.50亿元，可比价增长7.5%。其中，第一产业增加值8.13亿元，增长3.6%；第二产业增加值28.38亿元，增长5.5%；第三产业增加值32.98亿元，增长10.5%。产业结构优化为11.7∶40.8∶47.5。第一产业比重和第二产业比重比2016年分别下降1.0和0.7个百分点，第三产业比重比2016年提高1.7个百分点。人均GDP为50306元（折算为7451美元），增长6.9%。全年城镇新增就业1209人，帮助下岗失业人员再就业452人，帮助困难人员再就业184人。年末城镇登记失业率为2.67%，有效控制在3.5%以内。全年实现财政总收入7.11亿元，增长12.3%；地方财政收入4.20亿元，增长11.6%。全年财政支出31.78亿元，增长18.9%，其中民生支出24.10亿元，增长23.4%。

全年完成农作物播种面积12182公顷，比2016年下降0.6%。其中粮食作物播种8442公顷，比2016年下降1.8%。全年粮食作物产量达到49714吨，比2016年增长0.4%。全年食用菌产量7927吨，下降1%，其中香菇产量5446吨，下降1.9%；黑木耳产量1918吨，下降1.3%。蔬菜产量52012吨，增长4.2%。茶叶产量536吨，增长2.9%。水果产量14589吨，增长7.9%。全年木材采伐81095立方米，比2016年增长11.8%；毛竹采伐1985万根，比2016年下降2.4%。全年生猪存栏2.16万头，比2016年下降27.8%；生猪出栏4.25万头，比2016年增长13.6%。家禽年末存栏18.86万只，比2016年下降10.7%；家禽年内出栏36.56万只，比2016年下降13.1%。

小城镇环境综合整治完成19个乡镇（村）规划，创新采用EPC模式成效显著，黄田镇、竹口镇、百山祖镇、举水乡、安隆村、安溪村等以优异成绩通过省考核验收。“三改一拆”完成“三改”211.21万平方米，拆违106.5万平方米，拆后利用率达92.89%，蓝色屋面整治24.56万平方米，综合考核位列全市第一；全面完成城镇危房、农村D级危房和涉及公共安全的C级危房治理任务。“六边三化三美”整改重点点位1104个，整治菇棚28.55万平方米。续建同心新村，新建横山小区和淤上蒲潭二期安置小区，启动黄田和竹口农居点建设，积极推进生态搬迁扶贫改革，推行货币化补助安置政策。全年完成地质灾害避让搬迁（已拆除旧房）1702户、5813人。实施农村生活污水治理项目提标改造工程，完成111个村的提标改造工作。扎实推进美丽乡村精品村建设，提升巩固2016年度美丽乡村精品村7个，新建黄坛、回龙、蔡段等美丽乡村精品村3个。多措并举助增收。全年组织开展针对性的农民培训1433人，进一步拓宽就业渠道。认定新一轮低收入农户7736户、14043人，占农村户籍人口的8.1%。全年落实400万元扶贫资金，根据低收入农户的产业发展需求，按照“一类一政策、一户一办法”的要求，通过“菜单式”精准帮扶，助推低收入农户增收。2017年，全县低收入农户人均可支配收入达到10994元，增长16.2%。加速推进全域旅游，全年农家乐民宿共接待游客218.98万人次，比2016年增长22.4%，营业总收入14602.1万元，比2016年增长31.8%，涌现出上庄小隐、缘来小筑等一批精品民宿点。

全年规模以上工业总产值比2016年增长11.4%，其中新产品产值比2016年增长42%，新产品产值率为32%。全年规模以上工业增加值增长6.5%。全年规模以上工业高新技术产业增加值增长9.2%。规模以上工业销售产值比2016年增长6.8%，其中出口交货值比2016年增长7.2%。出口交货值占销售产值的比重为11.2%，比2016年提高0.8个百分点。产品销售率93.3%，比2016年下降4个百分点。利税总额、利润总额比2016年分别增长5%和2.8%。全年建筑业增加值6.60亿元，比2016年增长3.5%。全年19家资质以上建筑完成总产值17.35亿元，增长18.2%；实现利润总额0.25亿元，比2016年下降13.8%。

全年完成固定资产投资58.42亿元，比2016年增长13%；国有投资38.96亿元，增长7.4%，占固定资产投资的66.7%。在固定资产投资中，第一产业投资1.28亿元，增长438%；第二产业投资11.58亿元，下降22.2%，其中制造业投资9.20亿元，与2016年基本持平；第三产业投资45.56亿元，增长24.6%。全年固定资产投资项目197个，比2016年增加26个，其中新开工项目120个，比2016年增加1个。全年房地产开发投资3.0亿元，同比上升9.6%。商品房销售面积4.2万平方米，比2016年上升8.2%。

全年社会消费品零售总额35.81亿元，比2016年增长11.7%。其中，县城消费品零售额21.99亿元，比2016年增长13.1%；农村市场消费品零售额13.82亿元，增长9.6%。分行业看，批发零售贸易业零售额33.06亿元，增长11.0%；住宿餐饮业零售额2.75亿元，增长20.8%。

全年进出口总额为80389万元，比2016年增长23.4%，其中出口79153万元，增长21.6%。从出口产品看，文体用品出口25238万元，香菇出口11849万元，干牛肝菌出口4818万元，干木耳出口3253万元；从出口市场看，亚洲、欧洲、非洲是主要出口地，分别出口38397万元、18922万元和2025万元。

全年交通运输、仓储和邮政业增加值1.16亿元，比2016年增长4.3%。全县公路养护总里程1579.867千米，按技术等级分，高速21.214千米，一级公路18.5千米，二级公路105.13千米，三级公路130.771千米，四级公路602.659千米，准四级公路701.591千米。全年完成货运量259万吨，增长3.2%；货物周转量41633万吨千米，增长5.3%；客运量102万人，下降21.5%；客运周转量5753万人千米，下降18.1%。全年邮电业务总量12258万元，增长8.2%。其中，邮政业务总量2363万元；电信业务总量9895万元。年末固定电话用户1.62万户，其中城市电话用户1.21万户，农村电话用户0.32万户；移动电话用户17.13万户。年末互联网用户数为44426户，比2016年新增6291户。

全年实现旅游总收入19.25亿元，比2016年增长31.6%，其中国内旅游收入19.21亿元，增长31.7%。

年末金融机构人民币各项存款余额111.38亿元，比2016年末增长8.2%。其中，住户存款余额66.12亿元，比2016年末增长11.5%。人民币各项贷款余额91.76亿元，比2016年末增长9.6%。人民币存贷比82.4%，比2016年末增长1.1个百分点。

全年保险业实现保费收入18375.15万元，比2016年增长4.7%。其中，财产险保费收入7643万元，比2016年增长1.7%；人身险保费收入10732万元，增长7.0%。支付各类赔款及给付6996万元，增长17.4%。其中，人身险赔付2435万元，财产险赔款4561万元。

【科教文事业】 全年专利申请量586件，专利授权量403件，其中发明专利20件。

全县拥有普通中学10所，招生2648人，在校学生数7522人，毕业生2372人。拥有中等职业中学1所，招生641人，在校生1966人，毕业生682人。拥有小学18所，招生1316人，在校生9796人，毕业生1959人。年末，全县有幼儿园29所，在园幼儿4684人。

文化惠民活动丰富多彩。县图书馆、县文化馆、博物馆、各乡镇文化站常年免费对外开放。全县共举办70场“乡村春晚”和1场“乡村春晚”精品节目会演。“喜迎十九大”第十届农村文艺会演圆满完成，举办2场农村文艺会演总会演。先后协助举办全民阅读节的阅读晚会，全县乡镇、街道干部大合唱比赛，“非物质文化遗产日”

系列活动，“爱上浙江话，方言向前冲”方言大赛庆元站，“光辉历程，永恒记忆——喜迎十九大庆元红桥摄影诗文展”，“不忘初心　牢记使命”庆元县宣传贯彻中共十九大精神专场文艺演出等主题文艺演出展览20场。“三送一走一流通”惠民工程完成送戏下乡114场、送书下乡10000册、文化走亲8场、送电影下乡3200场，免费培训、指导群众文艺活动2500人次。体育健身运动精彩纷呈。在丽水市第四届运动会上，庆元县代表团竞技体育部在金牌、奖牌、团体总分均排名全市第五，大众体育部在金牌、奖牌、团体总分均排名全市第六，并获得体育道德风尚奖，在竞技体育部游泳项目和大众体育部门球、篮球项目上有较大突破。浙江省健身气功心法培训提高班在庆元县开班，来自全省各市县学员120人参加培训。浙江省全民健身浙南片区运动会在庆元县淤上乡举行，来自全省各地共28支代表队300名运动员参赛。先后组织举办全县迎“三八”趣味运动会、庆元县登龙头山爬山比赛、庆元大道山地自行车赛等赛事10场，11～12月举办庆元县首届机关运动会，丰富了群众体育的生活，提升全民健身的整体氛围。

年末，全县共有医疗卫生机构142个，其中医院、卫生院20所，妇幼保健院（所、站）1个，疾病预防控制中心（防疫站）1个，卫生监督所（中心）1个。卫生技术人员1080人，其中执业医师和执业助理医师437人，注册护士369人。

【居民社会生活】 根据对全县城乡住户抽样调查，全年城镇居民人均可支配收入33805元，农村居民人均可支配收入15626元，分别比2016年增长8.2%和9.7%。城镇居民人均消费支出21893元，农村居民人均生活消费支出11477元。年末城镇居民人均住房建筑面积50平方米，农村居民人均居住面积61平方米。

机关事业养老保险参保8527人，其中离退休人员2196人；企业职工养老保险参保41415人，城乡居民社会养老保险参保67946人，共计新增2635人（其中企业职工养老保险新增1870人）；职工基本医疗保险参保20477人，净增1911人；城乡居民医疗保险参保160381人，新增5506人；工伤保险参保37944人，净增7098人；生育保险参保15243人，净增870人。2017年，全县低保对象6211人，其中城镇312人，农村5899人，平均保障标准为城镇月人均补助387元、农村月人均补助317元。在册五保对象262人，集中供养85人，集中供养率32.44%。

全县平安浙江满意率为98.69%。2017年，全县发生各类事故8起，死亡7人。其中工矿商贸领域发生事故1起，死亡1人；道路交通领域发生事故7起，死亡6人。未发生较大及以上生产安全事故和生产经营性人员伤亡火灾事故。

【生态环境】 全年降雨量1535.6毫米，比2016年减少27%。全年平均气温为18.7℃，与上年持平。全县水资源总量23.23亿立方米。2017年，农户林权信息和森林资源建档率达99.1%，累计发放林权抵押贷款18.5亿元，盘活森林资源77万亩。全年二氧化硫年平均浓度为0.006毫克/立方米，二氧化氮年平均浓度为0.012毫克/立方米，可吸入颗粒物（PM10）年平均浓度为0.039毫克/立方米，一氧化碳年平均浓度为0.8毫克/立方米，臭氧日最大八小时滑动值年平均浓度为0.060毫克/立方米，颗粒物（PM2.5）年平均浓度为0.026毫克/立方米。县城环境空气质量达到Ⅰ级天数的有234天，Ⅱ级123天，Ⅲ级2天，Ⅳ级1天，Ⅴ级0天。Ⅰ、Ⅱ级（优良）天数占比重为99.2%，整体空气质量状况良好。全县各河段的水质均符合功能区标准，水质良好。兰溪桥水库饮用水源地的各项指标均符合《地表水环境质量标准》Ⅱ类水要求；县城区域噪声昼夜等效声级为52.5分贝，符合声环境质量标准。

注：（1）各项数据为年度快报统计数据。

（2）全县生产总值和各产业增加值绝对数按现行价格计算，增长速度按可比价格计算。

（王君玲）

群众性精神文明创建活动

【“庆元好人”选树培育】 积极开展“道德模范和身边好人”选树和评比，完善道德典型储备机制。建立“庆元好人”典型储备库。充分发挥团委、妇联、教育和各乡镇（街道）的资源优势，建立基层直报点，对发现的新人新事及时登记，及时入库，及时上报，并进行动态管理，自下而上选树好人。全县共有1人（蒋增美）荣登“中国好人榜”，2人（吴继亮、蒋增美）入选“浙江好人”，10人（蒋增美、吴祥宝、吴继亮、叶积钦、吴必敏、毛茂钤、吴道贵、管迎宝、陈三定、刘夏香）被评为“丽水好人”。开展道德模范现场交流和传帮带活动。特邀全国优秀社会科学普及工作者、浙江省十大优秀基层宣讲员、最美丽水好人先进事迹宣讲员吴永德，深入各单位、学校、社区、企业等开展社会主义核心价值观专题宣讲20场，受惠干部群众2万人次。

【学雷锋志愿服务主题实践活动】 健全机制体系，保障志愿服务发展制度化。下发《2017年庆元县推进志愿服务制度化工作安排》通知，从完善工作机制、打造活动阵地、抓好队伍组织、深化活动内容、弘扬志愿精神五个方面，层级化发动全县20819名注册志愿者，掀起志愿服务高潮。整合各方资源，促进志愿服务发展社会化。注重志愿服务的社会化参与，以志愿者协会和义工协会为辐射点，推广“人人都是志愿者”的志愿文化理念，吸引社会各界广泛参与志愿服务行动。加强与团委、民政、慈善、残联、红十字会等部门的合作，整合各机关和公益组织等资源，在人员、阵地、项目等多方面开展合作，联合推出“省示范文明县城创建志愿服务行动”、“美丽庆元、你我共建”志愿服务大联动、“‘最美庆元人’——万朵鲜花送雷锋”、“青春河小二　治水勇担当”系列活动等10余项志愿服务活动。进一步完善文明劝导队工作机制，有效推进文明劝导志愿服务活动。编印《文明劝导员工作手册》，文明劝导员遵照手册开展劝导，对路口闯红灯、车辆乱停乱放等不文明行为进行及时制止。对劝导无效的，由劝导员联系现场交警或城管协调处理。无法现场处理的问题，通过社会服务管理指挥中心平台，流转到各职能部门，由各职能部门协调解决，确保劝导工作扎实有效。

【省文明县城复评迎检和省示范文明县城创建】 组建组织机构。组建庆元县创建省示范文明县城工作领导小组及其办公室，抽调工作人员11人，落实创建办公室办公地点。制定实施方案。通过考察兄弟县市，学习借鉴成功经验，形成考察报告。并结合庆元当地实际，召开座谈会，制订省文明县城复评迎检和省示范文明县城创建的初步方案，划定任务分解表。划分区域网格。召集建成区的街道和社区主要负责人召开区域网格化划分会议，将县城建成区划分为34个网格，每个网格由一名县领导担任网格长，若干个单位组成责任单位。推进网格管理常态化。认真开展每月“洁净日”专项行动，每周2次巡查整治活动，经常性地开展创建宣传，做好网格整治督察工作，并采取点对点通报的形式，督促各网格认真整改到位。全面落实三项重点工作，制定重点建设项目、重点整治项目、重点活动载体实施计划表，按月汇报工作进度和实施方案，通过倒逼机制，督促各个责任单位认真落实相关工作。

【文明单位动态管理】 抓好省、市文明委关于文明单位、文明村镇创建精神的落实，结合庆元实际，制定庆元县文明单位、文明村镇考评细则和届中抽查、末位退出机制。抓好日常工作指导和业务辅导，以召开文明单位、文明村镇创建工作推进会、集中展示评审等形式，逐步提升基层群众性创建水平。开展省、市、县三级文明单位评选和复评，3月底，完成18个单位、4个村、1个街道的省级复评和4个单位、1个乡镇、2个村的省级评选工作。6月初，启动市级和县级文明单位的复评评选。全县基层群众性精神文明创建再添新丁。百山祖镇创成丽水市“最美文明乡镇”，全市仅2个；举水乡月山村获评丽水市“最美文明村”，全市仅4个；濛洲街道西演村等8个行政村获评新一轮“丽水市生态文明村”。

【文明家庭建设】 立足文明家庭建设，积极开展寻找“最美家庭”创建活动，通过自荐、互荐、互推、互评，涌现出一大批事迹感人的美德典型，共评选出市级文明家庭19个（其中最美六型文明户8个，最美六星文明户11个），县级“和美家庭”10个、“好婆婆、好媳妇”20人，县级“最美六星文明户”40个。“创新好家风好家训传承形式　深化文明家庭建设”工作做法在全市文明家庭工作推进会上作了典型发言。举办第十届社区邻居节暨洋墩社区“好家风、好家训”歌唱比赛，有效提升市民文明素质和社区文明程度，以及社区邻里之间的凝聚力和亲和力。

【移风易俗乡风文明行动和小城镇文明行动试点】 围绕实现农村环境美、人文美、风尚美、秩序美、创业美“五美乡村”目标，在黄田镇东西村集中开展移风易俗乡风文明行动和小城镇文明行动试点，通过召开动员会、现场会、核心价值观入户、落实垃圾分类新机制、“家规当嫁妆，嫁女陪家训”等形式和抓手，有计划、有步骤地逐级组织实施，为全县铺开作好准备。一是召开镇村两级动员部署会，试点村东西村作表态发言，部分村书记代表签订承诺书和责任状，打响行动第一战；二是起草酝酿“一约四会”（村规民约，红白理事会、村民议事会、道德评议会、禁赌禁毒会）方案初稿，提交村民代表大会讨论通过，并上墙公示，形成纪律约束；三是将移风易俗工作和小城镇文明行动纳入对各村的年度综合考评，从宣传发动、建章立制、党员带头和考核问责四个方面严格限制红白喜事大操大办现象；四是开展核心价值观入户和“晒家训亮家风”活动。印制核心价值观宣传年历，逐家逐户走访宣传，聘请“小城镇文玥行动宣讲员”开展巡回宣讲，引导村民自发改变陋习。

【深化“好家风”文化建设】 结合“六星文明户”创建工作的全面深化，创新好家风好家训传承形式，借机、借力做新“好家风好家训传承”文章，在完成家风馆开馆的前提下，完成“一街”和“一评选”的打造。建成全市首个县级家风馆，并于4月6日正式开馆。通过宣传标牌、灯箱、展板、展柜、讲堂等形式，集中展示了胡紘、刘知新、王应麟、吴三公、吴崇煦等庆元古圣先贤的家风表率和近年来菇乡大地涌现出的道德典型及保留下来的一些大户人家的家规家训。开馆以来已接待参观人次达2万人次。“一街”，就是建设家风文化一条街，在松源街和银河湾汇金城周围建设高2.4米、宽0.6米的刀旗，并在十字路口LED电子显示屏播放好家风公益广告。“一评选”，即评选第二届好家风家庭。形成“一碑、一书、一片、一碟、一馆、一街、一评选”的“七个一”新格局。表彰了19个好家风家庭。完成《国风之本是家风》好家风宣传汇报片的拍摄与制作。该片由县委常委、宣传部部长吴积云总策划，副县长黄立飞策划，县委宣传部副部长、县文明办主任吴旺进监制，县文明办副主任陈观喜编导。

【“传承好家训，建设好家风”十大行动】 为在全县营造家风好、民风纯、党风正、政风清的良好氛围，推进部门和乡镇机关干部职工好家风建设。制定并下发了《关于开展“传承好家训 建设好家风”十大行动的实施方案》。一是开展“传承好家风好家训”宣讲活动；二是开展“家风家训与党风政风”青年演讲大赛；三是开展“家风家训专题党课”活动；四是开展“最美家训进四堂”活动（四堂即厅堂、文化礼堂、学堂、道德讲堂）；五是开展“家训家风伴我成长”家校共建主题活动；六是开展寻找“最美家庭”行动；七是开展“家规当嫁妆，嫁女陪家训”活动；八是开展“立家训、树家风、作表率”活动；九是开展“家风馆现场教育”活动；十是开展“新乡贤好家风故事”征集活动。掀起群众学习热潮，营造浓厚的家风文化氛围，引导广大党员干部在学习中得到教育，在参与中得到感悟，从而自觉传承良好家风，提升道德素质，有效地将好家风好家训融入人心，进一步提升市民对社会主义核心价值观情感的认同和习惯的养成。

【乡村学校少年宫】 充分发挥全县5所中央彩票公益金乡村学校少年宫和12所自建乡村学校少年宫在助推德育建设、丰富课余生活、促进全面发展方面的载体作用，进一步融合学校、家庭、社会的德育力量。一是建立双向互动激励机制。对少年宫辅导员从工作时间、工作量、活动效果等方面进行考核，每学期把考核结果计入学校教师年度考核中，并以此作为教师评优评先的重要依据。对学生以参与项目的多少、参训的次数、达到的水平等方面进行评价，并把此成绩列入学生综合评价之中。二是完善项目长效运转机制。构建室内与室外、课内与课外、校内与校外相结合的“三结合”活动形式。在活动项目的选择上，实行多项选择，由乡村学校少年宫办公室提供活动菜单，学生根据兴趣、爱好和自身条件，选择喜欢的项目和喜欢的老师，办公室再根据培养目标、活动时间、活动所需及现有资源容量，统筹安排，统一调控，做到人人都参与、个个有项目。三是规范科学高效管理机制。每所乡村学校少年宫均实施精细化管理，实行“一套班子、两块班子”的管理体制，进一步完善相关工作制度，落实工作人员职责，保证各项活动正常运行。四是实现档案系统化管理，根据文件要求按时在全国乡村学校少年宫项目管理平台完成17所乡村学校少年宫建设当年和2016年的档案录入，从人员设置，课程安排，硬件情况、考核结果和资金使用等方面全面记录各少年宫年度开展情况。五是加强考核工作。对17所乡村学校少年宫按照不同档次进行两个层面的考核，按照“奖优罚劣、多劳多得”的原则来分配年度运转经费。

【“春泥计划”实施工作】 规范管理机制。完善“文明办统筹，教育、团委具体指导，各行政村、学校组织实施，其他职能部门共同参与”的领导机制。制定下发《庆元县“春泥计划”考评细则》，建立定期通报、季度督察、年度考评的督促考核机制，加强对实施工作动态化、制度化监管。规范工作流程。建立县、乡两级辅导员队伍，明确辅导员工作职责，开展辅导员年度评定，确保辅导员队伍建设规范有序。规范考评激励。根据“春泥计划”实施村的工作基础，开展“春泥计划”示范点评选活动。按照示范村、重点村、一般村3个类别，开展分层指导，实施分层推进，将每年评定示范点作为“春泥计划”重点来抓。

【庆元县第六届未成年人道德文化节】 围绕“传承中华文明·争做美德少年”活动主题，在城东小学成功举行庆元县第六届未成年人道德文化节暨童心向党歌咏活动启动仪式。此届道德文化节活动从6月开始持续到12月。活动期间，全县各中小学校将通过组织学生广泛开展“我的中国梦”主题教育、学雷锋、“美德少年”评选表彰、经典诵读、“讲家训、写家书、传家风”等各类校园文化活动，动员和引导广大青少年积极践行社会主义核心价值观，加强和改进未成年人思想道德建设，推进学雷锋活动常态化，促进文明校园创建。

（吴　芬　胡珊珊）

2017年主要组织机构及负责人名录

【中国共产党庆元县委员会】

书　记：蓝伶俐（女，2016.11～）
副书记：胡献如（2016.11～）
　　　　李见阳（2016.11～）
常　委：吴积云（2011.12～）
　　　　吴灌红（女，2011.12～）
　　　　李见阳（2015.4～）
　　　　邹海亮（2016.4～）
　　　　赵　玻（2016.8～）
　　　　蓝伶俐（女，2016.11～）
　　　　胡献如（2016.11～）
　　　　阎昌远（2016.11～）
　　　　章作飞（2016.11～）
　　　　黄绍刚（2016.11～）
　　　　刘新民（2016.11～）
　　　　申建军（2017.12～）

【庆元县人民代表大会常务委员会】

主　任：吴青松（候选人，2015.12～2016.3，2016.3～）
副主任：吴泽民（2007.3～）
　　　　王林生（2010.3～）
　　　　吴建华（2012.3～）
　　　　刘义平（2015.3～）
　　　　柳昌发（2016.3～2017.2，保留副县待遇，2017.2～）
　　　　叶　武（2017.2～）
党组书记：吴青松（2015.11～）

办公室

主　任：胡葆飞（2012.4～2017.4）
　　　　吴长智（2017.4～）
副主任：冯宇驰（2016.10～）

法制（内务司法）工委［2017年4月，机构更名为法制（内务司法）工委］

主　任：连卫东（2015.4～2017.4，2017.4～）

财经工委

主　任：范惠安（2015.3～）

代表与选举任免工委

主　任：吴卫东（2012.4～）

副主任：吴雯杰（女，2012.10～）

教科文卫工委

主　任：张建平（2015.3～）

农业与农村工委

主　任：项进全（2015.3～）

城乡建设与资源环境工委

主　任：谢新明（2015.3～）

【庆元县人民政府】

县　长：胡献如（代理县长

2016.11～2017.2，县长 2017.2）

副县长：阎昌远（2009.11～2017.2）

祝美群（挂职，2015.8～2017.8）

赵　玻（挂职，2016.8～）

章作飞（2016.12～）

黄立飞（2016.12～）

王绍金（2016.12～）

彭　敏（女，2016.12～）

吴小军（2017.2～）

胡显平（2017.2～）

李　乘（挂职，2017.12～）

党组书记：胡献如（2016.11～）

党组副书记：章作飞（2016.12～）

【中国人民政治协商会议庆元县委员会】

主　席：叶丽娅（女，2012.2～）

副主席：林昌富（2003.4～）

吴先武（2003.4～）

吴碧兰（女，2007.3～）

夏家天（2015.3～）

吴新清（2017.2～）

秘书长：陈丕灶（2007.3～2017.2）

叶先良（2017.2～）

党组书记：叶丽娅（女，2011.12～）

办公室

主　任：陈丕灶（2007.3～2017.2）

叶先良（2017.2～）

副主任：李金华（女，2015.12～）

胡纯华（2015.5～）

专委会工作办公室主任：毛传友（2007.3～）

提案委员会主任：李立新（2012.9～）

文史资料委员会副主任：吴祥谊（2012.9～）

委员工委主任：

吴维宏（女，2016.7～2017.11）

委员工委副主任：胡纯华（2015.12～）

【中国共产党庆元县纪律检查委员会（监察委员会）】

书记（主任）：黄绍刚（2016.11～，

主任 2017.2～）

副书记（副主任）：

吴作荣（2013.5～，副主任 2017.2～）

叶肖峰（2016.12～，副主任 2017.2～）

常委（委员）：吴云芬（女，2015.4～）

叶先港（2016.12～，

委员 2017.2～）

柳恒荣（2016.12～，

委员 2017.2～）

吴学东（2016.12～）

沈光友（2017.2～）

办公室主任：刘　青（2014.6～）

干部室主任：李　根（2012.12～）

信访室主任：梁华武（2016.9～）

宣教室主任：施洁爽（2016.9～）

党风政风监督室（县政府纠正行业不正之风办公室）（2017 年 4 月不再保留县政府纠正行业不正之风办公室）主任：吴华龙（2016.9～）

案件监督管理室主任：范飞卫（2016.5～）

案件审理室主任：胡晓忠（2016.5～）

第一纪检监察室主任：

柳恒荣（2016.9～2017.4）

第二纪检监察室主任：范海波（2016.9～）

第三纪检监察室主任：

吴学东（2015.7～2017.4）

第四纪检监察室主任：吴华成（2014.12～）

县纪委派驻第一纪检组组长：

吴世鸿（2015.12～）

县纪委派驻第一纪检组副组长：

叶新荣（2015.12～）

县纪委派驻第二纪检组副组长：

叶朋娟（2015.12～）

县纪委派驻第三纪检组组长：
吴晓桃（副科级 2015.12 ～）
县纪委派驻第三纪检组副组长：
吴晓群（2015.12 ～）
县纪委派驻第四纪检组组长：
杨美菊（2015.12 ～）
县纪委派驻第四纪检组副组长：
陈维方（2015.12 ～）
县纪委派驻第五纪检组组长：
周培平（2016.9 ～）
县纪委派驻第六纪检组组长：
叶先港（2015.12 ～ 2017.4）
县纪委派驻第七纪检组组长：
叶泉清（2015.12 ～）
县纪委派驻第八纪检组组长：
周成耀（2015.12 ～）
县纪委派驻第九纪检组组长：
吴继朝（2016.9 ～）
县纪委派驻第九纪检组副组长：
洪泉农（2015.12 ～）
县纪委派驻第九纪检组副组长：
吴凯军（2016.9 ～）
县纪委派驻第十纪检组组长：
范庆龙（2016.9 ～）
县纪委派驻组织部纪检组组长：
吴思进（2015.12 ～）
县纪委派驻县人民法院纪检组组长：
胡晓峰（副科级 2015.12 ～）
县纪委派驻县人民检察院纪检组组长：
吴小明（副科级 2015.12 ～ 2016.9，
正科级 2016.9 ～）
县纪委派驻县公安局纪检组组长：
叶绍林（2016.5 ～）

【庆元县人民法院】

院　长：卢岳平（代理院长 2016.12 ～ 2017.2，
院长 2017.2 ～）
副院长：杨忠明（2010.4 ～，
正科级 2013.8 ～ 2015.7，
保留正科级待遇，2015.7 ～）
叶　莲（女，2013.8 ～）
蓝元福（2015.4 ～）
党组书记：卢岳平（2016.12 ～）
党组副书记：蓝元福（2015.4 ～）
政治处主任：胡向阳（2015.11 ～）
执行局局长：叶晓文（2010.5 ～）
荷地法庭庭长：胡泽峰（2016.5 ～）
专职审判委员会委员：吴长文（2015.11 ～）
陈运文（2016.5 ～）

【庆元县人民检察院】

检察长：张晓峰（检察长 2014.3 ～ 2017.1）
叶仪俊（代理检察长 2017.1～2017.2，
检察长 2017.2 ～）
副检察长：吴　珍（2007.4 ～，
正科级 2010.8 ～ 2015.7，
保留正科级待遇，2015.7 ～）
吴理广（2012.10 ～）
陈锦峰（2014.8 ～）
党组书记：张晓峰（2013.5 ～）
党组副书记：徐　英（女，2008.5 ～，
正科级 2011.8 ～ 2015.7，
保留正科级待遇，2015.7 ～）
政治处主任：
反贪污贿赂局局长（高配副科级）：
沈光友（2012.12 ～）
反渎职侵权局局长（高配副科级）：
吴安龙（2010.1 ～ 2017.2）
专职检察委员会委员：吴金松（2014.8 ～）
吴安龙（2017.2 ～）
屏都检察室主任（高配副科级）：
吴彪（2014.8 ～）

【庆元县人民武装部】

第一书记：蓝伶俐（兼，2016.11 ～）
书　记：徐　平（2013.4 ～ 2017.6）
书　记：郭名海（2017.12 ～）
副书记：申建军（2015.3 ～）
纪委书记：陈军明（2014.2 ～ 2017.3）
部　长：申建军（2015.3 ～）
政治委员：徐　平（2013.3 ～ 2017.6）
政治委员：郭名海（2017.12 ～）
副部长：陈军明（2014.2 ～ 2017.3）
副部长：颜炳斌（2017.7 ～）

军事科长：陈军明（2014.2～2017.3）

【县委工作部门】

县委办公室

主　任：柳昌发（2015.4～2017.2）
　　王伟松（2017.2～）
副主任：柳昌海（2015.4～2017.8）
　　练全裕（兼，2015.11～）
　　叶肖峰（2016.1～2017.2）
　　叶文标（兼，2016.5～）
　　余兆云（2017.2～）
　　黄丽芬（女，2017.8～）
　　姚敏荣（2017.8～）
台湾工作办公室主任：王伟松（2017.2～）
台湾工作办公室副主任：王丽青（2016.5～）
县委、县政府考核办主任（高配副科级）：
　　叶昌用（2015.11～）
机要局（密码管理局）局长：吴松雄（2017.8～）
县委、县政府政策研究室主任：
　　王伟松（2017.2～）
县委、县政府政策研究室副主任：
　　戴宏梅（女，2015.5～）

组织部

部　长：刘新民（2016.12～）
副部长：胡庆华（兼，2012.6～）
　　吴秋骅（兼，2012.6～）
　　刘　良（兼，2014.8～）
　　胡显平（常务副部长，2015.4～2017.2）
　　叶爱英（女，2015.4～2017.2）
　　胡小灵（兼，2015.11～）
　　赖小文（2017.2～）
　　叶其娇（女，2017.2～）
两新工委书记：
　　叶爱英（女，2015.4～2017.2）
　　叶其娇（女，2017.2～）
两新工委副书记：林显平（2013.3～）
副科级组织员：吴秋荷（女，2013.3～）
县委党代表联络办公室主任（高配副科级）：
　　陈涛（2016.7～）
县委、县政府人才工作办公室主任（高配副科级）：吴浩（2016.9～）

宣传部

部　长：吴积云（2011.12～）
副部长：杨志豪（兼，2003.6～）
　　张力军（2010.5～2011.3，常务副部长2011.3～2012.11，兼，2012.11～）
　　练　文（2012.8～）
　　毛茂丰（常务副部长2013.3～）
　　季文善（2014.1～）
　　吴旺进（兼，2015.7～）
　　胡元胜（兼，2015.7～）
对外宣传办公室主任（高配副科级）：
　　谢善东（2012.12～）
文化创意办公室主任（高配副科级）：
　　张芳芳（女，2016.9～）

统战部

部　长：吴灌红（女，2011.12～）
副部长：叶　银（2011.7～2016.5，常务副部长2016.5～）
　　林晓丽（女，兼，2016.7～）
　　毛志平（2017.4～）

归国华侨联合会

主　席：叶　银（2012.6～）

政法委员会

书　记：李见阳（2016.12～）
副书记：陈定光（主持日常工作，2012.8～2017.2）
　　沈亦平（2017.2～）
　　周为民（2014.1～）
　　姚德炉（2015.4～）
　　邹海亮（2016.5～）
　　章作飞（2016.12～）
综治办主任：周为民（2014.1～）
综治办副主任：范奕斗（2016.9～）
维护稳定工作领导小组办公室主任：
　　陈定光（2013.11～2017.2）
　　沈亦平（2017.2～）
维护稳定工作领导小组办公室副主任：
　　沈卫平（2012.12～）
防范和处理邪教问题领导小组办公室副主任：李明（2014.6～）

党校

校　长：刘新民（2016.12～）

副校长：方　兴（常务副校长 2012.12～）

叶根森（2015.7～）

赵剑芳（2016.9～）

编制委员会办公室

主　任：胡庆华（2012.6～）

副主任：吴立新（2012.12～）

县直机关工委

书　记：刘　良（2014.8～）

副书记：吴昌森（2016.9～）

纪工委书记：吴思进（兼，2015.12～）

老干部局

局　长：吴秋骅（2008.5～）

副局长：胡延娇（女，20111.8～）

季日清（2015.5～）

关心下一代工作委员会

副主任：姚雪飞（女，2010.3～）

县委、县政府信访局

局　长：练全裕（2015.11～）

副局长：陈文仁（2012.8～）

胡兰香（女，2015.4～）

叶林华（2016.9～）

县委、县政府农村工作办公室

主　任：叶文标（2016.5～）

副主任：吴炎华（2010.8～）

吴长智（2016.1～2017.2）

柳林飞（2016.5～2017.8）

范　彬（2017.8～）

党组书记：叶文标（2016.5～）

党组副书记：吴长智（2013.8～2017.2）

范　彬（2017.8～）

新农村建设发展中心主任（高配副科级）：

柳必盛（2012.8～）

档案局（史志办）

局长（主任）：吴春生（2015.4～）

副局长（副主任）：吴传彪（2009.12～）

叶　庆（女，2012.8～）

鲍潘菊（女，2017.8～）

新闻中心

主　任：杨志豪（2004.3～）

副主任（高配副科级）：吴采芬（女，2014.1～）

吴小青（2015.5～）

文明办

主　任（副科级）：吴旺进（2015.7～）

副主任（高配副科级）：陈观喜（2015.5～）

【县人民政府工作部门】

县政府办公室

主　任：叶　武（2012.2～2017.4）

吴　勤（2017.4～）

副主任：陈文金（2010.9～）

范良东（2011.8～，

正科级组织员，2015.5～）

周　峰（2015.4～2017.3）

全长荣（2015.4～）

吴旭峰（2015.5～）

姚增辉（兼，2015.11～）

王向荣（2016.8～2017.3）

吴向东（2016.8～2017.3）

余兆云（2016.8～2017.3）

叶其娇（2016.8～2017.3）

卢振芳（2016.8～）

吴新志（2016.10～2017.9）

胡　雄（正科级，2016.12～）

张剑峰（2017.2～）

党组书记：叶　武（2012.4～2017.2）

吴　勤（2017.2～）

党组副书记：金朱贵（正科级，2012.8～）

法制办主任：吴　勤（2017.3～）

法制办副主任：陈志敏（2015.4～）

外事办主任：吴　勤（2017.3～）

外事办副主任：周美红（女，2015.7～）

金融办主任：黄志民（2014.7～）

县政府应急办公室主任（高配副科级）：

机关事务管理局局长：陈文金（2015.11～）

机关事务管理局副局长：赵小伟（2016.5～）

吴俊梅（女 2016.5～）

发展和改革局

局　长：吴秋标（2015.4～）

副局长：叶秋平（2012.8～）

胡金焕（2014.9～）

周　青（2015.5～）

毛志平（兼，2015.4～2017.9）

吴维宏（女，兼，2017.9～）
总工程师：吴益庆（2016.10～）
党组书记：吴秋标（2015.4～）
党组副书记：吴小平（2010.1～）
公共资源交易管理办公室主任（高配副科级）：黄嗣森（2012.8～）
铁路工作办公室主任（高配副科级）：
柳林飞（2017.9～）
项目工作办公室主任（高配副科级）：
吴　美（女，2016.9～）

粮食局

局　长：吴秋标（2015.4～）

统计局

局　长：毛志平（2015.4～2017.9）
吴维宏（女，2017.9～）
副局长：李歆卉（女，2016.5～）
丁建国（兼，2017.2～）
总统计师：胡效灵（2011.8～）

经济商务局

局　长：吴进平（2012.4～）
副局长：吴松奇（2010.4～）
吴绍华（兼，2015.4～）
杨进林（2015.7～）
吴乾岳（2016.7～）
王思武（2016.9～）
林曼群（女，2016.10～）
总工程师：阙国宪（正科级，2012.8～2015.1，
保留正科级 2015.1～）
党组书记：吴进平（2012.4～）
党组副书记：吴乾岳（2016.7～）

教育局

局　长：叶先良（2012.4～2017.4）
张继誉（2017.4～）
副局长：姚敏荣（兼，2009.11～2017.9）
叶其森（2010.8～）
范寿鹏（2013.8～）
张继誉（兼，2015.4～2017.3）
范良兴（2015.11～）
党组书记：叶先良（2013.9～2017.2）
张继誉（2017.2～）
县政府副总督学：
姚敏荣（2013.8～2017.9）
县政府教育督导员：叶小松（2016.8～）

科学技术局（地震局）

局　长：吴庆洪（2015.4～）
副局长：季培军（2006.11～）
陈华姿（女，2010.8～）
叶春林（2012.8～）
党组书记：吴庆洪（2015.4～）
县校合作办公室副主任（高配副科级）：
叶春林（2010.4～）

民族宗教事务局

局　长：毛志平（2017.4～）
副局长：刘先红（女，2016.9～）

公安局

局　长：邹海亮（2016.5～）
政　委：吴新美（2010.8～2013.10，
副处级 2013.10～）
副局长：李小荣（2001.12～2009.12，
正科级 2009.12～2015.7，
保留正科级待遇，2015.7～）
吴复亮（2009.12～2013.3，
正科级 2013.4～2015.7，
保留正科级待遇，2015.7～）
张祖田（2012.8～）
吴志明（2014.1～）
林胜龙（兼，2015.7～）
吴文华（兼，2015.7～）
副政委：林立贵
（保留正科级待遇，2016.4，2016.7～）
党委书记：邹海亮（2016.5～）
党委副书记：吴新美（2010.1～）
李小荣（2012.8～）
纪检组组长：叶绍林（2016.5～）
政治处主任：赖志毅（2011.4～，
确定正科级 2014.9～2015.7，
保留正科级待遇，2015.7～）
督察长：邹海亮（2016.5～）
刑侦大队大队长（高配副科级）：
张天行（2013.1～）
治安大队大队长（高配副科级）：
禁毒大队大队长（高配副科级）：
姚望平（2010.10～）

看守所所长（高配副科级）：
国保大队大队长（高配副科级）：
吴庆平（2013.1～）
经侦大队大队长（高配副科级）：
吴庆丰（2013.8～）

交通警察大队

大队长：林胜龙（2013.4～）
教导员：吴晓锋（2014.1～）

监察局

局　长：沈亦平（2012.4～2017.2）
副局长：张剑锋（2010.1～，
正科级监察员 2013.3～2017.2）
吴思进（2011.4～2017.1）

司法局

局　长：张用权（2012.4～）
副局长：单良军（2012.8～）
叶太勤（2014.1～）
郑韶平（2015.5～）
余晓辉（挂职，兼，2017.11～）
党组书记：张用权（2012.4～）
党组副书记：毛清付（2015.5～）

财政局

局　长：叶华成（2016.8～）
副局长：叶　飞（兼，2009.12～）
江旭奎（2016.2～）
叶　斌（2017.9～）
总会计师：叶　斌（2014.1～2017.9）
姚善武（2017.9～）
预算局局长（高配副科级）：
姚四荣（2015.7～）
副科级：叶永强（2012.4～）
预算执行局局长（高配副科级）：
财政监督局局长（高配副科级）：
吴　英（女，2012.8～）
农业综合开发办公室主任（高配副科级）：
林　军（2014.9～）
国资监管办公室主任（高配副科级）：
周加田（2015.5～）
党组书记：叶华成（2016.7～）
党组副书记：江旭奎（正科级，2013.11～）

地方税务局

局　长：叶华成（2016.9～）
副局长：吴鹤尧（2013.4～）
副局长：吴忠远（2013.9～）
总会计师（正科级）：
姚秋云（女，2013.4～2017.4）
稽查局局长：陈军华（2013.4～2017.4）
第一税务分局局长（高配副科级）：
范丽雷（2013.9～）

民政局

局　长：吴　勤（2015.5～2017.4）
陈定光（2017.4～）
副局长：沈名山（2008.5～）
吴丽萍（女，2015.4～）
何帮盛（2015.5～）
孙武喜（2016.9～）
党组书记：吴　勤（2015.4～2017.2）
陈定光（2017.2～）
移民工作办公室主任：沈名山（2008.5～）

人力资源和社会保障局

局　长：胡小灵（2016.1～）
副局长：叶良武（2010.1～）
杜国瑞（2011.8～）
胡永生（2012.6～）
吴永德（2016.2～）
党组书记：胡小灵（2015.11～）
党组副书记：吴永德（2013.11～）

社会保险事业管理中心

局　长：边利民（2013.9～）

国土资源局

局　长：王伟松（2015.6～2017.4）
周　峰（2017.4～）
副局长：陈小文（2014.1～2017.1）
陈东海（2014.1～）
胡先松（2016.9～）
严维松（2017.1～）
总规划师（正科级）：李灵菲（女，2014.1～）
党委书记：王伟松（2015.6～2017.4）
周　峰（2017.4～）
纪委书记：李光明（2014.7～）
地质灾害应急中心主任（高配副科级）：
胡应岩（2010.10～）
土地储备中心主任（高配副科级）：
黄业勇（2017.1～）

国土执法监察大队长（高配副科级）：

王家兴（2012.9～）

工业园区分局局长（高配副科级）：

陶义平（2014.7～）

住房和城乡建设局

局　长：刘祖成（2016.8～）

副局长：叶小平（2013.3～）

余国军（2014.7～）

陈观军（2016.8～）

吴月妫（女，2016.9～）

朱伟勇（挂职，2017.10～）

总工程师：吴伟民（2016.9～）

党组书记：刘祖成（2016.7～）

党组副书记：吴月妫（女，2016.9～）

推进城镇化工作办公室主任（高配副科级）：

刘开锋（2016.7～）

县房地产管理处（2015 年 12 月更名为庆元县不动产登记服务中心）

主任（高配副科级）：

吴善平（2014.9～2015.12）

交通运输局

局　长：赖小文（2015.4～2017.4）

王向荣（2017.4～）

副局长：薛力群（兼，2006.11～2016.1，2016.1～）

麻尉启（2012.12～）

吴作铃（2016.5～）

朱文荣（挂职，2017.1～）

总工程师：吴新清（正科级，2012.8～2015.1，保留正科级待遇，2015.1～2017.9）

党组书记：赖小文（2015.4～2017.2）

王向荣（2017.2～）

党组副书记：朱时来（2011.6～）

薛力群（2016.1～）

交通战备办公室主任（高配副科级）：

陈建华（2012.12～）

交通投资有限公司总经理（高配副科级）：

吴枝海（2016.9～）

农业局

局　长：洪宝如（2012.4～）

副局长：张维芬（女，2012.8～）

余小平（2014.1～）

巫其平（2015.5～）

吴远德（兼，2016.5～）

胡晓卫（兼，2016.9～）

总农艺师：沈旭伟（2012.8～）

党组书记：洪宝如（2012.4～）

党组副书记：胡恒照

（正科级，2012.8～2014.12，保留正科级待遇，2014.12～）

畜牧兽医局

局　长：胡晓卫（2016.9～）

林业局

局　长：练全安（2016.8～）

副局长：周　华（2010.9～）

鲍世松（2012.8～）

周理勇（兼，2015.4～）

范德瑜（2016.9～）

总工程师：甄双龙（正科级，2012.8～2015.1，保留正科级待遇，2015.1～）

党组书记：练全安（2016.7～）

水利局

局　长：吴小军（2013.6～2017.4）

吴建伟（2017.4～）

副局长：胡敬松（2014.7～）

吴国胜

（保留正科级待遇，2015.4～2017.9）

张小贵（保留正科级待遇，2015.7～）

吴　明（2016.1～）

防汛办主任（高配副科级）：

王晓琼（2015.4～）

总工程师：傅建平（2017.9～）

党组书记：吴小军（2015.11～2017.2）

吴建伟（2017.2～）

党组副书记：吴　明（2015.7～）

文化广电新闻出版局（体育局）

局　长：胡元胜（2015.8～）

副局长：阙文伟（2007.4～）

吴其华（2013.8～）

杨　清（2016.9～）

党组书记：胡元胜（2015.7～）

体育总会专职副会长：

阙文伟（正科级，2014.1～2015.1，保留正科级待遇，2015.1～）

卫计局

局　长：项邦宝

（2015.4～2015.7，2015.7～）

副局长：叶　青（2015.7～）

胡荣淼（2015.7～）

刘奕明（2015.7～）

胡顺山（2016.8～）

党组书记：项邦宝（2015.7～）

计生协会

会　长：吴建华（2012.11～）

副会长：吴传针（2016.9～）

审计局

局　长：祁康明（2015.4～）

副局长：吴松可（女，2010.8～）

夏俊松（2014.7～）

总审计师（副科级）：刘永兴（2013.8～）

党组书记：祁康明（2015.4～）

党组副书记：叶增飞（2014.1～）

经济责任审计工作联席会议办公室主任（高配副科级）：姚善武（2013.8～2017.9）

安全生产监督管理局

局　长：刘钢平（2014.9～）

副局长：吴雪林（2008.5～）

胡　峰（2016.2～）

吴周荣（2016.2～）

总工程师（副科级）：范明东（2012.8～）

党组书记：吴周荣（2015.4～）

工业园区分局局长（高配副科级）：

吴仅东（2015.5～）

环境保护局

局　长：吴思文（2016.8～）

副局长：林德新（2010.8～）

叶加锡（2011.8～）

总工程师：吴永胜

（副科级 2010.8～2011.3，

正科级 2011.3～2015.1，

保留正科级待遇，2015.1～）

党组书记：吴思文（2016.7～）

生态环境管理所所长（高配副科级）：

周振法（2013.1～）

市场监督管理局

局　长：姚皓光（2014.2～）

副局长：吴卫东（2014.1～）

范火发（2014.1～）

刘　敏（2015.7～）

吴贤付（2015.7～）

蔡荣根（2015.11～）

党组书记：姚皓光（2014.1～）

确定为副科级：吴永成（2014.1～）

王文英（2014.1～）

荷地市场监督管理所所长（高配副科级）：

杨先胜（2015.11～）

县食品安全委员会办公室主任：

姚皓光（2014.1～）

县食品安全委员会办公室副主任：

蔡荣根（2015.11～）

综合行政执法局

局　长：赵思恒（2015.4～）

副局长：吴志斌（2015.7～）

吴元标（2015.7～）

吴长松（2015.7～）

蓝海荣（2016.9～）

党组书记：赵思恒（2015.4～）

【部分社会团体】

总工会

主　席：吴孝安（2012.5～2017.8）

周大标（2017.8～）

副主席：鲍潘菊（女，2015.4～2017.8）

姚德飞（2016.8～）

胡根妫（女，2017.8～）

党组书记：吴孝安（2012.4～2017.8）

周大标（2017.8～）

共青团县委

书　记：曾　莹（女，2016.9～）

副书记：范丹丽（女，2012.8～2017.8）

李　红（女，2017.8～）

沈国臻（2017.8～）

妇女联合会

主　席：吴远姿（女，2014.6～）

副主席：柳昌美（女，2013.8～）

科学技术协会

主　席：吴治高（2012.8～）

副主席：占康宁（2012.8～）

党组书记：吴治高（2012.8～）

文学艺术界联合会

主　席：范敏姿（女，2010.5～）

副主席：胡睦熙（2011.7～）

　　　　吴宗祥（2014.1～）

残疾人联合会

理事长：吴先武（2013.3～）

副理事长：叶时林（2009.12～）

　　　　　李金旺（2010.8～）

　　　　　吴善平（2016.5～）

党组书记：吴善平（2013.8～）

工商业联合会

主　席：林昌富（2003.4～）

副主席：范昌谊（2015.5～）

　　　　林晓丽（女，2016.7～）

党组书记：林晓丽（女，2016.7～）

红十字会

常务副会长：毛昌方（2009.12～）

社会科学界联合会

主　席：练　文（2012.12～2014.1，

　　　　正科级 2014.1～）

副主席：吴传城（2016.9～）

【部分事业企业单位】

旅游委员会

主　任：范修亮（2015.11～）

副主任：叶　伟（2016.5～）

　　　　吴复香（女，2016.9～）

党组书记：范修亮（2015.11～）

旅游发展公司经理（高配副科级）：

　　　　王国政（2016.6～）

行政审批（公共资源交易）中心

主　任：夏富财（2011.6～）

副主任：鲍可文（2016.8～）

　　　　季文夏（2016.10～）

党组书记：夏富财（2011.6～2017.10）

　　　　　章作飞（2017.10～）

投资项目审批代办中心主任（高配副科级）：

　　　　吴坤林（2013.8～）

工业园区管理委员会

主　任：吴建伟（2015.4～2017.3）

　　　　吴向东（2017.3～）

副主任：陈文化（2007.7～）

　　　　王江山（挂职，2011.8～2013.9，

　　　　2014.1～）

　　　　叶光锦（2015.5～）

　　　　张健飞（兼，2016.9～）

总工程师：

党委书记：王绍金（2016.12～）

党委副书记：林新成（2008.5～）

　　　　　　吴建伟（2015.4～2017.2）

　　　　　　吴向东（2017.2～）

国有资产营运有限公司

经　理：叶　飞（2009.12～）

副经理：蔡章平（2014.1～）

　　　　吴　锋（2014.7～）

党委书记：叶　飞（2009.12～）

广播电视台

台　长：张力军（2012.11～）

副台长：蔡章元（2010.3～）

　　　　林昌根（2016.9～）

总工程师：胡利松（2016.9～）

党委书记：张力军（2012.11～）

供销合作社联合社

主　任：吴永林（2012.4～）

副主任：沈绍波（2010.8～）

　　　　胡培岳（2011.8～）

　　　　何信肖（2016.10～）

党组书记：吴永林（2012.4～）

人民防空办公室（民防局）

主　任（局　长）：吴思青（2015.4～）

副主任（副局长）：王　飞（2016.8～）

庆元中学

校　长：张继誉（2012.8～2017.9）

　　　　吴继华（2017.9～）

副校长（高配副科级）：

　　　　吴继华（2010.8～2017.9）

　　　　王　华（2014.1～）

　　　　廖郁林（2015.7～）

　　　　姚望良（2016.9～）

党总支书记：张继誉

　　　　（正科级，2011.7～2017.8）

　　　　吴继华（2017.8～）

职业高级中学

校　长（高配副科级）：吴临水（2014.1～）

食用菌管理局（科研中心）

局长（主任）：吴远德（2016.5～）

副局长（高配副科级）：叶晓星（2011.4～）

党支部书记：吴远德（2016.5～）

总农艺师（副科级）：叶长文（2010.1～）

凤阳山～百山祖国家级自然保护区管理局百山祖管理处

处　长：林高平（2015.2～）

副处长：王家金（2011.7～）

吴明鑫（2011.8～）

练全安（兼，2016.8～）

吴思文（兼，2016.8～）

范修亮（兼，2015.11～）

总工程师：陈德良（2006.9～）

党组书记：林高平（2015.4～）

党组副书记：王家金（2011.7～）

办公室主任（高配副科级）：陈小荣（2014.1～）

森林公安局

局　长：吴文华（2010.1～）

教导员：叶林武（2011.8～）

庆元林场

场　长：周理勇（2015.4～）

党支部书记：吴伟华（2006.9～）

浙江庆元国家森林公园管理处主任：

周理勇（2015.7～）

人民医院

院　长：管廷勇（2009.9～）

执行院长：郑荣宗（2016.5～）

名誉院长：张继礼（2016.5～）

副院长：钟玉平（2004.9～）

李启武（2010.1～）

林　军（2016.5～）

王福美（女，2016.8～）

党总支书记：管廷勇（2015.11～）

中医院

院　长（高配副科级）：廖瑞龙（2010.1～）

公路管理局

局　长：吴新清（正科级，2016.1～2017.9）

毛传宝（2017.9～）

党支部书记：毛传宝（2010.1～）

道路运输管理局

局　长：张志伟（2016.8～）

党支部书记：姚建灵（2016.10～）

房屋与土地征收工作办公室

主　任：

副主任：叶兆全（主持工作，2016.5～）

黄　忠（2016.9～）

社会服务管理指挥中心

主　任：姚增辉（2015.11～）

副主任：季卫东（2013.8～）

张剑峰（兼，2013.9～2017.9）

吴方水（2015.7～）

经合办（招商局）

主　任（局长）：吴绍华（2015.9～）

副主任（副局长）：吴宗元（2015.9～）

吴丽红（2015.9～）

【中央、省和庆元县双重管理单位】

国家税务局

局　长：周建龙（2016.12～2017.12）

杨娟英（女，2017.12～）

副局长：吴国明（1997.11～）

吴高强（2011.3～）

吴学练（2000.8～）

党组书记：杨娟英（女，2017.12～）

纪检组组长：沈新林（2010.3～）

稽查局局长：练华坚（2014.12～）

供电局

局　长：胡秋生（2014.5～）

副局长：沈从和（2009.12～）

吴世斌（2016.8～）

宋恩亮（2016.8～）

党委书记：沈从和（2015.6～）

党委副书记：胡秋生（2014.5～）

纪委书记：季宁军（2014.5～）

工会主席：季宁军（2014.5～）

电信分公司

总经理：阙龙伟（2014.11～）

副总经理：杨永兴（2014.11～）

党委书记：阙龙伟（2014.11～）

纪委书记：杨永兴（2015.2～）

邮政局

局　长：练维珊（2013.7～）

副局长：雷伟军（2015.4～2017.10）

　　　　宋燕燕（女，2017.10～）

党委书记：练维珊（2012.11～）

烟草专卖局（公司）

局长（经理）：练慧平（2006.12～）

副局长：张林峰（2015.5～）

副经理：吕飞平（2007.1～2017.9）

　　　　蓝　峰（2017.9～）

副协理员：孙　亮（2015.5～）

党组书记：练慧平（2006.12～）

纪检组组长：张林峰（2015.5～）

气象局

局　长：刘海英（女，2015.12～）

副局长：徐尚胜（2011.4～）

　　　　吴春富（2015.12～）

党组书记：刘海英（女，2016.7～）

移动分公司

总经理：毛春良（2015.11～）

副总经理：吴青梅（女，2016.5～）

联通分公司

总经理：郑贤波（2014.12～）

住房公积金管理中心庆元分中心

主　任：陶俊杰（2006.9～）

人民银行庆元县支行

行　长：黄君贤（2016.9～）

副行长：吴国锋（2009.3～）

行长助理：雷　虹（2017.9～）

党组书记：黄君贤（2016.9～）

纪检组组长：吴国锋（2009.5～）

工商银行庆元县支行

行　长：周　捷（2015.9～2017.8）

　　　　汤少军（2017.8～）

副行长：马志春（2014.10～）

农业银行庆元县支行

行　长：胡付文（2013.6～）

副行长：姚凌霄（2013.6　～）

　　　　项　鸣（2015.9～2017.9）

　　　　胡琳莉（2017.9～）

中国银行庆元县支行

行　长：朱文伟（2016.8～）

副行长：毛明斌（2010.4～2017.12）

　　　　季旭辉（2015.1～2017.5）

　　　　徐伟清（2017.7～）

　　　　姚　龙（2018.1～）

建设银行庆元县支行

行　长：胡小青（2014.11～）

副行长：吴学松（2012.10～）

　　　　周　婵（2016.8～）

农业发展银行派驻庆元县信贷组

主　任：吴哲明（2017.11～）

农村信用合作社联合社

理事长：陈文炎（2013.3～）

主　任：刘俊毅（2013.8～）

　　　　周邦新（2015.8～）

副主任：吴俊文（2012.7～）

　　　　吴步斌（2015.8～2017.12）

党委书记：陈文炎（2013.3～）

纪委书记（监事长）：吴俊文（2015.7～）

邮政储蓄银行庆元支行

行　长：周丽红（2016.4～）

副行长：叶伟平（2008.5～）

泰隆银行

行　长：吴惠华（2012.12～）

副行长：廖小林（2012.9～）

　　　　林　斌（2017.11～）

稠州银行庆元支行

行　长：吴洪斌（2013.11～）

副行长：吴宗良（2016.6～）

温州银行

行　长：朱俊（2017.10～）

中国人民财产保险庆元支公司

经　理：王　亮（2017.1～2018.3）

中国人寿保险庆元支公司

经　理：吴　庆（2014.5～）

经理助理：陈向阳（2016.3～）

中国太平洋财产保险庆元支公司

经　理：高亮文（2009.7～）

中国人民人寿保险庆元支公司

经理：张兆红（2016.1～）

中国人寿财产保险庆元支公司

经理：吴俐毅（2008.9～）

【濛洲街道】

中国共产党濛洲街道工作委员会

书　记：叶利民（2016.7～）

副书记：叶永飞（2012.12～）

　　　　吴东平（2016.10～）

　　　　朱义良（2016.10～2017.8）

　　　　吴振祥（2017.8～）

党工委委员：吴树来（2012.3～）

　　　　　　吴振祥（2015.5～2017.8）

　　　　　　叶绍松（2016.9～）

　　　　　　吴军辉（2016.9～）

　　　　　　吴光仁（2016.9～）

　　　　　　吴建平（2017.8～）

纪工委书记：吴树来（2012.3～）

组织委员：吴军辉（2016.9～）

宣传委员：吴光仁（2016.9～）

濛洲街道人大工委

主　任：陈小文（2016.10～）

副主任：林桂峰（2016.10～）

濛洲街道办事处

主　任：叶永飞（2016.7～）

副主任：吴振祥（2015.5～2017.9）

　　　　吴　亮（2015.5～）

　　　　吴登聪（女，2016.9～）

　　　　吴建平（2016.9～）

濛洲街道人武部

部　长：叶绍松（2016.9～）

【松源街道】

中国共产党松源街道工作委员会

书　记：刘利明（2016.7～）

副书记：叶斌林（2013.4～）

　　　　张林军（2016.9～）

　　　　吴汝明（2016.9～）

党工委委员：刘　雄（2013.5～）

　　　　　　叶伙翠（女，2015.4～）

　　　　　　李　瑛（2015.5～）

　　　　　　吴一飞（2016.9～）

　　　　　　张景俊（2016.9～）

　　　　　　李　敏（2016.7～）

纪工委书记：叶伙翠（女，2015.4～）

组织委员：李　瑛（2016.9～）

宣传委员：吴一飞（2016.9～）

松源街道人大工委

主　任：练小松（2016.8～）

副主任：吴周华（2015.7～）

松源街道办事处

主　任：叶斌林（2015.4～）

副主任：刘章文（2012.3～）

　　　　吴应才（2014.1～）

　　　　刘　雄（2016.9～）

　　　　王春华（2016.9～）

　　　　吴明生（2016.9～）

　　　　吴俊文（挂职，2017.9～）

松源街道人武部

部　长：张景俊（2016.9～）

【屏都街道】

中国共产党屏都街道工作委员会

书　记：全开林（2016.7～）

副书记：吴孔斌（2016.7～）

　　　　胡世君（2016.9～）

　　　　毛守亲（2016.9～）

党工委委员：吴利荣（2016.9～）

　　　　　　钱　睿（2016.9～）

　　　　　　张炉均（2016.9～）

　　　　　　吴善惠（2016.9～）

　　　　　　杨平林（2016.7～）

纪工委书记：吴方美（2015.5～）

组织委员：钱　睿（2016.9～）

宣传委员：张炉均（2016.9～）

屏都街道人大工委

主　任：叶昌平（2016.8～2017.6）

　　　　柳昌海（2017.10～）

副主任：叶大华（2016.10～）

屏都街道办事处

主　任：吴孔斌（2016.8～）

副主任：杨金贵（2012.3～）

　　　　吴利荣（2013.3～）

　　　　姚德洪（2015.5～）

　　　　杨秋琴（女，2016.9～）

　　　　吴小新（2016.9～）

屏都街道人武部

部　长：吴善惠（2016.9～）

【黄田镇】

中国共产党黄田镇委员会

书　记：方　军（2016.10～）

副书记：李志远（2016.7～）

甘庆军（2016.9～）

赵　伟（挂职，2017.8～）

党委委员：季小平（2012.8～）

甘庆军（2015.5～）

叶兴良（2015.5～）

吴　勇（2015.5～）

李志远（2016.7～）

董文金（2016.9～）

方　军（2016.10～）

王卢松（候选人2016.9，2016.11～）

赵　伟（挂职，2017.8～）

纪委书记：王卢松（候选人2016.9，2016.11～）

组织委员：叶兴良（2016.9～）

黄田镇人大

主　席：王长法（候选人2015.5，2015.6～）

副主席：周培炎（候选人2015.7，2016.12～）

黄田镇人民政府

镇　长：李志远（候选人2016.7，2016.12～）

副镇长：董文金（候选人2015.5，2015.6～）

郑祖武（候选人2016.9，2016.12～）

吴鸿芬（女，候选人2016.9，2016.12～）

吴珍荣（候选人2016.9，2016.12～）

黄田镇人武部

部　长：吴　勇（2015.5～）

【竹口镇】

中国共产党竹口镇委员会

书　记：黄嗣进（2016.7～）

副书记：陈　峰（2015.5～）

张跃进（挂职，2015.7～2017.7）

吴亨卿（2016.7～）

夏念青（2016.9～）

朱文荣（挂职，2017.1）

党委委员：吴良轶（2012.12～）

胡守全（2014.7～）

夏念青（2015.11～）

陈　峰（2015.5～）

张跃进（挂职，2015.7～2017.7）

黄嗣进（2016.7～）

吴亨卿（2016.7～）

吴守全（候选人2016.9，2016.10～）

董田丰（候选人2016.9，2016.10～）

吴乾俭（候选人2016.9，2016.10～）

张健飞（2016.9～）

朱文荣（挂职，2017.1～）

纪委书记：胡守全（2014.7～）

组织委员：董田丰（候选人2016.9，2016.10～）

宣传委员：吴守全（候选人2016.9，2016.10～）

竹口镇人大

主　席：刘章武（候选人2014.1，2014.3～）

副主席：沈绍春（候选人2010.1，2010.2～）

竹口镇人民政府

镇　长：吴亨卿（候选人2016.7，2016.12～）

副镇长：吴长钱（候选人2006.11，2007.1～）

张健飞（2016.9～）

吴长义（候选人2016.9，2016.12～）

沈吴艳（女，候选人2016.9，2016.12～）

竹口镇人武部

部　长：吴乾俭（2016.9～）

【荷地镇】

中国共产党荷地镇委员会

书　记：吴思文（2009.12～2016.7）

胡冬玲（女，2016.7～）

副书记：毛先华（2016.10～）

吴应洪（2016.12～）

余晓辉（挂职，2017.1～）

党委委员：胡冬玲（女，2012.12～）

柳从聪（2014.1～）
张祖满（2016.5～）
毛先华（2016.10～）
姚德叶（2016.10～）
姚小明
（候选人 2016.9，2016.10～）
杨　刚
（候选人 2016.9，2016.10～）
吴应洪（2016.12～）
余晓辉（挂职，2017.1～）
纪委书记：姚德叶
（候选人 2016.10，2016.10～）
组织委员：杨　刚
（候选人 2016.9，2016.10～）

荷地镇人大

主　席：叶宪武（候选人 2015.5，2015.8～）
副主席：吴学仁（候选人 2011.8，2011.12～）

荷地镇人民政府

镇　长：吴应洪（候选人 2016.12，2016.12～）
副镇长：胡恒德（候选人 2014.1，2014.3～）
刘松娟
（女，候选人 2016.9，2016.12～）

荷地镇人武部

部　长：姚小明（2016.9～）

【左溪镇】

中国共产党左溪镇委员会

书　记：周大标（2014.1～2017.8）
副书记：沈国清（2014.1～）
薛振华（2016.9～）
党委委员：周大标（2010.9～2017.8）
叶良荣（2012.12～）
沈国清（2014.1～）
吴秀成（2014.1～）
张祖元（2015.5～）
薛振华（2016.9～）
沈从军（2016.9～）
林美云
（女，候选人 2016.9，2016.10～）
纪委书记：沈从军（2016.9～）
组织委员：林美云
（女，候选人 2016.9，2016.10～）

左溪镇人大

主　席：叶发柱（候选人 2015.4，2015.5～）
副主席：李兆根（候选人 2016.9，2016.12～）

左溪镇人民政府

镇　长：沈国清（候选人 2014.1，2014.3～）
副镇长：范良敏（候选人 2014.1，2014.3～）
叶良荣（候选人 2016.9，2016.12～）
柳荣文（候选人 2016.9，2016.12～）

左溪镇人武部

部　长：张祖元（2015.5～）

【百山祖镇】

中国共产党百山祖镇委员会

书　记：吕德红（女，2016.1～）
副书记：吴荣贵（2015.5～）
范传龙（候选人 2016.7，2016.12～）
党委委员：张晓峰（2013.5～）
杨正余（2013.6～）
瞿林春（2015.5～）
吴荣贵（2015.5～）
吕德红（女，2016.1～）
范传龙（2016.7～）
胡东海（2016.9～）
郑　伟
（候选人 2016.9，2016.10～）
纪委书记：吴荣贵（2015.5～2016.9）
郑　伟
（候选人 2016.9，2016.10～）
组织委员：张晓峰（2016.9～）

百山祖镇人大

主　席：黄业廉（候选人 2013.5，2013.6～）
副主席：范大全（候选人 2015.5，2015.6～）

百山祖镇人民政府

镇　长：范传龙（候选人 2016.7，2016.12～）
副镇长：李　明（候选人 2013.5，2013.6～）
胡东海（候选人 2016.9，2016.12～）
吴　明（候选人 2016.9，2016.12～）

百山祖镇人武部

部　长：瞿林春（2015.5～）

【岭头乡】

中国共产党岭头乡委员会

书　记：陈肖波（2016.10～）

副书记：吴邦武（2016.7～）

周林松（2016.9～）

丁建国（挂职，2017.1～）

王来亮（挂职，2017.8～）

党委委员：范标强（2013.8～）

吴邦武（2016.7～）

周林松（2016.9～）

黄先全（2016.9～）

刘小平

（候选人2016.9，2016.10～）

吴立庆

（候选人2016.9，2016.10～）

陈肖波（2016.10～）

丁建国（挂职，2017.1～）

王来亮（挂职，2017.8～）

纪委书记：黄先全（2016.9～）

组织委员：吴立庆

（候选人2016.9，2016.10～）

岭头乡人大

主　席：吴方兴（候选人2016.7，2016.12～）

副主席：张绍铨（候选人2006.9，2007.1～）

岭头乡人民政府

乡　长：吴邦武（候选人2016.7，2016.12～）

副乡长：周仙根（候选人2015.4，2015.6～）

范标强

（候选人2016.10，2016.12～）

甘燕玲

（女，候选人2016.9，2016.12～）

岭头乡人武部

部　长：刘小平（2016.9～）

【五大堡乡】

中国共产党五大堡乡委员会

书　记：周利民（2015.4～）

副书记：吴家斌（2016.7～）

吴继顺（2016.9～）

黄　健（挂职，2017.8～）

党委委员：吴　健（2012.8～）

吴继顺（2014.1～）

周利民（2015.4～）

黎东兴（2015.5～）

吴家斌（2016.7～）

曾慧明（2016.9～）

陶　炜（2016.9～）

吴江锋

（候选人2016.9，2016.10～）

黄　健（挂职，2017.8～）

纪委书记：陶　炜（2016.9～）

组织委员：吴江锋

（候选人2016.9，2016.10～）

五大堡乡人大

主　席：夏清平（候选人2016.7，2016.12～）

副主席：范道勤（候选人2016.9，2016.12～）

五大堡乡人民政府

乡　长：吴家斌（候选人2016.7，2016.12～）

副乡长：甘长文（候选人2015.5，2015.5～）

曾慧明（候选人2016.9，2016.12～）

吴雪松（候选人2016.9，2016.12～）

周月英

（女，候选人2016.9，2016.12～）

五大堡乡人武部

部　长：黎东兴（2015.5～）

【淤上乡】

中国共产党淤上乡委员会

书　记：吴孚郎（2015.4～）

副书记：吴美英（女，2016.5～）

陈剑荣（2016.7～）

党委委员：吴孚郎（2011.7～）

吴美英（女，2016.5～）

陈剑荣（2016.7～）

张晓冲（2016.9～）

赵　赟

（候选人2016.9，2016.10～）

阙岩根（2016.9～）

吴忠玲（2016.5～）

纪委书记：阙岩根（2016.9～）

组织委员：赵　赟

（候选人2016.9，2016.10～）

淤上乡人大

主　席：范世珍（候选人2016.7，2016.12～）

副主席：吴美英

（女，候选人2016.9，2016.12～）

淤上乡人民政府

乡　长：陈剑荣（候选人2016.7，2016.12～）

副乡长：张晓冲（候选人2016.9，2016.12～）

龚开坤（候选人2016.9，2016.12～）

吴华辉

（候选人2016.10，2016.12～）

吴维东

（候选人2016.12，2016.12～）

淤上乡人武部

部　长：吴忠玲（2016.5～）

【安南乡】

中国共产党安南乡委员会

书　记：范修飞（2016.7～）

副书记：王　燕（女，挂职，2015.7～2017.7）

吴凌冰（女，2016.9～）

瞿思胜（2016.10～）

余　杨（挂职，2017.8～）

党委委员：杨小伟（2015.5～）

王　燕

（女，挂职，2015.7～2017.7）

范修飞（2016.7～）

吴凌冰（女，2016.9～）

许建泉（2016.9～）

胡小林（2016.9～）

瞿思胜（2016.10～）

吴志强（2016.10～）

余　杨（挂职，2017.8～）

纪委书记：胡小林（2016.9～）

组织委员：许建泉（2016.9～）

副科级组织员：孟帮民（2015.5～）

安南乡人大

主　席：徐和青（候选人2016.7，2016.12～）

副主席：吴凌冰

（女，候选人2016.9，2016.12～）

安南乡人民政府

乡　长：瞿思胜（候选人2016.10，2016.12～）

副乡长：张东强（候选人2011.8，2011.12～）

杨小伟（候选人2015.4，2015.5～）

张安周（候选人2016.9，2016.12～）

安南乡人武部

部　长：吴志强（2016.10～）

【张村乡】

中国共产党张村乡委员会

书　记：叶文飞（2016.1～）

副书记：吴　斌（2016.5～）

胡云燕（女，2016.7～）

党委委员：范联合（2011.8～）

叶文飞（2015.4～）

吴　斌（2016.5～）

胡云燕（女，2016.7～）

吴　明（2016.9～）

周宜全

（候选人2016.9，2016.10～）

毛开怀

（候选人2016.9，2016.10～）

纪委书记：吴　明（2016.9～）

组织委员：周宜全（2016.9～）

张村乡人大

主　席：王志亮（候选人2016.7，2016.12～）

副主席：吴　斌（候选人2016.9，2016.12～）

张村乡人民政府

乡　长：胡云燕

（女，候选人2016.7，2016.12～）

副乡长：范联合（候选人2016.9，2016.12～）

姚远良（候选人2016.9，2016.12～）

范祖飞

（候选人2016.10，2016.12～）

张村乡人武部

部　长：毛开怀（2016.9～）

【隆宫乡】

中国共产党隆宫乡委员会

书　记：吴小隆（2016.7～）

副书记：吴松蓉（女，2013.8～）

吴善臻（2016.7～）

党委委员：吴松蓉（女，2013.8～）

吴金土（2013.8～）

吴小隆（2016.7～）

吴善臻（2016.7～）
陈丕军（2016.9～）
吴璟发（2016.9～）
吴　青
（女，候选人 2016.9，2016.10～）
纪委书记：吴　青
（女，候选人 2016.9，2016.10～）
组织委员：吴璟发（2016.9～）

隆宫乡人大

主　席：吴小平（候选人 2016.7，2016.12～）
副主席：吴松蓉
（女，候选人 2016.10，2016.12～）

隆宫乡人民政府

乡　长：吴善臻（候选人 2016.7，2016.12～）
副乡长：陈丕军（候选人 2016.9，2016.12～）
刘文通（候选人 2016.7，2016.12～）
何仕良（候选人 2016.10，2016.12～）

隆宫乡人武部

部　长：吴金土（2013.8～）

【举水乡】

中国共产党举水乡委员会

书　记：黄丽芬（女，2015.4～2017.8）
副书记：吴　华（2013.3～）
周应荣（2016.9～）
厉小锋（挂职，2015.7～2017.7）
党委委员：吴　华（2013.3～）
吴进銮（女，2014.1～）
黄丽芬（女，2015.4～2017.8）
吴利军（2015.7～）
周应荣（2016.9～）
王加平（2016.9～）
吴永飞（2016.10～）
厉小锋（挂职，2015.7～2017.7）
纪委书记：吴永飞（2016.10～）

举水乡人大

主　席：吴卫平（候选人 2016.7，2016.12～）
副主席：周应荣（候选人 2016.10，2016.12～）

举水乡人民政府

乡　长：吴　华（候选人 2016.7，2016.12～）
副乡长：吴进銮
（女，候选人 2011.8，2011.12～）
吴宏飞
（候选人 2015.11，2015.12～）
李明章
（候选人 2016.10，2016.12～）

举水乡人武部

部　长：吴利军（2015.7～）

【江根乡】

中国共产党江根乡委员会

书　记：吴人豪（2016.7～）
副书记：吴　雄（2015.11～）
叶昌平（2016.12～）
党委委员：王建伟（2011.8～）
吴　雄（2015.11～）
吴人豪（2016.7～）
吴应土
（候选人 2016.9，2016.11～）
叶邦泽
（候选人 2016.9，2016.11～）
胡　林
（候选人 2016.10，2016.11～）
叶昌平（2016.12～）
纪委书记：胡　林
（候选人 2016.10，2016.11～）

江根乡人大

主　席：陈朝军（候选人 2016.7，2016.12～）
副主席：吴　雄（候选人 2016.10，2016.12～）

江根乡人民政府

乡　长：叶昌平
（候选人，2016.12，2016.12～）
副乡长：王建伟（候选人 2016.9，2016.12～）
兰　君（候选人 2016.10，2016.12～）
周丸渊（候选人 2016.10，2016.12～）

江根乡人武部

部　长：叶邦泽（2016.9～）

【贤良镇】

中国共产党贤良镇委员会

书　记：刘　伟（2016.7～）
副书记：李一娇（女，2016.7～）
毛琼飞（2016.9～）
党委委员：胡朝晖（2013.3～）

毛琼飞（2015.7～）
刘　伟（2016.7～）
李一娇（女，2016.7～）
朱海青（女，2016.9～）
吴　荣
（候选人 2016.9，2016.10～）
吴政翰
（候选人 2016.9，2016.10～）
纪委书记：吴　荣
（候选人 2016.9，2016.10～）
组织委员：朱海青（女，2016.9～）

贤良镇人大
主　席：吴维本（候选人 2016.7，2016.12～）
副主席：毛琼飞（候选人 2016.10，2016.12～）

贤良镇人民政府
镇　长：刘　伟（候选人
2012.12，2013.1～2016.7）
李一娇（女，候选人
2016.7，2016.12～）
副镇长：叶学斌（候选人 2015.4，2015.5～）
胡朝晖（候选人 2016.9，2016.12～）
吴应石（候选人 2016.9，2016.12～）

贤良镇人武部
部　　长：吴政翰（2016.9～）

【龙溪乡】

中国共产党龙溪乡委员会
书　记：吴达校（2016.7～）
副书记：朱美良（2015.4～）
吴至飞（2016.9～）
党委委员：吴至飞（2013.8～）
朱美良（2015.4～）
吴达校（2016.7～）
沈　毅（2016.9～）
姚德龙（2016.9～）
吴春明
（候选人 2016.9，2016.10～）
周贤友
（候选人 2016.9，2016.10～）
纪委书记：吴春明
（候选人 2016.9，2016.10～）
组织委员：姚德龙（2016.9～）

龙溪乡人大
主　席：毛爱平
（女，候选人 2016.7，2016.12～）
副主席：吴至飞（候选人 2016.10，2016.12～）

龙溪人民政府
乡　长：朱美良（候选人 2015.4，2015.6～）
副乡长：黄庆森
（候选人 2015.7，2015.12～）
沈　毅
（候选人 2016.9，2016.12～）

龙溪乡人武部
部　　长：周贤友（2016.9～）

【官塘乡】

中国共产党官塘乡委员会
书　记：范　彬（2014.1～2017.8）
副书记：张一男（2016.7～）
周宗敏（2016.9～）
党委委员：范　彬（2011.7～2017.8）
周可荣（2013.8～）
吴春生（2015.5～）
张一男（2016.7～）
周宗敏（2016.9～）
吴泉玉
（女，候选人 2016.9，2016.10～）
吴志章
（候选人 2016.10，2016.10～）
纪委书记：周可荣（2016.10～）
组织委员：吴泉玉
（女，候选人 2016.9，2016.10～）

官塘乡人大
主　席：胡开炳
（候选人 2016.7，2016.12～）
副主席：周宗敏（候选人 2016.10，2016.12～）

官塘乡人民政府
乡　长：张一男（候选人 2016.7，2016.12～）
副乡长：吴春生（候选人 2015.4，2015.6～）
吴祥选（候选人 2016.10，2016.12～）

官塘乡人武部
部　长：吴志章（2016.10～）

（陈　涛）

中国共产党
庆元县委员会

县委重要会议

【“干净干事创新业”作风建设专项活动动员部署会】 2017年12月30日下午，召开“干净干事创新业”作风建设专项活动动员部署会。县委书记蓝伶俐在会上强调，要以更深的认识、更铁的决心、更严的纪律，坚决打赢作风建设攻坚战、持久战，争当立得住潮头、经得起考验、打得赢硬仗的“绿色发展排头兵”，打造“政治绝对忠诚、做人尤为干净、做事尤为担当、作风尤为过硬、精神尤为昂扬”的庆元铁军。县委副书记李见阳主持会议。县委常委、纪委书记黄绍刚作工作部署。县委常委、常务副县长章作飞，县委常委、组织部长刘新民参加会议。根据市委安排，从2016年12月底到2017年6月底，庆元县将开展以“干净干事创新业”为主题，以“三强三树”（强党性树正气、强规矩树高线、强担当树标杆）为主要内容的作风建设专项活动，具体分为对标剖析、廉政体检、正风肃纪、作风巡察、督查问责五大专项行动。蓝伶俐在讲话中指出，要以更深的认识，强化干净干事创新业的思想自觉和行动自觉。蓝伶俐要求，要以更铁的决心，切实推进作风建设专项活动。蓝伶俐强调，要以更严的纪律，发挥震慑作用，坚决守住底线。会上，参会人员签订了庆元县党员领导干部争当“绿色发展排头兵”十条承诺。

【庆元落实全面从严治党主体责任汇报会】 1月5日上午，庆元召开庆元落实全面从严治党主体责任汇报会。1月4～5日，市委常委、纪委书记方向带领市检查考核组到庆元，以个别谈话、查阅资料、实地检查和召开汇报会等形式，对庆元县全面从严治党主体责任落实情况进行检查考核。县委书记蓝伶俐汇报庆元县履行全面从严治党和意识形态工作主体责任情况。县领导胡献如、吴青松、叶丽娅、阎昌远、章作飞、吴积云、吴灌红、邹海亮、黄绍刚、刘新民等参加汇报会。听取汇报后，方向指出，庆元县委高度重视，切实担负起全面从严治党和党管意识形态的主体责任，力度大，工作富有成效。各级党委（党组）要充分认识检查考核的重要意义，把思想统一到中央和省委、市委决策部署上来，通过考核发现问题、总结成绩，实事求是找准短板，客观公正反映情况，从严从实抓好整改，确保考核工作圆满完成，达到预期目标。

【县委十四届二次全体会议】 1月6日下午，县委召开十四届二次全体会议。县委书记蓝伶俐主持会议。胡献如、吴青松、叶丽娅、阎昌远、章作飞、吴积云、吴灌红、邹海亮、黄绍刚、刘新民等县领导及县委委员、县委候补委员、县纪委委员参加会议。本次会议应到县委委员40名，实到37名。会议研究审议了中共十九大代表和省第十四次党代会代表推荐人选，听取了县委组织部关于确定中共十九大代表和省第十四次党代会代表推荐人选名单的说明。会议表决通过了《中共庆元县委关于从严加强干部队伍建设锻造勇立绿色发展潮头庆元铁军的决定》（以下简称《决定》）。会议指出，在全面从严治党的新形势下，围绕贯彻落实中共十八届六中全会提出的抓好领导干部这个关键少数的鲜明导向，庆元县根据省委、市委要求，结合实际研究出台了《决定》。

【老干部迎春茶话会】 1月10日下午，庆元县召开老干部迎春茶话会，向老干部通报2016年庆元县经济社会发展情况，征求老干部对庆元发展的意见和建议。县委书记蓝伶俐出席。县委常委、组织部长刘新民主持。县人大常委会副主任、县委办主任柳昌发参会。会上，老干部对庆元县经济社会发展取得的成绩给予充分肯定，并围绕旅游发展、“一溪两岸”景观带建设、美丽县城市建设、交通基础建设等方面，提出了许多宝贵的意见和建议。蓝伶俐向广大离退休老干部致以诚挚问候和新春祝福，并通报了去年庆元县经济社会发展情况以及今后发展思路，对老干部为庆元发展作出的贡献表示衷心感谢。

【乡镇（街道）党（工）委书记抓基层党建工作述职评议会】 1月23日上午，庆元县召开乡镇（街道）党（工）委书记抓基层党建工作述职评议会议，听取各乡镇（街道）党（工）委书记述职并开展评议，研究部署下阶段基层党建工作。

县委书记蓝伶俐作点评讲话。县领导胡献如、李见阳、阎昌远、章作飞、吴积云、吴灌红参加会议。市委组织部副部长陈科强到会指导。会议由县委常委、组织部长刘新民主持。会上，濛州、黄田、竹口等19个乡镇（街道）党（工）委书记就抓基层党建工作进行述职，报告了2016年来的履职情况、存在的问题及下一步工作举措等。蓝伶俐充分肯定各乡镇街道基层党建工作取得的成效，认为大家抓党建的认识更加到位，措施更加到位，成效更加明显，并根据每个乡镇（街道）下一步基层党建的重点和方向逐一进行点评。会上，陈科强对庆元县基层党建工作方面予以肯定。就进一步做好基层党建工作，他指出，要进一步抓实基层党建工作主体责任，要继续深入推进“两学一做”学习教育，要着力打造一支勇立潮头的“庆元铁军”，要持续抓好“整乡推进、整县提升”工作，要扎实做好村级组织换届各项工作，要深化基层党建与中心工作的融合发展，让基层党建工作更上一个台阶。

【县委理论学习中心组学习（扩大）会暨务虚会】

1月23日下午，县委书记蓝伶俐主持召开县委理论学习中心组学习（扩大）会暨务虚会。会议传达学习中央经济工作会议、省“两会”精神，深刻分析当前庆元面临的发展形势，科学谋划今年工作。县委副书记、代县长胡献如出席会议。吴青松、叶丽娅、李见阳、阎昌远、章作飞、吴积云、吴灌红、黄绍刚、刘新民等副县以上领导参加会议。会上，参会的副县以上领导和县住建局、农办及屏都街道负责人结合赴诸暨、安吉、嘉善学习考察的体会，就今后庆元发展和2017年工作思路谋划作交流发言，提出了许多建设性的意见建议。听取发言后，蓝伶俐分享了考察体会。她说，学习考察的目的在于找差距、补短板，进一步找准路径，推动科学发展、赶超跨越。外出考察更加明确了我们的努力方向。今后，拆是主基调，要迎难而上，破难而进，拆出空间。拓是发动机，要拓展空间，保障发展，增强动力。干是创造力，要咬紧牙关，埋头苦干，开创新局。惠是支持力，要惠民惠商，优化服务，改善民生。高是持久力，要着眼高处谋划，着手低处实干，干一件成一件。蓝伶俐指出，2017年是干事创业的开篇之年。要围绕生态美，“拆治归”再出发。继续加大拆的力度，敢于动真碰硬，敢啃硬骨头，纵深推进“三改一拆”。加强源头治理，落实长效管理，持续推进“五水共治”。标准化推进小城镇环境综合整治，每个乡镇坚持“6+6”标准，硬件上建设一条美丽河道、一条商业主街、一个入乡（镇）会客厅、一条入乡（镇）大道、一个无违建镇、一片彩色森林，软件上建设一个文化礼堂、一个文明乡镇、一家星级民宿农家乐、一个高质量的规划、一个美丽环境、一个美丽产业。胡献如在讲话中强调，要突出城市做强、产业做实、环境做优三个重点。明确城市定位，加快旧城改造，强化城市管理。突出生态工业主导地位，融合发展现代农业，发展壮大旅游业。致力于打造美丽城镇、打造美丽乡村、打造最优服务。要抓住项目建设、招商引资、改革创新三个抓手。紧抓项目建设“牛鼻子”，优结构、稳增长，强化要素保障。思想更解放，评价更全面，服务更优质，抓好招商引资。深入推进审批制度改革，创新融资机制，推进一批重点改革项目课题。要强化工作举措。集中精力，快速突破，速战速决，决战决胜，加快推进项目。集中要素，突出重点，将重点放在旧城改造、4A景区建设、基础设施建设、民生社会事业发展等方面。集中精力，善抓落实，抓住主要矛盾，坚持“28”工作法，建立高效的工作推进机制。县委理论学习中心组全体成员，各乡镇（街道）党（工）委书记、乡镇长、办事处主任，县属各单位主要负责人参加会议。

4月14日下午，县委理论学习中心组（扩大）会议召开。叶丽娅、章作飞、邹海亮、黄绍刚、刘新民等副县以上领导参加会议。县委常委、宣传部长吴积云主持会议。会议邀请丽水职业技术学院党委书记梁忆南作市第四次党代会精神报告，从新时代、方法论、实验区三个主题点，深入分析了市党代会精神的四个层次，着重讨论了推进全域统筹发展的五个重点、两个问题。整个报告脉络清晰、生动形象，对市第四次党代会精神的新思想、新观点、新要求做了分析和详细解读，语言简练、深入浅出，具有很强的理论性、思想性和操作性，使与会人员受益匪浅。会议还就《领导干部报告个人有关事项规定》《领导干部个人有关事项报告查核结果处理办法》文件精神进行了学习报告，从“修订两项法规的背景意义，两项法规的主要内容，市、县领导干部个人重要事项报告清单，贯彻落实两项法规的亮点考虑”四个方面详细解读了文件精神，强调了填报工作的重要性。参加会议的还有县委理论学习中心组成员、各乡镇（街道）主要负责人、县属各单位主要负责人。

4月28日下午，县委理论学习中心组（扩大）会议召开。县领导吴积云、吴小军、夏家天、吴碧兰、吴新清等参加会议。副县长黄立飞主持会议。会议邀请浙江省信访工作联席会议办公室副主任、浙江省信访局副局长王宏和浙江省国土资源厅地环处副处长徐益良，分别做信访工作责任制专题解读和地质灾害综合治理“大搬快治”三年行动专题报告。参加会议的还有县委理论学习中心组成员、各乡镇（街道）主要负责人、县属各单位主要负责人和县信访局、国土局班子成员及中层干部。

5月19日下午，县委理论学习中心组（扩大）会议暨落实党委（党组）意识形态工作责任制专题报告会召开。会议邀请省委宣传部省委讲师团办公室主任王均寅作《当把握当前意识形态领域斗争形势，切实落实主体责任》专题报告。

蓝伶俐、胡献如、叶丽娅、章作飞、邹海亮、黄绍刚、刘新民等副县以上领导及县委理论学习中心组成员参加会议。县委常委、宣传部长吴积云主持会议。王均寅从意识形态工作是党的一项极端重要的工作、当前意识形态领域面临的严峻复杂形势、增强做好意识形态工作的责任与使命3个方面，引用当下鲜活事例，阐述了什么是意识形态，并对严峻复杂形势背后的原因进行了分析。会议要求，各级党委（党组）要树立“牢牢把握、不折不扣”的工作理念，深入贯彻落实省、市、县级关于党委（党组）意识形态工作责任制的《实施办法》和《实施细则》、《实施方案》，牢固树立抓意识形态工作是本职、不抓是失职、抓不好是渎职的理念。要形成“步调一致、齐抓共管”的工作格局，统揽全局、协调各方，指导和推动本地本单位把意识形态工作要求融入各自工作当中，推动意识形态工作与行政管理、行业管理、社会治理更加紧密地结合起来。要巩固“党委领导、分层负责”的工作体系，在县委的统一领导下，切实加强意识形态工作力度，肩负起意识形态工作主体责任。要实施“攻守兼备、动静结合”的工作策略，以认真落实《实施办法》为抓手，严把导向、严守阵地、严管队伍，划出底线红线，明确刚性约束，不断推动社会主义核心价值观真正成为社会主流价值，进而全面占领意识形态阵地，牢牢把握意识形态斗争主动权。

7月31日上午，县委理论学习中心组（扩大）会议暨我国周边安全形势专题报告会召开。会议邀请南京陆军指挥学院教授、军事学博士陈向阳作《我国周边安全形势》专题报告。蓝伶俐、胡献如、吴青松、李见阳、阎昌远、章作飞、吴灌红、邹海亮、赵玻、黄绍刚、刘新民等副县以上领导及县委理论学习中心组成员参加会议。县委常委、宣传部长吴积云主持会议。陈向阳以独特的政治视角和敏锐的洞察力，从东海、南海、朝鲜半岛、印度、缅甸等地区详细介绍了我国周边安全形势面临的主要问题，深入剖析了我国周边安全形势严峻复杂的主要原因，对如何应对复杂的周边安全形势进行深刻思考。

9月22日上午，县委理论学习中心组（扩大）会议暨《人民调解法》专题讲座召开。会议邀请丽水市司法局法律援助中心主任兰丙二作《人民调解法》解读。县领导叶丽娅、吴积云、吴灌红、邹海亮、黄立飞、夏家天、卢岳平参加会议。县委常委、常务副县长章作飞主持会议。兰丙二结合当前庆元县人民调解工作的现状，深入分析了人民调解的含义及其重大作用，全面系统地讲解《人民调解法》的立法理念、基本架构、基本模式和发展方向等内容。其中，他联系实际案例深入浅出地说明了基层人民调解的特殊性和在调解不同类型纠纷时的注意事项，并对目前庆元县人民调解工作存在的问题和不足，以及下步工作重点，进行了分析和交流。人民调解是现代社会自治的必然要求，是和谐化解矛盾纠纷和利益实现的理性选择，是法治发展的促进力量和法治社会的现实需要。庆元县各级干部要创新工作方法，落实工作举措，提高政治责任感，深入了解和掌握《人民调解法》，依法解决社会矛盾，为进一步加快庆元县人民调解工作发展，推进社会矛盾化解，促进社会管理创新，维护社会和谐稳定发挥重要作用。

12月28日上午，县委理论学习中心组（扩大）会议召开。会议邀请中科院闵庆文教授和市委巡视巡察办公室主任王鹏进行了专题讲座。蓝伶俐、胡献如、阎昌远、邹海亮、赵玻、黄绍刚、刘新民等县委理论中心组成员参加会议。闵庆文教授是中国科学院地理科学与资源研究所自然与文化遗产研究中心副主任，兼任联合国粮农组织全球重要农业文化遗产科学咨询小组主席。在“农业文化遗产及其保护”专题讲座中，他阐述了农业文化遗产的保护、开发和利用之间的关系，并深入剖析了当前农业文化遗产的概念和特点、农业文化遗产保护工作进展、农业文化遗产动态保护途径。对于庆元县“庆元香菇文化系统”保护与发展工作，闵庆文建议，成立保护与发展领导小组办公室，建设完善相关合作社与协会，建立遗产管理及标识使用等条例或规定、保护与发展规划年度计划，与相关学术机构进行稳定合作。同时要处理好遗产保护与香菇文化弘扬、产业发展的关系，确保菇农的积极性。王鹏在“认真学习十九大精神，坚定不移深化巡视巡察努力打造‘政治上的绿水青山’”专题讲座中，结合中共十九大精神，给大家解读了全面贯彻落实巡视巡察工作要求。

【浙商（庆商）新春座谈会】 1月30日下午，庆元县召开浙商（庆商）新春座谈会。县委书记蓝伶俐参加会议并讲话，县委副书记、代县长胡献如主持会议，县领导叶丽娅、吴灌红、柳昌发、林昌富参加座谈会。会上，来自北京、上海、福州、深圳、杭州、宁波等10位庆元异地商会负责人及企业代表欢聚一堂，畅叙友情，共襄发展大计，共谋发展大业。他们结合各自发展实际，运用先进的理念和经验，围绕家乡建设发展，积极献计献策，提出宝贵的意见建议。在认真听取并记录企业家们的发言后，蓝伶俐首先代表县委、县人大、县政府、县政协和全县人民对各商会代表及6万在外干事创业的庆元人致以节日问候和新春的祝福，向长期为庆元发展给予支持和帮助的企业家朋友表示衷心的感谢！

【县委十四届三次全会、十五届政府七次全会暨全县干部大会】 2月8日上午，县委十四届三次全会、十五届政府七次全会暨全县干部大会在二中学术交流中心举行。会议总结2016年工作，部署2017年工作。动员全县广大干部群众进一步坚定信心，从“美丽”出发，干事创业开新篇，为实现县第十四次党代会确定的目标任务开好局、起好步。县委书记蓝伶俐作工作报告。县委副书记、代县长胡献如主持大会。吴青松、叶丽娅、李见阳、阎昌远、章作飞、吴积云、吴灌红、邹海亮、赵玻、黄绍刚、刘新民、徐平等副县以上领导参加大会并在主席台就座。会上，蓝伶俐作题为《从“美丽”出发　干事创业开新篇　为实现县第十四次党代会目标开好局、起好步》的工作报告，回顾2016年庆元县经济社会发展情况和主要成绩，分析当前形势，部署今年工作。

今年工作总要求是：干事创业开新篇。要以实际行动回答好“干什么事，创什么业，如何开新篇”这个问题，紧紧围绕“生态美、生产美、生活美、干部美、改革美”，向着“美丽事业”再出发，让“美丽事业”成为大家共有的追求，让“美丽建设”成为干部群众的自觉行动，成为“两山”理论的生动实践。蓝伶俐强调，要掀起干事创业新高潮，形成推动绿色发展的强大动力。就贯彻落实大会精神和今年政府工作，胡献如强调，要统一思想，迅速行动，认真传达贯彻会议精神。

会上，参会人员观看2016年度全县工作专题片，濛洲街道、国土局、住建局、屏都街道八二村、鸿叶笔业负责人作表态发言。会议还对2016年度先进集体（企业）和先进个人、创税大户进行表彰。

【县委常委会】 2月15日晚，县委书记蓝伶俐主持县委常委会，讨论《2017年政府工作报告》（送审稿）、《县人大常委会工作报告》（送审稿）、《县政协工作报告》（送审稿）、《县人民法院工作报告》（送审稿）、《县人民检察院工作报告》（送审稿）。胡献如、李见阳、阎昌远、章作飞、吴积云、吴灌红、邹海亮、刘新民参加会议，吴青松、叶丽娅、徐平、柳昌发等县领导列席会议。会议指出，即将召开的“两会”，是全县人民政治生活中的一件大事，五份工作报告更是庆元县过去五年交出的一份答卷和今后五年的一份承诺，认真审议和讨论好五份报告具有重要意义。要充分吸纳各方面建议和意见，进一步修改完善，力求报告更准、更实，做到文字表述精确、精练，数据实在、准确。要认真梳理、充分论证，继续优化报告，更好地体现发展导向、回应群众期盼，让报告成为引领今后一个时期庆元加快发展的纲领性文件。

3月22日晚，县委书记蓝伶俐主持召开常委会。会议听取有关落实全面从严治党主体责任工作，听取地质灾害综合治理“大搬快治”相关工作以及全县村和社区组织换届选举工作情况汇报。胡献如、阎昌远、章作飞、吴灌红、邹海亮、黄绍刚、刘新民参加会议。吴青松、叶丽娅、黄立飞列席会议。听取《市纪委对庆元县委落实全面从严治党主体责任情况检查和评议的反馈意见》的汇报和传达学习市委全面从严治党主体责任点评会精神、听取关于落实全面从严治党主体责任有关问题的整改方案情况汇报、听取地质灾害综合治理“大搬快治”相关工作汇报、听取了2016年度派村党组织第一书记（农村指导员）工作先进派出单位和优秀个人、听取《关于2016年全县工业经济发展奖励结果的通报》和2017年全县工业暨招商引资大会筹备工作情况汇报、讨论了《2017年度县委理论中心组学习计划》和《中共庆元县委理论学习中心组学习制度》。

4月5日下午，县委书记蓝伶俐主持召开县委常委会，讨论《庆元县2017年基本建设项目投资计划建议表（送审稿）》和《调整和完善指挥部及办公室方案》。胡献如、阎昌远、章作飞、吴积云、吴灌红、邹海亮、黄绍刚、刘新民参会。吴青松、叶丽娅、徐平列席会议。听取2017年基本建设项目投资计划建议情况汇报后，会议指出，项目建设是拉动投资、促进发展的重要抓手。就调整和完善指挥部及办公室方案，会议强调，指挥部人员选用要体现精干的要求，坚持保障项目建设需要和职能、职责下沉的原则，充分凝聚工作活力、干部的战斗力。组织部门要积极配合，协调做好人员选配工作，充实指挥部人员力量。

4月27日晚，县委书记蓝伶俐主持召开常委会。会议传达学习市“两会”精神，研究部署农村基层作风巡查，分析一季度经济运行情况。胡献如、阎昌远、章作飞、吴积云、吴灌红、邹海亮、黄绍刚、刘新民参加会议。吴青松、叶丽娅、徐平列席会议。会议传达2017年度全市农村基层作风巡查工作部署会会议精神和研究庆元县下一步贯彻落实意见、讨论《庆元县创建省级全域旅游示范县工作实施方案》和《庆元县加强旅游人才队伍建设的实施办法（试行）》、传达学习市“两会”精神；传达全国、省、市禁毒工作会议精神及庆元县贯彻意见；讨论《中共庆元县委关于落实意识形态主体工作责任制有关问题的整改方案》；审议《2017年党风廉政建设和反腐败工作组织领导与责任分工》《庆元县2017年度乡镇（街道）和县属单位落实全面从严治党主体责任检查考核细则》；审议《县委常委会2017年工作要点（送审稿）》；会议还审议了其他事项。

6月28日下午，县委书记蓝伶俐主持召开常委会。会议传达学习省、市有关会议精神，专题讨论研究庆元县党建工作，听取建设美丽“大花园”五年行动方案编制工作等。胡献如、阎昌远、章作飞、吴积云、吴灌红、赵玻、黄绍刚、刘新民参加会议。吴青松、叶丽娅、徐平、胡显平列席会议。会议首先传达学习了全省纪检监察工作会议精神；传达学习中共丽水市委“七一”专题党课精神；听取“两学一做”学习教育常态化制度化工作汇报和审议《中共庆元县委党建工作领导小组2017年工作要点（送审稿）》；讨论《中共庆元县委关于落实市委意识形态工作检查反馈意见整改推进情况的汇报》；审议《关于建立健全落实党风廉政建设党委主体责任和纪委监督责任工作机制的实施意见（送审稿）》；听取《庆元县建设美丽“大花园”勇争最美“花骨朵”五年行动方案》；会议还传达首届世界丽水人大会筹备工作领导小组第一次会议精神；审议《庆元县百山祖乐氧小镇“生态古民居”项目配套扶持政策方案（送审稿）》；听取2017年吴三公朝圣活动情况汇报等其它议题。

8月15日上午，县委书记蓝伶俐主持召开县委常委会。会议传达学习习近平总书记在省部级主要领导干部专题研讨班开班式上的讲话精神，研究部署集体经济薄弱村消除、综合考核、首届世界丽水人大会庆元分会场筹备、农民增收等工作，并讨论了县委十四届五次全体（扩大）会议的有关事项。县领导胡献如、李见阳、阎昌远、章作飞、吴积云、吴灌红、邹海亮、赵玻、刘新民参加会议。吴青松列席会议。会议传达了习近平总书记在省部级主要领导干部“学习习近平总书记重要讲话精神，迎接中共十九大”专题研讨班开班式上的讲话精神；会议听取了消除集体经济薄弱村三年行动计划及2017年工作情况汇报；听取和审议《2017年度市综合考核情况汇报及县目标管理责任制考核办法》《关于推行“对标大比拼”工作机制的方案》；听取首届世界丽水人大会庆元分会场筹备工作情况汇报；讨论《庆元县促进农民增收致富专项行动方案》、《庆元县“特色村落景区化”打造提升实施方案》；会议还学习贯彻全省司法体制改革暨中共十九大维稳安保工作推进会精神，讨论了《关于补齐科技创新短板的若干意见》等事项。

8月25日上午，县委书记蓝伶俐主持召开县委常委会暨县委深化改革领导小组会议。会议传达贯彻市委四届二次全体（扩大）会议精神，听取庆元县建设美丽“大花园”十大行动方案汇报，讨论群团改革总体方案及工会、共青团、妇联、科协系统等4个改革子方案。胡献如、李见阳、阎昌远、章作飞、吴灌红、邹海亮、黄绍刚、刘新民参加会议。吴青松、叶丽娅、王绍金、吴小军、胡显平列席会议。就贯彻落实市委四届二次全体（扩大）会议精神，会议指出，市委四届二次全体（扩大）会议作出了全面创建浙江（丽水）绿色发展综合改革创新区的重大决定。全县上下要迅速贯彻全会精神，做到快之又快。学深悟透会议精神，充分理解“绿色发展综合改革创新区”的深刻内涵和意义，统一思想，凝聚共识，层层学习传达，层层贯彻落实。听取建设美丽“大花园”十大行动方案汇报后，会议要求，要谋划好、落实好十大行动方案，构筑好美丽“大花园”的“四梁八柱”。在审议群团改革方案时，会议强调，群团改革是全面深化改革的重要组成部分，更好地服务群众是改革的出发点和落脚点。

9月17日晚，县委书记蓝伶俐主持召开县委常委会。会议听取了基层党建、大搬快治、四个平台、技能型乡镇政府建设、创建省教育基本现代化县、食品安全等工作情况汇报，讨论了精准扶贫、小微企业孵化基地项目招商等意见、方案。县委副书记胡献如、李见阳，县委常委阎昌远、章作飞、吴积云、吴灌红、邹海亮、黄绍刚、刘新民参会。县政协主席叶丽娅列席会议。听取全县基层党建、“大搬快治”和“四个平台”、技能型乡镇政府建设工作督查及农村基层党建重点工作情况汇报、听取省教育基本现代化县创建工作、讨论《关于进一步做好低收入农户精准扶贫工作的实施意见》《小微企业孵化基地项目招商方案（送审稿）》、听取食品安全党政同责实施意见及食品安全工作情况汇报、会议还传达了全省传统制造业改造提升工作推进会精神和全省信访工作会议精神，讨论了《庆元县党委（党组）理论学习中心组学习实施细则》。

【县委常委（扩大）会议】 6月21日下午，县委书记蓝伶俐主持召开县委常委（扩大）会议，传达学习省委副书记、代省长袁家军在庆元调研时的讲话精神。会议强调，要深入学习贯彻省第十四次党代会精神，建设美丽“大花园”，勇争最美“花骨朵”，争当“最美行动队”，从国家公园、美丽城市、美丽乡村、美丽田园四方面发力，突出规划引领、交通先行，打造“三个集群”，建立“四个库”，全面推动绿色发展、绿色崛起。胡献如、叶丽娅、阎昌远、章作飞、吴积云、吴灌红、赵玻、黄绍刚、徐平等副县以上领导及有关部门负责人参加会议。会议指出，袁家军在庆调研期间，对庆元的美丽“大花园”建设寄予厚望，提出了“丽水的美丽‘大花园’建设，庆元要成为最美‘花骨朵’”的目标要求，希望庆元打造成最有特色、最有亮点、最有竞争力的景区。全县上下要认真学习、深刻领会袁家军在庆元调研的重要讲话精神，围绕“大花园”建设新课题，认真抓好贯彻落实。会议强调，建设美丽“大花园”，是我们全省发展的大布局，必须从大战略的角度来看，打造自己的优势，建设美丽“大花园”就提供了我们非常重要的一个路子，这就是我们的战略取向，要把它做好。各级各部门要以袁家军在庆调研的重要讲话精神为指引，深入学习贯彻省第十四次党代会精神，加快建设美丽“大花园”，推进绿色发展、绿色崛起。深刻领悟建设“大花园”的重大意义，着眼于全省大战略，围绕怎么建、建成什么样的问题，立足生态最大优势，坚定信心，找准定位，集思广益，明确思路，努力把对美丽“大花园”的设想落实到具体行动中、具体点位上。会议要求，建设美丽“大花园”，庆元要勇争最美“花骨朵”，争做“最美行动队”。

会议强调，建设美丽“大花园”要打造“三个集群”。以特色小镇、花园小镇建设为载体，打造旅游小镇集群。会议强调，各级党组织要迅速掀起学习贯彻省第十四次党代会精神的高潮，以最高标准、最严要求、最快速度抓落实、出成果。

11月30日下午，县委书记蓝伶俐主持召开县委常委（扩大）会议，传达学习市委四届三次全体（扩大）会议、市四届人大二次会议精神，就两个会议精神的贯彻落实进行研究部署。胡献如、李见阳、阎昌远、章作飞、吴积云、邹海亮、赵玻、黄绍刚、刘新民参会。叶丽娅、吴泽民列席会议。会议指出，市委四届三次全会、市四届人大二次会议明确了今后一个时期丽水的战略目标任务，为庆元进一步加快绿色发展指明了方向。全县上下要结合庆元实际，认真抓好会议精神的学习贯彻，把会议精神细化、具体化、项目化到工作落实当中，以更高标准、更严要求，努力破解问题、补齐短板，自觉把思想和行动统一到中央、省委、市委、县委的决策部署上来，确保与全省、全市同步实现“两个高水平”目标。会议强调，学习贯彻中共十九大精神是当前首要的政治任务，既要有目标，也要有载体，更要有推动的动力和行动的纲领。

12月15日上午，县委书记蓝伶俐主持召开县委常委（扩大）会议召开，传达学习省委书记车俊在庆元调研时的讲话精神，就贯彻落实车俊书记的讲话精神进行研究部署。胡献如、吴青松、叶丽娅、李见阳、阎昌远、吴灌红、邹海亮、黄绍刚等副县以上领导参会。会议指出，省委书记车俊到庆元考察调研，充分体现了省委对庆元发展的高度重视和对庆元人民的亲切关怀，更是对全县干部群众的巨大鼓舞。全县上下要认真学习、深刻领会车俊书记在庆元调研时的重要讲话精神，结合贯彻中共十九大、省第十四次党代会和省委、市委全会精神，把车书记对庆元工作的指示和要求作为今后一个时期全县工作总的指导方针，围绕车书记在生态保护、“最多跑一次”改革、“大搬快治”、生态产业、队伍建设等方面提出的要求，鼓足干劲，齐心协力，狠抓落实，把省委、省政府对庆元的关心和支持转化为干工作的动力，为庆元美好的明天不懈奋斗。会议要求，要学深悟透车俊书记在庆调研时的讲话精神，提振信心，奋勇向前，着力于“六个更进一步”，加快推动高质量发展，努力在全省“两个高水平”建设中展现庆元作为、庆元担当。会议强调，车俊书记在庆调研时的讲话精神，既是对庆元极大的鼓励，也是极大的鞭策。要以车俊书记在庆元的讲话精神为指引，坚定不移肩负起新时代的历史使命。要以更高的追求肩负新使命。

【县委政法工作会议】2月16日下午，县委政法工作会议召开。会议深入贯彻习近平总书记系列讲话精神及中央、省委、市委政法工作会议精神，总结成绩、分析形势，研究部署2017年全县政法工作。县委书记蓝伶俐出席会议并讲话。县委副书记、政法委书记李见阳作政法工作报告。县委常委、副县长阎昌远主持会议。县领导王林生、夏家天、卢岳平、叶仪俊参加会议。2017年，庆元县将树立“干得好、能干好、要最好”的自信，找准切入点，在社会治理上抓出特色、干出亮点，抓好基层基础，打造“老娘舅”大调解品牌；紧盯目标任务，开展信访积案大化解“清零行动”；打好群众基层，构建“红袖套”全民大防控体系；着力改革破难，切实提升司法公信力；打造政法铁军，更好地服务中心大局。

【两会党员会议】 2月20日晚，“两会”人大代表、政协委员及列席人员中的党员会议在新二中学术交流中心召开。县委书记蓝伶俐在会上讲话。县委副书记、代县长胡献如主持会议。县领导吴青松、叶丽娅、李见阳在主席台就座。会上，李见阳宣读了县委关于建立县“两会”临时党委的通知。蓝伶俐在讲话中指出，召开“两会”党员会议，主要目的是统一思想、明确任务、强化责任、严明纪律，充分发挥党的政治优势、组织优势和党员的模范带头作用，确保“两会”取得圆满成功。蓝伶俐指出，这次“两会”将围绕“绿水青山就是金山银山”发展理念和“生态立县、产业富县、开放兴县”发展战略，部署今后五年重点工作，开好“两会”意义重大。蓝伶俐要求，参会党员要发挥模范作用，以更高的标准正确行使民主权利。蓝伶俐强调，参会党员要发扬优良作风，以更严的要求确保大会风清气正。

【创建国家卫生县城迎检工作部署会】 2月23日晚，庆元县召开创建国家卫生县城迎检工作部署会。会议听取县创建办对迎接国家卫生县城抽查（暗访）工作的汇报，做迎接国家卫生抽查（暗访）工作的部署。县领导李见阳、吴建华、彭敏、吴先武参加会议，吴积云主持会议。会议强调，做好迎接国家卫生县城抽查（暗访）工作要加强领导，迅速行动，正视差距，敢于碰硬，常抓不懈，确保国卫通过抽查（暗访），彻底解决城市管理的各类问题；要对照标准，强化责任，强化整改，强化巡查，强化宣传，确保目标任务落实到位；要齐心协力，真抓实干，确保国卫创建工作圆满成功，做到敢于担当、严格监督、责任追究。

【新一届县级领导班子集体谈话暨任务交办会】 2月24日下午，新一届县级领导班子集体谈话暨任务交办会召开。县委书记蓝伶俐讲话，县委副书记、县长胡献如交办任务，县委副书记李见阳主持会议。吴青松、叶丽娅等副县以上领导参加会议。会上，胡献如代表县政府将《政府工作报告》中确定的，涉及城乡建设、产业培育、项目攻坚、民生改善等24项重点工作，交办到分管副县长手上。蓝伶俐在讲话时，首先代表县委向新当选的新一届县级领导班子成员表示衷心的祝贺。蓝伶俐强调，新一届县级领导要有高境界，要把方向、顾大局、讲团结、护权威，把讲政治放在第一位。新班子要有大作为，要善谋大计，抓好落实，勇于担当，把上任当做“赶考”。新班子要有好风貌，要守纪律、有精神、作表率、受监督，把纪律作风挺在前面。蓝伶俐强调，站在新的起点上，要倍加珍惜人民赋予的权力，要倍加珍惜组织的信任，要倍加珍惜在重要岗位工作的机会，自我加压、奋力发展，以等不起、慢不得、坐不住的紧迫感，完成新一届领导班子的光荣使命，向全县人民交上一份沉甸甸的、满意的答卷。

【全县领导干部会议】 3月20日晚，全县领导干部会议召开，传达全国“两会”精神。作为十二届全国人大代表的县委书记蓝伶俐分享了参加全国“两会”的亲身经历和感受体会，并传达了全国“两会”的有关精神。县委副书记、县长胡献如主持会议。吴青松、叶丽娅、阎昌远、章作飞、吴灌红、邹海亮、赵玻、黄绍刚、刘新民等副县以上领导及各乡镇（街道）党（工）委书记、乡镇长、办事处主任和县属各单位主要负责人参加会议。就贯彻全国“两会”精神，蓝伶俐指出，刚刚闭幕的全国“两会”是在实施“十三五”关键阶段、迎接中共十九大胜利召开的重要时间节点召开的重要会议。全县上下要迅速掀起学习全国“两会”精神的热潮，迅速传达，深入学习，加强宣传，旗帜鲜明讲政治，坚决维护以习近平同志为核心的党中央权威，把贯彻“两会”精神与落实市第四次党代会精神、县第十四次党代会精神紧密结合起来，与已经召开的省“两会”、县“两会”和即将召开的市“两会”紧密结合起来，切实把思想和行动统一到中央和省委、市委决策部署上来。蓝伶俐要求，要聚焦当前重点工作，抓好落实，奋力实现今年工作开门红、全年红。蓝伶俐强调，要脚踏实地，真抓实干，打造庆元铁军，干事创业开新篇。

6月16日上午，省第十四次党代会在省人民大会堂胜利闭幕。下午5时，庆元县组织召开全县领导干部会议，省党代表、县委书记蓝伶俐第一时间传达学习省党代会精神。蓝伶俐强调，庆元在绿色发展、绿色崛起中要有大担当、有新作为，认真对照省党代会的宏伟蓝图，对标省委对丽水提出“培育新引擎，建设大花园”的新要求，以“大花园”建设为抓手，坚持走“绿水青山就是金山银山”绿色发展之路，力争与全省发展实现“两高”目标力争同步“齐跑”，特别是在生态文明建设方面要实现“领跑”。吴青松、叶丽娅等副县以上领导参加会议。县委常委阎昌远主持会议。蓝伶俐在传达省第十四次党代会精神和省委书记车俊参加丽水代表团讨论的讲话精神时指出，省党代会提出了我省今后五年的宏伟目标及事关全省发展新观点新思路新举措。就贯彻落实省党代会精神，蓝伶俐强调，要迅速掀起学习宣传省党代会精神的热潮，全面贯彻狠抓落实再发力；要以“八八战略”为统领，生态文明建设再发力；要以创新驱动为引领，振兴实体经济再发力；要全面增进人民福祉，群众增收致富再发力。

10月29日下午，庆元县召开全县领导干部大会，传达学习中共十九大会议精神。县委书记蓝伶俐主持会议并强调，全县党员干部要切实提高政治站位，强化政治担当，以高度的政治责任感和使命感，迅速学习宣传和贯彻落实好十九大精神。胡献如、吴青松、叶丽娅、李见阳等副县以上领导参加会议。会议特别邀请十九大代表、景宁大漈乡党委书记蓝景芬传达学习十九大精神。会上，蓝景芬从大会概况、十九大报告的形成过程和基本框架、党章修正案、中央纪委工作报告、中央“两委”人事安排等多方面对十九大的精神作了传达学习。同时，她还就个人参会经历，从“掌声、清风、风采、幸福、感动”等五个方面分享和畅谈了自己的感悟和体会。就学习贯彻十九大精神，蓝伶俐指出，要旗帜鲜明讲政治，以强烈的政治担当，迅速兴起学习宣传贯彻落实十九大精神热潮。蓝伶俐强调，要肩负使命，豪迈出发，开启绿色发展新征程，开创生态文明新时代；当前，全县上下要以学习贯彻落实十九大精神为动力，重点抓紧盯全年各项工作目标不放松，持续推进重点工作、重点项目建设，尽心办好今年的四十件民生实事，全力确保社会大局和谐稳定，及早谋划明年工作和明年项目等五方面工作，并对照年初确定的目标任务和“绿色发展百团大战”各项重点工作、重点项目，进一步对标、对表，齐心协力做好“赶趟”“补课”和“赶考”工作，集中攻坚、全力冲刺、完满收官，交出一份优秀“成绩单”，确保实现“全年红”。

各乡镇党委书记或乡镇长，街道党工委书记或办事处主任，各乡镇（街道）分管领导；县属各单位党政主要负责人；县委办、县府办正副主任，县人大办公室主任、各工委主任，县政协秘书长、办公室主任、各专委会主任，县纪委常委、法院副院长、检察院副检察长；在城副县以上离退休老同志参加会议。

【全县农业农村工作会议】 3月21日下午，全县农业农村工作会议召开。会议回顾总结2016年农业农村工作，专题研究部署农业供给侧结构性改革，并对今年农业农村工作进行安排。县委书记蓝伶俐讲话。县委副书记、县长胡献如作工作报告。县委常委阎昌远主持会议。县领导吴建华、吴小军、吴碧兰参加会议。讲话中，蓝伶俐肯定了去年农业农村工作取得的成绩。她说，过去一年，全县上下全力作为，“三农”工作成绩喜人，农民变富了，农业变强了，农村变美了，农村社会变和谐了。但还存在农民收入结构难优化、持续增收压力较大和现代农业产业发展水平难提高、新农村建设步伐较慢等问题。新一届县委、县政府将责无旁贷，以更高标准、更大力度、更实举措，系统推进“三农”发展全面转型，把“三农”工作推向新高度、做出新成效。蓝伶俐强调，要担当有为，推动农业农村工作再上新台阶。胡献如在报告中强调，要突出抓好当前重点工作。要倒排时间，密切配合，加快推进兰溪桥水库扩建这项民生水利工程的前期工作。会上，副县长吴小军宣读了2016年度农业农村工作先进集体和个人的表彰文件，县农业局、林业局、濛洲街道、五大堡乡作表态发言。

【全市乡镇（街道）党（工）委书记工作交流视频会】

3月20日晚，全市乡镇（街道）党（工）委书记工作交流视频会召开。县领导蓝伶俐、胡献如、吴青松、叶丽娅、阎昌远、章作飞、刘新民、黄立飞、胡显平、吴新美及各乡镇党委书记、乡镇长，街道党工委书记、办事处主任在庆元分会场参加会议。会议学习贯彻落实市第四次党代会精神，围绕当好绿色发展探路者和模范生、推进“拆治归”（重点是剿灭劣Ⅴ类水）、做好村和社区组织换届工作、推进乡镇四个平台（综治工作、市场监管、综合执法、便民服务）建设4方面主题，交流各地的做法和经验，进一步总结工作成效，提升工作水平，推动各项目标任务有效落实。会议强调，抓落实体现的是一种忠诚，必须认真履职、扛起使命。抓落实需要的是一种担当，必须心系群众、服务百姓。抓落实淬炼的是一种能力，必须志不求易、事不避难。抓落实检验的是一种作风，必须以身作则、团结奋斗。全市上下要立足全局，认真抓好落实，加快绿色发展，切实抓好当前换届选举、乡镇（街道）“四个平台”建设、“大搬快治”、剿灭劣Ⅴ类水等工作，确保市第四次党代会各项决策部署有效地落到基层、产生效果、惠及百姓。会上，市委常委、莲都区委书记杜兴林和包括庆元县淤上乡在内的全市10位乡镇（街道）党（工）委书记作交流发言。

6月26日晚，全市乡镇（街道）党（工）委书记工作交流会视频会议召开。县领导蓝伶俐、胡献如、叶丽娅、阎昌远、章作飞、刘新民、黄立飞、王绍金、吴小军、胡显平参加庆元分会场会议。张村乡在视频会上作交流发言。会议以全面深入贯彻省第十四次党代会和车俊书记参加丽水代表团讨论时的重要讲话精神为主题，按照“尤为如此”的高标准，围绕“培育新引擎，建设大花园”和打好“最美生态牌、绿色发展牌、全域统筹牌、改革创新牌、富民惠民牌”的要求，交流加快推进村社班子建设、重点项目推进、大搬快治和剿灭劣Ⅴ类水等工作，谈学习体会、谈贯彻落实、谈做法经验，以推动各项重大工作部署在基层更进一步、更快一步落实，确保在“两高”新征程中不掉队，在绿色发展中勇当探路者和模范生。会议强调，要把学习贯彻省党代会精神作为当前的首要政治任务，深刻把握精神实质，努力实现在基层一贯到底。要围绕“培育新引擎、建设大花园”的新定位新使命，努力打好“最美生态牌、绿色发展牌、全域统筹牌、改革创新牌、富民惠民牌”，开创绿色发展新境界。要强化“尤为如此”的担当，锻造冲在一线、敢上火线、群众信赖的基层铁军，撸起袖子加油干，唱响创新实干最强音。会议还向日夜奋战在防汛第一线的干部群众表示敬意和慰问，强调要一刻不放松地全力抓好防汛防地质灾害等工作，要不松懈不麻痹，继续发扬连续作战精神，立足于“防大汛、救大灾、抢大险”，把困难估计得更足，把责任压得更实，把工作做得更细，做早抓小，反应敏捷，最大限度实现“不死人、少伤人、少损失”的目标。

9月13日晚，全市乡镇（街道）党（工）委书记工作交流会视频会议召开。蓝伶俐、胡献如、叶丽娅等县四套班子主要领导在庆元分会场参加会议。会议认真贯彻落实市委四届二次全会精神，围绕建设大花园、全力创建绿色发展综合改革创新区，打好农村“双增”“双整”攻坚战，加强党建促发展、服务群众促和谐等3个方面重点工作，交流做法经验，推动基层党员干部在全面完成“两大历史使命”、与全省同步实现“两个高水平”的新征程中担当实干、积极作为，以优异的成绩迎接中共十九大胜利召开。会议强调，乡镇（街道）是党在基层的核心，必须坚定“四个意识”特别是核心意识、看齐意识，高标准、高要求，推动基层党组织全面进步、全面过硬。要坚持“干字当头”，发扬想干事、会干事、干成事、不出事的优良传统和作风，撸起袖子加油干，挺起胸膛勇担当，扑下身子抓落实，以最充分的准备迎接中共十九大胜利召开。要坚守“铁军本色”，乡镇（街道）要切实强化“尤为如此”的使命担当，提高善作善成的能力，增强攻坚克难的勇气，发扬敢于担当的精神，全面掀起大干三季度、冲刺四季度、决胜全年红的热潮，以最昂扬的精神状态迎接中共十九大胜利召开。会上，龙泉市委书记和包括庆元县屏都街道党工委书记在内的全市9位乡镇（街道）党（工）委书记作交流发言。

【落实全面从严治党主体责任工作会】 3月29日下午，庆元县召开落实全面从严治党主体责任工作会。会议学习贯彻市委落实全面从严治党主体责任点评会精神，推动庆元县全面从严治党向纵深发展。县委书记蓝伶俐讲话。县委副书记、县长胡献如主持。县委常委、常务副县长章作飞参会。县委常委、纪委书记、县监委主任黄绍刚通报市委关于全市落实全面从严治党主体责任问题清单。蓝伶俐在讲话中指出，根据市委反馈意见，庆元县在落实全面从严治党主体责任上还存在主体责任落实存在压力层层递减、严明政治纪律和政治规矩还不够到位、高标准落实中央八项规定精神方面还不够、农村基层党风廉政建设还需进一步深化等四个方面问题。各级党组织要始终坚持问题导向，把自己摆进去，把党委（党组）的职责摆进去，进一步解决思想认识问题。对标检视，对号入座，在思想上更加深刻认识为什么抓的问题，切实增强工作的针对性和实效性。蓝伶俐要求，要始终坚持责任导向，把全面从严治党主体责任放在心上、扛在肩上、抓在手上，进一步解决怎么抓的问题。蓝伶俐强调，要始终坚持结果导向，把开展“回头看”作为重要抓手，进一步突出抓什么的问题。县落实党风廉政建设责任制领导小组成员，各乡镇（街道）党（工）委书记、纪（工）委书记，县属各单位党委（党组）书记，县纪委、监委班子成员和县纪委各派驻纪检组组长参加会议。

【剿灭劣Ⅴ类水暨生猪散养整治工作推进会】 3月30日下午，庆元县召开剿灭劣Ⅴ类水暨生猪散养整治工作推进会。会议对下阶段两项工作的推进进行研究部署。县委书记蓝伶俐，县委副书记、县长胡献如参加会议并讲话，县领导吴泽民、黄立飞、吴碧兰参加会议，吴小军主持会议。会上，环保、农业分别就剿灭劣Ⅴ类水和生猪散养整治工作的开展情况、当前存在的主要问题和困难，下阶段的工作安排进行了汇报。就下阶段的工作推进，蓝伶俐强调，这两项工作时间紧、任务重、难点多，各乡镇（街道）、有关部门在认识上要重新定位，切实把思想和行动统一到省、市的决策部署上来，进一步强化措施，狠抓落实，全力以赴，坚决打赢两场攻坚战。胡献如在会上指出，要把剿灭劣Ⅴ类水和散养生猪污染治理作为当前工作重点，在思想上要高度重视，在发动上要全面广泛，在责任上要清晰到位，在行动上要迅速彻底，在措施上要谋实管用，在督查上要严厉监督，确保按时、保质完成两项工作任务。

【县委党建工作会议】 3月31日下午，县委党建工作会议召开。会议总结去年庆元县宣传、统战、组织工作，部署今年党建工作。县委书记蓝伶俐讲话。县领导吴青松、叶丽娅参加会议。县委常委、宣传部长吴积云，县委常委、统战部长吴灌红，县委常委、组织部长刘新民分别就宣传思想、统战、组织工作作工作报告。会议由刘新民主持。蓝伶俐对过去一年党建工作取得的成效给予充分肯定。她指出，组织、宣传和统战部门既肩负着党委部门领导责任，又承担着保障中心工作全面落实的具体职责，必须自觉扛起全面从严治党的政治责任。各级党委（党组）要把握从严治党新内涵新要求，切实增强政治意识、大局意识、核心意识、看齐意识。把握从严治党新内涵新要求，严守政治纪律和政治规矩，提高政治站位，树立“四个意识”，自觉向党中央看齐、向党的理论和路线方针政策看齐、向党中央决策部署看齐。蓝伶俐要求，要找准党建主攻方向，全力做好今年组织、宣传、统战各项重点工作。蓝伶俐强调，实现县第十四次党代会提出“三个百亿跨越、三项全国领先、三大显著提升”发展目标，离不开党建工作的坚强保障。会议还表彰了县2016年度宣传思想文化先进单位、县第四届道德模范。

【2017年项目（征迁）推进大会】 4月28日，庆元县召开2017年项目（征迁）推进大会。会议动员全县上下，统一思想，振奋精神，撸起袖子全力以赴投入项目建设工作，全面推进绿色发展、科学赶超、生态惠民。县委书记蓝伶俐讲话。县委副书记、县长胡献如主持会议。县委常委、常务副县长章作飞作项目建设工作报告。会上，县人大常委会主任吴青松传达市四届人大一次会议精神，县政协主席叶丽娅传达市政协四届一次会议精神。蓝伶俐在讲话中指出，项目推进困难多、任务重、压力大，过去一年，全县干部群众齐心协力，冲在一线，破难攻坚，全力以赴推进项目建设，取得明显成效。蓝伶俐要求，要紧盯目标、强化措施，确保重点项目建设取得新进展。蓝伶俐强调，要强化担当，干事创业，推动转型跨越发展迈出新步伐。就贯彻落实会议精神，胡献如强调，要统一思想认识抓落实，把项目建设作为必须干、加快干的重点工作，坚定不移加快推进，在一线实干中锻造庆元铁军，确保年度目标任务圆满完成。表彰2016年度项目推进工作先进单位和个人。会议颁发八大指挥部2017年目标任务责任状，以及2017年度重点项目投资县领导领办制责任书，交办2017年项目政策处理“拔钉清障”行动任务单，并和有关部门签订责任状。会上，住建局、工业园区、濛洲街道、竹口镇、五大堡乡作表态发言。

【庆元新生代企业家联合会第二次会员大会】 4月28日下午，新生代企业家联合会举行第二次会员大会。县委书记蓝伶俐参加会议并讲话，县领导胡献如、吴青松、叶丽娅、吴灌红、王绍金、林昌富参加会议。新生代企业家联合会第二次会员大会选举产生了新一届班子成员，吴建华当选为第二届会长。会上，蓝伶俐首先代表县委、县人大、县政府、县政协，向会议的召开表示热烈的祝贺！对庆元县新生代企业家为庆元经济社会发展所做出的努力和贡献表示感谢！讲话中，蓝伶俐寄语庆元县广大青年企业家：要听党话，坚决拥护中国共产党的领导，加强企业内部管理和企业的绿化美化，争做美丽庆元的建设者；要展宏图，牢固树立“创新、协调、绿色、开放、共享”五大发展理念，树立质量第一的强烈意识，精益求精发扬“工匠”精神，争做改革创新的实干家；要守规矩，积极参与以“守法诚信”为重点的理想信念教育实践活动，坚持诚实守信、依法经营、依法治企，守住清洁生产、达标排放、节能减排的底线，争做守法诚信的捍卫者。会上，蓝伶俐、胡献如、吴青松、叶丽娅等领导还分别为新当选的会长、执行会长、副会长以及理事单位授牌。新当选新生代企业家联合会会长吴建华以及会员代表发言。会议还向广大青年企业家发出了剿灭劣V类水倡仪书。

【青年干部座谈会】 5月4日是青年节，当天上午庆元县召开青年干部座谈会，纪念“五四”运动，畅谈青春梦想，共话庆元发展。县委书记蓝伶俐出席座谈会，并寄语全县广大青年干部，要有理想、有信仰，当勇士、做战士，踏实干事，不要眼高手低，不要虚度年华，让青春在奋斗中绽放美丽。县委常委、组织部长刘新民主持座谈会。会上，15名青年干部立足本职，结合工作实际，围绕县十四次党代会提出的“生态立县、产业富县、开放兴县”发展战略和“三个百亿跨越、三项全国领先、三大显著提升”发展目标，就庆元发展要怎么做、我怎么做、我能做什么三个问题，互相交流个人思想、工作体会，对庆元如何实现绿色发展、跨越发展提出了各自的见解、想法和建议。蓝伶俐向全县广大青年致以节日的祝福与问候，对青年干部提出了殷切希望。蓝伶俐强调，有关部门要进一步完善年轻干部培训、培养机制，以实战论英雄，坚持在实践中学习、在锻炼中成长，激励年轻干部积极参与经济社会建设中，引领干事创业新风，推动年轻干部在一线实干中增长才干、快速成长。

【全县压实党建主体责任座谈会】 5月9日上午，全县压实党建主体责任座谈会召开。会议围绕当前庆元县党建工作存在的问题，就如何进一步压实党建主体责任进行座谈交流。县委书记蓝伶俐在会上强调，各级党委（党组）要把抓好党建作为最大政绩，以更高标准、创新理念，推动党建工作具体化、项目化、常态化、制度化，内容要有丰富感、时代感，形式要有仪式感、庄重感，努力形成一级抓一级、层层抓落实的党建工作格局。县领导阎昌远、吴灌红、黄绍刚、刘新民参加座谈。座谈会上，参会人员从问题出发，针对党建工作如何补短板、怎样抓落实等问题进行交流发言，就进一步压实党建主体责任、加强党的建设、改进党建工作措施提出了意见建议。蓝伶俐认真听取发言，直面当前党建工作存在的突出问题，探讨解决方案、研究具体措施。她指出，全面从严治党永远在路上，党建主体责任该怎么抓好落实，要着眼于长远，从补齐短板入手，推动党建工作具体化、项目化、常态化、制度化。具体化实施，列出任务清单，聚焦重点，集中量化，明确责任，做到全县一盘棋。蓝伶俐强调，抓党建要从思想上做到心中有党、心中有责，聚焦第一责任，把党建工作抓紧抓牢。蓝伶俐还希望全体县委常委要牢记入党誓言、入党时间，确切了解党费交多少、党支部书记是谁，不忘初心，做合格党员。

【全县“两学一做”学习教育常态化制度化工作座谈会】 5月17日上午，全县“两学一做”学习教育常态化制度化工作座谈会召开。会议深入学习贯彻习近平总书记重要指示精神，贯彻落实中央、省、市推进“两学一做”学习教育常态化制度化工作座谈会精神，并对推进庆元县“两学一做”学习教育常态化制度化工作进行动员部署。县委书记蓝伶俐讲话。胡献如、吴青松、叶丽娅、吴积云、邹海亮、赵玻、黄绍刚等副县以上领导参加会议。县委常委、组织部长刘新民主持会议。会上，参会的党员干部开展了“两学一做“学习教育知识测试，围绕“两学一做”是什么、个人入党时间是何时、每月上交党费是多少、所在的党支部书记是谁4个问题进行答题，促使全体党员增强党员意识，自觉做一名合格党员。蓝伶俐在讲话中指出，过去一年，庆元县各级党委（党组）书记抓党建的主体意识显著提升，党员的党性观念显著提升，党内政治生活的规范化建设显著提升，党员干部干事创业的精气神显著提升，工作取得明显成效。蓝伶俐要求，要把“两学一做”学习教育作为压实党建主体责任的重要举措。蓝伶俐强调，要把责任扛在肩上、抓在手中、落到实处。党委（党组）要扛起主体责任，党委（党组）书记要履行第一责任人职责，做到一级抓一级，层层抓落实。基层党支部要履行直接责任，规范提升党内政治生活和组织生活，加大对软弱落后的基层党支部整顿力度。

【县委全面深化改革领导小组会议】 5月19日上午，县委书记蓝伶俐主持召开县委全面深化改革领导小组会议，学习贯彻中央和省委、市委全面深化改革领导小组会议精神，回顾总结2016年县委全面深化改革工作，研究部署2017年县委全面深化改革工作。胡献如、吴青松、叶丽娅、阎昌远、吴积云、邹海亮、黄绍刚、刘新民等县领导参会。会议听取了部门重点改革项目进展情况汇报、县委全面深化改革领导小组2017年工作要点及全面深化改革领导小组调整情况汇报、七大领域2016年改革情况和2017年改革工作思路汇报。会上，七大领域改革专项领导小组组长进行交流发言。蓝伶俐在讲话中指出，过去一年，庆元县改革工作全面铺开，向上争取改革试点项目较多，特色改革亮点纷呈，各项改革纵深推进，架构逐步完善，制度不断优化，机制日益成熟，呈现蹄疾步稳、有力有序的良好态势，改革工作考核成绩位列全市第一。蓝伶俐要求，要坚持问题导向，强化改革推进的精度。要推进改革试点落地见效，加大改革试点争取力度，加快推进改革试点项目。蓝伶俐强调，要坚持改革有为，加大改革落实的力度。要压实改革责任，领导小组要担负领导核心职责，专项小组要扛起主体责任，牵头部门要牵头抓总，改革办要履行好统筹、指导、协调、督查职能。要形成改革合力，领导小组和牵头单位要身先士卒，广泛听取意见，引导干部群众出谋划策、为改革发力，各部门、专项小组要奋勇争先、密切配合，推动形成百花齐放的良好局面。

【县委办党员大会】 5月19日上午，县委办党支部召开党员大会，总结2016年党支部工作情况，选举产生新一届支部书记和支部委员，组织全体党员学习党章和廉洁自律准则，进一步深化“两学一做”学习教育，严格党内政治生活、组织生活，不断增强党组织的凝聚力、战斗力。县委书记蓝伶俐以普通党员身份参加会议。会上，蓝伶俐结合工作实际，与县委办党支部全体党员聊心得、谈体会。她说，县委办作为县委的综合办事机构，办公室干部必须心中有党、忠诚于党。县委办党支部开展活动要有特色、有亮点，更讲党性，围绕中心，以推动干部成长为目标，不断提升党员干部的思想境界，切实增强对党的忠诚度。支部书记、支部委员要多学党史、党章党规，学好学早，学深悟透，努力提升党性修养。蓝伶俐还对党员领导干部参加党内组织生活提出要求。她强调，党内没有特殊党员，每一名党员领导干部都要自觉以普通党员身份参加所在党支部的各种组织活动，放下架子，不搞特殊，强化组织观念，突出党性锻炼，确保组织生活正常化、经常化、规范化。蓝伶俐还希望全县党员干部要以实际行动擦亮党徽党旗的红色和庆元生态的绿色，把党员意识内化于心、外化于行，勇于担当，主动作为，积极为推动庆元绿色发展贡献力量。会上，县委办党支部全体党员还签订了“绿色发展、百团大战”党员一句话承诺，并表决了党支部分组情况。

【科技工作者座谈会】 5月30日是首个“全国科技工作者日”。在节日到来之际，5月26日下午，庆元县召开科技工作者座谈会，庆祝首个“全国科技工作者日”，鼓励科技工作者牢记使命责任，把科技摆上更重要的位置，在全社会营造尊重知识、尊重人才和关心科技工作者的良好氛围。县委书记蓝伶俐讲话。县委副书记、县长胡献如出席。县委常委、副县长赵玻汇报庆元县科技工作情况。县委常委、组织部长刘新民主持。县人大常委会副主任吴建华、县政协副主席吴先武参会。座谈会上，16名科技工作者代表积极建言献策，实事求是地指出庆元县科技工作存在的不足和问题，就科技创新发展提出中肯的意见建议。蓝伶俐向奋战在各条战线上的科技工作者表示衷心的感谢，并致以节日的问候。蓝伶俐强调，必须坚持党的领导，做“精忠报国”的科技型人才。蓝伶俐强调，必须坚持以人为本，做“敢为人先”的创新型人才。必须强化责任担当，做“拼搏奉献”的服务型人才。会上，蓝伶俐和胡献如为吴克甸、吴鸣翔颁发庆元县“科学技术创新发展顾问”聘书。会议还为14名科技工作者颁发庆元县“科学技术创新发展”专家组成员聘书。

【新一届村社两委主要干部上岗培训会】 6月2日上午，在新一届村社两委主要干部上岗培训班上，县委书记蓝伶俐围绕新时期如何当好一名村社干部，为新上任的村社两委主要干部上了主题党课。她强调，村社干部是村社组织的带头人、当家人，也是政策的落实者、执行者，承担着组织重托、党员信任和群众期盼，要讲忠诚、敢担当、守规矩、能干事，以奋发有为的精神状态和求真务实的工作作风，为庆元县实现绿色发展新跨越提供坚强的基础保障。县委副书记、县长胡献如主持培训会。县委常委、纪委书记、监察委主任黄绍刚和县委常委、组织部长刘新民参会。培训会上，8位新上任的农村党支部书记开展擂台赛，围绕各自特色亮点、经验做法先后进行交流发言。蓝伶俐在点评时指出，8位党支部书记的发言都很精彩，亮点纷呈，成绩显著。全体村社干部要向优秀学习、向先进学习，互学互促，比学赶超，立足岗位、扎实工作，推进“两学一做”学习教育常态化制度化，切实把学习教育成果转化成为美丽党建、美丽乡村建设的新业绩。蓝伶俐就如何当好一名村社干部上了主题党课。蓝伶俐强调，村社干部要严守纪律规矩。胡献如介绍了当前庆元县重点目标、重点工作、重点项目情况。他强调，庆元已进入大建设、大发展的关键时期，全县上下要弘扬铁军精神，全力以赴推动加快发展，为实现与全省同步高水平全面建成小康社会和“变化更大”的目标而努力奋斗。

【县2017年度县委巡察工作动员部署会】 6月2日下午，县2017年度县委巡察工作动员部署会召开，县委常委阎昌远，县委常委、纪委书记、监察委主任黄绍刚参加会议。会上，黄绍刚就2017年县委巡察工作的目的、内容、对象、程序以及巡察组的成员组成等内容进行了部署；县环保局、县住房公积金管理中心、安南乡、举水乡、县文广新局和县科技局等单位代表发言；巡察组成员签订承诺书。

【第十一期中青年干部培训会】 6月9日下午，在第十一期中青年干部培训班上，县委书记蓝伶俐为100名参加培训的中青年干部上党课。她强调，奋斗的青春最美丽，中青年干部是庆元未来发展的中坚力量。通过此次培训，要勤于学习，善于思考，让中青年干部不断学习进步、收获成长，担负起应有的责任和担当；要红心向党、潜心学习、用心做事、诚心待人、敬心用权，努力成为各条战线干事创业的佼佼者。蓝伶俐指出，县第十四次党代会提出了庆元县今后五年的发展战略和目标，要实现党代会的奋斗目标，就需要一支能征善战、善作善成的年轻干部队伍，尤其需要一支有活力、有抱负、善思考、敢争先的年轻干部队伍。蓝伶俐强调，新时期的青年应该担负起应有的责任和担当，在新的历史方位中，找准定位，锻炼自我、提升自我。要红心向党。坚定共产主义信仰，心中有党，永远跟党走，牢固树立“四个意识”，与党中央保持高度一致，把庆元既定的发展战略坚定不移地执行落实，自觉投身庆元改革发展事业当中。要潜心学习。加强党史学习，向实践学习，向人民学习，不怕吃苦、克服困难，到基层一线去释疑解惑、寻找答案，不断在实干中拓宽知识面、增长才干。蓝伶俐强调，要用心做事。凭实绩论英雄，担当有为，干事创业，从小事做起，敢打敢拼，遇到问题要用心思考，穷尽一切办法去解决难题，在困境中、挫折中磨练意志。要诚心待人。为人真诚，表里如一，诚实守信，说老实话，办老实事，不弄虚作假，不欺上瞒下。要敬心用权。依法用权，秉公用权，廉洁用权，行使好党和人民赋予的权力，处理好公与私、情与法、利与法之间的关系，心无杂念，淡泊名利，警钟长鸣，做到心有所畏、言有所戒、行有所止。培训会上，蓝伶俐为中青年干部培训班授班旗，2名学员代表作表态发言。

【大花园建设座谈会】 6月19日上午，县委书记蓝伶俐主持召开大花园建设座谈会，与有关部门座谈交流谋划推进大花园建设的思路、举措。她强调，大花园建设是省委、省政府提出的新定位、新战略，各级各部门要立足实际，敢闯敢拼，精准发力，善于创新，结合全域旅游景区化建设，建好大花园的项目库、招商库、人才库，针对存在问题，列出改革清单，突出旅游小镇集群、城市森林公园集群、“三古文化”集群发展，努力把庆元建成一个多彩、绿色、健康的大花园。会上，参会人员从庆元实际出发，立足特色优势，围绕怎么建、建成什么样的大花园等问题，就下步谋划推进大花园建设提建议、谋思路、出实招。座谈中，蓝伶俐指出，省第十四次党代会报告明确提出了谋划实施“大湾区”“大花园”建设行动纲要。蓝伶俐要求，大花园建设要有项目库。围绕做什么、怎么做、做成什么样问题，突出实用导向，制定计划，梳理项目，建好平台，完善基础，坚持森旅、农旅、体旅、文旅及医养融合，以文明城市创建为载体，统筹城乡发展。蓝伶俐强调，大花园建设要与全域旅游相结合，突出集群，打造精品。要突出形成旅游小镇集群。

【防汛工作会议】 6月26日下午，县委书记蓝伶俐来到县防汛办，组织召开防汛工作会议，第一时间传达了省委书记车俊关于强降雨防御工作重要指示精神，就当前防汛工作进行再动员再部署。她强调，各级各部门要坚守岗位，尽职尽责，把防汛作为当前压倒一切的任务来抓，针对重要时段、重点区域、重点人群、重要信息，不怕兴师动众、不怕十防九空、不怕劳民伤财，按照“损失最少、不死人、少伤人”要求，进一步做好强降雨防御工作，确保人民群众生命财产安全。副县长黄立飞、吴小军和县防指成员单位有关负责人参加会议。会上，蓝伶俐听取了当前降雨、危险区域人员撤离、地质灾害防治等情况汇报，详细了解当前各项防汛措施落实情况，与参会人员一起分析当前防汛形势，进一步研究部署防御措施。蓝伶俐指出，受持续降雨影响，当前庆元县防汛形势较为严峻。蓝伶俐要求，要密切关注天气、雨情。实时掌握气象、雨情、水情动态变化，统筹分析，科学研判，提前做好防范应对准备。蓝伶俐强调，要严格落实责任。蓝伶俐强调，对集中降雨的重要时段要保持高度关注，增强防范意识。对地质灾害隐患点与城镇D级危房、涉及公共安全的C级危房等重点区域要盯紧盯牢。对危险区范围内的重点人群要做好转移，全力保障安全。对重要信息的报送要及时准确，保证信息畅通。

【城市更新规划设计座谈会】 6月29日上午，县委书记蓝伶俐组织召开座谈会，专题研究城市更新规划设计工作。县领导胡献如、吴青松、叶丽娅、章作飞、叶武及有关单位负责人参加座谈。会上，浙江大学建筑设计研究院的设计团队汇报了关于庆元城市更新策划方案及概念设计方案的有关情况，参会人员一起座谈交流，探讨下步推进城市立面改造的工作思路，并提出意见建议。听取情况汇报后，蓝伶俐指出，庆元城市立面改造已多次进行研究探讨，多方征求意见，在不断完善当中渐趋成熟，更加贴近庆元实际。希望设计团队对各方面提出的意见建议再次进行梳理、整合，继续细化深化设计方案，更加突出庆元特色，更加突出改善民生，进一步优化城市空间，改善人居环境，加快推进城市更新。蓝伶俐要求，要打造高品位、高品质的城市。立足高端，着眼长远，统筹规划，设计要做到最好，投入要做到最经济，加强产城融合，充分融入香菇、廊桥等文化元素，全面体现庆元特色。蓝伶俐强调，要突出重点，分清主次，有序推进城市更新。把江滨路、石龙街北侧一带区块作为当前重点，谋划推进濛洲街路网改造，深化对星光溪、府后街的改造设计，做好与石龙山·龙山慢行系统的衔接，同步跟进夜景亮化工程。胡献如在座谈中强调，庆元的城市更新要统筹规划，做好减法。

【县四套班子领导工作例会】 7月5日下午，县四套班子领导工作例会召开。会议专题研讨党政领导干部依法执政工作，听取县四套班子6月份工作完成情况及7月份主要工作安排情况、兰溪桥水库扩建工程指挥部和“大搬快治”推进办工作情况汇报，讨论《庆元县建设美丽“大花园”勇争最美“花骨朵”五年行动方案》，研究部署垃圾“四化”处理工作。县委书记蓝伶俐主持会议。胡献如、吴青松、叶丽娅、李见阳、阎昌远、章作飞、吴积云、吴灌红、赵玻、黄绍刚、刘新民等副县以上领导参加会议。在专题研讨党政领导干部依法执政工作时，蓝伶俐指出，当前庆元发展的任务还很艰巨，更需要不断提高依法执政的能力水平。会议听取了县四套班子6月份工作完成情况及7月份主要工作安排情况汇报。就下半年工作，蓝伶俐指出，下半年工作压力更大、难度更大，县领导要发挥关键少数的作用，沉下心来，带领全县干部一起“大干三季度”，压实责任、传导压力，加快推进各项工作。会议还听取了兰溪桥水库扩建工程指挥部和“大搬快治”推进办工作情况汇报。就两项工作推进，蓝伶俐强调，两项工作事关庆元长远发展，责任大、压力大、任务重，要举全县之力，合力攻坚，加快推进。部门要鼎力支持，通力合作，建立完善工作机制，在项目审批和建设、人员撤离安置等方面要加快进度。会议还听取赴金华市金东区、杭州市江干区生活垃圾分类减量化处理考察学习情况汇报。在讨论《庆元县建设美丽“大花园”勇争最美“花骨朵”五年行动方案》时，蓝伶俐强调，行动方案要进一步优化完善，立足长远，广泛听取、吸收意见。在谋划大花园过程中要积极做贡献，深化细化项目库，研究具体化的措施，围绕五年计划，明确具体任务，确保各项工作落实到位。

8月1日下午，县四套班子领导工作例会暨2017年上半年经济社会运行分析会召开。会议深入学习贯彻省、市党代会精神，围绕“建设大花园”新使命，总结上半年经济社会运行情况，分析存在的困难和问题，研究部署下半年工作。县委书记蓝伶俐主持会议。胡献如、吴青松、李见阳、阎昌远、章作飞、吴积云、吴灌红、邹海亮、赵玻、刘新民等县领导参加会议。会议通报了县四套班子7月份工作完成情况及8月份主要工作安排，听取2017年上半年经济运行情况汇报，听取“六三三”、小城镇环境综合整治、城市立面改造、社会稳定工作汇报。今年以来，庆元县经济运行总体平稳，各项主要经济指标稳步增长。上半年，庆元县地区生产总值28.94亿元，增速7.2%；规上工业总产值32.59亿元，增长9.6%；规上工业增加值7.66亿元，增长4.9%；固定资产投资19.71亿元，增长12.6%；旅游总收入增长33%，工业用电量增长27.4%，均实现高速增长；外贸出口总额增长78.3%，民间投资增长62.1%，工业技改投资增长62.1%，增速均超过35%。蓝伶俐指出，今年以来，庆元县经济增长势头强劲，经济指标回暖向好，新旧动能转换步伐加快，先进制造业增势良好，招商引资成效明显，全县经济运行情况总体向好，实现了“半年红”目标。要坚持“结果导向”，正确看待上半年经济社会发展取得的成绩，不断增强发展的信心和决心。继续巩固积极向好态势，推进传统产业转型升级，加速实施创新驱动，全力推动招商项目落地，培育发展新引擎，实现主要经济指标增长再提速。就下阶段工作，蓝伶俐强调，要坚持“目标”导向，建设美丽“大花园”，推动经济社会又好又快发展。蓝伶俐强调，要坚持“实干”导向，以敬业担当的精神状态营造干事创业新氛围。会上，胡献如就抓好十件大事、十件实事、十件微事和衢宁铁路庆元段、高速公路连接线、兰溪桥水库扩建工程、旧城改造等重点项目以及“最多跑一次”改革、“大搬快治”、小城镇环境综合整治等重点工作进行了具体的部署。他强调，全县上下要认真对标年度工作指标、工作目标，找准工作上的差距，建立责任体系，完善工作机制，切实加强经济、工业投资等各项指标的管控。要切实抓好重点项目、重点工作落实，把握时间节点，对准目标任务，坚决抓好落实，为完成全年目标任务打好基础。要高度重视新业态、新机遇、新政策的研究，强化招商引资，把握发展机遇，为县域经济发展积聚新动能。要全力以赴用实情、出实招、发实力，比学赶超，明确责任，统筹协调，切实抓好下半年各项工作落实，全力冲刺三季度，决战决胜全年红。

【城市形象更新策划方案汇报会】 7月11日上午，庆元县召开城市形象更新策划方案汇报会。会议听取城市形象更新规划设计情况汇报，研究部署加快推进城市形象更新的工作思路与措施。县委书记蓝伶俐讲话。县委常委、常务副县长章作飞主持。县人大常委会副主任叶武、县政协副主席吴碧兰及县府办、发改、财政、住建、城发公司和县立面改造指挥部有关负责人参会。会上，浙江大学建筑设计研究院设计团队围绕解读庆元、策略思考、规划方向、设计意向等部分内容，详细汇报了关于庆元城市形象更新的策划方案及概念设计方案情况。参会人员结合庆元县城实际，深入交流探讨城市更新规划设计的思路、意见。听取情况汇报后，蓝伶俐指出，经过多次探讨研究，广泛征求各方意见，城市形象更新的设计方案得到不断优化、深化、具体化，当前已形成的设计方案具有文化脉络，很直观、很美观，既与旅游资源充分融合，增强了功能互补性，也在古文化中充分展现了轻松活泼的现代元素，巧妙实现古今融合。蓝伶俐强调，设计单位要以江滨路、石龙街、松源街区块为重点，进一步优化设计方案。蓝伶俐强调，建设部门要根据开放空间的要求，做好“拆墙透绿”工作，进一步打开城市空间；要根据总体规划，谋划好、布局好停车场、路网、管线等基础设施的落点落位；要根据庆元实际，探索创新多种形式的项目建设模式，尤其是EPC、一体化等建设模式。

【旅游工作座谈会】 7月11日下午，县委书记蓝伶俐组织召开座谈会，听取旅游大会筹备、省级全域旅游示范县创建及特色村落景区化建设等情况汇报，就全域旅游工作开展调研指导。她强调，要把全域旅游作为未来发展的新引擎，坚持高标准、高要求推进，以美丽“大花园”建设为引领，坚持规划先行，强化部门联动，切实把旅游项目做大做好，加快推进省级全域旅游示范县创建，全面开启全域旅游新时代，努力开创旅游业发展新局面。县委常委阎昌远、副县长胡显平及县委办、县府办、县旅委、县招商局、全域旅游推进办有关负责人参加座谈。座谈会上，县旅委汇报了旅游大会筹备、省级全域旅游示范县创建及特色村落景区化建设等工作情况，参会人员就如何推进全域旅游发展建言献策。听取情况汇报后，蓝伶俐要求，要以更高标准、更高要求筹备旅游大会，旅游大会要开出特色、开出影响。内容要更丰富，形式要更多样、更务实，避免格式化、形式化；互动内容要增加，任务要具体，责任要明确；特色村落景区化建设要作为大会重点任务，全力抓好落实，根据旅游发展需求，建设美丽乡村。县旅委要盘活资源，开拓思路、勇于创新，做好统筹协调，把一切利于旅游发展的要素都牢牢抓在手上，做好招商推介，研究旅游政策，打造特色亮点，确保旅游大会开得有声有色。

【基层治理体系“四个平台”建设工作汇报会】 7月13日上午，县委书记蓝伶俐主持召开基层治理体系“四个平台”建设工作汇报会，就进一步推进“四个平台”有效运行进行研究部署。她强调，“四个平台”建设要把握对优化服务、深化改革的本质要求，必须诠释好内涵和意义，必须下沉到基层，必须实现智慧化、数字化，必须坚持标准化，必须做到有效运行，把便民服务作为出发点和立足点，将服务触角向基层延伸。县委常委阎昌远，县委常委、常务副县长章作飞及县委办、县府办、组织部、编委办、政法委、人力社保局、财政局、社会服务管理指挥中心、市场监管局、综合行政执法局等部门有关负责人参会。会上，县编委办汇报了前一阶段庆元县基层治理体系“四个平台”建设的工作进展、存在问题及下步推进措施，参会人员座谈交流进一步推进“四个平台”有效运行的思路、办法和举措。听取汇报后，蓝伶俐指出，“四个平台”建设是省委省政府部署的重大改革事项，特别是省第十四次党代会作出了具体要求，符合当前加强基层治理的需要，目的在于更好地为群众服务，让老百姓有更多获得感。各级各部门要真正认识“四个平台”建设的内涵意义，深刻把握其对优化服务、深化改革的本质要求，结合庆元实际，善于研究思考，勇于改革，敢于创新，把便民服务作为出发点，将服务触角向基层延伸，确保“四个平台”建设取得实实在在的成效。蓝伶俐要求，要坚持“五个必须”，推进“四个平台”建设。蓝伶俐强调，相关职能部门要主动下沉指导，利用现有平台，整合资源，做好调配，加强人财物的统筹保障，形成相互支持、密切配合、共同推进的良好氛围。要按照“每周有进度”的要求，加快推进速度，建立健全评估、评议机制，确保工作实效。

【城市森林公园景观设计方案汇报会】 7月13日下午，县委书记蓝伶俐主持召开城市森林公园景观设计方案汇报会，听取城市森林公园（铅锌矿区块）景观设计方案情况汇报，就规划建设城市森林公园进行研究部署。县委常委阎昌远、副县长吴小军和县委办、县府办、发改局、财政局、国土局、住建局、林业局、文广新局、环保局、旅委、安监局、松源街道等有关单位负责人参会。会上，浙江城建规划设计院的设计团队汇报了城市森林公园（铅锌矿区块）景观设计方案情况，参会人员就下步规划建设城市森林公园交流思路、意见。听取汇报后，蓝伶俐指出，城市森林公园将会是今后广大市民和游客健身、娱乐、休闲的重要场所，对改善城市功能、提升城市品位、提高生活水平具有重要意义。蓝伶俐要求，要从大处着眼，从小处入手，体现人性化，进一步细化优化设计方案。蓝伶俐强调，要加强互动对接，加快建设步伐，确保项目尽快动工。

【县创建省全域旅游示范县暨旅游发展推进大会】 7月24日上午，县创建省全域旅游示范县暨旅游发展推进大会召开。会议回顾总结庆元县旅游发展工作，全面部署下一阶段全域旅游发展任务，动员全县上下统一思想，落实责任，合力推进省全域旅游示范县创建工作。县委书记蓝伶俐讲话。县委副书记、县长胡献如作工作报告。县领导吴青松、叶丽娅、叶武、胡显平、林高平参会。省旅游局规划处处长张雄文、市旅委副主任何丽萍、浙江万达旅游集团副总经理蓝伊娜、浙江光大星辰国际旅行社有限公司副总经理范小华、上海高铁旅游服务有限公司总经理朱水华等资深旅游人士到会指导。县委常委阎昌远主持会议。根据《庆元全域旅游规划发展暨三年行动计划》和《庆元县创建全域旅游示范县工作实施方案》。庆元县将以建设美丽“大花园”，勇争最美“花骨朵”为统揽，以全域景区化为导向，以“双十双百”工程为核心，以景区建设“1311”行动为重点，以乡村旅游“23245”计划为主线，在“十三五”期末，创成10个3A级景区、3个4A级景区、1个省级旅游度假区、1个省级水利风景名胜区、20个精品美丽旅游示范村，累计完成100亿旅游项目投入、实现100亿旅游收入，最终达到“一年一变样、三年大提升、五年大改观”主客共享的全域旅游化目标，全面建成省全域旅游示范县、“江南一流生态旅游目的地”。蓝伶俐在讲话中指出，建设“大花园”、推进全域旅游是旅游发展的新思路、新战略、新模式，是实现“两山”战略转化的必然选择，是产业融合的大势所趋，是实现“两个高水平”的现实需要。蓝伶俐要求，建设美丽“大花园”要跑出全域旅游发展的“加速度”。要以弯道超车的气势，高标准描绘发展蓝图；强调，要同心同向，汇聚起建设美丽“大花园”、推进全域旅游的强大合力。胡献如在报告中总结了近年到庆元旅游发展情况，部署推进全域旅游及当前旅游工作任务。他强调，庆元要乘势而上，再谋新篇，开创全域旅游发展新局面。会议签订了《庆元县创建省全域旅游示范县工作任务书》，并举行海西旅游联盟授牌仪式、旅游招商项目签约仪式、旅游发展战略合作、庆元高铁旅游专列开通战略合作签约仪式。

【全县农村金融改革暨企业上市工作会议】 7月25日上午，全县农村金融改革暨企业上市工作会议召开。县委书记蓝伶俐参加会议并讲话，县委副书记、县长胡献如主持会议，副县长王绍金参加会议。会议通报2016年度农村金融改革试点工作情况，汇报企业股改上市工作进展情况，部署金融工作及企业股改上市工作，浙江三禾竹木、浙江九川竹木、信用联社作交流发言，县国土局、兴农担保公司作表态发言。会上还举行了2016年度省股交中心挂牌企业授牌仪式。会议学习贯彻了全国金融工作会议精神，就下阶段庆元县农村金融改革、企业股改上市、维护金融稳定等工作，蓝伶俐要求，要不忘初心牢牢把握“大花园”建设战略机遇，牢记使命，借势借力“大花园”建设命题，打开“两山”通道，充分认识金融在发展、惠民工作重点重要性，不忘初心，在继续推进普惠金融中突显绿色金融，在“农金改”工作中建立长效机制，进一步夯实基础，让金融改革工作持续发力。蓝伶俐强调，要坚定信心切实提升“农金改”工作内涵品质。蓝伶俐强调，要下定决心推动企业股改上市再上新台阶。

【防台防汛工作部署会】 7月29日晚，在省市防台防汛工作视频会议后，庆元县立即召开防台防汛工作部署会，就今年第9号台风“纳沙”、第10号台风“海棠”防御工作进行部署。县委书记蓝伶俐在会上就防台防汛工作提出要求。副县长黄立飞主持会议。县防指成员单位及各乡镇（街道）负责人分别在主会场和各自分会场参加会议。就防台防汛工作，蓝伶俐指出，根据往年经验，在福建登陆的台风对庆元的影响都较大，今年又遇到双台风，带来的影响不可轻视。各级各部门要引起高度重视，时刻关注台风动态信息，宁可兴师动众，宁可十防九空，宁可劳民伤财，也要全力做好防台防汛工作，确保人民群众生命财产安全。蓝伶俐要求，工作力量要到位。乡镇（街道）、村的全体干部和防指成员单位人员要到岗到位，做好值班值守，抢险物资、应急设备要准备到位；蓝伶俐强调，监测巡查要到位。巡查人员要在岗在位，加强对地质灾害隐患点、危旧房、山塘水库的巡查，实时跟踪监测，发现险情及时报告。蓝伶俐强调，要加强对防台防汛工作的督查。防指办要及时督查各乡镇（街道）、各部门防台防汛工作措施落实情况，县领导要到联系乡镇对防台防汛工作开展督查指导，严阵以待，全力应对，确保各项防范措施落实到位。

【县委十四届五次全体（扩大）会议】 8月15日下午，县委十四届五次全体（扩大）会议召开，听取和讨论蓝伶俐代表县委常委会所作的工作报告，审议通过《中共庆元县委关于深入践行新发展理念，增创县域发展新优势的决定》《中共庆元县委关于建设美丽“大花园”，勇争最美“花骨朵”的若干意见》。全会指出，今年以来，县委常委会认真落实中央、省委、市委的决策部署，以“八八战略”为指引，聚合力、扬优势、补短板，开展“绿色发展，百团大战”行动，打响五大战役，推动经济社会各项事业全面发展。全会指出，全县上下要充分认识增创县域发展新优势的重要性、紧迫性、长期性，认真借鉴嘉善经验，加快建设“特、富、美、安”新县域，全面提升庆元县域科学发展水平。全会强调，要大力弘扬革命精神、浙江精神，全面加强党的建设。蓝伶俐强调，要对标对表对齐，争先恐后，比学赶超；要上下同欲，担当有为。会议还对县委常委会工作报告、《决定》和《若干意见》进行分组讨论。期间召开的县委十四届五次全体会议表决通过了《中共庆元县委关于深入践行新发展理念，增创县域发展新优势的决定》、《中共庆元县委关于建设美丽“大花园”，勇争最美“花骨朵”的若干意见》。副县以上领导，十四届县委委员、县委候补委员，县纪委委员；副县以上领导；县委办正副主任，县人大办党员正副主任、各工委党员主任，县府办党员正副主任，县政协秘书长、县政协办党员副主任、各专委会党员主任；各乡镇党委书记、乡镇长，各街道党工委书记、办事处主任；县属各单位主要负责人；担任过副县（处）级以上实职的在城老同志；部分县第十四次党代会代表参加会议。

【全县创建省全域旅游示范县工作推进会】 8月18日上午，全县创建省全域旅游示范县工作推进会召开。县委常委阎昌远参加会议并讲话，副县长胡显平主持会议，百山祖管理处处长林高平参加会议。会议听取了庆元县全域旅游推进办及综合协调组、宣传报道组、统筹发展组等18个专项组关于前阶段省全域旅游示范县创建工作开展情况汇报，并对下阶段创建任务进行再动员、再部署、再落实。会议肯定了前期围绕创建省级全域旅游示范县工作取得的成效。就如何做好下一步的创建工作，会议要求，各级各单位要主动提高思想认识，跳开传统旅游概念来看“全域旅游”，发展全域旅游是打开“两山”通道的必然选择，是产业融合发展的粘合剂，是引领“全域庆元”加快发展的平台、抓手和突破口，必须高度重视，确保全域旅游创建工作顺利推进；各专项组要明确职责、任务，加强统筹协调，建立完善的工作机制，将各项任务切实落到实处，进一步提升创建工作的总体水平；要强化责任与对标意识，完善台账建立、档案收集，切实抓好创建各环节工作，进一步做强旅游竞争内核，打造最优旅游服务，圆满完成创建工作。

【全县小城镇环境综合整治工作点评会】 8月24日下午，全县小城镇环境综合整治工作点评会召开。县委副书记李见阳、县委常委、常务副县长章作飞参加会议。会议学习贯彻全市小城镇环境综合整治行动工作第二季度点评会议精神，总结全县1～8月小城镇环境综合整治工作成效，分析当前工作中暴露出来的问题与短板，并对下阶段工作进行部署。会议指出，前阶段，庆元县小城镇环境综合整治工作总体进展顺利，小城镇的环境有了一定的改善。但仍存在环境整治力度不够、部分项目进度过慢、乡愁特色不明显等问题，各相关单位必须高度重视，增强责任感和紧迫感，奋力打好小城镇环境综合整治攻坚战。

【首届世界丽水人大会庆元分会场工作会议】 8月30日上午，首届世界丽水人大会庆元分会场工作会议召开。县委副书记、首届世界丽水人大会庆元分会场筹备工作领导小组常务副组长李见阳参加会议并讲话，县委常委、统战部长吴灌红主持会议。据了解，为进一步密切海内外丽水乡亲乡贤的联系，助推丽商、侨商回归，市委市政府决定于9月26日～28日召开首届世界丽水人大会，会期三天。9月26日～27日在丽水城区设主会场；9月27日晚～28日在包括庆元县的各县市区、开发区设分会场，举办系列丰富多彩活动。会上，综合协调组、邀请联络组、项目洽谈组、重大项目集中开工组、新闻宣传组等各个专项组负责人对筹备工作情况进行汇报。就下一步工作，李见阳要求，要统一思想，加强重视，正确认识此次大会的重要性；要做细工作，联络服务要细致周到，小组协调要细之又细，策划宣传要抓住重点，形成声势，营造良好氛围；要合力共为，明确任务，落实责任，加强交流，制定完善工作方案，建立健全相关机制，做好安全保障和招商引资等工作，齐心协力，全力以赴，确保大会圆满完成。

【旧城改造征迁工作动员大会】 9月3日下午，庆元县召开旧城改造征迁工作动员大会。会议就菇城宾馆、老二中、老林业局三个地块的旧城改造征迁工作进行动员部署。县委书记蓝伶俐讲话。县委副书记、县长胡献如主持。县委常委、常务副县长章作飞作工作动员部署。吴青松、叶丽娅、李见阳、吴灌红、黄绍刚、刘新民、黄立飞等副县以上领导参会。去年5月，庆元县正式启动菇城宾馆、老二中、老林业局三个区块的旧城改造项目，总用地面积约4.9万平方米，需拆迁房屋建筑面积4.8万平方米，共涉及被征迁户292户。2017年8月，庆元县完成所有征迁户房屋评估结果公示，并启动了老二中公房拆除。下阶段，庆元县将于9月4日到11月2日签订征迁协议，11月3日后开始房屋腾空，随后进行房屋拆除及施工建设3002蓝伶俐在讲话中指出，庆元城市建设的历史欠账较多，环境面貌差、建设步伐慢等问题较为突出。蓝伶俐强调，城市更新既是重任，也是使命，要提高站位、统一思想，充分认识实施旧城改造的重大意义；蓝伶俐要求，旧城改造既要共建，更要共享，要拉高标杆、自我加压，有序推进征迁工作落到实处；蓝伶俐强调，旧城改造不是独唱，而是大合唱，要压实责任，狠抓落实，确保全面完成旧城改造工作任务。就贯彻落实会议精神，胡献如强调，旧城改造是庆元县的首位之战，当前已到了必须改、加快改、持续改的关键时期。会上，县纪委、教育局、公安局、农业局、林业局以及松源街道东门村、征迁户代表作表态发言。

【县委全面深化改革专题会议】 9月15日下午，县委全面深化改革专题会议召开。县委常委阎昌远参加会议并讲话。会议学习贯彻中央、省委、市委全面深化改革领导小组会议精神；听取县委改革办1～8月份全县全面深化改革工作开展情况、存在困难与问题及下一步工作举措情况汇报；听取1～8月份七大领域改革工作情况、争取改革试点项目情况、与上级对接情况和下一步改革工作思路；听取农村金融改革工作1～8月份工作情况、存在困难与问题及下一步工作举措；并研究部署下一步县委全面深化改革工作。会议强调，抓改革首先要抓一把手。各单位主要领导要当好改革行动队长，亲力亲为，紧抓落实，力争再创考核佳绩。抓改革要抓关键。各单位要以考核为导向，抓实工作责任，不拖后腿，争当先进。抓改革核心是抓重点。各单位要找到各自工作结合点，集中力量一项一项抓好落实。抓改革前提是抓氛围。要强化改革督查，在不断的倒逼中营造好改革氛围，找到改革“最大公约数”。县委全面深化改革领导小组办公室部分成员；七大领域专项小组牵头单位主要负责人及联络员；人民银行庆元县支行主要负责人及联络员；县委、县政府督查室成员等参加会议。

【县委财经工作领导小组会议】 9月17日晚，县委财经工作领导小组会议召开。会议听取三季度经济运行监测情况汇报，讨论项目建设推进相关情况。县领导蓝伶俐、胡献如、李见阳、章作飞、黄绍刚和县委财经工作领导小组及办公室成员参加会议。会议指出，当前庆元县经济稳增长压力依然较大，距离既定目标还有一定差距，完成全年任务仍需继续努力。庆元加快发展是全县上下的共同责任和使命。会议要求，要突出重点，正视不足，努力稳增长。会议还讨论了《中共庆元县委财经工作领导小组议事规则》《中共庆元县委财经工作领导小组办公室主要职责》。

【“平安护航十九大大会战”动员会暨反恐怖工作会议】 9月18日上午，庆元县召开“平安护航十九大大会战”动员会暨反恐怖工作会议。县领导蓝伶俐、胡献如、李见阳、章作飞、吴积云、邹海亮、黄绍刚、卢岳平、叶仪俊参加会议。县委书记蓝伶俐作重要讲话，县委副书记、县长胡献如主持会议。此次会议的主要任务是，贯彻落实中央、省委、市委相关会议精神，认真分析庆元县维稳安保工作面临的形势，全面研究部署“决战30天”各项工作，确保十九大期间，庆元不出事，庆元人不惹事，为浙江守好南大门，为中共十九大胜利召开创造平安稳定的社会环境。蓝伶俐在讲话中指出，中共十九大是在决战决胜全面建成小康社会的关键阶段召开的一次盛会，“平安护航十九大”作为今年一项重大政治任务，全县上下要把讲政治放在首位，牢固树立十九大维稳安保的信心和决心，进一步肯定成绩、增强信心，认清形势、下定决心，紧扣目标，保持恒心，深刻领会精神，切实以高度的政治自觉，坚决向省委市委看齐，增强打赢“平安护航十九大大会战”的信心和决心。蓝伶俐强调，把查漏补缺作为最重要环节，坚决补齐十九大维稳安保弱项；要把首战意识摆在突出位置，全力以赴打赢十九大维稳安保这场硬仗。胡献如指出，护航十九大是当前庆元县重于一切、高于一切、压倒一切的头等大事，各级、各部门要顶格重视，做到思想再重视，切实把思想和行动统一到省、市决策部署上来；责任再担当，做到事事有人负责，人人主动担责，扎实把护航十九大各项举措落细落小，抓实抓好；措施再严实，切实做到各司其职、各尽其责，守好自己的“门”，管好自己的“人”；工作再合力，做到“零缺位，秒补位”，以“一盘棋”的格局，扎实推进工作落实，确保筑牢外围维稳安保的铜墙铁壁。会上，县委副书记、政法委书记李见阳部署安排十九大维稳安保和反恐怖各项工作；县委常委、宣传部长吴积云部署迎接中共十九大宣传工作；县委常委、纪委书记、监察委主任黄绍刚通报有关问责案例；公安、教育、松源街道三家单位负责人就“平安护航十九大”工作作表态发言；相关责任单位还签订反恐工作责任状。

【首届世界丽水人大会庆元分会场筹备情况汇报会】 9月25日上午，庆元县召开首届世界丽水人大会庆元分会场筹备情况汇报会。会议听取有关筹备情况汇报，就下阶段筹备工作进行研究部署。县领导蓝伶俐、胡献如、吴青松、叶丽娅、李见阳、吴灌红、王绍金及有关部门负责人参加会议。据了解，首届世界丽水人大会将于9月26日～28日召开，主会场设在丽水市区，庆元分会场于27日晚举办“欢迎回家”庆元乡贤团圆家宴，28日举行项目集中开工、实地考察、招商项目签约、“互联网+”智慧城市论坛等活动。会上，首届世界丽水人大会庆元分会场筹备工作领导小组办公室汇报了庆元分会场活动总方案及子方案安排情况，各专项组汇报了各项筹备工作开展情况，就具体问题交流意见。参会人员还观看了相关宣传片。听取汇报后，蓝伶俐指出，此次大会是一次乡贤的大聚会；此次大会是一次活动的大集合。蓝伶俐要求，各专项组要优化细化活动方案，明确任务，分工协作，精准发力，进一步完善会务安排，建立健全工作联络机制，提升服务接待水平，加强环境整治，改善环境面貌，加大新闻宣传、舆论造势力度，营造更浓厚的氛围，为大会圆满成功举办奠定良好基础。就做好筹备工作，胡献如要求，思想上要更重视，深刻认识，形成共识，切实把思想和行动统一到市委、市政府的决策部署上来，务实高效地做好各项筹备工作。细节上要更严密，各专项组要精心组织、注重细节，研究制定更加完善的活动方案，把每个环节、每个细节考虑周到，做好衔接对接。服务上要更细致，精准服务、优化服务，通过细致入微的优质服务，让庆元乡贤高兴而来、满意而归。

【六边三化三美和小城镇环境综合整治工作推进会】 9月26日，庆元县召开六边三化三美和小城镇环境综合整治工作推进会。县委副书记李见阳、副县长吴小军参加会议。会上，吴小军作“六三三”工作推进部署。县农办、竹口镇、黄田镇、五大堡乡、淤上村、坑里村、贤良村等相关负责人就会前外出考察学习体会作交流发言。听取汇报后，李见阳指出，通过此次考察学习，旨在让各乡镇（街道）统一思想、找差距、找道路、谋划怎么办，更关键在让乡镇（街道）干部进一步坚定信心、决心来谋划全县“六三三”工作。李见阳强调，做好“六三三”工作，要善于谋全域，县农办与各乡镇（街道）要提前做好特色规划，谋出点位，串点成线。

要善于谋项目，要学习“长汀”“深垟”无中生有的经验，谋深谋精亮点、特色及文化内涵，要给人留下深刻印象。要善于提升美丽业态，推动美丽乡村与美丽业态相结合，相辅相成、相互促进。各乡镇（街道）干部要提高工作激情，用心用情，像治理家庭一样治理乡村。就下一步工作思路，李见阳强调，要理顺体制，理清思路，抓实点线面工作思路，打赢平安建设巩固战、项目建设攻坚战、综合环境提升战、民生改善持久战、蓝天碧水保卫战，让庆元的美丽乡村在全县“六三三”工作推进中成为美丽大花园中的最美花骨朵。会前，吴小军带领考察团赴云和县、景宁县以及庆元县屏都街道与安南乡进行考察。

【全县农民增收工作推进会暨第一次会商研判例会】 9月26日下午，全县农民增收工作推进会暨第一次会商研判例会召开。会议分析研判当前农民增收的新形势、新要求，部署下半年及今后一时期的工作任务。县委副书记李见阳参加会议并讲话，副县长吴小军主持会议。据了解，“十二五”以来，庆元县高度重视农民增收工作，农村常住居民人均可支配收入从2010年的6012元到2016年的14244元，翻了一番多，农民收入增幅连续多年在两位数以上。今年上半年庆元县农村常住居民人均可支配收入7749元，同比增长8.8%。会议指出，上半年庆元县助农增收工作亮点不少，三产经营净收入增幅较快，但农民增收保持高速增长的形势严峻，各相关部门要正确研判当前庆元县农民增收面临的新形势、新要求，切实增强进一步做好农民增收工作的使命感和责任感。就做好下阶段促农增收工作，会议强调，各相关单位要精准发力，打好促农增收“组合拳”，以培育特色农业、发展乡村旅游、加快农旅融合，实现产业富民，拓宽增收渠道；要落实有力，决战决胜农民增收“攻坚战”，要勇于担当、对标补短、抓小抓细抓落实；要程序到位，确保涉农资金使用精准，实现政策惠民，减轻增收负担，为庆元建设美丽大花园和与全省同步高水平建成小康社会积极贡献力量。

【旧城改造项目交办任务推进会】 9月29日上午，旧城改造项目交办任务推进会召开。县领导李见阳、章作飞、吴灌红、黄立飞，各责任单位主要负责人参加会议。会上，李见阳强调，要进一步形成合力，对未签约的征迁户进行再交办、再落实，各责任单位端正工作态度，勇担责任，不推脱，早日完成县委县政府交办的任务。要咬定目标，强化纪律要求，穷尽办法，做到任务完成前不放假，确保10月3日前全面完成签约工作。要坚定信心和决心，鼓足勇气，不折不扣地完成交办任务。就贯彻落实会议精神，章作飞强调，各单位要深刻认识“破难题、办实事”的重要意义，明确目标任务，把握征迁户动态情况，以结果为导向，用攻坚破难的力度和速度解决征迁户的实际问题，确保顺利签约。

【“百日对标”现场点评会】 9月30日上午，庆元县召开第一次“百日对标”现场点评会。会议以美丽乡村建设为主题，对小城镇环境综合整治、“六三三”“五水共治”“三改一拆”等重点工作进行点评，进一步深化“绿色发展百团大战”行动，推进各项工作提速度、创成果，营造“你追我赶、比学赶超”的浓厚氛围。县委书记蓝伶俐讲话。县委副书记、县长胡献如主持。章作飞、黄立飞、吴小军、王绍金等分管县领导点评。吴青松、叶丽娅、李见阳、吴积云、吴灌红、邹海亮、黄绍刚、刘新民等副县以上领导及乡镇（街道）、有关部门负责人等参加会议。点评会上，5个对标乡镇进行工作汇报，参会人员观看了美丽乡村建设和亮点工作成效展示视频。评委组成员对对标乡镇和部门进行现场打分，最终百山祖镇、举水乡获得对标乡镇优秀成绩，竹口、黄田镇、安南乡获得对标乡镇良好成绩，住建局、环保局、执法局、农办获得对标部门良好成绩。蓝伶俐指出，“百日对标”现场点评是一次非常规的现场会和真刀真枪的擂台赛，更是一个列队检阅的拉练场；“对标大比拼”不只是阶段活动和简单口号，更应是干事创业的指引和干部担当有为的展示窗口。蓝伶俐强调，乡村是“大花园”建设的主战场，要以标杆为引领，全面推动美丽乡村建设；抓好落实是“对标大比拼”的出发点和落脚点，要扛起使命担当，对标对表抓落实，确保“全年红”。就做好冲刺“全年红”工作，胡献如强调，离年底只剩3个月时间，时间紧、任务重，要一鼓作气、一抓到底，确保全面完成各项目标任务。会议还听取了“十件大事”“十件实事”“十件要事”“十件微事”督查情况及县四套班子10月份主要工作安排情况汇报。

11月13日上午，在第二次“百日对标”现场点评会上，县委书记蓝伶俐向全县领导干部传达了省委十四届二次全会精神，并就全会精神的贯彻落实工作提出要求。县委副书记、县长胡献如主持会议。吴青松、叶丽娅、阎昌远、章作飞、吴积云、吴灌红、赵玻、黄绍刚、刘新民等副县以上领导及乡镇（街道）、有关部门负责人参加会议。据悉，省委十四届二次全会11月9日在杭州召开。全会认真学习贯彻中共十九大精神，听取和讨论了车俊受省委常委会委托作的工作报告，审议通过了《中共浙江省委关于高举习近平新时代中国特色社会主义思想伟大旗帜，奋力推进“两个高水平”建设的决定》。会上，蓝伶俐指出，省委十四届二次全会就全省贯彻落实中共十九大精神作出了全面部署，对“两个高水平”奋斗目标作出了更加系统、更加具体的部署，提出了实现路径、工作任务和细化举措。蓝伶俐要求，要结合学习宣传贯彻中共十九大精神和各自岗位工作，认真抓好省委全会精神的贯彻落实，努力推动中共十九大精神和省委全会精神在庆元落地生根、开花结果。县领导章作飞、王绍金、吴小军、胡显平就各自分管的项目工作进行点评。会议听取县四套班子11月份主要工作安排情况汇报，播放项目工作专题片。会上，县住建局、交通运输局、林业局、水利局、县旅委作对标汇报，文广新局、工业园区作表态发言。

12月26日～27日，庆元县围绕“学习贯彻十九大精神基层党建大督导”主题，开展第三次“百日对标”现场点评，进一步精准督导、对标提升基层党建、“四个平台建设”工作，强化抓党建的使命担当，切实提高全县各级党组织中共建设质量。县委书记蓝伶俐作点评讲话。县委副书记、县长胡献如主持点评会。叶丽娅、阎昌远、章作飞、吴灌红、邹海亮、黄绍刚、刘新民等副县以上领导参会。26日，由“绿色发展、百团大战”评战室成员、党代表、人大代表、政协委员及有关部门负责人组成的评委组先后到松源、濛洲、屏都、荷地、五大堡现场观摩，实地考察5个对标乡镇的基层党建、产业发展、美丽乡村建设等工作成效。点评会上，松源、濛洲、屏都、荷地、五大堡5个对标乡镇进行工作汇报，参会人员观看了基层党建工作成效展示视频。评委组成员为对标乡镇进行现场打分，并通报考评结果：屏都街道获得对标乡镇优秀成绩，松源街道、濛洲街道、荷地镇、五大堡乡获得对标乡镇良好成绩。点评中，蓝伶俐指出，当前，庆元县基层党建还存在点强面弱的问题，“四个平台”建设还需强化力量下沉，作风建设还有待加强。就明年党建工作，蓝伶俐要求，要着力十九大精神的全面贯彻。聚焦“新时代新使命新作为”主题，以“大学习、大调研、大谋划、大讨论、大推进、大督导”活动为抓手，开展好“不忘初心、牢记使命”主题教育，结合“两学一做”学习教育，切实将中共十九大精神内化于心、外化于行。蓝伶俐强调，要着力干部队伍作风建设。贯彻习总书记关于进一步纠正“四风”加强作风建设的重要批示精神，完善约束清单、监督清单，结合开展“绿色发展百团大战”行动，继续推行“对标大比拼”机制，进一步提振干部精气神，打造符合新时代要求、作风过硬、担当有为的党员干部队伍。

【中共十九大维稳安保每日会商研判会】 10月16日下午，县委书记蓝伶俐参加庆元县中共十九大维稳安保每日会商研判会，总结前阶段工作，分析当前形势，就做好十九大维稳安保工作进行研究部署。蓝伶俐强调，平安护航十九大是当前压倒一切的头等大事和首要政治任务。全县上下要以高度的政治责任感，迅速进入临战状态，齐心协力、全力以赴，聚焦问题、强化举措，坚决打赢平安护航十九大大会战这场硬仗，为十九大胜利召开营造和谐稳定的社会环境。县委常委、常务副县长章作飞和县委常委、公安局长邹海亮以及县委办、政法委、信访局、公安局、濛洲街道、松源街道等单位负责人参会。在听取部门、街道的相关情况汇报和有关问题分析后，蓝伶俐指出，前一阶段，全县上下认真贯彻中央、省委、市委和县委关于十九大维稳安保工作的各项决策部署，稳控措施有力、工作落实到位，有效维护了经济社会大局的和谐稳定。各级各部门要继续发扬持续作战精神，做好打持久战的思想准备，进一步提高政治站位、强化责任担当，坚持“不出门、不出事、不添乱”原则，从严从实从细把维稳安保各项措施落实到位。蓝伶俐强调，中共十九大召开在即，平安护航十九大大会战进入决战决胜的实战阶段。各级各部门要迅速进入临战状态、拿出实战举措，精准发力，持续用力，攻坚破难，切实做好维稳安保各项工作。分析研判要及时准确。做好信息搜集研判，跟踪动态、互通信息，科学分析、准确判断。稳控措施要精准实效。人员要精干，技术要支持，资金要保障，部门和乡镇调配要统一。要全力维护社会大局和谐稳定。蓝伶俐要求，安全生产要严之又严、细之又细。加强安全巡查，强化问题整改，以最高要求、最严举措，督促落实安全措施，做到严抓严管、细致周到，全力保障安全。要持续做好长期性、艰苦性的准备，形成最强合力。围绕中心、服务大局，守土负责、担当尽责，把困难估计得更充足一些、把方案制定得更周详一些、把对策思考得更细致一些，坚决完成十九大维稳安保各项任务。

10月25日下午，县委书记蓝伶俐参加庆元县中共十九大维稳安保工作每日会商研判会，就做好十九大维稳安保工作进行研究部署。她强调，虽然中共十九大已经胜利闭幕，但维稳安保工作依然不能松懈。要切实增强责任感，思想上不松懈、力量上不减弱，守土负责、守土尽责，把公共安全隐患问题整治到位，以决战决胜的勇气和定力，打赢十九大维稳安保的攻坚战，切实推进“平安庆元”建设，全力打造和谐稳定的社会环境。县委常委、公安局长邹海亮和县人民法院院长卢岳平参会。县人民检察院院长叶仪俊主持会议。会上，市长朱晨与青田、松阳、庆元三个县进行视频连线，听取平安护航十九大大会战工作情况汇报，就下阶段维稳安保工作进行部署，对庆元提出了重点人员要确保稳控、公共安全隐患问题要整改到位的工作要求，并希望庆元继续努力，维护社会大局和谐稳定，向省委交一份满意的答卷。蓝伶俐在代表庆元作工作汇报时指出，大会战以来，庆元持续发扬敢打必胜、连续作战精神，工作重点突出，聚焦重点人员、重点区块稳控和重点问题整改不放松，社会大局总体稳定。下步将继续围绕十九大维稳安保的各项任务要求，全力打赢十九大维稳安保的攻坚战。蓝伶俐强调，要保持高压态势，全力维护社会和谐稳定。加强源头治理，做深做细预案，强化工作措施，主动作为，超前介入，层层落实，对矛盾纠纷早发现、早研究、早处置，把问题解决在萌芽状态。要加大力度、积极主动整改公共安全隐患问题。对存在的安全隐患要即知即改、立行立改，把隐患问题整改到位、整治到位，把工作落脚点放在日常巡查、常态化监管机制运行上，加强安全教育，落实安全责任，确保社会大局持续平稳。

【浙能集团·庆元县项目投资合作对接洽谈会】 10月19日下午，浙能集团？庆元县项目投资合作对接洽谈会召开。双方就拓展多领域合作、推进优势资源互补以及多元化发展共赢等方面进行了深入交流。浙能集团党委委员、董事、副总经理赵建林，县委书记蓝伶俐参加对接洽谈会。县委常委、常务副县长章作飞主持会议。会上，蓝伶俐首先对浙能集团一行到庆元洽谈项目投资合作表示欢迎，并对浙能集团关心支持参与庆元“绿色发展”表示感谢。在简要介绍庆元经济社会发展后，蓝伶俐就城市建设、特色小镇建设、打造全域旅游、清洁能源的开发与利用等方面进行了重点推介。她真诚希望双方不断拓展合作领域，实现全方位多领域深层次合作，通过多元化发展，在更多领域参与庆元大建设大发展，助力庆元“大花园”建设。赵建林表示，浙能集团将立足庆元的发展优势和“绿色发展”定位，进一步加强沟通、主动融入、密切协作，并在天然气、城市建设、能源开发、环保、旅游等多个领域开展更为广泛和深入的合作，努力实现共赢发展，助推庆元“大花园”建设。洽谈会上，浙能集团介绍了融入丽水绿色发展具体路径；庆元县有关部门就重点投资项目、工业园区建设、旅游发展规划等方面进行了推介和介绍；双方还围绕项目的合作进行深入的交流。

【规划工作汇报会】 10月21日下午，庆元县召开规划工作汇报会。会议听取县城城东、城西、元帅公庙、老二中和仑山路区块及屏都综合新区的规划设计方案汇报，就主城区、屏都新区的规划建设进行探讨研究。县领导蓝伶俐、胡献如、吴青松、叶丽娅、章作飞、王绍金以及县发改、国土、住建、交通、水利等部门及松源、濛洲街道负责人参加会议。会上，省城乡规划设计研究院、省建筑设计研究院、浙江天辰建筑设计有限公司三家规划设计单位分别就屏都综合新区和县城城东区块、城西区块、元帅公庙区块的控制性详细规划以及老二中区块、仑山路区块规划建筑设计方案进行详细汇报。与会领导及相关部门、街道负责人针对规划设计方案的深化完善提出了意见和建议。在听取工作汇报后，蓝伶俐指出，规划对城市发展具有重要的引领作用。蓝伶俐要求，规划设计要注重形象塑造。蓝伶俐强调，规划方案要与现有的规划、正在做的规划和即将做的规划紧密结合、相互衔接，牢固树立全县“一盘棋”思想，以服从大局、服务发展为要求，确保实现协调统一、无缝对接、有序推进。设计单位要进一步细化优化规划方案，充分吸收各方意见，加强沟通交流，确保方案更科学、更具可操作性。当晚，蓝伶俐夜巡城区主要街道，就城市绿化、美化、亮化和夜景、街景等工程的规划建设进行考察调研，并现场办公，协调解决当前城市建设、城市管理存在的问题和困难。

【庆元县党外知识分子联谊会第三届理事大会】 10月31日，庆元县党外知识分子联谊会第三届理事大会召开。县委书记蓝伶俐出席并讲话。县委副书记李见阳，县委常委、统战部长吴灌红，县政协副主席吴先武参加会议。会议审议通过了《庆元县党外知识分子联谊会章程》（修改草案）和选举办法（草案）；选举产生了新一届县知联会领导班子，吴先武当选会长，叶银当选常务副会长，吴明生等7人当选副会长，张用群当选秘书长。会议表彰了先进知联分会和第二届知联会优秀理事，听取和审议了吴先武代表二届理事会作的工作报告。会上，蓝伶俐对新老理事及各界党外知识分子为庆元发展作出的贡献表示感谢。吴灌红对新当选的同志表示祝贺。她指出，县知联会成立十年来，在增进团结协作、推动科学发展上作出了积极贡献。新当选会长吴先武对县领导和全体理事的信任和支持表示感谢。

【庆元县高级人才联合会成立暨表彰大会】 11月1日上午，庆元县举行高级人才联合会成立暨表彰大会。会议审议通过《庆元县高级人才联合会章程》，选举产生高级人才联合会第一届理事会成员及组织机构。庆元县高级人才联合会首批会员54名，县政协主席叶丽娅当选会长，胡小灵当选常务副会长，赖小文、杜国瑞、吴临水、赖俊声、王福美、麻蔚启当选副会长。蓝伶俐、胡献如、刘新民担任顾问。县委书记蓝伶俐为新任会长颁发“庆元县高级人才联合会会长”证书，并授予“庆元县高级人才联合会”牌匾。市委组织部副部长、市人力社保局局长陈立新致辞。县委常委、组织部长刘新民主持会议。蓝伶俐对县高级人才联合会的成立表示祝贺，向奋战在各条战线上的高级人才表示诚挚问候。陈立新希望，庆元高级人才联合会明确定位，致力打造学习交流、联谊连心、服务社会的平台，发挥创新创业、以才引才、建言献策、服务基层、弘扬正能量作用，加强政治建设、制度建设、队伍建设，努力把联合会打造成全市人才工作的优秀品牌。新任会长叶丽娅对会员的信任表示感谢。她表示，将恪尽职守，勤勉工作，不辜负全体会员的信任与重托。以身作则，发挥桥梁纽带作用；齐抓共建，加强联合会自身建设；凝聚智力，打造和谐人才之家；把联合会办实、办好、办出特色、办出成效，为庆元经济社会发展作出应有贡献。会上，高级人才代表吴临水、王福美、赖俊声、柳从敏发言。

【项目政策集中攻坚行动工作部署会】 11月8日上午，庆元县召开项目政策集中攻坚行动工作部署会。会议就为期45天的项目政策集中攻坚行动进行部署，动员全县上下全力破解24个重点项目的政策处理难题，全面完成今年年度目标任务，为项目建设提供保障。县委常委阎昌远参会。县委常委、常务副县长章作飞部署工作。县委常委、纪委书记、监委主任黄绍刚主持会议。针对11月、12月需要重点攻坚的项目政策处理工作，县征收办列出24项任务清单。县委、县政府计划利用45天，以三个街道为主战场，集中全县力量，开展项目政策集中攻坚行动，全力破解当前政策处理过程中存在的突出问题，全面完成今年年度项目政策处理任务。此次集中攻坚行动涉及24个项目的政策处理，其中，濛洲街道9个，松源街道8个，屏都街道7个。会议指出，攻坚行动势在必行，要有必胜的信心。用心破难题，下决心攻坚，为今年项目政策处理划上圆满的句号。项目政策集中攻坚行动协调组成员单位有关负责人及濛洲街道、松源街道、屏都街道领导班子成员参加会议。

【香菇小镇整体优化及部分区块规划设计方案汇报会】 11月23日上午，庆元县召开香菇小镇整体优化及部分区块规划设计方案汇报会，听取对香菇小镇整体优化及部分区块规划设计方案和顶层文化设计概念思路汇报。县领导蓝伶俐、胡献如、章作飞、柳昌发、卢岳平及有关部门负责人参加会议。会上，有关设计单位汇报了香菇小镇整体优化及部分区块规划设计方案、顶层文化设计概念思路，参会人员就设计方案和概念思路的进一步深化提升和修改完善进行座谈交流。座谈中，蓝伶俐指出，对香菇小镇的整体规划和顶层文化设计有创意、有亮点，有效填补了小镇建设中香菇文化的缺失，为建设高端一流的香菇小镇提供了很好的思路。蓝伶俐要求，要围绕学习贯彻十九大精神，深入开展大谋划活动，切实推进谋划特色小镇提升工作。蓝伶俐强调，规划要融合，强化衔接，形成体系，实现多规合一。胡献如就香菇小镇的规划建设提出意见。他强调，对庆元来说，打造一个全国乃至全球一流的香菇小镇十分必要。两个规划设计方案有基础、有格局、有亮点，也包含了丰富的香菇文化元素。

【迎接省环保督察工作动员会】 12月5日上午，省环境保护督察全市工作动员视频会议召开。全市视频会议结束后，庆元县立即召开迎接省环保督察工作动员会。县委书记蓝伶俐讲话。县委副书记、县长胡献如主持会议。县委常委、统战部长吴灌红参加会议。副县长王绍金就具体工作进行部署。就做好迎接省环保督察工作，蓝伶俐指出，本次省环保督察时间紧、任务重、要求高、涉及范围广，全县上下要树立“一盘棋”的思想，充分认识环保督察的紧迫性和重要性，以督察为契机，全面接受大检查和大考核，努力补齐短板，全面提升生态环保工作水平。蓝伶俐强调，各有关单位要保持连续作战这股劲，勇于担当、加强联动，层层传导压力，责任落实到人，确保环保督察各项工作圆满完成。胡献如要求，各有关单位要在思想上高度重视、认识上顶格到位、压力上传导到人。

【中共十九大精神专题学习会】 12月6日，在庆元县中共十九大精神专题学习会上，县委书记蓝伶俐传达学习了市委书记史济锡在庆元宣讲十九大精神时的讲话精神，就贯彻落实史济锡书记的讲话精神进行研究部署。县委副书记、县长胡献如主持会议。县领导吴灌红、赵玻、黄绍刚、王绍金、夏家天、叶仪俊及县属重点部门负责人参加会议。11月30日至12月1日，市委书记史济锡专程到庆元最偏远山村，宣讲中共十九大精神，指导省委、市委全会精神贯彻落实工作，调研明年工作思路安排。在江根乡坝头村文化礼堂，史济锡还与县、乡、村干部及村民代表座谈，向他们宣讲中共十九大精神，听取他们对乡村振兴、富民增收等方面的意见和建议。学习会上，蓝伶俐指出，史济锡书记到庆元宣讲中共十九大精神，为庆元发展加油鼓劲，提出了实现更显著变化的目标要求，也为庆元学习宣传贯彻十九大精神和省委、市委全会精神提出了具体的指导性意见。全县上下要深入学习史济锡书记的讲话精神，进一步提振信心，振奋精神，继续以昂扬姿态，凝聚发展共识，更加积极主动作为，一步一个脚印推动庆元发展，努力实现更显著变化的目标。蓝伶俐要求，要以十九大精神为指引，围绕“六个走在前列”要求，不忘初心、牢记使命，齐心协力，全力以赴，确保各项工作任务落实到位。要以时不我待的紧迫感，细化“六个走在前列”任务要求，列出清单，明确责任，狠抓落实，把各项工作做深做细做实，努力干出勇立潮头的新气势，干出改革发展的新境界。

【兰溪桥旅游度假区总体规划汇报会】 12月7日上午，庆元县召开兰溪桥旅游度假区总体规划汇报会，专题听取《庆元县兰溪桥旅游度假区总体规划（评审稿）》汇报，就总体规划方案的完善提升进行研究部署。县委书记蓝伶俐，县委副书记、县长胡献如及县兰溪桥水库扩建工程指挥部、旅委、水利局、交通运输局负责人参会。会上，有关设计单位汇报了兰溪桥旅游度假区总体规划方案，参会人员就规划方案的修改完善、深化提升进行深入探讨、交流意见。听取汇报后，蓝伶俐指出，兰溪桥水库扩建工程是一项民生工程，扩建后的兰溪桥水库旅游资源得天独厚，将为庆元发展度假旅游产业创造优良条件。蓝伶俐要求，对兰溪桥水库的旅游开发要坚持保护与开发并重，注重保护好生态资源，坚持资源集约化利用，既要把旅游发展好，更要把水环境保护好。蓝伶俐强调，设计单位要在广泛吸纳意见的基础上，加强文化植入，进一步完善提升规划方案，合理安排规划的实施步骤、旅游开发的时序安排，切实做到有条不紊、协调统一。

【县委经济工作会议暨务虚会】 12月27日，县委经济工作会议暨务虚会召开。会议传达中央、省委经济工作会议精神，总结2017年工作，研究谋划2018年工作思路。县委书记蓝伶俐出席会议并讲话。县委副书记、县长胡献如作具体部署，县委副书记李见阳主持会议。县政协主席叶丽娅和副县以上领导干部出席。结合各自分管领域，相关县党、政领导针对今年工作进行分析总结，并就明年工作思路和举措的谋划作交流发言。蓝伶俐指出，2017年是庆元县发展信心得到极大提振的一年。这一年，全县干部群众埋头苦干、不懈奋斗，收获了更大的变化，干部精气神更足、发展质量更高、城乡环境更优、基础设施条件更好、改革力度更大、群众生活更美、党建基础更实，使得今后干事创业有了更足的底气、更实的基础和更高的站位。蓝伶俐强调，加快发展仍是当前庆元的头等大事。当前庆元的发展势头很好、机遇很大、后劲很足，目标确立既要积极有为，又要留有余地；既要体现转型，又要体现积极；更要以“跳起来摘桃子”的标准确立参照系，坚决破除小进则满的思想和畏难情绪。要在保持较快增长、较高质量发展的同时，追求一定的发展加速度，不断缩小与全省发展的差距。蓝伶俐强调，庆元绿色崛起、高质量全面建成小康社会“绝不是轻轻松松、敲锣打鼓就能实现的”。蓝伶俐强调，2018年是庆元县干事创业大推进之年，要一步一个脚印，做好“八个大推进”。胡献如强调，做好2018年工作，要按照中共十九大提出的新理念、新思想、新战略，坚持“稳中求进”总基调，牢牢把握高质量发展主题。胡献如强调，要着重处理好全域和重点、近期和长期、质量和速度、政府和社会、干事和激励5个方面的关系。突出抓好城市建设、项目建设、产业培育、生态旅游、美丽乡村、改革任务、民生保障、试点探索、招商引资和“大搬快治”、小城镇环境综合整治、“三改一拆”、“五水共治”各项重点任务等十个方面工作，推动庆元发展更快一步、更进一步，为建设美丽“大花园”，勇争最美“花骨朵”奠定坚实基础。各乡镇、街道党政主要负责人，县属各单位主要负责人参加了会议。

【全市乡镇(街道)党(工)委书记工作视频交流会】
12月27日晚，全市乡镇（街道）党（工）委书记工作视频交流会召开。黄田镇在视频会上作交流发言。会议围绕决胜重点项目任务“全年红”、打好“双增”攻坚战、履行抓基层党建主体责任等3方面重点工作进行了经验交流。会议指出，各乡镇（街道）书记地位特殊，责任重大，做好乡镇（街道）工作，关键要强化“先锋的意识”，扮演“先锋的角色”，作出“先锋的表率”。要勇当学习宣传贯彻中共十九大精神的时代先锋，推动习近平新时代中国特色社会主义思想在基层深入人心、家喻户晓；要勇当推动各项重点难点工作的攻坚先锋，全力打好年底收官之战和明年开局之战；要勇当“冲在一线、敢上火线、群众信赖”的基层铁军先锋，切实营造“干净干事、激情干事、本领干事”的浓厚氛围。

重大活动

【重大节日节庆走访慰问】 1月11日上午，县委书记蓝伶俐走访慰问困难党员、低保户，向他们送去党和政府的温暖关怀，并致以新春的美好祝福。县委常委、组织部长刘新民陪同。

1月11日下午，在新春佳节即将到来之际，县委书记蓝伶俐和县委副书记、代县长胡献如带队走访慰问驻庆部队，向广大官兵致以新春的问候和节日的祝福，对他们为庆元发展和建设作出的贡献表示感谢。县人大常委会主任吴青松，县政协主席叶丽娅，县委常委阎昌远，县人大常委会副主任、县委办主任柳昌发参加慰问活动。

在中共成立96周年即将来临之际，6月27日下午，县委书记蓝伶俐带着组织的关切之情，来到黄田镇，看望慰问部分老党员和困难党员，为他们送上诚挚的祝福和亲切的问候。

在中国人民解放军建军90周年即将到来之际，7月31日上午，县委书记蓝伶俐、县长胡献如带领副县以上领导，开展“八一”走访慰问，并参加“八一”军事日活动，向全体驻庆官兵致以节日的祝福和亲切的问候。

在第33个教师节来临之际，9月5日上午，县委书记蓝伶俐来到庆元中学，参观了庆中校园环境、生涯楼，详细了解学校文化建设、教师和学生生涯规划等情况，并到高二段教师办公室，亲切看望一线教师，详细询问教师工作生活情况。副县长彭敏陪同。

【城建工作专题调研】 1月9日，县委书记蓝伶俐，县委副书记、代县长胡献如走访县环保局、水利局、住建局等部门，听取工作汇报，谋划工作思路，就下阶段工作推进进行调研指导。蓝伶俐强调，要紧盯三个全国领先目标，不断探索创新，努力开创庆元生态文明新时代。要高起点规划、高标准建设、高要求推进，加快推进“一溪两岸”景观带建设、美丽县城建设和旧城改造，打造古朴靓丽的“城市会客厅”。县委常委、常务副县长章作飞，县委常委、统战部长吴灌红，县人大常委会副主任、县委办主任柳昌发，副县长王绍金陪同调研。

5月3日下午，县委书记蓝伶俐调研老城区改造提升工作，实地查看老城区现状，召开座谈会，研究部署相关工作。蓝伶俐强调，旧城改造的战役已经打响，要举全县之力，迎难而上，自我加压，一炮打响、一鼓作气、一举拿下，以高压态势加快推进，形成破竹之势，坚决打赢旧城改造提升攻坚战。县委常委、常务副县长章作飞，县委常委、统战部长吴灌红，县委常委、纪委书记、县监委主任黄绍刚，副县长黄立飞陪同。

10月21日晚，县委书记蓝伶俐沿着濛洲街步行，实地考察城市绿化、美化、亮化和夜景、街景等工程规划设计，就濛洲街精品示范街项目进行调研。县委常委、常务副县长章作飞陪同。

【重点项目建设专题调研】 1月11日上午，县委书记蓝伶俐深入项目一线，督查指导高速连接线工程建设。蓝伶俐强调，高速连接线是备受庆元人民关注的民生工程，要紧盯目标任务，抢抓进度，倒排时间，倒排工序，倒逼责任，严把工程安全关、质量关，切实保障施工安全、交通安全，全力以赴加快工程进度，确保高速连接线早日通车。县委常委阎昌远，县委常委、公安局长邹海亮，县委常委、组织部长刘新民，县人大常委会副主任、县委办主任柳昌发陪同。

5月18日上午，县委书记蓝伶俐来到县衢宁铁路项目指挥部，就衢宁铁路庆元段项目建设进行调研指导。蓝伶俐强调，衢宁铁路是庆元人民的希望路、致富路，投资体量大，建设规模大，更是庆元的第一项目，全县上下要提高认识，着眼长远，勇立潮头争当标杆，全力以赴推进项目，部门、乡镇（街道）之间要加强统筹，协调配合，协同作战，为加快推进项目建设提供坚强有力的支持和保障。县委常委、常务副县长章作飞，县人大常委会副主任刘义平陪同。

6月9日上午，县委书记蓝伶俐来到高速连接线黄坛至县城段的主要路口、节点，检查指导庆元大道开通仪式筹备工作。蓝伶俐强调，各有关部门要密切配合，各司其职，坚持安全第一原则，做好开通仪式筹备工作，加强安全保障，周密部署，强化对接，确保庆元大道开通仪式顺利举行。县公安局政委吴新美陪同。

9月14日，县委书记蓝伶俐深入项目建设现场，实地调研庆元县重大项目规划建设情况。蓝伶俐强调，当前已进入三季度末的关键节点，项目建设时间紧、压力大、任务重。各级各部门要增强紧迫感和责任感，紧盯目标任务，克服一切困难，深谋早谋项目，狠抓落地、破解难题、强化保障，加快项目推进，确保完成年度目标任务。县委副书记、政法委书记李见阳，副县长黄立飞、胡显平陪同调研或参加座谈。

【安全生产工作专题调研】 国庆、中秋假期即将到来，为确保节假日期间群众生产生活安全，9月28日下午，县委书记蓝伶俐深入城区重要区域，检查国庆节前安全生产工作。蓝伶俐强调，节假日期间，各类场所人员都会增加不少，安全保障非常重要，必须时刻绷紧安全这根弦，坚决杜绝侥幸心理，做到警钟长鸣、常抓不懈，落实责任，强化检查，强化安全意识，把安全生产的每一项工作、每一项措施做实做细，牢牢守住安全红线，全力保障人民生命财产安全。县委常委、公安局长邹海亮，副县长胡显平陪同。

元旦、春节将至，为切实保障人民群众生命财产安全，12月28日下午，县委书记蓝伶俐深入一线，开展节前安全生产检查。蓝伶俐强调，抓安全生产的思想丝毫不能松、标准丝毫不能降、力度丝毫不能减，要以对人民生命财产高度负责的态度，坚决守好安全生产红线，不折不扣落实安全责任，深入开展安全大检查，加强整改落实，完善应急预案，确保全县人民群众度过一个平安、欢乐、祥和的节日。副县长王绍金陪同。

【工业经济和企业发展专题调研】 1月10日，县委书记蓝伶俐走访县经商局、旅委、龙头企业，就工业经济和旅游发展进行调研。蓝伶俐强调，要立足生态优势，注重培育本土“小巨人”企业品牌，打造总部经济洼地，优化企业服务，加强企业帮扶，优化发展环境，切实增强绿色发展、跨越发展动力。要推进全域景区化建设，把县城作为大景区打造，多点开花建设旅游景点，精准发力做好旅游招商推介，加强机制创新，为旅游发展提供有力保障。县委常委阎昌远，县人大常委会副主任、县委办主任柳昌发，副县长王绍金陪同调研。

2月4日，县委书记蓝伶俐深入企业开展调研，了解企业发展情况，听取企业的意见和建议。蓝伶俐强调，要坚定信心，持续发力，精准服务，着力稳增长、促发展，帮助企业降低成本、提高效益，落实惠企政策，为企业减轻负担，优化发展环境，全力推动庆元加快发展。县人大常委会副主任、县委办主任柳昌发，副县长王绍金陪同调研。

5月24日下午，县委书记蓝伶俐实地走访部分规上企业，详细了解企业生产经营情况及面临的困难和问题，认真听取企业的意见和建议，就企业发展进行调研指导。蓝伶俐强调，企业要坚持做好主业，加强产品研发和技术创新，规范企业管理，拓宽销售渠道，不断做大做强，加快推进转型发展、创新发展、绿色发展。政府部门要强化服务意识，当好“店小二”，为企业提供更优质、更便捷的服务，全力支持企业发展壮大。县委常委、公安局长邹海亮，副县长王绍金陪同。

8月10日下午，县委书记蓝伶俐深入屏都综合新区，走访入园企业，了解企业生产经营情况和发展需求，听取企业的意见建议。蓝伶俐强调，各级各部门要强化服务意识，当好“店小二”，做好“服务员”，多走访联系企业，了解企业需求，优化精准服务，切实帮助企业解难题、谋发展，为企业创新发展营造良好环境。

9月11日，县委书记蓝伶俐到上海，实地走访在沪庆商企业，看望庆元籍企业家，与企业家开展交流洽谈，畅叙家乡情谊，凝聚回归共识，共谋庆元发展。

【农业农村工作专题调研】 2月14日下午，县委书记蓝伶俐在调研指导农业、林业、水利工作时强调，要牢固树立“绿水青山就是金山银山”的发展理念，切实做好农、林、水工作，坚持绿色发展，立足生态优势，力促生态富民，全面提升生态环境质量和群众的幸福感、获得感。县委副书记、政法委书记李见阳，县人大常委会副主任、县委办主任柳昌发陪同调研。

【“无违建县”工作专题调研】 1月4日，县委书记蓝伶俐深入拆违现场进行督查指导。蓝伶俐强调，要全力以赴推进治乱拆违和环境整治，加强小城镇综合治理，坚持拆改结合，坚持以人为本，确保拆出新空间、新形象。县人大常委会副主任、县委办主任柳昌发，副县长黄立飞陪同。

【基层党建工作专题调研】 7月25日下午，县委书记蓝伶俐在调研集体经济薄弱村发展及技能型乡镇政府建设工作时强调，要坚持以党建为统领、以服务群众为导向，把便民惠民作为工作的出发点和落脚点，不断探索创新，建立健全便民服务体系，进一步深化技能型乡镇政府建设，不断发展壮大村级集体经济，全面提升百姓的获得感和幸福感。县委常委、公安局长邹海亮，县委常委、纪委书记、监察委主任黄绍刚，县委常委、组织部长刘新民陪同。

8月16日，县委书记蓝伶俐深入官塘乡、左溪镇，调研指导基层党建和美丽乡村建设、美丽产业培育工作。蓝伶俐强调，要深入贯彻落实县委十四届五次全会精神，围绕“特、富、美、安”发展新要求，坚持以党建为引领，深入推进美丽乡村建设，大力发展美丽经济，努力推动美丽乡村实现绿色发展，让美丽乡村建设成果惠及民生。县委常委、宣传部长吴积云，县委常委、组织部长刘新民陪同。

11月24日，县委书记蓝伶俐到龙溪乡、岭头乡，围绕贯彻落实十九大精神主题，深入开展大调研活动，就基层党建、小城镇综合整治、农民增收、产业发展、软弱落后党组织整转等工作进行调研指导。蓝伶俐强调，要结合贯彻落实十九大精神，围绕乡村振兴战略，聚焦“三农”工作，坚持党建引领，发展富民产业，全力促农增收，努力推动美丽乡村加快发展、绿色发展。县委常委、组织部长刘新民陪同。

【小城镇环境综合整治专题调研】 2月15日下午，县委书记蓝伶俐深入基层，调研小城镇环境综合整治工作。蓝伶俐强调，要以“出样板”为目标，高点定位，从严要求，科学规划，强化技术支撑，积极探索创新，破解难题，全民动员，以铁的决心、铁的作风、铁的队伍打赢小城镇环境综合整治攻坚战。县委副书记、政法委书记李见阳，县委常委、常务副县长章作飞，县人大常委会副主任、县委办主任柳昌发陪同。

4月5日上午，县委书记蓝伶俐深入黄田镇、竹口镇，就小城镇环境综合整治工作开展调研。蓝伶俐强调，标准要拉高，力度要加大，进度要加快，着眼长远，因地制宜，突出特色，全力以赴打好小城镇环境综合整治攻坚战，确保早日出形象、见成效。县委常委、纪委书记、县监委主任黄绍刚，县人大常委会副主任吴建华陪同调研。

【旅游发展专题调研】 4月29日下午，县委书记蓝伶俐来到巾子峰森林公园，就全域森林旅游工作开展调研。蓝伶俐强调，森林是庆元最好的资源，要依托优良的自然生态，以全域旅游的概念，盘活经营森林资源，做好“旅游+”文章，大力发展森林旅游产业，努力打造一个全域化的森林公园。副县长王绍金、吴小军、胡显平陪同。

8月21日下午，县委书记蓝伶俐来到百山祖镇茶木淤高山森林休闲区，就全域旅游工作开展调研。蓝伶俐强调，庆元自然生态条件优越，要坚持全域旅游概念，发挥生态优势和86%的森林优势，加大投资力度，做好“特”字文章，以全域森林旅游新引擎推进美丽“大花园”建设，努力打造“江南一流生态旅游目的地”。县委常委阎昌远，副县长胡显平，百山祖管理处处长林高平陪同。

【防火防汛防台专题调研】 3月30日下午，县委书记蓝伶俐和县委副书记、县长胡献如深入防火办、防汛办，检查指导森林防火和防汛工作。副县长吴小军参加检查。

【教育工作专题调研】 在高考备考进入冲刺阶段的关键时刻，5月18日下午，县委书记蓝伶俐亲切看望慰问庆元县高三师生，为他们送去关怀和祝福，鼓励高三师生增强信心，保持良好心态，以最佳状态考出最好成绩。县委常委、宣传部长吴积云，副县长彭敏陪同。

【“拆治归”工作专题调研】 2月14日上午，县委书记蓝伶俐深入一线，组织召开座谈会，调研指导“三改一拆”和“五水共治”工作。她强调，要增强紧迫感、危机感，集中明确拆治任务，坚定清晰拆治目标，探索建立管用有效的拆治机制，持续将治水拆违向纵深推进。县委常委、组织部长刘新民，副县长黄立飞、王绍金陪同。

【法治庆元、平安庆元建设专题调研】 2月16日上午，县委书记蓝伶俐走访县法院、检察院，看望慰问政法干警，就法院和检察院工作开展调研。蓝伶俐强调，法检两院要围绕中心，服务大局，坚持立检为公、执法为民，切实履行好法律赋予的职责，维护公平正义，保障社会和谐稳定，全力开创“法治庆元”新局面，为庆元发展提供有力保障。县委副书记、政法委书记李见阳，县人大常委会副主任、县委办主任柳昌发陪同。

9月30日下午，县委书记蓝伶俐走访庆元县平安护航十九大大会战指挥中心，看望慰问工作人员，就十九大维稳安保工作进行调研指导。蓝伶俐强调，平安护航十九大是当前压倒一切的政治任务，各级各部门要切实增强责任感和使命感，提高政治站位，树立底线思维，全力以赴做好维稳安保各项工作，探索完善工作机制，筑牢安全铁网、安全防线，为中共十九大胜利召开营造和谐稳定的社会环境。县委副书记、政法委书记李见阳，县委常委、常务副县长章作飞，县委常委、公安局长邹海亮陪同。

【地质灾害综合治理“大搬快治”工作专题调研】 3月20日下午，县委书记蓝伶俐就地质灾害综合治理“大搬快治”、小城镇环境综合整治工作开展调研。蓝伶俐强调，要紧盯目标，拉高标杆，对照时间节点和工作要求，从紧从快，从实从严，把地质灾害综合治理“大搬快治”、小城镇环境综合整治工作抓好、抓到位，切实提升群众的获得感、幸福感。

9月5日下午，县委书记蓝伶俐深入庆元县地质灾害隐患点，实地调研地质灾害综合治理“大搬快治”工作。蓝伶俐强调，“大搬快治”是当前一项压倒性的政治任务，必须以高度的政治使命感和对人民高度负责的责任感，咬紧牙关，加快攻坚，真正把“大搬快治”工作挑在肩上、落到实处，切实增强人民群众的幸福感、安全感、获得感。副县长黄立飞陪同。

【村级组织换届工作专题调研】 3月22日下午，县委书记蓝伶俐深入濛洲街道、五大堡乡，以听取汇报、召开座谈会、实地走访等形式，就村级组织换届工作开展调研。蓝伶俐强调，要以“平稳有序选优”为目标，以树标杆为要求，加强领导，规范程序，严肃纪律，实现择优选举、依法选举、阳光选举、和谐选举，努力营造风清气正的政治生态。县委常委、公安局长邹海亮，县委常委、组织部长刘新民陪同调研。

4月29日下午，县委书记蓝伶俐在“五一”假期首日，放弃休息，来到屏都街道，与三个选举村的村委会自荐人进行集中谈话，进一步明确换届纪律，强调选风选纪，确保选优配强村级班子，为建好美丽乡村打牢基础。副县长胡显平陪同。

【“最多跑一次”改革专题调研】 4月27日下午，县委书记蓝伶俐督查暗访庆元县“最多跑一次”改革。蓝伶俐强调，要拉高标杆，破解“十大课题”，兑现“最多跑一次”承诺。县委常委阎昌远、副县长彭敏参加督查座谈会。

【信访工作专题调研】 5月2日下午，县委书记蓝伶俐来到县信访局，开展“信访接待日”活动，热情接待来访群众，与他们亲切交谈，面对面听民声、心贴心解民忧。蓝伶俐强调，要切实增强责任意识和群众观念，重视群众合理合法诉求，实事求是、依法依规化解矛盾，真心实意为群众解难题、办实事。县政协副主席夏家天参加接访。

【特色小镇专题调研】 5月3日上午，县委书记蓝伶俐就香菇小镇建设开展调研。蓝伶俐强调，要把庆元香菇这张金名片维护好，把香菇产业的竞争优势牢牢抓在手上，进一步深挖香菇文化内涵，加大环境整治力度，全面提升环境面貌、整体形象，打造一个有影响力的香菇小镇。县委常委、常务副县长章作飞，县人大副主任吴泽民，县人大党组成员柳昌发，县法院院长卢岳平陪同。

9月13日下午，县委书记蓝伶俐深入香菇小镇区块，就香菇小镇建设开展调研。蓝伶俐强调，香菇小镇既是一个投资平台、创业平台，更是文旅融合、农旅融合、工旅融合、产城融合的项目载体，各有关部门要把建好香菇小镇作为分内之事，齐心协力，拉高标杆，以打造一流、争做示范为目标，深入谋划，补齐短板，努力打造全国有名气、全世界有影响力的香菇小镇。县人大党组成员柳昌发，县法院院长卢岳平陪同。

【档案工作专题调研】 5月19日上午，县委书记蓝伶俐来到县档案局（史志办），就档案、党史、地方志编纂工作开展调研指导。蓝伶俐强调，要提高对新时期档案史志工作的认识，注重实干，善于创新，坚持为民服务理念，深入推进档案信息化建设，做好档案安全工作，不断推动庆元县档案、史志事业创新发展。

【意识形态工作专题调研】 5月25日下午，县委书记蓝伶俐深入走访宣传思想文化系统部门，并在淤上乡淤上村文化礼堂召开座谈会，专题调研意识形态工作。蓝伶俐强调，意识形态工作是一项极其重要的工作，要牢牢掌握意识形态工作的话语权、主导权，压实主体责任，敢于担当，服务大局，以百姓受益为目标，以项目化、务实化的思维，推进文明创建，加强文化创新，助推经济发展，加强队伍建设，锻造宣传铁军，全力唱响主旋律、发出好声音、传递正能量。县委常委、宣传部长吴积云，副县长彭敏陪同。

12月6日下午，县委书记蓝伶俐带领检查考核组到百山祖镇，就落实全面从严治党主体责任和履行意识形态主体责任情况进行检查指导。蓝伶俐强调，要切实履行好全面从严治党、意识形态的主体责任，抓好学习教育、制度落实，强化执纪监督，巩固深化作风建设成果，真正把主体责任扛在肩上、落到实处。县委常委、纪委书记、监察委主任黄绍刚陪同检查。

【改善民生专题调研】 5月23日上午，县委书记蓝伶俐实地走访气象、征收办、供电、国税等部门，看望慰问一线工作人员，听取相关工作汇报，就具体工作进行调研指导。蓝伶俐强调，要把推动发展、改善民生作为第一要务，紧紧围绕中心、服务大局，在服务经济社会发展中履职尽责、勇于担当、敢于创新，更加注重保障民生、改善民生，让改革发展成果更多惠及民生。县委常委、常务副县长章作飞，副县长吴小军陪同。

【社会服务管理创新工作专题调研】 8月17日下午，县委书记蓝伶俐来到县社会服务管理指挥中心，就社会服务管理创新工作进行调研。蓝伶俐强调，要深入推进社会管理服务创新，不断增强服务群众、服务发展的能力，利用好信息化、现代化的网络平台，充分调动一切有效资源，最大限度激发社会活力，最大限度增加和谐因素、减少不稳定因素，在服务群众中创新社会管理，在化解矛盾中促进社会和谐。

【环保工作专题调研】 8月17日下午，县委书记蓝伶俐来到县环保局，主持召开座谈会，就环保工作开展调研。蓝伶俐强调，对庆元来说，环境保护是头等重要的大事，要树立正确的政绩观，切实担负起生态保护的政治责任，以更高要求、更大决心、更大力度，加强环境源头治理，建设完善环保设施，全力保护好绿水青山，维护好“中国生态环境第一县”的金字招牌，不断巩固提升生态第一的优势。

8月21日上午，县委书记蓝伶俐来到县环保局，就环保督察工作进行调研指导。蓝伶俐强调，全县上下要把中央环保督察当作一次考验，主动接受督察、自觉接受监督，以最坚决的态度、最迅速的行动、最有力的措施，认真对待、履职尽责，立说立行、边督边改，全力以赴保护好生态环境，以实际行动推动中央和省委、市委生态文明建设的决策部署在庆元落地生根。副县长王绍金陪同。

12月8日上午，县委书记蓝伶俐到县环保局，就迎接省级环保督察工作进行调研指导。蓝伶俐强调，保护环境永远在路上，要坚决把保护生态的首位责任扛在肩上，在思想上高度重视，树立全县“一盘棋”思想，抓好问题整改，依法依规处置，将环保问题一件一件解决好、落实好，全力以赴保护绿水青山。副县长王绍金陪同。

【改革工作专题调研】 8月21日上午，县委书记蓝伶俐实地走访部分群团组织，对庆元县群团改革推进情况进行调研。蓝伶俐强调，要深入贯彻落实中央和省委、市委群团改革要求，深化改革创新，紧密联系群众，以服务群众为目的，聚焦群众需求，彻底打通联系服务群众“最后一公里”，全面提升党的群团工作水平。县委常委、组织部长刘新民陪同。

10月23日下午，县委书记蓝伶俐深入庆元县部分国有企业，就国企党建和国企改革进行调研指导。蓝伶俐强调，坚持党的领导、加强党的建设是国有企业的“根”与“魂”，只能加强、不能削弱。要站在新的政治高度去认识国企党建，把国企改革放在改革前沿去推动，旗帜鲜明讲政治，第一责任抓党建，加强改革创新，让党建贯穿于经济社会发展的各个方面、各个环节，助推庆元更好更快发展。县委常委、常务副县长章作飞，县委常委、组织部长刘新民陪同调研。

【统计工作专题调研】 10月17日下午，县委书记蓝伶俐到县统计局，看望慰问统计干部职工，就统计工作进行调研指导。蓝伶俐强调，统计数据是经济运行的“晴雨表”“风向标”，对增强发展信心、提振发展精神具有重要意义。统计工作要围绕中心、服务大局，充分发挥监测、预警作用，为完成全年目标任务提供精准的统计服务，为庆元县争先进位提供坚实的统计支撑。

【产业发展专题调研】 11月2日上午，县委书记蓝伶俐深入食用菌生产基地，就庆元县食用菌产业发展进行调研指导。蓝伶俐强调，庆元食用菌主导产业的地位必须稳固提升，要清醒认识当前面临的挑战，进一步坚定信心，科学转型，全力搭建平台，强科研、做文化、树品牌，着眼长远、立足高端，努力抢占产业发展的制高点，让庆元食用菌产业在全国、全世界拥有更大的影响力。县委常委阎昌远，副县长王绍金、吴小军陪同调研。

11月6日上午，县委书记蓝伶俐到电商创业园，就庆元县电商产业发展开展调研。蓝伶俐强调，要明确目标定位，制定电商发展计划，加快实施落实，坚持打造电商文化、树立庆元品牌，以百姓得实惠、创业又创新为要求，激发产业活力，增强区域经济发展带动力，切实促进农民增收，营造浓厚的创业创新氛围，努力让电商产业成为拉动经济发展的新动力。县委常委阎昌远，县委常委、组织部长刘新民，副县长王绍金陪同。

【审计工作专题调研】 12月7日下午，县委书记蓝伶俐到县审计局，看望慰问审计干部，就审计工作开展调研。蓝伶俐强调，审计部门是监督机关，要坚持党建引领，加强队伍建设，以更高标准、更严要求，切实推进审计转型，做改革促进派，争当反腐尖兵，释放审计正能量，在改革发展过程中发挥更加积极的推动作用，为庆元加快发展保驾护航。县委常委、纪委书记、监委主任黄绍刚陪同。

【副省长冯飞到庆调研工业经济和科技工作】 3月6日，副省长冯飞到庆元调研工业经济和科技工作。冯飞强调，要坚持创新驱动发展战略，进一步加大科技创新力度，不断推动经济转型升级。丽水市委书记史济锡，市委常委、常务副市长林亮参加调研。县委副书记、县长胡献如，县人大常委会副主任叶武，副县长王绍金、吴小军陪同调研。

【省委常委、公安厅长徐加爱到庆元调研视察公安工作】 4月10日下午，省委常委、公安厅长徐加爱率省公安厅治安监督管理总队长阮文广、厅办公室督办组组长楼楚到庆元调研公安工作。徐加爱强调，要有大局意识、合作意识，继续干在实处，勇立潮头，依靠高效优质的服务赢得民心，真正做到百姓满意、党委政府满意、各个部门满意、公安自身满意“四个满意”。市委常委、公安局长卫中强，县委副书记、县长胡献如，县委常委、公安局长邹海亮等参加调研。

【省委副书记、代省长袁家军到庆调研大花园建设】

省委副书记、代省长袁家军6月20日至21日到丽水调研大花园建设。袁家军强调，丽水要把全面落实省第十四次党代会精神作为当前首要政治任务，深入践行“八八战略”和新发展理念，率先培育新引擎、建设大花园，加快实现绿色强市生态富民，努力打造“诗画浙江”的鲜活样板和世界一流的生态旅游目的地，为全省实现“两个高水平”作出新的贡献。在庆元调研期间，先后考察了同心生态移民安置小区项目、方格医药公司、百山祖自然保护区，还走访慰问了老党员和困难党员，要求各级党组织认真学习贯彻省第十四次党代会精神，团结带领村民把家乡建设得更好。

【省政府调研组到庆元县调研】 7月7日上午，省政府研究室马斌处长带队到庆元县调研有关浙西南生态旅游带建设工作。县委书记蓝伶俐，县委常委、常务副县长章作飞，副县长胡显平参加调研工作汇报会。

【省委常委、纪委书记、监委主任刘建超到庆元调研党风廉政建设和反腐败】 7月26日～27日，省委常委、纪委书记、监委主任刘建超到庆元调研。刘建超强调，要认真贯彻省第十四次党代会精神，持之以恒、驰而不息抓党风廉政建设，坚持党的领导，把纪律挺在前面，强化执纪监督，做好巡查工作，推进“清廉庆元”建设，努力为建设“清廉浙江”创造“庆元经验”、提供“庆元实践”。县委书记蓝伶俐，县委副书记、县长胡献如，县委常委、纪委书记黄绍刚陪同调研。

【前中国驻法国大使馆大使赵进军来到庆考察生态保护、经济社会发展等情况】 8月12日～13日，前中国驻法国大使馆大使赵进军来到庆元，考察庆元县生态保护、经济社会发展等情况。赵进军指出，庆元是“离蓝天最近的地方”，“中国生态环境第一县”的牌子当之无愧。庆元要围绕保持生态第一的目标，充分利用优质一流的生态资源，做好宣传推介，进一步扩大影响力、增强吸引力，把生态第一的金字招牌擦得更亮、叫得更响。县委书记蓝伶俐陪同考察。

【副省长熊建平到庆元调研小城镇环境综合整治】 10月24日，副省长熊建平带队到庆元县调研指导小城镇环境综合整治工作，对庆元县取得的整治成效给予肯定。熊建平强调，庆元要紧紧围绕发展定位，充分发挥生态优势，不断完善功能设计，补齐小城镇发展短板，全力打好小城镇环境综合整治攻坚战，着力改善城乡环境，为县域发展注入新活力。省政府副秘书长傅晓风，省镇治办主任、建设厅厅长项永丹，副市长林康，县委书记蓝伶俐，县委副书记、县长胡献如，县委常委、常务副县长章作飞，副县长吴小军陪同调研。

【省委书记、省人大常委会主任车俊到庆元调研】 12月12日至14日，省委书记、省人大常委会主任车俊到丽水调研。车俊强调，丽水要深入学习贯彻中共十九大精神，精心谋划、创新实干，推动中央和省委各项决策部署落地见效，以新作为开辟“绿水青山就是金山银山”新境界，以新作为谱写富民惠民安民、乡村振兴新篇章，确保与全省同步高水平全面建成小康社会。在庆元调研期间，车俊来到庆元百山祖国家级自然保护区保护站，详细了解生态保护和“植物大熊猫”冷杉繁育情况；在县行政审批中心，车俊走访窗口，与办事群众交谈，详细了解“最多跑一次”改革落实情况；在同心新村安置小区、中国香菇城，车俊看望搬迁户、走访经营户，了解除险安居和市场扶贫工作。市委书记史济锡，县委书记蓝伶俐陪同调研。

【首届丽水人大会庆元分会隆重举行】 9月27日晚，庆元县举行“欢迎回家”庆元乡贤团圆家宴，让回乡参加首届丽水人大会庆元分会场的庆元乡贤们感受温暖乡情。市委常委、组织部长方健忠讲话，县委书记蓝伶俐致欢迎辞，县委副书记、县长胡献如主持，浙江电视台资深编导何亚妮作为乡贤代表致辞。县人大常委会主任吴青松，县政协主席叶丽娅，县委副书记、政法委书记李见阳等县领导和余静波、何芳良、王家平等160多名庆元知名乡贤出席家宴。

县委办公室工作

【信息工作】 2017年，庆元县委办公室工作紧紧围绕县委中心工作和群众关注的热点、难点问题，立足为领导决策服务这一核心任务，按照重本级、抓上报，保数量、抓质量的总目标，充分发挥党委系统信息主渠道作用。全年编发《每日要情》111期，《一周要事》50期，《信息通报》19期，两办联发《信息工作交流》24期，上报省市各类信息1423条，其中省委办478条，市委办945条。进一步健全紧急信息报送制度，提高信息工作者的政治责任感和敏感性，对事关社会政治稳定、安全生产等方面的紧急信息，做到准确、及时上报，并将信息报送工作列入全县各单位目标管理责任制考核。狠抓信息报送质量，在“下情上传”和上情下达”方面充当好桥梁和纽带作用。切实加强与省委办、市委办信息处的沟通联系，及时了解上级的信息需求，努力挖掘全县经济、社会发展中深层次信息，提高信息质量。围绕工作重点，加强信息调研，将基层的典型经验、好的做法及落实县委重要会议、重大决策部署情况及时反映出来，促进各单位的相互交流。

【督查工作】 围绕县委、县政府中心工作，忠诚履职、主动作为，努力促进上级党委、政府与县委、县政府决策部署的有效贯彻落实。认真落实夏宝龙书记在庆调研交办重要事项、学习贯彻习近平总书记“7·26”重要讲话精神、贯彻落实省委十四届二次全会和市委四届三次全会精神，每周报送“决胜四季度，夺取满堂红”综合督查整改落实进展情况等省市专项督查20余件的督查落实。及时向省市领导反馈关于庆元县交通短板、府后街火灾事故处理、省委全面深化改革2016年第二批督察问题落实整改等省市领导批示96件督查落实。同时，扎实推进《今日聚焦》、《每周聚焦》等2起省市媒体曝光问题的整改落实。通过领衔制、销号制、督办制等方式，完成县委领导批示件655件，上报督查专报17期，刊发督查通报20期。

【调查研究工作】 紧紧围绕县委、县政府2017年度工作重点，认真分析当前形势，提早谋划思考，精心选择课题，深入调查研究，为县委、县政府在更大范围、更宽领域、更高层次上谋求新思路、新举措提供决策依据。并结合社会热点、难点问题，有目的、有计划、有组织地开展调研，摸清情况，总结规律，积极为县委提出参考性建议。2017年，全年共征求到副县以上领导19个调研课题，刊发《调研参阅》15期，科室还参与垃圾分类、社区管理体制、福建海西区等相关课题调研，并形成调研报告。同时，承担县委重大文稿起草工作，2017年牵头完成了全县干部大会报告、《中共庆元县委关于深入践行新发展理念增创县域发展新优势的决定》《中共庆元县委关于建设美丽“大花园”勇争最美“花骨朵”的若干意见》《中共庆元县委办公室关于推行“对标大比拼”工作机制的实施意见》《中共庆元县委办公室关于实施庆元县2017年压实党建主体责任清单制的通知》《中共庆元县委关于围绕“新时代新使命新作为”主题开展学习宣传贯彻中共十九精神系列活动的实施方案》、省市领导调研庆元工作汇报材料、县（市、区）汇报会汇报材料、县经济运行分析会、县四套班子例会、县“百日对标”现场会上的领导讲话稿等重要文稿的起草工作。全科室共编发《领导月度工作安排》12期，起草各类文件100篇，并积极参与三次“百日对标”现场点评活动的组织工作，牵头修改完善《庆元县建设美丽“大花园”十大行动方案》，完成了县委交代的各类文字工作。

（县委办公室）

纪检监察工作

【第十四届纪律检查委员会第二次全体（扩大）会议】 2017年2月13日召开庆元县第十四届纪律检查委员会第二次全体（扩大）会议。会议深入贯彻中共十八届六中全会精神，按照十八届中央纪委七次全会、省纪委十三届六次全会、市纪委三届六次全会以及县第十四次党代会的部署，总结全县2016年纪律检查工作，部署2017年任务。县委书记蓝伶俐出席会议并讲话。县委常委、纪委书记黄绍刚作题为《强化政治担当　深化标本兼治　坚定不移推进全面从严治党向纵深发展》的工作报告。

【政治监督和纪律保障】 强化政治监督，对68个县属单位和19个乡镇（街道）学习贯彻落实中共十九大、省第十四次党代会、市第四次党代会精神情况进行监督检查，确保在思想上政治上行动上同以习近平总书记为核心的党中央保持高度一致。加强对“九个严禁”换届纪律执行情况的监督检查，查处并通报9起村级组织换届拉票贿选助选案件，给予党纪处分12人，保障换届风清气正。严把干部选拔任用政治关、廉洁关，回复党风廉政意见148人次。加强对中央和省委、市委、县委决策部署贯彻情况的监督检查，出台《县纪委关于进一步严明纪律　为全县改革发展提供有力保障的意见》，督促各级党政机关和广大党员干部认真落实“五个带头”“八个严禁”，以严明的纪律强化对“三改一拆”、“最多跑一次”改革等重大决策部署贯彻落实情况的监督检查，保证政令畅通。聚焦政治巡察，围绕县委一届任期内巡察全覆盖的要求，制定县委巡察五年规划，完成6个单位的巡察工作，发现基层党组织党的领导弱化、党的建设缺失、全面从严治党不力等方面问题148个，严格督促整改。

【落实“两个责任”】 协助县委出台《关于建立健全落实党风廉政建设党委主体责任和纪委监督责任工作机制的实施意见》，完善“三清单一报告”、“三台账一手册”、“三督查一平台”明责、履责、督责机制，以上率下，压细压实责任，实现履职留痕。开展党委（党组）主体责任落实情况监督检查，督促党委（党组）执行主抓直管、责任清单、约谈提醒、签字背书、履职情况报告等制度，2017年度2个单位被党风廉政“一票否优”。协助县委召开落实全面从严治党主体责任工作会议，针对全市落实全面从严治党主体责任存在的4个方面17类具体问题，梳理主体责任落实清单，督促整改落实。完善落实主体责任分级抄告制度，共向18位县党政领导班子成员、34个牵头单位发送任务清单，并发出24份问题抄告单。协助县委全面落实省委巡视组反馈意见以及市委巡察反馈问题的整改工作，切实增强工作实效。

【正风肃纪检查】 高标准抓好中央八项规定精神和省委、市委、县委相关规定的落实，巩固拓展工作成果，坚决防止“四风”反弹。下发《关于进一步严明纪律和规矩　始终保持纠“四风”、破“两局”高压态势的通知》，对“四风”方面问题线索的处置、报告、追责问责以及通报进行了规范，共开展正风肃纪检查28次，对345个单位和场所进行检查，问责2人。深入开展“干净干事创新业”作风建设专项活动，全力整治机关作风和效能建设中存在的“懒作为”“不作为”“纪律松”等问题。聚焦群众身边的不正之风和腐败问题，完成154个行政村的基层作风巡查工作，发现问题线索55件，立案4起，党纪政务处分8人。开展扶贫领域专项督查，对全县19个乡镇（街道）和11个相关职能部门进行全面督查，查纠问题66个。

【监察体制改革试点任务】 把党的领导贯穿始终，建立以县委书记担任组长的改革试点工作小组，落实党委主抓直管监察工作领导机制，全面加强党对反腐败工作的统一领导。认真贯彻中央、省、市关于开展国家监察体制改革试点的重大决策部署，严格按照时间节点要求完成机构组建、人员转隶等改革任务，于2017年2月24日挂牌成立县监察委员会。优化组合机构和人员，履行监督执纪审查职能的人员超过总编制数的80%，加强案件监督管理部门、执纪审查部门和案件审理部门的力量，全力推动思想、理念、工作深度融合，做到思想不乱、队伍不散、工作不断。将派驻纪检组更名为派驻纪检监察组，授予监察职能，实现监察职能横向拓展。推进监察对象全面覆盖，填补了对非党公职人员纪律约束空白，实现对所有行使公权力公职人员的监察全覆盖，监察人数从2827人扩大到7358人。深刻把握监察委员会的政治定位和反腐败工作的政治性，进一步推进执纪执法顺畅衔接，既审查违纪问题，又调查职务违法行为，深入探索两者协调推进的有效机制，把执纪执法贯通起来，体现纪委、监委“合署”的制度优势。实行业务流程再造，规范工作流程，对信访举报、线索处置、执纪监督、执纪审查、执纪审理等流程进行细化优化。

【执纪审查工作】 制定出台《庆元县纪检监察机关监督执纪工作手册》《庆元县纪委、县监委问题线索处置流程》《庆元县纪检监察机关有效运用监督执纪“四种形态”操作细则》，加强和改进执纪监督和执纪审查工作。深化党风廉政宣传教育，聚焦中心任务，坚持正确导向，强化舆论引导，着力营造正风肃纪反腐的良好氛围。坚持把纪律挺在前面，坚持惩前毖后、治病救人，积极践行“四种形态”，运用“第一种形态”处置113人次，占53.6%；“第二种形态”处置56人次，占26.5%；“第三种形态”处置26人次，占12.3%；“第四种形态”处置16人次，占7.6%，把抓早抓小抓预防的理念落到实处，达到惩处极少数、教育大多数的目的。充分发挥县委反腐败协调小组作用，坚持无禁区、全覆盖、零容忍惩治腐败，共受理信访举报415件，分类处置问题线索199件，立案查处党员干部83件、83人，共办结94件（含往年立案），党纪处分87人，政务处分9人。立案查处职务犯罪案件3件、3人，均移送司法机关处理。深入开展廉政体检活动，给予批评教育32人，诫勉谈话9人，为全县3047名党员干部建立了廉政档案。

【纪检监察干部队伍建设】 牢固树立“打铁必须自身硬”的理念，以更高标准、更严要求抓好自身建设，努力建设一支让党放心、让人民信赖的执纪铁军。扎实推进“两学一做”学习教育常态化制度化，在全县纪检监察系统部署开展“扛起新使命、迈向新征程”学习贯彻中共十九大精神主题活动，督促广大纪检监察干部在学懂弄通做实上下功夫，切实把思想和行动统一到中共十九大精神上来。加强纪委领导班子建设，切实增强班子的凝聚力、战斗力和创造力。选优配强纪检监察干部队伍，全县纪检监察干部签订“坚持高线坚守底线　永葆纪检铁军本色”承诺书。加强教育、培训工作，在委机关开设“菇乡清风讲习堂”，机关干部定期上台讲业务、谈体会、传经验，提升干部的业务能力。强化日常监督管理，严格执行纪检监察机关监督执纪工作规则，完善内部管理制度，坚决防止“灯下黑”。

（练珊丽）

组织工作

【概况】 2017年，全县组织工作紧紧围绕庆元发展新坐标新航向新任务，以迎接中共十九大召开为主线，始终把全面从严治党要求贯穿于干部队伍建设、基层组织建设、人才队伍建设及组织部门自身建设各方面，为建设美丽大花园、勇争最美“花骨朵”提供坚强组织保证。截至2017年年底，全县共有中共党员13506人，其中正式党员13251人，女党员3547人，少数民族党员118人，具有大专以上学历党员5251人。全年共发展党员234人。全县共有党组织790个，其中党委43个（乡镇党委16个），党总支23个（其中行政村党总支5个），党支部724个（其中行政村党支部346个）。建立党工委5个，党组35个。

【“两学一做”】 抓好党性教育，把学习作为“三会一课”、主题党日、民主评议、述职考核等必要内容，抓好个人自学、集中讨论、党员讲课三个环节，全县790个党组织和580名党员领导干部授课2770场。抓严党内生活，丰富党员主题党日，在全县机关和农村党员中推行“亮身份、亮职责、亮承诺”行动，制定党内政治生活“十八条规矩”，严格落实支部主题党日“6+X”、组织生活“四不”、流动党员“四要”、农村党员“五报告”等制度，提升党员党性意识。

【干部考察】 根据“经常性、近距离、有原则”考察干部的要求，全面实行“跟项目看干部”工作机制，全年共抽调190名干部到重大项目、急难险重等任务一线历练。同步制定出台临时性机构抽调人员、重点项目建设一线跟踪考察干部等制度规范，对抽调干部进行全面、动态跟踪考察，在重点工作、重点项目中锻造干部。

【“青蓓百佳”培养计划】 全面实行“青蓓百佳”培养计划，选拔百名年轻干部开展为期一年学习，通过开启“周末夜校”模式，利用周末、夜晚时间，邀请省市专家学者、县领导、乡镇部门主要领导集中授课，积极搭建学员论坛、学习沙龙、读书会等各种形式的学习模式。同时，还安排了军事训练、井冈山党性锻炼、项目一线实践锻炼等内容。全程跟踪考察、动态管理，建立后备干部学习档案，进行分类评价、量化考核，充实庆元绿色发展干部梯队。

【干部教育监督管理】 统筹全县各单位教育资源，创新干部教育模式，推行“一把手”课堂，建立各领域各行业具有当地特色的教育课件数据库，推动领导干部上讲台、讲经验。科学制定并下发干部教育主体班次计划，全年举办各类主体班次28个，受训人数2400人次。做好县管领导干部中共十九大精神轮训工作。组织开展换届工作“回头看”，对19个乡镇（街道）领导班子换届后运行情况和干部履职情况进行回访谈话。全面开展领导干部贯彻“两项法规”和“报告个人重要事项清单”专项活动，完成全县665名县管领导干部（包括改任领导干部）个人有关事项报告的收集、核查、录入和上报工作；完成60个批次655名单位中层干部的任职审核。坚持从严从细，充分运用干部预警扣分、提醒函询诫勉等组织措施，完善“曾受处分干部动态信息库”，警示教育领导干部51人次。深化巡视整改工作，整改消化330人次，整改率100%，基本达到“调整有消化，消化不新增”的目标。

【干部日常工作】 不断充实干部队伍力量，全年招录公务员56人，招聘、选调事业单位（国有企业）工作人员216人（含教育卫生）。把准“政策关”，推进公务员职务与职级审批，审批办理3批、38人（不含政府系统副科级和正科级）。规范程序，严明纪律，完成人大、政府、政协换届选举，“两代表一委员”资格联审等干部工作。完成群团组织的深化改革工作，重点做好总工会、团县委、妇联、科协领导班子兼挂职领导的推荐考察，并指导做好群团组织的换届选举工作。

【村社组织换届选举】 把换届工作作为抓基层打基础的头等大事来抓，围绕“选出好班子、绘就好蓝图、换出好风气”目标，始终加强党的领导，突出实干导向，圆满完成全县345个行政村、8个社区换届选举。全县341个村党组织，324个实现一次性选举成功，占95%；345个村委会选举，334个村实现一次性选举成功，占96.8%。坚持“先定事、后选人”，深入实施“乡贤回归”工程，全面推行“选前赶考”，吸引145名优秀人才回乡任职。打好“包、排、清”组合拳，严厉查处拉票贿选等4起违纪违法行为，换届风气稳中趋好。

【“整乡推进、整县提升”】 对标“浙江二十条”“4+30”“10+88”等指标，组织开展基层党建“交叉巡检、对标提升”7轮地毯式巡查。强化基层组织硬件建设，投入80万元用于280个远教站点示范、升级、延伸，新建“远教广场”4个、“远教影院”20个、“远教红色影院”1个，建成省级、市级远教示范带各1条，有效提升远程教育的辐射力、影响力。

【支部主体建设】 坚持“一切工作到支部”，在全县8个重点项目指挥部和8个重点工作推进办公室建立工作支部；深化“红色元素进机关”“岗位争先创业绩、服务领先创满意”“党员三亮”等活动，党建文化墙、党建宣传廊等红色阵地作用进一步发挥，各领域党组织和党员立足岗位，看齐创优。深入开展党员志愿服务活动，创新丰富“敲门服务队”“便民暖心包”“8090志愿者联盟”等党员“爱心系列”服务载体，全年开展各类志愿帮扶活动5760次。

【党员教育管理】 继续推行“一推二报三审四公示”发展党员制度和党委预审制度，创新探索“先锋连”党支部工作法，有效破解农村党员家族化问题。全年新发展党员234人。将守纪律、讲规矩摆在更加重要的位置，严格落实组织生活“四不”、流动党员“四要”、农村党员“五报告”、党员“十条红线”等纪律规矩。严格落实先锋指数考评，坚持开展党性体检、民主评议，稳妥做好不合格党员处置工作。全年处理不合格党员6人。规范建设党代表工作室，落实好“两统一、四上墙”，推动党代表力量下沉项目一线，服务中心工作。认真办理48件党代表提案，做到件件有回音、事事有落实。进一步加强党内激励关怀，审核发放农村党员关爱基金31.5万元。

【“两新”党建】 结合“六小”工作法，在全县“两新”党组织中广泛开展“三争六创”活动，持续整顿转化软弱涣散“两新”党组织。围绕“一区二线三产四镇”的思路，全面加强产业园区、特色小镇等“两新”组织集聚区的党建工作，统筹推进“两新”组织“双覆盖”，全年单独组建“两新”党组织13个、工作支部20个，发掘培育创建13个“可看、可学、可说”的市级“两新”党建示范点，推动打造香菇小镇、百山祖避暑乐氧小镇党群服务中心。

【远教电教】 全年升级远教站点20个，新建“远教广场”4个、远教示范站点35个，延伸站点35个，更新村级远教站点电子设备61台。探索“远教移动广场”“远教红色影院”建设，建成省级、市级远教示范带各1条。做好党建媒体融合工作，2017年，制作省、市教学课件5部，省、市党建电视栏目录用党建新闻（素材）40条。继续开展远教入户工作，2017年新增300户党员群众安装电信、华数党建平台。

【村级“领头雁”工程】 加强对新一届村社班子的跟进管理，上好红色教育课、履职教育课、廉政规矩课“三堂课”，制定出台“四诺履职、三色预警”管理考核办法，对村干部实施年初对岗定诺、每月依标践诺、季度按绩示诺、年度述职评诺，全程纪实管理，明晰村干部的“责、权、利”，引导村社干部坚持“一张蓝图绘到底”，掀起干事创业高潮。

【“空心村”党建】 按照“抱团建盟、互助互促、整体提升”的工作思路，以便于党员参加组织生活为原则建强村域“党建联盟”。投入80万元，为63个“空心村”1000名党员提供功能齐全、方便快捷的党群服务中心。在嘉善、上海、宁波等地依托商会和异地便民服务中心建立驻外异地党支部8个，实现党建工作有效辐射。

【消除集体经济薄弱村】 按照“三年任务两年完成”的工作目标，建立“八个一”工作机制，32名县级领导89个单位与83个薄弱村捆绑结对，下派166名第一书记开展“一对一”蹲点帮扶。坚持输血与造血并重，探索推行土地反租倒包、兴办物业增收、联建园区共建、开发生态资源等12项增收法，深挖薄弱村潜能，在全市率先完成2017年度消除83个集体经济薄弱村任务。

【技能型乡镇政府建设】 立足新格局新形势，围绕“强化服务功能，健全服务机制，创新服务手段，增强服务意识，提升服务效能”提出深化技能型乡镇政府建设十条意见。进一步丰富干部技能学习库和专家讲师团，按照“主业精通、一专多能”的要求，组建技能讲师团，探索建立干部技能实训基地，推动干部以“必修+选修”形式全面学习招商引资、项目设计、网络营销、旅游推介等新技能。

【“星期天工程师”柔性引才】 制定出台《庆元县“星期天工程师”柔性引才实施意见》，通过“政府引导、以需为本、市场配置、契约管理”的柔性引才方式，引进食用菌、竹木等19个大类60名“星期天工程师”，已开展合作项目43项，解决技术难题21项。全年共引进研究生4人、其他紧缺人才80人。

【人才队伍建设】 建立完善人才培养和发展平台，入选省企业博士后工作站1家、市级院士工作站1家。完善人才培养机制，通过开展专题培训、研讨交流、赴外考察等活动，对人才进行有针对性和差异化的培养，全县入选丽水精英农师、丽水市“138人才工程”等10人。整合部门职能资源，成立庆元县高级人才联合会，首批设立教育、卫生、农林、工程4个专家委员会，共54名专家。做好服务工作，举办“人才服务月”，选派人才服务团，为637名高层次人才发放第一期人才储备金363万余元，落实政府岗位津贴、定向培养资助、一次性安家补助、租房补贴、高层次人才资助项目资金350万元，激发人才创业热情。

【组织部门自身建设】 坚持政治立部，严肃党内政治生活，组织开展重走红军路、弘扬爱国精神、点亮微心愿等主题党日活动，以党性教育锤炼组工干部对党忠诚的政治品格。坚持从严治部，建立周一碰头会和月工作例会制度，完善干部学习制度、全员信息员制度，推动组工干部“人人上讲台、人人做调研、人人当编辑”。坚持能力强部，通过集中调训、跟班学习、蹲点调研等方式，督促组工干部善学善思、善作善成，《浅析当代共产党人精神家园现状及构建路径》《提升换届后村级班子战斗力的问题研究》等调研成果获县社科联调研成果二等奖。

（叶丽丽）

宣传思想工作

【理论武装工作】 制定下发《中共庆元县委理论学习中心组学习制度》《庆元县党委（党组）理论学习中心组学习实施细则》《2017年度县委理论学习中心组学习计划》，坚持依规管理、从严治学，邀请一批专家领导到庆元授课，先后组织中心组18学日36次学习、中心组夜学12次、夜学联合督查2次。深入学习宣传贯彻中共十九大精神，以“十支宣讲团、百名宣讲员、千名干部、万名党员”为载体，面向基层开展“八进式”宣讲全覆盖。组织开展以县领导引领朗读、百个支部万名党员全员朗读、党代表示范朗读、支部书记带头朗读、百名党员接力朗读为主的《中共十九大报告》原文朗读活动。宣讲名师工作室品牌效应凸显，开展宣讲2500场次，受众17万人次，培养宣讲人员36人，得到省委常委、宣传部部长葛慧君，时任副省长黄旭明等领导的批示肯定。2017年，宣讲名师工作室导师吴永德被中宣部评为“基层理论宣讲先进个人”；选送宣讲员赵赟参加全省“我最喜爱的习总书记的一句话”宣讲比赛，荣获一等奖。组建庆元县实施“生态立县、产业富县、开放兴县”发展战略评论员队伍，在人民网、人民论坛网、《菇乡庆元》等媒体上刊发了评论员文章32篇。编辑出版《庆元好故事丛书·梦想照亮前行》。围绕推进“两学一做”学习教育常态化制度化，办好“我最喜爱的习总书记的一句话”微型党课比赛、网文征集、全民朗读系列活动，汇编《我最喜爱的习总书记的一句话》系列丛书和音视频合辑，被评为“我最喜爱的习总书记的一句话”成绩突出单位，荣获省委宣传部表彰。联合市社科联、市政协文史委、市委党校共同举办处州学派代表人物胡纮文化研讨会，完成2017年度庆元县社会科学研究课题申报、立项、评选。举办“濛洲人文大讲堂”5期。

【意识形态工作】 县委常委会先后8次听取意识形态相关工作汇报，讨论通过《关于当前我县意识形态领域情况的通报》等重要议题。县委书记蓝伶俐在党建工作会议等多个场合反复强调意识形态工作的极端重要性和落实意识形态责任的紧迫性，深入宣传系统调研意识形态工作并作重要部署。县委积极统揽全局、协调各方，指导各级党委（党组）把意识形态工作要求融入实际工作。会同纪委、组织部、统战部、政法委、公安局等部门，先后3次召开县委意识形态和社会舆情工作联席会议，分析研判当前意识形态领域情况，督察意识形态工作责任制落实。下发《中共庆元县委落实市委意识形态工作检查反馈意见的整改方案》（庆委办发〔2017〕47号），全县19个乡镇（街道）、68个部门单位均结合实际工作进行整改，切实做到一级抓一级、层层压实责任。完善主体责任检查考核办法，制定一张表清单式考核细则。出台《关于实施庆元县2017年压实党建主体责任清单制的通知》文件，作为各级党委（党组）书记抓党建工作述职评议和年度考核的重要内容。7月、12月，分别联合县纪委对全县各级党委（党组）落实主体责任情况开展督察和年度考核。

【新闻外宣工作】 报、台、网及时开设“绿色发展　百团大战”“深入推进‘最多跑一次’改革”“小城镇环境综合整治”“贯彻落实省党代会精神”“学习贯彻十九大精神”等20个重点专题专栏，深入报道全县经济社会发展。做好县第十四次党代会、县“两会”、全县干部大会、首届世界丽水人大会庆元分会等宣传。以新建县广播电视制作中心项目为契机，稳步推进新旧媒体融合。加深与中央、省、市重点权威媒体的交流合作，组织“全域旅游媒体庆元行”“喜庆十九大　欢度记者节”“绿色发展　百团大战”等集中采访活动，对接《中国影像方志》《浙江特色小镇》等拍摄工作，推出了一批极具影响力的外宣稿件。全年在中央电视台刊播9条，在《人民日报》刊登12篇。开展全县关键信息基础设施网络安全检查、“平安护航十九大”网络与信息安全应急演练、净化网上舆论环境专项行动，召开县委网络安全和信息化领导小组暨迎接“十九大”网络安全工作会议，及时妥善处置“村级组织换届选举”“我县发生一起疑似人感染H7N9流感死亡”“兰溪桥水库移民”等涉庆热点敏感舆情。精心策划“寻找庆元最美风景”“从美丽出发”“关爱一个群体、温暖一座城市、共建文明庆元”等特色网络文化活动，联动发布微文158期，累计阅读量超过100万。庆元支站被评为浙江在线新闻网站2017年度优秀支站。提升“网军”建设科学化水平，建立核心网评员末位淘汰制，对55名县核心网评员进行重新调整审核，开展实战演练和技能培训，指导各单位进一步选齐配强“1+1+1”模式的新闻发布和舆情处置人员队伍。

【文化事业建设】 审议通过《庆元县公共文化服务重点县建设两年提升计划（2017年9月～2019年7月）》，切实推进公共文化服务重点县建设。庆元县公共文化服务中心工程和体育中心工程项目开工。新建农村文化礼堂10家，申报市级四星级以上农村文化礼堂6家，开展已建农村文化礼堂提升工程，出台《庆元县农村文化礼堂管理员考评补助办法》，向全县56个农村文化礼堂赠送“乡土系列”书籍2240本。2017年春节期间，全县各建有文化礼堂的村共举办超过70场“乡村春晚”。扎实组织开展“推进全民阅读、共建书香庆元”系列文化活动，先后举办第一届庆元县全民阅读节文艺晚会、“4·23”阅读马拉松等多场阅读主题大型活动，百场读书会、公益沙龙等学习活动，获2017年度丽水市宣传思想文化工作创新奖。加大文化惠民服务力度，举办“喜迎十九大”第十届农村文艺会演、“光辉历程、永恒记忆——喜迎十九大庆元红桥摄影诗文展”等演出展览20场，完成送戏下乡75场、送书下乡8500册、文化走亲5场、送电影下乡2000场，免费培训、指导群众文艺活动2000人次。小说《春竹的故事》和广播剧《亲水碑》入选2017年度丽水市文艺精品。浙江省文化市场预警体系建设试点落地庆元县，“浙江庆元QQ群传播淫秽物品牟利案”列入全国“扫黄打非”办公室通报“护苗2017”行动第一批案件。庆元县列入世界急需保护非遗名录的木拱桥传统营造技艺亮相第六届中国成都非遗节，是浙江省唯一参展的项目。组织举办庆元大道山地自行车赛等赛事近10场。

【文化产业发展】 深入县域内文创企业、铅笔文化园区走访调研，修订文化产业扶持（奖励）细则，抓好政策引导。拍摄欧迪、鸿星等企业宣传片，建设鸿星企业文化礼堂，不断丰富铅笔企业内涵，庆元铅笔首次入展第十三届中国（深圳）国际文化产业博览会。组织文创工作者赴金华、桐庐、德清等县、市学习文化产业发展先进经验，举办文化产业培训班。成功引进北京聚爱文化传媒、原上陶艺等3家企业，宋永进、蔡志伟美术工作室、林岳豹春晚工作室、吴卫平陶艺工作室以及县内的书法、美术、雕刻文创工作室8个，打造爱坑有里文创公社，成功引进谷坪记忆旅游文化项目。创建竹口镇新窑村、左溪镇青竹村、官塘乡横坑村等3个市级特色文化村，完成1个特色文化村和2家文化企业宣传片的拍摄工作。成功举办香菇始祖吴三公朝圣活动。9月6～9日，来自全国各地近3000名菇业人士共同祭拜香菇始祖吴三公，组织“情系菇乡　牵手市场　共享资源　助推发展”食用菌产业农超对接会，开通“香菇始祖吴三公网上朝圣”，巩固和提升香菇传统文化的传承，实现了从节庆活动走向节庆经济、节庆产业。

【精神文明建设】 组建庆元县创建省示范文明县城工作领导小组及其办公室，建立健全各项创建工作体制机制，制订细化创建方案，划定任务分解表，划分34个区域网格，落实重点建设项目、重点整治项目、重点活动载体，动员全县上下奋力推进省文明县城复评和省示范文明县城创建工作。组织评选表彰庆元县第四届道德模范，深化“最美庆元好人”选树，全县共有1人荣登“中国好人榜”，2人入选“浙江好人”，9人被评为“丽水好人”。开展省、市、县三级文明单位评选和复评，组织寻找“最美家庭”创建活动，共创建市级文明家庭19个。推广“人人都是志愿者”文化理念，举办“美丽庆元、你我共建”志愿服务大联动、“最美庆元人——万朵鲜花送雷锋”、“青春河小二治水勇担当”等10项系列志愿服务活动。加强精神文明建设，围绕实现“五美乡村”目标，试点开展移风易俗乡风文明行动暨小城镇文明行动。结合“六星文明户”创建，深化“好家风”建设，在全市率先探索建设首个县级家风馆，形成“一牌、一书、一碟、一馆，一街”创新格局，开展“传承好家训，建设好家风”十大行动，推进部门和乡镇机关干部职工好家风建设。制定下发《庆元县“春泥计划”考评细则》，开展“春泥计划”示范点评选活动，举办庆元县第六届未成年人道德文化节，发挥好乡村学校少年宫德育作用。举办第十届社区邻居节暨洋墩社区“好家风好家训”歌唱比赛，有效提升市民文明素质和社区文明程度，以及社区邻里之间的凝聚力和亲和力。

（刘　潇）

统战工作

【概况】 2017年，庆元县委统战部制定“共庆十九大·画好同心圆”、“五个一”系列学习活动方案，深入党外人士、宗教界、民族村、非公领域、华侨侨眷宣讲中共十九大精神，推动全县统一战线团体、统战成员与党同心同德，同向同行。开展各类学习培训活动，举办全县乡镇（街道）统战委员（党外领导干部）培训班，赴重庆大学开展为期6天的培训。

【少数民族经济社会发展】 以项目建设为重点助推少数民族群众持续增收，完成山根村道路硬化建设、大坑村畲族太阳能路灯安装、库山村食用菌鲜菇交易厂棚建设等7个少数民族发展资金项目；在江滨小学举办民族团结进步宣传月活动；帮助外来少数民族群众协调解决营业执照办理等问题。

【维护宗教领域安全稳定】 在全县宗教界开展“五好”主题实践教育活动，在庆元基督教堂、八都基督教堂、陈夫人宫等场所成立红色书屋，受到广大信教群众的欢迎和好评。在全县34处宗教和民间信仰活动场所的出入口和主要活动范围安装视频监控并联网应用，保障宗教领域和谐稳定。

【促进“两个健康”发展】 以新生代企业家联合会“365”书吧为固定地点，成功举办9期“政企”联心桥活动，进一步调动各部门合力扶工的积极性，畅通企业诉求反映渠道。组织非公经济人士到浙江大学、厦门大学参加青年创业提升培训班，促进非公经济人士健康成长；开展“商会+支部”的模式，成立工商联党总支和上海、宁波、金华、濛洲汽运、服务行业商会5个新支部，目前共有非公经济党支部7个。

【引导党外人士服务社会】 开展党外知识分子“大调研、大研讨、展风采”活动，在《菇乡庆元》和《庆元统战》上开设风采专栏，展现党外知识分子个人风采和参政议政水平。县知联会选送的论文《长三角地区民营经济产业集群发展中存在的问题及对策建议》入选第九届苏浙沪皖知联会主题论坛文集（全省8篇入选，其中丽水入选2篇）。2月11日，在浙江节节高炭业有限公司成立“同心·知联活动实践基地”。

【联络联谊】 对全县归侨侨眷、留学人员及家属持续开展摸排工作，完善人员信息数据库。依法保护归侨侨眷权益。联系6名加拿大中学留学生到庆元县坑西小学、大济小学开展为期一周的支教活动。开展“老侨新侨进课堂，中西文化我开讲”活动，邀请葡萄牙中葡青年联盟主席陈定春为庆元中学学生讲述中西文化差异、所在国风土人情、留学创业经历等。

【新生代企业家联合会换届】 4月28日，庆元县新生代企业家联合会举行第二次会员大会，选举产生了新一届班子成员，吴建华当选为第二届会长。会议还向广大青年企业家发出了剿灭劣Ⅴ类水倡议书。

【县网络界人士联合会成立】 6月8日，成立庆元县网络界人士联合会，选举县人民政府副县长彭敏为网联会会长，张力军为常务副会长，张津慧、谢善东、阙龙伟为副会长，张金钰为秘书长。首届网联会理事59人。

【香菇始祖吴三公朝圣活动】 9月8日，庆元县2017香菇始祖吴三公朝圣大典暨“民间民俗、和谐菇乡”巡礼活动隆重举行。香菇始祖吴三公朝圣活动连续四年被列入全省“民间民俗·多彩浙江”文化项目，西洋殿成功入选全省15处第一批重点民间信仰活动场所。庆元县民宗局民间信仰事务管理典型案例《引导促提升，创建促品牌，努力让优秀民间信仰发挥积极作用》入选国家宗教局《民间信仰工作经验材料选编》（全市唯一入选案例，全省共入选10个）。

【首届世界丽水人大会庆元分会】 9月27～28日，圆满举办首届世界丽水人大会庆元分会。以“菇乡梦，故乡情”为主题，邀请160位嘉宾回乡参加盛会。活动期间，7个项目集中开工，涉及投资8.5亿元；9个项目现场签订正式协议，投资额42.38亿元。建立外出创业人员和乡贤情况调查数据库，庆元县外出总人数60674人，其中外出创业人员21588人、就业就学35847人、乡贤535人。

【县知联会换届】 10月31日，庆元县党外知识分子联谊会第三届理事大会召开。选举产生新一届县知联会领导班子，吴先武当选会长，叶银当选常务副会长，吴明生等7人当选副会长，张用群当选秘书长。举办“不忘初心跟党走，携手共画同心圆”暨县知联会成立十周年文艺晚会。

【新的社会阶层人士统战工作】 出台《新的社会阶层人士统战工作联席会议制度》《新的社会阶层人士挂职锻炼工作制度》，11月10日至2018年1月31日，选派吴荣步、张津慧、叶永贵、吴建华、刘丽君等5名新的社会阶层人士到县司法局、县经商局、团县委、县发改局、县工业园区挂职锻炼。

【县侨联换届】 12月28日，庆元县第二次归侨侨眷代表大会召开，大会选举产生县归国华侨联合会第二届委员会主席叶银，副主席王晓琼、叶庆盛、叶学荣、吴艳霞、沈国强，秘书长祁三又。通过聘请县侨联第二届名誉主席、顾问名单。

（吴素芬）

机关党建工作

【概况】 2017年，庆元县直机关党工委下属基层党组织235个，其中机关党委18个、二级党委1个、党总支11个、党支部205个；党员4013人，其中女党员1503人，少数民族党员47人。

【实施“基础工程”】 推进工作制度化规范化。以“两学一做”为基本内容，以“三会一课”为基本制度，以主题党日为主要载体，以党支部为基本单位，推动机关党建基础工作常态化制度化规范化。加强对部门党委（党组）“4+30”、党支部“10+88”市党建巡查指标的督促指导。在第三轮巡查中，庆元县获得全市第一。实施青年入党项目化管理。按照《中国共产党发展党员工作细则》要求，努力提高新发展党员的质量，以优秀青年思想、工作、作风三大提升为主题，与团县委联合实施青年入党项目化管理制度，规定各机关党组织发展35周岁以下优秀青年入党要听取团组织意见，其本人要到团县委报到并积极参加志愿服务活动，活动次数必须在60%以上，每年由团县委作出鉴定意见，最终由县直机关党工委审核，不合格的不得确定为发展对象，由此引导机关优秀青年强化服务意识，加强党性锻炼，从源头上努力提高党员质量，把好机关党员“入口关”。2017年，机关发展党员78人，其中35周岁以下青年54人，占发展对象的69%。发挥机关党建研究会作用。充分利用机关党建研究会这一平台，发挥会员积极性，多篇党建研究论文在市级获奖，并获全市最佳组织奖。

【实施“信念工程”】 坚持把政治教育放在首位，突出《中国共产党章程》、习近平总书记系列讲话和党规党纪的教育，增强党员干部政治意识和政治规矩，筑牢思想政治基础。实行季度党课制度。继续推行系统党员每季集中上党课制度，以浓厚党课氛围、提升党课效果。第一季度，特邀县委常委、统战部部长吴灌红授课，以“统一战线”为主题，从统一战线的含义等6个方面出发，理论加案例，并结合全县统战工作实际，系统阐述统一战线的基本理论和知识，使大家对统一战线工作有了更深层次的认识。7月10日，举办党群系统第二季度党课暨贯彻省第十四次党代会精神专题学习会，邀请县宣讲名师工作室导师吴永德对党代会精神进行宣讲，并结合市、县党代会精神进行学习贯彻。为深入学习宣传贯彻中共十九大精神，进一步把党群系统党员的思想和行动统一到中共十九大精神上来，把智慧和力量凝聚到中共十九大确定的目标任务上来，第四季度党课特邀县委副主任、县宣讲团成员黄丽芬对中共十九大精神进行宣讲。全面推行机关党员理论学习学分制。为充分激发党员干部学习内生动力，切实增强党员思想教育工作的针对性和实效性，积极探索机关党员学习教育新模式。在全县机关党组织中推行在职党员理论学习学分制，根据党员自学笔记和参加支部组织的学习、夜学、党课、征文、演讲等情况进行评分，按年度总分评定理论学习星，作为党员星级评定、党员民主评议的重要内容。以有效的制度促进党员自觉学习，进一步提升学习效果。组织庆祝建党96周年系列活动。以建党96周年为契机，创新方式，搭建平台，开展各类活动。6月23日，组织机关党建研究会会员单位70多名党员瞻仰斋郎战斗遗址，开展重走红军路、重温入党誓词、现场教学等活动；组织党群系统参加“我最喜爱的习总书记的一句话”微型党课比赛。同时，县直机关各党组织在“七一”前后组织党员到白柘洋、斋郎、濛淤、崔上等红色教育基地开展党日活动。

【实施“堡垒工程”】 及时调整人员。按照“五强”（党建责任强、工作合力强、引领作用强、大局意识强、服务能力强）标准，开展“五强”机关党组织建设。

2017年，因工作岗位调整，有县委政法委等9个党支部完成了补选工作，县委政协机关等6个党支部完成了改选工作，县委人力社保局等6个机关党委配齐配强了书记、副书记、机关纪委书记，及时调整健全机关党组织。规范支部工作。按照"有计划、有制度、有阵地、有活动、有特色、有成效、有总结、有台账"的"八有"标准，进一步明确党支部工作规范，以增强党支部工作的计划性和可操作性，提升党支部工作考核的规范化水平，进一步加强党支部规范化建设。注重培训工作。组织全县机关、企事业单位、"两新"组织78名机关党员发展对象进行党的基本知识和党史党纪党规教育。9月5日，召开全县机关党建工作推进会暨业务培训会，部署"4+30""10+88"等基层党建主要工作。在革命圣地延安举办2017年度机关党务干部培训班，通过专题讲座、现场教学、场景体验、交流发言等形式，对参训人员进行党史党章、党性修养、革命传统和延安精神教育。

【实施"先锋工程"】 深化星级考核评定工作。结合新形势新任务新要求，在机关党员中开展"五讲五比"（讲学习、比能力，讲敬业、比干事，讲纪律、比廉洁，讲责任、比落实，讲担当、比实绩）活动，不断深化机关在职党员星级考核评定工作，突出发挥党员先锋模范作用，努力打造一支政治立场坚定、工作担当有为、作风务实清廉的优秀党员队伍。广泛开展志愿服务活动。为大力弘扬红色革命精神，为庆元绿色发展注入红色基因，引导广大机关党员干部充分发挥先锋模范作用，积极投身全县大发展大建设，县属各单位以党支部为单位组建了174支机关党员先锋队，广泛开展庆"七一"县直机关党员志愿服务一条街、点亮微心愿、扶贫帮困、助力省级示范文明县城创建、"六边三化三美"、"剿灭劣V类水"、小城镇综合整治等志愿服务活动。开展"红色元素"进机关活动。有条件的单位在办公楼合适位置悬挂党徽，有固定的"听党话、跟党走"、"永远跟党走"或"不忘初心、牢记使命"等红色标语，党员活动室、单位会议室竖起落地式党旗和国旗，党委（党组）书记办公室竖起落地式党旗，机关党委书记、党总支书记、党支部书记办公桌上摆放微型党旗，所有机关党员的办公桌上摆放"三亮"（亮身份、亮职责、亮承诺）台牌。党组织召开的各类会议和举行的各种活动，党员佩戴党徽。通过红色元素进机关，进一步增强党建工作的庄重感和仪式感，强化了广大党员干部的党性意识，促进党建氛围更加浓厚，政治信仰更加坚定，政治生活更加严肃，党性意识更加明显。

【实施"廉洁工程"】 推进机关文化创建。在机关单位中开展以"干事、担当、廉洁"为主题的机关文化创建工作。以提升执行力为核心，推进干事文化建设；以提升意志力为抓手，推进担当文化建设；以提升约束力为重点，推进廉洁文化建设，努力营造浓厚的"干事、担当、廉洁"机关文化氛围，不断推进机关作风建设，努力消除懒政、怠政、不担当、中梗阻等"为官不为"现象，在推进"最多跑一次"改革等重点工作中充分发挥党员的先锋模范作用。开展机关作风建设。以"干净干事创新业"作风建设专项活动为载体，着力解决"党性不强、规矩不严、担当不够"的问题，推动全面从严治党在机关单位落地生根，促使机关党员带头强党性树正气、强规矩树高线、强担当树标杆，做到干净干事不出事。做到警钟长鸣。各单位党组织每月开展不少于2次的正风肃纪检查，检查内容包括中央"八项规定"、上班纪律、工作效率、服务态度等。特别加大清明节、"五一"、端午节、"一带一路"高峰论坛等重大节假日期间值班情况检查力度。在元旦、春节、"五一"、端午节等节假日前夕，县直机关党工委还通过发送廉洁短信的形式，及时提醒机关党员过一个风清气正的节日。

（陈松群）

机构编制工作

【概况】 2017年，庆元县机构编制委员会办公室深入贯彻落实中共十八届六中、七中全会及十九大精神，抓改革，强管理，提素质，以更加饱满的热情，以更高效的执行力，全面推进机构编制各项工作，为县域经济的跨越发展提供有力的体制机制保障。

【"四个平台"建设】 2017年以来，庆元县推进乡镇（街道）“四个平台”建设，“四个平台”建设进入有效运行阶段，形成一套比较完备的体制机制。县乡两级综合信息指挥体系建成并投入运行，完成与省协同平台的数据对接。派驻机构人员属地管理稳步推进，人员派驻基本到位。全面完成全科网格员的优化调整，统筹落实全科网格员经费，全科网格建设扎实有效。积极探索将“最多跑一次”、技能型政府乡镇建设与“四个平台”有机结合，体现“四个平台”的庆元特色。

【“最多跑一次”改革】 2月初，庆元县组织职能部门多次召开“最多跑一次”改革协调会议，并以前7轮行政审批制度改革成果和权利清单为基础。理清全县1278个（主项772）需要群众和企业到政府办理事项，形成《庆元县公共服务事项目录》。2月21日、3月23日，先后在《菇乡庆元》等媒体公布764个（其中公共服务事项206个）已实现的“最多跑一次”事项清单，接受群众和企业的监督。全县“最多跑一次”事项数量达到总事项的85.36%。1～11月，全县县级部门受理25.42万件事项，其中有25.17万件属于“最多跑一次”事项，从办件量上看，已实施“一次办结”的事项达到群众办件总数的99%。

【“双随机”抽查监管】 为认真贯彻落实党中央、国务院关于简政放权、放管结合、优化服务的改革部署，庆元县全面推行随机抽取检查对象、随机选派执法检查人员抽查监管工作。全县有关单位通过制定工作方案，建立“一单、二库、一细则”，落实完善“双随机”抽查监管配套制度机制建设、监管办法。根据上报数据显示，庆元县随机抽查事项已实现全覆盖。庆元县还召开双随机抽查监管系统操作培训会，对系统操作员进行培训，使“一单、两库、一细则”的导入工作更为通畅，实现对双随机抽查监管系统的良好应用。

【监察体制改革试点】 根据中央、省、市关于深化监察体制改革试点工作部署要求，庆元县委高度重视，积极履行主体责任，成立以县委书记蓝伶俐为组长的试点工作小组，研究制定《庆元县深化监察体制改革试点实施方案》，并积极做好编制和领导职数划转。2月24日下午，举行县监察委员会揭牌仪式，县监察委员会正式挂牌运行。监察委员会班子组成人员共6人，主任1人，副主任2人，委员3人。

【事业单位登记管理改革】 在总结历年常见错误及新系统操作易错环节的基础上，编制《庆元县事业单位登记事项办理指南》，对各类事业单位（设立、变更、注销）登记许可和年度报告公示、机关和编办直接管理机构编制的群团申请赋码和变更，以及由事登局承担的“.政务”和“.公益”域名注册受理等登记事项流程及具体事项的申请材料、具体操作注意事项，以图文并茂的形式进行生动详细说明，做到须知事项“一次性告知”，让办事人员“一看即懂”“一报即准”。

（李慧芳）

信访工作

【概况】 2017年度，庆元县信访局接收来信、来访、网上信访、来电信访等3401件。其中来信264件，来访366批、1198人次，网上信访（含领导信箱）734件，来电2037件。越级到市上访35批、153人次，赴省上访27批、68人次，越级到京上访9人，登记33人次。8月，将统一政务咨询投诉举报平台从社会服务管理指挥中心转移到信访局运行，建设“12345”政务服务热线办公室，设立包括“12333”在内的3个话务席位。县信访局被丽水市委评为“护航G20、平安夺金鼎”工作先进集体，记集体三等功。

【信访积案大化解】 2017年，全县信访工作紧紧围绕社会治理“三大工程”开展信访积案大化解“清零行动”，全县45个信访积案成功化解39件。县领导主动担当推进积案清零，全县37名副县级以上领导，包案化解45个信访积案，每个案件落实具体责任人、责任领导和包案县领导。制定《关于开展信访积案大化解“清零行动”实施方案》，在3月20日至8月30日，全县各责任单位报送案件化解进度，分完结（红色）、取得进展（绿色）、无进展（白色）三色，每周进行公开通报。多措并举推进积案清零。综合运用低保、司法救助、医疗救助、救灾救济、社会慈善、岗位帮扶、志愿行动等手段，积极解决信访人的实际困难，实现有情调处、以情息访，政府巧借时机给予帮扶创业等措施有效化解信访积案。

【维稳重点工作】 中共十九大期间，庆元县从严从细从实做好维稳安保各项工作，为中共十九大胜利召开创造安全稳定的社会环境。强化信访工作责任制，县委办、县政府办发文严明维稳工作纪律，对工作不力的进行严肃问责，追究直接责任人的责任、有关领导的责任；严明工作责任。严格落实“日会商”“零报告”制度，实行24小时专人值班、领导干部在岗带班制度；建立半小时应急预案机制，各重点单位由5～10名干部组成“半小时”应急小分队，24小时待命。加强维稳力量，中共十九大期间，从全县各部门抽调骨干力量，组建了一支维稳机动队伍，参与庆元县维稳任务和应急性工作。主动化解。中共十九大期间，每天一名县领导到信访局定点接访，与群众面对面交谈，心与心沟通。主动化解群众的合理诉求，对于无理的诉求做好劝导、帮扶等工作。

（杨超楠）

党校工作

【概况】 2017年，中共庆元县委党校（庆元行政学校）（以下简称县委党校）主办、合办、协办各类班次25期，培训人数4000人次。先后举办全县科级领导干部学习贯彻中共十八届六中全会精神集中轮训班、全县科级领导干部学习贯彻中共十九大精神集中轮训班、“青蓓百佳”第十一期中青年干部培训班、新一届村社两委主要干部上岗培训班、2017年县直机关党员发展对象培训班、2017年全县公务员“学法用法三年轮训行动”等主体班次。新校园主体建筑实现全面结顶，进入内部装修和室外附属工程建设。

【教科研工作】 开展“党课+”试讲，每名教师准备1～2个专题，新储备13堂专题课，逐步建立起具有鲜明马克思主义理论阵地优势、庆元特点、党校特色的课程体系，先后获全市党校系统优秀教案评选二等奖、全市电大系统说课比赛三等奖、全县“学十九大精神　话使命担当”PPT风采展示大赛优胜奖。建立和完善领导干部讲课制度，县委书记蓝伶俐、县人大常委会主任吴青松、县政协主席叶丽娅等县领导到校授课，丰富了讲台内容，提升了层次，扩大了县委党校的影响。组织全体教师认真学习领会中共十九大精神和习近平新时代中国特色社会主义思想，开展集体备课，5名领导、骨干教师入选县中共十九大精神宣讲团。2017年，共立项课题4项，其中《“互联网+”引领特色小镇建设——以庆元香菇小镇为例》获省委党校中特中心第十九批规划课题立项，3个课题获2017年庆元县社会科学研究课题立项。中国学习科学学会“十三五”全国科学规划课题结题1项。在市、县各类研讨会、征文中获奖8篇，其中市级二等奖2篇、三等奖2篇。学术论文发表3篇，其中省级期刊发表1篇、市级期刊发表2篇。

【学历教育】 2017年，县委党校春、秋两季招生276人，其中春季136人、秋季140人。有54个班级，在籍学员710人。2017年度，被评为全省电大系统招生工作先进单位，1人被评为先进个人。

（陈爱玲）

老干部工作

【概况】 2017年底，庆元县有离休干部35人。按地域分，在庆元县安置27人，易地安置8人；按单位性质分，行政机关14人，事业单位8人，企业9人，部队1人，条管单位3人；按入伍时间分，抗日战争时期入伍4人，解放战争时期入伍31人；按享受级别待遇分，享受副司局级医疗待遇5人，享受副县（处）级以上待遇16人，享受乡科级待遇19人；按年龄分，80周岁以上至90周岁22人，90周岁以上至100周岁12人，100周岁以上1人。

【政治待遇落实】 全年县委领导召集专题老干部座谈会1次，召开老干部大事通报会5次、县委老干部领导小组工作会议1次，组织老干部开展参观考察活动4次。

1月10日，县委书记蓝伶俐主持召开老干部迎春茶话会，通报2016年庆元县经济社会发展情况，征求老干部对庆元发展的意见和建议。1月17日，召开老干部大事通报暨“双先”表彰会，县委副书记、代县长胡献如通报工作，并为受表彰的先进离退休干部党支部和先进工作者授奖。1月19日，在丽水召开住丽老干部大事通报会，县委副书记李见阳通报工作。3月29日至30日，组织老干部赴江山、建德老干部局参观学习机关文化建设、离退休干部党建等工作，到新安江水电站爱国主义教育基地考察学习。4月21日，召开全县第一季度老干部大事通报会，副县长彭敏通报工作。5月5日，组织老干部赴福建政和县参观陈贵芳故居、中共政和第一党支部旧址、东平高粱酒厂、中国第一楠木林等红色旧址和特色产业发展情况。7月26日，召开全县第二季度老干部大事通报会，县委常委、常务副县长章作飞通报工作。7月25日至28日，在西演山庄举行老干部读书会，其间安排了浙江省第十四次党代会精神、庆元县教育事业的改革与发展、庆元县旅游业的发展现状与展望、庆元县养老服务体系建设与发展4个主题讲座。8月8日，召开县委老干部工作领导小组会议，县委副书记李见阳出席会议并讲话，会议由县委常委、组织部部长刘新民主持。会议组织学习了《中共浙江省委办公厅　浙江省人民政府办公厅印发〈关于进一步加强和改进离退休干部工作的实施意见〉的通知》（浙委办发〔2017〕51号）文件精神，听取2017年1～7月县老干部工作情况汇报，研究讨论县委老干部党校成立事宜等几项工作；8月15日至19日，组织县政府咨询委成员赴松阳、江山、婺源等地调研考察大木山茶园、耕读农场等特色旅游发展情况，以及清漾毛氏文化村、廿八都古镇、李坑等新农村建设发展情况；11月7日至10日，组织老干部赴杭州、诸暨等地，参观考察杭州清河坊历史文化街区、梦想小镇未来科技城、G20主会场——国际博览中心等城市建设中心及诸暨珍珠小镇规划建设情况；12月29日，召开全县第三季度老干部大事通报会，县委常委、组织部部长刘新民通报工作。

【生活待遇落实】 全年县领导走访慰问老干部超过30人次。组织做好易地安置离休干部夏季慰问、重阳节慰问、春节慰问工作。看望慰问生病住院离休干部超过10人次。10月25日，在丽水举办庆元住丽老干部重阳节祝寿活动。落实离休干部“三项经费”（休养费、考察费、特需和公用经费）9.96万元，落实离休干部春节慰问经费7000元，离休干部特困经费3.3万元。全县离休干部和副县级以上退休干部春节慰问金由人均2000元上调至人均6000元。

【喜迎十九大老干部文艺会演】 10月12日，在庆元二中学术交流中心举办浙闽两省六县（市）老干部“红心永向党”暨喜迎党的十九大胜利召开文艺会演，庆元县委常委、组织部部长刘新民出席活动并致辞。丽水市委老干部局副局长黄永伟，庆元县人民政府副县长黄立飞，庆元县人大常委会副主任吴泽民，庆元县政协副主席夏家天，庆元县直机关工委书记刘良，庆元县委组织部副部长、老干部局局长吴秋骅等领导出席活动。庆元、龙泉、景宁、政和、松溪、寿宁两省六县（市）的老干部参加会演。

【老干部党建】 2017年，全县纳入老干部局管理的离退休干部党支部33个，其中乡镇（街道）离退休干部党支部9个，临时党支部2个。全县离退休干部党支部中有中共党员615人。全年共组织召开老干部党建工作例会4次，举办中共十九大精神宣讲、新党章知识学习培训、“网下我点赞，网上晒风采”支部亮星、“我看十八大以来菇乡庆元变化与发展”主题征文等活动8次。

【县委离退休干部党校成立】 10月，县委离退休干部党校成立，由县委常委、组织部部长刘新民任校长，老干部局局长吴秋骅、县直机关工委副书记吴昌森、老干部局副局长季日清任副校长，办公室主任由老干部局副局长季日清兼任。老干部党校的主要职责是：组织开展对全县离退休干部党员，离退休干部党支部骨干的理论学习，党章、党规、党纪学习，时事形势、路线教育学习，县委的中心工作、县情社情教育等内容的培训与讲座，加强老干部的思想政治建设，不断提高老干部的整体理论素养和辨别是非能力，永葆共产党员的公仆本色。

【县政府咨询委】 县政府咨询委由老干部局牵头组建，日常工作归口老干部局服务管理。全年县政府咨询委开展考察调研4次，完成《关于科学有序推进我县小城镇环境综合整治行动的若干意见》《关于实施食用菌全产业链提升行动计划再创香菇产业发展新典范的建议》《关于立足生态优势 加快推进农旅整合发展的调研报告》3份调研报告，得到县委书记蓝伶俐、县长胡献如、副县长吴小军等县领导的批示。

【社区“四就近”工作】 6月27日，县老干部局与濛洲、咏归、石龙、玉田4个涉老社区签订《庆元县利用社区资源做好老干部服务管理工作责任书》，全年4个涉老社区为老干部就近提供家政服务40次，提供健康体检服务48次，组织中共十九大精神学习4次。

【老干部活动中心】 全年举办各类老干部文体活动超过10次。3月4日，举办“三八”妇女节老年门球赛；8月19日至21日，举办首届门球新赛挑战赛；9月12日至13日，举办首届全县离退休干部党支部“党建杯”乒乓球比赛；10月14日至15日，举办老干部喜迎党的十九大胜利召开暨“党风廉政杯”门球赛；10月3日至10月10日，举办老干部“喜迎党的十九大胜利召开”书画作品展。濛洲之声老干部文艺团开展送戏下乡活动12场次。12月15日，活动中心基础设施提升工程正式启动。

【老年大学】 全年老年大学共有学员152人，聘请教师8人，开设音乐、戏曲、二胡、舞蹈、体育、养生等9个课程班。1月8日，在生态公园举办“我们的中国梦”——老年大学2016年年终汇报演出。举办专题教育讲座2场。3月16日，浙江中医药大学附属第三医院派驻专家陈智能作“骨性关节炎的预防和治疗”健康教育讲座。4月26日，县环保局副局长叶加锡作“守护蓝天碧水，共建生态文明”专题讲座。4月28日，组织开展老年大学生态日踩街宣传活动，参加人数80人。

（胡梦云）

关心下一代工作

【概况】 2017年，庆元县关心下一代工作委员会（以下简称关工委）到关工委成员单位、社区、乡镇、村全面了解情况，帮助基层关工委解决实际困难。引导各成员单位，各乡镇（街道）、村、社区关工委从各自实际出发，以创“五好”关工委为内容，推动各项工作的全面开展。调整充实科技咨询委主任和科技老专家，使科技老专家队伍“年轻化”。为“五老”搭建平台，在政治、工作、生活等方面主动关心他们。各级关工委通过专题培训、研讨座谈、辅导讲座，把中共十九大精神层层传达到基层和“五老”，“五老”宣讲团走进机关、学校、社区，向青少年深入浅出地解读中共十九大精神。

【青少年教育宣传】 在清明节、烈士纪念日等重要节庆日、纪念日，关工委组织宣讲团到五都小学等学校、烈士陵园、廊桥博物馆红桥展厅等开展党史、庆元革命史教育。邀请市关工委宣讲团老师到城东小学、二中开展《弘扬中华传统文化，做现代文明学生》主题宣讲。与县教育局、县文明办在全县中小学校联合开展“浙江好家风”征文活动，30所学校参加，收到各学校推荐的优秀征文104篇。与县委宣传部、文广新局在二中联合举办第一届全民阅读节开幕式暨“享阅读之乐，建书香之城”专场文艺晚会。利用送电影下乡及爱国主义影片进校园这个平台，到庆中、职中等学校和8个社区开展禁毒宣传。各社区“五老”给青少年上法制课，举办法治讲座，讲解司法案例，并制作反邪教宣传展板，开展反邪教宣传。与县图书馆、新华书店在屏都街道八二村少儿之家开展讲故事比赛，向八二村、同济社区少儿之家赠送价值10000元优秀青少年读物。

【帮困助学工作】 组织工作人员深入到乡镇、村对申请资助的贫困生挨家挨户进行走访，摸清贫困生详细的家庭情况和贫困原因，建好贫困生信息库。陪同《都市快报》《处州晚报》等媒体的记者到学生家里采访，借助媒体的力量宣传报道庆元贫困学生，争取更多的贫困学生得到资助。陪同爱心企业走访受助学生家庭。陪同吴永昌爱心助学团队走访了3所小学，3个受助学生代表。陪同杭州鼎龙化工公司员工走访32个公司受助的部分贫困中小学生家庭。主动与上级关工委和爱心企业对接，寻求爱心企业和爱心人士的支持，听取他们对帮困助学的意见和建议，争取他们更多的资助。2017年，在市关工委和社会各界爱心人士的支持下，全县共有中小学生和大学新生235人得到资助，资助金额701700元。

【“双百”工作】 对老科技专家库实行动态管理，结合老专家的专业特长，确定项目，选好联系村。立足甜橘柚、笋竹等“双百”基地，服务农村青年。发挥基地的辐射带动作用，通过发放科技资料，解答科技咨询，开展现场培训等方式，老专家精心传授，对农村青年有针对性地开展技术帮扶。全年发放各类科技资料2100份，解答咨询615人次，培训农村青年536人次，帮助农村青年掌握科技知识，加快致富步伐。

【优化青少年健康成长环境】 社区关工委联合街道食安办对辖区中小学周边环境进行集中整治，确保周围小店无过期食品、无不健康书籍和玩具。县关工委及社区“五老”网吧义务监督员定期不定期到网吧开展巡查，运用教育引导、劝阻说服等手段，制止未成年人进入网吧，同时加大对“网瘾”青少年的帮扶教育，为青少年健康成长创造良好的环境。

【特殊青少年群体帮扶】 发动社区“五老”人员与“问题青少年”结对帮扶。各社区都加大了对留守儿童等特殊青少年群体的关爱帮扶力度，通过结对帮扶、走访慰问等形式，开展各项关爱活动。积极配合司法做好社区刑释解教青少年的帮教工作，为刑释解教青年建立了帮教小组，定期走访调查，帮助他们早日卸下思想包袱，做一个对社会有用的人。

【民营企业关工委成立】 12月10日，首家民营企业关工委在浙江节节高炭业有限公司成立，在授牌仪式上，县关工委的工作人员和公司董事长、总经理及员工参加了授牌仪式。民营企业关工委的成立，丰富和拓宽了关心下一代工作的内涵和领域。

（吴春妮）

档案史志工作

【档案规范化建设】 2017年，庆元县档案局推进乡镇村档案规范化建设，共完成18个乡镇（街道）及所管辖的行政村（社区）的档案规范化整理和数字化工作，共整理档案30787卷，38381件。推进数字档案室建设，创建示范数字档案室8家，规范化数字档案室10家、数字档案室12家。进行档案目标管理认定工作，庆元县司法局通过档案目标管理省一级认定，庆元县水利局通过档案目标管理省二级认定，丽水市公积金管理中心庆元分中心通过档案目标管理省二级复评。

【“最多跑一次”改革】 县档案局牵头开展“最多跑一次”事项电子化归档工作，出台《庆元县“最多跑一次事项”电子化归档管理工作实施方案》，完成27家县级相关部门行政许可事项的文件材料归档范围和保管期限的报送和审核工作，将档案系统迁入电信政务云，完成“最多跑一次”电子化归档统一管理平台的立项工作，并组织36个相关单位归档模块配置技术人员培训。截至12月底，全县机关单位行政许可事项归档配置448项，配置率达100%，事项归档14064件，归档率100%。全面梳理公布群众和企业到政府办事“最多跑一次”的事项，共梳理权利事项12项，公共服务事项10项，群众和企业到政府办事事项10项。编制发布《庆元县首批民生档案查阅指南》，收录了庆元县档案馆及人力社保局等17家涉民单位的各类民生档案共77种。共接待社会各界档案利用者3088人次，查阅档案8796卷册、387件，复制10352张，其中异地查档、跨馆服务6次。

【档案安全监管】 加强重点建设项目档案管理，县级以上重点建设项目登记24个，马蹄岙电站设备更新改造工程和马蹄岙电站增效扩容工程通过县级档案专项验收。54省道庆元黄坛至菊水及55省道菊水至松源段公路改建工程顺利通过省档案安全检查组的检查。加强基层单位档案安全监管工作，下发《关于加强汛期档案安全管理工作的通知》《关于加强档案服务外包安全风险防控的通知》等文件。对庆元县公共服务中心入驻单位进行一次全面的摸底调查，掌握搬迁单位的档案管理情况。加强档案中介管理，印发《庆元县档案中介机构备案登记管理办法》，对全县5个档案中介机构进行登记备案，并相应开展了执法检查。加强档案信息数据安全管理，为县级单位提供电子档案数据备份服务，督促各单位档案员对上网电子文件和档案进行严格审查制度，严防失泄密。对馆藏数字化成果和外单位备份数据进行异地异质备份保管，共向市档案局备份电子数据2.66T。

【档案资源体系建设】 挖掘优质档案资源，共接收纸质档案169卷、光盘7个、资料30册；征集到光绪版《大济中宅家谱》2册、民国初年契约档案7张、民国时期庆元地形图3张；同时开展斋朗村凤冠3顶、吴逢祥宣统二年（1910）奉旨签分安徽省候补直隶州州判（分州）牌匾的寄存服务；对清末民国契约档案、《新庆元》日刊、邱连图档案进行仿真修复。开展档案文件级条目著录工作，已完成6000多个条目的著录工作。推进专题数据库建设，开展“千村档案”数据采集和录入工作，共采集电子数据达45.25G，并形成纸质档案。对全县2016年创建的12个农村文化礼堂开展建档工作，共收集各类电子文稿、数码照片、音频、视频等电子数据13.7G。依托OA系统的推广使用，全面推进“1+9+N档案协同管理系统”同步应用，“1+9+N档案协同管理系统”已开通97家单位，50家单位在使用，截至12月初，系统中共有数据量165282条。

【档案保障机制建设】 全力推进档案馆新馆建设，主体工程于6月30日结顶，正处于内部装修和设备安装阶段。召开全县档案业务培训会，表彰先进集体8个、先进个人16人，并对全县200名档案员进行业务培训。开展“最多跑一次”事项电子化归档工作培训及乡镇村档案培训等专项，培训人员达600人。组织和选派20名档案业务骨干到省市参加档案培训。举办“6·9”国际档案日宣传活动和纪念《中华人民共和国档案法》颁布30周年“宣传周”活动。

【庆元党史二卷编纂工作】 庆元党史二卷正式进入编写阶段，在四编20章的编目基础上，对编章节进行细化分工，完成13万字的初稿写作。

【党史资政研究和宣传】 协助县委办开展庆元县解放68周年纪念活动、县委主要领导参加的“不忘初心牢记使命”主题党日活动和中共闽浙边地委及其游击队进驻崔上70周年纪念活动，为庆元红桥馆的布展提供史料、图片及设计方案，接待老区干部群众来人、来信访问80批次。积极开展党史宣传工作，分别在白柘洋纪念馆等教育基地，开展党史宣讲等近30批次，受党史宣讲教育人数共计5000人次。暨庆元县解放68周年和中共闽浙边地委及其游击队进驻崔上70周年之际，于《菇乡庆元》《丽水史志》《足迹》等刊物上发表相关纪念文章2篇。

【《庆元县志（1991～2010）》编修】 根据全省“两全目标”要求，《庆元县志（1991～2010）》进入统稿阶段。县志编辑部按照目标任务，倒排时间，逐篇逐章进行县志文稿的修改和补充，并根据遂昌、景宁县志评审会上省市专家的意见和建议，结合庆元实际，进行资料的补充和完善。同时，继续进行入志人物和入志图片的整理工作。至12月底，形成《庆元县志（1991～2010）》征求意见稿，志稿正文共43篇、181章、619节，80.8万字。

【《庆元年鉴（2017）》编纂】 3月27日，下发《中共庆元县委办公室庆元县人民政府办公室关于转发县档案局（馆、史志办）〈庆元年鉴（2017）〉编纂工作方案的通知》（庆委办发〔2017〕29号），启动《庆元年鉴（2017）》的编纂工作。县年鉴编辑部召开编辑工作会议，明确分工，责任到人。5～8月，相继完成各单位初稿的编辑、返稿。9月，形成年鉴初稿，送交中国文史出版社审稿、出版。

县档案局（馆、史志办）

庆元县人民代表大会

县人代会、常委会及主任会议

【概况】 2017年，召开庆元县十六届人大常委会会议6次、主任会议14次，听取和审议、审查“一府两院”工作报告14项，发出审议意见书10份，组织视察、调研活动20次，任免国家机关工作人员70人次。任命的人民陪审员共计参加707件案件审理，受理群众来信访51件，接待群众来访20批35人次。

【庆元县第十六届人民代表大会第一次会议】 2017年2月20～24日在庆元县城召开，到会代表163人，列席人员170人。大会听取和审查庆元县人民政府代县长胡献如关于庆元县人民政府工作报告；审查和批准庆元县2016年国民经济和社会发展计划执行情况的报告及2017年国民经济和社会发展计划；审查庆元县2016年财政预算执行情况的报告及2017年财政预算草案，批准庆元县2016年财政预算执行情况的报告和2017年财政预算；听取和审查庆元县人大常委会主任吴青松关于庆元县人民代表大会常务委员会工作报告；听取和审查庆元县人民法院代院长卢岳平关于庆元县人民法院工作报告；听取和审查庆元县人民检察院代检察长叶仪俊关于庆元县人民检察院工作报告；通过关于设立庆元县第十六届人民代表大会法制（内务司法）委员会和财政经济委员会的决定；会议依法选举出吴青松为庆元县第十六届人民代表大会常务委员会主任，王林生、叶武、刘义平、吴泽民、吴建华为庆元县第十六届人民代表大会常务委员会副主任，申建军、叶小松、叶宪武、冯宇驰、刘芝花（女）、刘章武、连卫东、吴卫东、吴远姿（女）、吴芳、吴雯杰（女）、张启环、张建平、张继礼、陈小文、范惠安、练小松、项进全、胡永娟（女）、胡秋生、胡葆飞、谢新明、赖少平为庆元县第十六届人民代表大会常务委员会委员；会议依法选举胡献如为庆元县人民政府县长，王绍金、吴小军、胡显平、黄立飞、章作飞、彭敏为庆元县人民政府副县长；会议依法选举黄绍刚为庆元县监察委员会主任；会议依法选举卢岳平为庆元县人民法院院长；议依法选举叶仪俊为庆元县人民检察院检察长；会议表决通过王林生为庆元县第十六届人民代表大会法制（内务司法）委员会主任委员，连卫东为庆元县第十六届人民代表大会法制（内务司法）委员会副主任委员，叶祥富、杨金花（女）、沈正茂、宋菲菲（女）为庆元县第十六届人民代表大会法制（内务司法）委员会委员；会议表决通过刘义平为庆元县第十六届人民代表大会财政经济委员会主任委员，范惠安为庆元县第十六届人民代表大会财政经济委员会副主任委员，刘芝花（女）、吴承龙、吴哲林、周夏青为庆元县第十六届人民代表大会财政经济委员会委员；会议选举出王福美（女）、过孟超、任淑女（女）、刘林红（女）、李成武、吴敏、吴伟香（女）、吴应淼、吴青松、吴泽民、吴秋标、吴复勇、吴端成、邹培书、沈建秀（女）、陈力、范道勤、胡光火、胡献如、钟淼飞（畲族）、姚月华（女）、徐和青、涂仙伟、曹邦英（女）、谢志伟、蓝伶俐（畲族、女）、颜小云为庆元县出席丽水市第四届人民代表大会的27名代表。

截至2017年2月22日上午12：00时整，收到代表10人以上联名提出的议案53件，代表个人或联名提出的建议、批评和意见132件。议案审查委员会对53件议案，132件建议、批评和意见，分类逐件进行了审查。在132件建议、批评和意见中，对吴立仁代表提出的《关于对五大堡中心小学挪用专项经费的批评》《呼吁县营林公司赔偿侵权村民山林案》等2件作为来信处理，其他130件，连同53件议案，转作代表建议办理。由县人大常委会有关工作机构在大会闭会后，移送“一府两院”统一安排办理，由承办单位负责答复代表，并由县人民政府将办理结果书面向县十六届人大常委会报告。经县人大常委会主任会议研究，将《关于加快庆景公路实施进度的建议》等八方面的建议共15件，确定为县人大常委会重点督办件，实行县政府县长、副县长领办，县人大常委会主任、副主任对应分工督办。

【庆元县十六届人大常委会会议】 2017年，庆元县十六届人大常委会召开会议6次。

2月24日，县十六届人大常委会第一次会议召开。会议审议通过庆元县第十六届人民代表大会代表资格审查委员会名单（草案）；审议决定任命吴作荣为庆元县监察委员会副主任；叶肖峰为庆元县监察委员会副主任；叶先港、柳恒荣、沈光友为庆元县监察委员会委员。

4月14日上午，县第十六届人大常委会第二次会议召开。会议学习传达全国人代会精神；决定任命吴长智为庆元县人大常委会办公室主任，连卫东为庆元县人大常委会法制（内务司法）工作委员会主任，胡葆飞为庆元县人大财政经济委员会副主任委员，决定免去胡葆飞的庆元县人大常委会办公室主任职务，连卫东的夭元县人大常委会法制工作委员会主任职务；决定任命赵玻、祝美群为庆元县人民政府副县长；决定任命吴勤为庆元县人民政府办公室主任，吴秋标为庆元县发展和改革局局长，吴进平为庆元县经济商务局局长，张继誉为庆元县教育局局长，吴庆洪为庆元县科学技术局局长，毛志平为庆元县民族宗教事务局局长，邹海亮为庆元县公安局局长，陈定光为庆元县民政局局长，张用权为庆元县司法局局长，叶华成为庆元县财政局局长，胡小灵为庆元县人力资源和社会保障局局长，刘祖成为庆元县住房和城乡建设局局长，王向荣为庆元县交通运输局局长，吴建伟为庆元县水利局局长，洪宝如为庆元县农业局局长，胡元胜为庆元县文化广电新闻出版局局长，项邦宝为庆元县卫生和计划生育局局长，祁康明为庆元县审计局局长，吴思文为庆元县环境保护局局长，练全安为庆元县林业局局长，刘钢平为庆元县安全生产监督管理局局长，姚皓光为庆元县市场监督管理局局长，赵思恒为庆元县综合行政执法局局长；决定免去叶高山的庆元县人民检察院检察员职务；审议通过庆元县人大常委会2017年工作要点（草案）；审议通过庆元县人大常委会2017年监督工作计划（草案）；审议通过庆元县人大常委会相关议事规则、实施意见等工作制度。会上，拟任命人员做表态发言，会议还为拟任命人员颁发任命书，举行宪法宣誓仪式。

6月27日，县第十六届人大常委会第三次会议召开。会议学习传达省第十四次党代会精神和代省长袁家军在庆调研时的讲话精神；听取和审议《庆元县人民政府关于2017年政府重大投资项目计划的报告》《庆元县人民政府2016年基本建设预算执行及2017年基本建设预算安排情况的报告》《庆元县人民政府关于提请审议批准2017年地方政府债务限额和债务预算调整方案的议案》《庆元县人民政府关于环境状况和环境保护目标完成情况的报告》。

8月22日，县十六届人大常委会第四次会议召开。会议听取和审议县政府关于2017年上半年国民经济和社会发展计划、预算执行情况的报告；听取和审议县政府关于2016年度财政预算执行和其他财政收支情况的审计工作报告；审查和批准县政府关于2016年度县本级财政收支决算的报告；决定免去祝美群的庆元县人民政府副县长职务，免去刘北平的庆元县人民法院审判监督庭庭长职务，免去范敏娟的庆元县人民法院刑事审判庭副庭长职务；任命胡泽峰为庆元县人民法院审判委员会委员，杨进江为庆元县人民法院审判委员会委员，刘北平为庆元县人民法院审判委员会委员、民事审判第二庭庭长，范敏娟为庆元县人民法院审判监督庭副庭长。

10月31日，县第十六届人大常委会第五次会议召开。会议传达学习中国共产党第十九次全国代表大会精神；听取和审查《庆元县人民政府关于2017年财政预算调整方案的报告》；听取和审查《庆元县人民政府关于生态保护红线划定方案的报告》；听取和审议《庆元县人民检察院关于对庆元县第十六届人大代表吴心炳采取取保候审强制措施的报告》；听取和批准《庆元县人民检察院关于对庆元县第十六届人大代表吴心炳采取取保候审强制措施的报告》；任命柳昌海为庆元县人大常委会屏都街道工作委员会主任；免去周宇、应茂昌、吴巧玲的庆元县人民检察院检察员职务。

12月25～26日，县十六届人大常委会第六次会议召开。会议传达学习省委书记车俊在庆元调研时的讲话精神；传达学习丽水市四届人大二次会议精神；听取县政府关于县十六届人大一次会议代表建议及代表团审议“一府两院”工作报告意见建议办理情况的报告；听取县政府关于县十六届人大一次会议重点代表建议办理工作报告，并进行满意度测评；听取县政府关于《县人大常委会关于乡村旅游发展审议意见》办理情况报告，并进行满意度测评；听取和审议县发改局局长吴秋标、县人力社保局局长胡小灵、县文广新局局长胡元胜、县卫计局局长项邦宝、县综合行政执法局局长赵思恒履职情况报告，并进行满意度测评；听取县人大常委会各街道工作委员会工作报告；会议决定任命李乘为庆元县人民政府副县长；免去叶凯宏的庆元县人民法院民事审判第二庭副庭长、审判员职务；免去吴高敏庆元县人民法院审判员职务，免去李建强庆元县人民法院审判员职务。会上，县人大常委会主任吴青松向李乘颁发任命书，新任命人员向宪法进行庄严宣誓。

【庆元县十六届人大常委会主任会议】 2017 年，庆元县人大常委会召开主任会议 14 次。

3 月 3 日，县十六届人大常委会第 1 次主任会议召开。会议研究通过县十五届人大常委会 2017 年 3 月工作安排；研究讨论县人大常委会 2017 年监督工作计划（草案）；总结县乡人大换届选举工作及县十六届人大一次会议会务工作；议研究讨论《庆元县人大工作手册》的编辑修订工作；研究确定县十六届人大常委会主任、副主任分工。

3 月 27 日，县十六届人大常委会第 2 次主任会议召开。会议听取县政府关于新修订的《中华人民共和国人口和计划生育法》贯彻落实情况的报告；研究确定县人大常委会 2017 年 4 月工作安排；研究确定县十六届人大常委会第二次会议有关事宜；审定《庆元县人大工作手册》相关内容；传达全国人代会和全省人大推进“民生实事项目代表票决制”工作现场交流会精神。

4 月 26 日，县十六届人大常委会第 3 次主任会议召开。会议研究确定县十六届人大常委会 2017 年 5 月工作安排；研究“剿灭劣 V 类水，人大代表在行动”主题活动代表视察安排；研究县十六届人大一次会议代表建议重点领办件、督办件；传达市四届人大一次会议精神。

5 月 11 日，县十六届人大常委会党组暨第 4 次主任会议召开。会议听取县人大常委会党组成员关于落实党风廉政建设主体责任情况的汇报；研究确定县十六届人大一次会议代表建议重点督办件；研究确定县十六届人大常委会兼职委员工作分工；听取县政府关于全县民族宗教工作情况的汇报。

5 月 27 日，县十六届人大常委会第 5 次主任会议召开。会议研究确定县人大常委会 6 月主要工作安排；听取财经工委关于 2017 年政府性投资建设项目资金预算初审报告；听取财经工委关于 2017 年政府重大投资项目计划初审报告；听取代表与选任工委关于乡镇召开年中人代会工作汇报并讨论。

6 月 16 日，县十六届人大常委会第 6 次主任会议召开。会议听取城建环资工委《关于我县环境状况和环境保护目标完成情况的调研情况报告》；听取财经工委《关于我县 2016 年度政府债务有关情况的报告》；研究县十六届人大常委会第三次会议有关事宜；听取县人大常委会代表与选任工委关于人事任免事项的汇报，关于庆元县人大濛洲、松源、屏都工作委员会组成人员名单的汇报，并进行研究，会议同意将有关人事任免事项，关于庆元县人大濛洲、松源、屏都工作委员会组成人员名单的议案提交县十六届人大常委会第三次会议进行表决；研究部署县第十六届人大代表外出培训和活动的相关工作。

6 月 30 日，县十六届人大常委会第 7 次主任会议召开。会议学习传达省第十四次党代会精神和代省长袁家军在庆元调研时的讲话精神；听取县政府关于庆元县农村生活污水治理情况的报告；听取县政府关于县科技创新服务工作情况的报告；研究安排 2017 年上半年全县经济社会运行情况与财政预算执行情况调研；研究确定县人大常委会 2017 年 7 月主要工作安排。

8 月 1 日，县十六届人大常委会第 8 次主任会议召开。会议听取县政府关于规范性文件备案审查工作情况报告；学习传达全省各级人大常委会主任学习会精神；听取各调研小组关于 2017 年上半年全县经济社会运行情况与财政预算执行情况调研情况报告；听取县十六届人大一次会议代表建议常委会督办件进展情况的汇报；研究确定县人大常委会 8 月主要工作安排。

8 月 14 日，县十六届人大常委会第 9 次主任会议召开。会议听取财经工委关于庆元县 2017 年上半年国民经济和社会发展计划及预算执行情况的调研汇报；听取财经工委关于庆元县 2016 年度县本级财政收支决算报告的意见；听取财经工委关于 2016 年度财政预算执行和其他财政收支情况审计工作报告的意见；听取城建与环资工委关于县生态保护红线划定方案审查情况的报告；讨论有关人事任免，同意将有关人事任免事项提交县十六届人大常委会第四次会议审议；研究确定县十六届人大常委会第四次会议议程。

9月5日，县十六届人大常委会第10次主任会议召开。会议学习传达县委十四届五次全体（扩大）会议精神；学习传达全省人大贯彻落实中央和省委有关文件精神、视频会议精神；学习传达全市人大常委会主任读书会精神；学习传达全省人大财经工作培训会议精神；学习传达全省规范性文件备案审查工作培训班、全省内务司法工作座谈会精神；学习传达全市教科文卫工作座谈会精神；学习传达省人大常委会党组书记、副主任王辉忠在全省各级人大常委会办公室主任培训班上的讲话精神；研究确定县人大常委会2017年9月主要工作安排。

10月10日，县十六届人大常委会第11次主任会议召开。会议听取县政府委关于政府产业基金运作情况的报告、县政府关于2017年度公共财政预算调整草案的报告；通过县十六届人大常委会2017年10月工作安排；传达丽水市全国、省人大代表推荐工作会议精神。

10月26日，县十六届人大常委会第12次主任会议召开。会议传达学习中国共产党第十九次全国代表大会精神；听取《庆元县人民政府关于生态保护红线划定方案的报告》；研究讨论《关于进一步推动人民法院执行工作的意见》；讨论有关人事任免，同意将有关人事任免事项提交县十六届人大常委会第五次会议审议；听取《庆元县人民检察院关于对县十六届人大代表吴心炳采取取保候审强制措施的报告》；研究县十六届人大常委会第五次会议有关事项；研究确定县人大常委会2017年11月工作安排；研究讨论《庆元县人大常委会办公室关于听取和审议县发展和改革局局长吴秋标等五位局长履职情况报告的工作方案》。

11月24日，县十六届人大常委会第13次主任会议召开。会议听取县政府农旅融合发展情况的报告；听取县审计局关于县发展和改革局局长吴秋标等五位局长审计情况的报告；听取县人大常委会调研组对县发展和改革局局长吴秋标等五位局长履职情况的调研报告；听取县人大常委会办公室关于县十六届人大二次会议筹备工作安排的汇报；研究确定县人大常委会2017年12月主要工作安排。

12月21日，县十六届人大常委会第14次主任会议召开。会议听取县监察委员会工作报告；传达学习省委书记车俊在庆元调研时的讲话精神；传达学习丽水市四届人大二次会议精神；研究县十六届人大常委会第六次会议有关事项；研究推广应用人大代表监督治水手机APP有关事项；研究确定县人大常委会2018年1月工作安排。

重大活动

【深入学习贯彻中共十九大精神】 以迎接十九大、学习十九大、贯彻十九大为主线。把认真学习宣传贯彻中共十九大精神作为首要政治任务。县人大及其常委会以高度的政治自觉，按照中央、省委、市委和县委的部署要求，制定《学习贯彻党的十九大精神工作方案》，对党的十九大报告、新修订的《中国共产党章程》、习近平新时代中国特色社会主义思想、关于人大工作的决策部署四个方面进行深入学习。县人大常委会党组层面，开展专题学习，组织对十九大精神和新修订的党章进行专题学习。开展专题交流发言，党组书记带领党组成员以“如何更好地领会报告精神”、如何“将十九大精神贯彻落实到人大工作中”、如何“深入贯彻新时代党的建设总要求，持之以恒加强县人大常委会党组的建设工作”作交流发言。县人大常委会层面，召开县第十六届人大常委会第五次会议传达学习十九大精神。县人大常委会机关干部层面，组织收看习近平总书记代表第十八届中央委员会向大会作的报告，开展“十九大精神学习讨论会”活动，每位干部、职工交流学习体会，“每月夜学”将学习十九大精神作为必学内容，定期开展讨论活动。乡镇人大主席团、人大街道工委层面，召开庆元县乡镇（街道）人大主席（主任）会议、庆元县乡镇（街道）人大办公室（副主任）主任会议，传达学习十九大精神，并结合十九大精神部署乡镇（街道）人大工作。

【强化经济监督】 常委会及时掌握全县经济社会发展变化情况及财政收支安排情况，为县政府及相关部门编制计划、预算等提出建设性意见，积极开展上半年国民经济和社会发展计划及财政预算执行情况调研、2017年政府性投资建设项目资金预算情况调研、2016年度财政预算执行和其他财政收支情况的审计工作调研、政府产业基金建设情况专项调研等。主任会议专门听取政府债务情况报告、县政府产业基金情况汇报。常委会会议听取和审议通过2017年地方政府债务限额和债务预算调整方案，庆元县人民政府关于2017年政府重大投资项目计划的报告、庆元县人民政府2016年基本建设预算执行及2017年基本建设预算安排情况的报告等。在广泛调研基础上，制定出台《庆元县人大常委会关于政府重大投资项目监督暂行办法》，审议通过2017年度政府重大投资项目安排，全年共组织代表100余人次视察重点项目。

【推动民生事业】充分发挥人大优势，有效促进解决群众关注的热点难点问题。制定出台《庆元县人大常委会关于实施县政府民生实事项目人大代表票决制的决定》，在第十六届人民代表大会一次会议上首次施行“政府民生实事项目人大代表票决制”。听取和审查县政府关于《庆元县生态保护红线划定方案》的报告，听取和审议《庆元县2016年度环境状况和环境保护目标完成情况的报告》，听取县政府关于贯彻执行新修订《中华人民共和国人口与计划生育法》工作汇报，开展农村污水治理和剿灭劣Ⅴ类水专项监督，组织开展“剿灭劣Ⅴ类水人大代表在行动”主题视察活动。

【深化司法监督】 制定出台《关于进一步推动人民法院执行工作的意见》，首次以文件来推动法院执行工作。积极稳妥推进监察体制改革、司法体制改革等改革落地，支持员额法官和员额检察官入额，主任会议听取县监察委员会专题工作报告。开展对2015年出台的相关文件执行情况检查，同时大力推进规范性文件备案审查，先后对县政府报备的48件规范性文件进行备案审查，在全省规范性文件备案审查工作座谈会上作重点交流发言。审议修订《常委会议事规则》《任免国家机关工作人员办法》《落实宪法宣誓制度的若干规定》，组织任命人员进行法律考试、表态发言和向宪法宣誓，推进干部任后监督。

【推动代表建议落实】 制定出台《庆元县人民代表大会代表建议、批评和意见办理规定》《庆元县人民代表大会代表议案处理办法》，创新代表建议“政府领导选、人大工委审、主任会议定”的模式，对代表议案、建议的办理要求更具体，督促承办单位办理工作更规范，确保更多优秀建议得到重点关注、重点解决。将代表在人代会、常委会及其他重要会议、活动中的审议发言等以正式公文形式转交“一府两院”及相关单位办理，办理情况纳入全县目标责任制考核范围。共收到代表建议181件，代表对办理结果表示满意或基本满意173件，不满意8件，满意或基本满意率95.6%。

【增强代表履职能力】为进一步提升代表履职能力，制定出台《庆元县人大代表履职登记管理办法》，完善《人大代表联系人民群众的意见》。给代表发放学习资料，邀请专家开展专题培训，分两批次安排全体代表外出接受专业培训；组织全县各级人大代表开展密切联系群众、“五水共治”、“三改一拆”、“护航村级组织换届”、“美丽乡村建设考察交流”、“对标大比拼”等各类主题活动，全力服务代表履职，助推经济社会发展；启动人大代表监督治水APP应用平台建设，服务和保障省、市、县、乡四级人大代表就近就便参与监督剿灭劣Ⅴ类水工作；19个乡镇（街道）开通网上联络站，实现代表基本信息、履职活动信息电子化管理。

【人大自身建设】 出台《庆元县人民代表大会议事规则》等6项制度，修订《庆元县人民代表大会常务委员会组成人员守则》等7项制度。积极配合县委贯彻落实《中共丽水市委关于进一步加强乡镇（街道）人大工作和建设的若干意见》，全县19个乡镇（街道）设立人大办公室，配齐专（兼）职人大工作人员，制定完善《县人大常委会关于加强乡镇（街道）人大工作的指导意见》和《县人大常委会关于指导乡镇（街道）人大工作的若干规定》，规范乡镇（街道）人大制度建设、会议程序、日常工作、代表活动。“一季一主题”召开乡镇（街道）人大工作例会，对乡镇一年两次人代会召开、民生实事项目代表票决制、视察、调查、评议以及选举等工作进行指导。实行人大街道工委向常委会报告年度工作制度。

（吴雅君）

庆元县人民政府

县政府全体会议、常务会议、专题会议及县长办公会议

【县政府全体会议】 1月17日下午，老干部大事通报暨“双先”表彰会召开。会议通报2016年度经济社会发展情况和2017年工作安排，听取老干部的意见和建议，并表彰先进离退休干部党支部和先进工作者。

2月8日上午，县委十四届三次全会十五届政府七次全会暨全县干部大会举行。县委书记蓝伶俐作工作报告。县委副书记、代县长胡献如主持大会。会议总结2016年工作，部署2017年工作。动员全县广大干部群众进一步坚定信心，从“美丽”出发，干事创业开新篇，为实现县第十四次党代会确定的目标任务开好局，起好步。2017年工作总要求是干事创业开新篇。要以实际行动回答好“干什么事，创什么业，如何开新篇”这个问题，紧紧围绕“生态美、生产美、生活美、干部美、改革美”，向着“美丽事业”再出发，让“美丽事业”成为大家共有的追求，让“美丽建设”成为干部群众的自觉行动，成为“两山”理论的生动实践。

2月8日下午，庆元县地质灾害综合治理“大搬快治”三年行动、推进垦造耕地暨国土资源工作会议召开。县委书记蓝伶俐参加会议并讲话。县委副书记、代县长胡献如主持会议。副县长黄立飞作工作部署。在听取工作部署后，蓝伶俐对过去一年庆元县国土资源工作给予充分肯定。

3月3日下午，全县财政地税工作暨党风廉政建设工作会议召开。县委副书记、县长胡献如参加会议并讲话。会议指出，2017年全县组织收入预期目标：实现一般公共预算收4.22亿元，增幅8%；财政总收入实现6.84亿元，增幅8%。并要求广大财税干部面对新形势、新任务、新要求，要认真谋划、迎难而上，继续统筹做好组织收入和服务发展两篇文章，勇于创先争优，善于真抓实干，扎实推进各项工作有序开展，努力开创财政地税工作新局面。

3月13日下午，全县地质灾害综合治理“大搬快治”工作推进会召开。县委副书记、县长胡献如参加会议并讲话。副县长黄立飞主持会议。会议传达全市地质灾害防治工作领导小组扩大会议精神，并部署下阶段工作。

3月13日下午，全县散养生猪污染整治专项工作部署会召开。县委副书记、县长胡献如参加会议。副县长吴小军主持会议。会议强调，要摸清底细，建立台账。把深化散养生猪污染整治工作作为“五水共治”的重要工程来抓，做到“不漏一户，不漏一猪”。

3月14日上午，全县村和社区组织换届选举工作动员视联网会议召开。县委副书记、县长胡献如参加会议并讲话，县委常委、组织部部长刘新民主持会议。胡献如在动员讲话时指出，面对新一届村社换届工作，要准确把握新方向、新使命，充分认识抓好村社组织换届的重要意义，面对新的情况、新的问题、新的要求，要提起劲、沉下心，以“尤为如此”的使命担当，打赢村社换届攻坚战。会上，胡献如代表县委与乡镇（街道）党（工）委书记签订了换届工作责任状。刘新民就具体工作进行部署。会后，组织部就村社换届工作开展业务培训。

3月16日上午，全县小城镇环境综合整治行动领导小组会议召开。县委副书记、县长胡献如参加会议并讲话。县委常委、常务副县长章作飞主持会议。会上，黄田镇、竹口镇、百山祖镇、安南乡、举水乡5个乡镇就整治方案进行汇报，与会部门负责人围绕整治方案提出意见、建议。会议还就小城镇环境综合整治行动下阶段工作任务进行安排部署。

3月20日上午，召开“最多跑一次”改革工作推进会。县领导胡献如参加会议并作工作部署，章作飞主持会议，赵玻及各乡镇（街道）、县属有关单位主要负责人参加会议。会议明确了“最多跑一次”工作目标和工作重点。按照“群众和企业到政府办事最多跑一次”的理念和目标，从与企业和人民群众生产生活关系最紧密的领域和事项做起，逐步实现全覆盖，到2017年年底基本实现群众和企业到政府办事“最多跑一次是原则、跑多次是例外”的要求。同时，会议还对“最多跑一次”改革的内涵、范围和实施对象等提出具体要求。

3月20日晚，全县领导干部会议召开，传达

全国“两会”精神。县委副书记、县长胡献如主持会议。作为十二届全国人大代表的县委书记蓝伶俐谈了参加全国“两会”的亲身经历和感受体会，并传达了全国“两会”的有关精神。就贯彻全国“两会”精神，蓝伶俐强调，要脚踏实地，真抓实干，打造庆元铁军，干事创业开新篇。要担当有为，专心谋事，用心办事，踏实干事。要到一线，敢于直面棘手问题，敢于攻坚克难，努力在发展中冲在先、走在前。要通力协作，全县一盘棋、上下一股劲、干群一条心，一步一个脚印把美好蓝图变为现实，为绿色发展的浙江样本提供更多的庆元元素、庆元印记，用实实在在的成绩迎接中共十九大和省第十四次党代会胜利召开。

3月21日下午，全县农业农村工作会议召开。会议回顾总结2016年农业农村工作，专题研究部署农业供给侧结构性改革，并对2017年农业农村工作进行安排。县委书记蓝伶俐讲话。县委副书记、县长胡献如作工作报告。县委常委阎昌远主持会议。县领导吴建华、吴小军、吴碧兰参加会议。讲话中，蓝伶俐肯定了上年农业农村工作取得的成绩。但还存在农民收入结构难优化、持续增收压力较大和现代农业产业发展水平难提高、新农村建设步伐较慢等问题。她强调，要担当有为，推动农业农村工作再上新台阶。要坚定不移推进农业供给侧结构性改革，促进农业提质增效。要坚定不移促进农民增收致富，推进农民脱贫攻坚。要坚定不移打造美丽乡村升级版，提升农村环境质量。要坚定不移深化农村改革，不断深化农村金融改革、农村综合改革、生态搬迁改革试点、“三位一体”农合联改革，激活内生发展动力。要坚定不移做好“三农”服务保障，夯实共享发展基础。胡献如在报告中强调，要突出抓好当前重点工作。要倒排时间，密切配合，加快推进兰溪桥水库扩建这项民生水利工程的前期工作。要紧盯时间节点和工程进度，尽快动工建设松源溪慢行系统，建好“一溪两岸”景观带。要迅速行动，组建机构，明确职责，尽早创成巾子国家AAAA级旅游景区。要以“拆、改、建、转”等方式，全力完成菇棚改造提升和“蓝色屋面”整治。要明确目标，落实责任，科学施策，打好散养生猪污染整治专项攻坚战。要做实农业全产业链，加大农业品牌、基础设施、循环农业、农产品安全、土地流转等建设力度，培育发展各类农业产业。要深化农旅融合，做好“丽水山耕”品牌建设和农产品旅游包装设计工作。要抓好森林防火、动植物疫病防疫、防汛防台抗旱工作，确保人民群众生命财产安全。

3月30日下午，剿灭劣V类水暨生猪散养整治工作推进会召开。会议对下阶段两项工作的推进进行研究部署。县委书记蓝伶俐，县委副书记、县长胡献如参加会议并讲话，县领导吴泽民、黄立飞、吴碧兰参加会议，吴小军主持会议。会上，环保、农业部门分别就剿灭劣V类水和生猪散养整治工作的开展情况，当前存在的主要问题和困难，下阶段的工作安排进行了汇报。就下阶段的工作推进，蓝伶俐强调，这两项工作时间紧、任务重、难点多，各乡镇（街道）、有关部门在认识上要重新定位，切实把思想和行动统一到省、市的决策部署上来，进一步强化措施，狠抓落实，全力以赴，坚决打赢两场攻坚战。

4月11日上午，“六边三化三美”工作会议暨第19次点评会召开，回顾总结2016年工作，研究部署下阶段工作。县委副书记、县长胡献如参加会议并讲话，县委常委阎昌远主持会议，副县长吴小军作工作部署。胡献如在讲话时指出，“633”工作是一项打牢绿色生态底色，打开“两山”通道的基础性工作。各级、各部门要牢固树立抓“633”工作就是抓经济建设、抓民生保障、抓转型升级的工作理念，立足县域实际，强化危机意识，持之以恒推进，通过进一步提高认识，切实增强“633”工作的紧迫感，持续、强力抓好工作落实和推进。就下阶段工作推进，胡献如要求，要紧盯目标，科学把握“633”工作的主攻方向，重点在五个“美”上下功夫。要大力开展环境整治行动，大力推进“蓝色屋面”整治，大力推进菇棚改造工作，狠抓面上“洁美”；要以农村整体风貌大为改观，推进农村基础项目建设，狠抓点上“房美”；要致力打造美丽乡村和美丽城镇，狠抓沿线“村美”；要精致打造高速连接线风景线，巩固提升原有的美丽乡村风景线，狠抓线上“路美”；要突出全域统筹，推进全域景区创建，狠抓区块“景美”。

4月11日下午，全县金融工作会议暨政银企座谈会召开，会议回顾总结2016年度全县金融工作，分析当前金融形势，研究部署2017年重点工作任务。县委副书记、县长胡献如参加会议并讲话。副县长王绍金主持会议。各有关部门、银行金融机构负责人、重点制造业企业主要负责人参加会议。会上，胡献如充分肯定了2016年各金融机构和企业对庆元经济发展做出的贡献。他强调，要以前瞻的眼光，正确判断庆元经济积极向上的趋势，坚定发展信心，创新方式方法，推进招商引资，加快推动经济发展。要高度重视金融工作，发挥金融机构在支持地方经济发展中的主渠道作用，思想上高度重视，行动上迅速落实，调动金融机构积极性，保持新增贷款增速不落后，保持金融创新不落后。要坚持诚信经营之道，精心经营好企业，擦亮诚信金字招牌，把降成本、增效益作为企业发展根本。要营造良好的金融生态环境，大力支持金融机构始终保持快速发展态势，放眼长远，周到研究，共同努力解决当前存在问题，实现合作共赢。

4月11日下午，安全生产工作会议暨第一季度例会召开。会议总结2016年及2017年第一季度安全生产工作，研究部署下阶段重点工作任务。会议通报了2016年和2017年第一季度全县安全生产工作情况以及2016年度安全生产目标管理责任制考核结果，表彰了安全生产工作先进单位和先进个人，并签订了2017年安全生产目标管理责任书。胡献如在讲话中指出，当前庆元安全生产的基础仍然薄弱，尤其在道路交通安全、企业和房屋消防安全、建筑工程安全、地质灾害安全隐患等领域还存在不足和短板，各级各部门要切实担当起安全生产责任，提高政治觉悟，克服麻痹思想，深刻认识安全生产的重要性，筑牢安全生产防线，确保年度安全生产指标实现“双降一控一遏制”，为推动庆元绿色发展营造良好的安全生产环境。胡献如强调，落实是安全生产的根本。要认真抓好安全生产各项措施落实。安全监管部门、行业监管部门要落实监管责任，主管部门要履行主体责任，切实把每一个安全隐患消除在萌芽状态。要落实“党政同责、一岗双责、齐抓共管、失职追责”的责任体系，真正把责任落实到岗、到人，增强安全保障。要强化工作措施，夯实基层基础，明确工作要求，真正把安全生产工作抓紧抓好抓实。

4月12日上午，全县指挥部和推进办工作专题会议召开，安排部署指挥部和推进办工作任务。县委副书记、县长胡献如参加会议并讲话。吴青松、叶丽娅等县领导参加会议。县委常委、常务副县长章作飞通报《调整和完善庆元县指挥部及征迁建设工作实施方案》。胡献如在讲话中充分肯定了指挥部工作取得的成绩，就做好指挥部和推进办工作，胡献如要求，要厘清工作职责，细化工作机制，确保各指挥部高效有序运行。调整后的指挥部要更体现综合协调的职能，具体的职能职责要下沉至各乡镇（街道）和职能部门，各指挥部和推进办要尽快理顺关系、分清职责，明确工作范围，狠抓落实，确保各项工作平稳、有序、顺利进行。要突出重点，迅速行动，切实抓好当前几项工作。抓紧将指挥部架构、人员抽调工作落实到位，建立日、周、月、季工作机制及一周一报机制，实行项目销号制，进行项目进展的动态管控，尽快制定出台考核办法，各指挥部和推进办要迅速投入运转，扎实有序推进重点项目建设。

4月28日，2017年项目（征迁）推进大会召开。会议动员全县上下，统一思想，振奋精神，撸起袖子全力以赴投入项目建设工作，全面推进绿色发展、科学赶超、生态惠民。蓝伶俐在讲话中指出，项目推进困难多、任务重、压力大，过去一年，全县干部群众齐心协力，冲在一线，破难攻坚，全力以赴推进项目建设，取得明显成效。庆元生态优势突出，基础短板也很明显，与全省、全市的差距还较大。项目建设是补齐短板、增强后劲的重要抓手，更是追赶速度、争先进位的现实选择，庆元发展要实现从“跟跑”到“齐跑”的转变，项目建设至关重要。要拉高标杆，统一思想，充分认识加快项目推进的重要性、必要性、紧迫性，把项目建设作为锤炼干部的主战场，打好项目建设攻坚战，全力打造勇立绿色发展潮头的庆元铁军。会议表彰2016年度项目推进工作先进单位和个人。会议颁发八大指挥部2017年目标任务责任状，以及2017年度重点项目投资县领导领办制责任书，交办2017年项目政策处理“拔钉清障”行动任务单，并和有关部门签订责任状。

6月7日上午，全市防汛工作视频会召开，会上，市委副书记、市长朱晨就梅雨、降雨集中期防汛工作进行了部署要求。在视频会结束后，庆元立即召开防汛工作会，安排部署防汛各项工作。县委副书记、县长胡献如要求，各级各部门在思想上要“紧”起来，责任上要“明”起来，措施上要“实”起来，认真贯彻落实市有关防汛工作会议精神，抓好各项工作落实。他强调，切实强化细化各项防汛预案和措施，牢牢把握防汛抗灾主动权。在人员撤离上要到位，要加强地质灾害隐患点、危旧房等重点危险区域的人员撤离督察落实工作；在隐患点排查治理上要抓进度，对于重点地段、区域的治理工作要加快开工建设，彻底排除隐患；在演练、备战上要做充分，要立足防大汛、抗大灾，做好食品、药品、车辆等应急抢险准备工作；要进一步强化人员值班值守，各防汛责任人要在岗在位、履职尽责，确保防汛工作有力有序。

6月22日下午，全县防汛防灾减灾暨安全生产工作会议召开，会议传达省、市领导关于防灾减灾和安全生产工作的指示精神，分析当前防汛形势，围绕消防安全、城乡危旧房治理、地质灾害综合治理“大搬快治”、安全生产等工作，对当前及今后一段时间的防汛防灾减灾和安全生产工作进行安排部署。会上，就抓好当前和下阶段防汛防灾减灾和安全生产工作，胡献如要求，要扎实抓好防汛防灾工作，切实负起主体责任，加强重点部位巡查防守，密切监视汛情发展。要扎实抓好安全生产防范工作，主体责任必须落实，隐患排查必须全面，防控重点必须突出，工作措施必须强化，宣传教育必须重视。他强调，各级各部门思想认识上要克服麻痹侥幸的心理，把工作真正做实，以事不过夜的精神抓好各项工作。工作压力传导上要全链条打通，工作力度上要传导到靶位，要全方位把握，做到全员动员，调动党员干部工作积极性、主动性，健全联动机制，形成合力，齐心协力，最大程度减少人民群众生命财产损失。工作成效上要看得见、摸得着，各乡镇（街道）、部门要从关注民生、保障民生的高度出发，精心组织，周密安排，全力以赴做好防汛减灾和安全生产各项工作，确保万无一失。

7月24日上午，县创建省全域旅游示范县暨旅游发展推进大会召开。会议回顾总结庆元县旅游发展工作，全面部署下一阶段全域旅游发展任务，动员全县上下统一思想，落实责任，合力推进省全域旅游示范县创建工作。会上，蓝伶俐强调，要同心同向，汇聚起建设美丽“大花园”、推进全域旅游的强大合力。强化党委、政府推动作用，一把手亲自抓、亲自部署。强化部门联动，形成齐抓共管合力。强化体制机制创新，建立健全协调机制、旅游会商机制，理顺旅委工作机制，深化创新旅游投融资机制，探索建立旅游产业发展基金。强化创建氛围营造，全面宣传发动，动员社会各界力量，形成人人关心、支持、参与创建的良好格局。胡献如在报告中总结了近年到庆元旅游发展情况，部署推进全域旅游及当前旅游工作任务。他强调，庆元要乘势而上，再谋新篇，开创全域旅游发展新局面。抓规划，抓项目，抓招商，夯实全域旅游基础；强化全民引客、人才保障、监管服务，优化旅游软环境；创新市场营销模式，打造品牌节庆活动，深化区域合作，提升旅游影响力；深化“旅游+农业现代化”“旅游+文体全民化”“旅游+新型工业化”融合发展，不断丰富旅游业态；拓展旅游交通、旅游厕所咨询和标识系统全覆盖，服务全域旅游。要统筹推进，强化保障，注重“全域化”统筹，坚持“项目化”推进，倡导“全民化”参与，开展“清单式”督察，全力打好创建工作攻坚战。

7月24日下午，举行全域旅游专题培训会，邀请省旅游局规划处处长张雄文和婺源县人大常委会副主任、资深旅游专家詹显华，分别以《全域旅游探索与实践》和《婺源旅游发展之路与庆元旅游发展的思考》为课题作专题讲座。蓝伶俐、胡献如等副县级以上领导及各单位和乡镇（街道）干部参加培训会。张雄文分别从全域旅游的起源、本质、创建导则、经典案例4个方面来阐述全域旅游的理念及认识和想法。张雄文强调，全域旅游要着眼于旅游消费结构升级的需求，大力推动旅游产品由观光型向度假休闲型转变，破除景区与非景区的“围墙”，破除旅游与关联产业的界限，大力推进城市旅游化、全域景区化、生活休闲化、发展生态化、设施体验化，随时随地为游客提供良好的旅游体验。

7月25日上午，全县农村金融改革暨企业上市工作会议召开。县委书记蓝伶俐参加会议并讲话，县委副书记、县长胡献如主持会议，副县长王绍金参加会议。会议通报2016年度农村金融改革试点工作情况，汇报企业股改上市工作进展情况，部署金融工作及企业股改上市工作，浙江三禾竹木、浙江九川竹木、信用联社作交流发言，县国土局、兴农担保公司作表态发言。会上还举行了2016年度省股交中心挂牌企业授牌仪式。会议学习贯彻了全国金融工作会议精神，就下阶段农村金融改革、企业股改上市、维护金融稳定等工作，蓝伶俐要求，要不忘初心牢牢把握“大花园”建设战略机遇，牢记使命，借势借力“大花园”建设命题，打开“两山”通道，充分认识金融在发展、惠民工作重点重要性，不忘初心，在继续推进普惠金融中突显绿色金融，在“农金改”工作中建立长效机制，进一步夯实基础，让金融改革工作持续发力。就贯彻好会议精神，胡献如指出，要深化农村金融改革试点工作，各金融机构和部门要认真贯彻传达本次会议精神，结合实际有效开展工作，提升金融工作业务水平，优化整体金融环境。要持续抓好企业股改上市工作，强化经济政策引领，鼓励企业做优做强，相关单位做好企业股改上市服务工作，筹备好、谋划好“新三板”企业上市计划。要推进金融重点工作，维护金融稳定，积极防范金融风险，加速“两链”风险化解，继续开展金融专项整治工作，严厉打击违法行为，依法保护金融合法债权，提升信贷资产质量品质。

8月1日下午，县四套班子领导工作例会暨2017年上半年经济社会运行分析会召开。会议学习贯彻省、市党代会精神，围绕“建设大花园”新使命，总结上半年经济社会运行情况，分析存在的困难和问题，研究部署下半年工作。县委书记蓝伶俐主持会议。胡献如、吴青松、李见阳、阎昌远、章作飞、吴积云、吴灌红、邹海亮、赵玻、刘新民等县领导参加会议。

8月16日下午，全县安全生产工作会议暨专业安委会会议召开。会议学习贯彻落实全国、全省安全生产电视电话会议及全市安全生产工作会议精神，总结回顾上半年安全生产工作，对下半年安全生产工作进行再动员、再部署、再落实。会上胡献如指出，2017年以来，全县上下牢固树立安全生产的“红线”意识、底线思维和民意导向，扎实抓好安全生产各项工作，有力保障了社会大局的和谐稳定，取得的成效值得肯定，但也要清醒看到安全生产工作的复杂性、长期性、艰巨性，尤其是当前高温季节，是生产安全事故多发易发时期，安全生产形势依然严峻。各级各部门要始终保持清醒头脑，决不可松懈大意，要增强危机感、紧迫感，始终绷紧安全生产这根弦，狠抓安全生产各项措施落实，将这一良好态势保持下去。就下步做好安全生产工作，胡献如要求，要深刻认识安全生产工作的极端重要性，牢牢守住安全生产“生命线”，坚定安全发展的政治自觉，将安全工作当作政治任务来抓，为实现“建设美丽‘大花园’勇争最美‘花骨朵’”提供重要保障。

9月1日上午，创全国卫生城市总结、省级文明县城复评暨省级示范文明县城创建工作动员部署会召开。会议动员全县上下巩固全国卫生城市创建成果，奋力推进省级文明县城复评和省级示范文明县城创建工作，确保2018年顺利通过省级文明县城复评，到2020年把县城创建成省级示范文明县城。县长胡献如讲话。县委副书记李见阳主持会议。县委常委、宣传部部长吴积云对省级示范文明县城创建进行动员部署。副县长黄立飞宣读创国卫先进集体和先进个人的表彰文件。副县长彭敏作全国卫生城市创建工作总结并部署下阶段工作。吴青松、叶丽娅、阎昌远、吴灌红、黄绍刚、刘新民等副县级以上领导参加会议。胡献如在讲话中指出，巩固全国卫生城市、省级文明县城复评和省级示范文明县城创建只有起点、没有终点，既是经济社会发展的内在要求，也是广大人民群众的强烈愿望和迫切需求，更是加快县城城市化和现代化进程的需要。全县上下要统一思想，提高认识，增强巩固全国卫生城市、省级文明县城复评和省级示范文明县城创建工作的紧迫感和责任感，狠下决心，拧成一股劲，切实把各项工作做好。胡献如强调，要强化责任落实，强化活动开展，强化典型培育，强化协作配合，强化经费保障。

9月3日下午，旧城改造征迁工作动员大会召开。会议就菇城宾馆、老二中、老林业局3个地块的旧城改造征迁工作进行动员部署。县委书记蓝伶俐讲话。县委副书记、县长胡献如主持。县委常委、常务副县长章作飞作工作动员部署。吴青松、叶丽娅、李见阳、吴灌红、黄绍刚、刘新民、黄立飞等副县级以上领导参会。蓝伶俐强调，旧城改造不是独唱，而是大合唱，要压实责任，狠抓落实，确保全面完成旧城改造工作任务。就贯彻落实会议精神，胡献如强调，要深化认识，把握机遇，打好机遇追赶战；要依法推进，坚守底线，打好政策防御战；要形成合力，压实责任，打好集团攻坚战；要营造氛围，强势推进，打好旧城改造持续战。

9月6日上午，庆祝第33个教师节优秀教师表彰会暨省教育基本现代化县创建工作推进会召开。会议回顾总结2016学年教育工作，表彰在教育战线上涌现的优秀教师、优秀教育工作者，动员全县上下全力推进省教育基本现代化县创建工作，办好人民满意教育，推动教育事业新发展。县委书记蓝伶俐讲话。县委副书记、县长胡献如主持会议。县委常委、宣传部部长吴积云宣读表彰文件。副县长彭敏作工作报告。县人大常委会主任吴青松、县政协主席叶丽娅、市教育局副局长赵东权出席会议。会上，蓝伶俐向受表彰的优秀教师、教育工作者表示祝贺，向全体教育工作者表示崇高敬意和亲切问候，向关心支持教育事业发展的广大干部群众和社会各界表示衷心感谢。就抓好创建工作，胡献如强调，创建省教育基本现代化县任务艰巨、使命光荣。要强化领导，明确责任。建立健全组织机构，明确职责分工，确保创建工作取得实效。要强化配合，增强合力。树立全县“一盘棋”意识，密切配合，通力协作，高效协调，共同推进，确保创建各项任务落到实处。要强化督查，严格考核。对照创建标准要求，强化督促检查，经常性开展专项督导，确保创建工作有序推进。要强化宣传，营造氛围。加强舆论宣传，利用各种媒体形式，广泛宣传创建意义、目标任务和成效，充分调动教育工作者的积极性及社会各界的支持，努力形成人人关心创建、个个参与创建的良好格局。

9月18日上午，“平安护航十九大大会战”动员会暨反恐怖工作会议召开。县领导蓝伶俐、胡献如、李见阳、章作飞、吴积云、邹海亮、黄绍刚、卢岳平、叶仪俊参加会议。县委书记蓝伶俐作重要讲话，县委副书记、县长胡献如主持会议。此次会议的主要任务是贯彻落实中央、省委、市委相关会议精神，认真分析维稳安保工作面临的形势，全面研究部署“决战30天”各项工作，确保中共十九大期间，庆元不出事，庆元人不惹事，为浙江守好南大门，为中共十九大胜利召开创造平安稳定的社会环境。会上，县委副书记、政法委书记李见阳部署安排中共十九大维稳安保和反恐怖各项工作；县委常委、宣传部部长吴积云部署迎接中共十九大宣传工作；县委常委、纪委书记、监察委主任黄绍刚通报有关问责案例；公安、教育、松源街道三家单位负责人就“平安护航十九大”工作作表态发言；相关责任单位还签订反恐工作责任状。

9月30日下午，地质灾害综合治理“大搬快治”三年行动提速攻坚会召开。县委副书记、县长胡献如讲话，县委常委、宣传部部长吴积云主持会议，副县长黄立飞作工作部署。会上，胡献如对前一阶段地质灾害综合治理“大搬快治”工作给予肯定，认为这项工作政策制定合理、安置房建设进度加快、腾空拆除总体较好、隐患点治理有效推进，取得了一定成效。就提速攻坚的工作推进，胡献如强调，思想认识再深化，要充分领会省市工作精神，牢记历史惨痛教训，扛起民生重担，确保工作落实到位。重点工作再提速，要加快两个A类地质灾害点搬迁进度，加快项目工程治理进度和加快两个安置小区建设进度。任务职责再落实，要履行推进责任，强化属地责任，落实协同责任，通过多部门联动配合，迅速行动，将工作抓紧抓实。督察考核再强化，要进一步强化对各责任单位的督察指导，严格落实督察，形成“你追我赶、比学赶超”的推进氛围。政策宣传再加强，通过宣传好新家园、动员好群众、解读好政策，为搬迁安置工作的提速攻坚打好群众基础。

10月11日下午，平安护航十九大督导检查问题整改落实部署会召开。县委副书记、县长胡献如参加会议并讲话，县委常委、公安局局长邹海亮做工作部署，县委常委、组织部部长刘新民主持会议。会议对市委督察组在庆元督察期间的督察情况、存在问题、工作要求等工作进行了传达，并对下阶段平安护航中共十九大维稳安保工作进行了部署。针对市委督察组反馈的问题，胡献如要求，大家要按照“顶格重视，迅速传达，全面落实；立说立行，迅速交办，全面整改；压实责任，严密措施，全面防控”的工作要求不折不扣抓好落实。就平安护航中共十九大工作，胡献如指出，平安护航中共十九大是当前压倒一切的政治任务，各级各部门思想上真正紧起来，措施上真正实起来，责任上真正明起来，督察上真正严起来，全力以赴、集中精力做好维稳安保各项工作，把做好中共十九大维稳安保工作抓紧抓实抓细抓好，为中共十九大胜利召开营造和谐稳定的社会环境。

10月29日下午，全县领导干部大会召开，传达学习中共十九大会议精神。胡献如、吴青松、叶丽娅、李见阳等副县以上领导参加会议。会议特别邀请中共十九大代表、景宁大漈乡党委书记蓝景芬传达学习中共十九大精神。会上，蓝景芬从大会概况、中共十九大报告的形成过程和基本框架、党章修正案、中央纪委工作报告、中央“两委”人事安排等多方面对十九大的精神作了传达学习。同时，她还就个人参会经历，从“掌声、清风、风采、幸福、感动”等五个方面分享和畅谈了自己的感悟和体会。就学习贯彻中共十九大精神，蓝伶俐指出，要旗帜鲜明讲政治，以强烈的政治担当，迅速兴起学习宣传贯彻落实中共十九大精神热潮。全县上下要把讲政治放在首位，坚决维护以习近平总书记为核心的党中央权威和集中统一领导；要突出思想引领，系统掌握习近平新时代中国特色社会主义思想；要兴起宣传宣讲高潮，通过认真抓好学习、广泛开展宣讲、抓好宣传，推动中共十九大精神入心入脑、学深学透。

11月13日下午，县小城镇环境综合整治冲刺攻坚工作部署会召开。县委副书记、县长胡献如参加会议并讲话，市镇治办常务副主任樊甫敏对庆元小城镇环境综合整治工作进行点评并指导下阶段工作，县委常委、常务副县长章作飞主持会议。会上，县镇治办负责人对前阶段工作进行汇报，并作工作部署。黄田镇、竹口镇、安南乡、举水乡、县供电局和浙建集团表态发言。在听取各乡镇、部门表态后，胡献如充分肯定前阶段工作。他强调，要加强组织，落实责任、严格督察、以事不过夜的精神和“脱一层皮”的要求迅速扑到一线抓落实，确保考核验收一个都不掉队；要加强组织，层层压责，以压力的传递推进工作的落实；要落实责任，实行网格化管理，完成一个，销号一个；要比学赶超，加班加点，在“竞争”中促进工作向纵深推进；要严格督察，做到有人督、长效督，以督察倒逼工作；要执法下沉，通过开展集中整治行动，努力为群众提供更加干净、整洁、舒适的生活；要营造氛围，广泛宣传，激发全民参与热情，营造环境整治人人有责的良好氛围。

12月5日上午，省环境保护督察全市工作动员视频会议召开。全市视频会议结束后，立即召开迎接省环保督察工作动员会。就做好迎接省环保督察工作，蓝伶俐强调，各有关单位要保持连续作战这股劲，勇于担当，加强联动，层层传导压力，责任落实到人，确保环保督察各项工作圆满完成。要鼓足干劲、提前谋划，认真总结经验，准确掌握重点环保问题的整改情况，熟悉问题处置步骤流程，进一步强化组织领导、强化责任落实、强化配合保障、强化担责问责，着力解决突出环境问题，切实改善生态环境质量，全力推动生态文明建设再上新台阶。胡献如要求，各有关单位要在思想上高度重视、认识上顶格到位、压力上传导到人。准备上要充分到位，积极迅速开展组织、队伍、自查等各项准备工作。行动上要迅速果断，要按照“先拆后调查、先关后引导、先领办后归类”的要求，以“事不过夜”的精神，主动作为，敢于担当，倒逼各项工作推进。整改上要坚决彻底，要从严从快抓好交办问题的整改落实，真正做到事事有回音、件件有着落。

12月28日上午，县委理论学习中心组（扩大）会议召开。会议邀请中科院闵庆文教授和市委巡视巡察办公室主任王鹏做专题讲座。闵庆文教授是中国科学院地理科学与资源研究所自然与文化遗产研究中心副主任，在“农业文化遗产及其保护”专题讲座中，他阐述了农业文化遗产的保护、开发和利用之间的关系，并剖析了当前农业文化遗产的概念和特点、农业文化遗产保护工作进展、农业文化遗产动态保护途径。对于“庆元香菇文化系统”保护与发展工作，闵庆文建议，成立保护与发展领导小组办公室，建设完善相关合作社与协会，建立遗产管理及标识使用等条例或规定、保护与发展规划年度计划，与相关学术机构进行稳定合作。同时，要处理好遗产保护与香菇文化弘扬、产业发展的关系，确保菇农的积极性。王鹏在“认真学习十九大精神，坚定不移深化巡视巡察努力打造‘政治上的绿水青山’”专题讲座中，结合中共十九大精神，解读了全面贯彻落实巡视巡察工作要求。

【县政府常务会议】 2017年度，县政府召开常务会议8次。

1月20日，2017年度第1次县政府常务会议在县政府502会议室召开。会议讨论并原则通过《菇城宾馆区块旧城区改造项目国有土地上房屋征收和补偿安置方案（送审稿）》《庆元大桥及“一溪两岸”建设项目国有土地上房屋征收和补偿安置方案（送审稿）》《老二中区块旧城区改造项目国有土地上房屋征收和补偿安置方案（送审稿）》《老林业局地块旧城改造项目国有土地上房屋征收和补偿安置方案（送审稿）》《庆元县菇城宾馆、仓山路地块征收集体所有土地房屋补偿安置方案（送审稿）》《庆元县小额项目简易发包实施办法（送审稿）》《关于兑现浙江昌达实业有限公司破产重整“一企一策”财政奖励的报告》。会议听取《菇城宾馆区块旧城区改造项目国有土地上房屋征收和补偿安置方案（送审稿）》《庆元大桥及“一溪两岸”建设项目国有土地上房屋征收和补偿安置方案（送审稿）》《老二中区块旧城区改造项目国有土地上房屋征收和补偿安置方案（送审稿）》《老林业局地块旧城改造项目国有土地上房屋征收和补偿安置方案（送审稿）》《庆元县菇城宾馆、仓山路地块征收集体所有土地房屋补偿安置方案（送审稿）》《庆元县征收集体所有土地房屋补偿实施办法（送审稿）》《关于庆元县城市改造建设有限责任公司开户问题的情况汇报》《2017年政府工作报告（送审稿）》起草情况说明，传达学习国家、省、市安全生产电视电话会议精神。

2月9日，2017年度第2次县政府常务会议在县政府502会议室召开。会议讨论并原则通过《庆元县户口迁移暂行规定（送审稿）》《关于推进基层综合性文化服务中心建设的实施方案（送审稿）》《庆元县全民健身实施计划（2016～2020年）（送审稿）》《庆元县2016年国民经济和社会发展计划执行情况与2017年国民经济和社会发展主要指标建议》《2017年部门预算方案》。会议听取《学习贯彻全国全省卫生与健康大会精神暨县深化医药卫生体制改革工作的汇报》《人感染H7N9流感防控情况汇报》《庆元县东门巷、菇城剧院旧城改造地块安置户要求全额享受保护价面积的处理建议情况汇报》。

3月21日，2017年度第3次县政府常务会议在县政府502会议室召开。会议讨论并原则通过《关于2016年全县工业经济发展奖励结果的通报及2017年全县工业暨招商引资大会筹备工作情况汇报》《庆元县地质灾害综合治理“大搬快治”三年行动实施方案(送审稿)》。会议听取《关于2016年度全县招商引资工作考核奖励结果通报》《庆元县地质灾害避让搬迁安置实施意见（送审稿）》《瓦窑山工业园扩建区块与昌达实业公司后山山体滑坡隐患情况的汇报》《庆元县国家重点生态功能区产业准入负面清单编制情况的工作汇报》。

4月5日，2017年度第4次县政府常务会议在县政府502会议室召开。会议讨论并原则通过《庆元县2017年基本建设项目投资计划建议表(送审稿)》《庆元县地质灾害避让搬迁安置实施意见（送审稿）》《庆元县关于2017年度农林水产业发展扶持政策的若干意见（送审稿）》《庆元县旅游地接业务奖励办法（送审稿）》《庆元县加强旅游人才队伍建设的实施办法（试行）（送审稿）》《庆元县创建国家全域旅游示范区工作实施方案（送审稿）》《庆元县凯震大酒店项目装修工程及民俗博物馆、象山宝塔三个项目扶持政策方案（送审稿）》《庆元县农村淘宝项目实施方案（送审稿）》《庆元县2017年县领导分工调整方案》。会议听取《54省道庆元黄坛至菊水及55省道菊水至松源段公路改建工程第五合同段中标企业资质平移问题》《庆元县宗教活动场所视频监控建设联网应用工作情况汇报》《2017年香菇始祖吴三公朝圣活动情况汇报》。

5月31日下午和6月1日上午，2017年度第5次县政府常务会议在县政府502会议室召开。会议讨论并原则通过《创办庆元县蔚文小学协议书（送审稿）》《庆元县住宅小区配套幼儿园建设和管理实施办法（送审稿）》《庆元县高考质量奖励方案（送审稿）》《庆元县城规划区违法用地和违法建设遗留问题处理办法的补充规定（二）（送审稿）》《关于终止庆元县固体废弃物及可再生资源综合利用中心项目的处理方案（送审稿）》《2017年庆元县食用菌产业扶持政策（送审稿）》《庆元县小额项目招标控制价备案制管理办法（送审稿）》《庆元县2017年政府投资建设项目资金预算方案（送审稿）》《庆元县天然气综合利用项目投资协议书（送审稿）》《庆元县2017年度房屋与土地征收工作考核细则（送审稿）》《黄田镇、竹口镇环境综合整治项目EPC模式建设方案（送审稿）》《庆元县垦造耕地实施办法若干补充意见（送审稿）》《庆元县补缴土地出让金暂行规定（送审稿）》《庆元县房屋装修管理办法（送审稿）》《庆元县百山祖避暑乐氧小镇“生态古民居”项目配套扶持政策方案（送审稿）》《庆元县查处兵役违法行为暂行规定（送审稿）》《庆元县危险房屋治理实施细则（试行）（送审稿）》《庆元县人民政府办公室关于印发2017年庆元县法治政府建设工作要点的通知》。会议听取《庆元县人民医院医用设备购置资金银行融资贷款续贷政府财政贴息项目（送审稿）》《关于庆元县人民政府与丽水市人民医院签订医疗合作协议的汇报（送审稿）》《关于庆元瑞丰·金水湾项目整改工作情况汇报》《高速连接线阁门岭至西演山庄段房屋征收政策调整情况汇报》《庆元县东门巷旧城改造区块安置工作处理建议情况汇报》。

7月20日下午，庆元县第十六届人民政府第4次常务会议在县政府502会议室召开。会议讨论并原则通过《庆元县小城镇环境综合整治行动项目建设和资金管理办法（试行）（送审稿）》《庆元县1000万元（不含）以下施工招标项目纳税加分暂行办法（送审稿）》《澜蓝汇·庆元电子商务创业园代管试运营协议书（送审稿）》《庆元电子商务创业园运营考核奖励办法（送审稿）》《关于补齐科技创新短板的若干意见（送审稿）》《庆元县促进农民增收致富专项行动方案（送审稿）》《庆元县小型农田水利工程“先建后补”“建管一体化”管理办法（送审稿）》《庆元县养老服务补贴制度实施细则（送审稿）》《庆元县“特色村落景区化”打造提升实施方案（送审稿）》《庆元县百山祖避暑乐氧小镇“生态古民居”项目配套扶持政策完善方案（送审稿）》《庆元县国有企业国有资本收益收取管理试行办法（送审稿）》《关于保留、废止和修改县政府（办公室）及部门部分规范性文件的决定》。会议听取《关于城市更新立面改造项目建设模式的情况汇报》《庆元—嘉善山海协作生态旅游文化产业园创建方案（送审稿）》。会议专题学习了《中共丽水市委办公室丽水市人民政府办公室关于进一步严肃财经纪律推进党风廉政建设的若干意见》。

9月6日下午，庆元县第十六届人民政府第5次常务会议在县政府502会议室召开。会议讨论并原则通过《庆元县公共文化服务中心、庆元县广播电视制作中心、庆元县体育中心PPP项目实施方案（送审稿）》《关于进一步做好低收入农户精准扶贫工作的实施意见（送审稿）》《关于加强农产品质量安全监管工作的意见（送审稿）》《庆元县应对极端天气停课安排和误工处理实施意见（试行）（送审稿）》《关于加强农村留守儿童关爱保护工作的实施意见（送审稿）》。会议听取《关于濛州花园（原银泰二期）项目建设遗留问题情况汇报》《创建省教育基本现代化县情况汇报》《小微企业孵化器暨标准厂房项目投资协议相关事项》《关于庆元林场和庆元银丰矿业有限公司垦造耕地情况的汇报》《庆元县重大非公项目招商工作管理办法（送审稿）》情况汇报。会议专题学习了《习近平总书记在深度贫困地区脱贫攻坚座谈会上的讲话》和《李克强总理在新一轮世界科技革命和产业变革若干前沿领域发展态势专题讲座上的讲话》。

10月26日，庆元县第十六届人民政府第6次常务会议在县政府502会议室召开。会议讨论并原则通过《庆元县主城区禁止限制燃放烟花爆竹管理的实施方案（送审稿）》《庆元县生态保护红线划定技术方案（送审稿）》《庆元县竹口镇原造纸厂区块收储工作方案（送审稿）》《庆元县小巨人企业培育实施意见（送审稿）》《庆元县人民政府关于推进企业利用资本市场加快发展若干政策意见（送审稿）》《招商引资工作目标责任制考核办法（送审稿）》《庆元县推进农旅大融合促进乡村旅游转型升级发展三年行动计划（送审稿）》《庆元县状元文化养生养老中心项目扶持政策方案（送审稿）》《庆元县公共文化服务重点县建设提升计划（送审稿）》《庆元县农民增收综合配套政策试点方案（送审稿）》《庆元县国有土地上房屋征收与补偿办法（送审稿）》《庆元县农村宅基地及住房确权登记发证工作实施细则（送审稿）》《关于进一步健全特困人员救助供养制度的实施办法（送审稿）》《庆元县开展“庆元无欠薪”行动实施方案（送审稿）》《百山祖避暑乐氧小镇“生态古民居”项目业主前期费用奖励政策》《庆元县生态产业基金管理办法（送审稿）》暨《关于成立庆元县金融投资控股有限责任公司的请示》《关于调整城乡居民基本医疗保险筹资标准的通知》。会议听取《关于对中铁隧道集团衢宁铁路（浙江段）Ⅳ标项目经理部取土场增加运距补助的报告》《关于屏都综合新区低丘缓坡开发二期工程初步设计部分变更和概算调整的报告》《关于县人民医院设备贷款情况汇报》《关于庆元县银丰矿业有限公司垦造耕地情况的汇报》《关于要求将庆元县风行传媒广告有限公司纳入国有企业管理的报告》《关于同心新村二期及横山安置小区安置房定价的情况汇报》《关于提高被征地农民基本生活保障待遇的方案（送审稿）》。会议专题学习了《中国共产党第十九次全国代表大会会议精神》《习近平总书记关于信访工作的重要指示和孟建柱、杨晶同志在第八次全国信访工作会议上的讲话》、《中共浙江省委　浙江省人民政府关于到推进安全生产领域改革发展的实施意见》暨前三季度全县安全生产工作推进情况汇报、《浙江省人民政府关于做好当前和今后一段时期就业创业工作的实施意见》、《中共浙江省纪委关于6起落实“两个责任”不力受到责任追究典型问题的通报》、《中共浙江省委关于6起违反中央八项规定精神问题的通报》、《中共丽水市委关于打好五张牌、培育新引擎、建设大花园，全力创建浙江（丽水）绿色发展综合改革创新区的决定》等会议、文件精神。

【县政府专题会议】 2017年，县政府召开专题会议122次。

1月16日，庆元县黄田镇关门岙铁矿区山体滑坡隐患处置协调会召开；17日，春节期间启用高速连接线临时紧急疏散通道专题会议召开；18日，庆元县烧烤摊搬迁安置工程等相关事宜专题会议召开。

2月10日，县国土信息勘察测绘所开立基本结算账户专题协调会召开；13日，庆元县地质灾害“大搬快治”安置小区建设等有关事项专题会议召开，老二中、仓山路、菇城宾馆区块老城区改造相关事项专题会议召开；22日，2017年庆元县丰乐现代生态循环农业示范区项目管理联席专题会议召开；28日，龙溪乡中心小学土地资产调拨专题会议，县城区路灯维护管理工作专题会议，庆元县松源溪、星光溪主污水管网综合治理项目专题会议。

3月2日，庆元县斋郎、濛淤等农家乐建设项目概算调整协调会召开；7日，屏都街道农业公共服务中心财政所业务用房建设工程补办相关手续等相关事项专题会议、屏都新区（余村区块）拆迁安置小区土地审批手续和安置户办理不动产权证前置手续完善有关事项专题会议召开；9日，庆元县土地整治规划编制费用和垦造水田资源调查潜力编制费用遗留问题处理专题会议召开；14日，庆元县电子商务创业园项目资产移交专题会议召开；15日，庆元县生活垃圾填埋场渗滤液提升改造工程专题会议召开；21日，庆元县农村客运“村村通”公路完善工程协调会召开；22日，同德农贸市场扩容相关事项专题会议召开；23日，庆元县城市森林公园一期（铅锌矿区块）工程建设工作会议召开；29日，同心新村安置小区和横山安置小区建设相关问题专题协调会召开。

4月1日，庆元县现代生态循环农业示范区之子项目“食用菌标准化生产基地建设”项目（建设审批环节相关问题）协调会、高速连接线黄坛景观节点失地保险工作协调会召开；7日，庆元县固体废弃物及可再生资源综合利用中心项目有关问题的专题会议召开；11日，汇金城扫尾工程和不动产证办理等相关事项专题会议召开；14日，松源街道坑西村《电视问政》整改工作协调会召开；26日，庆元县支农项目管理联席会议、县工业园区相关问题的专题会议、2017年庆元县支农项目管理暨2016年度生态精品休闲观光农业政策项目资金兑现联席会议、庆元县新窑村农村生活污水处理终端因水利项目需要重建方案议定会召开；27日，县农业银行与县中小企业担保公司担保贷款转贷代偿事项专题会议、关于竹口镇小城镇环境综合整治“上改下”项目专题会议、濛洲街道周墩村环境综合整治与剿灭劣Ⅴ类水专题会议召开。

5月4日，庆元火车站连接线勘察设计招标事宜专题会议召开；10日，浙江联利科技有限公司相关事宜的专题会议召开；16日，庆元县农村土地承包经营权确权登记颁证工作协调会召开；26日，规范金融机构开发与社会保障卡（以下简称“社保卡”）关联信贷产品专题会议召开；27日，蒲潭安置小区（二期）和地质灾害工程治理项目建设相关问题专题协调会、“庆元大道”开通仪式筹备工作会议召开。

6月2日，江滨小学历史遗留问题处理协调会召开；6日，园区企业办理不动产权证等相关事项专题会议、雪亮工程专题会议召开；14日，张村乡第五坑村道路建设工程专题会议召开；15日，浙江双枪竹材研究院检测中心平台建设协调会召开；19日，东门巷汇金城（A、B区）中庭改造设计方案审查及相关事项专题会议、庆元县城市更新项目建设专题会议召开；20日，54省道庆元黄坛至菊水及55省道菊水至松源段公路景观工程（一期）节点绿化工作专题会议召开；26日，会溪仓储物流中心项目立项等相关事项专题会议召开；27日，庆元县人民医院医用设备购置资金银行融资贷款担保专题会议召开；28日，庆元县农村电商创业小区（横山安置小区）项目建设专题协调会召开；29日，佳驰竹木厂房办证遗留问题专题会议召开。

7月5日，五大堡乡西洋村花海项目苗木采购及土地租用专题会议召开；13日，庆元县农村土地承包经营权确权登记颁证工作专题会议召开；14日，教育项目建设相关问题协调会、庆百公路景观改造提升工作会议召开；18日，庆元县支农项目管理联席会议召开；25日，庆元县公共服务中心八楼、九楼、十楼改造工程专题会议，小城镇环境综合整治项目实施相关问题专题会议召开；27日，庆元县不动产登记专题会议召开；28日，衢宁铁路资本金借款融资担保问题整改专题会议召开。

8月2日，庆元县安置小区农民安置房补缴土地出让金和二级市场转让有关事宜专题会议、县府办召集县土地整治工作专题会议、垦造耕地工作专题会议召开；8日，庆元县家禽“集中杀白”点建设和运行工作专题会议召开；14日，浙江梦天木业有限公司“退二进三”专题会议召开；16日，浙江华泰竹木有限公司地块收储、浙江鸿叶笔业有限公司项目验收相关事项专题协调会召开；17日，庆元县卫生计生局开展巡回诊疗项目的协调会召开；22日，庆元名门房地产开发有限公司申请延长和家园商住小区项目建设期限专题会议召开；23日，庆元县市政基础设施工程电力配套项目建设专题会议、松源街道五都“食用菌标准化生产基地”建设工作协调会召开；25日，县长胡献如主持召开重点项目推进情况汇报会。

9月1日，庆元县兰溪桥水库扩建工程兰荒线改复建工程用地预审专题会议召开；7日，城区沿街立面改造工程情况汇报会、庆元县城棚户区改造（一期）项目相关问题专题会议召开；8日，屏都中心敬老院、左溪中心敬老院房产移交协调会，高速连接线五标段庆元县新窑三轮铁皮箱改装厂气体经营部搬迁工作专题会议召开；13日，庆元县镜山里商住小区项目地下空间设计方案变更及濛洲街道半岱村村庄规划局部调整专题会议召开；18日，庆元县支农项目管理联席会议召开；19日，庆元县食品药品农产品检验检测中心暖通安装工程协调会、庆元县运输公司加油站办证相关事项专题会议召开；20日，浙江盛雄文具有限公司及刘维银系列执行案件信访化解专题会议召开；21日，土地征收相关问题专题会议、庆元县第六批小农水重点县项目和杨楼溪小流域水土流失综合治理项目审计专题协调会、仓山路4套公寓房征收工作专题会议召开；22日，浙江金辉木业有限公司等企业相关事项协调会、黄田镇生态示范小区地块拍卖出让联席会议和庆元县平周塑料厂改变用途专题会议召开；26日，庆元县濛洲街道星源村A类地质灾害搬迁安置小区建设有关事项专题协调会召开；27日，旅游大巴进县城工作会议召开；30日，庆元县支农项目管理联席会议召开。

10月10日，县级医院运行问题协调会召开；11日，庆元县屋顶光伏项目建设专题会议召开；18日，庆元县第二届“互联网+竹制品”设计大赛筹办工作协调会、老城区改造菇城宾馆区块吴观友户历史遗留问题专题会议召开；20日，庆元县毛竹特色园农业综合开发项目建设专题会议召开；25日，淤上乡蒲潭地质灾害安置小区（二期）项目建设相关问题专题协调会召开；26日，庆元县海丰花卉，方格食用菌一、二、三产融合等重点项目建设推进协调会召开；27日，庆元县扶持薄弱村发展村集体经济工作专题会议召开。

11月1日，庆元县2014～2015年土地开发项目审计专题协调会、竹口镇三坑溪河道水质下降及饮用水源污染问题专题会议召开；2日，庆元县申报浙江省创新服务综合体会议、庆元县第一实验小学校舍安全项目吴育妫户房屋征收工作专题协调会召开；3日，县长胡献如主持召开未开工大项目督察会议；4日，城区交通信号管理维护移交工作专题会议召开；6日，屏都新区庆元琦丰新能源有限公司申请免除土地滞纳金、庆元县蓝天绿谷实业有限公司申请帮扶相关事项协调会召开；8日，县投资交通项目工程价款结算审计专题会议、弃土场道路—庆元县松源街道桥山边林道工程（路基工程）建设工作专题会议召开；9日，巾子峰国家AAAA级旅游景区创建工作推进会召开；10日，庆元县临时LNG气化站建设项目专题会议召开；13日，庆元县支农项目管理联席会议召开；14日，庆元县元帅公庙区块A-02地块挂牌出让联席会议召开；15日，衢宁铁路庆元段仙坪岗隧道出口段施工及松源溪大桥连续梁跨S229省道施工期间交通疏导组织及安全专项方案论证专题会议、衢宁铁路庆元段火车站站场区块取土场相关事宜专题会议、55省道庆元坝头至寿宁大熟公路竣（交）工验收推进工作专题会议召开；16日，庆百及菊后公路景观建设工作会议、庆元县种子公司理顺隶属关系和管理体制专题会议召开；17日，庆元县松源溪流域综合治理工程项目建设相关问题协调会召开；20日，庆元县兰溪桥水库至自来水厂DN800引水管工程第3标段改线问题专题会议召开；23日，县农村宅基地及住房确权登记发证工作领导小组扩大会议、庆元县小微企业孵化园建设等相关事项专题会议召开。

12月4日，丽水市萤火虫金融服务外包股份有限公司进驻庆元县开展转贷业务合作相关问题专题协调会召开；8日，2017年度农林水产业政策项目资金兑现联席会议召开；16日，黄田镇古岭坑（山兆弯）土地开发垦造水田有关事项专题会议召开；21日，规范农家乐民宿办理特种行业许可证会议召开。

【县长办公会议】 5月2日上午，县长胡献如主持召开县长办公会议，听取经济部门一季度经济运行情况汇报和各分管副县长重点工作汇报。赵玻、黄立飞、彭敏、王绍金、吴小军、胡显平参加会议。胡献如指出，一季度经济呈现平稳健康较好发展，主要经济指标达到预期，基本实现了经济的“开门红”，但也存在一些问题，主要表现在新动能的拉动效应不明显、工业投资和财政收入全市排名靠后、新开工项目不足等方面。就下阶段工作重点，胡献如强调，要把坚持依法行政、市场导向、改革创新、落细落小作为政府的施政理念，打通工作落实“最后一千米”，确保各项工作取得实效。围绕重点抓落实，要及时梳理，盯牢重点工作、重要产业、重点项目抓落实，确保工作取得突破；围绕问题抓落实，政府工作不能务虚，要破难前行，实干担当，以破解工作过程中的问题和困难，加快工作推进；围绕节点抓落实，要紧紧盯住工作时间节点，靠前工作，迅速行动，倒排工期确保各项工作按照既定的目标要求和时间节点完成；围绕结果抓落实，要心怀使命，树立政绩意识，以高标杆、高要求、高定位的工作要求，加快庆元发展，提升庆元形象；围绕方法抓落实，要始终遵循“靠前再靠前，盯紧再盯紧，协调再协调，谋划再谋划”工作理念，创新方式方法，抓好各项工作；围绕亮点抓落实，工作要有典型，要出亮点，加大亮点培育和改革试点经验，抓好工作创新。

8月7日上午，县长胡献如主持召开县长办公会议。听取上半年经济运行情况汇报，研究部署下阶段工作任务。常务副县长章作飞，副县长赵玻、黄立飞、彭敏、王绍金、吴小军、胡显平就分管工作和党风廉政建设主体责任落实情况进行汇报。在听取工作汇报后，胡献如充分肯定了上半年各项工作所取得的成绩。他指出，在大家共同努力下，经济运行实现了“半年红”。政府班子成员根据分工带头去干，冲向一线，攻坚克难，独当一面，呈现出重大项目有新突破、重点工作有新进展、产业发展有新亮点、民生事业有新成效等工作亮点。但经济运行中也面临着土地保障压力大、财政资金支撑压力大、投资增长稳中有忧、项目开工率低、银行不良率仍在高位等问题，需要在今后工作中认真加以破解。就下阶段的主要工作任务，胡献如强调，要紧抓牛鼻子、冲刺项目季。重点就是抓项目建设，要紧抓项目建设牛鼻子，冲刺一百天，推动一批项目落地开工。要狠盯目标节点，狠抓领办项目的落实，狠抓县以上重点项目未开工项目，狠抓投资额5000万元以上项目落地；要狠抓要素保障，做好融资、土地、政策处理等要素保障，积聚力量，攻坚克难，推动项目建设；要狠抓执行效率，通过建立冲刺项目季工作机制，运用好工作交办、工作督察、工作通报机制，以敢于决策、及时决策、迅速决策、敢于破难的担当精神，啃下项目建设的“硬骨头”；要狠抓一线下沉，发挥一线攻坚、一线决策、一线破难的工作要求，做到问题在一线解决、工作在一线推进，在攻坚克难中成就事业、增强能力、成长干部。

11月2日下午，县长胡献如主持召开县长办公会议，听取前三季度经济运行情况汇报，研究部署四季度冲刺工作任务。常务副县长章作飞，副县长赵玻、黄立飞、彭敏、王绍金、吴小军、胡显平参加会议。在听取工作汇报后，胡献如认为前三季度很多工作富有成效，但不少专项工作、个体指标排位靠后，离“实现全年红，排位向前进”这一目标还存在一定距离，压力仍然很大，需要大家以一秒都不放松的姿态，绷紧冲刺阶段这根弦，力争实现“全年红”。就做好第四季度全县经济社会工作，胡献如强调，要对好“三本账”，全力冲刺四季度，全面完成年初制定的各项目标任务。要对一对指标账，狠抓年度目标考核，重点抓好政府工作报告定下的指标和省26个县发展实绩的考核指标的落实；要对一对清单账，狠抓重点工作推进，紧紧抓住年底冲关时间，全力冲刺，重点抓好大搬快治、小城镇环境综合整治、城乡危旧房治理、“五水共治”、“六边三化三美”等专项工作；要对一对项目账，狠抓重点项目攻坚，25个县以上重点项目必须全部开工并形成有效投资，5000万元以上项目要想尽办法力争开工。

重大活动

【治乱拆违环境整治“代表日”集中统一行动】 1月4日，全县治乱拆违环境整治“代表日”集中统一行动开展。蓝伶俐、胡献如、吴青松、叶丽娅等四套班子领导及党代表、人大代表到现场督战。此次集中行动重点范围为“一县双城”规划区（老城区、屏都综合新区）和集镇规划区（乡镇所在地），黄田至百山祖精品线两侧和高速连接线两侧，老54省道、55省道线两侧，县城新过境线两侧和新建路老过境线两侧。

【赴诸暨市、安吉县、嘉善县考察】 1月12～14日，县委书记蓝伶俐，县委副书记、代县长胡献如率领县党政领导干部学习考察团，赴诸暨市、安吉县、嘉善县，学习考察美丽县城建设、美丽乡村建设、特色小镇建设、休闲旅游业发展、“五水共治”、“三改一拆”等工作，学习先进经验，寻找差距，梳理思路，谋划加快发展良策。

【“百名行长进千企”活动】 1月16日上午，举行“百名行长进千企”活动启动仪式，县委副书记、代县长胡献如参加会议并讲话，副县长黄立飞主持会议。县政府办、县金融办、县人行主要负责人及20家代表企业参加会议。会上，企业家代表对银企合作进行了表态发言；中国银行庆元支行宣读了“百名行长进千企”助力庆元生态经济发展行动宣言；各行行长现场签署行动宣言；胡献如向各银行发放银行联系企业交办单及信贷产品清单。此次活动历时一年，其间，全县9家银行业金融机构将与48家企业开展结对帮扶，帮助企业解决融资难问题。

【“大搬快治”和垦造耕地调研】 1月16日，县委副书记、代县长胡献如专题调研地质灾害综合治理“大搬快治”三年行动和垦造耕地工作。他强调，要加快推进“大搬快治”三年行动计划，力争地质灾害综合治理工作实现争先创优，确保垦造耕地工作目标任务顺利完成。副县长黄立飞陪同调研。胡献如要求，要集中精力，加快推进三年行动计划。国土局要牵头做好调查摸底，其他部门加强配合、协调推进，确保底数清楚、心中有数。要细化方案，分工明确，重点做好A类隐患点搬迁安置，按照“应搬必搬”要求，加快避险搬迁。要统筹推进，科学实施工程治理，保障工程质量，高标准、严要求推进综合治理。要多措并举，搬迁安置坚持就近原则，打好“查、防、治”组合拳，多管齐下抓好地质灾害防治。就垦造耕地工作，胡献如强调，要高度重视，采取有效措施，抓好工作落实。要在实地调研基础上，开拓思路，创新举措，千方百计抓好垦造耕地工作。各级各部门要加强协调，全力配合，形成合力，全面落实责任，抢时间，赶进度，开足马力，全力推进，确保垦造耕地工作任务顺利完成。

【省发改委调研庆元】 1月19日下午，省发改委副主任翁建荣率领省发改委城乡体改处、综合体改处、社会体改处相关负责人到庆元调研。县委副书记、代县长胡献如，县委常委、常务副县长章作飞陪同调研。翁建荣对前阶段的工作给予充分肯定，认为领导重视、措施得力、思路清晰、成效明显。针对下阶段的工作，翁建荣要求，庆元要围绕香菇小镇建设目标，结合庆元特色，进一步优化产业定位，到挖掘香菇文化，拉开香菇产业链，把香菇产业做实、做优，并将特色小镇建设与城市培育结合起来，提高硬件和软件设施，与最新技术进行嫁接，把原有的传统产业再挖掘、再提升，实现经典产业再腾飞。要发挥行政审批改革的优势，挖掘出自己的特色，进一步简政放权，深化行政审批制度改革，简化优化审批流程，确保实现“最多跑一次”的目标，最大限度方便群众和企业办事。

【陈景飞调研重点工作】 1月19日，副市长陈景飞到庆元调研道路交通、旅游业、小城镇环境综合整治等重点工作开展情况。县委副书记、代县长胡献如，县委常委、常务副县长章作飞，副县长黄立飞陪同调研或参加座谈会。陈景飞一行先后走访了龙庆高速庆元连接线棋山隧道口、衢宁铁路庆元站、庆景青公路庆元上阳起点段以及香菇市场、双枪竹木园区、竹口镇等地，并召开座谈会。陈景飞指出，城市建设规划中，可以融入企业建设力量，整合企业功能、周边环境等资源，将企业园区打造成向社会开放的“城市公共客厅”，进一步提升公共旅游资源。他要求，要把握好城镇规划设计的龙头，引导和推动城镇科学有序发展；要整合资源，统筹工作，着力打造宜居美丽新城镇；要注重乡容镇貌整治，将“拆治规”“建管筹”综合起来，全力推进小城镇环境综合整治行动；要加强特色营造，挖掘小镇文化，将文化内涵体现在城镇建设中；要重视城镇功能修补，通过拆后利用，环境整治等方式，进一步完善城镇功能；要坚持产城融合，培育产业支撑，提高城镇建设的水平和质量，推进新型城镇化建设。要充分发动群众，调动群众积极性，形成人人参与建设的良好氛围。

【县党政考察团赴景宁考察】 1月22日，县委书记蓝伶俐，县委副书记、代县长胡献如带领党政考察团到景宁县，实地考察外舍凤凰古镇、环城西路立面改造、跨鹤溪河桥系改造情况、畲族博物馆、城市展览馆、景宁新客站，学习借鉴景宁城市建设的先进经验。吴青松、叶丽娅、阎昌远、章作飞、吴积云、吴灌红、黄绍刚、刘新民等副县级以上领导参加考察。

【重大项目集中开工活动】 2月4日上午，扩大有效投资重大项目集中开工活动在屏都街道余村地块举行。市委常委、军分区政委范金华参加活动，县委书记蓝伶俐宣布项目集中开工。县委副书记、代县长胡献如讲话。县领导吴青松、叶丽娅、李见阳、阎昌远、吴积云、吴灌红、邹海亮、赵玻、刘新民参加活动。县委常委、常务副县长章作飞主持活动。集中开工7个项目，总投资11.89亿元，分别为庆元县菊隆中学迁建工程、庆元县江滨小学扩建（二期）及地下空间开发工程、54省道庆元黄坛至菊水及55省道菊水至松源段公路景观工程、松源溪流域整治工程、庆元县粮食储备库工程、大济中路道路工程、庆元县生活垃圾填埋场渗滤液提升改造工程。

【2017年项目投资计划安排和旧城改造座谈会】 2月7日，县委书记蓝伶俐召集有关部门，听取2017年项目投资计划安排和旧城改造工作汇报，

并召开座谈会，探讨交流谋划重大项目及推进旧城改造的思路、举措。她强调，要主动作为，敢于担当，加强项目谋划，加快项目落地，科学安排投资计划，扩大有效投资，扎实推进项目建设和旧城改造，以项目支撑县域经济社会加快发展。县委副书记、代县长胡献如，县委常委、常务副县长章作飞，县人大常委会副主任、县委办主任柳昌发及县政府办、发改、住建、国土、财政、统计、文广新等部门有关负责人参加座谈。座谈会上，县发改局汇报了2017年基本建设项目投资计划的初步安排情况；省城乡规划设计研究院介绍了关于县域总规、城镇规划、美丽县城规划建设等情况。参会人员结合实际，针对项目谋划和推进以及旧城改造、美丽县城建设等工作，分析存在的困难和问题，探讨解决对策，研究下步推进措施和发展思路。听取汇报后，蓝伶俐指出，项目是推动加快发展的强力支撑。各级各部门要牢固树立抓项目就是抓发展的理念，敢于担当，拓宽思路，结合各项工作载体，整合项目资源，狠抓项目储备，不断提升谋划项目、挖掘项目的水平，全力推动项目投资总量快速有序增长，扩大有效投资，做大资金盘子，切实增强经济发展后劲。

【方健忠到庆元调研】 2月19日，市委常委、组织部部长方健忠履新首站到庆元调研，组织召开工作汇报会，听取经济社会发展及基层组织建设等情况汇报，倾听意见、共话发展、谋划思路。汇报会上，县委书记蓝伶俐汇报了基本概况、下阶段的发展思路和基层组织建设情况。县领导胡献如、吴青松、叶丽娅、李见阳、黄绍刚、刘新民参加汇报会。听取汇报后，方健忠指出，作为“中国生态环境第一县”，庆元生态资源优势明显，但交通区位存在劣势，工作条件艰苦。近年来，经过一届届县委、县政府持续努力，庆元加快发展已具备一定的基础条件。今后要更加坚定自信，自我加压，全面贯彻落实好省市决策部署，切实把已经确定的战略目标、战略任务转化为全县上下的共同意志，以崭新的精神风貌、十足的闯劲冲劲，努力干事创业谋新篇、开新局。

5月8日下午，方健忠到庆元开展调研，县领导蓝伶俐、胡献如、吴青松、刘新民、王绍金陪同调研或参加座谈会。方健忠一行先后到黄田镇黄坞村、屏都综合新区、兰溪桥水库扩建工程、濛洲街道大济村等地，就“党建＋美丽乡村”建设，构建“一县双城”，推进城市新区和产业新城情况，小企业孵化基地项目情况，兰溪桥水库扩建项目进展情况，村社换届工作，历史文化古村落保护及进士村文化进行实地调研，并组织召开村社换届工作座谈会，听取经济社会发展及基层组织建设等情况汇报。方健忠指出，要聚焦绿色发展。以绿色发展理念为引领，到贯彻落实“两山”“两鸟”理念，要聚焦发展，增强自信，加强换届后新的村社班子的培训，把思想、认识、行动统一到县委、县政府的工作要求中来，一以贯之，形成共识。要聚焦铁军锻造，树立“实干唯一”导向，坚持以发展论英雄，看实绩用干部。将“百团大战”作为新一届班子成员从“选场”到“战场”的考验平台，以干部高效率的工作成绩来回报百姓的高票数支持，真正锻造出一批能在提速发展中引领方向、担当重任、凝聚力量的铁军。要聚焦党建，重视基层基础，乡、村两级组织工作是县里中心工作的基础，要扎实做好基层党建各项工作，把全面从严治党的要求落到基层、落到实处。同时，围绕百姓增收、村集体增收，将创新发展建立在党建上，充分发挥党支部战斗堡垒作用和党员先锋模范作用，最终促进农民增收致富。

6月7日，方健忠到庆元，就基层党建、村级组织换届等工作开展调研。他强调，抓好党建是最大政绩，发展是第一要务，最大政绩要用第一要务来检验，各级组织要聚焦发展，服务大局，精准发力，心往一处想，劲往一处使，能吃苦、肯吃亏、肯奉献，锻造一支忠诚干净担当的庆元铁军，全力推动庆元绿色发展。

10月10～11日，方健忠到庆元督导检查中共十九大维稳安保工作。县领导胡献如、李见阳、邹海亮、刘新民陪同检查或参加座谈会。方健忠强调，各级领导的思想意识要再强化，全力以赴维护稳定，杜绝侥幸、迟疑心理，真正做到守土有责、守土负责、守土尽责。防控责任要再压实，盯住具体问题不放，抓好关键措施落实。要加大积案化解力度，控制矛盾新增，排查化解各类矛盾纠纷，面对面做好政策宣传、思想疏导、矛盾化解，全面提升社会治安防范水平。要调整创新社会治理督导检查方法，真督实查，提升实效，确保圆满完成十九大维稳安保任务。其间，方健忠还看望了省特级教师吴韦春。

【冯飞调研工业经济和科技】 3月6日，副省长冯飞来庆调研工业经济和科技工作。他强调，要坚持创新驱动发展战略，进一步加大科技创新力度，不断推动经济转型升级。丽水市委书记史济锡，市委常委、常务副市长林亮参加调研。县领导胡献如、叶武、王绍金、吴小军陪同调研。冯飞一行先后走访浙江鸿星文具有限公司、浙江九川竹木股份有限公司、浙江百兴食品有限公司、浙江双枪竹木有限公司、浙江深海泵业科技有限公司、浙江省庆元县食用菌科研中心，详细了解当前工业经济和科技工作情况。在调研中，冯飞对工业经济发展以及科技工作给予肯定，他强调，在经济发展新常态下，庆元要进一步坚定发展信心、坚守定力，把“产业富民”与创新驱动发展更加紧密地结合起来，通过科技创新，不断增强企业发展的核心竞争力，扎实推进工业经济转型升级、创新发展。

【王剑侯调研民政工作】 3月8日，省民政厅厅长王剑侯、副厅长余强一行到庆元调研民政工作。县委副书记、县长胡献如，副县长胡显平陪同调研。王剑侯一行来到新窑村居家养老服务照料中心，参观食堂、阅览室、娱乐活动室等，详询居家养老服务中心为老人提供的生活照料、医疗护理、文化娱乐、社会交往等多种服务概况，并和老人亲切交谈。得知老人饮食调理搭配得当、生活幸福，王剑侯指出，要继续整合资源、夯实基础，进一步扩大居家养老覆盖面，提高养老服务水平。随后，王剑侯到竹口镇便民服务中心，在充分肯定竹口镇便民服务中心工作的同时，王剑侯提出，要继续做实、做细工作，切实为群众提供更加便捷高效的服务；要加强社会救助联动机制建设，民政、财政、卫计、公安等部门加强协调配合，切实做好困难群众的救助工作。在县社会福利中心和老年活动中心项目现场，王剑侯认为，庆元在本地财力紧张的情况下，能够积极争取项目资金，充分利用社会力量，大力发展养老建设，同时推进公办养老工作，确实不易。他希望庆元再接再厉，抓住机遇，加紧推进养老工程和设施等相关工作的建设，规划好、建设好各个项目，用良好的民政公共服务设施提升民政部门为民服务能力。王剑侯到县行政审批中心，与窗口工作人员和前来办事的市民交谈，了解审批事项、办事流程，征求改进服务、简化流程的意见建议。王剑侯强调，要重点抓“最多跑一次”改革工作，继续着力削减审批事项，打破部门审批壁垒、优化办事流程。要加快建设政务大数据共享平台，实现信息共享、互联互通和配套联动，提高办事效率。要进一步优化服务，不断提高群众获得感。

【衢宁铁路庆元段项目建设推进会】 3月14日下午，衢宁铁路庆元段项目建设推进会召开。会议听取衢宁铁路庆元段项目建设情况汇报，研究部署下步推进措施。县委副书记、县长胡献如参加会议。县委常委、常务副县长、县衢宁铁路项目指挥部总指挥章作飞主持会议。县人大常委会副主任、县衢宁铁路项目指挥部常务副总指挥刘义平作工作汇报。会上，与会单位及相关乡镇（街道）负责人围绕当前项目建设中存在的困难和问题，研究解决对策，提出意见、建议。会议对衢宁铁路庆元段推进过程中的一些问题予以了明确。胡献如强调，铁路项目体量大、专业性强、时间紧，配套项目较多，项目协调较为复杂。各级各部门要把推进衢宁铁路庆元段项目建设作为自己的事办好，在工作中多沟通、多协作，针对遇到的困难和问题，积极想办法、动脑筋，主动担当，主动作为，主动协调，全力以赴加快推进衢宁铁路庆元段项目建设。

【衢宁铁路庆元段项目建设对接会】 3月22日下午，衢宁铁路庆元段项目建设对接会召开。县委副书记、县长胡献如参加会议。县委常委、常务副县长、县衢宁铁路项目指挥部总指挥章作飞主持会议。县人大常委会副主任、县衢宁铁路项目指挥部常务副总指挥刘义平及县衢宁铁路项目指挥部、县国土局、县交通局、县住建局、县水利局等相关单位负责人参加会议。会议听取中铁第四勘察设计集团有限公司关于衢宁铁路庆元段站区控制性详细规划优化调整和通站道路设计方案情况汇报，对设计方案进行讨论研究，针对当前项目建设中存在的困难和问题，提出意见、建议，并部署下阶段推进措施。衢宁铁路是一条带领庆元迈向发展新纪元的重要道路，承载着庆元人民的殷切期望。会议要求，各成员单位在按既定计划强力攻坚项目的同时，要进一步优化项目施工方案，着力打造精品工程。要进一步加大对项目推进中存在问题的协调解决力度，坚持问题导向，做好统筹谋划，强化项目对接，形成工作合力，加快项目进程。指挥部、各相关单位要加强服务意识，提供优质高效服务，全力以赴做好项目的各项保障工作，确保铁路建设顺利实施。

【云和菇棚改造考察和“六边三化三美”调研】 3月27日，县委副书记、县长胡献如带领县府办、财政、农办、食用菌管理局以及濛洲、松源、屏都和五大堡等部门和乡镇（街道）负责人，到云和考察菇棚改造工作，并调研庆元“六边三化三美”工作。副县长吴小军陪同。在云和考察期间，胡献如一行先后到高速公路、省道以及景区沿线的标准化菇棚示范基地，实地了解菇棚改造中涉及的建设资金、改造模式以及设计、优化、美化等相关工作。在结束云和的考察之后，胡献如还到高速公路连接线，对沿线的菇棚改造、绿化、亮化等工作进行实地调研。就如何推动下阶段的菇棚改造工作，胡献如强调，美丽风景线沿线的乡镇（街道）要加大整治力度，通过拆除废弃菇棚、提升美化现有菇棚等方式，改变过去破旧菇棚遍地杂乱无章的现象。相关部门要加强指导，要以美丽风景线沿线和香菇小镇、风景区为重点，通过规划引领、提高标准，建立示范区，加快现代标准菇棚改造和基地美化绿化等基础设施提升，实现农业基地好收益、环境美丽双赢。胡献如还在县农办专题听取“六边三化三美”工作汇报，并就“一线三村”、省市精品示范线创建等当前重点工作进行指导。他强调，要统筹项目资金，优化规划设计，建立工作机制，通过引进“竞争性”工作机制，进一步提高群众的积极性和主动性，合力推动工作落实。

【徐加爱调研庆元公安工作】 4月10日下午，省委常委、公安厅厅长徐加爱率省公安厅治安监督管理总队长阮文广、厅办公室督办组组长楼楚到庆元调研公安工作。市委常委、公安局局长卫中强，县委副书记、县长胡献如，县委常委、公安局局长邹海亮等参加调研。徐加爱对松源派出所、刑侦大队执法规范化、警营文化建设取得的成效，以及干净整洁的环境卫生给予了充分肯定。徐加爱要求，全县公安机关要有合作意识、大局意识，继续干在实处，勇立潮头；要有信心，有底气，依靠高效优质的服务赢得民心，公安工作要实现大联动，做到上下联动，互相补充，尤其是要做到“四个满意”，即百姓满意、党委政府满意、各个部门满意、公安自身满意。

【九景衢铁路浙江有限公司对接衢宁铁路建设】 4月12日下午，九景衢铁路浙江有限公司总经理何晓与副总经理杨晖带队到庆元对接衢宁铁路庆元段项目建设，召开座谈会，针对存在的问题和困难，就下步工作推进进行讨论研究。市衢宁铁路项目指挥部总指挥叶朝丐，县委副书记、县长胡献如，县委常委、常务副县长章作飞，县人大常委会副主任、县衢宁铁路项目指挥部常务副总指挥刘义平参加座谈。座谈会上，九景衢铁路浙江有限公司介绍了衢宁铁路庆元段工程进展和当前急需协调解决的庆元站取土场建设、站场设计建设、下步土地征迁、安置小区建设等方面问题。县衢宁铁路项目指挥部有关负责人针对存在的问题，提出对策思路，交流意见、建议，就工作的下步推进进行沟通对接。胡献如在座谈交流时指出，衢宁铁路项目承载了20多万庆元人民的梦想，建设好衢宁铁路意义重大、使命光荣。项目指挥部及有关部门、沿线乡镇（街道）要高度重视九景衢铁路公司提出的问题，以不影响工程正常施工为原则，积极承担起地方政府应当履行的职责，按照要求，扛起责任，主动担当，协调配合，全力保障工程顺利施工。何晓对庆元县委、县政府对推进衢宁铁路项目建设提供的帮助和支持表示感谢，并表示，在衢宁铁路项目推进过程中，庆元与九景衢铁路公司保持了良好的合作关系，打下了坚实的合作基础。

【小城镇环境综合整治调研】 4月26日上午，县委副书记、县长胡献如到黄田、竹口，就小城镇环境综合整治工作开展调研。县政府办、县财政、县供电、镇治办等部门负责人陪同。针对当前项目推进中的存在问题，胡献如指出，黄田、竹口两个乡镇要自我加压，下决心着力解决中心街道线网下地工作，通过学习取经其他县（市、区）的成功做法，抓紧项目落地实施，不断提升镇容镇貌。要以中心街整改为核心，突出重点，集中精力，抓好线网下地、外立面改造等工作，确保工作取得实效，早出形象。就下阶段工作，胡献如强调，各乡镇和有关部门要强化认识、明确职责，齐心协力，把小城镇环境综合整治工作落到实处。要根据工作推进需要，认真研究，加快形成一套高效运转、流程优化的工作推进机制，确保项目加快实施，让群众早日享受小城镇环境综合整治工作带来的成果。

【新生代企业家联合会第二次会员大会】 4月28日下午，新生代企业家联合会举行第二次会员大会举行。县委书记蓝伶俐参加会议并讲话，县领导胡献如、吴青松、叶丽娅、吴灌红、王绍金、林昌富参加会议。大会选举产生新一届班子成员，吴建华当选为第二届会长。会上，蓝伶俐代表县委、县人大、县政府、县政协，向会议的召开表示热烈的祝贺，对新生代企业家为庆元经济社会发展所做出的努力和贡献表示感谢。讲话中，蓝伶俐寄语广大青年企业家：要听党话，坚决拥护中国共产党的领导，加强企业内部管理和企业的绿化美化，争做美丽庆元的建设者；要展宏图，牢固树立“创新、协调、绿色、开放、共享”五大发展理念，树立质量第一的强烈意识，精益求精发扬“工匠”精神，争做改革创新的实干家；要守规矩，积极参与以“守法诚信”为重点的理想信念教育实践活动，坚持诚实守信、依法经营、依法治企，守住清洁生产、达标排放、节能减排的底线，争做守法诚信的捍卫者。

【县政府咨询委换届会议】 5月3日下午召开。县委副书记、县长胡献如参加会议并讲话。经县政府研究，决定成立县人民政府第二届咨询委员会，聘任15名退职领导、专家为委员。林方海任第二届咨询委员会主任，周诚喜、练荣锡为副主任，委员包括教育、卫生、农业、林业、科技等方面的多位专家。会上，胡献如代表县委、县政府对新一届咨询委员会的成立表示祝贺！对上一届咨询委员会工作所取得的成绩给予肯定，并对大家的辛勤付出表示感谢。他说，县咨询委成立以来，大家紧紧围绕县委、县政府的决策部署，调查研究，提真知灼见，建睿智之言，献务实之策，为庆元县的决策提供了大量有价值的意见、建议，对推动经济社会发展发挥出了积极作用。

【电子商务创业园运营招商评审会】 5月5日上午召开。省商务厅电商副处处长章晗任评审组组长。县委书记蓝伶俐，县委副书记、县长胡献如，县委常委、副县长赵玻参加评审。会上，来自浙江山山网络科技股份有限公司、浙江红连文化发展股份有限公司、浙江菁英电商管理服务有限公司、浙江澜蓝汇市场管理有限公司的代表采用PPT与演讲结合的方式，先后围绕企业自身情况、庆元项目规划、功能定位、布局规划、合作模式、园区效益评估等几个方面进行展示陈述。面对招商企业提出的方案，评审组成员认真评审与分析，针对方案细节、园区效益等内容提出疑问，由招商企业现场答疑。

【浙建集团到庆元考察洽谈合作项目】 5月10～11日，浙建集团董事长、党组书记沈德法一行到庆元考察洽谈投资项目。县委书记蓝伶俐，县委副书记、县长胡献如，县人大常委会主任吴青松，县委常委、常务副县长章作飞陪同考察或参加洽谈会。10日下午，沈德法一行先后到黄田、竹口、庆元火车站、元帅公庙区块、兰溪桥水库，考察了解小城镇综合整治、火车站站前广场、体育中心、公共文化中心、兰溪桥水库扩建、松源溪流域综合治理等项目规划情况，就PPP项目的投资意向进行初步对接。

【景宁党政考察团到庆元考察】 5月15日下午，副市长、景宁县委书记陈重带领景宁县党政考察团到庆元考察。县领导蓝伶俐、胡献如、吴青松、叶丽娅、章作飞、王绍金陪同考察。考察团一致认为，庆元县生态环境良好，文化底蕴深厚，近年来，发展速度进一步加快，尤其在美丽乡村建设、特色小镇、企业培育发展等方面的优秀做法值得学习借鉴，并且景宁和庆元地缘相近、人缘相亲，双方有很多相似之处，希望今后双方能进一步加强交流合作，互相帮助，互相支持，共同发展。

【纪念庆元解放68周年活动】 5月17日是庆元解放68周年纪念日，当天上午，在石龙山烈士陵园举行纪念活动。蓝伶俐、胡献如、吴青松、叶丽娅等副县级以上领导参加纪念活动。离退休老同志及“三老”人员、七大系统干部职工、驻庆元部队、共青团员、少先队及社会各界群众代表参加纪念活动。蓝伶俐讲话，胡献如主持纪念仪式。上午9时，纪念仪式正式开始。在革命烈士纪念碑前，全体人员奏唱国歌，向烈士纪念碑敬献花篮并默哀致礼，缅怀先烈。

【章文彪调研小城镇环境综合整治及美丽乡村建设】 5月17日下午，省委副秘书长、省农办主任章文彪一行到庆元县，就小城镇环境综合整治、美丽乡村建设等工作开展调研。县领导蓝伶俐、胡献如、祝美群、吴小军陪同。章文彪一行先后到黄田镇东西村、浙闽边际村竹口镇新窑村，通过实地走访查看、听取介绍、召开座谈会等方式，详细了解小城镇环境综合整治、美丽乡村建设、“五水共治”、精准扶贫等工作进展情况。调研中，章文彪对“三农”工作取得的成绩表示肯定。他强调，要不断加快美丽乡村建设步伐，到挖掘乡村特色，打造出更多具有鲜明特色的精品村；要加大农村环境综合整治，统筹推进农村生活污水治理、“五水共治”、“三改一拆”等工作，大力发展乡村休闲旅游、民宿经济等产业，千方百计增加农民收入，让人民群众有更多获得感、幸福感。

【科技工作者座谈会】 5月30日是首个“全国科技工作者日”。5月26日下午，科技工作者座谈会召开，庆祝首个“全国科技工作者日”，鼓励科技工作者牢记使命责任，把科技摆上更重要的位置，在全社会营造尊重知识、尊重人才和关心科技工作者的良好氛围。县委书记蓝伶俐讲话。县委副书记、县长胡献如出席。县委常委、副县长赵玻汇报科技工作情况。县委常委、组织部部长刘新民主持。县人大常委会副主任吴建华、县政协副主席吴先武参会。座谈会上，16名科技工作者代表积极建言献策，实事求是地指出科技工作存在的不足和问题，就科技创新发展提出中肯的意见、建议。

【天宸农业公园项目启动】 5月28日，在首届农耕文化节开幕式现场，丽水天宸农业公园揭牌仪式举行，天宸农业公园项目正式启动。县委副书记、县长胡献如参加开幕式并宣布活动开幕，县领导吴积云、叶武、吴小军、胡显平参加开幕式。该项目一期预计投资8000万元，分3年左右建成，主要开发建设漂流河道、游客接待中心、高山生态果园、景观长廊、景观梯田以及天池、七彩池、精品民宿、生态养殖系统等旅游景观，为举水乡打造一个“没有食品安全困扰”的原生态食品家园，打造一条“从文化到农业、从深山到都市、从田头到餐桌”的完整产业链，建设一个集观光、休闲、旅游于一体，产、供、销“一条龙”的现代农业公园，推进大月山景区建设。

【庆元大道开通仪式】 6月10日上午，庆元大道开通仪式举行。至此，龙庆高速公路庆元连接线黄坛至县城段宣告正式通车。省交通厅巡视员李良福宣布通车。市委常委、常务副市长林亮讲话。市人大常委会副主任朱继坤、市政协副主席邝平正出席。县委书记蓝伶俐致辞。县委副书记、县长胡献如主持开通仪式。县人大常委会主任吴青松、县政协主席叶丽娅等副县级以上领导出席仪式。副县长、高速连接线项目总指挥胡显平介绍项目建设情况。

【林亮到庆元调研】 6月10日上午，市委常委、常务副市长林亮到庆元调研美丽公路建设。县委副书记、县长胡献如，副县长胡显平，政协副主席吴新清陪同调研。当天，林亮一行实地考察市级美丽乡村风景线——庆百公路、庆百公路K12+400休息点、庆百公路美丽经济交通走廊及百山祖景区建设情况。考察后，林亮对美丽公路建设给予充分肯定。林亮强调，要结合地方特色开展美丽公路建设，既要让公路靓起来，也要记得住乡愁；要注重细节，整体规划，串点成线，推进美丽公路建设提质；要拉高标准，丰富内涵，巩固提升现有美丽公路建设成果，有效地促进地方旅游和社会经济发展。

6月10日上午，市委常委、常务副市长林亮到庆元，调研指导“最多跑一次”改革工作。县委副书记、县长胡献如，县委常委、常务副县长章作飞，副县长胡显平，县政协副主席吴新清陪同调研。林亮到县行政审批中心，到林业、公安等受理窗口，详细了解制度改革、便民服务、流程再造、办件提速等情况，对“最多跑一次”改革取得的成效给予高度认可，对工作人员放弃节假日休息坚持值班为民服务的做法表示赞扬。林亮强调：“最多跑一次”改革是深化政府自身改革的重要抓手，要牢固树立以人民为中心的思想，坚持需求导向、问题导向，从提高群众和企业的获得感入手，从企业、群众办事的痛点、难点切入，换位思考，有效减少环节，减少流程，节省时间，让群众办事更加便利；要全面整合审批事项，扎实推进联合审批，探索推行“一窗受理、集成服务”模式，优化服务措施，形成工作合力；要深化“互联网+政务服务”模式，加快推行网上审批，建立完善政务服务网等大数据系统，推动信息互联互通，切实做到让数据多跑、让群众少跑；要加强督察整改，更加注重改革的质量与效果，确保改革取得便民利民的实际成效，进一步提升群众的获得感。

【“大花园”建设方案征求意见座谈会】 7月3日下午，县委副书记、县长胡献如主持召开“大花园”建设方案征求意见座谈会。副县长黄立飞、彭敏、王绍金以及发改、农办、经商、招商、国土、住建、交通、农业、林业、水利、旅委等部门负责人参加会议。座谈会上，县发改局负责人汇报了《庆元县建设美丽‘大花园’勇争最美‘花骨朵’五年行动计划（初步方案）》的编制情况，与会部门负责人和领导根据省第十四次党代会报告提出的“培育新引擎，建设大花园”的要求，结合发展实际及各领域工作目标要求，就建设“大花园”的建设目标、主要任务、建设思路、定位及未来蓝图谋划等提出工作建议及相关措施。就下阶段的工作要求，胡献如强调，“大花园”建设要做到着眼近期与谋划长远相结合，突出重点与推进全域相结合，立足县域与区域对接相结合，花园打造与引擎培育相结合，要周到细致地谋划“大花园建设”，找准定位，集思广益，加快推进，力争在全省“大花园”建设中拔得头筹。

【2017年度县以上重点项目推进情况汇报会】 7月12日上午召开。县委副书记、县长胡献如，县委常委、常务副县长章作飞，副县长彭敏、胡显平参加会议。会议听取衢宁铁路（庆元段）项目、香菇市场迁建及物流中心建设项目、菊隆中学迁建工程、庆元县体育中心项目、松源溪流域综合治理工程、庆元县火车站连接线等25个县以上重点项目推进情况汇报。胡献如强调，要集中精力抓项目，紧紧抓住项目建设“黄金期”，项目业主单位、乡镇（街道）要承担起项目推进、政策处理等工作责任，把工作精力和干部力量集中到推进项目建设上来，进一步夯实主体责任、强化措施，形成合力，增强工作主动性，抓紧有效施工期，集中力量推进项目建设；要紧盯目标抓项目，围绕年初设定的目标任务，不断加大工作力度，超常规推动工作，加快推进项目征拆及工程建设等，务求项目落地见效、项目建设推进顺利；要强化保障抓项目，切实做好政策处理工作，加强土地、资金等要素保障，认真研究解决影响项目建设推进的重点、难点问题，敢于组织力量“拔钉清障”，严厉打击非法阻工行为，集中突破，及时解决，确保项目建设提质提速提效；要转变作风抓项目。广大干部要到项目一线，到项目难点，为推进项目出实招、解难题，把更多精力扑到项目上，在一线推进项目、解决问题，转变作风，优化服务；要完善机制抓项目，组织开展“百名青年干部进项目”活动，交办“拔钉清障”第二批任务，建立健全项目交办机制，明确责任领导、责任部门，分解任务，量化责任，加强跟踪，实行交办问题挂号销号制度，加强宣传，鼓足干劲，努力形成加快推进项目的良好氛围。

【刘建超到庆元调研】 7月26～27日，省委常委、纪委书记、监委主任刘建超到庆元调研。刘建超强调，要认真贯彻省第十四次党代会精神，持之以恒、驰而不息抓党风廉政建设，坚持党的领导，把纪律挺在前面，强化执纪监督，做好巡查工作，推进“清廉庆元”建设，努力为建设“清廉浙江”创造“庆元经验”，提供“庆元实践”。刘建超一行先后到五大堡乡西洋殿、百山祖镇车根村，实地察看贯彻省第十四次党代会精神的落实情况。

刘建超指出，贯彻落实省第十四次党代会精神是当前乃至今后一个时期的重大政治任务，庆元要坚持以“八八战略”为总纲，紧密结合实际，认真贯彻落实省党代会精神，广泛开展宣传宣讲，切实把全县广大干部群众的思想和行动统一到省党代会决策部署上来，全力推动省党代会的各项决策部署在庆元落地生根、开花结果。

【王小荣调研扶贫开发和全域旅游】 7月26～27日，副市长王小荣率相关部门到庆元县调研扶贫开发、全域旅游工作。县委副书记、县长胡献如，副县长吴小军、胡显平参加座谈会或陪同调研。调研期间，王小荣一行先后到五大堡、贤良、岭头、举水等乡镇，就西川旅游发展规划、岱头林场林下经济发展、月山乡村旅游、天宸农业公园建设、农村污水处理等工作进行调研。王小荣强调，要大力培育特色富农产业，通过招引工商资本，推动农业综合体的发展，使之成为美丽乡村发展新引擎；要突出农旅融合，抓好乡村规划、效益农业等工作，通过借助景区项目，带动周边美丽乡村建设，实现农民增收致富。

【县代表团赴嘉兴考察】 8月2～3日，县委书记蓝伶俐、县长胡献如、副县长王绍金带领县代表团到嘉善县、嘉兴经济技术开发区，就招商引资、合作平台建设等工作进行考察交流。代表团一行先后到嘉善华悦木业有限公司、嘉兴海拉灯具有限公司、嘉兴智慧产业创新园，参观企业生产车间、产业园展示厅，详细了解企业生产经营、工业园区规划建设情况。

【史济锡调研香菇小镇建设情况】 8月13日，市委书记史济锡来到庆元，就香菇小镇建设情况开展调研。他强调，庆元是人工栽培香菇的发源地，香菇文化源远流长，要拉高标杆，抢抓机遇，突出抓项目、抓投资、抓进度，围绕“富民强县”目标，积极培育特色产业，挖掘特色文化资源，大力发展旅游业态，强化小镇的辐射带动功能，努力把香菇小镇打造成一流的、有影响力的、在全省乃至全国都是标杆的特色小镇。县委书记蓝伶俐和县委副书记、县长胡献如陪同。史济锡一行参观了新的香菇市场，听取有关香菇小镇规划建设总体情况介绍，详细询问香菇市场生产经营情况，并实地察看了香菇小镇三期“小镇大客厅”的建设进展，就香菇小镇未来的规划建设提出指导意见。史济锡要求，要把特色小镇建设作为“富民强县”的重要抓手，坚持差异化、特色化，真正实现绿色发展、科学赶超、生态惠民；要突出产业功能、人气集聚功能、文化功能和旅游功能，围绕丽水的生态底色和发展特色，精心谋划、精准发力，落实责任、紧抓进度，高质量、高标准、高效率推进特色小镇建设；要强化使命担当、责任担当，强化工作对接，整合各方力量、资源、信息、政策，推动资金、信息、技术、人才等要素向特色小镇集聚，更好地发挥政策和资源的叠加效应，为加快推进特色小镇建设提供有力保障。

【章启诚到庆元县调研】 8月14日，省财政厅预算局局长章启诚一行到庆元，调研江滨小学、同心小区、香菇小镇、莲湖新农村建设等项目进展情况。县委副书记、县长胡献如陪同调研。就特色小镇如何建设，章启诚强调，要继续加强特色培育，突出产业引导；加强扶持保障，形成政策合力；不断加大特色小镇创建宣传力度，挖掘文化底蕴和内涵，加强包装和营销，提高特色小镇的知名度和吸引力，促进特色小镇建设工作再上新水平。在对莲湖新农村建设项目进展情况的考察中，章启诚对莲湖发挥资源优势，将农业与旅游业相结合、打造生态旅游品牌的做法给予了充分肯定。他强调，要抢抓发展机遇，突出自身特色，切实搞好生态环境的保护和建设，做强生态旅游文章；同时，也要加快项目进度，确保项目建设质量，助推乡村旅游发展。

【杭州庆元商会第二次会员代表大会】 8月26日，杭州庆元商会召开第二次会员代表大会，选举产生了杭州庆元商会第二届理事会、监事会领导班子。县委副书记、县长胡献如出席会议并讲话，叶丽娅、吴灌红、赵玻、叶武、林昌富等县领导出席会议。会议听取《杭州庆元商会理事会工作报告》《杭州庆元商会会员代表大会选举办法》，表决通过《杭州庆元商会章程（草案）》、《杭州庆元商会会费收支管理办法（草案）》，柳新华当选第二届理事会会长。第二届理事会共有理事

44人，会员单位198家。就做好商会工作，胡献如强调，要加强自身建设，提升商会品牌，商会肩负着团结、凝聚广大庆元籍企业家为促进庆元经济社会发展的光荣任务，希望商会领导班子能和广大会员以“诚信立会，服务兴会”为宗旨，增强责任感和紧迫感，团结一致，齐心协力，做到相互信任、相互支持，共同把商会做大做强；要服务家乡发展，塑造良好形象，充分发挥商会人脉广泛、信息丰富等特点，利用各种形式广泛宣传庆元，主动为家乡发展牵线搭桥、引荐项目，动员更多外地企业到庆考察投资，把自身事业发展和庆元发展紧密联系起来，为家乡经济的腾飞贡献力量；要致力平台建设，落实社会责任，致力于架设会员与政府、会员与部门、会员与社会各界的沟通“桥梁”，搞好优质服务，创新工作思路，破解商会工作难题，真正把杭州商会办成庆元在杭创业者的温馨家园。

【赴浙江海丰花卉有限公司招商考察】 8月27日，县委副书记、县长胡献如，县委常委、统战部部长吴灌红，县人大常委会副主任叶武，副县长吴小军等县领导赴绍兴实地考察浙江海丰花卉有限公司，县招商局、县财政局、县农业局、黄田镇、举水乡等相关负责人陪同考察。考察团一行先后参观了浙江海丰花卉有限公司绍兴平水种植基地和鲜花加工中心，并就庆元海丰花卉基地项目的可行性、投资方案、招商政策、发展前景等方面，与公司董事长吴海峰进行了座谈交流。胡献如强调，浙江海丰花卉有限公司是“有实力、有前景、有情怀、有情结”的公司，各有关部门要主动做好项目对接，优化项目服务，保障项目建设，以“第一重视、第一速度、第一优质、第一品质”的要求服务企业，确保项目第一时间落户庆元，并表示庆元生态优势显著，浙江海丰花卉有限公司拟投资的花卉基地项目符合庆元生态产业发展定位，希望双方加强多领域合作，实现共赢。吴海峰对招商工作给予了高度评价，指出庆元干部踏实肯干的工作作风和立竿见影的服务水平是决定公司投资庆元海丰花卉基地项目的重要因素。吴海峰表示，经过实地考察，庆元生态环境优良，项目候选地气候、土地、水源等条件均超过项目选址预期，通过前期对庆元气候环境、优惠政策、产业发展、用地条件等情况的了解，公司决定赴庆元投资庆元海丰花卉基地项目，2017年年底着手规划项目建设方案。

【徐光文调研生态工业】 9月4日，副市长徐光文带领相关部门到庆元调研生态工业发展情况。县委副书记、县长胡献如，副县长王绍金陪同调研。徐光文一行实地考察了浙江鸿星文具有限公司、浙江方格药业有限公司、浙江双枪竹木有限公司、浙江蕴本生物科技有限公司、浙江可信竹木有限公司。就下一步生态工业发展情况，徐光文指出，要坚持生态保护为第一责任，坚持生态发展为第一要务，坚持生态工业发展为第一经济；做环保型、生态性企业，坚定信心坚持“两山理念”不动摇；在发展生态工业的过程中，要坚持科技创新为第一动力，坚持转型升级为重要抓手；要集聚发展，提升产业园区基础设施建设，做好人才引进、产业研发等工作，加强平台建设和科技投入，坚持现代企业发展之路；要坚持品牌建设，做大做强自主品牌；加大庆元竹木、铅笔、食用菌三大支柱产业的品牌宣传工作，建立行业标准，争做细分行业的龙头企业。县委、县政府要精准服务企业不动摇，要聚力发展，服务发展，帮扶解困，优化环境，提振信心，全力助推庆元生态工业走向新台阶。

【电商创业园正式开园】 9月8日上午，举行电商创业园开园仪式。电商园的正式开园运营，已有30家电商企业入驻。县委书记蓝伶俐宣布开园。县长胡献如、团市委书记张妍、澜蓝汇电商集团总裁黄克余致辞。市商务局副局长常晶静，县委常委、副县长赵玻，县委常委、组织部部长刘新民，中国建设银行丽水分行副行长徐伟勇，相关部门和松源、濛洲、屏都街道负责人以及企业代表等出席仪式。仪式上，县政府、国资公司和澜蓝汇，电商创业园与中国建设银行丽水市分行、县信用联社、澜蓝汇电商集团和入驻企业代表、入驻物流代表分别进行合作签约。胡献如在致辞中指出，电商创业园的开园对电商产业发展必将产生极大推动作用，希望庆元电商按照定位高端、体系完整、层级清晰、服务优质的发展要求，坚定信心、科学定位，集聚管理、政策、人才等资源要素，发挥平台和载体作用，努力把电商产业培育成为县域经济发展的新亮点、新业态、新动能；广大电商及配套行业要发扬拼搏创新精神，努力把电商园打造成新业态、新动能的承载体，为庆元经济发展作出新的更大贡献。

【徐宇宁调研经济社会发展和财政收支运行情况】 9月26日，省财政厅厅长徐宇宁到庆元，就经济社会发展和财政收支运行情况进行调研。他强调，当前庆元的发展任务重，面临的压力大，要努力适应经济新常态，积极向上争取政策支持，吃透政策，用活政策，加强向上对接沟通，谋划更多好项目，大力发展产业，积极培育税源，促进财政收入持续增长，推动经济社会健康有序、可持续发展。市财政局局长张少荣，县委书记蓝伶俐，县委副书记、县长胡献如和县委常委、常务副县长章作飞陪同。调研中，徐宇宁指出，庆元是一个加快发展地区，建设发展的任务较重，面临的资金保障压力较大。庆元要大力发展产业，积极培育税源，通过涵养财源，夯实税源税基，实现生财、聚财、用财，促进财政收入可持续增长，推动经济社会平稳健康发展。省财政厅将一如既往关心支持庆元发展，在政策可承受、可持续的范围内，给予庆元更多的政策倾斜，为推动庆元加快发展提供有力保障。徐宇宁强调，新常态下，财政分配引入竞争机制，采用绩效考评，政策要求越来越严格。庆元要把握好战略机遇和政策窗口，善于研究政策、争取政策，用足、用好各项政策，积极主动对接省直部门，科学规划产业平台和产业项目，努力在新一轮发展中抢占先机。财税部门要当好参谋助手，主动作为、靠前服务，积极研究财税新政策、新举措，争取更多财税政策，为庆元发展争取更有力的支持。

【“回归·共赢·发展”重大项目集中开工仪式举行】 9月28日上午，举行“回归·共赢·发展”重大项目集中开工仪式。县委书记蓝伶俐宣布开工，县委副书记、县长胡献如致辞。县领导吴青松、叶丽娅、章作飞、吴灌红参加开工仪式，仪式由王绍金主持。参加开工仪式的还有首届世界丽水人大会庆元分会场的与会嘉宾，他们也亲临现场共同见证一批重大项目集中开工，感受发展氛围。胡献如在致辞时表示，希望通过此次的项目集中开工活动，掀起全县谋项目、抓招商、促发展的新高潮，汇聚起海内外庆元人共建美丽新庆元的巨大力量。

【招商引资推介会暨项目签约仪式举行】 9月28日下午，举行招商引资推介会暨项目签约仪式。会上，共签约百花岩风电场等9个招商引资项目，签约总额达42.38亿元。县委书记蓝伶俐致辞。县委副书记、县长胡献如，县人大常委会主任吴青松，县政协主席叶丽娅参会。县委常委、统战部部长吴灌红主持。副县长王绍金作招商引资推介。

【林健东调研指导农业工作】 9月29日，省农业厅厅长林健东到庆元县调研指导农业工作。副市长王小荣，县领导蓝伶俐、胡献如、李见阳、吴小军等陪同调研。林健东先后到方格药业有限公司、百兴生物科技有限公司、电商创业园、新香菇市场以及口黄坛甜橘柚精品园，就食用菌精深加工、农产品销售、特色农业产业发展等工作开展调研。林健东希望，企业负责人要依托食用菌全产业链优势，紧跟产业发展趋势，坚持科技创新引领，加大技术攻关力度，通过打响食用菌精深加工品牌，助推庆元从“食用菌大县”向“食用菌强县”迈进。在电商创业园精品农产品购物区，林健东认真听取电商创业园平台建设、运营情况以及农产品“线上、线下”销售模式。他指出，要依托新香菇市场和电子商务创业园这个平台，不断探索，创新思路，拓展“线上线下”市场功能，通过打造农产品的流通高地，实现现代农业与电子商务共同发展、合作共赢。调研中，林健东还就香菇文化挖掘、特色农产品优势区申报、农旅融合、精品农业示范区等方面工作进行指导。

【庆元县与邮储银行丽水市分行签订战略合作框架协议】 10月16日下午，庆元县与邮储银行丽水市分行战略合作框架协议签约仪式举行。双方签署了未来3年邮储银行丽水市分行向庆元县政府提供人民币20亿元左右的意向性融资支持等一揽子战略合作框架协议。县委副书记、县长胡献如，邮储银行丽水市分行行长王毅，副县长王绍金参加签约仪式。

【熊建平调研小城镇环境综合整治】 10月24日，副省长熊建平带队到庆元县调研指导小城镇环境综合整治工作，对庆元县取得的整治成效给予肯定。他强调，庆元要紧紧围绕发展定位，充分发挥生态优势，不断完善功能设计，补齐小城镇发展短板，全力打好小城镇环境综合整治攻坚战，着力改善城乡环境，为县域发展注入新活力。省政府副秘书长傅晓风，省镇治办主任、建设厅厅长项永丹，副市长林康，县领导蓝伶俐、胡献如、章作飞、吴小军陪同调研。

【大坑区块综合整治工作部署会召开】 11月6日晚上，召开大坑区块综合整治工作部署会，全面推进大坑区块综合整治工作。县委副书记、县长胡献如强调，要坚持“依法整治、坚守底线、强化引导、和谐化解”的工作原则，以“零上访、零强拆、零安置”的工作目标和“坚决、彻底、干净、和谐”的工作要求，用两个月时间，全面完成大坑区块综合整治工作。县委常委、常务副县长章作飞部署具体工作，县委常委、纪委书记黄绍刚强调有关工作纪律，副县长王绍金主持会议。副县长黄立飞、县公安局政委吴新美参加会议。就抓好工作落实，胡献如指出，大坑区块存在很大的消防安全隐患，影响综合环境，是中央环保督察交办件，大家要进一步深化对大坑区块综合整治的认识，把思想统一到县委、县政府的决策部署上来。胡献如强调，在整治过程中要切实把握好“依法整治、坚守底线、强化引导、和谐化解”的工作原则；执法部门要综合运用法律手段、执法手段开展整治工作，杜绝形成新的“低小散”区块；要体现以人为本，做好引导工作，对于违法行为要果断从快打击，确保实现和谐整治。

【文体中心项目开工】 12月19日上午，在小济洋区块举行公共文化服务中心和体育中心项目开工仪式。县委书记蓝伶俐宣布项目开工。县委副书记、县长胡献如致辞。县委常委、宣传部部长吴积云和县人大常委会副主任吴建华出席仪式。副县长彭敏主持仪式。十九冶集团有限公司副总经理王进、中核恒通（浙江）基础设施投资有限公司董事长范建军参加仪式。胡献如强调，两个“中心”建设首次采用PPP模式，是创新投资模式的样板工程。中标单位、承建单位、监理单位要精心组织、科学施工，抢进度、抓质量、重安全，保质保量完成项目建设任务。县属相关单位要立足本职，密切配合，努力协调解决项目建设中遇到的困难和问题，为项目建设提供一流的服务，共同把两个“中心”建成样板工程、精品工程、满意工程，切实提升群众的幸福感和自豪感。

【梦天木业搬迁投资签约仪式】 12月28日下午，浙江梦天木业有限公司搬迁投资签约仪式举行。标志着梦天木业“退二进三”搬迁工作全面启动，将从老厂区搬迁至屏都综合新区，新建一个高标准现代化厂区。县委书记蓝伶俐致辞。县委副书记、县长胡献如主持仪式。浙江梦天木门集团有限公司董事长余静渊致辞。县领导刘义平、王绍金、夏家天及浙江梦天木业有限公司副总经理徐小平出席仪式。仪式上，副县长王绍金代表县政府与余静渊签订《浙江梦天木业有限公司搬迁投资协议书》。

县政府办公室工作

【信息工作】 庆元县政务信息得分在九县市（区）中排名第一。全年被市政府办信息处录用330篇。共有27条政务信息获得国务院、省、市领导批示。分别是《庆元成功拍卖首笔不良林权资产》《庆元县林场“三个变身”勇争最美“花骨朵”》《庆元县村级公共设施建后运行管护改革试点成效显著》等13篇获省领导批示；《庆元县三措并举推进教育优质均衡发展》《多维发动　多题并破　多措创收——庆元县提前两个月全市率先超额完成散养生猪污染整治》《庆元县开展“治乱拆违战” 27天拆除违建12.6万平方米》等10篇获市领导批示；《丽水市反映小微企业转贷情况问题原因及建议》《丽水市鼓励和吸引外商投资特色亮点做法》等4篇获国务院批示。与2016年相比，报送总量与采用率都有所上升。在做好信息上报工作的同时，扎实推进本级信息采编工作，通过信息培训、人员顶岗、主动约稿等形式加强与各部门、乡镇（街道）的沟通联系，在挖掘特色信息、提炼典型信息方面狠下功夫。全年共编发县级《政务信息》37期、电子专报53期、《信息工作交流》24期，为领导了解全县工作动态、科学把握决策部署提供了良好参考，也有力促进了各项工作落实，有效提升基层工作的积极性。

（信息科）

【电子政务】 完善《庆元县人民政府门户网站管理办法》《庆元县政府门户网站管理运维制度》《信息中心机房管理规定》等相关制度建设与实施，确保有据可依。制定与划分信息中心工作人员职责与分工，确保各司其职。组织乡镇、部门相关负责人参加视联网、政务服务网、基层治理“四个平台”、政府子网站等信息系统信息采集、维护培训，提升工作人员业务能力，确保各网站、业务系统维护工作安全、高效、稳定。组织实施编制县级政府信息资源目录，共编录47家县级单位5557项数据项，明确各数据项的开放共享属性，反映县级各单位当前的信息资源情况，为政府部门开展数据归集、共享、开放工作提供基本依据。开展“最多跑一次”原线下申报办理事项转线上办理工作，梳理线下办理事项327项，占“最多跑一次”公布事项的41.7%，且该327项线下申报办理事项已全部成功转线上办理。“四个平台”信息系统自2017年9月正式上线，逐渐常态化运行。庆元县政府网开设“聚焦2017·庆元县两会”“2017全国两会时间”“群众和企业到政府办事‘最多跑一次’专题”“国务院总理李克强回答中外记者提问”“让小城镇更家居有特色富活力”“乡村文化旅游季”“‘从美丽出发’新媒体作品大赛”“绿色发展百团大战”“贯彻党代会迎接十九大”“对标大比拼”等核心专题专栏，增设“国务院要闻”“省政府要闻”“庆元农业”等栏目，进一步优化栏目设置，增强信息发布。完成市政府门户网站信息录用332篇；县政府门户网站条目更新8050条，其中今日庆元1380条，部门信息1297条，乡镇之窗1270条，公示公告640条，政策文件类285条，调查征集类65条，其他3178条。“庆元发布”官方微信新增“粉丝”8000人，推送各类动态527条，实现阅读总量58万次，累计点赞数超8900个。2017年实现“丽发布”信息录用55条，“丽水政府网上服务”信息录用8条，转发省、市相关微文60条。实现OA普及单位总数69家，使用人数2601人，累计发文4636件，收文105652件。实现公文交换使用单位161家，累计发文16472件。

（网络信息中心）

【信息公开】 2017年度共主动公开政府信息17548条，其中，通过政府门户网站、政府信息公开网公开政府信息9693条，通过部门网站公开政府信息7443条，通过其他方式公开238条。主动通过网站公开县政府和政府办公室文件200个。加大决策、执行、管理、服务、结果“五公开”力度，制定文件《庆元县人民政府办公室关于进一步在办文办会程序中做好政务公开工作的通知》（庆政办发〔2017〕174号），切实将“五公开”落实到公文、会议办理程序中。推进重点领域主动公开目录体系建设，制定重点领域部门和系统的主动公开基本目录，进一步明确和规范公开的主体、内容、时限和方式，接受群众的实时监督。全县通过网络在线申请、信件、当面等多种形式接受信息公开申请39件，已办结39件，办结率100%。为保障政府信息发布全面、及时、准确，加大网上日常监查力度，对信息发布的时限、数量、质量等进行实时监控，对发布不及时、不到位、不全面的单位进行通报。截至目前，共发布规范性文件的政策解读材料44个。

（政府信息公开中心）

【应急管理】 牢牢把握应急办应急预案管理基础职能，全面梳理庆元县已印发应急预案情况，做到心中有数。全年共梳理出防汛抗旱、地震、大气重污染、金融、矿山事故、自然灾害救助等应急预案55个，其中2014年以来修订、出台的预案19个。重点推进水利、卫计、科技、国土、住建、安监、环保等部门进一步完善应急预案，并以政府办公室名义印发预案，健全各种突发事件应对处置程序和技术方案，加强突发公共事件的预测预警、信息报告、应急响应、决策处置等工作。新修订、出台《庆元县人民政府办公室关于批转庆元县突发性地质灾害应急预案的通知》《庆元县人民政府办公室关于印发庆元县自然灾害救助应急预案的通知》《庆元县人民政府办公室关于印发庆元县突发公共卫生事件应急预案的通知》等应急预案11个。认真开展应急演练，增强应急处置能力。结合应急管理实际情况，与公安、交通、卫生、安监、消防等部门，有组织、分层次地开展了突发公共事件综合救援应急演练、平安护航“十九大”反恐应急演练、反恐·消防应急处置演练、地质灾害应急演练、2017年山洪灾害群测群防应急演练等各类演练活动10次。通过演练，应急队伍的快速反应处置能力得到了锻炼和提高，群众参与应急工作的意识进一步增强。强化部门应急联动，持续提升联动效能。全年组织3次24小时值班备勤情况检查，对各联动成员单位电话检查，并对检查情况进行了通报。畅通快速反应渠道，及时报送应急信息。规定重大突发事件发生后必须第一时间上报，最迟不超过1小时，如果尚未完全掌握有关情况，可先口头或书面报告初步情况，随后跟踪报送事态发展、应急处置、社会舆情和原因分析等详细情况。同时，做好县级紧急信息上报工作，2月及时上报首例人感染H7N9禽流感病人死亡信息，3月报送菊隆中学发生一起疑似食物中毒事件信息、9月上报府后街打棉店火灾致1人死亡事故等，切实做到掌握第一手情况、开展第一道研判、实现第一时间报送。

（应急办）

【金融工作】 发挥协调职能，增强金融支撑。落实温州银行到庆元开设支行，积极协助该行完成办公选址，协调装修期间出现的困难问题，于10月底正式营业；协调四大国有银行营业网点试行双休日轮休制度具体事宜；多次协调信贷产品与“社保卡”关联问题，规范金融机构开发与“社保卡”关联信贷产品，维护县域金融秩序，保障金融稳定。搭建政银企对接平台。召开全县金融工作会议、政银企座谈会、企业股改上市工作会议，认真做好企业与金融机构“牵线搭桥”工作，实现金融机构信贷政策信息共享，使企业更准确掌握银行的信贷政策动态，妥善安排企业融资需求。提供优质服务，释放资本潜力。开展“百名行长进千企”活动，组织全县9家银行业金融机构与48家企业结对帮扶，满足企业有效融资需求20.17亿元，切实帮助企业解决生产经营困难。鼓励银行业金融机构积极创新信贷产品，为企业降低融资成本。邮储银行创新“转期贷”产品，为2家企业办理了797万元的业务；泰隆银行积极推行“接力贷”，累计发放2106笔，金额4.7亿元，减少客户融资成本400万元；工商银行推出随借随还“网贷通”，为16家企业办理贷款业务6950万元。引导小贷公司加大支农支小力度，全年累计发放贷款165笔，共8186.5万元，贷款余额5464.33万元。防控金融风险，优化金融生态。加快银行业不良资产处置，共处置不良贷款5809.1万元。防控非法集资风险，牵头组织法制办、公安局、银行业、保险业金融机构及担保、小贷公司等相关人员开展打击防范非法集资宣传月活动，为群众介绍典型案例，提供法律法规政策解答，提供金融、理财咨询服务，提升社会公众的法律金融知识和风险识别能力。稳控互联网金融风险。跟踪排查5家涉及互联网经营的重点企业。加强绿林小额贷款公司监管，指导和督促不良贷款处置工作，协调财政部门及时兑现税收返还政策。助推企业上市，促进资本融通。2017年，浙江股权交易中心挂牌企业新增3家（亿丰文具、松源制笔、天赐农业）。两家“新三板”挂牌企业均实现融资，其中浙江九川公司实现第一轮定向增发，投资对象为杭州象之仁股权投资基金和井冈山林茂生物科技公司，实现直接融资金额1800万元；浙江三禾公司以融资租赁形式向上海云城融资租赁公司融资500万元，以股权质押贷款形式向温州银行融资300万元。三家企业（天竹工贸、九川竹木、三禾科技）完成IPO项目签约。金融招商取得实效，引进丽水萤火虫金融信息股份公司，开展企业应急资金转贷业务。庆元县萤火虫中小企业信息服务股份有限公司于12月15日完成登记注册，并落实经营场所。

（金融办）

【后勤工作】 制定下发《庆元县机关大院办公电脑和空调使用管理制度》《节能领导办公会议制度》《用水计量管理制度》等一系列公共机构节能制度。组织6次公共机构节能执法检查。县级行政机关全部创建节水型单位，创建节水型学校20家，全面完成节水型社会创建工作。LED节能灯改造项目方面，县行政中心、庆元中学完成率达100%，随着各单位入驻公共服务中心，其他公共机构完成率达81.26%。新公共服务中心顺利启用，公共服务中心建筑面积30731平方米，主楼21层，附楼5层，地下1层。1～4层为审批中心和公共资源交易中心，5层为会务中心。新公务用车服务中心于5月完成了装修、车库画线、车辆修理设备安装等工作，并于6月1日搬入新中心工作。根据上级安排，在规定时间内完成公务车辆标识及监督电话喷涂工作。全年公务用车服务中心共接单4800次，安全行驶里程超154万千米。与县公安局、县人武部、县委政法委等多部门通力合作，完成香菇始祖吴三公朝圣活动，省委书记车俊、省长袁家军调研考察等重大公务活动的后勤保障工作。全年完成接待任务200次，其中重大接待20次。

（机关事务管理局）

其他工作

【法制工作】 完善行政决策机制，巩固法治政府建设基础。研究制定《庆元县人民政府办公室关于印发2017年庆元县法治政府建设工作要点的通知》《2017年度乡镇（街道）依法行政考核细则》《2017年度部门依法行政考核细则》，充分发挥考核导向、评价和监督功能，为创建“法治庆元”提供有力的保障基础。各类涉法事务协调处理，出具法律意见书14份，提出意见73条。全县19个乡镇街道、35个部门均聘请法律顾问，共20人，实现县乡两级政府法律顾问全覆盖。全县共创建法律顾问工作记录653条。积极组织行政执法业务知识培训，全县176名干部参加培训。坚持领导干部任职前法律知识考试，提高依法行政的能力和水平，组织6名新提任的领导干部参加任职前法律知识考试。行政规范性文件和行政机关合同管理机制日益健全。全年审查县政府或县政府办名义发布的行政规范性文件64件，提出法律意见187条。接收县直部门登记备案文件21件，乡镇（街道）登记备案1件。共清理县政府（办公室）及其部门规范性文件403件。清理与生态文明建设和环境保护要求不相符的行政规范性文件21件，清理“放管服”改革涉及行政规范性文件34件。全年全县行政诉讼案件共28件，其中2016年结转10件、2017年新增18件。县政府应诉10件，占35.7%。乡镇、街道、部门应诉18件，占64.3%。已审结16件，败诉3件。案件相对集中于土地、拆迁、城建等领域。落实行政机关负责人出庭应诉制度，行政机关负责人应出庭案件18件，实际出庭18件（其中请假6件）。行政机关负责人既出庭又出声，对群众诉求给予切实回应，促进行政争议的实质性化解。制定《行政调解督察和考核制度》《行政调解信息报送制度》等一系列制度，规范行政调解行为。全县行政调解立案3876件，调解成功3721件，其他处理（包括未办结案件数）102件，调解成功率为96%。开展行政执法监督，促进规范公正文明执法。组织二期执法人员考前培训和考试工作，上半年组织37人参加全市行政执法证培训和考试，通过36人，考试合格率高达97%。下半年组织176名执法人员参加考前培训，在11月22日进行的执法证考试中，156人参考，通过116人，其中考试成绩在90分以上的占12%。全年办理完成行政执法监督案件4件，其中市县联办1件，纠正各类问题4个。开展丽水市行政处罚平台的培训和推广，邀请软件公司工程师召开平台业务培训会，并在日常工作中做好平台使用的释疑解惑工作，已通过平台录入案件251，其中205件结案，案件录入数量持续增加。落实重大行政处罚备案制度，各行政执法机关向县政府法制机构报送登记备案行政处罚案件112件。建立健全执法程序，落实执法案件主办人制度和案件审核制度，推进执法听证程序。建立并严格执行重大执法决定法制审核制度，规范执法文书制作。为推进行政执法规范化水平的提升，派员参加全市优秀案卷评查活动，县市场监督管理局的一个案卷被评为优秀案卷。

（法制办）

【外事工作】 县外事办继续将因公出国（境）管理工作放在首位，严格把关，仔细审核，高效办理各类组团、参团出访事项。一是继续加强因公出国（境）管理工作。全年共办理组团出访2批、11人次，参团出访2批、2人次。10月，保障县委书记蓝伶俐率团出访德国、法国，开展特色小镇交流访问活动。11月，保障县委副书记李见阳率团出访希腊、匈牙利，开展经贸交流与友城访问活动，与希腊迈加拉市签订友好交流意向书，访问庆元友好城市匈牙利索尔沃什市。保障全国人大代表、县委书记蓝伶俐参加全国人大常委会代表团，赴加拿大参加第四届世界各国议会联盟会议。保障教育等单位参加不同任务团组出访相关国家和地区。全县出访人员（含参团人员）按时上缴有关证照、考察报告。在出访过程中，无一例违法、违规、违纪情况发生。二是认真做好在庆元外国人管理工作。9月，举办“香菇始祖吴三公”朝圣活动，县外事办主动向上级主管部门和有关部门通报备案，活动现场也代表外事部门积极参与各项组织接待工作。积极协助市外侨办开展外籍新娘管理工作，及时反馈各项信息。三是提升涉外服务水平。全年共办理邀请外国人来华3批、7人次。浙江鸿叶笔业有限公司邀请3名巴基斯坦 success marketing ways 公司员工和2名巴基斯坦 M/S NADEEM TRADERS 公司员工到庆元洽谈业务，浙江胜明文具有限公司邀请2名巴基斯坦 Shahid and Company 公司员工到庆元洽谈业务。2017年，县外事办利用组团出访的时机，积极与德国、法国、希腊、匈牙利等国交流往来，向外国友人和当地华侨推荐庆元优质生态环境与香菇文化，邀请外国友人和当地华侨到庆元访问考察，进一步扩大庆元的知名度与美誉度。

（外事办）

行政审批（公共资源交易）工作

【概况】 2017年，庆元县行政审批中心有24个部门设置对外办事窗口，2个部门设立行政审批分中心，7个部门实行综合代理，常住中心工作人员200人。梳理与群众和企业生产、生活关系密切且需要到政府办理的主事项738项、子事项1301项，实现“最多跑一次”事项1236项，实现率95.00%，审批部门100%进驻办事大厅；办理行政审批和服务事项264220件，办结264220件，办结率100%，“最多跑一次”事项办件量占99.10%，群众满意率99.34%；新建企业投资项目全部列入代办，“跑小二”金品牌企业投资项目代办率100%，召开企业事务协调会议10次，联合公安、消防等部门破解泥木结构建筑开办民宿审批问题，为92家民宿补办特种行业许可（旅馆业）提供服务；四大类进场交易项目873个，交易预算金额11.43亿元，实际交易金额11.25亿元，节约金额8214.54万元，节约率8.20%，增值金额6402.04万元，增值率45.51%。

【“一门式”服务】 推行“一门式”服务，落实行政审批“两集中、两到位”改革的要求，涉及行政权力事项和公共服务事项的部门全部进驻办

7月10日，国地税联合办税窗口进驻县政府行政审批中心

事大厅。7月10日，国地税联合办税窗口正式进驻中心，实现“只进‘一家门’，办成‘百家事’”。审批部门进驻率100%，审批事项进驻率100%，服务事项即办率93.20%，实现群众和企业办证“一门通办”。

【微信预审批】 办事群众通过微信平台上传申报材料，窗口对材料进行预审批，确认材料合格后，申请人再携带材料到窗口办理正式审批，部分事项申请人可以通过快递邮寄便可直接办理证照，实现办事“零等候”“跑零次”“事联办”。通过预审批，办事群众在窗口逗留的时间可以减少70%。

【现场管理标准化】 制定《庆元县行政审批中心现场管理标准化实施方案》（庆跑改办〔2017〕34号），从服务设施、审批服务和人员管理三大方面入手，包括公共服务设施、窗口服务设施、服务受理、办事指南、电子归档、前台导服、服务行为、日常考勤、请假手续、监督考核等十项标准，进一步规范服务标准，健全固化工作流程，提高审批工作效率，打造一批标杆示范窗口。推行“三声四清五一样”窗口标准化服务，邀请专业教师开展服务礼仪和职业素质培训，全面提升干部的修养内涵和整体形象。

【“一窗受理集成服务”机制】 实施“一窗受理集成服务”机制，设置投资项目、商事登记、公安服务等8个事项服务区域，建成不动产登记服务、投资项目审批服务、商事登记服务等综合受理窗口，进行跨部门组合，实现群众办事“只进一扇门、只坐一个窗、办成一揽子事”。创新“综合柜员制”、“多证联办”、投资项目“一事三点”政府跑、“容缺受理”服务等机制，不断提升服务品质，让群众享受到“最多跑一次”改革成效。

【“最多跑一次”改革】 7月28日，丽水市“最多跑一次”改革7月工作点评会暨行政审批中心场所整合推进会在庆元召开，丽水市政府和各县（市、区）分管领导及有关部门主要负责人70人参会，庆元县介绍行政服务中心整合经验做法。12月1日，丽水市委书记史济锡到中心检查指导，对中心党员干部“五带头”推进“最多跑一次”改革等做法给予肯定。12月13日，浙江省委书记车俊到中心调研指导“最多跑一次”改革，对微信预审批、公安等窗口连续11年无节假日等做法给予肯定，对群众满意率高表示赞扬。庆元县“最多跑一次”改革在各级媒体刊登新闻报道150篇，其中市级以上媒体刊登70篇，省“最多跑一次”改革简报刊登2篇经验做法。

【电子交易系统上线运行】 成立电子交易系统县级分系统建设工作领导小组，并制定分系统建设方案，启动招标采购程序，完成招投标工作，及时采购电子交易系统硬件设备，推动CA锁办理和注册入库，实施系统建设。5月，完成全县中介代理机构、本地建筑企业、采购供应商、各行政主管部门以及中心工作人员的电子交易系统操作业务培训。按全市计划进度开发，电子交易系统于6月正式运行。

【进场项目分段操作】 根据《庆元县公共资源交易中心关于对进场项目实行分段操作及人员分工调整的通知》（庆交易〔2016〕2号）要求，做好与项目业主沟通协调，提高分段式操作成熟度，规范公共资源交易全过程。打破原有分工模式，推行项目负责人、配合人制度，人员不再固定于一类交易项目，实行轮岗方式，培养人员全面综合能力。

（陈力莉）

政协庆元县委员会

政协全会及常委会、主席会议

【政协第九届庆元县委员会第一次会议】 2017年2月19～23日在庆元县城举行。县政协委员、特邀人员、列席人员共280人参加会议。县政协八届常委会组成人员，县委、县人大、县政府领导及其他副县级以上领导在主席台上就座。

市政协副主席何赤峰等到会祝贺。

会议听取和审议县政协主席叶丽娅代表常务委员会所作的工作报告和副主席夏家天代表常务委员会所作的提案工作情况报告。与会人员列席县十六届人大一次会议，听取并讨论代县长胡献如所作的《政府工作报告》及其他有关报告。

会议认为，八届县政协及其常委会在中共庆元县委的领导和县人大、县政府的支持下，牢牢把握团结和民主两大主题，围绕中心、服务大局，认真履行政治协商、民主监督、参政议政职能，为推动庆元经济社会发展、民生改善、社会和谐和民主政治建设做出了重要贡献。

会议指出，今后五年，是庆元县完成“十三五”规划目标，与全省同步高水平全面建成小康社会的决胜五年。县政协常委会充分发挥人民政协作为协商民主主渠道作用，在服务改革发展上建睿智之言，在增进民生福祉上谋务实之计，在促进社会和谐稳定上献可行之策，不断开创政协工作新局面。

会议期间收到委员提案159件，其中联名提案21件。根据提案工作的有关规定，提案委员会对收到的提案逐件进行认真的审查。符合立案条件的153件，其中，经济建设方面的45件，占立案总数的29.4%；交通、城乡建设方面的51件，占33.3%；教科文卫体方面的34件，占22.2%；民政、劳动人事、统战、政法、精神文明建设和其他方面的23件，占15.1%。未予立案的有6件。

在闭幕会上，县委书记蓝伶俐作重要讲话。她代表县委对八届县政协履行政治协商、民主监督、参政议政三大职能所取得的成绩给予了充分肯定。对县政协新一年的工作，提出了四点意见：（一）要着力提升参政议政成效。找准履职切入点和突破口，为庆元绿色发展、勇立潮头献计献策。对标“高质量、均衡性”要求，谋创新、求突破，助推经济稳中有升良性发展。努力提出一些对深化开放有帮助、有促进的良策，促进各项开放举措落地见效。（二）要充分发挥协商监督作用。充分发挥协商民主主渠道作用，凝聚各方面智慧和力量。健全委员履职机制，拓展委员履职途径和渠道，增加协商监督力度，全面激发各界别、社会团体和委员参政议政的主动性和积极性。（三）要全力践行履职为民宗旨。充分发挥政协委员主体作用，增强政协工作的主动性、科学性、实效性，紧扣经济发展、民生保障、社会和谐中的热点、难点问题积极建言献策，提出有针对性的意见和建议，努力为党委、政府科学决策提供可靠依据。(四)要切实强化政协履职保障。县委全力支持政协按照章程履行职能，做到思想上高度重视、政治上真切关心、工作上大力支持。为政协组织开展调研、视察等活动提供必要人力物力保障，在全社会形成重视、支持政协工作的合力氛围。

县政协主席叶丽娅在闭幕会上就如何做好新一年政协工作提出了四方面意见：(一)加强学习，在凝聚发展共识上有更大作为。要充分发挥政协组织的桥梁和纽带作用，增进各方团结，汇聚各方力量，切实把思想和行动统一到县委、县政府的决策部署上来，坚决做到与党委、政府目标同向、思想同心、工作同步。（二）把握重点，在助推绿色发展上有更大作为。要紧盯深化改革的重点领域、加快发展的举措落实、依法治理的关键问题，建诤言，献良策，出实招，唱响人民政协谋发展、促改革的时代主旋律，为庆元绿色发展、勇立潮头贡献智慧和力量。（三）牢记宗旨，在促进民生改善上有更大作为。要努力践行人民政协履职为民的根本宗旨，持续关注民本民生改善，紧紧围绕关系群众切身利益的问题开展调研，积极反映民众诉求，让全民共享改革发展成果。（四）务实创新，在提高履职成效上有更大作为。要坚持以创新谋发展，不断完善政治协商新形式、民主监督新举措、参政议政新办法，努力形成全会整体协商议大事、常委会专题协商攻难点、主席会议重点协商抓关键、专委会对口协商求特色的民主协商议政格局。

【政协庆元县第八届委员会常务委员会会议】2017年，政协庆元县第八届委员会常务委员会会议举行2次。

政协庆元县第八届委员会常务委员会第二十八次会议于1月24日在县政府5楼中型会议室召开。会议听取县政府关于政协八届五次会议以来提案办理情况的通报、县政府关于《政府工作报告》起草情况的通报、县人民法院关于《人民法院工作报告》起草情况的通报以及县人民检察院关于《人民检察院工作报告》起草情况的通报；审议通过县政协第八届庆元县委员会常务委员会工作报告（送审稿）、提案工作报告（送审稿）及报告人；听取关于九届庆元县政协换届人事安排的通报；审议通过《关于召开政协第九届庆元县委员会第一次会议的决定》；表彰先进。

政协庆元县第八届委员会常务委员会第二十九次会议于2月10日在县政府5楼中型会议室召开。会议听取关于县监察委员会主任人选通报；提出政协第九届庆元县委员会第一次会议议程（草案）、日程（草案）；协商决定政协第九届庆元县委员会委员名单；提出九届一次会议主席团成员、秘书长名单，九届一次会议主席团常务主席名单、九届一次会议副秘书长名单，九届一次会议提案审查委员会主任、副主任、委员名单，九届一次会议委员小组召集人名单；审议通过九届一次会议特邀、列席人员名单。

【政协庆元县第九届委员会常务委员会会议】2017年，政协庆元县第九届委员会常务委员会会议举行5次。

政协庆元县第九届委员会常务委员会第一次会议于2月27日在县政府5楼中型会议室召开。会议审议通过政协第九届庆元县委员会专门委员会设置的决定，任命县政协办公室主任和政协第九届庆元县委员会专门委员会主任、副主任，审议通过政协第九届庆元县委员会各专门委员会组成人员名单。

政协庆元县第九届委员会常务委员会第二次会议于5月25日在县政府5楼中型会议室召开。会议听取县委常委、常务副县长章作飞《关于庆元县城市特色营造的建议案》办理落实情况通报；学习传达市“两会”精神；学习《庆元县政协委员履职情况综合评价办法》。

政协庆元县第九届委员会常务委员会第三次会议于8月15日在县政府5楼中型会议室召开。会议听取县委常委、常务副县长章作飞关于庆元县2017年上半年经济社会发展情况通报；专题协商关于加快庆元县制造业转型升级的调研报告；学习传达省第十四次党代会精神及省市政协主席读书会精神。

政协庆元县第九届委员会常务委员会第四次会议于8月15日在竹口镇政府四楼大会议室召开。会议专题视察竹口工业园区瓦窑山地质灾害隐患整治点、竹口镇小城镇环境综合整治和地质灾害综合治理“大搬快治”工作。

政协庆元县第九届委员会常务委员会第五次会议于12月25日在县政府5楼中型会议室召开。会议听取县委副书记李见阳关于县委工作情况通报；听取县政府副县长王绍金关于加快庆元县制造业转型升级建议案办理落实情况、县政协九届一次会议以来委员提案办理落实情况的通报。

【政协庆元县第八届委员会主席会议】2017年，政协庆元县第八届委员会主席会议举行2次。

1月11日，县政协召开八届六十一次主席会议。会议传达省、市、县有关会议精神，研究县政协九届一次会议有关事项以及县政协八届二十八次常委会会议有关事项；研究近期工作。

2月10日，县政协召开八届六十二次主席会议。会议研究县政协九届一次会议、县政协八届二十九次常委会会议有关事项。

【政协庆元县第九届委员会主席会议】2017年，政协庆元县第九届委员会主席会议举行11次。

2月27日，县政协召开九届一次主席会议。会议审议县政协九届一次常委会会议议程（草案）、日程（草案）、政协第九届庆元县委员会关于专门委员会机构设置的决定（草案）、政协庆元县委员会办公室主任任免名单（草案）、政协第九届庆元县委员会各专门委员会组成人员名单（草案）。

3月15日，县政协召开九届二次主席会议。会议研究决定县政协班子工作分工；讨论县政协九届一次会议重点提案办理工作；研究专委会工作；确定专委会对口联系单位；部署聚焦“决战治污水、大战防洪水排涝水”，深化开展“三级政协联动、万名委员同行、助推‘五水共治’专项集体民主监督”工作。

4月11日，县政协召开九届三次主席会议。会议研究2017年度重点工作任务分解方案、2017年重点协商工作计划、政协委员履职情况综合评价办法。

5月11日，县政协召开九届四次主席会议。会议学习传达市“两会”精神；研究决定县政协九届二次常委会会议相关事项；听取县交通局关于“庆寿高等级公路”项目前期情况汇报。赴江根乡、岭头乡和福建省寿宁县视察“庆寿高等级公路”项目线路走向，并与寿宁县政协就“庆寿高等级公路”项目线路谋划进行座谈。

6月29日，县政协召开九届五次主席会议。会议听取县住建局、县综合行政执法局关于“美丽县城”建设、城市管理的情况汇报，并围绕“美丽县城建设与管理”开展专题协商。

7月25日，县政协召开九届六次主席会议。会议听取县卫计局关于全县卫生计生工作情况汇报。

8月31日，县政协召开九届七次主席会议。会议专题督办县政协八届五次会议77号重点提案《关于重提加快庆元县加油站建设的建议》，听取承办单位县经商局办理情况的汇报；审议讨论《关于加快庆元县制造业转型升级建议案（草案）》。

9月29日，县政协召开九届八次主席会议。会议围绕生态文明建设“三项全国领先”之生态环境建设开展专题协商；听取巾子峰国家AAAA级景区创建工作汇报，并到实地视察。

10月26日，县政协召开九届九次主席会议。会议听取县行政审批中心“最多跑一次”改革工作情况汇报，视察县行政审批中心办事大厅。审议县政协九届四次常委会会议议程（草案），学习传达中国共产党第十九次全国代表大会精神，听取专委会工作情况汇报，研究部署下阶段工作。

11月24日，县政协召开九届十次主席会议。会议听取县政府副县长吴小军关于2017年度“五水共治”开展情况及县政协交办的“剿灭劣V类水•委员有话说”优秀金点子办理落实情况通报；听取县政协各监督调研组关于完善和落实“五水共治”长效机制民主监督情况汇报。

12月19日，县政协召开九届十一次主席会议。会议听取县委常委、常务副县长章作飞关于全县经济社会发展战略性重大项目谋划和十件实事落实情况通报。

重大活动

【“写春联、送祝福”活动】 2月上旬，县政协联合县文联、县书法家协会等单位，在安南乡安溪村、举水乡月山村开展义务为群众撰写春联活动，赠送春联1600副。

【“五水共治”民主监督】 3月23日，县政协组织

庆元县政协举行“百名委员督百水”暨“千、查、督”行动启动仪式

6 个监督调研组，开展“五水共治”民主监督“干、查、督”行动。45 名省、市、县政协委员，深入各乡镇（街道）的河道、行政村、企业，开展民主监督调研大行动。监督农村生活污水治理项目建设、建后运维管护和整改提升工作情况；监督省控、市控断面劣Ⅴ类水和小微水体污染整治情况；监督防洪水、排涝水重点项目实施情况，地质灾害综合整治“大搬快治”三年行动落实情况。

【加快庆元县制造业转型升级专题调研】 4～8 月，县政协开展加快制造业转型升级专题调研。调研组深入金融、发改、经商、国土、农业、科技等部门和双枪竹木、梦天木业、天竹工贸、三禾科技、九川竹木、吉安木业等企业，通过实地考察、座谈研讨、征求意见等形式，对制造业的基本现状、存在的主要问题进行深入调研。向县委、县政府报送了调研报告，并提出建议：做精做强三大传统支柱产业；培育发展壮大新兴制造业；激发企业内生动力，加快转型升级步伐；完善政府服务机制，强化转型升级保障。

【全县政协系统第五届乒乓球联谊赛】 7 月 21～22 日，全县政协系统第五届乒乓球联谊赛在庆元县体育馆举行。县政协教科文卫体委获得团体冠军，团体总分第二名至第七名，依次为县政协经济委、社法委、政协机关、农资环委、港澳台侨民宗委、文史委。

【政协“四下乡”活动】 10 月 25 日，县政协组织委员到黄田镇开展送教育、科技、文化、卫生“四下乡”活动。县政协主席叶丽娅，副主席夏家天、吴先武、吴新清，秘书长叶先良到场指导。活动为群众看病 500 人，修理电视机、洗衣机等电器 60 件，发放科普资料 1500 份，赠送各类药品价值 3000 元。同时，宣传惠农政策、卫生、科普、教育等知识，还给群众送去了一台精彩的文艺晚会。

（吴祥谊）

10 月 25 日，庆元县政协开展“四下乡”活动

农业　农村

综　述

【概况】 按照“生态立县、产业富县、开放兴县”发展战略，围绕推进农业供给侧结构性改革主线，突出绿色可持续发展导向，发挥生态优势、高山台地优势、全产业链优势“三大优势”，以生产基地化、经营产业化、产品优质化、手段智慧化、田园美丽化“五化联动”为主抓手，做特做精，推进生态农业大融合，推动农业绿化、农村美化、农民转化。2017年，全县农业总产值12.43亿元，比2016年增长2.7%；农业增加值8.17亿元，比2016年增长3.7%。荣获市级农业工作考核优秀单位。

【种植业】 播种粮食作物9466.67公顷，总产量5.2万吨，其中水稻6933.33公顷，产量4.8万吨，推广水稻主导品种5533.33公顷。水稻（旱粮）高产创建示范422.67公顷，储备农作物种子3万千克。播种商品蔬菜2186.67公顷，产量4.95万吨，产值2.09亿元，其中高山蔬菜1666.67公顷，产量3.66万吨，产值1.58亿元。种植水果1280公顷，其中甜橘柚800公顷。新增甜橘柚33.33公顷，新增枇杷、蓝莓、猕猴桃等52公顷。茶园1326.67公顷，其中可采摘1293.33公顷。茶叶总产量469吨，产值4673万元，其中名优茶产量和产值分别为469吨、4673万元。种植中药材1000公顷，产量2000吨，产值8000万元。

【养殖业】 建成1家省级现代农业发展基地（庆元县兴泰生猪养殖场），新增隆宫乡黄坑村梅花鹿、鸵鸟养殖场和百山祖镇久住洋村周兴会养牛场2家特色养殖基地，创建庆元县合源生猪养殖场、秀绿生态养殖场和新林生态养殖场3家美丽生态牧场。生猪存栏1.57万头，出栏3.94万头；家禽存栏18.79万只，出栏34.72万羽；牛存栏2535头；羊存栏5100只；兔存栏5300只。畜禽肉产量4170.56吨。禽蛋产量1100吨。蜜蜂存栏4708群，产量20.01吨。畜牧业总产值9387万元。

【生态循环农业】 制定出台《深化农牧对接提升畜禽养殖废弃物资源化利用水平的方案》，完成生猪规模养殖场线上智能监管9家，实现规模养殖场“线上线下”监管全覆盖。推广测土配方施肥14933.33公顷，商品有机肥0.66万吨，发放紫云英绿肥种子1.73万千克，化肥减量134.12吨。推广统防统治3733.33公顷，农药减量19吨。农药废弃包装物回收15.6吨，处置13.02吨。完成竹口镇黄坛村沼气集中供气项目规划设计、招投标等工作；新建户用沼气23个、田间沼液贮肥池1450立方米，新增沼液资源化利用量1.8万吨。农村清洁能源利用率65.50%。

【生猪散养污染整治】 完成散养生猪整治3457户、9261头，其中整治提升1539户、移栏出村198户、关停退养1720户，削减生猪4369头，建成2个村级移栏出村点和1家非接触式发酵床模式规模养殖点。全市率先完成散养生猪污染整治任务，提前两个月超额完成省定、市定任务。

【生态精品农业“912”工程】 创建黄田镇和贤良镇2个生态精品农业示范乡镇，培育浙江节节高炭业有限公司、庆元县华夏菇品有限公司2家示范企业，庆元县金后西种养专业合作社和四季丰农产品专业合作社2家示范合作社，庆元县吴小兵家庭农场、鹰峰家庭农场、新田湾家庭农场3家示范家庭农场，庆元县菇爷家庭农场和宸诚电子商务有限公司2个大学生创业典型，“富根”干香菇、“节节高”洛神花、“千钟粟”龙爪粟面等23个生态精品农产品。

【农旅融合】 建成菊水至安溪美丽农业景观带（8个农业观光景点），打造花海景观基地35.33公顷，推广种植冬绿肥紫云英1333.33公顷、油菜花120公顷。天宸农业公园荣获2017年度省休闲农业与乡村旅游示范点。认定农产品旅游地商品生产经营主体27家、旅游地商品32个。建成购物网点12家，其中四星级购物网点3家。农产品旅游地商品营销额3.21亿元。庆元县荣获2017年度工作优胜县（市、区）二等奖。

【“丽水山耕”品牌建设】 新培育“丽水山耕”母子品牌运作商标49个，完成年度任务的204.17%；新建“丽水山耕”合作基地125个，完

庆元县首届农产品包装设计大赛

成年度任务的104.17%；新增“丽水山耕”合作开发包装设计33个，完成年度任务的137.50%；新增背书农产品包装设计66套，完成年度任务的110.00%；实现“丽水山耕”农产品销售额4.65亿元，完成年度任务的106.90%。举办庆元县首届农产品包装设计大赛。

【涉农招商引资】 农业招商引资项目3个（续建项目2个，新引进项目1个），协议引资1.8亿元，累计完成投资1.55亿元，年度完成投资7165万元。新引进的庆元竹山中药材农业综合体建设项目是庆元县2017年第一批18个重点招商签约项目之一，协议引资5000万元，完成投资3798万元。

【农业主体培育】 新培育省级农业龙头企业6家、市级农业龙头企业8家、县级农业龙头企业6家，家庭农场109家。有县级以上农业龙头企业63家，其中省级15家、市级18家、县级30家，省级农业龙头企业数位居全市首位；农民专业合作社368家，其中市级以上18家；家庭农场524家，其中省级示范性家庭农场19家、市级示范性家庭91家。

农业机械

【农机补贴】 发放农机补贴资金118.745万元（其中中央补贴49.535万元，省补贴65.925万元，县补贴3.285万元），补贴机具159台，受益农户118户。高耗能农业机械报废补偿（补贴）12台，发放补偿（补贴）资金3万元。设施农业大棚补贴项目申请立项2家，补贴资金35.09万元。

【农机安全】 落实农机安全生产责任制，与乡镇（街道）签订农机安全生产责任状。制定出台《2017年农机“农机安全生产月”活动方案》《拖拉机专项整治方案》，开展“平安农机”示范创建、“安全生产活动月”、“防控农机较大事故专项行动”，创建屏都街道为省级“平安农机”示范乡镇，竹口镇为“机器换人”示范镇，林杰粮食专业合作社、富民粮食专业合作社、乐农农机专业合作社3家示范合作社。未发生拖拉机道路交通事故和拖拉机道路外农业机械事故。

动植物疫情防控

【农产品质量监管】 完成县级农产品定量检测354批次、定性检测2803批次，合格率100%；省级例行抽检60批次，合格率100%；省、市监督抽检18批次，合格率100%；市、县联动抽检120批次，合格率100%；农业投入品抽检40批次，合格率95.00%；畜禽养殖环节和屠宰环节定期抽检瘦肉精2039份，合格率100%。通过对接浙江省农产品质量安全追溯平台资源，将350多家农业生产经营主体纳入监管系统主体信息库，已开通追溯账户113家，实现规范示范性农业生产经营主体追溯全覆盖。

【畜牧业防疫和监管】 长深高速公路庆元动物卫生监督省际检查站完成省级动物卫生监督示范窗口创建，检查从省内外调入、调出动物及其产品2369车次、生猪29.26万头、禽类141.1万羽、动物产品142.48吨。畜禽重大动物疫病免疫抗体监测血样3698份，合格率达75%。H7N9禽流感等病种抽检血样和标本1192份。完成家禽53.56万羽、牲畜8.97万头的重大动物疫病免疫工作。建成家禽“集中杀白”点，完成定点屠宰场生猪检疫26079头，无害化处理病死生猪2408头。

【植物疫病防控】 建立疫情监测和防控示范点12个，示范面积84.67公顷。开展柑橘黄龙病普查316.53公顷、木虱统防统治2000公顷。进行柑橘苗木专项整治，销毁甜橘柚苗木11.2万株。出动执法人员186人次，检查农资经营店157家次。

【农业“三品一标”】 新增有机食品6个、绿色食品4个、无公害农产品13个、省级无公害产地11个，“三品”认证面积26.99公顷。有效期内“三品一标”总数139个，其中绿色食品19个、无公害农产品61个、有机食品57个、中国地理标志产品2个，认定5702.67公顷。主要食用农产品“三品”认证率52.94%，农业标准化生产覆盖率63.38%。

农村经济管理

【农村土地承包经营权确权】 新增家庭承包耕地流转141.07公顷，累计流转土地4860公顷，流转率50.37%，新增土地承包流转经营权证颁发120本，完成年度任务的100%。

【农村产权制度改革】 根据省、市要求，应开展土地确权登记颁证的村为317个。已展开确权的村有317个，完成1：2000外业调查底图村为145个，内业建库村为5个。完成村股份经济合作社经营体制创新试点村43个，完成率达100%。

【农村集体“三资”监管】 完成村股份经济合作社换届选举工作，委托浙江天华会计师事务所对村集体经济组织进行审计，全面完成农村基层作风巡查财务审核工作，涉及19个乡镇（街道）的154个行政村。

【经济薄弱村转化】 按照“一村一策”思路，因村制宜，分类指导，突出“基金+项目”重点，创新发展模式。年集体经济经营性收入在5万元以上的村达152个，完成年度考核任务的146.15%；村集体经济总收入在10万元以上的村为83个，完成年度考核任务的100%；消除集体经济薄弱村83个，完成“三年任务两年完成”的2017年目标任务。

【农民负担监管】 加强农民负担监督管理，基本实现农民直接“零负担”。严格筹资筹劳，开展“一事一议”筹资筹劳的乡镇（街道）共17个，涉及24个村，项目总投资2613万元，申请省财政奖补资金1400万元，县级配套资金700万元。

（李春利）

食用菌

【概况】 2017年，庆元县食用菌年生产1.11亿袋，其中香菇7500万袋，黑木耳1510万袋，灰树花

1190万袋，其他食用菌900万袋。全县以高速连接线、庆百线为重点开展菇棚整治工作，整治菇棚28.55万平方米。2月，国家质量监督检验检疫总局公布新一批生态原产地保护产品名单，“庆元香菇”被评为生态原产地保护产品，准予其使用生态原产地产品保护标志。6月，在2017首届全国食用菌特色小镇产业发展大会上，庆元县香菇特色小镇被中国食用菌协会授予“全国食用菌特色小镇示范单位”称号；浙江省知名农业品牌百强榜发布，“庆元香菇”入选浙江省知名农产品区域公用品牌，浙江百兴食品有限公司“百山祖”牌香菇入选浙江省知名农业企业品牌。11月，2017年度全国名特优新农产品目录发布，庆元县3个农产品入选，其中食用菌类产品有庆元香菇、庆元灰树花。《香菇新品种“庆科212”推广应用》获丽水市农业丰收奖二等奖，庆元县食用菌科研中心被授予“浙江省重才爱才先进单位”称号。

“庆元香菇”获生态原产地产品保护证书

【“庆元香菇”蝉联中国食用菌第一品牌】 11月，在第二届中国农业品牌百县大会上，2017中国农产品区域公用品牌价值发布，“庆元香菇”品牌价值49.26亿元，位列全国农业品牌第17位，连续8年蝉联中国食用菌第一品牌。

【荣获“信用食用菌主产区”试点单位】 10月，在2017年中国食用菌行业秋季博览会暨第二届食用菌产业精准扶贫经验交流会上，庆元县被中国食用菌协会评为2017年度“信用食用菌主产区”试点单位，全国共5家单位入选，庆元县是浙江省唯一入选单位。

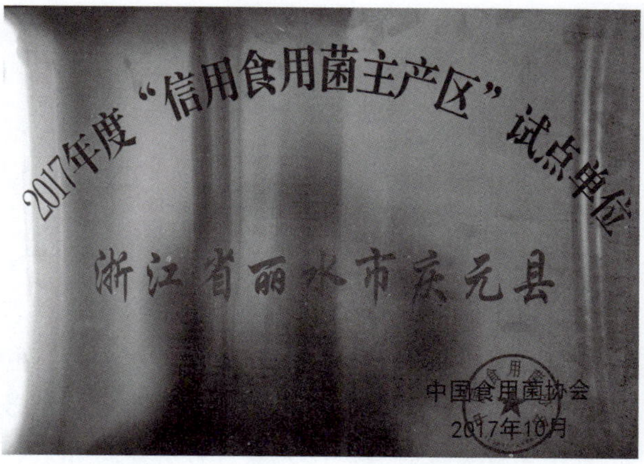

庆元县获2017年度“信用食用菌主产区”试点单位

【首届食用菌产业农超对接会】 9月，庆元县举办主题为“情系菇乡　牵手市场　共享资源　助推发展”的首届食用菌产业农超对接会，来自全国各地的80家企业、135位嘉宾参加会议。台州华联超市有限公司等国内外7家企业与庆元县食用菌企业进行现场签约，签约额达1.2亿元。

【庆元香菇品牌战略规划】 1月，委托浙江大学编制的《庆元香菇品牌战略规划》发布实施，规划对“庆元香菇”区域公用品牌形象进行重新设计，并为品牌今后发展指明方向。5月，完成宣传口号“庆元香菇　一见如故”版权登记。8月，商标局受理全新的“庆元香菇”证明商标注册申请。

【全国示范院士专家工作站认证】 3月，浙江省院士专家工作站建设协调小组办公室公布2016年度省级院士专家工作站绩效考核结果，浙江省庆元县食用菌科学技术研究中心院士专家工作站获省级考核优秀。12月，中国科协办公厅公布2017年示范院士专家工作站评选结果，浙江省庆元县食用菌科学技术研究中心院士专家工作站被评为2017年示范院士专家工作站；同月，通过全国院士专家工作站认证。

【食用菌技术培训】 6月，庆元县承办“全国食用菌栽培技术提升培训班”，庆元在外创业的菇乡师傅和来自云南、湖北、庆元等地菇农，以及庆元食用菌学院学生等115人参加培训。10月，庆元县举办“食用菌产业创新技术”省级专业技术高级研修班，53 人参加培训。

（朱星考）

新农村建设

【概况】 2017 年，庆元县围绕“三美融合、主客共享”的发展目标，谱写美丽环境、美丽经济和美好生活三个篇章。农村生活污水治理三年绩效评估获评省级优胜县。庆元获评社会主义新农村建设省级先进县。低收入农户动态管理经验做法被省农办作为全省典型材料上报国家扶贫办。

【农民增收】 围绕农业绿化、农村美化、农民转化，通过政策带动、改革驱动和服务推动，有效促进农民收入稳步增长，农村居民年人均收入 15626 元，增幅 9.70%。出台《庆元县促进农民增收致富专项行动方案》《关于进一步做好低收入农户精准扶贫工作的实施意见》《农林水产业发展扶持政策的若干意见》《关于实施消除集体经济薄弱村三年行动计划的意见》等政策文件。续建同心新村，新建横山小区和淤上蒲潭二期安置小区，启动黄田和竹口农居点建设，推进生态搬迁扶贫改革，推行货币化补助安置政策。完成地质灾害避让搬迁（已拆除旧房）1689 户、5506 人。出台《庆元县建立低收入农户动态管理和帮扶长效机制》，认定新一轮低收入农户 6479 户、12235 人，占农村户籍人口的 8.50%。切块安排 400 万元扶贫资金，由乡镇（街道）根据低收入农户的产业发展需求，按照“一类一政策、一户一办法”的要求，通过“菜单式”精准帮扶，助推低收入农户增收。低收入农户人均可支配收入 10994 元，增幅 16.20%。

【“美丽环境”工作】 围绕“建设乡村大花园”的总体目标，按照“重点培育、有序提升、争创示范”的要求，推进“美丽环境”各项工作开展。谋划农村生活垃圾分类处理工作，初定县级示范点建设地点和建设思路，加强对接，争取资金，理顺机制。推进历史文化村落保护与利用工作，杨楼、新窑两个第三批重点村顺利完工，第四批濛淤村、崔家田村建设项目有序推进。实施农村生活污水治理项目提标改造工程，完成 111 个村的提标改造工作。推进美丽乡村精品村建设，提升巩固 7 个 2016 年度精品村，新建黄坛、回龙和坑里 3 个精品村。提升菊水至安溪、县城至百山祖两条美丽乡村风景线，建立《庆元县乡村绿道建设项目库（初稿）》。争取第六批省级历史文化保护利用重点村项目 1 个、一般村项目 7 个，农村生活垃圾分类处理省级试点村 15 个（2018 年度）。举水乡被评定为省级美丽乡村示范乡镇，百山祖车坑村，五大堡乡后广村、东坑村被评定为省级美丽乡村特色精品村。

【“美丽经济”工作】 围绕有山水、有乡愁、有创意、有主题等“十有”创建标准，安排专项资金 995 万元，打造“庆元山居”民宿品牌。协调解决民宿特种行业许可证办理问题，累计办证 92 本。委托中介机构开展房屋鉴定 42 家，统一购置农家乐民宿保险 408 份，实现农家乐民宿保险政府统保。涌现出上庄小隐、缘来小筑等一批精品民宿点，完成三山根艺标杆示范性营销平台以及大和山庄、云屏山居等营销网点的创建，组织旅委、环保等部门实地联评 45 家星级农家乐民宿。强化宣传力度，《庆元山居》专刊在省内主要公共场所和旅行社上架摆放，月山春晚民俗表演先后亮相上海长三角农博会、杭州农博会。“以节促旅”“工旅融合”氛围逐渐浓厚，开展乡村节庆活动 49 场。大济寻客栈获“2017 全国最受欢迎客栈民宿”“2017 浙江十佳网红民宿”等荣誉称号，“乡村文化旅游季”被新华网评为“中国最具影响力特色节庆活动”。

（吴晓莉）

水　利

【概况】 2017 年，全县水利固定投资 1.87 亿元，完成年度任务的 106.32%。完成综合治理河长 8.5 千米、渠道改造 22 千米、排渠 4 千米，改造堰坝 18 座，新增改善灌溉面积 300 公顷，新增高效节水面积 113.3 公顷，累计清理淤积、弃土弃渣 19 万立方米。完成农村饮用水安全巩固提升工程 26 处，解决 1.5 万人口的饮用水问题。兰溪桥水库扩建工程完成移民规划大纲及可行性研究报告批复，完成前置项目选址、月地预审、社会风险评估、水资源论证、水保和环评等21个专题。杨楼溪水库及供水工程完成可行性研究报告批复，完成前期专题22个。

【水利管理】 打击各类涉水违法违规行为，出动执法1480人次，受理案件199件，其中水政46件，渔政153件，罚没款18.36万元，责令停止31件。办理水土保持审批项目22个，收缴水土保持补偿费14.07万元。全面落实安全生产责任制，整改安全隐患58处，安全生产责任书签订率100%。推进水利系统“最多跑一次”改革，完成水利系统“最多跑一次”24条主事项及34条子事项的梳理，出台《庆元县水利局服务事项办事指南一本通》，服务窗口按时办结率100%，服务对象无投诉。落实最严格水资源管理制度。全县用水总量控制在5869万立方米；完成61家节水型单位和1个节水型教育基地建设；依法核准新增更换取水许可证45本；及时足额征收水资源费553万元。

【水利工程标准化管理】 开展水利工程标准化管理工作，提升水利工程管理水平和安全水平。完成3座水库、1座山塘、2座农村供水工程、3座雨量站、4座堤防及1座水电站共6类14项水利工程标准化管理创建工作，其中省级验收工程1项、市级验收3项、县级验收工程10项。

【防汛抗台】 经受“纳沙”“海棠”双台风及“泰利”台风、梅汛期和“4·14”“5·31”“6·25”等强降雨的考验，实现安全度汛。累计年降雨量1429.5毫米，比常年同期1716.5毫米减少16.72%。县防指根据汛情变化，启动3次防汛Ⅳ级响应、1次防汛Ⅲ级响应、2次防台风Ⅳ级响应、1次防台风Ⅲ级响应。汛期及时排除险情隐患144处，转移群众749人次，减少直接经济损失72万元，无人员伤亡。

水　产

【概况】 推广水产技术，协同浙江省淡水水产研究所、丽水市水利局等专家，开展铲颌鱼等土著鱼类人工繁殖，取得初步成功，获得受精卵，并探索孵化技术。开展水产养殖生态化改造1公顷，增殖放流鲢、鳙、鲤鱼（含彩鲤）和赤眼鳟等苗种1200万尾，在大鲵保护区投放身长20厘米以上大鲵1200尾。完成省海洋与渔业综合管理和产业发展专项资金项目8个，建成水产养殖基地1个、6.7公顷，稻鱼共生种养基地6户、19.3公顷，开展甲鱼等名特水产苗种繁养1户。推进休闲渔业，发展渔家乐1家，获得市生态精品农产品1个、市生态休闲养促会“五养行业服务管理规范达标企业”水养1家，培育农产品转化为旅游地商品主体1家、转化旅游地商品1个。参加2017年浙江省水生动物病害防治员职业技能竞赛暨第二届全国水产技术推广职业技能竞赛浙江选拔赛，1人获得个人优秀奖。

【水产品食品安全】 推进省食品安全县、省级农产品质量安全放心县创建，进行食品安全排雷“百日攻坚”、“两禁一超”行动及宣传等工作，出动185人次，检查单位213户次。完成12个批次初级水产品质量安全抽检工作，合格率100%。对21家水产养殖业主进行初级水产品质量安全培训并签订承诺书。获得农业部无公害农产品3个，并完成水产品质量安全追溯体系建设。

（章丽佳）

8月10日，义乌市廿三里街道考察组到庆元学习稻田养鱼技术

气　象

【概况】 2017 年度 1 ～ 12 月，庆元县平均气温 18.7℃，比常年偏高 0.7℃，极端最低气温为 -2.5℃，出现在 12 月 21 日，低温日数为 12 天（日最低温度≤ 0℃）；极端最高气温为 38.9℃，出现在 7 月 23 日，高温日数为 37 天（日最高温度≥ 35℃）；降水量 1535.6 毫米，较常年偏少 211.3 毫米；雨日 165 天，较常年偏少 3.7 天，其中暴雨日数为 4 天；日照 1834.7 小时，较常年偏多 105.7 小时。

【气候特征】 气温总体偏高，降水偏少，雨日偏少，日照偏多。

2017 年庆元县气候特征一览表

表 4

月	气温（℃）	比同期	降水（毫米）	比同期	雨日（日）	比同期	日照（小时）	比同期
1	11.0	3.4	59.0	-12.6	14	1.3	106.2	2.0
2	10.5	0.9	35.2	-71.5	8	-7.1	152.6	68.0
3	12.4	-0.5	293.0	90.3	21	1.5	73.1	-18.9
4	17.6	-0.4	164.3	-60.3	14	-4.5	159.3	45.1
5	22.2	0.3	95.8	-152.2	13	-4.6	163.6	26.6
6	23.4	-1.3	472.9	117.3	28	9.3	43.2	90.5
7	28.0	0.7	65.4	-88.4	14	-0.6	269.8	47.4
8	27.6	0.8	192.3	47.2	12	-4.4	223.2	12.8
9	26.1	2.0	62.7	-31.7	10	-1.7	219.3	49.3
10	21.0	1.5	6.5	-30.7	6	-1.4	192.9	23.6
11	15.3	1.1	70.8	17.2	18	9.7	83.7	-60.1
12	8.7	-0.2	17.7	-25.9	7	-1.2	147.8	0.4
平均值	18.7	0.7	128.0	-16.8	13.8	-0.3	152.9	23.9

【气温】 平均气温　庆元站平均气温 18.7℃，比常年高 0.7℃，与 2016 年持平。各乡镇的年平均气温分布在 13.7℃～ 20.7℃之间，斋郎村最低，洋背村最高。

极端气温　全县的极端最高气温为 41℃，7 月 22 日出现在黄坛村，庆元站为 38.9℃，出现在 7 月 23 日。各乡镇的年极端最高气温分布在 32.3℃～ 41℃之间，百山祖最低。

全县的极端最低气温为 -6.3℃，2 月 10 日出现在百山祖，12 月 20 日出现在江根。庆元站为 -2.5℃，出现在 12 月 21 日。各乡镇的年极端最低气温分布在 -6.3℃～ -2.5℃之间，庆元站最高。

高 / 低温日数　全县平均高温（日最高气温≥ 35℃）日数为 19.7 天，庆元站为 37 天。各乡镇的高温日数分布在 0 ～ 57 天之间，屏都最多。

全县平均低温（日最低气温低于 0℃）日数为 21.1 天，庆元站为 12 天。各乡镇的低温日数分布在 7 ～ 35 天之间，松源最少，百山祖和江根最多。

【降水】 降水量概况（庆元站）年降水量 1535.6 毫米，较常年偏少 211.3 毫米。

降水日数　全县平均降水日数为 168 天，庆元站为 156 天。各乡镇年降水日数分布在 144 ～ 190 天之间，竹口最少，百山祖最多。

暴雨日数　全县平均暴雨日数为 5 天（暴雨概念为 24 小时降水量≥ 50 毫米），庆元站为 4 天。各乡镇年降水日数分布在 1 ～ 9 天之间，竹口最少，江根最多。

【日照】 庆元站日照时数 1833.6 小时，较常年偏多 104.8 小时。

【寒潮、低温冰冻】 2 月 9 ～ 10 日，高山地区出现较明显的冰冻。2 月 11 ～ 13 日，早晨前后气温较低，大部分地方有冰冻，山区冰冻较严重。2月22～24日，庆元县的日平均气温48小时降幅达10.3℃，达到寒潮标准。12月9日，庆元县出现初霜和冰冻。

【冷空气】 受冷空气影响，2月5～9日，庆元县气温持续下降。2月4～9日，城区日平均气温降幅为8.8℃，2月7日夜里到8日夜里有弱降水过程，其中8日夜里高山地区出现较明显的降雪。2月24日，城区出现雨夹雪，高山地区有雨夹雪或雪，海拔500米以上的山区有积雪，高山地区积雪较明显。4月10日受冷空气影响，全县普降大雨；受高空槽东移和地面冷空气影响，4月17日8～9时，东部的杨朗坑村和斋郎村出现8级大风；受弱冷空气影响，4月21日和26日，全县普降中雨，局部大雨，4月28～30日，全县日最低气温均低于10℃，高山地区低于5℃；受强冷空气影响，11月17～20日，庆元县出现了一次明显的降温和降水过程，庆元站日平均气温过程降温幅度为7.9℃，过程降水量28.8毫米；受冷空气影响，12月4～6日、12月8～9日、12月15～17日、12月24～26日，庆元站日平均气温降幅分别达7.9℃、7.3℃、7.6℃、5.0℃。

【暴雨】 3月5日，全县普降大到暴雨，暴雨区落在百山祖一带；3月10日，全县普降大雨；3月13日，全县普降中到大雨，局部暴雨；4月10日，全县普降大雨，西北面乡镇暴雨；受雨带东移影响，5月12日，庆元县西北部黄田镇出现暴雨天气，杨朗坑村出现8级大风；受高空槽、低涡切变影响，5月24日，庆元县南部地区出现大雨，局部暴雨；6月1日，出现了入汛以来的最大暴雨过程，庆元县普降暴雨，其中有3个站点雨量超过100毫米，庆元站降水70.9毫米；6月21～28日，接连出现大雨暴雨过程，其中25～27日，庆元县普降大到暴雨，庆元站降水107.5毫米，杨朗坑出现8级大风（风速18.4米秒）；受台风“纳沙”外围影响，7月30～31日，庆元县东部出现暴雨或大暴雨天气，有17个站点降水超过50毫米，其中有3个站点雨量超过100毫米，江根乡降水132.3毫米、后洋村降水124.7毫米、半岭降水105.4毫米，庆元站降水19.9毫米；10月3～4日，受午后对流影响，庆元县中部地区出现暴雨天气，有5个站点降水超过50毫米。

【强对流天气】 7月2日，庆元县局部出现了午后雷阵雨过程，东部有5个站点雨量超过50毫米，大洋村降水130.3毫米；7月3日，蔡山头出现8级以上大风（19.6米秒）；7月9日，庆元县出现雷阵雨天气，庆元站降水10.5毫米；7月14日，庆元县局部出现雷阵雨天气，有2个站点雨量超过50毫米；8月6日，庆元县西南部出现了午后雷阵雨过程；8月10日，受高空地槽影响，庆元县普降中到大雨，局部暴雨，庆元站日雨量25.3毫米；8月17日，午后到夜里部分地区有雷阵雨，庆元站日降雨量12.8毫米；8月21日，有系统性雷阵雨，局部地区短时风雨较大，庆元站降水52.7毫米并出现9级大风（风速21.1米每秒）；8月31日，受对流云团影响，庆元县大部分地区出现雷阵雨天气，庆元站日降雨量52.3毫米；受高空低槽影响，9月8～9日，庆元县出现较强午后对流天气，东南部地区出现大暴雨天气，有5个站点降水超过100毫米，庆元站降水14.6毫米；受强对流云团影响，9月12日，庆元县大部分地区出现午后雷阵雨，南部地区出现暴雨和大暴雨，庆元站降水29.5毫米；受对流云团影响，9月28日，庆元县出现大风雷雨天气，有7个站点出现8级以上大风，庆元站降水11.7毫米。

【台风】 受第9号台风“纳沙”和第10号台风“海棠”共同影响，庆元县小流域河水暴涨，引发山体塌方，村道、省道中断，部分低洼农房进水，造成的灾害较为严重。江根乡、官塘乡、龙溪乡、左溪镇等4个乡镇1275人受灾，转移人口347人，倒塌房屋1间，房屋进水30间。因洪涝灾害造成的直接经济损失664.7万元，其中农业直接经济损失139.9万元。农作物受灾59.07公顷，受灾农作物主要有蔬菜、水稻等。工业交通业直接经济损失377万元，公路中断24条，供电中断12条，通信中断1条。水利工程直接经济损失132万元，受损堤防7处，长度0.830千米；受损护岸2处、灌溉设施1处。

（杨兰青）

林　业

林政管理

【概况】 庆元县林业局主管全县林业工作，内设办公室、财务审计科、营林科和行政审批服务科等职能科室；有林业综合执法大队、木竹出口办公室、森林病虫害防治检疫站、林权管理中心等下属单位；有19个乡镇（街道）林业工作站；有庆元林场、万里林场、实验林场、永青国有林场等国有林场。按照“绿水青山就是金山银山”的指导思想，推进绿化造林、资源保护、生态建设、产业发展、林业改革等工作。获“森林浙江建设目标责任制考核优秀单位”“市林业工作综合考核一等奖”“市森林消防工作考核优秀单位”“浙江省规范化档案室”“市集体林权制度改革工作优胜单位”“县级机关目标管理责任制考核先进单位”等荣誉。

【林权制度】 深化林权制度改革，推进林权抵押贷款从“扩面增量”向“提质增量”转变。发放林权抵押贷款1028笔、1亿5169万元，累计发放1.5446万笔、18.5亿元，余额3189笔、4亿4029万元；出台《庆元县公益林补偿收益质押管理办法（试行）》，进一步拓宽林农融资渠道；开展林权抵押贷款财政贴息工作，发放财政贴息资金897笔、171.0837万元，累计发放财政贴息资金10610笔、2645.65万元；完成森林火灾保险10.61万公顷，林木综合保险5455.4公顷，实现全县生态公益林森林火灾保险全覆盖。

（朱惠芳）

【林木采伐管理】 坚持“依法管理、严格控制、科学采伐、及时更新”的工作原则，实行林木采伐集体审核审批制度，林木采伐管理规范有序。发放林木采伐许可证2235份，采伐林木蓄积13.5158万立方米。其中占限额发放林木采伐许可证2073份，林木蓄积13.0865万立方米，征占用林地等不占限额指标发放林木采伐许可证162份，采伐林木蓄积0.4293万立方米。占限额采伐按森林类别分，商品林12.862万立方米，生态公益林0.224万立方米；按起源分，人工林12.0618万立方米，天然林1.0246万立方米；按采伐类型分，主伐10.6405万立方米，抚育采伐2.2696万立方米，更新采伐0立方米，其他采伐0.1764万立方米。林木采伐量占年度采伐限额指标26.0910万立方米的51.80%。各项指标均未突破林木采伐限额，没有发生超限额采伐林木及违规违法发放林木采伐证情况。

（姚春妹）

【古树名木保护】 根据《全国古树名木普查建档技术规定》和《古树名木保护条例》规定和要求，组织专业调查队，在1992年、2002年二次调查的基础上对全县古树名木开展全面详细的调查。经过外业调查、内业整理和网上系统的数据录入，全面完成古树名木普查建档工作，通过省市专家联合检查验收。完成古树名木“一树一策”保护项目任务12株，项目资金35万元。

（廖丽华）

【征占用林地管理】 以“征占用林地定额管理”为中心，保护生态环境为重点。审核征占用林地项目19个，占用林地35.1405公顷，未超过省下达49公顷定额；审批临时占用林地项目4个，占用林地13.9912公顷；审批林业基础设施建设项目155个，占用林地99.8963公顷，收取植被恢复费843.3895万元。

实行双随机监督检查制度，切实加大林地监管力度。5月底，全面完成林地年度变更调查；7～8月组织开展征占用林地专项执法行动；11月，开展征占用林地“双随机”事中事后监管检查行动，检查征占用林地项目7个，未出现大宗违法占用林地案件。先后通过国家林业局的2次检查、市林业局的一次“双随机”检查，国家林业局检查结果获全省第一。

（毛传亮）

【野生动植物管理】 实行加强资源保护、积极驯养繁殖、合理开发利用的方针，开展《中华人民共和国野生动物保护法》、“世界野生动植物日”活动、“依法保护鸟类，建设美丽浙江”为主题的宣传保护活动，开展以打击违法猎捕野生动物和收缴野猪夹、电猫为主要内容的破坏野生动物资源违法犯罪专项活动。出动执法人员240人次，其中森林公安民警20人次，林政执法人员220人次。收缴“铁铗”12个，收缴并放生野生动物猫头鹰3只、蛇类2条、棘胸蛙25只。

（吴永丰）

【庆元县森林资源二类调查】 根据省厅统一部署，全面开展新一轮森林资源二类调查工作。6月完成外业调查工作。10月10～14日顺利通过省市联合检查，12月10日通过专家评审。经调查，有土地18.9780万公顷，林地16.8277万公顷，森林覆盖率86.06%，活立木总蓄积量1321.6121万立方米；与2007年森林资源调查结果相比，林地增加480.9333公顷，森林覆盖率提高0.06个百分点，活立木总蓄积量增加475.3570万立方米。

（马海泉）

造林育林

【种子种苗】 办理林木种子生产经营许可2件；延续林木种子生产经营许可4件。培育容器苗205万株，地栽苗40万株；国家珍贵树种良种基地生产珍贵树种种子198千克；基地优株种质资源收集保育1276份，其中2017年调查112个，收集楠木红豆树种质资源6份，小叶青冈和赤皮青冈92份；新建赤皮青冈母树林4.28公顷；完成续建良种基地121.83公顷。

（吴家学）

【绿化造林】 营林生产以突出质量和效益为中心，调整和优化林种树种结构，提高林分质量和林业产业化程度，更加注重珍贵化、彩化种植，贯彻落实省委、省政府推进珍贵彩色森林建设和“新植1亿株珍贵树”任务。完成人工造林更新493.4公顷，其中人工造林17.4公顷、迹地更新476公顷；完成森林抚育2851公顷；完成“四旁”（村旁、宅旁、路旁、水旁）植树21.13万株。

（杨平昆）

【森林村庄创建】 创建市级绿化示范村5个，分别为五大堡乡五大堡村，竹口镇新窑村、岩后村，

3月12日，县林业局开展珍贵树种赠苗活动

张村乡澄湖村，隆宫乡桃园村。申报并获得市级命名林业体验园 1 家，即庆元县御竹香专业合作社；森林人家特色村 2 个，分别为庆元县竹口镇平岭岗村、庆元县安南乡安隆村。

（杨平昆）

【林业生态建设】 建成公益林 100111.6 公顷，占林业用地的 59.49%，其中省级以上公益林 94050.9 公顷、县级公益林（封山育林）6060.7 公顷；累计建设优质林 73352.6 公顷。涉及 19 个乡（镇、街道）314 个行政村、3 个国有林场、1 个自然保护区、2.1 万农户。

（刘应登）

森林保护

【生态效益补偿】 发放森林生态效益补偿资金 5735.2 万元，其中省级以上公益林 5717.0 万元、县级公益林（封山育林）18.2 万元。省级以上公益林森林生态效益补偿标准为 525 元 / 公顷（百山祖国家级自然保护区集体林租赁 6012.01 公顷，648 元 / 公顷），其中损失性补偿 450 元 / 公顷、护林员管护费 52.5 元 / 公顷、公共管护费 15 元 / 公顷、管理费用 7.5 元 / 公顷；县级公益林（封山育林）补助标准为 30 元 / 公顷。

（刘应登）

【森林消防工作】 抓住春节、清明节等重点时期，以送电影下乡等各种方式开展宣传教育活动。完善“森林消防网格化”管理体系，层层签订责任状，落实重点人群监护责任。全民动员，加强宣传巡查，确保清明节和十九大期间森林资源安全。继续推广“引水灭火”技术，新建 6 支专业队伍。完善《庆元县公益林护林员考核细则》，严格护林巡查队伍管理。在春节、清明节和“十九大”期间，开展森林消防工作督察，促进各项措施落实。未发生森林火灾，被丽水市人民政府评为责任书考核优秀单位。

（余荣伟）

【有害生物防控】 实行“预防为主，科学防控，综合治理，促进健康”的方针，倡导“谁管辖，谁负责”“谁经营，谁防治”的工作理念，围绕测报、防治、检疫三项工作任务，开展用材林、经济林和特种用途林等的病虫害防治工作，取得显著的成效。2017 年是松材线虫病防控的开局之年，通过对 342 个样品镜检和 DNA 分子鉴定，有 114 个呈现阳性，濛洲街道、松源街道、屏都街道和淤上乡等地出现大量异常枯死松树，各防控主体、林业综合执法大队与森防部门密切配合，全力以赴投入防控工作，重点除治区采取“3333”行动，即施放噻虫啉 3 吨，挂设诱捕器 300 个，清理枯死木 3000 立方米，使用注干剂 30000 瓶，松材线虫病得到有效遏制。此外，大力开展检疫执法与木材流通巡查，严控疫情传播蔓延。

（胡永旭）

【森林公安工作】 发挥森林公安机关职能作用，突出责任意识和担当意识，开展“利剑”、打击破坏野生动物资源、禁种铲毒等专项行动。查处各类破坏森林资源违法犯罪案件 101 起，其中刑事案件 12 起，林业行政案件 89 起。打击和处理各类违法犯罪人员 101 人次，行政处罚 89 人，刑事拘留 5 人，取保候审 7 人，林业行政罚款人民币 104 万元。高度重视森林公安舆情工作，强化舆情处置，预防涉警负面炒作事件的发生，处理涉林案件 13 起、涉林矛盾纠纷 8 起，有效维护林区治安稳定。救助野生动物，会同有关部门主动出击，出动警力 390 人次，清查早市、农家乐等野生动物经营场所 60 处，救助、放生“三有”保护动物猪獾、翠鸟、刺猬，省级重点保护动物眼镜蛇等各类保护野生动物 20 只。荣获浙江省森林公安局集体三等功一次。

（叶学民）

【林业行政执法】 加强依法行政、依法治林。惩治破坏森林资源和野生动物资源的违法犯罪活动，受理查处各类林业行政违法案件 163 起，处理违法人员 163 人次，案件办结率为 100%。核发林木采伐、省一般保护陆生野生动物经营利用、木材运输、木材经营加工和森林植物检疫等各类林业行政许可证 4803 件。加强林业行政执法指导、检查和监督，完善执法监督机制。确认公告法定、授权、受委托的行政执法主体22个。按照《浙江省行政执法证件管理办法》对行政执法证进行管理，实行执法人员持证上岗。按照国家林业局《林业行政处罚程序规定》，明确实施林业行政处罚和林业行政许可的主体、权限和程序等内容，使用省林业厅制定的林业行政处罚和林业行政许可文书格式。严格执行立案、调查、审查和审批制度，案件办理流程录入丽水市行政处罚平台，处罚决定书在浙江省政务服务网上公开。开展林业行政处罚案件和林业行政许可案卷的质量评查，提高林业行政处罚案件和林业行政许可案卷质量。在省林业厅、市林业局对林业行政处罚案件和林业行政许可案卷评查中，都为合格案卷。严格按照《林业行政执法监督办法》对林业行政处罚较大数额罚款执行听证制度、重大案件讨论制度、错案追究制度。

（练方伟）

【山林纠纷调处】 调处山林纠纷15起，其中决定4起、调解11起；行政复议3起；行政诉讼3起；处理群众来信6件；接待群众来访205人次，工作到位，调处及时，有效地维护了林区的稳定，促进了林区经济发展。

（吴陆斌）

林业产业

【概况】 林业总产值78.01亿元，比2016年增长8.43%。其中一产产值10.63亿元，比2016年增长4.75%；二产产值50.91亿元，比2016年增长3.60%；三产产值16.47亿元，比2016年增长30.11%。三项产业结构比例为13.62 ∶ 65.26 ∶ 21.12，与2016年相比，一二产比重下降，三产比重上升3.52个百分点，经济结构持续优化。

（吴丽芳）

【毛竹产业】 完成竹林示范基地127公顷，新建竹林道100千米，竹林主干道硬化100千米。完成林业新培育农转旅生产经营主体9个，转化农产品旅游地商品9个，新增“三品一标”农产品2个，新增参与“丽水山耕”母子品牌运作商标6个，旅游地商品销售收入2亿元。受国内外经济、“五水共治”、“三改一拆”及产业产品同质化恶性竞争等因素影响，竹产业经济有所下降。竹产业总产值30.44亿元，比2016年下降8.09%，其中一产产值2.79亿元，基本与2016年持平；二产产值24.94亿元，比2016年下降10.80%；三产产值2.71亿元，比2016年增长12.92%。采伐商品竹2166万支。鲜笋产量1.25万吨，产值0.62亿元。竹胶板实现产值1.4亿元，竹地板产值1.5亿元，竹筷产值7亿元，竹家具产值2亿元，竹砧板产值8.9亿元。

做好竹产业协会工作，大力宣传庆元竹产业。11月1～4日，在义乌国际博览中心举行的第9届中国义乌国际森林产品博览会中，九川竹木、三箭工贸、艺博工艺品等9家企业23个展位参展。获第十届森博会优质奖1个，第六届中国创意林业产品大赛银奖2个，第七届中国木（竹）雕展优秀作品金奖1个、铜奖3个、“金雕手”1个。

（吴聪连）

【经济林产业】 实有干果种植2415.8公顷，其中锥栗2382.5公顷，香榧33.3公顷。锥栗产量1587.3吨，一产产值2230.3万元。香榧青果产量5.5吨，一产产值22万元。油茶面积1579.6公顷，油茶籽产量46吨，一产产值92万元。

（姚理武）

【森林生态旅游】 森林旅游业接待游客237.81万人次，比2016年增长18.23%；实现森林旅游总收入15.4亿元，比2016年增长31.62%，森林休闲旅游业加快发展。

（吴丽芳）

林业（农业）产业化

【龙头企业培育】 2017年，全县有省市林业龙头重点企业28家，其中省级23家、市级5家。新增省级林业龙头企业2家，分别是浙江大川竹木有限公司、浙江有竹人家竹木有限公司。

（杨平昆）

百山祖国家级自然保护区

【概况】 2017年，凤百森林古道修复项目百山祖部分建成，实施百山祖保护站科研接待用房修缮项目和百山祖冷杉迁地保护门林后基地保护工程，建设茶木淤标准化育苗大棚640平方米。在全省自然保护区规范化建设评估和全市自然保护区工作考核中，百山祖管理处被评为优秀单位。

【资源保护工作】 2017年，百山祖国家级自然保护区无森林火灾、火警发生，保持建区以来无森林火灾33年的纪录。新设清凉亭护林点，新聘管护人员8人。新建万里林森林消防蓄水池1个。新开半坑、企坑、龙岩防火隔离带4千米。新配置森林消防隔膜泵3台，资源管护能力进一步提升。新增安南乡为凤阳山—百山祖毗邻地区护林联防委员会成员单位，增强五岭坑保护区的资源管护工作。

【科研监测工作】 发表研究论文3篇，完成自然保护区森林资源二类调查和五岭坑1公顷森林生态监测样地5年复查工作，启动《百山祖的野生植物——离瓣花草本植物学卷》调查与编著项目，继续开展百山祖冷杉研究、百山祖野生动物监测等调查工作。科研监测工作取得新成效，其中百山祖冷杉的胚胎离体培育获得成功，为世界首例。

【科普宣教工作】 开展“爱鸟周”“国际生物多样性保护日”活动，参加在丽水举办的“全省野生动植物保护宣传月”启动仪式，承办浙江省第七届生物多样性保护研讨会、BGCI项目百山祖冷杉保护研讨会。

【社区共管工作】 与百山祖镇相关的10个行政村签订资源共管协议，聘用社区20名专兼职护林员和20名资源协管员，强化集体林资源共管工作。建立班子成员联系社区制度，强化社区走访及协调工作。落实好保护区的集体林租赁政策，租赁价从43.2元/亩提高至48.2元/亩，发放林农及村集体租赁金374.3万元。

（陈小荣）

工 业

综　述

【概况】 2017年，全县实现规模以上工业总产值比2016年增长11.4%，增幅在全市排第六位；实现规模工业增加值比2016年增长6.5%，增幅在全市排第五位。大力培育发展战略性新兴产业，全年实现规模新兴产业增加值比2016年增长8.8%，增幅在全市排第四位。新增规模以上企业5家，全县规模以上企业达54家，新增4亿元企业2家、2亿元企业2家。全县出让工业用地21.133公顷，全年完成工业投资11.58亿元，23个项目开工建设，19个项目建成投产。完成社会消费品零售额35.81亿元，比2016年增长11.7%。完成外贸出口额1.17亿美元，比2016年增长18.9%，首次突破1亿美元大关。其中铅笔行业出口额4254.06万美元，比2016年增长39.8%；食用菌行业出口额3276万美元，比2016年增长20%。

【节能降耗】 全县万元GDP综合能耗0.27吨标煤，降低率为7.97%；能源消费总量17.98万吨标煤，增长16.04%。

【制造业亩产税收十强企业】 2017年度制造业亩均税收十强企业：浙江双枪竹木有限公司，47.21万元／亩；浙江梦天木业有限公司，39.19万元／亩；浙江九川竹木股份有限公司，28.91万元／亩；浙江方格药业有限公司，28.62万元／亩；浙江三禾竹木科技股份有限公司，26.3万元／亩；庆元县佳美竹木有限公司，22.9万元／亩；浙江鸿星文具有限公司，21.72万元／亩；浙江昌达实业有限公司，21.57万元／亩；浙江攀首文具有限公司，20.96万元／亩；浙江安益新材料有限公司，19.42万元／亩。

【制造业二十强企业】 2017年度制造业二十强企业：浙江梦天木业有限公司、浙江双枪竹木有限公司、浙江三禾竹木科技股份有限公司、浙江九川竹木股份有限公司、浙江百兴食品有限公司、浙江鸿星文具有限公司、浙江昌达实业有限公司、浙江久灵笔刷有限公司、浙江安益新材料有限公司、庆元县佳美竹业有限公司、浙江天竹工贸有限公司、浙江可信竹木有限公司、浙江方格药业有限公司、浙江吉安木业有限公司、浙江大山合菇业有限公司、浙江金圣竹木有限公司、浙江攀首文具有限公司、浙江艾特佳文化用品有限公司、庆元华特不锈钢材料有限公司、浙江庆元欧迪实业有限公司。

（刘芝花）

招商引资

【概况】 2017年，全县完成实际利用内资17.8亿元，完成年度任务数的136.9%，排名为全市第二；浙商回归到位资金9.9亿元，完成年度任务数的123.8%，排名为全市第四；实际利用外资900万美元，完成年度任务数的105.9%，排名为全市第五；大项目6个，完成年度任务数的150%，排名为全市第三。各项考核指标均超额完成年度考核任务。

【招商引资主要举措和成效】 领导重视，亲力亲为带头招商。一是县主要领导带头招，赴诸暨、景宁、义乌、杭州、上海、北京、温州、台州、宁波等地，外出开展招商活动20次，接待浙能集团、中信证券、海丰花卉等重要客商16次；二是重大项目重点招，建立《2017年度重大招商项目落地推进服务工作领导小组》（庆委办发〔2017〕143号），县主要领导担任组长、副组长。领导小组下设7个项目服务组，分管副县长担任服务组组长，牵头单位主要负责人担任副组长，各相关单位负责人为服务组成员，分别负责7个重大招商项目的跟踪服务工作；三是主动对接高效招，充分发挥县领导决断力强的优势，带队展开密集对接，海丰花卉项目创下庆元重大招商项目洽谈“新速度”。突出重点，立足生态招强选优。一是实行驻点招商，抽调优秀干部奔赴外地，密集来往于北京、杭州、义乌、深圳及周边区域，第一时间捕捉信息，出动对接，汇报情况，邀请考察，全年累计走访企业160次，邀请客商到庆元考察42批；二是签约超百亿项目，召开全县工业经济暨招

3 月 20 日，庆元举行 16 个重大招商项目签约仪式

6 月 16 日，庆元与嘉善山海协作生态旅游文化产业园签约

商引资大会和首届世界丽水人大会庆元分会，成功签约生态招商项目27个，投资总额达112.38亿元；三是狠抓庆商回归，积极走访庆元异地商会、协会，挖掘乡贤资源，大力引导企业技术人才回归，27个重大招商项目中庆商回归项目14个，超过签约项目的50%。精准施策，着力打造项目标杆。一是项目定位准，编印《产业招商地图》《醉美古村落》《招商项目手册》，制作《庆元县招商引资宣传片》，加大招商推荐宣传；二是项目质量高，大项目招引实现质的突破、高档木门智能化生产项目、海丰花卉基地建设项目均为行业龙头企业投资，对于促进竹木产业、农业产业转型升级，引领企业创新发展具有标杆性、示范性作用，文体中心项目实现PPP项目招商“零”的突破；三是项目落地快，投资6.8亿元的小微企业孵化园项目，从摘牌到办理施工许可证，仅用时37天。创新机制，合力保障项目推进。一是深入实施“五百”工程，认真谋划招商项目，强化项目盯引，落实专人负责，及时跟进，定期上报项目进展情况，切实为企业解决问题，打响招商攻坚战；二是推进“全员全程全责”抓招商，实行“一个项目、一名领导、一套班子、一个方案、一抓到底”的项目攻坚机制；三是建立招商项目“6+x”（发改、财政、招商、国土、住建、环保+项目主管部门）评审制度，提升项目决策科学化、规范化，助推项目快速落地；四是研究制定“总部经济”政策，着力发展总部经济，明确总部企业认定、投资补助、经营贡献奖励等事项，优化总部企业发展环境，力推总部企业入驻。主动对接，全面深化山海协作。一是成功创建嘉善—庆元山海协作生态旅游文化产业园，顺利通过省评审组评审论证，项目规划投资53亿元；二是创新企业合作模式，方格药业与宁波心养汇文化科技有限公司签订战略合作协议，推动山海协作企业间合作机制纵深发展；三是南北余村结为“亲家”，安吉天荒坪镇余村和屏都街道余村成功签订结对共建协议，深入挖掘两村资源，实现南北余村共赢发展；四是明确深化事项，制定《庆元县深化山海协作工程二十条行动方案（初稿）》，明确与结对县市在合作平台建设、产业合作、人才科技交流、民生社会事业、基层党建方面的结对合作。

（夏雅妮）

工业行业

【竹木加工业】 全县规模以上竹木加工企业17家，主要产品有木门、竹筷、家具、地板、竹炭、竹胶板、竹砧板等10个大类300个品种。竹木加工业是庆元颇具比较优势的支柱产业，历史悠久，2017年规模以上竹木加工业产值比2016年增长6.17%。浙江三禾竹木科技股份有限公司被评为浙江省“隐形冠军”培育企业，浙江三箭工贸有限公司被评为浙江省“小微企业成长之星”。

【食品加工业】 全县共有食品加工企业21家，其中规模以上企业7家。全年规模以上食用菌加工业产值同比2016年增长5.96%。食用菌主要产品有灰树花多糖、灵芝多糖、香菇粒、蘑菇、牛肝菌及食用菌小包装40种，产品主要出口日本、美国和东南亚。

【文教体育用品制造业】 全县在册铅笔生产加工企业40家，全年实现规模以上工业产值同比2016年增长28.62%，占全县工业总产值的20%。其中规模以上企业12家，占全县规模企业总数的22%。经过多年的发展，铅笔产业形成了铅笔、笔芯、橡皮头、软化板、印刷包装等一系列完整的生产产业链，产品95%以上出口远销欧美、东南亚等地区。

（林　丽）

浙江庆元工业园区

【概况】 浙江庆元工业园区规划总面积30.67平方千米，累计开发面积335.84公顷，出让面积246.82公顷。实行“一区多园”发展模式，涵盖屏都综合新区、梦天工业园、北门工业园、东山垟工业园、五都工业园、竹口工业园及黄田、安南等多个乡镇工业功能区，初步形成了竹木制品、汽摩配件、绿色食品加工、文教用品制造四大主导产业。2017年，入园企业112家，投产85家，园区投产企业工业总产值64.8亿元，比2016

年增长14.5%；实现税收1.79亿元，比2016年增长34.1%。49家规模以上企业累计实现产值58.17亿元，比2016年增长14.4%；产值5000万以上企业41家，其中产值超亿元企业22家。园区各类固定资产完成投入5.3616亿元，其中园区基础设施投入7806万元，企业固定资产投资4.581亿元。

【园区平台建设】 屏都综合新区年度投资7806万元，累计完成投资8.78亿元。屏都二期道路路基网络基本形成，金山大道、银山路、竹园路、北一路等主要道路路面工程开工建设，新区框架进一步拉大。一期建成公厕2座、垃圾中转站1座及南一路延伸道路、恒邦企业入口道路、宝龙文具企业入口道路等3条道路和排水设施，完成道路交通标识标线工程、一期连接线北侧区块高压电力线下地土建工程，完成银山路景观绿化工程及一期金山大道、银山路亮化工程，完成银山路道路边坡、安益新材料企业地块边坡防护绿化共计2万平方米。

【园区企业建设】 着力推进金辉木业、天民菌菇、祥和家居、鸿叶笔业等重点企业项目建设。屏都综合新区全年新开工项目6个，续建项目8个。累计出让工业用地80.43公顷，入园企业项目40个，投产21个，在建12个，项目前期7个。入园项目累计完成投资22.63亿元。竹口工业园东区块9家企业全部投产，西区块5家企业有4家投产。

【园区招商引资】 完成11.28公顷小微企业孵化项目基地用地挂牌出让程序，于11月30日开工建设。梦天木业搬迁入园项目成功签约，并启动项目前期工程。全年实际利用市外内资3.432亿元，新入园企业6家，完成土地出让22.19公顷。

（季均妹）

电　力

【概况】 2017年，全年电网建设投资1.5亿元，完成售电量3.3亿千瓦时，比2016年增长18.76%，实现利润606万元，上缴税金2773万元。"农产品热泵烘干技术"入选国网公司2017年电

9月28日，庆元举行"回归·共赢·发展"重大项目集中开工仪式

能替代示范工程，典型经验在《国家电网工作动态》进行交流，并被《人民日报》、央视新闻报道，优质服务举措首次登上《新华社内参》。被评为全国“安康杯”竞赛先进单位和省公司安全生产劳动竞赛先进集体。连续18年蝉联支持地方发展突出贡献奖，连续18年保持“全市县级供电企业绩效考核优胜单位”称号。

【电力安全生产】 组织安全检查，及时处置各类隐患121起。层层抓好安全教育，深入学习“5·7”“5·14”事故案例，认真吸取教训，做到警钟长鸣。以“违者治违”为抓手，深化作业现场反违章，查处违章519次，提升了违章治理成效。成立微型消防站，每月组织消防演练，增强了应急处置能力。重抓质量监督，开展配变、导线、金具等专项抽检工作。开展家庭安全互保“四个一”活动，以亲情筑牢安全防线。庆元电网连续安全生产日达6100天，超过16周年，居全市首位。

【电网建设】 主动与地方政府及部门沟通对接，敢于攻坚克难，为电网发展营造良好外部环境，确保电网建设有序推进。抓好重点电网项目，建成投产屏都110千伏输变电工程，开工建设220千伏濛洲输变电扩建工程，有序推进220千伏第二出县通道濛洲——宏山线路工程前期工作，优化庆元电网架构。全力支持清洁能源产业发展，提前半年建成投运屏都生物质发电项目电网送出工程，保障了庆元清洁能源的送出。深入实施新一轮配电网升级改造，推进35千伏及以下配电网补强工程，成立业主、施工和监理三个项目部，每月定期组织项目管理部门、施工单位、基层站所召开项目推进会，做好项目节点把控，提升项目管理水平，配网项目完成率和转资率位居全市前茅。积极应对电力体制改革，抓好增量配网项目，2016～2017两年完成庆元屏都新区等增量配网工程16个，为抢占售电市场奠定了基础。主动推进小城镇综合整治，成功争取并启动“5+1”（5个乡镇和1个中心村）小城镇综合整治配电网项目，赢得政府充分肯定。全面梳理配电网项目库，完成1.5亿元项目储备，为2018年开局奠定良好基础。

【供电服务】 深入开展问题清单梳理，主动配合国网公司巡视和省公司巡察，完成主业和集体企业依法治企综合检查，进一步提升依法治企水平。加大预算管理力度，强化“事前控制”模式，重抓项目投资预算编报，提升全过程管控能力。加强运营监控，以深化营销业务精益化管控平台应用为抓手，常态开展分层、分级的营销业务和关键指标的在线监控、预警和稽查，提升指标管控能力，“以‘五个管理体系’推进对标管理提升”入围省公司典型经验。构建“互联网＋电力物资”智慧供应链体系，探索开展物资一体化、同质化管理新模式。重视创新创效，8项成果获国家专利授权，5项QC成果获评省级和省、市公司级奖励，1项群创项目荣获省公司三等奖。深化电能替代，电磁厨房改造、电动汽车充换电设施建设、农产品热泵烘干项目示范点建设加快推进，累计完成电能替代电量580万千瓦小时，既促进了企业增供扩销，又彰显了公司社会形象。基层班组建设进一步加强，竹口供电所和左溪供电所分别获评国家电网公司五星级供电所、国网公司先进班组。开展用电一键办理服务，推进“互联网＋电力营销”服务体系建设，推广掌上电力、电e宝、支付宝、微信等电子渠道，实现客户在线查询办理业务。开展地方重点建设工程保障服务，针对2017年全县11个政府重点项目，构建“精确定位，精细服务”主动服务策略，汇编《2017年庆元县涉电项目服务手册》，客户经理与项目负责人无缝对接，提升了办电效率。开展精准服务，推出针对居民、企业、农户的阳光服务举措15条，加大对当地食用菌生产、农村排灌的专项服务。开展延伸服务，扩大“亲情2号键”覆盖面，为更多留守老人上门设置供电抢修电话快捷键，让留守老人拥有自己的电力服务热线。凭借优质高效的供电服务，公司连续5年在全市系统优质服务竞赛中夺金。

（吴　君）

贸 易

国内贸易

【概况】 2017年，全县消费品零售总额35.81亿元，比2016年增长11.7%。县城消费品零售额21.99亿元，比2016年增长13.1%。农村市场消费品零售额13.82亿元，比2016年增长9.6%。按行业分，批发零售业33.06亿元，比2016年增长11%；住宿餐饮业零售额2.75亿元，比2016年增长20.8%。全县再生资源回收经营23家，其中有限责任公司7家、个体工商户16家。全县14家加油站（点）进行2017年度年检，其中加油站6家、加油点8家。

【电子商务】 全年实现网络零售额32.88亿元，比2016年增长46.26%，连续五年被评为全国电商百佳县。建立庆元县电子商务工作领导小组，推动成立庆元县电子商务协会。举办2017庆元第二届“互联网＋竹制品设计大赛”，共收到省内外38所高等院校、设计师作品投稿1084件，是第一届的2.74倍，评出金奖3名、银奖6名、铜奖8名、优秀奖30名和优秀组织奖10名。投资1.2亿元的庆元电商创业园于9月8日正式开园，2017年园区电商零售总额1.07亿元。

【农村电子商务】 引进农村淘宝项目，建设天猫优品服务站17个，全年交易596.21万元，庆元成为阿里巴巴集团农村淘宝4.0天猫优品项目全国首批落地县。新建智能投递终端10个，新建（提升）农村电子商务服务站50个。

供销工作

【县级“农合联”登记注册】 庆元县农民合作经济组织联合会（简称农合联）于2016年年底组建，吸收全县18个乡镇（街道）的会员841人，2017年11月，县级农合联登记注册。

【特色产业农合联建设】 2017年，组建庆元县锥栗特色产业农合联和庆元县粮食特色产业农合联。其中庆元县锥栗特色产业农合联吸收会员34人，在全市范围内率先开展针对特色产业农合联的金融扶持，出台6个试点乡镇“锥栗产业五年发展规划”，创建“三级”技术指导服务体系（县级技术指导服务中心—乡镇级技术指导服务中心—村级技术指导服务中心），通过农合联的平台作用，整合涉农相关资金和扶持政策。

【庆元县农合联资产运营管理有限公司组建】 12月8日，庆元县农合联资产运营管理有限公司完成工商登记，注册资金100万元，其中县农合联占股份65%，县供销社社有企业占股份35%。该公司的主要职能为通过经营性活动开展“农合联”为农服务事项；以公司为投资主体，开展股权投资，承担公司投资资产保值增值责任；受托代管县农合联农民合作基金。

【“三位一体”生产服务】 开展农作物放心工程。对接市供销社、市农科院，先后在左溪镇、张村乡开展香榧、笋竹栽培和病虫害防治及农药增效减量技能培训。联合高等院校开展理论培训。2017年9月4～7日，在浙江经贸职业技术学院举办庆元县农合联第一期“庄稼医生”培训班，45名农资服务人员参加培训。开展农资淡季储备工作。县供销社统一部署储备工作，完成化肥储备2239吨，其中尿素220吨，碳铵600吨，复合肥1100吨，钾肥8吨，磷肥300吨，农药储备11吨。落实农资支持措施。社属农资公司与县农合联会员签订相关协议：同等含量化肥送到村级服务点价格比同行每吨优惠40元；村级服务点召集人在收到化肥后10天内结清货款的，给予复合肥返利60元／吨（碳铵、磷肥、尿素等非锥栗用肥除外）。

【“三位一体”供销服务】 开拓电商销售渠道。供销社社有企业参股，组建电子商务公司，由该电子商务公司承担县乡二级农合联会员的农产品销售工作，对接省东海云商平台开展线上销售，2017年已无偿为十多家县乡农合联会员提供产品宣传、销售等服务工作。开展农旅融合发展。2017年，全县确定66件产品包装为“丽水山耕”背书农产品，125个农产品基地为“丽水山耕”合作基地，依托庆元三山根邑打造庆元特色的农产品展示展销平台。整合区域品牌，统一印发带有“庆元锥栗”“庆元县锥栗产业农合联”标识的编织袋1万只，用于收购锥栗，提升栗农品牌意识。

【“三位一体”信用服务】 对接相关部门开展“支农贴息”试点工作。县农合联对接经商局，在荷地镇、淤上乡两个乡镇农合联开展“支农贴息”贷款试点，银行部分利息全部由财政支付，农户只支付资金占用费部分，全年已发放贷款100万元。对接金融机构，明确贷款流程，降低贷款利率。县农合联与县信用联社联合印发《关于实施金融支持锥栗产业发展的通知》，实行批量授信和联合审核制，比一般保证贷款利率至少上浮30%以上，最低可按基准利率上浮30%执行。

（孙伊娜）

烟草专卖

【概况】 2017年，庆元县销售卷烟8010.20箱，比2016年下降0.87%；实现销售收入3.04亿元，比2016年增长5.27%；实现单箱销售额3.79万元，比2016年增长6.20%；全年实现税利7604万元，比2016年增长8.25%。

【烟草工作】 完成重点品牌销量5579.91箱，比2016年增长0.99%，占比69.66%；细支烟增长迅猛，完成销量138.12箱，比2016年增长132.03%。定制品牌持续成长：“玉溪创客”已覆盖到每个行政村，“乌镇之恋”覆盖到乡镇，“土楼（1575）”实现A、B类客户进货全覆盖。酒席婚庆市场完成应急订单364笔，销量86箱，实现销售额508.5万元。改造升级现代终端168家，占比17.5%。建成以石龙街为主的“终端精品一

12月5日，县烟草专卖局传授市民真假烟鉴别方法。

条街”，完成“现代终端立柜 + 背柜 + 生动化陈列”的硬件配置。大力推广普及支付宝结算，完成口碑开户 105 户，占比 11%，结算笔数 49356 笔。全面应用“钉钉移动拜访”，拜访计划制定率、完成率均居全市前列。市场部有营销人员 8 名，持证率 100%，三级营销师持证率 50%。两次全省客户经理应知应会测试优秀率 100%。

【烟草专卖监管】 全年查获涉烟案件 76 起，比 2016 年增长 28.81 %；查获卷烟 8555.5 条，比 2016 年增长 14.37%。依托省际卡口，整合资源，查获“11·10”销售假烟网络案，连续三年破获国标网络案。联合开展物流涉烟监管“利剑二号”行动，查获涉烟违法案件 23 起，查获涉案卷烟 287.7 条，比 2016 年增长 19.88%。联合开展无证经营整治，查获案件 4 起。集中开展大户专项整治、加热不燃烧烟专项治理，2017 年市场净化率 98.38%。牵头召开 2017 年度浙闽省际烟草专卖联合稽查工作联席会，从情报线索收集、数据分析运用等短板着手，研究探讨建立新型联动协作机制，打造“互联网 +”真烟非法流通联防联控机制，并初显成效。协助建阳市局查处案件 1 起，涉案金额 72321 元。依托协作平台，庆元县局查处一起无证运输案件，涉案卷烟 996 条，案值 98168 元。编制印发《许可证办证服务指南》，做到事前一次性告知；依托新专卖系统，实现延续、歇业（注销）等事项当场申请、当场办结；取消申请人领证环节，实行送证上门和 EMS 快递邮寄“1+1”模式，实现群众办证“最多跑一次”。执法视音频评查在全市排名第二，行政许可、行政案件评查综合排名位居全市第三。完成质检分站标准化建设和“三标三库”建设。

（吴丽芬）

对外贸易

【概况】 2017 年，全县外贸新批备案企业 21 家，累计有效运营外贸企业 170 家，其中有自营进出口实绩的主体 60 家，出口产品包括轻工艺品、机械产品、化工产品和农产品等五大类别、980 种产品，销往六大洲，68 个国家或地区。全年外贸进出口额 8.039 亿元，比 2016 年增长 23.36%；出口总额 7.915 亿元，比 2016 年增长 21.64%。

【外贸建设】 全年参加境外展会企业 19 家，41 个展位。争取到省级以上政府扶持开拓国际市场资金 82 万元。实际利用外资 958 万美元，完成市政府下达任务指标。获得“浙江省庆元县食用菌国家级外贸转型升级基地”“浙江省庆元县铅笔国家级外贸转型升级基地”称号。

（李和进）

交通　旅游

交　通

【概况】 2017年，庆元交通局开展“干净干事创新业”作风建设专项活动，围绕“稳中求进”总基调，抓住项目建设“主引擎”，加快交通基础设施建设，加大公路管养力度，规范运输市场管理，狠抓安全生产监管，强化队伍作风建设，凝心聚力，攻坚克难，推进“建、管、养、运”协调发展，保持交通运输事业平稳有序发展。

【基础设施建设】 庆元大道黄坛至县城段完成道路亮化美化、交通安全设施、监控等附属工程，于6月10日向社会通车。兰溪桥段公路改建工程于10月31日开工建设。庆元至巾子峰景区公路工程、蓬源线蓬桥至隆宫段公路改建工程、55省道庆元坝头至寿宁大熟公路通过交工验收，特色商业街工程竣工并通过验收。

【项目前期推进】 火车站连接线工程完成项目立项、工可、初步设计等批复，施工图设计文本基本完成编制，待审查。洞头至庆元公路庆元段改建工程（庆景公路项目）着手项目选址、土地预审等前期工作。仙居至庆元公路庆元五大堡至举水段工程已完成工可编制，并通过工可审查。庆元五都至淤上公路工程已通过工可审查。庆元县交通综合枢纽站（公交总站）已完成项目立项，着手设计单位招投标及工可等前期工作。

【重大项目谋划】 构建“西进东出、北连南接”大交通格局，加强项目建设谋划，填补“南北”交通空白，搭建“十字形”交通框架，完善菇乡交通干线网络。规划仙居至庆元省道公路庆元段延伸工程，在“十三五”规划中通达庆元县城，6月、7月先后得到省长袁家军、省公路局局长洪秀敏的高度认可，实现项目建设“从无到有、下图落地”，并于11月通过五大堡至举水段工可审查，标志着庆元县开启自南至北通向外地的干线公路。国道G528庆元段改建工程作为浙江省普通国道路网中龙游至广昌公路的一段，是《丽水市综合交通运输“十三五”规划》“九纵六横十八联”普通干线公路网布局中的一纵，打通龙泉经庆元至福建海西区的大通道，对改善丽水西部区域的交通条件，带动龙泉市、庆元县西部旅游业发展具有重要意义。经过积极争取与省、市多方沟通对接，2017年年底，基本确定国道G528线位走向方案，标志着一条更加符合庆元“乡村振兴”战略的新走廊带从庆元境内经过。

【行业建设管理】 以打造精品为重点，加强公路科学管养，强化等级提升，推进“畅达安保工程”。处治路面病害及绿化美化等11.8万平方米；补植行道树6000株。完成20.8千米省道公路大中修、48千米农村公路大中修、35.7千米农村公路提升、14.8千米农村联网公路及农村公路危桥改造工程等“四好农村路”建设任务；打造省级美丽乡村风景线“庆百线”及市级美丽乡村风景线“高速连接线（庆元大道）”创建任务。对全县22条农村公路进行改善提升，出台资金补助机制，利用康庄小巴预约和班线延伸等方式，实现农村建制村客运“村村通”。开通县城至屏都工业园区新能源公交车（7路），新增公共自行车租赁点5个，建设30个港湾式停靠站，推行公交卡、公共自行车租赁卡“县市一卡通”，进行《庆元县公共出行交通规划》编制工作。完成道路运输综合监管和从业人员再教育培训中心两大平台建设，探索汽运总公司多元化发展道路，下属企业旅游集散中心旅客接待量大幅增长。

【安全生产监管】 坚持“安全第一、预防为主、综合治理”的工作方针，创新安全生产管理方式，落实企业安全生产主体责任和行业监管责任，推进“和谐保障工程”。236项隐患整改率100%；各类演练9次；严格落实“三不进站、六不出站”规定，安全监控平台发送预警信息68.5万条。未发生一般及以上交通安全生产事故。监督项目9个，完成交（竣）工质量评定及备案项目9个，发整改通知书37份，办理行政处罚（警告）1份，合格率、整改率均为100%，有效保障在建项目工程质量。拆除违章建筑2089平方米，拆除非公路标牌85块。加大“打非治违”等专项行动。出动综合执法人员4257人次，收缴行政处罚（处理）16.8万元，案件查处率、结案率、行政处罚

（处理）与许可案件正确率 100%。做好信访积案化解及书记信箱、“12328”、“96266”热线等工作，加大对十九大、互联网大会等重点时期重点人员的信访跟踪力度，信访办结率 100%。主动争取乡镇（街道）、相关部门的支持和配合，保证项目建设顺利推进。开展“综治宣传月”、平安“三率”等宣教工作，未发生重大群体性事件。

旅　游

【概况】 2017 年，全县旅游总收入 19.25 亿元，比 2016 年增长 31.62%，旅游收入增幅连续 5 年位居全市前三。旅游业增加值占地区生产总值（GDP）的比重为 8.01%。百山祖景区接待人数 29.73 万人次，增幅 10.02%，综合收入 6502.89 万元，比 2016 年增长 14.04%。

【旅游品牌创建】 5 月 15 日，巾子峰景区通过国家 AAAA 级旅游景区景观质量评审。11 月，列入第二批“浙江省全域旅游示范县”创建名单；车坑、月山和莲湖村创成浙江省首批 AAA 级景区村庄；举水天宸农业公园创成省级休闲农业与乡村旅游示范点；车坑村获评老年养生基地；贤良村被认定为浙江省慢生活乡村休闲旅游示范村；浙江节节高炭业有限公司被认定为浙江省四星级旅游购物场所；九川竹木旅游购物网点被认定为浙江省三星级旅游购物场所；举水乡被列为浙江省风情小镇创建培育名单。

【旅游规划】 完成《庆元县创建省全域旅游示范县工作实施方案》《庆元县推进农旅大融合促进乡村旅游转型升级发展三年行动》《庆元兰溪桥旅游度假区总体规划》《庆元县古道规划设计》等编制工作，启动《庆元县黄坛农旅融合产业区旅游总体规划》《庆元县百山祖景区旅游总体规划》《庆元田园淤上体验区（吾田头区块）规划设计》等规划编制。

【旅游项目建设】 涉旅在建项目 44 个，计划投资 8.71 亿元，实际完成投资 10.09 亿元，完成年度计划 115.84%，同比增幅 43.73%。旅游招商达

9 月 21 日，庆元在杭州举办 2017“旅居乡村·最忆庆元”特色主题村落招商推介会

成签订意向协议项目8个，预计总投资36.4亿元。旅委负责项目13个，累计完成3.29亿元，比2016年增幅93.51%。其中3.8亿元的首家高星级酒店凯震大酒店项目装修工程加快推进，投资20亿元的生态古民居项目一期开工建设，西川大峡谷游步道、百山祖博物馆、景区亮化工程、低碳体验区块改造等工程完工，徒步城建设（二期）基础工程、徒步城门楼广场、濛淤历史文化村落保护与利用重点村工程等项目铺开。县城、公路沿线、A级旅游景区村等旅游景导系统设计和安装以及重点区域古道系统的修复工程加快推进。

【旅游宣传营销】 完成乡村文化旅游季特色活动53场，吸引县内外游客22.97万人次，旅游综合收入1.6亿元。该活动被列为全县十件实事之一，被新华网评为“中国最具影响力特色节庆活动”。其中举办的万人游庆元、畅游庆元大道开通、双苗尖国际音乐露营节、乘着高铁游庆元等活动为庆元打开了旅游市场，提升了庆元旅游美誉度和影响力。建立有重点、多层次、全方位的营销推介机制和合作模式，与浙江省旅游信息中心、feekr旅行、上海高铁旅游服务有限公司等机构建立长期紧密型合作关系，合作举办庆元·杭州双城特色主题村落招商推介会、“全球村民到庆元当村长”等各种特色活动。通过媒体微博、微信进行线上新形势宣传，散发、刊登各类旅游宣传信息1470篇次，其中人民网、新华网、中新社、中国旅游报、新浪网、“今日头条”等媒体发表文章信息470篇次。

【旅游行业管理】 旅游软环境呈现良好态势，无旅游投诉现象。新增床位1559张，接待县外旅游团队395个、9973人次，比2016年增长121.86%。联合安全检查6次，自行检查13次，检查企业70次，重点检查星级酒店、旅行社、景区安全问题，查出安全隐患46处，整改46处，旅游企业投入安全整改资金200万元。完成19个乡镇（街道），9810户全域旅游统计基础数据库调查工作；督察审核65个旅游重点村旅游统计工作。举办培训10场，培训1000人次；举办庆元县形象宣导员和乡村旅游讲解员培训班。宣导员队伍完成县“两会”沿途讲解工作。成立海西旅游联盟，涉及上海、杭州、温州、武夷山、南平等地56家旅游企业、景区，推进海西区客源互送。

（周诗华　刘　伟）

邮政　电信

邮　政

【概况】 中国邮政集团公司浙江省庆元县分公司坚持以“服务地方经济，奉献社会公众”为宗旨，按照省公司“党建一流、效益一流、管理一流、作风一流”的“中国邮政一流省分公司”的总体目标，围绕“全力发展金融业务、合力发展包裹快递、大力发展农村电商”为内容的“三个一把手工程”，贯彻落实省市邮政工作会议精神，做好蓄势铺垫和经营发展工作，努力营建良好的企业生态。完成业务收入2334万元，比2016年增长16.51%，增长率位居全市第三，完成年计划的100%。保持省、市、县级文明单位和市治安安全单位称号，下属新建路营业所继续保持邮储银行总行和省分行分别授予的“服务明星支行（所）”荣誉称号。

【业务发展】 发展金融业务，围绕各项主题活动，以外拓走访、电话营销为主，引流客户到网点精准营销，加大绩效考核力度，激发员工发展金融业务的热情，电商、金融“双引流”等方法实现金融收入1096.63万元，完成计划的100.24%；储蓄余额6.21亿元；代理保险实现标准保费4856.55万元，完成计划的105.58%；合力发展寄递业务，运用快递包裹系统，夯实快包基础客户数，借力客户口碑宣传，为快包发展打好坚实基础，谋思路，想办法，找抓手，落实好投递、网运、客服等管控，提升服务质量，提高快递包裹客户体验度。实现快递包裹集中收寄110.57万件，比2016年增长122.44%，完成业务收入652.29万元，增长52.32%。

【企业管理】 根据“促经营、控成本、强运营”的工作思路，以零基预算为抓手，深化“以利润为导向”的财务管控体系，按照会计集中核算要求，努力发挥财务管理的支撑、服务和内控作用。加大对“三个一把手工程”的财务支撑力度。强化效益导向，通过绩效、分析通报等方式促进各单位更加注重业务盈利能力。开展用户欠费专项整治活动，提升收入质量，防范经营风险。解决ERP全面上线带来业财对接上的问题和困难，增强财务管控，提升企业管理水平；推进员工自行报销报账机制，树立全员成本管控理念。加强基础管理制度建设和考核机制，深化营业网点规范化服务提升活动，营业网点客户服务质量显著提升。建立“三支队伍”的培养管理体系，继续对全体员工进行奖金考核和对各管理岗位员工进行绩效考核。完善金融从业人员业务发展考核模式，加强向“以客户为中心”转变，促进员工发展业务的积极性和客户维系力度。

【农村电子商务】 庆元邮政抓住农村电子商务发展这一战略性机遇，依托邮乐网平台，以“邮掌柜系统推广、村邮乐购店建设”为抓手，以“购物不出村、销售不出村、生活不出村、金融不出村、创业不出村”为主要内容，拓展农村电商发展之路。建成并运营106个以村邮站、农村便民服务站、小商超为主的农村电商服务平台，有50个金融服务站点，分别分布在50个行政村，涉及6个乡镇，其中五星级站点3家、四星级站点4家。搭建运营“村邮乐购”平台，开设“特色庆元”地方馆，开展网络代购、农产品代销等电商服务。邮掌柜系统在农村线下渠道实现全覆盖。发挥邮政网络优势，提升农村地区的物流配送支撑能力。加快城市电子商务网络建设，新建10个E邮柜，

庆元邮政E邮柜

累计 35 个，2017 年存取电商包裹 18.12 万个。通过不断努力打造一个集“网络代购 + 平台批销 + 农产品返城 + 公共服务 + 普惠金融 + 物流配送”于一体的邮政农村电子商务服务体系。

【代收付（发）类业务】 依托邮政金融网点、农村电商服务站点多面广的优势，通过邮掌柜系统，整合便民缴费服务，解决金融领域服务群众“最后一千米”问题，使村民足不出村即可享受如小额存取现金、转账、缴费等便捷的金融服务。真正实现助农取款“零距离”、便民服务“零距离”。助农服务 33358 笔，交易金额 1202.52 万元。围绕政府涉农代发款，已代发养老保险金、种粮大户补贴、公益林损失性补偿资金、助农取款服务点补助及奖励、农村居民和城镇居民最低生活保障金、医疗救助等 17 项政府代发款，发放金额 4772.84 万元。

（朱倩倩）

电 信

【概况】 2017 年，中国电信股份有限公司庆元分公司主营收入预算完成率 101.19%，增长率 6.08%，均列全市第四名。投入建设资金 600 万元，123 个偏远农村建设光纤网络 370 千米，完成建设任务的 70%。电信宽带用户免费大提速（含降低中小企业互联网专线接入费），平均网速从 8 兆提升到 23 兆；户均费用从 700 元 / 年降到 400 元 / 年，降幅达 42.85%。所有电信用户取消国内长途漫游费。下调 73 个国家和地区的长途通话资费，平均降幅 90.00%，全部进入“1 元区”。

投资百万元，改造、装修数码卖场、中心厅及竹口、屏都、荷地营业厅，优化服务场所环境，为人民群众购买 4G 手机、电脑等各类数码产品提供便利，随时办理宽带业务，体验宽带电视（ITV）等数码产品，满足广大人民群众的通信服务需求，开展营业标杆团队建设、装维团队服务、学“海尔”等活动，实行网格管理，举办“网友座谈会”，虚心接受各方建议，提升服务档次水平，完善服务内容，改善服务手段，不断满足用户需求。推出“宽带 + 手机”等融合业务，实现固话与移动手机互融免费打电话。开展“宽带电视送农村”活动。为联系结对村举办科技知识讲座、电脑培训班。为结对帮扶的官塘乡荷垟村投入资金 3 万元，建设村道 1 条；走访慰问困难农户 9 户。与三中等学校结对，帮助困难学生 40 人。获“梦天智慧企业信息化”集团公司和省公司经典案例、五级承包全省“最佳实践”、丽水市公司“优秀经营单元”等荣誉。

【信息化网络建设】 新建、扩容移动基站 80 个，电信 4G 移动互联网信号覆盖所有乡镇及 85.00% 以上行政村，完成遍布各村的光纤信息网络，官塘荷垟、白柘垟，举水地虎坑和龙溪后垟坑等 10 个村新通光纤宽带，行政村村通率 95.00%，完成光小区 FTTH 建设 2000 线，宽带用户大于 30 户的网格中光改完成率达 96.00%。完成公安视频监控工程第四期 3000 万元建设，新增 200 个高清监控点位和 600 个摄像头。全面推进退网、退铜、光宽带平移三结合的全光化工作。开展节能减排，节省电费支出 30 万元。完成主要乡镇的信息化平台建设，建成黄田上济、中济，屏都余村等 5 个信息化示范村和荷地镇荷地、苏湖，岭头乡岭头、莲花等 13 个达标村。建成党员远教网点 180 个。完成光纤城域网升级改造，出口带宽达 20G，推动信息化网络建设步伐。

（吴卫平）

移 动

【概况】 2017 年，中国移动通信集团浙江有限公司庆元分公司（以下简称庆元移动公司）连续 21 年收入增长，各项工作成绩保持全市前列，荣获“赛马先锋团队荣誉”称号，完成年度收入任务的 101.89%。庆元移动公司紧跟“最多跑一次”改革，两次组织各项服务技能培训、岗位大练兵，加大浙江手机营业厅、微信、网厅、咪咕系列 APP 等电子渠道业务的推广力度，以客户为中心，方便客户随时随地办理移动业务。精细化分析，根据客户不同需求优先推荐个性化套餐。坚持客户投诉每件必复，迅速响应、解决客户问题，在系统内部客户满意度排名全市第一。结合现有互联网专线、集团固话、数字电路等业务，不断规划、设计新产品，为集团客户提供各种速率的专用链路，实现方便快捷的高速互联网办公模式。组织网格员培训 19 场，320 人次。开展“雪亮工程”社会视频资源引入，完成 23 套设备安装及调试，引入摄像头 1260 个，全县占比 42%。完成庆元林场视频监控、左溪堤防标准化视频监管系统平台、检察院检务通等信息化项目 11 个。以创新推动发展，优化物联网、移动云、大数据、和教育等信息化平台，加速实现庆元县行业发展向移动互联网转型的目标。

【精品网络建设】 围绕“网络质量是通信企业生命线”的主题，以精品网络建设为目标，开展网络建设与维护工作，为庆元移动用户提供质量更佳的语音和数据业务体验。完成所有行政村 4G 移动网络建设，村级覆盖率达 98.32%。完成城区主要片区及乡镇府所在地 NB—IOT 站点建设 60 个。完成 297 个行政村驻地网建设，覆盖率 84.67%，城区覆盖率 97.36%。装机及时率 99.35%，故障处理及时率 100%，家庭宽带投诉回访满意度达 100%。保障县域大济元宵节、安隆荷花节、贤良泼水节等重大活动的通信。

（姚雪玲）

联　通

【概况】 中国联合网络通信有限公司庆元县分公司（以下简称庆元联通）是经营综合电信业务的通信运营企业，为社会提供多层次、全方位的通信，网络接入，电信增值业务，IP 电话业务，无语、数据、图像以及与多媒体通信和信息业务相关的系统集成等业务。2017 完成年度收入任务的 100%，连续 12 个月全市排名第一。

【优质网络创建】 2017 年，建成 U900 基站 56 个，实现 3G 网络覆盖主要公路沿线，乡镇街道、各行政村及重要旅游风景区。实现 4G 全城覆盖，为用户提供更高质的语音通话和视频通话。全城光网接入，为广大用户提供高速无线宽带需求。庆元联通完成全市首个农村污水监测监控业务建设。

城建　城管　环保

城乡建设

【概况】 2017 年，庆元县住房和城乡建设局按照“变化更大”的工作要求，围绕年初制定“五个更”工作目标，以美丽城乡建设为主线，规划体系逐步完善，城乡建设成效明显，城市管理日趋规范，各项工作稳步推进。

【城市规划】 总体规划。总体规划经县人民政府、丽水市人民政府审查，并由丽水市人民政府转呈省人民政府报批，由于总体规划成果标准等变化，省政府尚未进行规划批复，经与浙江省城乡规划设计研究院衔接，总体规划编制将根据省人民政府要求，并结合相关规范、标准进一步完善，同时补充规划中城乡体系部分内容，争取早日完成报批。

控制性详细规划。启动《庆元县主城区城东片区控制性详细规划》《庆元县元帅公庙区块控制性详细规划》《庆元县主城区城西片区控制性详细规划》编制；与浙江省城乡规划设计研究院完成《庆元县屏都综合新区控制性详细规划》的对接工作，确定规划编制时间节点，争取早日完成规划编制。

专项规划。启动《庆元县中心城区污水专项规划》《庆元县绿色建筑专项规划（2017 ～ 2025）》的编制，并完成规划审查、报批工作；启动《庆元县中心城区雨水专项规划》《庆元县中心城区给水专项规划》《庆元县城市消防专项规划》《庆元县中心城区地下管线总体规划》《庆元县中心城区地下管线详细规划》《庆元县燃气专项规划（2017 ～ 2030 年）》等规划的编制，并完成专项评审工作。同时，完成《庆元县中心城区雨水专项规划》《庆元县中心城区给水专项规划》《庆元县中心城区地下管线总体规划》《庆元县中心城区地下管线详细规划》《庆元县燃气专项规划（2017 ～ 2030 年）》的审查、公示工作，待提交县政府报批。委托治理城市交通拥堵、“四线”、生物多样性保护、公园绿地防灾避险等专项规划编制。

【测绘与地理信息】 按照“双随机”抽查要求，制订市场监管方案，建立“一库两清单”，对县域内的测绘资质单位和地图市场等完成检查、监管。完成测绘法治宣传和国家版图意识宣传教育工作。制定今后三年的项目实施计划，推进山区 1 ∶ 2000 测图和地表精细模型建设工作。全面启用国家大地 2000 坐标系统，推进县域范围内所有地形图坐标系统统一。完成地理信息资源共享工作，实现省、市、县基础地理信息资源共享。完成数字庆元地理空间框架公共平台运维工作。开始建成区 1 ∶ 500 地形图补测与更新，完成城东区块及八都部分区块 1 ∶ 500 地形图测绘。

【项目建设】 2017 年，承建基本建设项目 34 个，完成投资 11.94 亿元（其中政府性投资 8.94 亿元，非政府性投资 3.00 亿元），与同期相比，增长 6.89%。完成香菇市场西一路、西二路、五熏路等路网建设，竣工验收石龙山·龙山公园、庆中操场地下空间开发、后田绿地公园、过境公路景观改造工程、污水处理厂（二期）和生活垃圾填埋场渗滤液提升改造工程等一批市政公用基础设施，其中，过境公路景观改造工程获得浙江省“优秀园林工程”金奖、“浙江省园林优秀管理奖”两项省级荣誉。推进巾子区块、东环路及下滩路工程（中段）、横山安置小区、县城自来水管网提升、和家园、镜山里、生态文明精品示范村建设等工程建设。启动大济中路、五都大桥南引线、城市亮化、城区沿街立面改造、八都片区给水污水主管网等工程建设。完成城区外立面改造、菇城公寓、东环路南段延伸工程等项目前期工作，提前谋划香蕈大道（二期）、衢宁铁路站前广场、城区地下综合网管等项目。

【房地产业】 2017 年，全县房地产开发保持平稳发展，完成房地产开发固定资产投资 3 亿元，新建各类商品房 4.15 万平方米，销售商品房面积 4.15 万平方米，销售额达 3.7 亿元。开发房地产项目 2 个，发放商品房预售许可证 2 个，商品房 334 套，预售住宅面积约 4.03 万平方米，商品房销售价格均价 7800 元 / 平方米，实现 2017 年度房价控制目标。全县有物业服务企业 5 家，管理 10 个小区。

【建筑业】 2017 年，全县建筑业企业共有 19 家。

出台《庆元县1000万元（不含）以下施工招标项目纳税加分暂行办法》，扶持县建筑业企业发展，实现建筑业总产值17.35亿元，与同期相比，增长9.38%。支持规划测绘设计院组织培训考试、外聘专业人员，推进企业资质升级；建筑设计、规划设计和测绘资质达到丙级。同时，加强安全质量监管，其中庆元县电子商务创业园工程获全省建筑安全最高奖“浙江省建筑安全文明施工标准化工地”、丽水市工程建设领域最高质量奖项“九龙杯”优质工程奖。

【公租房建设和租赁】 2017年，全县累计开工建设公租房670套，其中翔龙佳苑270套，同德新村180套，同心小区220套。已基本建成670套，竣工交付使用450套（翔龙佳苑270套，同德新村180套）。2017年，公租房分配64套，其中中等偏下收入住房困难家庭27户、人才公寓27套、其他收入10套，翔龙佳苑小区已全部分配完毕。同心小区220套公租房基本建成，外来务工人员、新就业大学生在7月开始正式申请，项目竣工验收完成后，交付使用。庆元县公共租赁住房（城镇中等偏下收入住房困难家庭）37户房租补贴共计9.576万元，按季均衡发放给住户；收房租70.98万元。

【白蚁防治】 继续实施新建房屋白蚁预防。1月至3月，签订新建房屋预防合同10份，项目面积9.2万平方米，预防实施项目11个，新建施工面积4.6万平方米。4月1日起，取消白蚁防治费用，全年受理新建房屋白蚁预防登记33份，登记面积35.49万平方米。

【园林绿地建设管理】 2017年，建成区绿地率33.5%，绿化覆盖率38.7%，人均公园绿地面积12.99平方米，新增城市公园绿地面积11816平方米。全年公共绿地养护费用50万元。2月起，后田公园、菇乡文化园、菇寮广场纳入管理。全年服务费用79万元。12月，2018～2019年度的县城各公园清扫保洁公开招投标，该项目的服务范围为庆元县市民广场、生态公园、西大桥头东西两侧小游园、菇乡文化园、菇寮广场、金水湾休闲公园、菇乡文化园二期等的保洁及公园内的设施管理，中标单位为金服物业服务集团有限公司，中标价为160万元。按季节（节日前）进行时令鲜花更换，费用35.4万元。2017年，公园设施维修工作自行发包给有资质的市政公司承包，全年公园设施维修费17.7万元。

【行政审批】 实行“最多跑一次”改革。2017年，庆元县住房和城乡建设局发放各类许可审批1100件，其中发放县城规划区内建设用地规划许可证218件（其中公建24件）、建设工程规划许可证318件（其中公建58件）、乡村规划许可证96件、建筑工程施工许可82件；发放县城以外建设用地规划许可100件、建设工程规划许可102件、乡村规划许可184件。办理便民事项，自来水安装1186件。收取城市市政基础设施配套费83件，共389.0289万元。

【城区保洁】 全县城区清扫保洁面积147万平方米，机械化清扫面积达95万平方米。全年城区生活垃圾清运量及无害化处理量6.13万吨，垃圾无害化处理率达100%。环卫设施建设项目主要有环卫综合基地及压缩式垃圾中转站项目、生活垃圾填埋场渗滤液提标改造工程项目以及五都、屏都压缩式垃圾转运站项目等。7月底，与三家保洁公司（兴耀、红花、波普）重新签订新一轮的保洁合同。推进垃圾分类试点，在县人民政府大院、县公共服务中心、庆元县翔龙佳苑、县实验小学、县城东小学等23个区域逐步开展垃圾分类试点，发放垃圾分类宣传资料2800余份，垃圾分类试点单位、学校及小区的市民垃圾分类参与率在80%以上。全县新增垃圾分类车4辆、垃圾分类规划路线2条。2017年，生活垃圾增量控制在8%以内。

【城市供排水】 供水年累计完成供水量640万吨，售水量520万吨，销售收入970万元。减排年累计完成污水处理量177.68万吨，COD（化学需氧量）减排305吨，氮减排30.1吨，污泥处理199吨。建设供水管网11.911千米，改造供水管网16.72千米，节水器具改造550套，“一户一表”改造427户。县供排水公司新建设项目5个，续建项目3个，完工项目1个，截污纳管改造3个，合计完成投资约7110万元。庆元县污水处理二期项目厂区工程即庆元县第二污水处理厂，于2017年10月20日试运行。县城自来水管网提升工程于2016年8月正式动工。2017年底，新建和改造江滨片区、松源镇小片区及五都片区的主管网及支管网，管道铺设30千米。

【村镇规划及建设管理】 村镇规划和村庄设计编制。编制江根、官塘、坑里、大坑、西洋等5个村庄的规划和大济、西川、横坑等3个传统村落保护规划。修改完善荷地镇、竹口镇等镇控规。完成村庄设计27个，超额完成市里下达的14个村庄设计任务。

农村危房排查治理和农村困难家庭危房改造。排查户数47752户，排查面积1333.71万平方米，经鉴定确认存在安全隐患危房5108幢，9358户，危房建筑面积151.01万平方米。其中C级、D级危房已全部录入全国住房信息系统，建立了“一户一档”台账资料。按照“腾、拆、修、控”分类治理，巡查防控农村危房9358户，腾空农村危房5439户，D级危房腾空率100%，拆除危房627户，修缮危房1299户。年度危房治理拆除修缮率为69.15%。城镇危房214幢，治理率100%。全县通过拆建、修缮加固等措施，实际完成困难家庭危房改造451户，超额完成2017年度省里下达的395户治理任务。同时，龙溪乡、官塘乡尚有约160户在进行整村修缮加固工作。

小城镇环境综合整治工作。完成19个乡镇、街道的小城镇整治规划编制及方案的审查工作，举水乡整治规划方案被评为全省第一批47个优秀规划方案之一；龙溪乡整治规划方案被评为第二批、三批全省65优秀规划方案之一。小城镇环境综合整治专项行动已开工项目数95个，开工率100%，完成投资9360万元。

传统村落保护。完成大济传统村落保护规划编制工作，完成2016年度西川、横坑等国家级传统村落规划初稿。申报2017年度省级传统村落15个，其中13个村入围省级传统村落并计划开始编制保护和利用规划，西川申报国家级传统村落资金。

国家级、省级美丽宜居示范村建设。百山祖镇车根村、举水乡月山村完成省级美丽宜居示范村创建工作并于9月通过省、市验收，屏都街道洋背村、安南乡安隆村完成村庄环境整治和景观节点建设等工程，竹口镇新窑村、黄田镇双沈村已完成规划编制并全面开展村庄环境整治和景观节点建设工作。全年共计完成投资额944万元。根据省厅要求，2017年新启动建设三个省级美丽宜居示范村，分别是松源街道薰山下村、五大堡乡后广村、龙溪乡后洋坑村，已完成规划编制并启动建设。

“六边三化三美”及农房立面改造。在黄田镇、竹口镇、举水乡、安南乡、百山祖镇、松源街道等乡镇、街道实施约63.47万平方米的外立面改造工程。改造3.3万平方米的马头墙。

（县住房和城乡建设局）

城市管理

【概况】 庆元县综合行政执法局根据“一提高，二强化，三注重，四增强”工作思路，围绕县委、县政府中心工作，结合省级示范文明县城创建、“三改一拆”、“无违建”创建、小城镇环境综合整治等工作，推进综合行政执法改革，全面提高城市管理水平，被评为浙江省综合行政执法工作先进集体。

【市容市貌管理】 以打造石龙街、濛洲街、松源街三条严管示范街为市容工作重要突破口，实施市容全方位整治，组织21000人次，开展流动摊点、占道经营、店外设施、乱搭乱建、人行道违停和户外广告等6个专项整治。城东烧烤一条街搬迁升级为城东烧烤城，加强云山路疏导点管理，有效疏导流动摊贩312家。劝导占道经营、流动摊贩、店外经营48816起，查处1544起，暂扣占道等经营物品2390件。联合濛洲街道、松源街道、县市场监管局、县公路管理局、县交警大队等多个部门，依法取缔同德、同济马路市场，并纳入日常管理范围。加强银河湾、汇金城等新兴商贸区店铺装修管理及活动备案，监督备案装修、开业等活动244家。拆除乱搭建遮阳雨棚220个，拆除街面水龙头、水池等设施120个，清理街道乱堆放等杂物1322处、352拖拉机辆次。在东门弄、汇金城等人行道出入口安装隔离桩88个，设立严禁停车温馨提示牌18块，贴单处罚人行道机动车违停1826宗，规范电瓶车4.6万辆次，处置“僵尸车”186辆。拆除主街道两侧长期闲置的楼顶大型广告牌，清理因未经审批、年久失修、破损、褪色等问题影响市容的店牌、墙体广告牌185块，立柱式灯箱广告牌236个，贴地广告56块，条幅横幅738条，及时处置城市“牛皮癣”1.4万条。

【规划监察工作】 开展违法建筑“斩首”行动，实施挂图作战，按照“拆早、拆小、拆了”的工作理念，坚持“即查即拆”“露头就打”的管控原则，严把“事前告知、事中监督、事后拆除”三道关口，明确违建管控的重点区域和类型，加强对大济、洋墩、会溪、五都、余村和同心等区域的巡查力度，严格屋顶“零起坡”，依法将违法建筑处置到位，确保新发违建“零增长”。跟踪新建住房417幢，跟踪修缮房屋、“平改坡”526处，发出纠违通知书及函告书184份，监督自行拆除整改138处，“即查即拆”违章建筑446处35000多平方米。依照《庆元县城规划区违法用地和违法建设遗留问题处理办法》和《〈庆元县城规划区违法用地和违法建设遗留问题处理办法〉的补充规定》，组织起草《庆元县违法用地和违法建设遗留问题处理办法的补充规定（二）》，进一步完善存量违建处置办法，办结违法建设案件50宗，处罚违法建筑3545平方米，罚没金额30万元。

【“三改一拆”和“无违建”创建工作】 庆元县被省委、省政府命名为“无违建创建先进县”，“三改一拆”、“无违建”创建工作获得综合考核全市第一和省二十六县发展实绩考核满分，取得开展“三改一拆”行动以来的最好成绩。“三改一拆”取得新突破，累计实施旧住宅区改造、城中村改造、旧厂区改造211.21万平方米，占省、市下达任务量（39万平方米）的541.55%，完成率居全市第三。累计拆违106.5万平方米，占省市下达任务量（41万平方米）的259.76%，完成率居全市第二。累计完成拆后土地利用94.77万平方米，拆后土地利用率92.89%。推进“无违建”创建，进一步健全违法建筑处置办法，创新三级例会、社会人士特邀巡视等制度，扎实深化“无违建”创建精度，新创成9个“无违建乡镇”和“基本无违建乡镇（街道）”。继续推进“蓝色屋面”专项整治，省市级620个点位、24.56万平方米“蓝色屋面”提前整治到位，1～12月专项督察总成绩居全市第一。开展每月28日“治危拆违和环境整治”集中统一行动，结合“六边三化三美”、小城镇环境综合整治、大搬快治、和县乡村三级换届选举等重点工作，一月一主题，12次集中统一行动，拆除违建61万平方米，取得了阶段性成果。

【创新执法方式】 在全市首先提出以“城管亲和，城市美好”为城市管理工作目标，创新实施“9+1”助管平台建设。即开展创建“城市严管示范街”、成立云山路疏导点“自治管理委员会”、设立行政执法“轻微违法现场教育点”、开展城市管理“模范商户”评选、“以劝代罚”、“城管体验”、“城管讲堂”活动、实施控违拆违作战图建设等9个系列活动，聘请10名社会各界知名人士为“执法监督员”开展执法监督活动，逐步提升“以人为本”管理理念，推动城市管理工作再上新台阶。组织230人次参与“以劝代罚”“城管讲堂”“城管体验”等活动，进一步调动广大市民参与城市管理的积极性和主动性，营造城市管理“人人共建共享”的浓厚氛围。

【队伍建设】 结合基层治理体系“四个平台”建设，派驻11个基层综合行政执法中队，执法范围覆盖19个乡镇、街道，实现85%执法力量下沉。以打造“政治坚定、作风优良、纪律严明、廉洁务实”的执法队伍为目标，结合“强基础、转作风、树形象”专项活动，践行“721”城市管理工作方法，进一步规范执法队伍，提高综合素质，树立崭新形象。加强执法队伍业务培训，34人顺利通过考试并取得执法证，受到市法制办通报表扬。首次采用竞聘上岗的方式，提任15名中层干部。投入95万元采购执法制服、执法电瓶车、执法记录仪、发电机、电镐、电动液压钳等执法装备，完成全国新式制服统一换装，落实执法全过程记录制度，为日常执法工作提供有力的装备保障。关心关爱干部职工身心健康，投资10.9万元，在全省率先建设第一个城管执法心理疏导区。

（吴晓慧　胡　强）

环境保护

【概况】 环境空气质量优良率99.20%，PM2.5月均值为26微克/立方米，在全省58个县级城市中排名第五。7个地表水监测断面水质均达到地表水功能区水质要求，达标率100%，国控及省控断面水质均达到Ⅱ类和Ⅰ类水质要求，县城饮用水源地兰溪桥水库水质达标率为100%。全县城市区域环境噪声昼间平均等效声级为53.4分贝，城市道路交通噪声平均等效声级为65.9分贝，达到国家标准。

【环保督察】 以中央和省环保督察为契机，坚持高标准、严要求、实打实、硬碰硬，切实解决一批群众身边的环境问题。中央环保督察组交办信访件16批、22件，按照督察整改要求，责令整改企业68家（其中大坑区块39家），立案查处23起，处罚款139.76972万元；省环保督察组交办信访件11批、24件，责令整改16家，立案查处4起，处罚款6.6万元。

【污染防治】 治水再深化。率先提出“100天全境剿灭劣Ⅴ类水”的工作目标，完成107处劣Ⅴ类小微水体和22个排污口整治任务，顺利实现“百日剿劣”目标。创新推行“两新组织认养小微水体”和“生猪集中养殖”特色做法。42家“两新”组织“认养”小微水体42处，总长68.9千米，全部整治到位，占全县需整治小微水体点位的39.30%。在五大堡乡和举水乡推行散养生猪移栏出村集中养殖模式，从源头上解决水污染问题。

治气再强化。完成12家加油站24个油罐更新改造工作。加强部门协作，淘汰16台燃煤锅炉，完成年度目标任务的133.33%。建立健全餐饮油烟净化设施定期清洗和长效监管制度。推进“以电代煤、以电代油”清洁能源替代工作，将全县餐饮业及学校的“油改电”项目纳入年度污染防治重点工作，有序推进校园电磁厨房以及餐饮业电气化改造。

治土再推进。完成7个国控样点全国土壤污染调查、61个点位农用地土壤污染调查布点工作和10个饮用水源地样点土壤污染调查。

【环境监管】 开展“铁拳1号”剿劣护水专项执法行动、“铁拳2号”夏季治废专项执法行动、“铁拳3号”秋季环保执法专项行动、“铁拳4号”冬季治霾专项执法行动等系列行动。加强部门联合执法，对3起养殖场（户）拒不履行停产处罚的案件，依法申请法院强制执行。出动执法人员1428人次，检查企业411家（次），下发环境监察意见30份、环境违法行为改正决定书32份。立案查处环境违法行为28起，处罚款176.9万元，其中查封扣押1件，移送公安行政拘留1件。

【生态文明建设】 编制出台《庆元县环境功能区规划》《庆元县生态保护红线划定方案》《庆元县岩下水质保持实施方案》《庆元县贵南洋断面水体保持方案》《庆元县建设美丽“大花园”最美生态行动方案》等，形成较为完整的环境保障机制。完成2家市级绿色学校、2户省级绿色家庭、2户市级绿色家庭创建任务。开展第七届“4·7”生态日系列活动，营造全民参与生态环保工作的浓厚氛围。

（陈　文）

财　税

财政管理

【概况】 2017年，全县实现地区生产总值（GDP）69.50亿元，按可比价计算，比2016年增长7.5%。其中，第一产业增加值8.13亿元，第二产业增加值28.38亿元，第三产业增加值32.98亿元，分别增长3.6%、5.5%和10.5%。三次产业增加值结构为11.7 ∶ 40.8 ∶ 47.5，三次产业对GDP增长的贡献率分别为6.3%、30.8%、62.9%。人均生产总值50306元，增长6.9%。全县财政总收入7.11亿元，增长12.3%，其中一般公共预算收入首次突破4亿元大关，达4.20亿元，占财政总收入的比重为59.1%。税收收入3.60亿元，占一般公共预算收入的比重为85.6%。全县一般公共预算支出31.78亿元，增长18.9%。

【组织财政收入】 把握组织收入工作主动权和影响地方收入的关键因素，深化财政、国税、地税三方合作，加强收入分析、预测和管控，提高收入执行的计划性、均衡性和稳定性。加强“八税两费”征管，通过信息管税，堵塞征收漏洞，增加税收收入。落实财税优惠政策和优质服务，搭建服务平台，支持重点企业和重点项目快速成长，支持传统实体经济转型升级。坚持依法理财治税，严格依法征收、依法减免，防止采取收“过头税”、乱收费等方式虚增财政收入。努力挖掘非税收入新的增长点，不断提高非税收入管理水平，全县共收缴各项政府非税收入3.35亿元，较2016年增长23.3%，其中，土地出让金收入2.21亿元，占非税收入总额的66.0%。

【支持生态经济发展】 出台支持培育生态经济发展的文件，促进传统产业转型升级。支持生态工业发展，完善优质税源培养机制，促进税源结构不断优化。把财政资金竞争性存放与金融机构支持优质财源培育企业力度相挂钩，推出“税易贷”“助保贷”融资优惠举措，为企业降低成本，助力企业转型升级。支持生态农业发展，认真贯彻2017年“两山”建设财政专项激励政策。安排2000万元“两山”资金对特色产业基地建设、竹林道路建设及农业品牌建设等进行补助。支持生态旅游业，安排500万元用于A级旅游景区创建、农产品转化为旅游地商品、全域旅游等项目。

【保障民生支出】 全县民生支出24.10亿元，增长23.4%，占一般公共预算支出的75.8%。继续加大社会保险基金的财政保障力度，城乡居民基本养老保险财政补助4726万元，城乡居民基本医疗保险财政补助1.18亿元。继续加大社会救助资金财政保障力度和残疾人事业财政保障力度。大力支持科、教、文、卫事业的发展，发挥财政科技资金引导作用，激发科技创新，足额兑现科技政策，全年共发放创新券50万元，奖励经费451万元。巩固完善城乡义务教育“两免一补”政策，全年免教科书资金719万元，进一步落实和完善扶困助学机制，推进教育综合改革。设立人才专项资金，实行专款专用。加大三农投入，共申报支农项目106个，申报金额4.76亿元，不折不扣落实强农惠农政策。做好重点项目资金保障，加强对“三改一拆”“五水共治”“六边三化三美”等关系民生福祉的重点项目建设力度，全年基本建设支出14.47亿元。

【深化财政改革】 建设县级PPP项目库，积极推动项目签约落地形成示范。县文体中心PPP项目（公共文化服务中心、庆元县广播电视制作中心、庆元县体育中心PPP项目）作为庆元县的第一个PPP项目，被评选为浙江省第四批省财政厅重点推荐项目，并列入省级PPP推荐项目库。火车站前广场PPP项目已完成财政承受能力论证报告，并完成物有所值评价和实施方案的编制。为实现“最多跑一次”事项编制群众办事指南，推进“最多跑一次”事项真正落地。推广“互联网＋政务服务”，启用会计人员管理云平台，实现会计从业资格证、代理记账资格证书审批从“至少跑两次”到“只要跑零次”的转变。积极稳妥推进国企改革，推进国有资本经营预算制度的建立。成立庆元县金融投资控股有限责任公司，出台《庆元县生态经济产业基金管理办法》，与丽水市金控公司共同出资组建庆元县绿色发展产业基金。发挥政府产业基金在引导金融资本和社会资本支持庆元实体经济发展方面的积极作用。建立政府采购联络员工作制度，规范政府采购行为。推进政府采购信息化建设，“政采云”全面上线，完成“政采云”线上交易金额1466万元。

【防范债务风险】 确立促发展与防风险并举的管债新理念，加强地方政府债务管理，控制隐性债务。共获政府债券6.20亿元，确保县城棚改（一期）、小城镇环境综合整治等公益性民生项目正常推进，年度节约融资成本5316万元。切实管控和化解现实和潜在的债务风险。强化政府购买服务政策研究，努力探索和破解政府融资的突破方向。加强对融资平台公司的规范管理，剥离其融资功能，督促其向市场化逐步转型。截至12月底，政府性债务余额20.32亿元，年度债务率为57%，低于警戒线43个百分点，债务风险总体稳健可控。

【推进财税法治建设】 集中开展财税规范性文件清理。加强内部控制建设，完成8个专项风险管理办法及20个财政内部控制操作规程（“X”）的制定工作，内控体系初步建立。抓好政务公开和政府信息公开工作，政府预决算公开内容不断细化。加强法治宣传教育，适时举办法制讲座，参与第十四届全国法治微电影活动，组织拍摄财税政策微电影《非你莫属》，组织做好2017年度干部职工网上普法建档考试工作。

【强化财政监管】 加强预算绩效管理，要求财政扶持资金在预算编制时填写绩效目标，选择19个财政支出项目推进全程预算绩效管理工作。完成上下联动绩效评价，为政策和项目改进和完善专项资金管理提供决策依据。开展财政监督管理专项自查自纠和财政监督检查工作，对全县预算单位开展“三公经费”专项检查。全面加强行政事业单位资产管理，资产管理信息系统全面运行，资产管理信息质量得到提高。

（胡梦瑶）

地方税务

【概况】 规范征收管理，实现税费征管并举，进一步夯实社保费征管基础。坚持依法理财治税，严格依法征收、依法减免，防止采取收“过头税”、乱收费等方式虚增收入。2017年，地税部门完成组织收入8.38亿元，其中，税收收入完成2.50亿元，同口径增长13.8%。地税非税收入5.84亿元，其中，教育费附加1191万元，增长14.0%；社保基金5.64亿元，下降6.7%；地方教育附加794万元，增长13.6%；残疾人就业保障金430万元，增长137.6%；水利建设基金停征。

【税收征管】 认真开展税收风险管理工作，查补入库税款183万元。深化国地税合作，在国地税联合办税服务厅实现“一窗一人一机”联合办税，方便纳税人“进一家门，办两家事”。继续做好“个转企”提质扩面服务和优惠政策落实的相关工作，完善“个转企”后续辅导和管理，落实“个转企”企业税费优惠政策，完成最后一批19户“个转企”正常兑现。认真开展税收风险管理工作，完善事中事后管理相适应的征管体系与制度。做好环境保护税征管前期工作，成立环境保护税征管准备工作领导小组，制定任务清单，明确时间表、路线图、责任部门和责任人，层层压实责任。

【支持经济发展】 积极落实各项税收优惠政策，开展城镇土地使用税、房产税、地方水利建设基金等税费的减免优惠工作，切实减轻企业负担。“亩产税收”政策减免房土两税共718万元，受惠面达57.4%，减免额度和受惠面均为历年之最。地方水利建设基金减免50万元，涉及企业433户，优惠面达100.0%。及时调整工伤保险及失业保险费率，工伤保险费率下浮比例达95.0%。探索税源培育新模式，形成“政府领导、税务主抓、部门合作、协同参与”的培育机制。支持浙商创业创新工作，重点建立浙商“三张清单”，对32家服务清单上的重点税源企业进行走访，积极服务浙商回归。

【税收改革】 围绕“最多跑一次”改革目标，切实简化办税流程，实现96.4%的办税事项“最多跑一次”，满意度达99.3%。完成稽查体制改革前期工作，顺利完成稽查编制和稽查机构设置调整、人员划转、县地方税务局稽查局撤销等工作。撤销庆元县地方税务局稽查局，设立丽水市地方税务局稽查局庆元分局。继续推进“营改增”双代工作，扎实做好数据采集工作，深入开展票款比对和代征代开工作风险评估，及时发现和解决代征代开工作中出现的各类问题，庆元县“营改增双代”工作运行顺畅。

【纳税服务】 积极适应税收新常态，创新纳税服务举措。开展业务技能培训，提升窗口人员的业务素质。优化导税服务，为纳税人解答各项办税咨询，辅导纳税人填写表单、预审办税资料、办理网上申报等自助业务。坚持延时服务，对下班后未办结业务的纳税人提供延时服务，保证纳税人取号后都能办理好业务。注重强化政策辅导，2017 年，分户进村入企 100 余次，开展座谈会 5 场，主动送服务入户，确保企业知晓最新优惠政策。推广网上办税平台，实现纳税人“零次跑”。

【税收宣传】 “税收宣传月”开展税收骑行活动，深入企业、社区，上门宣传最新税收政策和便民办税服务举措。利用电视台、广播电台、报刊和网站、微博、微信等多种渠道广泛开展宣传，为纳税人提供实时政策和信息定向推送。通过“纳税人学堂”为新增税源开展专题培训，共举办 13 期税收业务培训，参加人数达 1500 人次。通过 QQ 群、微信群等平台及时解答纳税人涉税咨询，通过地税专邮向企业邮寄各种宣传资料共 2000 份。

【信息化建设】 做好金税三期优化版深化应用工作和维护工作，组织地税在岗在编人员 38 人，分 6 期参加金税三期优化版培训，开展市、县、分局三级联动信息安全综合应急演练。开展金税三期系统数据清理，对税收档案编号一致而信息不一致、税收档案编号不一致而其他信息一致、税种核定信息异常等数据进行核对清理，进一步提高金税三期系统数据质量。

【税收法治建设】 开展纳税信用等级评定工作，及时公布纳税信用等级 A 级纳税人，培植依法诚信纳税的先进典型，加强税收法治宣传舆论引导。加强机关干部学法平台建设，适时举办法制讲座，规范学习制度，提高税务干部学法用法、依法执政和依法办事水平。参与第十四届全国法治微电影活动，组织拍摄财税政策微电影《非你莫属》。探索推进“互联网 + 普法”，组织做好 2017 年度干部职工网上普法建档考试工作。

（胡梦瑶）

国家税务

【概况】 庆元县国家税务局有在职干部职工 80 人，管辖纳税户 15135 户，其中增值税一般纳税人 601 户，小规模纳税人 2375 户，个体工商户 12159 户。2017 年组织税收收入 44412.6 万元，完成计划收入任务数的 121.53%，增长 43.4%，增幅位居全市第四。其中增值税 37252.06 万元，增长 54.54%；消费税 7.62 万元，下降 87.07%；企业所得税 5530.17 万元，增长 1.58%；个人所得税 0.07 万元，下降 46.15%；车辆购置税 1622.68 万元，增长 19.15%。免抵调库 530 万元。组织财政总收入 38810 万元，比 2016 年增长 16.27%，占全县财政总收入的比重为 54.57%。组织一般公共预算收入 18848 万元，比 2016 年增长 16.95%，占全县一般公共预算收入的 44.82%。

【税收优惠】 充分发挥税收在促发展、调结构、惠民生等方面的经济杠杆作用，大力支持地方经济发展，充分落实各类税收优惠政策，减税力度明显提升。2017 年，累计落实各项税收优惠政策 12653 万元，比 2016 年增长 60.77%。其中，促进小微企业发展减免 3961 万元，同比增加 1798 万元；鼓励高新技术减免 476 万元，同比减少 44 万元；福利企业退税、资源综合利用退税 2698 万元，同比增加 1691 万元；固定资产抵扣 1118 万元，同比增加 317 万元；出口退税 4400 万元，同比增加 1021 万元。

【夯实征管基础建设】 按照“重点税源重点管理，高风险税源优先强化管理”的思路，充分利用第三方信息的分析比对应用，包括工业用电信息、股权转让信息等，发挥第三方信息在税源管理、风险分析、纳税评估等税收管理工作中的积极作用，积极做好第三方协税护税工作。精准开展营改增“政策大辅导”，坚持问题导向和需求导向，采取集训式学习、覆盖式走访、精准式辅导、量身式服务等有效举措，先后开展企业政策大辅导124户次，政策培训400人次，搜集问题数35个，解答问题数35个，搜集意见、建议数4个，切实解决纳税人的“堵点”“痛点”和“难点”，确保“营改增”改革平稳推进。

【纳税服务】 深入开展“便民办税春风行动”，大力推行浙江省电子税务局，引导纳税人通过网上办税平台办理纳税申报、发票领购等八大类事项。顺利签约邮政物流速递，“网申邮送”实现发票申领“零上门”。编制纳税服务指南，统一办税资料和业务流程，落实好二维码办税、预约办理、延时服务、限时办结等特色服务，促进纳税服务质效提档升级。错时办理、分流预约，多渠道通知纳税人上门办理实名办税信息采集等相关事宜，平稳有序开展实名办税落实工作。

【国地税合作】 一是成立国地税联合办税服务厅。2017年7月10日，庆元县国地税联合办税服务厅正式入驻庆元县行政审批中心，可办理涉税事项60项，其中国税业务40个大项、147个小项，地税业务20个大项、210个小项，除去10项为非即办事项外，其余347项业务已全部实现“最多跑一次”。并以“一窗一人一机一系统”为突破口，搭建国地税双方互联互通平台，实现信息共享、数据连通，降低涉税风险，推进“最多跑一次”改革，实现“进一家门，办两家事”。二是联手开展纳税信用评价。根据省、市国税局关于开展纳税信用评价工作的相关部署，有计划、分阶段地完成2016年度纳税信用评价工作，并制定6项守信激励措施。全县参评企业户数627家，评定A级纳税人73家，B级以上企业达92.02%。深入推进“银税合作”，累计为8户企业发放贷款750万元。

【税收法治环境】 一是全面构建税收法治格局。制定庆元县国家税务局日常税收执法督察工作实施方案，组织开展领导干部日常学法活动。携手县地税局联合开展“模拟法庭”活动，举行新任公务员宪法宣誓仪式。积极推行公职律师和法律顾问制度，优化政策法规岗位人员配备，配齐法

8月4日，“同心向党、红星助企”税企党建共建签约仪式

律专业人员。聘请浙江百山祖律师事务所吴荣步律师为常年法律顾问，协助县国家税务局开展法律工作。二是持续规范税收治理格局。认真落实打击发票违法犯罪活动工作，组建督导组入企开展自查督导。组成清理工作小组，全力以赴开展2013年度以来未结案件的清理工作。全年立案检查案件15件，审结7件，移送公安经侦部门案件2起、计7户涉案企业，共计查补入库税款845.42万元；清理结案2件，移送公安经侦1件，终结检查1件。

【绩效管理】 以“补短稳长、强基固本、提质增效、争先进位”为要求，找短板，重改进，争进位，强化责任落实，建立共担机制，充分发挥绩效引领作用。下发绩效考评日历，按月督促科室责任再落实，加强科室协调配合，做好责任分解，明确考评节点，全过程推进各项重点工作的有序落实。按季召开绩效讲评会，深入分析扣分指标原因，及时发现问题所在，做好纠错改进，进一步强化基础工作。

【“数字人事”工程】 全面推行“数字人事”工程，运用数据管理思维和信息技术手段，以数据的形式把干部“德、能、勤、绩、廉、评、基”等各方面信息全面连续地记录下来，做到“干部考核管理日常化、多维化、数据化、累积化、可比化”。积极落实省国家税务局《数字人事加减分实施办法》，将个人发展与组织目标有机结合起来，更加注重评价工作与结果运用，包括个人自评、领导评鉴、办税服务厅现场评价数据结果采集、考勤结果导入、加减分事项管理、现实表现测评、党建工作民主测评结果采集、廉政测评结果采集、纳税人满意度调查结果采集和组织绩效考核成绩，并在此基础上产生2017年度个人绩效段分段结果。

（刘　芬）

金 融

中国人民银行庆元县支行

【概况】 中国人民银行庆元县支行（以下简称人行庆元县支行）认真贯彻落实中共十九大精神，深入学习习近平总书记系列重要讲话精神及上级行工作会议精神，以科学发展观为统筹，坚持“提升软实力，构建和谐行”总目标，以“队伍建设年”主题活动为载体，围绕“规范、执行、创新、提升”工作重点，积极落实丽水市农村金融改革试点工作要求，认真贯彻执行稳健中性货币政策，结合县域经济金融发展实际，深化改革，优化履职，强化管理，全面提升队伍素质，助推人行庆元县支行各项工作再上新台阶。2017 年末，全县金融机构各项人民币存款余额 111.38 元，比年初新增 8.41 亿元，比 2016 年增长 8.17%；各项贷款余额 91.76 亿元，比年初新增 8.06 亿元，比 2016 年增长 9.63%。全县商业银行不良贷款余额 23615 万元（按五级分类），比年初减少 5953 万元，不良率为 2.57%，比年初下降 0.81 个百分点。全县全年财险保费累计收入 6060 万元，比 2016 年增长 0.83%；财险赔款累计支出 3492 万元，比 2016 年增长 35.98%。全年寿险保费累计收入 7057 万元，同比上升 19.51%；寿险赔款累计支出 1178 万元，比 2016 年下降 9.66%。全县证券交易额累计 127.49 亿元，比 2016 年下降 19.69%。

【金融改革】 2017 年，借助农村金融改革 5 周年契机，人行庆元县支行加强组织协调，凝聚改革合力，推动改革试点取得新的实效。人行庆元县支行班子成员带队到江根、官塘等全县最偏远的行政村开展推进村级担保组织建设、“三权”抵押贷款管理、金融服务站建设、反假货币和新版人民币宣传等专题督促检查 32 人次，保证农村金融改革工作有步骤、有计划地进行。有关农村金融改革工作得到人行丽水市中支行长孔祖根的充分肯定，庆元县委书记在全市农村金融改革试点工作领导小组扩大会议上交流庆元农村金融改革经验。县委、县政府领导多次听取全县农村金融改革工作汇报、开展调研、给予批示，并牵头召开全县农村金融改革工作领导小组扩大会议、全县农村金融改革工作促进会，为深化改革工作指明方向，增添动力。成功实施全国首例司法途径直接处置林权抵押不良贷款案件，首次实现林权抵押物无障碍流通，为促进农村产权抵质押融资发展提供有力的司法支撑，此项工作获副省长孙景淼和副市长王小荣批示。积极配合人行丽水市中支做好改革的各项宣传工作，指定专人负责，先后协助完成 5 期《改革生金——走进丽水农村金融改革》专题栏目的拍摄。在庆元《菇乡庆元》上开辟《金改之窗》专版，全面报道全县农村金融改革工作推进情况、经验成效，有效扩大了农村金融改革工作影响力，梅州中支等到庆元学习调研。

（一）大力推进以“三权”为重点的农村产权融资业务。人行庆元县支行积极谋划思路，引导辖内金融机构开展农村产权融资业务创新实践。在农村宅基地使用权抵押、留用地抵押贷款创新的基础上，相继开展公益林补偿收益权质押贷款、农房流转使用权抵押贷款等业务，公益林补偿收益权质押贷款累计发放 8 笔、96 万元，并成功发放首笔农房流转使用权抵押贷款 10 万元。通过引导金融机构拓宽贷款投放渠道等措施，进一步推动“三权”抵押贷款实现扩面增量，不断加大金融支农力度。截至 12 月末，全县“三权”抵押贷款余额 100070 万元，比年初新增 12695 万元，超额完成年度工作考核任务。其中，林权抵押贷款余额 44030 万元，比年初新增 3414 万元，任务完成率 113.81%；农房抵押贷款余额 52044 万元，比年初新增 8580 万元，任务完成率 103.37%；土地流转经营权抵押贷款余额 3996 万元，比年初新增 701 万元，任务完成率 100.14%。

（二）持续推进“城乡一体化”信用体系建设及应用。一是持续推进信用体系建设成果运用工作。截至 12 月末，全县 157 个行政村累计获得“整体批发、集中授信”贷款 9807 笔、16.46 亿元，累计授信达 55 亿元。认真做好全市百佳信用示范典型推荐工作，全县获得百佳信用示范典型表彰示范户 10 户、示范村 2 个（喜鹊村、竹上村）、示范镇 1 个（竹口镇），有效发挥信用体系建设示范效应。二是积极推进丽水市信用信息服务平台运用工作。引导信用联社成功接入平台，细化分解查询量化工作任务并开展操作培训，全县系统查询量达1.1万次，超额完成考核任务。三是积极推进借款企业信用评级工作。参评企业签合同62家，付款62家，合同完成率91.17%，付款比例100%，在全市领先，同时辖内绿林小额贷款公司也参加了评级。四是持续做好应收账款融资服务平台推广运用工作。引导各银行业金融机构积极开展应收账款质押融资服务，积极探索推进核心企业链应收账款质押融资服务，12月末融资余额2.04亿元，任务完成率达101.75%。

（三）稳步推进多层次农村担保组织体系发展。继续以政府背景和村级互助担保组织为重点，以行业协会组建和商业性运作为补充，全力推进“四级”担保组织体系建设。连续3年组织开展优秀村级组织评选活动，共为全县3家村级担保组织发放奖金1.5万元，有效推进村级担保组织、行业协会担保组织建设。截至12月末，全县已建成政府融资性担保公司2家、行业性担保组织和商业性担保组织各1家、村级担保组织15家。新增村级担保组织1家，成功追加兴农融资担保公司资本金1000万元，担保能力增加至3.2亿元。截至年末，兴农融资担保公司“三权”累计担保金额141635万元，担保余额20342万元；15家村级担保组织累计担保金额20610万元，担保余额3661万元；食用菌行业担保组织累计担保7081万元，余额2337万元；亿联担保转贷资金平台为小微企业累计办理企业转贷业务138笔、56887万元。

（四）规范推进农村金融服务站品质提升。结合杭州中支统一上线服务站综合管理平台的契机，人行庆元县支行高度重视服务站规范性建设，认真摸排低效率服务站情况，加强对两家承办行的督促指导，对全县43家金融服务站进行现场回访，现场回访率达28%，并在回访中做到“三结合”，即回访与培训指导相结合、回访与检查督促相结合、回访与宣传引导相结合，督促承办银行严格按制度开展巡检等工作。因地制宜对零业务量服务网点制定调整迁移工作方案，并作为量化指标进行考核通报。出台《庆元县农村金融服务站品质提升三年行动方案》，从服务站外在形象、补贴奖励、培训教育和财政贴息政策四个方面着力提升服务建设规范性水平，顺利完成2家金融服务精品站建设工作，第二批27个金融服务精品站和示范站建设也在有序推进。以调动政府、银行、商户工作积极性为出发点，修订农村金融服务站工作考核办法。开展优秀农村金融服务站评选工作，对全县5个优秀金融服务站发放奖金1万元。截至12月末，全县154个助农取款点（农村金融服务站）累计办理助农取现业务3.38万笔，金额2518.75万元；办理代理转账业务2.30万笔，金额1835.15万元；通过“一卡通”发放16种涉农补贴金额9239.5万元。

（五）积极推进绿色金融工程。发展多种绿色信贷业务，支持县域生态产业转型升级发展。截至12月末，累计发放低收入扶贫抵押贷款、食用菌仓单质押贷款、农家乐贷款和光伏贷等绿色信贷1.35亿元。发放低收入农户“爱心卡”信用贷款1211笔、5135万元，发放农户生态搬迁住房贷款584笔、14948万元。全县光伏贷余额122笔、851万元，农家乐贷款余额87笔、662万元，农民专业合作社贷款14笔、1385万元，仓单质押贷款余额130笔、9122万元（该项业务开办以来已累计发放295笔、22826万元）。引导辖内村镇银行创新发放首笔专利权质押贷款200万元。

【优化履职】 深化金融支持供给侧结构性改革，加大金融支持力度。一是认真贯彻稳健中性货币政策，积极做好窗口指导，支持庆元经济持续健康发展。截至12月末，全县本外币存款余额111.38亿元，比年初增加8.41亿元，比2016年增长8.17%；全县本外币贷款余额91.76亿元，比年初增加8.06亿元，比2016年增长9.63%；全县涉农贷款余额67.89亿元，占全部贷款的73.99%。二是认真组织开展“金融服务供给侧结构性改革深化年”活动，大力发展绿色金融，引导全县信贷投放重点向重点行业倾斜，全力优化全县金融供给结构。截至12月末，全县中小企业贷款余额27.07亿元，其中竹木、铅笔、食用菌、汽摩配四大重点行业贷款余额分别为10.07亿元、2.72亿元、2.06亿元、1.44亿元，比年初减少1.12亿元。全县浙江九川竹木有限公司、浙江双枪竹木有限公司等7家“浙江制造”重点培育企业贷款余额3.38亿元。三是继续运用支农再贷款（扶贫再贷款）政策工具，优先支持辖内支农支小力度较大的法人金融机构，积极引导金融机构扩大三农、小微企业和扶贫信贷投放，全年向辖内法人机构发放扶贫再贷款2笔、5000万元。12月末，全县农户贷款余额达41.2亿元，比2016年增长18.10%。

积极履行基层央行各项职能，提升金融服务水平。一是推进支付结算应用。合理有序开展电子商业汇票推进工作；指导、督促辖内法人银行机构做好违规从事“微盘”类交易平台、违规交易场所清退工作及“1元木马”电信网络诈骗风险排查。二是强化货币发行保卫管理。继续强化金融机构小面额现金备付制度、主办网点和主办银行制度，加大小面额现金备付督导力度，确保小面额现金供应长效机制建设落到实处；完善、优化银行业金融机构存取款预约管理机制，将存取款预约的准确性、及时性等纳入对金融机构综合评价考核范围，力推商业银行人民币券别调剂、回收及残损币兑换工作，不断提高辖区人民币整洁度；通过建立监测人员报备制度、对监测点进行重新筛选、定期通报监测工作情况、纳入金融机构综合评价等措施进一步加强人民币流通状况监测工作。加大库房软硬件设施投入，并对发行库存在的线路零乱等问题进行了立行立改。重视安全保卫工作，坚持每月召开安全例会及开展安全检查制度，人行庆元县支行连续3年荣获“省级创建治安先进单位”称号。三是提升经理国库水平。夯实国库核算基础，依法、全面履行经理国库职责。及时准确维护各系统预算科目参数，提高日常业务操作的正确性，实现了全年业务处理无差错、无挂账、无迟报、无风险的“四无”目标。积极加强现场检查，对庆元县中行、建行代理国库经收处、政府非税收入、集中支付代理业务进行全面的现场检查，参与丽水市中心支库现场交叉检查，并充分发挥国库事前监管作用，有效加强对待报解预算收入账户和各类财政专户的监管。四是提高反洗钱工作水平。根据《法人金融机构反洗钱分类评级管理办法（试行）的通知》（银发〔2017〕1号）精神，对辖内两家法人金融机构进行反洗钱分类评级，切实提高业务规范性。继续推进《金融机构大额交易和可疑交易报告管理办法》在辖内法人金融机构的贯彻落实，确保管理办法顺利实施。积极开展反洗钱宣传，利用“金融消费者权益保护”“金融知识普及月”宣传活动，通过现场解答、发放宣传册、摆放宣传展板等方式向市民普及反洗钱知识，进一步提高工作关注度和市民的反洗钱意识。五是强化征信管理和服务。成功创建省级征信服务示范点，受理个人信用报告查询8501次（其中自助查询3678次），自助查询机上线后自助查询率达95.63%，受理企业征信查询420次，个人和企业征信异议4次。引导辖内村镇银行成功接入征信系统。持续加强征信合规管理，严格防范征信信息泄露风险，全年核实异常查询信息289条。借助报刊、微信平台、户外广告和电影下乡等多种方式开展征信宣传工作，通过网点日常宣传和“信用记录关爱日”活动等不断加强征信知识宣传普及。

加强金融风险防范和处置，维护辖区金融稳定。一是做好金融风险研判和防范，稳妥处置金融风险。做好金融风险和舆情监测，做好存款保险评级工作，配合中支对存款保险参保机构开展现场评级工作。积极开展金融风险化解工作，引导金融机构通过清收、贷款平移、核销和担保公司代偿等方式，加大不良贷款处置力度。2017年，全县累计处置化解不良贷款1.42亿元，不良率从年初3.38%下降到2.57%。其中昌达实业破产重整后经营状况实现实质性好转，经验做法多次得到上级行和省、市政府的肯定。二是加强“两管理、两综合、一保护”工作。做好对辖内新设银行业金融机构的开业前管理工作。严格依法行政，加强对金融机构有关业务的非现场监管和现场监管，认真开展对辖内2家金融机构的征信业务专项检查和1家金融机构的金融统计业务专项检查。以“3·15”国际金融消费者权益保护日和金融知识普及月等重要节点为依托，不断加强金融消费权益保护工作。

（陈俐宏）

中国工商银行庆元县支行

【概况】 2017年，中国工商银行庆元县支行（以下简称工行庆元支行）各项存款余额（含同业存款）51610.78万元，比年初净增3443.29万元，增幅7.14%；各项贷款余额72281.55万元，比年初净增19572.24万元，增幅达37.13%。

【信贷业务】 工行庆元支行致力于服务实体经济发展，优化信贷结构，深化改革创新，强化风险管理，提高金融服务水平。立足当地经济发展特点，积极向省分行争取竹木和铅笔产业融资方案，将竹木、铅笔制造等作为中小企业信贷市场重点营销对象，有重点地走访，逐户开展营销工。同时，做好金融服务配套，创新信贷产品，优化信贷结构。充分发挥“网络融资”“固贷通”等创新产品渗透拓展专业市场与小企业客户。推出贷款预审制、贷款年审制、借新还旧、方案项下授权审批制等贷款审批方式，加快企业贷款办理速度，缓解企业压力。2017年，公司贷款增加7655.88万元，个人贷款增加11916.36万元。

【网点建设】 坚持转型发展战略，加快渠道建设，缓解柜面压力，提升网点服务客户能力。一是要求柜员在办理业务中注意识别，不放过发现优质客户的机会，实时推荐优质客户，理财经理和客户经理积极开展跟进营销，提升营销实效，增加优质客户各项业务比例，增强全辖整体形象和竞争能力。二是通过电子银行业务的发展，分流柜面业务，缓解柜面压力。三是从服务水平、服务效率等方面入手，扎实推进转型工作，提升网点竞争力。

实行弹性工作制，加大马力开足柜口。通过优化劳动组合，实行弹性工作制，用弹性错时上班代替统一固定的上下班时间，开足柜口，增加柜员“开口营销”时间，使柜员能充分利用“个人客户营销识别交易”功能查询客户的星级和产品渗透情况，以“缺什么补什么”原则及时向客户开展交叉销售，提高柜员营销能力。

加强岗位练兵，提高服务效率。通过每周两次的岗位练兵，每月一次的岗位练兵考试，提高员工业务处理能力，减少客户平均等候时间，提高服务效率。

加快电子渠道建设，缓解柜面压力。通过对现非现区及自助区进行改造，增加多功能智能终端4台，同时大力推广融e联、融e行、融e购等电子银行产品，分流柜面业务，缓解柜面压力。

强化服务考核，提升客户满意度。制定《庆元工行2017年服务工作考核细则》，细化各服务环节的考核，增强客户服务意识。2017年四季度开展“新服务，新满意”服务提升季活动，为客户提供优质服务的同时为客户营造更加舒适、温馨的服务环境。

（许湘湘）

中国农业银行股份有限公司庆元县支行

【概况】 2017年，中国农业银行股份有限公司庆元县支行（以下简称农行庆元县支行）年末各项存款余额183499万元，比年初增加14731万元；各项贷款余额128615万元，比年初增加471万元；贷款不良率2.33%，比年初下降2.22个百分点。被评为省农行2017年度先进单位、市农行2017年度先进单位，被浙江省公安厅确定为2017年度省级治安安全单位。

【有效贷款投放】 一是深入拓展按揭贷款。深度对接项目业主、二手房中介，开展名单制营销，新增个人住房和商用房按揭贷款7635万元。二是大力营销农户贷款。在庆元香菇市场驻入离行式自助银行派驻人员，并组织全行精干力量开展农户贷款专项营销。与庆元县兴农融资担保公司、浙江省担保集团开展支农担保合作，解决农民贷款担保难问题。全年新增农户贷款2001万元，余额10629万元。三是宣传推广“随薪贷”、“网捷贷”产品，新增贷款2110万元。四是主动对接服务中小企业，深入了解生产经营情况，保证企业合理资金需求，整合贷款流程，提前做好准备工作，压缩贷款发放时间，基本做到当天还、当天贷。

【风险防控】 一是严格管控信贷业务领域风险。坚持“排涝防洪”相结合，抓好源头风险防控，强化清收处置工作。严把调查准入第一道关口，落实贷后管理各项规定，强化客户经理风险教育、合规教育，提升信贷基础管理水平。紧密对接法院、县处置办等部门，大力开展依法清收，强化自主清收处置，清收处置不良贷款4548万元，其中现金收回贷款本金2214万元。二是强化案件风险防控。贯彻落实中国银监会关于银行业风险防控工作的指导意见和省、市分行关于做好2017年案件防控工作的意见，对操作风险、信用风险、声誉风险、员工行为管理、柜面运营等方面进行深入排查分析，落实针对性防控措施，坚决防控各类风险事件和案件，严守金融风险的底线。三是扎实开展平安农行创建。坚持"主动防范、事前完善"的理念，狠抓安全生产领导责任和监督责任的落实，加强日常安全检查和风险排查，全面落实整改措施，实现安全生产无案件、无事故。

（叶朝春）

中国银行股份有限公司庆元县支行

【概况】 2017年，中国银行股份有限公司庆元县支行（以下简称中行庆元县支行）紧紧围绕省、市分行的工作部署，结合庆元经济实际，坚持以效益为中心，强化党建和基础工作，紧扣基础夯实和风验防范两大重点，有序开展各项工作，全面提高金融服务水平和内控管理水平。截至年底，各项存款余额69841万元，较年初增加3730万元，同比增幅5.64%；各项贷款余额75052万元，较年初下降10109万元；实现净利润2215万元，营业收入3410万元，同比降幅7.40%；累计办理国际结算业务4879万美元，较年初增加1617万美元，增幅49.57%；累计安装ETC519户，计划任务完成率为52.51%。2017年，被丽水市分行授予"'四强'党组织"称号。

【资产质量】 实行多措并举，周密部署，狠抓清收管理，有效提高资产质量。截至2017年年底，不良贷款余额为2059万元，较年初下降3351万元；不良率2.55%，较年初下降3.81个百分点。累计现金清收不良资产1002万元，核销344万元，分类上调2150万元，现金清收占比29%。不良余额、不良率实现"双降"，资产质量趋势向好。

（吴庆生）

中国建设银行股份有限公司庆元县支行

【概况】 2017年，中国建设银行股份有限公司庆元县支行（以下简称建行庆元支行）内设综合管理部、客户部、营业部3个职能部门，在编职工37人。2017年年末，一般性存款余额142096万元，比年初新增1946万元；在全县四大银行占比为34%。贷款余额为146366万元，比年初下降3295万元，在全县四大银行占比为34.2%。不良贷款余额为11509万元，比年初增加958万元，不良率为7.86%。

【存款业务】 加强对财政、社保、交通、会计核算中心等资源高度集中部门的联系和沟通，有针对性地开展服务营销工作。通过与县市场管理局建立的"工商注册通"平台，高效服务开户客户。通过税务、中介公司等多渠道开立结算账户，共计开立机构公司类客户209户，市场占比居全县四大银行第一。充分发挥快贷、理财产品、聚财宝、汽车卡、直客式汽车分期、家装分期、分期通等优势产品进行拉网式宣传，主动走进社区、机关单位、工厂企业服务客户，也为个人业务的发展打下了坚实的基础。

【资产业务】 通过信贷结构调整，狠抓资产质量业务。截至12月31日，对公信贷贷款余额为61958万元，比年初下降9820万元。主要做好信贷优化调整工作，坚持"区别对待、有进有退"的原则，共退出3家客户，其中纯保证类客户2家。同时，积极营销小微企业快贷业务，新增小企业授信客户30家、支用贷款客户17家，为巩固和发展小企业类业务打下良好基础。大力宣传快贷业务。紧紧抓住互联网大数据开发的快贷产品的创新性、方便性、快捷性等特点和优势，加大产品宣传力度，为需要的客户提供合适的产品与服务。截至12月底，快贷余额11997万元，2017年新增5242万元。

（宋　帅）

占比 33.02%，位列全市农信系统第二。

中国农业发展银行庆元县信贷组

【概况】 2017 年，中国农业发展银行庆元县信贷组（以下简称县农发行）年末各项存款余额 12514 万元，比 2016 年同期增加 488 万元；各项贷款余额 26853 万元，比 2016 年同期增加 13007 万元；中间业务收入 8.37 万元。

【支持和服务三农】 加大支农力度，保障粮食贷款有序发放。围绕“两轮驱动、重点突出”的业务发展战略，与庆元县发展和改革局、庆元县粮食收储有限公司对粮食收购计划进行三方联合发文，确保传统业务良性循环和储备粮油的安全。全年累计收回贷款 1303 万元；累计发放贷款 1310 万元，其中地方储备粮贷款 2 笔，贷款金额 1286 万元，支持轮换粮食 430 万千克；地方储备油 1 笔，贷款金额 24 万元，支持储备油 2 万千克。收购资金未出现挤占挪用现象，完成年度庆元县地方储备粮油购、销、储任务，确保收购资金持续稳定封闭运行。着力服务三农，保证中长期贷款资金发放。庆元县城棚户区改造（一期）项目于 2017 年累计投放贷款 13000 万元，支持庆元县旧城改造开展。坚持银企深度合作，走访企业，了解企业发展意向，寻找潜在项目，发掘互利共赢的机遇。

（吴雨津）

庆元县农村信用合作联社

【概况】 2017 年，庆元县农村信用合作联社（以下简称联社），在岗职工 221 人，下辖 1 个营业部、7 家信用社、16 家分社、3 个流动金融服务点，是庆元县范围内服务网点最多、服务功能最齐全的金融机构。截至 2017 年 12 月底，各项存贷款总额 71.65 亿元，较年初新增 9 亿元，增长 11.07%，存贷规模位列全县银行业之首。其中各项存款余额 41.35 亿元，较年初新增 4.08 亿元，增幅 10.97%，市场占比 37.14%；各项贷款余额 30.29 亿元，较年初新增 4.94 亿元，增幅 19.51%，市场占比 33.02%，位列全市农信系统第二。

【庆元农商银行开业】 2017 年 3 月，启动庆元农商银行筹建工作，先后完成清产核资及整体资产评估、净资产分配、老股金处置和新股金募集、筹建和开业资料申报等一系列关键性工作。于 12 月 27 日收悉《中国银监会浙江监管局关于浙江庆元农村商业银行股份有限公司开业的批复》(〔2017〕424 号)，标志着庆元农商银行的改制工作顺利完成，庆元农商银行正式开业。

【支持县域经济发展】 一是服务覆盖面再拓宽。至 12 月末，设立物理网点 24 个、流动服务网点 3 个、助农取款服务点 104 个、行内电话 POS 机 148 台、丰收驿站 15 家，布设存取款机 38 台、自助终端 22 台，网点覆盖率达到 100%，实现全县各村金融服务全覆盖，打通农村金融“最后一千米”。二是支农支小。进一步明确服务“三农”和小微企业的市场经营定位，奠定服务实体经济的发展方向。至 12 月末，涉农贷款余额 29.14 亿元，较年初新增 4.6 亿元，增幅 19.05%；小微企业贷款 10.20 亿元，较年初新增 1.66 亿元，增幅 19.56%，高于各项贷款增速 0.04%，申贷获得率 100%。三是支持工业企业。公开承诺不压贷、不抽贷、不提额外贷款条件，大力帮扶困难企业。同时，对鸿叶笔业、真诚竹木、佳美竹木等浙商回归企业给予贷款授信，支持工业企业发展，协助政府维护社会稳定。

【金融创新】 一是“三权抵押贷款”精准对接乡村振兴战略。抢抓乡村振兴战略机遇，精准对接“三权”抵押信贷产品投放。至 12 月末，发放林权抵押贷款 2404 户，余额 2.44 亿元；发放农房抵押贷款 1862 户，余额 3.51 亿元；发放土地流转经营权贷款 103 户，余额 2489 万元。二是创新贷款模式，助推“美丽大花园，最美花骨朵”建设。立足食用菌等农副产品产业发展，至 12 月末，发放仓单质押贷款 82 笔，金额 4090 万元；立足县域“大搬快治”“异地搬迁”等项目，发放新家园安居贷款 42 户，金额 457 万元；发放同心新村按揭贷款 442 户，金额 10308 万元；发放农家乐、民宿贷款（农房流转使用权抵押）76 户，金额 604 万元；让“沉睡资源”变身“流动资本”，进一步推动美丽乡村建设，发放“光伏贷”101户，金额675万元；帮助农民打造幸福金顶，坐享智能电网红利，与澜蓝汇电商创业园签订3亿元授信合作协议，发放电商创业贷款169户，金额1060万元。掀起“大众创业”“草根创业”“青春创业”的新浪潮，促进传统产业向现代化快速转变，助推“互联网+”创新发展。三是全市首推“惠民贷”。让利2000万元，推出支农信贷产品——丰收•惠民贷，以“小额小本”的模式，充分发挥免担保、利率低、手续简的特点，通过“便民”和“让利”，有效提升农户贷款的获得率和覆盖面，解决了农户融资难、融资贵问题，有力支持农业生产和农村消费。至12月末，“惠民贷”惠及9226户农户，授信金额7.85亿元，其中用信客户数6597户，用信金额5.03亿元，普惠签约率达24.80%，较2016年年末提高了9.84个百分点。

【信贷风险】 及时化解信用风险，促进不良贷款余额、占比持续“双降”。至12月末，四级不良贷款余额3117.48万元，不良率1.03%，比年初下降0.53个百分点；五级不良贷款余额4621万元，比年初减少629万元，不良率1.53%，比年初下降0.54个百分点，低于全县不良率1.04个百分点。一是依法收贷。由专人负责跟踪诉讼工作，积极向法院申请依法调解、诉讼和强制执行工作，收回不良贷款59笔，本金2547万元。二是沉贷专人清收。抽调熟悉信贷业务和法律程序的业务骨干，组成资产经营部，将原基金会及已核销的多年沉贷剥离，由该部门专门负责清收，2017年收回已核销和央行票据置换不良贷款本金117.59万元，利息236.47万元。三是灵活运用沟通协调机制。加强与县金融办的沟通，专题上报相关贷款风险，通过县委、县政府与相关部门及法院的协调，参与由政府部门牵头各金融机构开展的破产企业重组工作，2017年通过企业重组化解企业不良贷款1115万元。

【食品溯源民生项目】 联社在城北和农贸两大菜市场布放溯源POS机具92台，总投入165万元。在香菇市场一楼商铺布放溯源POS机21台，商户安装手机溯源软件占当前经营户总数的98.63%。从商户和消费者两个角度举办16次抽奖、评奖活动，提供价值约55000元的奖品，推动溯源系统使用。

【开启公交移动支付】 联社与县公交公司通力协作，投入约11万元，完成全县1～7路共41辆公交车载机的安装工作，在原仅支持刷公交卡支付功能基础上，新增银联金融IC卡刷卡支付功能以及支付宝、微信扫码支付功能，既提升乘客出行体验，更凸显了“互联网+公交”在推动庆元智慧交通发展中发挥的重要作用。

（吴莉玲）

中国邮政储蓄银行庆元县支行

【概况】 2017年，中国邮政储蓄银行庆元县支行实现自营收入2764万元；实现净利润1194万元。个人储蓄日均余额3.14亿元，较2016年净增1172万元；个人贷款余额4.78亿元，较2016年新增6830万元。

【服务地方经济】 切实履行社会职责，始终坚持以服务三农、支持地方经济建设为一项重要任务与责任，不断加强对农业经营主体、小微企业的金融服务力度。与庆元县政府签订战略合作框架协议，在“大搬快治”农房按揭贷款项目、创业担保贷款项目、同心安置房贷款项目、电子商务合作项目、银行卡助农服务项目等方面开展深入合作，为支持地方经济建设做出了积极的努力。全年共发放农户担保小额贷款496万元，发放家庭农场（专业大户）贷款2444万元，发放安置房项目贷款6431万元。

（吴文平）

浙江庆元泰隆村镇银行

【概况】 2017年，浙江庆元泰隆村镇银行年末各项存款余额10.75亿元，比2016年同期增加1.66亿元；各项贷款余额10.08亿元，比2016年同期增加1.24亿元；全年实现税收1517.31万元。

【乡镇网点建设】 截至2017年年末，设立乡镇支行3家、城郊支行1家、城区支行1家。组建业务团队，为东部偏远乡镇留守客户及外出客户提供平等、便捷的金融服务，打通会融服务的“最后一千米”。

【金融产品创新】 积极拥抱“互联网+”，不断优化产品创新。一是新一代信息系统全面升级，为未来10年给广大客户提供更优质的金融服务创造条件。二是开通第三方快捷支付，办理借记卡可绑定微信与支付宝，提升客户体验，有效地助推各项业务发展。三是推出泰隆情系列——成长乐与长寿乐存款产品，该系列产品分别面向青少年和老年人群体，为培养青少年的理财意识和实现老年人“老有所养”服务。四是推出食用菌仓单质押贷款，该产品拓宽当地食用菌行业的融资渠道，有效盘活存货，释放存量资金，降低客户的资金周转压力和融资成本，为庆元大力发展食用菌产业提供有力支持。该产品被评为浙江省银行业服务三农十佳金融产品。

（沈婉君）

浙江稠州商业银行丽水庆元支行

【概况】 浙江稠州商业银行丽水庆元支行（以下简称庆元支行）2017年年末各项存款余额39364.25万元；各项贷款余额36749万元，存贷比93.86%；全年实利润1552.97万元，上缴税收351.6万元。

【支持小微企业发展】 庆元支行始终坚持“支持中小、服务个私”的市场定位和“以小企业主办行”的经营宗旨。持续开展“三权”抵押贷款，加强与专业合作社的合作，加大支持农户力度，实现有效拓展和服务农户。截至年底，小微贷款702户，余额22002万元。其中发放农房抵押贷款40笔，余额2220万元；林权抵押贷款42笔，余额1634万元；集体土地承包经营权抵押贷款5笔，余额338万元；专业合作社担保贷款12户，金额325万元。积极推广“村民贷”“市民贷”等绿色信贷产品。通过新信贷产品的推广，全年合计发放公积金信用贷款585笔，金额1180万元；村民贷76笔，余额1095万元；市民贷81笔，余额2496万元。

【创新服务方式】 全面支持地方经济发展，加快产品、服务和流程创新，积极开展数字普惠金融的探索与实践，努力提高金融服务的可获性和满意度。积极下沉服务重心，开展“进村入社”工程，推动社区金融服务体系。持续推广“村民贷”“市民贷”“公积金贷”等特色金融产品，以其方便灵活、利率优惠的特点受到庆元百姓的推崇。全面融合直销银行与手机银行业务功能，通过直销银行完善电子账户体系和丰富产品销售场景，提升移动客户端的开放性和良好的客户体验。2017年年末，网上银行开户3941户，比年初新增453户；手机银行开户3967户，比年初新增950户。继续“五免”优惠，即免年费、免手机短信费、免工本费、免ATM机取现费、免小额账户管理费，优化利率定价模式，合理确定贷款利率，持续让利于民。

（范仙英）

温州银行丽水庆元小微企业专营支行

【概况】 2017年，温州银行丽水庆元小微企业专营支行（简称温州银行庆元支行）年末各项存款余额3047万元，各项贷款余额1379万元。

【温州银行庆元支行开业】 温州银行是温州首家具有一级法人资格的地方性股份制商业银行，也是当前温州规模最大的股份制商业银行。温州市商业银行成立于1998年12月17日。2017年10月31日，温州银行丽水庆元小微企业专营支行开业，位于庆元县濛洲花园23～26店铺，共有员工11人，其中行长1人，副行长兼业务部负责人1人，营业部负责人1人，市场营销人员4人，综合柜员4人。温州银行丽水庆元小微企业专营支行始终坚持创新服务、特色经营的发展思路，以“支小、支微、支农”为市场定位，有公务卡、理财等个金产品和“金鹿普惠贷”等特色信贷产品，同时结合庆元当地的经济特点与特色，推出“丰登卡”等产品。

（韦耀明）

中国人民财产保险股份有限公司庆元支公司

【概况】 2017年，中国人民财产保险股份有限公司庆元支公司全年保费收入3988.13万元，比2016年增长5.11%，位居庆元市场第一。

【惠农保险】 重点品种持续实现全覆盖。2017年，持续实现水稻、林木（公益林）、农房保险、能繁母猪保险全覆盖，为农民基本生活、生产提供有力保障。地方特色品种稳步发展。开发具有地方特色的食用菌保险，提高庆元食用菌产业的抗风险能力，确保食用菌的持续生产，切实解除农户的后顾之忧，有效扶持地方特色农业产业发展。继续完善三农服务体系。完成各乡镇三农保险服务站（点）的建立工作，对三农保险服务站协保员进行承保及理赔方面的培训，提升协保员的工作技能，实现公司产品、服务、人员“三下乡”，为农村经济发展撑起保护伞。

【政保合作】 加强政保合作，推动业务又好又快发展。连年独家承保自然灾害公众责任险，为全县20万居民提供风险保障。继续推广食品安全责任保险，致力宣传食品安全知识，关心、支持和参与庆元县食品安全监管工作，发挥保险的积极作用。开展养老服务机构责任保险工作，为老年人撑起保护伞，帮助老年人安度晚年。2017年，参与庆元县电动车安防系统项目，推出电动车综合保险。

（施李萍）

中国人寿保险股份有限公司庆元县支公司

【概况】 2017年，中国人寿保险股份有限公司庆元县支公司（以下简称中国人寿庆元县支公司）全年保费收入达5585.41万元，占全县寿险保费的53.9%。其中个人营销保费4940.15万元（其中新单1514.16万元），银行代理426.49万元，团体业务518.23万元。共有持证营销员331人。在赔付方面，秉承“不惜赔、不滥赔”的赔付原则，全年累计赔款和给付支出1904.76万元。

【金融保险】 中国人寿庆元县支公司致力运用保险经济补偿功能，服务社会经济发展和老百姓的保障需求，持续深化政保业务合作，改善民生。一是全面推广农村小额保险。专门成立三农工作队伍，每月开展下乡服务工作。2017年，农村小额保险共计保费217.67万元，承保人数40881人，乡镇覆盖面100%。全年累计赔付266.23万元，赔付案件660件，综合赔付率达122.03%。二是创新开展计划生育系列保险。承担全县16000户独生子女保险。同时，开展两性疾病安康保险，赔付59.55万元，赔付率70%。三是打造满意民心工程，稳步推进低收入人群、老年人人身意外伤害保险、学生平安保险。为各单位提供多样化、个性化意外伤害保障服务，有借贷人员人身意外险、行政事业单位承保公共交通意外险、执法人员意外险等。

【优化服务】 积极响应政府“最多跑一次”改革精神，不断简化办事手续，优化服务流程。2017年，中国人寿庆元县支公司大力推广微信报案、理赔，实行微信保全。一部手机，足不出户就可以完成大部分保全业务及小额理赔。从“最多跑一次”到“一次不用跑”，节省客户的时间，方便客户，提高客户满意度。

【提供创业平台】 2017年，中国人寿庆元县支公司举办保险知识普及班，每个月平均50多人接受知识免费普及培训。部分人员参加培训后加入公司，成为业务人员，向更多的人宣传保险，送去保险保障。中国人寿庆元县支公司的业务人员大多是下岗人员、家庭妇女和富余人员。40岁、50岁年龄人员占业务队伍的60%。2017年，在册业务员以每个月8%的比例不断增加，最多有400多人。积极响应国家“大众创业、万众创新”精神，为大学生、家庭主妇、下岗人员、富余人员、

40～50岁人员提供就业平台，缓解社会的就业压力。

（杨　中）

中国银河证券股份有限公司庆元濛洲街证券营业部

【概况】 2017年，中国银河证券股份有限公司庆元濛洲街营业部（以下简称营业部）围绕分公司提出的“巩固市场份额，防范重大风险”这一指导思想，努力实现综合业务规模和经营效益继续保持稳步前行。开展现金理财产品业务宣传与销售，通过设点宣传、发送传单等方式进行业务宣传。截至12月底，实现产品销售净收入126万元，完成目标收入的110%。

【业务建设】 以客户为中心，为客户的财富增值提供服务，坚持“资产为王”理念，做大各类客户资产规模。成立创新业务工作小组，及时有效地学习创新业务，提升个人专业技能。建立完整的客户挽留及调整流。注重投资者教育，引导客户理性投资。2017年，公司、协会及人行相继开展“3·15”投资者保护宣传月、“打击非法证券”、“投资者适当性管理”、“防控债券风险，做理性投资人”等主题宣传活动，从保护投资者合法权益和利益角度出发，增强投资者的风险意识。

（沈　菲）

经济管理

计划管理

【概况】 2017年，庆元县发展和改革局安排投资项目203个，固定资产投资完成58.42亿元，比2016年增长13%；衢宁铁路庆元段顺利推进；“十三五”规划纲要编制顺利通过县人代会发布实施；国家重点生态功能区、省级重点生态功能区小城市培育试点等重大改革事项有序推进；省级低碳县试点、农民工返乡创业试点等重大改革取得新突破；现代服务业、绿色能源等新兴战略性产业，特色小镇建设加速推进。

【规划编制与管理】 一是“十三五”规划编制工作完成。2017年是“十三五”规划编制的最后工作阶段，全县27个专项规划已全数通过专家评审，并经县政府正式发布实施。经过多次审核的《庆元县“十三五”规划汇编》正式编印成册，及时分送给34位副县级以上领导，并下发各部门、乡镇（街道）及社会团体。二是规划管理工作不断深化优化。根据年度上级相关部门、县委、县政府各项中心工作及社会经济发展的需要，科学安排2017年度规划编制计划，确定了43个专项规划，并会同县财政局按照规划编制与实际需求的紧密度、规划编制的成本高低、单位自筹与财政补贴相结合等原则，科学编制了2017年度规划编制经费安排方案，对列入2017年度编制计划的43个专项规划，共安排财政补助资金1043.2万元。三是积极探索开展“多规合一”工作。8月，针对丽水市开展绿色发展综合改革创新区工作，县发改局第一时间组织研究《浙江（丽水）绿色发展综合改革创新区十大行动方案（初稿）》，并在此方案基础上牵头编制县域空间管控行动方案，多次就此方案与省发改委对接、沟通，并前往开化县考察学习“多规合一”试点相关工作。文稿在多次修改的基础之上，征求县领导及县国土、住建、环保等相关部门的意见、建议，最终形成《庆元县建设美丽“大花园”空间规划行动方案》。

【计划编制与监测分析】 科学编制《2017年基本建设项目投资计划》《2017年庆元县国民经济和社会发展计划》等文本。开展经济、社会发展阶段特征调研，借助经济监测预警部门联席会议制度平台，有效开展经济信息收集、经济运行情况分析和经济形势定期报告，密切关注全县经济社会发展趋势和阶段性走势。加强重点指标监测分析，对全县主要经济社会指标完成情况逐季进行分析比较，适时对周边县市经济运行动态进行跟踪，科学分析预测全县经济发展趋势并提出应对措施，为县委、县政府科学决策提供有力依据。

【项目推进与管理】 牢牢把握扩大有效投资这条主线，狠抓项目建设，着力扩大有效投资。组织召开项目推进大会及4次项目集中开工活动，结合“绿色发展百团大战”“百日对标”等有效活动载体，开展项目督察，破解政策处理难题，有力推进全县项目建设。全县共完成固定资产投资58.42亿元，同比增幅13%。一是重点项目建设方面。全县共安排县重点项目25个、市重点项目13个、省重点项目10个，全年分别完成投资20.47亿元、14.01亿元、12.87亿元，完成年计划投资的98.8%、121.8%和136.9%。列入市重大建设项目前期工作责任目标计划共10个项目，大部分项目已完成或超额完成目标任务。衢宁铁路庆元段主体工程建设顺利推进，完成项目投资4.7亿元。二是重大项目谋划方面。编制并发布实施《庆元县“十三五”重大建设项目规划》及《庆元县“十三五”重大建设项目库》。三是资源要素争取方面。借助国家主体生态功能区试点、省级重点生态功能区小城市试点等机遇及PPP项目推介、争引，争取社会资金注入。全年累计争取中央预算内投资项目资金5835万元，专项资金30万元、公建资金400万元，总计6265万元。强化PPP项目实施，拓宽融资渠道，县公共文化服务中心、体育中心两个PPP项目开工建设。四是项目建设管理方面。通过组织召开全县项目（征迁）推进大会下达项目任务清单，集中力量开展项目政策处理“拔钉清障”行动，并结合全县“绿色发展　百团大战”行动，进一步为项目无障碍推进夯基垒台。为更好地服务于全县重点工作和重点项目，加快推进年度目标任务的完成，对《调整和完善庆元县指挥部及重点工作推进办公室实施方案》进行完善，建立更加科学、合理、高效的指挥部和征迁工作体制机制，并建立健全重大项目谋划联席会议制度、重点项目投资领办制度，县联系领导、领办领导定期听取汇报并前往项目一线督察协调工作落实，及时协调解决重大项目前期推进过程中的问题和困难，确保项目快速如期推进。进一步清理项目审批程序，最大限度减少项目审批前置条件，提高审批效率，全年共上报审批项目1个（杨楼溪），审批项目163个（其中政府投资项目38个，民间企业投资项目125个），完成企业投资备案125件。完善项目监督管理，完成“四项”公共资源交易项目873宗，涉及金额11.43亿元。

【产业提升】 坚持“绿水青山就是金山银山”发展理念，加快现代服务业发展，重点培育绿色能源等新兴战略性产业，高质量建设特色小镇，促进产业发展平台提升，进一步优化产业结构。一是大力发展清洁能源。成功创建省级清洁能源示范县，为清洁能源发展争取到政策和资金的支持，对庆元创新可再生能源开发利用模式，加快可再生能源产业发展，优化能源结构具有重要意义。全面启动天然气“县县通”工程。2月，正式启动天然气管道建设工作，城燃LNG瓶组站投产运行，全面完成末站选址、各乡镇路由确认等前期工作，具备核准条件，等待核准。新能源电动汽车分时租赁项目正式运营。推进新能源汽车分时租赁项目，于9月正式启动运营。燃煤锅炉淘汰改造。2014～2017年，完成锅炉淘汰改造66台，其中2017年完成20台，完成年度任务的200%。全面建成禁燃区，累计发放补助资金57.225万元。加快推进菇光互补示范项目。全面启动菇光互补试点前期工作，黄田镇菇光互补项目用地面积约133.33公顷，装机容量30兆瓦，总投资约3.6亿元，已开展土地整合等前期工作；庆元县濛洲15MWp菇光互补项目用地约33.33公顷，装机容量15兆瓦，总投资1.5亿万元，已完成实施方案编制。打造屋顶光伏示范村。全县并网发电屋顶光伏185户，容量1.5兆瓦。累计195户，容量1.65兆瓦。谋划百山祖镇、黄田镇、竹口镇等“光伏消薄”项目，统筹村集体、各类公建设施屋顶，集中连片建设光伏项目。全面开展“光伏消薄”工作，促使昔日的“空壳村”“集体薄弱村”焕发新的生机，引导村集体“摘帽快跑”。二是梯度推进特色小镇建设。特色小镇以“一年升级、三年成型、五年圆梦”为导向，致力打造全国有名气、世界有影响力的特色小镇。全年完成固定资产投资24.76亿元。其中香菇小镇计划投资6.43亿元，完成投资6.8亿元；百山祖避暑乐氧小镇计划投资2.74亿元，完成投资6.09亿元；竹韵小镇计划投资6.53亿元，完成投资6.77亿元；铅笔小镇计划投资3.09亿元，完成投资5亿元。初创特色小镇以来，4个特色小镇累计完成固定资产投资66.95亿元。三是加快推进服务业发展。兑现2016年度服务业引导资金112.81万元，探索评选出“十佳双创之星”。全县服务业增加值32.98亿元，比2016年增长10.5%，在全市排名第二，服务业对GDP的贡献率高达62.9%，拉动GDP增长4.7个百分点，服务业成为拉动经济增长主引擎。全县服务业投资45.56亿元，比2016年增长24.6%，增速位居全市第二。服务业占GDP比重为47.45%，高于二产比重6.6个百分点，产业结构进一步优化。

【体制改革】 紧紧围绕中央和省委、市委全面深化改革有关工作部署，主动融入浙江（丽水）绿色发展综合改革创新区创建，积极争取国家、省、市改革试点，敢于先试先行，全面推进各项改革试点。报批实施《庆元县2017年经济体制改革领域重点改革任务》，深化涉及供给侧结构性改革、推动农业供给侧结构性改革、推进转型升级体制机制创新、深化财税及投融资体制改革、农村综合改革和其他重点经济改革等领域15项重点改革任务。牵头组织召开经济领域全面深化改革工作动员部署会，落实工作责任，明确各项工作节点，并取得较好成绩。5月，浙江省办公厅发文（浙政办函〔2017〕38号）公布，庆元成功入围省重点生态功能区第三批（2017～2019年）小城市培育试点县名单。10月，省发改委公布4个2018年度清洁能源示范县创建名单，庆元成功入选。清洁能源示范县的成功创建，将有助于全县充分挖掘本地风能、水能、太阳能和生物质能等丰富的自然资源，为新能源产业搭建发展平台，有效推动新能源项目实施。加快推进省级低碳县建设。11月，《庆元县2016年温室气体清单报告》通过市发改委组织的专家评审。双苗尖风电场项目、马蹄岙电站扩容工程、屏都综合新区生物质热电联供项目等一批低碳项目建成并投入使用，安南乡安溪村近零碳排放低碳社区实施方案完成编制并上报省发改委。

【粮食调控】 认真贯彻执行《粮食流通管理条例》，加强粮食订单落实、收购、市场管理、安全生产、中心粮库建设等工作。组织开展全社会粮食供需平衡调查，全面掌握全县粮食、食用油供需的基本情况，为政府部门出台粮食政策提供可靠依据。组织开展全县粮食库存大检查，按照“有仓必到、有粮必查、有账必对、查必彻底”的要求对全县国有企业粮食库存进行全面检查，落实各类粮食安全调控措施，保证县级储备粮安全。调整新建粮库项目选址，加快推进项目前期工作，积极开展全社会粮食供需平衡调查、粮食订单摸底调查。完成粮食收购3352吨，完成粮食轮换4300吨。加强安全生产监督检查，全年无事故。

物价管理

【价格监督检查】 开展专项检查，陆续开展涉企收费、教育收费、电力价格、商品房销售等专项检查。强化市场价格监管，加强市场常态监管和重大节假日市场价格巡查，在日常巡查的基础上，于中秋节、国庆节、春节等重要节假日进行专门巡查，维护节日期间市场价格秩序，营造良好的节日市场氛围，保护消费者的合法权益。加强价格投诉、举报处理，全年共受理“12358”价格监管平台举报业务处理系统上的投诉、举报38件次，受理电话、上门举报5件次。强化法律法规宣传，利用《中华人民共和国价格法》实施宣传日、“3·15”消费者权益日举办法律咨询宣传。

【价格收费管理】 加强收费政策管理，规范行政事业性收费。认真贯彻财政部、国家发改委《关于清理规范一批行政事业性收费有关政策的通知》（财税〔2017〕20号），浙江省财政厅、浙江省物价局《关于清理规范一批行政事业性收费有关政策的通知》（浙财综〔2017〕19号）等国家、省取消、免征行政事业性收费的政策。取消涉及行政事业性收费的白蚁防治费等5个项目，减负金额为244.43万元，其中涉企收费项目3个，涉企收费减负金额为76.8万元；转为经营服务性项目预防性体检费1个，影响金额为800.42万元。转发国家发展改革委、财政部《关于降低电信网码号资源占用费等部分行政事业性收费标准的通知》（发改价格〔2017〕1186号），降低涉及行政事业性收费的机动车行驶证工本费等3个项目，降低收费金额为21.1万元。在县政府网站重新向社会公开公示《庆元县行政事业性收费目录清单》和《庆元县涉企行政事业性收费目录清单》。加强行政事业性收费事中事后监管工作，落实行政事业性收费统计报告制度，完成2016年度行政事业性收费报告工作。对地方政府定价管理经营服务性收费目录进行清理，上报商会、协会收费公示。加强价格监测及成本监审，提升价格管理基础工作。落实《浙江省重要消费品及服务价格监测报告制度》，按时上报价格监测报表，完善基层价格监测站监测报告工作，对部分监测点建立QQ、微信等联系方式，通过QQ、微信上报监测数据。完成2016年城市供水价格定期成本监审工作。按价格管理权限，履行好价格管理职能。贯彻《省物价局调整儿童医疗服务项目价格》（浙价医〔2017〕51号）精神，制定庆元县儿童医疗服务项目价格标准，自2017年5月15日起执行。对修订《庆元县民办教育收费管理办法》，并根据此办法公布民办学校（小学）收费基准价标准。贯彻省物价局、省卫生计生委、省人力社保厅、省财政厅加强中药饮片价格管理精神。出台庆元县殡仪馆服务收费项目及标准相关文件。跟踪管理全县城市供水实行差别化水价和多因子计收工业污水处理费。开展出租车客运价格改革试点等价格管理工作。

（周敏捷）

统计管理

【概况】 2017年，庆元县统计局经济运行监测分析能力不断提升。切实把经济社会发展形势预警预判作为统计部门的一项重要任务抓在手上，落到实处。县统计局专业人员撰写分析文章 42 篇、市统计局调研课题 2 篇、统计专报 2 篇，上报市级经济诊断书 10 篇，总结经济运行中的亮点，洞察经济运行中存在的问题，为县委、县政府及其他经济主管部门提供分析和咨询意见。2017 年，省统计内网采用信息 11 篇，市统计内网采用信息 92 篇，县政府网站录用 58 篇。统计产成品服务更加及时高效。认真开展年度资料整理和开发工作，建立“综合牵头、专业配合、分工协作”的工作机制，及时发布《2017 年庆元县国民经济和社会发展统计公报》和《庆元统计年鉴》，编印《庆元县 2017 年国民经济和社会发展统计资料汇编》，为各级党委政府、各部门单位和社会各界查阅提供系统的年度参考资料。同时，第一时间更新庆元统计信息外网的数据、信息等资料，开通统计微信平台，积极向庆元电视台和《菇乡庆元》等媒体投稿，发挥政府统计信息服务于社会公众的功能。全年共编印《数据快报》和月度卡片各 11 期，《庆元统计》43 期。服务调查对象更加积极主动。认真落实月、季度调研制度，全面了解、掌握企业和项目单位实际情况，及时答疑解惑；认真贯彻落实省、市统计局关于做好“四上”企业入库工作的相关要求，加强与相关部门的协调联系和入库业务指导，确保新开工项目和准规模企业及时入库统计。及时指导统计调查对象建立健全原始记录、统计台账，不断规范统计工作流程。

【统计报表】 县统计局不断强化数据质量意识，精心部署，周密安排，通过加强对各专业基层统计报表数据质量的控制，对搜集的基层统计报表进行认真审核和汇总，对主要指标数据进行认真分析和评估，高质量地完成农业、工业、投资、建筑、房地产、贸易、能源、科技、城乡居民收入、农村居民收入、地区生产总值、劳动工资、服务业等常规统计专业的 2016 年年报和 2017 年定期月、季报统计调查工作。

【住户调查样本轮换】 实行城乡一体化住户调查样本轮换工作，是统计调查部门深入贯彻落实科学发展观的重大举措，也是“十二五”时期全国统计发展和改革规划纲要确定的重大改革事项。县统计局严格按照国家统计局《关于开展住户调查样本轮换工作的通知》（国统字〔2016〕193 号）要求，高度重视此项工作，为确保工作顺利开展，加强组织领导，落实保障机制，成立工作领导小组，设立综合和业务两个工作组，综合组负责争取工作经费、宣传发动、组织和选调调查员。业务组负责业务培训、现场调查与入户指导报表填报工作。主动与乡镇沟通协调，做好宣传解读。在时间短、任务重的情况下，县统计局克服困难，完成人员培训、样本抽选、摸底调查等各项工作，多次受到市统计局领导的肯定。2017 年，县统计局走访了全县大部分行政村，完成了 20 个小区的地图拆分、建筑物清查，绘制了 20 张小区简图，填报摸底表 1631 份，填报 A、B 卷 200 份。通过多方协作与共同努力，11 月顺利完成全县的样本轮换工作，成功开户 200 户，为后期全县住户调查信息采集打下坚实基础。

【第三次全国农业普查】 始终保持农业普查宣传力度不放松，采取多种宣传方式，坚持把宣传工作贯穿农业普查全过程，先后专题组织综合试点、清查摸底、普查小区图绘制、调查对象界定、PDA 数据录入和处理等培训，多方位提升普查员业务能力，保证普查工作质量。严格按照国家和省、市农业普查数据质量审核要求，及时组织“回头看”，全力抓好数据质量审核和指导督察，保质保量完成数据质量抽查、普查数据补录、核实修正及审核验收等相关工作。建立全过程普查质量承包责任制、分片负责制、定期通报制度、重大情况报告和值班制度，把数据质量审核责任落实到人，做到层层设防、环环把关，确保普查数据质量和各阶段工作任务的圆满完成。

【2017 年 5‰人口变动情况抽样调查】 按照省、市统计部门要求和时间节点，认真部署，建立抽样调查承包责任制，明确和细化责任，为人口抽样调查顺利推进奠定组织基础。及时组织普查员参加业务培训，切实提高调查技能和业务水平，确保做到调查工作不走样、无偏差。为使调查工作顺利进行，对抽中的 6 个乡镇（街道）、7 个村，通过悬挂宣传标语、横幅、发放雨伞等形式宣传

人口抽样调查的重要意义，有效提高入户摸底和登记的配合度。

（李昌文）

审计监督

【概况】 2017年，庆元县审计局内设办公室、财政金融审计科、经济责任审计科、计算机审计科、法制科（撤销原行政事业审计科，单独成立法制科），下设直属分局和内部审计指导中心两个下属单位；人员编制21人，在编19人。全年共完成计划内项目17个，在项目审计中查出问题金额3.54亿元，其中违规金额4192万元，管理不规范金额3.12亿元，发出审计决定6个。完成政府投资审计项目57个，送审投资额46769万元，审定投资额42748万元，核减工程造价4021万元，上缴县财政专户核减款801万元。“2015年度财政预算执行情况和其他财政收支情况审计”项目获得省厅表彰，被评为市局优秀审计项目。获得庆元县招商引资服务奖。《住房公积金专项审计案例》《财政预算执行审计与全部政府性资金专项审计调查》等两篇计算机案例入选审计署中级考试题库。《审计机关要当好全面深化改革的“勇士”“谋士”“贤士”》论文在审计厅2016～2017年度优秀论文评比中获得优秀奖。

【审计创新工作】 以“三个制度”为抓手，推进审计项目计划精细化管理。实行审计项目“挂图作战”制度，年度审计项目按项目实施、审计整改、信息报送、制度出台等内容制作成图并公布上墙，从项目进点时间、现场实施阶段、完成时间到整改完成期限，“一条龙”全过程跟踪，实现以“图”管项目、抓项目、推项目。实行项目进度定期报送制度，要求主审作为项目直接责任人，于每月的15日、30日上报审计项目进度。实行重点项目“任务清单”制度，首次对财政同级审项目实行审计任务清单管理，将项目实施方案内容以任务清单形式细化，明确任务完成时间及质量要求。以“两个报告”为载体，构建财政审计大格局。通过审计发现预算收支管理、财政资金管理等4个方面25个问题，违纪违规金额3070万元，上报《行业协会管理中存在的问题及加强管理的建议》《城市公共停车泊位管理亟须引起重视》两篇审计专报。审计工作报告被县人大、县政府和市审计局审核组充分肯定并高度评价，县人大常委会提出了提高预决算编制管理水平、加强政府投资项目监管、落实审计发现问题的整改工作、加强审计工作专业队伍建设等4个方面的审议意见。以“审计转型”为导向，创新政府性投资项目审计。创新小额政府投资项目抽查审计复核机制，将原来由“建设单位自行委托协审单位审核、审计机关抽查复核”的模式调整为“在建设单位自行委托协审单位审核的基础上，由审计机关委托协审单位复核、审计人员全程跟踪”模式。截至2017年10月，县审计局抽取21个小额政府投资项目委托协审单位复核。

【政策跟踪审计】 在上级审计部门的组织安排下，年初，派出骨干力量到龙泉开展保障房跟踪审计；派出1名干部参与莲都区的“最多跑一次”改革审计调查；派出2名业务骨干参与被征地农民基本生活保障专项审计调查。

【经济责任审计】 县发改局等6个部门和松源街道、黄田镇等4个乡镇（街道）共13名领导干部任职进行经济责任审计，县总工会等21家单位进行离任交接审计，配合县纪委、县委组织部等4个副处级部门开展离任交接审计。查出问题金额1554万元，其中违规金额353万元，管理不规范金额1201万元，提出审计建议32条，进一步促进被审单位规范财经纪律，完善制度。经济责任审计为县人大评议任命领导干部提供翔实的依据。

【自然资源资产审计】 黄田镇的自然资源资产进行审计，在项目审计过程中积极建立与林业、环保、国土、水利等资源管理部门的工作协调机制，结合相关单位针对黄田镇的执法情况，客观评价被审计乡镇自然资源资产保护、开发、管理方面存在的问题。

【内审指导工作】 推进新一轮内审“三年轮审”及内管干部审计工作，组织县教育局等部门的23名内审人员开展内审业务操作技能短期培训。建立完善内审工作奖励机制，首次出台《庆元县内审分会工作奖励办法》，激励工作，推进内审工作提质提效。

（吴美娅）

市场监督管理

【概况】 2017年，庆元县市场监督局以“一窗受理，证照联办”、“多证合一，一照一码”、“简易注销”、同城通办、个体改革试点等工作，深入创新商事制度改革。全县共新登记各类市场主体1982户，比2016年增长17.2%，注册资本超10亿元。其中个体工商户1631户，农民专业合作社35户，公司制企业316户，注册资本9.13亿元。三大产业分布数量优化为8.9∶6.3∶84.8。全县市场主体注销564户，其中个体工商户411户，公司制企业153户。共换发统一社会信用代码企业“一照一码”985家、个体工商户“两证合一”866户。通过“简易注销”引导33家企业退出市场，主体质量显著提升。

【助动民营经济】 以需求为导向，及时掌握服务需求，通过引资增资等多种形式推动全民创业。“小微企业三年成长计划”顺利收官，全县新增小微企业243家，个转企28家，优选46家企业列入市、县小微企业培育库，培育省、市“小微企业成长之星”各1家。积极搭建“银企对接”平台，充分发挥企业信用信息公示系统优势，为小微企业及三农融资担保提供增信服务，引导企业将动产抵押、股权出质作为促进企业实现良性发展和规模化经营的切入点。全年共办理动产抵押登记36笔，抵押金额6866万元；办理股权出质14笔，被担保债权6864万元。

【食品安全县创建】 省级食品安全县创建全面推进，食品安全责任险全面铺开。出台创建省食品安全县工作方案，层层建立食品安全目标管理责任制和责任追究制，签订责任书并严格落实。对照《浙江省食品安全县（市、区）考评细则》，召开征求意见座谈会、重点难点协调会，明确创建工作重点内容，实施项目化管理。全面完成19个乡镇（街道）食安办和30个村居工作站规范化创建工作，组织食品监督检测591批次、风险监测209个批次，分别完成年度任务的132%、150%。

【市场提升改造】 开展“放心农贸市场”创建工作。对菇城农贸市场摊位进行有效改进，更换防蝇、防尘设施和市场统一标识，提升市场整体形象。推进城北和竹口农贸市场开展星级文明规范市场改造提升工作，并顺利通过三星级复评和二星级创评。继续落实香菇市场提升改造工作，在香菇市场成功创建省四星级文明规范市场和省重点市场的基础上，继续抓好省“智慧市场”创建工作及“香菇小镇”的建设，实现三大通信网络运营商市场区域全覆盖，为市场经营户及采购商提供网上比价及交易、智慧物流信息查询及物流安排服务。超额完成香菇市场追溯体系建设工作任务。

【推进“杀白上市”】 主城区推行“杀白上市”，县市监局会同农业、综合执法等部门联合执法，禁止活禽进入市场经营，督促市场业主落实日常管理和台账管理，同时加大巡查力度，保证市场禽类经营秩序，完成县政府交办的十件要事任务。

【基层市场监管】 推进工作重心和力量的下沉，对11个基层市场监管所作人员安排和工作部署，在全县19个乡镇、街道统一建立市场监管平台。发挥“互联网+”优势，利用“丽水市食品安全社会协同管理平台”和手机“食安通”等智慧软件，完善基层市场监管信息采集报送制度，实现动态监管信息共享，建立和完善“双随机”抽查机制，形成富有庆元特色的基层市场监管新模式。

【标准化和质量强县】 标准化工作成效明显，庆元县“五台合一”社会服务管理获批国家级标准化试点，庆元首个“浙江制造”标准——清漆竹制家具标准发布实施，双枪工艺竹筷浙江制造标准列入年度计划，竹砧板联盟标准修订发布，企业产品标准自我声明公开271个，数量位居全市第一。制定竹制品行业质量提升方案并召开动员会，申报创建国家级竹制品质量提升示范区，开展竹制品企业产品标准和卓越绩效管理培训，签订竹制品企业质量承诺书，全面开展竹制品行业质量风险监测评估。开展质量月大型广场宣传活动和“质量启蒙课”讲座10场，成功举办“浙江大学—庆元县品牌建设专题研修班”。组织新申报名牌产品2个，推荐上报质量创新项目4个，质量管理小组（QC）成果创历史新高，新建精益生产管理孵化基地1个。

【食品药品安全监管】 严厉打击食品、保健食品欺诈和虚假宣传等违法违规行为，严格落实食品安全生产主体责任，生产企业主体责任自查报告率达到100%。推进化妆品“百千万”美丽消费示范工程创建，共创建示范商场1家、示范经营单位10家。加强食品抽检的频次和密度，组织食品定量检测323批次，合格率为99.3%。大力抓好香菇市场食用农产品溯源体系提升工作，率先超额完成丽水市政府民生实事任务数（完成700%），得到市监局局长夏海国及县政府县长胡献如的批示表扬。新建阳光厨房16家，餐饮单位持证率、餐饮量化等级持证公示率、从业人员持健康证明（证）率均在95%以上。完成浙江省全民健身浙南片区运动会、庆元香菇始祖吴三公朝圣活动、食用菌美食节等重大活动的餐饮安全保障工作。对全县28家零售药店及35家医疗器械经营(备案)企业进行日常检查和GSP飞行检查。完成执业药师虚挂兼职行为核查、疫苗使用专项整治、中药饮片专项整治、免费体验医疗器械专项整治、无菌和植入类医疗器械监督检查、体外诊断试剂专项整治等工作。

【特种设备安全监管】 推动特种设备安全监管向基层一线延伸，开展特种设备使用安全管理分类评价规范试点工作，组织开展“平安护航十九大”“自动扶梯和自动人行道安全隐患排查”“游乐设施、客运索道安全监察行动”等12个专项整治行动，消除安全隐患143起，移交案件2起，全年未发生特种设备安全事故。

【市场执法检查】 开展红盾网剑、食品安全“百日攻坚”、反不正当竞争、民生计量等各类专项整治，确保群众饮食用药安全。全年共完成食品药品、医疗器械、建材等抽捡92个批次，办结案件143起，其中大案21起，罚没款280.44万元。移送公安追究刑事责任案件5件。其中稽查大队查办的王某某未经许可从事第三类医疗器械经营活动案，入选2017年全国食品药品稽查执法优秀案例和全省食品药品领域十大典型案件。

【消费维权】 推进“放心消费在庆元”行动，全年受理投诉举报487件，投诉举报处理率为100%。开展“3·15”国际消费者权益日宣传系列活动，接受现场咨询720次，发放资料2000份。推动金融消费教育进社区、进企业活动，举行“万家企业无理由退货”社会承诺百城联动活动庆元分会场活动，组织22家经营单位申报无理由退货承诺，16家商店、24家网店申报省级“放心示范店”。扎实开展“医疗计量保健康”“安全计量卫平安”“公平计量维权益”三项专项行动，加强民生计量监管，实现全县加油机检定覆盖率、诚信承诺覆盖率、二维码标识张贴率、检定公开率“四个100%”的目标。

（吴珍丽）

安全生产监督管理

【概况】 2017年，全县安全生产形势稳定，1～12月共发生各类事故8起，比2016年下降60%；死亡7人，比2016年下降46.15%，占市控指标77.8%。其中工矿商贸领域发生事故1起，死亡1人，分别比2016年下降66.66%、66.66%，占市控指标33.3%；道路交通领域发生事故7起，死亡6人，分别比2016年下降50%、14.29%，占市控指标100%。全年未发生较大及以上事故，实现安全生产事故起数、事故死亡人数双下降，下降幅度居全市第一。

【安全监管责任】 县委、县政府主要负责人为安全生产工作的第一责任人；县委分管平安工作的常委和政府分管安全生产的副职承担安全生产综合监管领导责任；县政府班子成员按照职责分工承担分管行业领域的安全生产领导责任。9月15日，重新修订、调整印发《庆元县安全生产委员会组织结构设置及工作规则》和《庆元县安全生产委员会与专业安委会成员单位及组成人员》(庆政办发〔2017〕154号),新增县农办、县综合执法局、县人民医院3个安委会成员单位,进一步完善“1+8”安全生产专委会责任体系。7月底,县安委办组织5个督察组,对各乡镇、街道及县安委会成员单位上半年安全生产工作及大检查部署开展情况进行督察,对检查中发现的问题实行问题清单交办和年终考核预扣分。深入开展企业主体责任年活动,按照“谁生产谁负责,谁经营谁负责,谁施工谁负责”的原则,推动各类主体依法全面落实安全生产责任,着力推进重点企业“五落实、五到位”。

【护航十九大安全生产排查】 按照县“平安护航十九大大会战”实施方案,开展护航十九大安全生产分析研判工作,进一步排摸企业安全生产风险点、隐患问题。对工贸企业、建筑、水利、交通等重点行业领域的四个方面“10项工作”开展集中排查整治,即:列10项安全重点点位;办10件生产安全非事故案件;查补10个安全管理方面的短板;通报10起生产安全事故典型案例。从四个方面“10项工作”发力,通过重拳整治,推动安全责任和防范措施落到实处。护航十九大期间,县党政主要领导先后带队开展安全检查1次,专委会召开联席会议10次,组织安全检查8次,发现各类安全隐患6处。7月开展安全生产大检查以来,检查企业、学校、在建工程、宗教场所、民宿农家乐、出租屋、客运车辆、煤气站、烟花爆竹经营点等场所共1613家,联合执法27次,出动执法检查人员1216人次,发现隐患数2361条,立即整改2186条,限期整改175条,责令停产47家,行政处罚金额14万元,发放宣传资料13000份。

【安全宣传教育培训】 开展安全生产月系列活动。“安全生产月”咨询日,共设立咨询台45个,摆放宣传展板31块,发放宣传资料2万份,2000多名市民参加了观看展板、现场咨询、万人签名等不同形式活动。举办微信知识竞答2次、安全生产知识竞赛1场,广泛宣传法律法规、安全知识,提高全社会安全意识。开展教育培训。

6月19日,2017年“安全生产月”万人签名活动

全年组织企业负责人、管理人员、危化品从业人员、特种作业人员培训班16期,培训人数794人;开展双重预防机制、宣贯深改意见、省条例等培训会3期,参加人数230人。开展职业健康宣传。职业病宣传周期间,共出动宣传车辆25次,发放职业病防治宣传材料2200份、标语52条,接受群众咨询195人次,张贴宣传画20幅、横幅55条。

【安全生产行政执法】 根据年度监管执法计划,重点突出危险化学品生产、经营,竹木加工,铅笔生产等行业领域企业执法检查,全年累计检查、复查生产经营单位455家次,发现一般事故隐患125项,发出执法文书173份。针对有限空间作业场所、可燃爆粉尘、喷涂作业场所等领域开展专项执法检查,共排查隐患24项,开具执法文书12份,责令停产停业整顿1家。办理行政处罚案件6起(事故案件2起),已办结6起,收缴罚没款27.1万元。

【重大隐患挂牌督办】 通过督察、企业自查、群众监督的形式,全县共排查梳理11处重大隐患,其中工矿商贸市级重大隐患单位2家,县级重大安全隐患单位5家,道路交通县级重大安全隐患点4处,并对重大隐患进行公示,接受社会监督。加大对重大事故隐患督察力度,实行督办治理、跟踪监督,督促企业落实隐患整改责任、措施、资金、期限、预案,限期整改到位。11处重大隐患已全部整改并销号。

【职业卫生安全监管】 全年全县职业病危害需申

报企业80家，已经申报完成85家，企业职工健康体检400人，职业卫生监督执法检查130家，下达执法文书30份。庆元新正大漆业有限公司和浙江光辉工具有限公司两家企业创建尘毒示范企业。

【创新监管模式】 充分发挥社会化服务作用。县政府设立30万元社会化服务和科技强安专项补助资金，对进驻庆元的中介机构和购买服务的企业进行补助，全年共有982家生产经营单位与中介机构签订服务合同。继续推进标准化创建。加强引导企业创建标准化企业，全年累计培育三级标准化达标企业101家、规范化企业10家、诚信企业202家。强化安全生产科技支撑。制定印发《庆元县电气火灾综合治理工作方案》，召开智慧式用电专题培训会，近百名企业代表和基础安监站工作人员参加。截至年底，已安装“智慧用电”信息系统149套，应用企业有15家。积极推进安全生产信息化建设。构建安全生产大信息化体系构架，制定信息化建设方案，项目投资总估算210万元。

【危化和烟花爆竹安全监管】 严格把控审批程序。全年共受理各类审批事项28件，其中完成烟花爆竹经营18件、非煤矿山安全设施设计审查2件、危化8件；加强危化、烟花爆竹本质安全。联合相关部门开展烟花爆竹“打非治违”行动，检查企业46家，199家次（烟花爆竹经营单位24家，96家次；检查危化品企业16家，80家次；检查矿山企业6家，23家次）。下发现场整改决定书2份、责令限期整改指令书10份、现场检查记录9份、整改复查意见书9份。制定《庆元县城主城区禁售烟花爆竹的实施意见》，印发《庆元县危险化学品安全综合治理实施方案》《庆元县矿山事故应急预案》。

（叶　飞）

土地管理

【概况】 2017年，全县土地收入创新高，筹措建设资金约9.17亿元。（其中指标调剂款4.6亿元、土地出让金4.57亿元），完成全县19个乡镇（街道）的永久性基本农田划定工作，划定永久基本农田11133.33公顷，永久基本农田示范区3926.67公顷；还完成了高标准基本农田建设项目1个，面积966.67公顷。在全市率先完成年度搬迁任务，完成避让搬迁2011户、6555人，其中完成安置1689户、5506人。完成工程治理29处，建成避灾安置点28个。加快危旧房治理，完成214幢城镇危房和2840户农村危房的治理任务，治理率100%。启用全省首个“除险安居”安置房摇号中心。安置户可以在法定工作日上班时间，自行安排摇号时间，“随到随摇”，方便安置户的同时，减少政府部门的人力、物力投入，更提高了地质灾害威胁对象的安置效率。

【耕地保护】 严守耕地红线。到2020年，耕地保有量14080公顷，永久基本农田面积11133.33公顷。落实耕地保护目标责任。县、乡、村逐级签订永久基本农田保护责任书。落实耕地占补平衡。2017年，全县非农建设占用耕地45.7891公顷（水田44.3986公顷、旱地1.3905公顷），实际补充耕地45.7891公顷（水田）。对建设单位无法自行补充的交通项目做到足额缴纳耕地开垦费。健全耕地保护补偿机制。2017年，全县共需要补偿资金1193.6261万元，其中省财政下达到县耕地保护补偿资金545万元，全县需配套耕地保护补偿资金648.7万元。全力推进垦造耕地工作。修订完善2017年《庆元县垦造耕地目标责任考核办法》。补充完善《庆元县垦造耕地专项资金管理办法》、建立调整组织架构（调整工作领导小组、成立土地整治项目联合评审工作小组），全年共立项垦造耕地项目111个，面积602.6公顷；完成竣工验收项目23个，面积67.26公顷。完成高标准基本农田建设967.8公顷，农村土地综合整治立项5.54公顷。落实永久基本农田保护。庆元县永久基本农田面积11133.33公顷，储备库206.67公顷，划定永久基本农田示范区面积3926.66公顷。设立永久基本农田标志牌，其中县级1块、示范区1块、乡（镇、街道）19块、村级322块。

【项目用地保障】 做好项目预审、报批。全年共完成用地预审41件。其中县级预审39件，市级预审2件，总面积287.26公顷；上报调整项目18个，共使用规划空间指标60.1042公顷。上报7个建设用地批次，1个单独选址，用地总面积53.73公顷（其中农用地50.4公顷，耕地45.8公顷）。落实土地供应。全年共供应建设用地40宗，面积113.06公顷。其中划拨项目供地27宗，面积79.33公顷；协议出让供地2宗，面积0.2公顷；挂牌出让供地11宗，面积33.53公顷。盘活存量建设用地。全年全县共盘活存量用地44.58公顷，完成年度任务的252.34%。低效土地开发再利用。全年共完成城镇低效土地开发再利用6.78公顷，完成年度任务的128.77%。完成设施农用地管理。全年共完成设施农用地项目备案48宗，涉及用地备案面积0.624公顷。拓展储备空间。2017年，计划收储土地7.9公顷，收储费用约1.18亿元。全年共收储固体废弃物及可再生资源综合利用中心工程项目土地使用权、浙江久亿工贸有限公司屏都综合新区土地使用权、县工业园区建设发展有限公司屏都综合新区土地使用权、浙江创盛工贸有限公土地使用权、原县小微企业孵化基地、浙江华泰竹木公司、原竹口造纸厂区块等9宗土地，面积24.096公顷，支付收储补偿金5737.1655万元。

【土地市场建设】 加强土地市场管理，规范土地有形市场运作。全面推进经营性用地及工业用地招拍挂制度。2017年度全县共完成土地招拍挂出让土地11宗、33.53公顷，其中工业用地8宗、22.2公顷，商服用地1宗、6公顷，商住用地2宗、5.333公顷，实施国有建设用地使用权网上交易制度。2017年10月1日起，国有建设用地使用权挂牌与拍卖出让全部按照规定和要求进行网上交易，2017年全县通过浙江省土地使用权网上交易系统出让国有建设用地2宗，面积4.38公顷。出台《庆元县补缴土地出让金暂行规定》（庆政发〔2017〕92号），规范庆元县县域内国有土地使用权转让、划拨土地使用权补办出让和土地用途改变涉及的补缴土地出让金等有关问题。

【不动产登记发证】 全面实施存量房合同网签（备案）工作。为规范存量房（二手房）转让行为，保障交易安全，完成存量房合同网签信息系统建设，全面实施存量房合同网签（备案）工作。2017年4月1日正式运行，通过存量房网签系统办理的存量房买卖合同签约403套，建筑面积48158平方米，总金额达35242万元。深入推进“最多跑一次”改革工作，在行政收费方面，免收交易费、印花税等收费项目。在跨部门合作方面，开通不动产水电有线电视联动过户、公积金抵押贷款联办业务、完成与地税部门相关业务整合、流程优化和窗口调整等工作，将多事项合并为单事项，全面实现不动产登记“一窗受理，后台并联审批，证书快递到家”的新模式。全年办理不动产权证4920本。其中房地产抵押设立登记2446宗，商品房转移登记1135宗，存量房转移登记176宗，国有建设用地及房屋所有权首次登记700宗，其他登记91宗。颁发不动产登记证明3108份，抵押金额38.03亿元。不动产注销及抵押注销登记421宗，不动产档案查询15779宗。法院查解封登记482宗。

【农房确权登记发证】 6月，全面开展农村宅基地及住房确权登记发证工作。一是加强领导。第一时间成立工作领导小组，制定出台实施方案和实施细则，对确权发证工作进行统一部署和规范，并对“两违处置”处罚流程和标准及时进行梳理，助推农房确权登记发证工作。二是及时开展农房测量和权籍调查。全年完成隆宫乡、举水乡、龙溪乡、岭头乡等4个乡的农房测绘工作。三是进行入户现场办理。相关部门组成两个工作组进驻乡镇，进村入户开展现场办理，上门服务。全县共完成3967宗农房确权登记发证，完成率达80.37%。

【土地执法监察】 以“亮剑行动”设施农用地专项清理整治行动为主线，积极开展“无违建先进县”的创建活动，深入开展“三改一拆”，认真做好国土资源执法监察工作。一是加强执法巡查。全年共组织开展巡查2929人次，制止违法用地34起，占地面积14412方米（其中耕地面积6285平方米）；查处土地违法案件43起，涉及土地面积3530平方米，收缴罚没款18.3万元。二是开展“一严查两整治”亮剑行动。制定下发

《一严查两整治亮剑行动工作实施方案》。积极开展设施农用地专项清理整治工作，梳理审批（备案）台账157宗，涉及用地面积30.58公顷，其中耕地面积24.57公顷。逐宗对设施农用地进行调查核实，排查违法违规用地85宗，用地面积23.89公顷，完成整改率88.24%。排摸清理农村集体土地确权违法用地124宗，总面积2.14公顷，完成整改率100%。三是组织开展大讨论活动。认真组织开展国土资源执法监察系统“依法履职，敢于担当”大讨论活动，召开动员部署大会，建立大讨论活动领导小组，制定《关于国土资源执法监察系统“依法履职，敢于担当”大讨论活动实施方案》。四是全力做好环保督察工作。中央环保督察信访县国土资源局主办5件，协办8件，省级环保督察信访件涉及县国土资源局主办1件，协办7件，按照职责要求第一时间到现场进行勘察，认真落实整改查处工作。五是做好卫片执法检查工作。组织开展2017年度卫片执法监督检查工作，违法占用耕地面积与新增建设用地占用耕地面积的比例为0.09%；开展土地例行督察疑似图斑核查工作，涉及图斑110个，面积270.72公顷；开展省级土地卫片执法监督检查，核查全天候遥感监测图斑155个，涉及面积172.33公顷。

矿产资源管理

【概况】 2017年，庆元县有持采矿权许可证矿山6个，其中浙江省庆元县黄田镇曹岭铁矿，位于黄田镇曹岭村；屏都街道黄麻弄砖厂1个（火车站已征用）；4个建筑石料矿采矿权，分别是位于竹口镇岩后村、松源街道上庄村、淤上乡高山湾村的建筑用石料花岗岩矿，位于左溪镇留香村的饰面用花岗岩矿。4个探矿权分别是岭头乡铁吉岙一带金矿普查项目、贤良镇茶亭银矿点普查项目、浙江省庆元县张村乡张村一带铅锌多金属矿普查项目和浙江省庆元县松源镇横栏金矿普查项目。开展矿山安全检查工作。逐步形成安监、国土、乡镇（街道）等部门协调配合的安全生产监管机制，督促企业落实安全生产主体责任。由县国土资源局地矿科牵头，以辖区国土所为单位，分4个检查组，对全县6个矿山和4个探矿权，以每月不少于1次的要求开展安全检查。对各所辖区公益性的保障重点工程需要的临时性采石场进行排查。同时加强部门联动执法，严厉打击矿山超边越界、无证非法开采等非法行为。

【地质灾害防治】 全力推进“大搬快治”除险安居工作。一是加快搬迁安置。全年签订协议1727户、5910人，签约率135%；完成腾空房屋1741户、5962人，腾空率136%；拆除房屋2011户、6555人，拆房率150%。二是推进工程治理。完成36个地质灾害工程治理项目实地勘查和治理方案设计，其中，正在施工8个、竣工28个，解危1952人。三是建设避灾中心。全县共建成避灾中心207个，其中县级1个、乡镇级19个、村级187个。四是争取项目资金、指标。完成2017～2018年立项项目申报。其中，2017年实施项目4个，解危人口551人，争取省级资金827万元，市级资金165万元，用地指标4.4公顷；2018年实施项目33个，解危人口1985人，争取省级资金2978万元，市级资金596万元，用地指标15.87公顷。

（胡仁权）

社会团体

庆元县总工会

【概况】 2017年，庆元县建立工会组织6家，发展会员275人，成立庆元县疗休养接待站联合工会。截至2017年底，全县共有基层工会446家，涵盖单位950个，职工会员24930人，女职工会员12055人。9月7日，县总工会召开十二届委员会第七次全体会议，会议选举周大标为庆元县总工会第十二届委员会委员、常委、主席，胡根妫为庆元县总工会第十二届委员会委员、常委、副主席，同时选举胡根妫为庆元县总工会第十二届经费审查委员会委员、主任。在女职工组织建设方面，2017年，新建女职工组织6家，新发展女职工会员2109人，截至2017年底，全县共建立女职工组织469个，全县有女职工会员12055人。在444个女职工组织中设立女职工委员会205个，有女职工委员239个。10月23日，《庆元县群团改革总体方案》《庆元县工会改革工作方案》出台，开展乡镇、街道总工会改革试点，松源街道、屏都街道、竹口镇为乡镇、街道总工会改革试点单位。

【工会活动和宣传教育】 实施职工素质工程，积极开展工会活动和宣传教育工作。一是开展重点工程立功竞赛活动。4月24日，庆元县人民政府办公室以庆政办发〔2017〕67号发出了《关于开展“干事创业开新篇”重点工程立功竞赛活动的通知》，县总工会、县发改局积极发动重点工程建设单位开展以“六比六赛”为主要内容的立功竞赛活动，全县有25家重点工程建设单位开展“干事创业开新篇”重点工程立功竞赛活动。二是开展“干事创业开新篇”知识竞赛。4月26日，县委宣传部、县总工会、团县委、县妇联联合举办“干事创业开新篇”知识竞赛，来自全县19个乡镇、街道、县直机关七大系统及园区企业等27支代表队参加比赛。三是开展登龙头山、赏杜鹃花趣味活动。5月6日，县总工会、县旅游委员会、县体育局、黄田镇政府联合开展登龙头山、赏杜鹃花趣味活动，活动包括登山比赛、定向寻宝和赏花摄影等内容，全县机关、企事业单位和乡镇的250名运动员参加比赛。四是举办全县铅笔行业职工技能竞赛。9月26日，县总工会与竹口镇政府、县铅笔协会举办全县铅笔行业职工技能竞赛。技能竞赛设铅笔包装比赛、铅笔工艺品创意大赛等竞赛项目。鸿星文具代表队获得铅笔包装比赛团体一等奖；鸿星文具有限公司设计的“宏伟歼20战斗机”工艺品夺得铅笔工业品创意大赛的桂冠。五是举办首届机关运动会。2017年11～12月，县委组织部、县总工会、县体育局等单位联合举办庆元县首届机关运动会。运动会设垂钓、乒乓球、五人制足球、羽毛球、桥牌、田径比赛、气排球、篮球等项目，全县有68支代表队参加运动会。六是开展职工能量营活动。11月8日，县总工会召开疗休养业务培训和疗休养工作推进会，市总工会授予庆元“庆元县职工能量营”牌匾。11月9日，县总工会举办首次职工能量营活动，组织20名基层工会干部到斋郎村开展红色疗休养活动，通过开展职工能量营活动，更好地为广大职工补充精神食粮和正能量，关心关爱职工身心健康。

【工会会员维权帮扶】 2017年1月起，提高职工医疗互助统筹标准和给付标准，统筹经费从原来的每人每年50元提高到100元，给付标准从自负部分的50%调整为90%（不含自理、自费），全县共有264家单位9498名职工参与职工医疗互助保障。从2014年1月至2017年年底，全县已累计报销1148人次，支付保障金143万元。在困难职工帮扶方面，全面开展困难职工情况调查。2017年，为151名困难职工建立档案，在此基础上，积极开展帮扶救助活动，共帮扶困难职工151人，资金支出38.05万元。其中帮扶患肾病困难职工6人，发放爱心透析救助资金2.7万元；帮扶困难职工子女上学32人，发放助学金9.6万元；帮扶困难职工大病救助7人，发放资金1.95万元。帮扶困难职工136人次，资金支出23.8万元，其中生活救助16.15万元、医疗救助7.65万元。

【职工民主管理】 健全职代会和厂务公开制度，全县实行职工（代表）大会制度的企事业基层工会有403家，其中实施职工代表大会制度的企事业基层工会有145家，实施职工大会制度的企事业基层工会有258家。涵盖单位822个，涵盖职工22123人。其中私营企业258家，涵盖单位659个，涵盖职工15668人。加强厂务公开民主管理工作，全县实行厂务公开制度的企事业基层工会有374家，涵盖单位787个，涵盖职工20365人。其中私营企业254家，涵盖单位667个，涵盖职工14901人。国有、集体及其控股企业职代会和厂务公开建制率达100%，事业单位职代会和厂务公开建制率达100%，独立建会的非公企业职代会和厂务公开建制率达到100%。“梦天”、“双枪”开展工资集体协商提质增效示范点创建工作。继续开展集体合同数据库录入工作，数据录入率达100%。女职工权益维护专项集体合同签订率巩固在100%。

【工会劳动保护】 健全工会劳动保护监督组织网络，全县建立工会劳动保护监督检查委员会394个，工会劳动保护检查员1232人；工会劳动法律监督组织400个，工会劳动法律监督员1191人；劳动争议调解组织290个，调解人员602人。开展“安康杯”竞赛活动，全县参加“安康杯”竞赛活动单位397个，参赛职工22459人。开展班组安全建设活动的企业280家，参加班组2089个。举办工会劳动法律监督员培训班。8月18日，县总工会在国际大酒店三楼会议室举办工会劳动法律监督员培训班。开展安全文化征文活动，对基层上报的安全生产论文进行评选，评选出一等奖1名、二等奖2名、三等奖3名。开展高温“送清凉”活动，各级基层工会组织开展防暑降温安全生产工作，并组织开展高温慰问活动。

（柳庭和　刘明妹）

共青团庆元县委员会

【概况】 2017年，共青团庆元县委员会（以下简称团县委）动员团员青年开展“两学一做”“一学一做一争当”主题教育实践活动及“学报告精神　话使命担当”PPT风采展示大赛、“团干话团”主题论坛、“最喜爱习总书记一句话”座谈会等活动，各团组织开展主题团日、组织生活会等活动300场次。开展省、市、县级“两优一先”，共青团员先锋岗（队），五四红旗团委、团支部，十佳网商、青年文明号等先进评选活动。依托“庆元青年”微信平台和“青年之声”，发挥网络文明志愿者的力量，全年推出原创微信262期。

【共青团组织建设】 《庆元县共青团改革实施方案》出台，选优配强“3专1挂2兼”的团县委班子队伍。确定松源街道、屏都街道、竹口镇为市级改革试点单位。紧抓换届契机，全面完成345个村（社区）的团支部换届和19个乡镇、街道团组织换届。推进隆宫乡、庆元三中“双百双提升”工作。深化“1+100”直接联系青年制度，24名专兼职团干直接联系青年2610人，累计开展线上线下活动300次。开展县、乡、村级团干部培训，举办团干读书会暨团干素质能力提升培训班1期、“志愿汇”培训2次、主题学习3次、青年成长论坛4次，覆盖团干600人次。

【青年创业活动】 提供创业创新服务，整合农办、人力社保局、电商服务中心等资源，举办青年技能创业就业培训26期，培训青年1679人。开展青年创业信贷扶持工作，发放创业贷款3669.5万元，扶持青年279人。推出13期青年创业创新主题沙龙。争取50万元资金在电商园二楼建设青创空间，推进创业创新帮扶。开展青年创业大赛、电商高峰论坛、电子商务创业周、资源对接会等活动，农村电商销售额达到15.4亿元，全县电商从业人员3000人。在全市“农村电商金牌系列大赛”中，庆元蝉联团体第一名，并获得3个单项“金牌手”称号和1个“优秀手”称号。

【青少年权益维护】 加强对五类重点青少年群体的跟踪管理，依托“12355”、青少年宫等平台场所，开展“我是小红军”“同在蓝天下、你我共成长”等留守儿童平安自护公益活动6场，800人参加。开展“五防教育”“三禁三自”“禁毒流动课堂”等活动15场。健全常态化“倾听”机制，全年开展“共青团与人大代表、政协委员面对面”主题倾听活动4次。

【青春志愿服务】 全县“志愿汇”注册人数2.97万人，总服务时数8.24万小时，“公益小天使”

和“五防教育”志愿服务品牌影响力扩大。全年开展爱心广场志愿服务活动15期，服务群众5000人。各级团组织开展“三五”、“五四”等大型志愿服务活动110场次。志愿者为首届世界丽水人大会庆元分会、浙西南片区运动会提供服务。带领全县团员青年积极投身于“剿灭劣Ⅴ类水”、“六边三化三美”、省级示范文明县城创建、小城镇环境整治等中心工作，成立“河小二”突击队伍37支，人数达1000人，先后开展“河小二”大型活动8场。各级团组织开展“河小二”治水活动100场，共计3000名团员青年参与。组织少先队员开展“菇乡青山绿水我来绘，剿灭劣Ⅴ类水我助力”等治水活动20场，600名少先队员、1000名家长参与。

【关爱青少年活动】 2017年，政府爱心助学全年资助贫困学子179人，其中大一新生156人、高中生23人，发放助学金71万元。牵线希望工程、鸿程企信等社会组织开展结对帮扶行动，捐资捐物，价值4万元，减轻160个家庭子女教育负担。开展“点亮微心愿，喜迎十九大”留守儿童微心愿认领活动，实现微心愿370个。利用亲青筹公益平台为官塘荷洋村灾民筹集10000元救灾善款用于购买物资。联合县人才办，先后开展以“缘在七夕、情系菇乡”“青春同行、缘来是你”为主题的青年交友联谊活动4期。

（练银妹）

庆元县妇女联合会

【概况】 2017年底，全县有乡（镇）、街道妇联组织19个，社区妇联组织8个，机关事业单位妇委会44个，“两新”组织中妇委会69个，村级妇联345个。庆元县妇女儿童工作委员会办公室更名为庆元县人民政府妇女儿童工作委员会办公室。

全县来料加工费收入2.6亿元，比2016年增长2500万元，增幅10.6%；经纪人245人，新发展一手经纪人20人；加工队伍稳定在3万人以上。为经纪人提供运费补助、设备购置、厂房租赁等补助111.43万元；为经纪人争取创业优惠信贷630万元，个人信贷最高额由2016年的20万元调整为30万元，来料加工企业最高额为50万元，进一步缓解资金周转难题。1月19日，组织召开全县来料加工集中点消防安全知识培训会，来自乡镇来料办、集中加工点经纪人或管理人员100人参加培训。11月，委托专业机构连续举办3期来料加工平车工培训，共计100人参加。

组建濛洲街道姚家村、松源街道会溪村和菜业村“美丽帮帮团”，每月8日、18日、28日固定开展道路保洁、河道清理行动，带动周边住户积极参与“六边三化三美”“五水共治”“剿灭劣Ⅴ类水”等中心工作。2月20日，县妇联组织开展“美丽帮帮团”迎县“两会”洁净大行动。4月28日，县妇联组织开展千名“美丽河嫂”齐剿劣Ⅴ类水行动。10月24日，松源街道会溪村沈从娟家庭、濛洲街道西演村毛长飞家庭被评为2017年丽水市绿色家庭称号。

《庆元县妇联基层组织改革工作方案》《关于选配挂兼职副主席的通知》出台，通过改革落实乡镇（街道）妇联2万元专项工作经费。开展普法、反家庭暴力、远离毒品、抵制邪教等知识宣传。发放反家暴法、平安家庭等宣传资料16000份，发放宣传环保袋30000个、纸杯50000个。县公安局行政审批中心公安窗口、县社会服务管理指挥中心指挥大厅被评为2016年度丽水市巾帼文明岗，淤上乡妇联主席吴爱红被评为2016年度丽水市巾帼建功标兵。4月27日，蒋增美家庭被评为2016年度浙江“最美家庭”。选派5支巾帼党员志愿服务小分队开展巾帼党员“进村入企联心”活动。举办全县女干部职工职业素质提升讲座，台湾著名教育专家、心理咨询师黄秋蓉讲授《女性心灵美学——经营自我价值，绽放生命光彩》。“母亲节”来临之际，开展“万朵鲜花送母亲”感恩活动。举办庆元县青年女干部培训班。召开全县妇联系统中共十九大精神学习会暨业务培训会，特邀省妇干校教授、杭州市妇联权益部部长授课，全县各乡镇、街道、村、社区妇联负责人，县属单位妇委会主任，600人参加学习培训。全县19个乡镇、街道妇联改革（换届），选举产生妇联主席13人、专职副主席6人、兼职副主席44人、执委193人，其中党员120人。

【来料加工】 4月11～13日，吴青花、李思来、叶圣饶等8名来料加工经纪人组团参加2017中国国际电子商务博览会。6月16～18日，驻义乌来料办组织15名经纪人培训穆斯林小帽加工技术，指导经纪人抱团发展小帽加工产业，主打以自己的产品铺样主动接单。9月6～9日，来料加工经纪人协会赴银川，参加中国——阿拉伯国家博览会，共收获意向订单90个，实际成交订单23个，总额110万元。10月19～25日，在第二十三届义博会上，参展的11名来料加工经纪人发放宣传资料、名片2479份，接到意向业务293个，订单金额约1290万元，实际成交订单134个，成交金额约260万元。

【行政村（社区）“会改联”】 6月20日，全县345个行政村、8个社区完成“会改联”工作，选举产生村（社区）妇联主席353人，其中党员80人，平均年龄47岁，全部进村“两委”；产生村（社区）妇联副主席425人、执委1805人、村妇女代表大会代表7765人，建立功能型妇女小组1730个。

【特邀“美丽舅妈”人民观察调解员制度】 8月，县妇联与县人民法院通过资源整合，组织建立特邀“美丽舅妈”人民观察调解员制度，推动形成家事纠纷联动化解机制，有10名“美丽舅妈”人民观察调解员，受理婚姻家庭纠纷调解案20件，成功率超过90%。

（黄海平）

庆元县科学技术协会

【概况】 2017年，庆元县科学技术协会（以下简称县科协）下属有自然科学学会、协会、研究会21个，有乡镇（街道）科协19个，会员812人；农村专业技术协会3个，会员440人。

【全民科学素质培养】 9月，策划开展义诊、科普宣传一条街、科普灯谜、农村科技示范户成果展示等全国科普日系列活动，其中在农村科技示范户基地——庆元县光泽家庭农场举办的农村科技示范户“田园农事乐”活动被中国科协评为2017年全国科普日优秀活动。邀请院士、知名专家坐镇，科普讲座进校园、进社区、进企业。6月，邀请院士郭传杰为庆元县城东小学、第三中学的同学分别作了题为《奇妙无穷说化学》《他们为何能成为科学大家》的专题科普讲座；7月，邀请丽水市科普讲师团专家、丽水市鱼跃酿造食品有限公司掌门人陈旭东先后为县同德社区居民、双枪竹木有限公司和节节高炭业有限公司管理层和员工等200人作了3场养生科普讲座。充分挖掘现有的师资力量和资源，鼓励全县各中小学成立科技社团，积极开展青少年科技创新活动。2017年，共获得省级科技创新奖项8项、市级科技创新奖项32项。3月，县科协联合气象局主办“气象·科普进校园”活动，组织千名学童共画气象科普佳作，评选出60个优秀作品，在县实验小学表彰获奖作品并展示优秀书画作品，现场制作气象科普明信片、举办猜科普灯谜赢奖品活动，提升学生们学科学、爱科学、用科学的热情。

【科技人才工作】 做好院士专家工作站服务工作。服务好现有院士专家工作站，积极与省科协、省院士专家工作站服务中心联系对接，及时指导县院士专家工作站开展工作，县食用菌科研中心李玉院士专家工作站2014～2016年考核优秀，获得奖励资金20万元，并被中国科协评为2017年度示范院士专家工作站。积极争取新建1家市级院士专家工作站，多次走访浙江双枪竹木有限公司，宣传建站政策和意义。9月，该公司通过市科协、市人才办评审，被认定为第十一批丽水市院士专家工作站。策划组织庆祝全国首个科技工作者日系列活动，在全县营造尊重科技工作者、热爱科学的良好氛围。5月底，县委组织召开庆元县科技工作者座谈会，庆元县科协全力做好参会科技工作者联系对接及相关会务筹备工作，并详细记录16名科技工作者代表提出的意见、建议；筹划科普一条街暨科技示范户成果展，医学会、农学会、林学会等学会科技工作者和农村科技示范户携手为群众提供科普服务；通过电视台、《菇乡庆元》等媒介宣传首个全国科技工作者日，报道在庆元工作的16位优秀科技工作者的先进事迹。认定第五批县级农村科技示范户，推动农村科技示范户交流常态化。3月初至5月底，领导带头下到田间地头，走访各乡镇（街道）种养殖大户，认定20位农户为庆元县第五批县级农村科技示范户，并向市科协推荐其中11户作为市级农村科技示范户。6月，组织召开农村科技示范户工作交流会。会议为吴远付、甘全贵、鲍世勇等4个第四批省级农村科技示范户和吴益明、杨宽英、蔡光泽等20个县级农村科技示范户授牌。会上，示范户交流种养殖及产品销售经验，并针对科协如何服务好农村科技示范户提出意见、建议；指导成立庆元县农村科技示范户协会。搭建学会服务新平台，科技工作者凝聚力、向心力增强。结合各自的特点开展各类学术交流活动，发挥学会在科普和服务百姓方面的作用。县医学会、中医学会、农学会、林学会、水利学会等积极开展义诊、专家现场咨询、科普赶墟、农民技术培训等活动。县财税学会、林学会常年编撰会刊，常年开展重点调研课题近百个，撰写论文100余篇，为各项工作提供更多更好的管理办法和工作措施。县老年科技工作者协会组织实施香菇免药剂无害化接种培菌法项目，编写科普书籍《科技成果集锦》。

【科协系统改革】 9月，率先研究制定《庆元县科协系统深化改革实施方案》，并经县委常委会审议通过，成为丽水县（市、区）科协系统深化改革方案的样板。在改革过程中，庆元县科协始终围绕习总书记提出的“四服务”的职责定位，坚持问题导向，边改边干，以改促干，积极部署多项改革举措。优化科协组织领导机构，强化科协组织力量。筹备召开庆元县科协第七次代表大会。多渠道夯实科协组织力量，加强乡镇（街道）科协、村（社区）科普协会等基层科协组织建设。谋划成立企业科协，助推企业转型升级。主动与省、市科协联系对接，详细了解成立企业科协的相关程序，积极走访双枪、方格药业等创新型企业，宣传成立企业科协的意义和作用，做好成立企业科协的前期筹备工作。增强特色科普馆建设，实现公益科普多方参与。建成香菇博物馆、廊桥博物博物馆等10家县级特色科普馆和节节高竹炭知识科普馆、三山根邑科普馆等2家市级特色科普馆，联合举办多场公益科普活动。多方争取经费支持，强化深化改革经费保障。多次与省、市科协联系对接，争取到中央补助科普专项经费19万元；省食用菌协会丽水地区协同创新服务站科研项目落户庆元百兴食品等5家食用菌企业，获得项目科研经费补助60万元；向县财政争取经常性经费5万元。

（叶丽娟）

庆元县工商业联合会

【概况】 2017年，庆元县工商联开展以“领导班子优、会员发展优、商会建设优、作用发挥优、工作保障优”为工作目标的“五优”县级工商联创建工作，被评为“五优”县级工商联。2017年，规模以上工业总产值比2016年增长11.4%，其中57.8%为县工商联（总商会）会员企业。浙江天竹工贸有限公司、浙江三和竹木有限公司等6家县工商联（总商会）会员企业获评省级骨干龙头企业。浙江吉安木业有限公司董事长兼总经理吴静安被授予丽水市工商联系统“丽商新乡贤”称号，浙江九川竹木股份有限公司董事长周松珍被授予丽水市工商联系统“最美企业家”称号。浙江九川竹木股份有限公司被认定为国家林业重点龙头企业。在2017年4月召开的庆元县新生代企业家联合会第二次会员代表大会和8月在杭州召开的杭州市庆元商会第二次会员代表大会上，成功完成两个商会的换届工作。

【理论文化建设】 以传承“红船精神”作为全体会员开展红色教育的重点，组织非公有制经济人士深入各地红色教育基地参观学习，带领广大非公经济人士始终跟党走，听党的话，坚定发展信心。2017年5月，组织工商联执委赴嘉兴考察学习，在南湖革命纪念馆开展“听党话　跟党走　红色之旅”教育活动，弘扬“红船精神”。2017年8月和11月，组织青年企业家参加省、市组织的赴井冈山、遵义红色教育学习培训班，接受革命洗礼。以“守法诚信、坚定信心”为重点深入开展理想信念教育实践活动。与统战部联合制定《2017年庆元县以“守法诚信、坚定信心”为重点深入开展理想信念教育实践活动的实施方案》，坚持主题教育进商会、进企业，增强非公经济人士坚定“四个自信”的意识，引导全县非公经济人士以“亲”“清”为标尺，构建新型政商关系。加强与名校对接。通过高校进修模式，努力打造一支政治上有方向、经营上有本事、文化上有内涵、责任上有担当的企业家队伍。联合县人力社保局和团县委于8月和11月分别在浙江大学西溪校区和厦门大学思明校区举办两期青年创业培训班。

【参政议政】 联合县人民检察院、县招商局召开检察机关服务和保障非公企业座谈会，给每个企业发放印有检察官联系企业明细表和五条纪律的服务卡，为非公经济健康发展提供保障，积极打造具有直接性、针对性、便捷性的对企服务新格局。联合县司法局成立县工商联人民调解委员会，在解决民营企业民商事纠纷中充分发挥人民法院和商会组织的力量，加强诉讼调解与非诉讼调解衔接，构建科学、系统的多元纠纷解决体系。县工商联引导全县工商联界别的政协委员，紧紧依托政协组织，认真履行政治协商、民主监督、参政议政职能。工商联界别的政协委员，绝大多数是非公经济代表人士的政协委员。庆元县政协第九届委员会20个界别的162委员中，工商联界别的委员有12人，占委员总数的7.4%，其中党员6人，党外人士4人。2017年，工商联界别的政协委员撰写较高质量的提案近20件次，其中《做强食用菌精深加工产业，实现食用菌强县计划》被县委、政府列为重点督办的提案，为党和政府制定发展非公有制经济政策提供依据，做出了努力。所提提案得到了有效办理，净化了投资环境和市场，推动了全县经济社会协调发展。

【光彩事业】 县工商联积极引导非公经济人士弘扬“致富思源、富而进取、扶贫济困、乐善好施”的光彩事业精神，投身抗震救灾、新农村建设、捐资助学、扶贫济困等社会公益事业，积极履行社会责任，为构建和谐社会贡献力量。2017年，全县非公经济人士和各异地商会、直属商会参与光彩事业捐赠款项累计600多万元。

【创新特色工作机制】 2017年伊始，县工商联把加强商会党组织建设作为一项重要工作来抓，积极尝试“商会+支部”建设模式，推进党建内容向非公经济人士延伸。新成立工商联党总支和商会党支部5个，并将原工商联机关支部、温州商会党支部、驻义乌创业人员支部纳入县工商联党总支管理。深入企业走访非公经济人士，促进银企之间、企业之间互通信息，增进互信，促进共赢。积极加强与各大金融机构战略合作，共同研究、探索支持非公有制企业发展的模式。积极主动对接金融部门，推荐优质企业，缓解非公企业融资难，推动企业强强联合，打造“小巨人”企业，重组上市，邀请上海、杭州知名券商对企业进行上市辅导，为企业直接融资奠定基础。在经济由高速增长阶段向高质量发展转变中，积极发挥好工商联在解决企业矛盾中的润滑剂作用，及时有效协调企业资金链、担保链、债权、债务等方面问题，化解企业难题。6～8月，根据全市统一部署，在全县开展庆元县外出创业人员和乡贤情况摸底调查工作，调查结果表明，庆元县外出总人数60674人，其中外出创业人员21588人，就业就学35847人，乡贤529人。与各商会对接，邀请到商会代表60人。

（叶彩玲）

庆元文学艺术界联合会

【概况】 庆元县文学艺术界联合会（简称县文联）下设作家协会、美术家协会、音乐家协会、舞蹈家协会、书法家协会、摄影家协会、民间艺术家协会、戏剧曲艺家协会8个协会及诗词楹联学会。有会员400人，其中省级会员40人、国家级会员6人。

联合民间文艺家协会、书法家协会承办菇乡文化主题公园的楹联创作。为确保高质量，采用向省内楹联专家定向约稿的方式进行楹联创作，采用网络公开征集的方式进行匾额征名，然后指定本县省级以上书协会员进行楹联书法创作。最终定稿的五副楹联及两条匾额，内容涵盖庆元香菇发源历史、制菇技艺、香菇始祖吴三公、菌菇美食、香菇集散地、菇民戏元素，以及庆元人民对香菇历史文化的深厚情感表达，与菇乡文化园主题十分契合。在后期制作上，县文联积极介入指导，及时调整、提升楹联制作质量。开展系列摄影活动。配合县委宣传部开展“寻找庆元最美风景”专题活动，协助组委会及乡镇开展微信投稿组稿工作，推出了一批庆元风景点。完成黄田“观千亩杜鹃·赏万里竹海”主题摄影大赛、“魅力左溪、风情边镇”主题摄影大赛、食用菌主题摄影大赛。组织开展大规模的“创建省级森林城市暨古树名木主题”摄影采风创作，拍摄面涉及全县19个乡镇、街道的200处单棵古树或古树群，并完成了大赛评选工作。围绕中共十九大召开和学习开展文艺活动。在中共十九大召开前夕，与县委宣传部、县文广新局联合在廊桥博物馆举办“光辉历程，永恒记忆——喜迎十九大庆元红桥摄影诗文展”。展出近年来庆元县涉及庆元红色革命历史的廊桥图片20幅，以及县诗词楹联学会组织县内外诗联家为展览专题创作的诗词作品。中共十九大召开之后，开展了“学习十九大、颂歌献给党”诗词大赛。举办系列文艺表演活动。与团县委联合举办第三届庆元县青年歌手大赛；与文广新局联合举办“星舞飞扬·中国梦”庆元县首届少儿舞蹈大赛；组织百山之声合唱团排练合唱古诗吟唱曲目《送别》《江南》，参加第一届全民阅读专场文艺晚会。相继推出各门类的文艺作品集。完成《寻梦菇乡——作家笔下的庆元》编辑出版，以“知名作家庆元行”采风活动和“寻梦菇乡”征文大赛部分优秀作品为主要内容，并选录丽水、庆元部分当地作家的优秀作品，全书共编入散文诗歌57篇，首次以文学的样式，全面呈现了一个富有自然生态美和人文内涵的庆元。与林业局联合编印《庆元森林揽萃》摄影画册。完成《庆元文艺》（上下刊）的编印发行。继续实施协会以奖代补奖励制度，做好年度文艺创作成果奖的评选。组织推荐优秀精品参与宣传部文艺精品评选。积极开展文艺志愿服务。摄协、书协组织开展文艺志愿服务进礼堂活动，舞协、书协、美协等与县文化馆联合开展免费成人艺术培训等。

【作家协会】 与县旅委联合组织邀请10位市内外知名作家开展“特色主题村落”文学采风活动，从文学家的视角，推介庆元乡村旅游。邀请市作家协会流泉等4位作家到庆元，组织县作协会员在新天地开展笔会活动。组织书协会员参加省市书法观摩、点评活动。配合宣传部、新华书店举办全民阅读系列读书会活动，其中有叶琛主讲《在文学的精神世界里》、吴式求主讲《庆元方言——香菇之都的金名片》、吴德庶主讲《路在脚下——我与国画之缘》等文艺主题沙龙，以及朱飞军《书法与生活漫谈》、刘克敌《文学与人生——经典漫谈》讲座。吴少云的文学作品获得市治水征文银奖。吴丽娟诗歌作品《过咏归桥》《捣药鸟》《圣生梅》，王聿诗歌作品《雨滴》《招手》《银子》等，在《浙江诗人》上发表。王聿的小说《雪白的墙》在《浙江作家》上发表。

【摄影家协会】 开展江根咸菜文化节、上庄石斛文化节、龙头山杜鹃花节、举水乡大丘村农耕文化节等摄影采风活动，并将仙岩景区、龙头山、大丘梯田、左溪印浆、龙溪转水村等命名为县摄影基地。曾志强摄影作品《夜峦草鱼塘》、叶松敏摄影作品《心许》在丽水“瓯江行”摄影大展中入展。陈士平摄影作品《百山祖风光》《香菇》等16幅在教育部主管、西南大学主办的《环球人文地理》杂志上发表。练慧平作品《云起百山》，姚家飞作品《翠野幽境》，郑承春作品《白云深处有人家》《百山祖云海》，在中国摄影家协会推荐、中国摄影出版社出版的《最美拍摄地——中国摄影之乡、中国摄影创作基地指南》发表。

【书法家协会】 春节期间，组织书法家到新窑、安隆、月山等乡村和城区开展7场次“写春联、送祝福”书法志愿者公益服务活动。吴通正书法作品《初月楼论书随笔》获第四届瓯江文化奖优秀成果奖，书法条幅入展丽水书法作品展。沈从满篆刻作品《雕古镂今》入展省刻字艺术大展，书法条幅、行草书3幅入展丽水书法作品展。

【音乐家协会】 组织举办第三届庆元县青年歌手大赛，大赛报名歌手100人，进行了3场预赛、1场决赛，县四套班子领导及1000名观众观看了比赛。百山之声合唱团排练合唱古诗吟唱曲目《送别》《江南》，参加第一届全民阅读专场文艺晚会。组织音协理事及骨干20人赴丽水大剧院观摩歌剧《图兰朵》。叶雄演唱作品《寻梦渔家》在第九届全国残疾人艺术会演（东部片区）声乐比赛中获二等奖。吴峰创作，叶华和杨继芬演唱的歌曲作品《牵了手就是一辈子》在丽水市第十二届原创歌曲大赛中获创作、演唱金奖。叶小玲、杨叶红等排练的大合唱《城南送别》《雨中即景》获丽水市第四届合唱节教育组银奖。

【美术家协会】 吴明全油画作品《大港头渔船》入选省视觉艺术作品展。胡睦熙国画作品，吴明全油画作品《船》入选丽水市赴杭艺术精品展。吴明全油画作品《古树廊桥》入选全国大、中、小学美术教育工作者美术作品大展。周峦、吴明全油画作品入选省剿灭“劣五类水”美术作品展。

【舞蹈家协会】 举办“星舞飞扬·中国梦”庆元县首届少儿舞蹈大赛。举办青少儿舞蹈大赛。组织会员配合全县“乡村春晚”活动，并进行辅导、培训。组织会员参加全市舞蹈编导培训班学习。吴佶静编排的舞蹈《晨起百杉》获丽水市第三届舞蹈大赛银奖。

【诗词楹联学会】 开展局下、苍岱等乡村采风创作活动。会员全年共创作诗词曲联作品400首（副），在县级以上诗刊发表作品200首（副），涉及全国报刊近10家。姚传标的诗词作品《骨傲诗家》《王忆》《其蓉染日》入围纪念王昌龄诞辰1320周年“诗家天子杯”全国诗词大赛。

【戏曲家协会】 协助县里各单位举办各主题文艺演出20场次。吴利华表演的小品《歪门邪道》《胖大妈找女婿》《学知识》等参加丽水市小戏小品大赛，分别荣获银、铜奖。

（吴昌珍）

庆元县残疾人联合会

【概况】 2017年，庆元县残疾人联合会开展重大活动14次，肢残协会成立脊髓损伤者希望之家，叶贵明应邀参加中国残联全国希望之家推广会。先后开展全国助残日系列活动、“牵手同行·共建美丽事业”扶残助残文艺晚会、庆元县第三届残疾人运动会等重大活动。与国大奕斌电器向全县残疾人捐赠爱心助残家电优惠券6000份，价值300万元，赠送解放鞋1000双。与联诚家电开展捐赠“家电助残卡”和爱心大米3000份。2名残疾人代表参加全市“干净干事创新业”演讲比赛，获二等奖1个、优秀奖1个。组织选送5个节目参加全市文艺会演，获得1金3铜1个优秀奖的成绩。叶雄和龙泉市残疾人胡剑等人合唱的《寻梦渔家》在第九届全国残疾人艺术会演（东部片区）中获声乐类二等奖。大力宣传残疾人事业。宣传残疾人事业的新闻宣传报道268篇次，其中省级以上33篇次、市级67篇次。

《庆元县人民政府关于进一步健全特困人员救助供养制度的实施办法》（庆政发〔2017〕163号）出台，将纳入集中托养的贫困残疾人参照特困供养人员标准享受相关的基本生活、照料护理等待遇，实现集中托养重度残疾人经费动态管理的长效机制。《关于印发〈庆元县开发残疾人专职委员（公益性岗位）方案〉的通知》（庆残联〔2017〕30号）、《关于印发〈庆元县残疾人专职委员管理办法〉的通知》（庆残联〔2017〕31号）等文件出台。

2017年，20名乡镇（街道）专职委员和60名村级专职委员发放补助资金9.8万元，补助标准分别为每年2500元、800元，比2016年提高500元、200元。同时，2017年10～12月，完成11名乡镇（街道）专职委员招聘。全年办理信访咨询件2件、三级书记信箱信件2件次；通过法律援助中心受理残疾人案件13件次，其中刑事案件3件。

【庆元县残疾人联合会第七次代表大会】 2017年12月21～22日召开。大会选举产生主席团主席、副主席。主席胡显平，副主席吴先武、赖小文、卢振芳、叶华成、吴善平、李小宾。组成执行理事会，理事长吴先武；副理事长吴善平、叶时林、李金旺；理事胡剑锋。大会听取和审议县残联第六届主席团工作报告，确定今后一个时期残疾人事业发展战略、工作方针和主要任务；通过授权第七届主席团增补、调整主席团委员的决议；通过关于聘请庆元县残疾人联合会第七届主席团名誉主席、副主席的决议，决定聘请刘新民担任第七届主席团名誉主席，吴泽民、夏家天担任第七届主席团名誉副主席。

【残疾人扶贫扶持】 继续将符合条件的成年重度残疾人和成年三、四级精神和智力残疾人按单人户纳入最低生活保障，1785名残疾人纳入低保，占全县低保总人数的28.7%。74名残疾儿童享受困境儿童政策。截至第四季度，有4647人享受困难残疾人生活补贴和重度残疾人护理补贴政策，全年共发放资金1042.2537万元，其中困难残疾人生活补贴2723人、512.1662万元，重度残疾人护理补贴1924人、530.0875万元。落实残疾人社会保险补贴政策，全部持证残疾人享受城乡医疗保险免缴政策，679名残疾人享受城乡养老保险缴费补助政策，为71名灵活就业参保职工养老保险残疾人发放补助3.27万元，实现应补尽补。为全部重度残疾人参保伤害保险，为5个庇护机构和1个托养中心参保机构责任险。

【残疾人就业帮扶】 按照以集中、按比例就业为主，以自主创业、来料加工、电商创业等为辅的原则，实现按比例就业121人，集中就业111人，新增就业创业42人。巩固发展辅助性就业。新增残疾人庇护中心3家，52名残疾人实现辅助性就业。深化推进电商助残，新增残疾人电商孵化基地1个。与县人力社保局联合举办两期电子商务培训，完成年度职业技能培训177人，其中电商培训100人。鼓励帮扶残疾人就业创业。申报新增市级、省级扶贫基地各1个，下发贷款贴息、基地、创业就业、来料加工等各类创业就业补助资金158万元。

【残疾人教育培训】 2017年，通过助学奖励和生活补贴政策，为315名残疾学生和残疾家庭子女发放各类助学及奖励金41.936万元，其中为16名残疾大学生减免学费、住宿费17.736元，为56人发放考取大学奖励金6.5万元，为240人发放教育生活补助16.8万元，为3人发放学前教育补助0.9万元。

【残疾人康复服务】 2017年，为3224名有康复需求的残疾人提供康复服务和辅助适配，完成康复服务2464人、辅助适配758人，康复服务率和辅具适配率分别达到了99.96%、99.87%。落实残疾儿童基本康复服务与补贴制度，为残疾儿童提供基本康复服务补贴50例（儿童助听器验配8例，听力语音康复8例，人工耳蜗手术4例，普及型辅具适配5例，脑瘫康复4例，智力康复18例，孤独症康复训练3例），其中9名为未持证发育迟缓、智力残疾及孤独症儿童，发放康复训练补助14.046万元。为2名自费人工耳蜗手术儿童补助手术费用1.2万元。全年发放轮椅、拐杖等各类辅助器具220件次。基层责任医生签约实现全覆盖，完成残疾儿童、精神残疾人和“三瘫一截”等成年重度残疾人签约1070人，签约率94.94%。落实精神药服全额保障。2017年，有1322人次到定点医院免费取药，合计支出175289.57元。

【庆元县残疾人托养中心】 庆元县残疾人托养中心项目选址屏都街道高速连接线隧道口，按200张床位数规模建设，用地面积10205平方米，总建筑面积约7039平方米，核定投资概算4217.82万元，其中工程造价2874.76万元，工程采购费555万元，其他601.64万元，预备费186.42万元。2017年，完成全部前期审批手续，并将预算造价送财政审核，该项目通过县发改委申报中央预算内补助资金，补助360万元。

（胡慧华）

军　事

人民武装

【概况】 2017年，庆元县人民武装部（以下简称人武部）现编制现役干部3人、职工12人，下辖19个基层人武部。县人武部坚决贯彻军分区党委决策部署，以强军目标为统领，深入贯彻“五个更加注重”“四个坚持”战略指导，全面推进政治建军、改革强军、依法治军，扭住改革主线谋发展，深学系列讲话铸军魂，对接实战需求强保障，突出安全稳定打基础，深化作风建设葆纯洁，在新起点上开创了县人武部转型建设新局面，各项建设平稳发展。

【思想政治教育】 坚定不移用习主席系列重要讲话中“军事篇”“国防动员篇”“改革篇”贯注部队，深化系列讲话精神，强化官兵政治意识、大局意识、核心意识、看齐意识。围绕“维护核心、听从指挥”开展主题教育，组织开展“学强军思想、讲强军故事、干强军事业”群众性主题实践活动，紧跟改革进程，抓好形势宣讲、政策解读、谈心互助，深入细致地做好“一人一事”思想工作，不断凝聚干部职工改革强军的思想共识。弘扬优良传统。以纪念建军九十周年为契机，广泛开展“学传统、讲传统、用传统”活动，组织干部职工和基层专职武装干部开展重走红军路、瞻仰革命先烈活动，推进“红色基因代代传”思想建设，让干部职工在耳濡目染中把优良传统融入血脉。

【后勤建设】 坚持党委理财制度，县人武部党委高度重视后勤装备保障工作，严格落实后勤财务管理规定，每季度召开党委会对后勤保障工作进行研究分析，坚持党委管财、理财制度。规范后勤工作运行机制。年初组织所有人员学习财务工作新规定，严格落实物资集中采购制度让所有人员了解财务管理规定，严格履行程序、执行规定。严格按要求停止有偿服务项目。年初，重点围绕“全面停止有偿服务”，多次召开党委会，与党委委员商讨对策、措施和办法，依法依据及时关停了所有房产租赁项目。

【战备工作】 严格按照战备工作指示，搞好战备教育，严格落实战备值班制度，认真贯彻落实上级各项管理规定，加强对值班室、兵器室等重点部位和重点目标检查，并按预案进行相关演练。年初，及时配套完善抗洪抢险、森林灭火、协助维稳等10个专项预案，做好与上级之间、与军地之间、与目标单位之间的协同对接。在历年规范化建设的基础上，进一步加强基层武装部规范化建设水平。

【军事训练】 2017年，先后组织抗洪抢险应急分队、应急森林灭火分队、基干民兵骨干、拟任专职武装干部、基层专职武装部部长、防暴维稳分队等各类集训。选派人员参加全市冲锋舟操作手集训和防暴维稳专业集训，结合村（社）两委干部换届选举，组织新任民兵连长参加军事训练。6月底，顺利完成分区赋予的全市地质灾害救援专业民兵骨干集训任务，结合集训，组织民兵参加濛洲街道下坞村地质灾害救援演练。通过集训、演练等活动，较好地锻炼了民兵队伍遂行应急救援任务的能力。11月，结合分区专职武装干部考核竞赛活动，组织全体专武干部集中强化训练，屏都街道人武部部长吴善惠、安南乡人武部部长吴志强分别获得分区个人综合成绩第2名、第5名，综合素质和实战能力得到明显提升。

【兵役工作】 针对2017年征兵工作面临的新形势和新任务，县人武部党委及早筹划、强势推进。年初及时调整征兵工作领导组织，领导多次利用整组点验、检查调研等时机，深入重点乡镇指导工作，抓好征兵宣传和网上兵役登记。开展征兵政策下乡村进校园活动，县人武部牵头组织征兵宣传队进行征兵政策宣传，结合现场组织兵役登记，制作《征兵宣传手册》6000份、宣传单20000份，面向社会宣传发放。实现连续37年38次无责任退兵。

【民兵整组】 多次召开民兵整组工作部署会、推进会，认真落实整组工作任务和业务培训，县人武部首长采取逐单位、逐人员过关方式，分组到基层各单位进行检查验收，有效促进整组工作开

9 月 15 日，庆元县举行欢送新兵入伍大会

展。通过民兵调整改革，编强配齐应急力量，科学整组专业力量，精干编成特殊力量。布局上，逐步形成以入闽通道、重要目标为主的基干民兵组织分布格局；编组上，重点吸收工作稳定，长期在庆元、一技之长的人员，使民兵队伍结构更加合理。

【国防动员】 常态运行国防动员体制机制，狠抓各项制度落实。4 月，组织召开县委武装工作暨国防动员委员会全体会议，会议总结部署年度任务，组织基层乡镇书记进行述职，有力推进国防动员工作落实。落实国防动员委员会“八办”主任、联络员联席会议制度，学习上级指示，组织开展业务培训。10 月，组织年度国防动员潜力数据核查，进一步摸清辖区动员潜力数据。

【双拥共建】 坚持按照每季度有会战、每月有活动的思路，积极发动民兵参与以“五水共治”“六边三化三美”“大搬快治”“绿色发展、百团大战”为主的参建共建。积极组织民兵参与森林救火、“学雷锋”、“义务植树”、“全民洁净日”、“剿灭劣Ⅴ类水”、“大花园”建设等活动，共 1329 人次参与活动，树立了良好形象，在干部群众中赢得了口碑，提升了民兵队伍“平时服务、急时应急”的思想认识和能力素质。

【国防教育】 春节走访慰问 55 名现役干部家属。“清明节”组织驻庆元部队、学校和县相关部门开展祭奠石龙山烈士陵园活动。配合县教育局开展纪念“4·28”斋郎战斗胜利 82 周年暨全县国防教育日活动，全县 2320 名中小学生参加活动；与县民政局一起承办“5·17”庆元解放日纪念活动，全县四套班子领导带头，部队和党政机关、社会各界积极参与。县国防动员委员会和县国防教育办公室领导先后到县青干班、联系乡镇、6 所中小学进行国防教育授课辅导。7 月，邀请陆军指挥学院陈向阳教授为县四套班子领导、县属各单位、驻军部队、专职武装干部进行国防专题讲座。结合征兵工作开展“征兵政策法规进学校、下乡村”巡回宣讲活动，在《菇乡庆元》和庆元

4 月 1 日，县人武部组织部队官兵、学校师生祭奠革命英烈

电视台开设国防专栏宣传征兵政策。8 月，召开全县国防教育工作会议，增强国防教育委员会成员单位抓教育的使命感和责任感。

（吴超峰）

武装警察

【概况】 中国人民武装警察部队庆元县中队围绕总队“三稳一全”和“保持清醒、补齐短板、干在实处、走在前列”目标思路以及支队“稳字当头、实字托底、苦字作舟”总体要求，紧紧扭住“维护核心”这个首要，按照“举旗帜筑军魂、迎改革谋发展、抓班子强队伍、重法治促规范、固基础蓄内涵、提标准创标兵”工作思路，树立“政治建队、法治建队、文化建队、安全建队”工作理念，聚力“把最偏远中队打造成基础扎实、全面过硬的标兵中队”这一建队目标，全体官兵奋勇拼搏，合力创标，全面建设稳步推进。

【队伍素质建设】 围绕“迎接十九大、保卫十九大、学习十九大、贯彻十九大”主线，把握“强军目标”和新《基层建设纲要》有关要求，全面贯彻总队、支队两级党委（扩大）会议决策部署，本着“清醒头脑找差距，揭露矛盾求发展”的原则，做到“一个目标、两个坚持、三个突出、四项工作”。紧盯一个目标（把最偏远中队打造成基础扎实、全面过硬的标兵中队），做到“两个坚持”（坚持“忠诚担当”的政治责任，坚持“苦干实干”的优良作风），把牢“三个突出”（突出军事训练，突出模范带头，突出官兵和谐），狠抓四项工作（抓班子、抓训练、抓经常、抓安全）。一季度、二季度，在全体官兵的共同努力下，被评为红旗单位。10 月 1 日，全体官兵拍摄的《为祖国庆生打 Call》视频在人民网总网发布，网友浏览点击率达百万以上，腾讯、微信、微博等媒体相继转载。10 月 10 日，以支队总分第一的成绩被总队评为“百日安全竞赛”先进单位。

【备战能力建设】 聚焦大纲落地抓备战强能力，着力研究大纲新内容，坚持以训强能、以训强勤。一是在经常性执勤中巩固“主阵地”。有效提高官兵的执勤能力，强力推进“台州试点”工作，“卫兵室”改造、AB 门整改、警戒线粉刷、灌木清理等隐患治理均严格按照时间节点和责任区分整改完毕。十九大召开前，紧紧聚焦“十九大”安保这个重点，精心组织专勤专训，有效提高官兵的执勤能力。常态落实学规范、查隐患、找问题、补漏洞执勤隐患治理活动，有效纠治了执勤人员姿态不端、精神不振、警惕性不高、登记不规范等问题，全年未发生一起因执勤不规范导致的总队以上执勤通报。二是在严训实训中磨亮“刀尖子”。紧盯全员、全时、全科目，坚持做到“五训”，即：计划施训、标准领训、干部组训、分步细训、以比促训。三是在严备实备中锻造“硬拳头”。建立情报互通机制，每周与县 110 指挥中心、巡特警大队等单位保持紧密联系。十九大召开前，积极参加县委、县政府组织的反恐拉动综合演练。

【管理工作】 强化“安全就是政治、安全就是考验、安全就是保证、安全就是形象”的观念，突出围绕“四个重点”抓好防范，确保安全工作落到实处。一是突出新兵“第二适应期”这个重点。把第二适应期分为来队后第一周、新兵上岗前、上岗后三个阶段，区分新兵、老兵，一步一动抓好“双向承诺”“双向教育”活动。二是突出老兵退伍这个重点。细致摸清战士的走留和思想情况，严格按照上级士官选取的文件精神指导士官选取工作，坚持早谋划、早安排，科学合理制定退伍期间工作计划表，做好退伍期间的各类政治教育，提高退伍老兵的后勤保障。老兵退伍期间，为每名退伍老兵制作退伍纪念光盘，并积极争取地方单位慰问，为每名退伍老兵争取到8种纪念品共计6000元的退伍经费，全部于9月4日发放给退伍老兵。三是突出正规“四项秩序”这个重点。结合正规化管理规定，制定《庆元中队精细化管理细则》，严格落实“九化”，即：内务设置标准化、管理教育经常化、营区卫生常态化、日常养成正规化、一日生活条理化、登记统计规范化、人员职责明细化、各种用语文明化、召开会议程序化，有效提升工作标准和精细化管理质量。严格贯彻执行军委“十一个严禁”和武警部队“八个严禁”治酒管酒规定，全体官兵坚决做到不饮酒、少抽烟，烟头不落地面、酒瓶不进营区。四是突出安全防范这个重点。扎实开展“条令学习月”、“学规范、用规范”、“战备月”及“安全倒计时”活动，认真学习贯彻《武警部队八个方面安全工作规范》，开展“四个谁”的群众性大讨论，全体官兵对违规驾车、内部关系、侵占士兵利益、违规喝酒等问题的红线和高压线意识进一步树立，对各项纪律的敬畏感进一步增强。深入开展安全工作“五个一遍”和“重难点问题排查整治”活动，逐库室、逐哨位、逐人员进行三个回合安全排查。

（武警部队庆元县中队）

人民防空

【概况】 2017年，庆元县人防办抢抓军民融合上升为国家战略的契机，大力推进人防规划设计、人防重点投资、应急协作平台和各类资源统筹，平战结合、军民融合的思想得到进一步贯彻执行。更加重视规划引领，编制实施人防县域控制性详细规划。主动提前介入全县城市建设重大项目规划，加强人防政策宣传和项目初始环节服务。坚持群策群力，推动实施人防项目会议集体审定机制，所有人防项目审批一律上会讨论决定。完成人防质监体制改革任务。推进“最多跑一次”改革，精准“一次性告知”，全部事项实现“最多跑一次”，审批事项全程网上办理。县人防办在全市人防系统2017年度综合考核中，荣获全市第一名。

【人防设施建设】 1101人防指挥中心大楼通过竣工验收并投入使用。筹措资金建成应急指挥通信大厅，完善人防指挥区域通信、城域通信、现场通信“三大网系”。加强项目跟踪和对接服务，积极参与菇城宾馆区块改造、元帅公庙区块建设，根据新人防控规，依法依规审批落实结合民用建筑物建设人防工程。加强基层人防工作站设施设备投入，全县人防基本建设形成发展稳定、布局科学的良好局面。

【全民人防意识宣传教育】 开展“3·1”国际民防日、“5·12”防灾减灾日、“10·31”人防创立日等大型宣传教育活动，组织“5·12”县城区域和重点镇范围内警报试鸣活动，开展人防宣传“五进”系列活动，不断拓展人防宣教新领域。组织参加下坞汛期地质灾害应急疏散演练，举行人防骨干和人防志愿者队伍培训班，开展人防指挥部、人防合成专业队、人防志愿者队伍重组训练，构建重要经济目标综合防护体系。坚持不懈地抓好综合业务网络、视频通信网络、单边无线电台网络的日常训练，确保省、市、县、镇四级随时联通。积极构筑人防指挥区域通信、城域通信、现场通信三大网系，定期开展防空防灾警报系统检修维护，确保警报试鸣随试随响。

（朱青凤）

县人防办举行“10·31人防创立日”大型巡展活动

法　治

综 述

【概况】 2017年，庆元县委政法委坚持以“八八战略”为总纲，深入贯彻中央、省委和市委政法工作会议精神，紧紧围绕保障社会和谐稳定的目标，以争创“星级金鼎”和“全国最平安县”为载体，坚持系统治理、依法治理、源头治理和综合治理，深入实施“三大工程”，全面提升了政法综治维稳和平安建设工作科学化水平，社会大局总体保持和谐稳定。

【维护社会稳定】 坚持把维护重点时段社会稳定作为压倒一切的政治任务，建立中共十九大维稳安保实体化指挥部，严格执行领导带班“每日会商研判”机制。建立“半小时应急机制”“一日三报机制”，实现了十九大、金砖会议等重大时段“四个不发生”目标，守住了“庆元当地不出事，庆元人不到外地惹事”的底线。

【夯实基层基础】 在县级、乡镇街道及重点行业建立“老娘舅”调解队伍，组建“老娘舅”专家库，建立科学有效的考核激励机制，矛盾纠纷调解能力显著增强，全年共排查矛盾纠纷隐患417次，预防纠纷105件，防止群体性上访事件3件；受理纠纷2906起，调处成功2903起（其中涉及县重点中心工作的124起），涉及金额4013.21万元。开展信访积案大化解“清零行动”，建立领导包案制、责任倒查制等推进机制，化解一批历史遗留积案，全年累计化解各级积案41件，实现信访件“去库存”目标。以全民防控为目标，整合优化网格233个，打造“红袖套”防控队伍，积极开展平安志愿者大巡防活动。改造提升乡镇综合信息指挥室19个，推进电动车物联网防盗工程和“雪亮工程”，三项工作完成进度及完成率均居全市前列。

【服务发展大局】 出台《关于为建设美丽“大花园”勇争最美“花骨朵”提供司法保障的实施意见》，为治水拆违、小城镇环境综合整治等重点工作保驾护航。围绕村级组织换届，坚决打击和查处贿选行为，营造风清气正的选举环境。妥善处理企业资金链、担保链衍生的各类纠纷，慎重审理破产重整、破产清算等重大案件，依法处置“僵尸企业”。加大经济犯罪查办力度，共审结案件15件，涉案金额达1.27亿元。审结涉金融案件123件，累计化解银行不良资产1.29亿元。7月11日，成功拍卖全国首例林木抵押物，为林权抵押物处置变现作出了有益探索。

【平安建设】 严打群众反映突出的违法犯罪，全县刑事案件比2016年下降46.3%，治安案件下降11.2%，连续三年实现“两抢”案件“零发案”。检察机关共受理移送审查逮捕各类刑事案件78件、112人，受理移送审查起诉各类刑事案件172件、260人。审判机关审结刑事案件137件、167人，紧盯“执行难”问题，执行收案2200件，执结1932件，执行到位金额1.31亿元，向媒体曝光“老赖”118人次，司法拘留76人。开展打击电信网络诈骗专项行动，诈骗案件比2016年下降50%。全面实施重大决策社会稳定风险评估机制，强化执行征信惩戒机制，破解执行难问题，曝光失信人员66人次。加大重点地区、重点领域排查整治力度，强化食品药品安全、生产安全、生态环境安全、消防安全、交通安全等工作。全县没有发生严重影响社会稳定的“一票否决”事项，群众安全感满意率达到了98.62%，高于全省、全市水平。成功夺得浙江省首批“平安金鼎”，实现平安县建设“十三连冠”。

【政法队伍】 加快各项司法体制改革措施落地，统筹推进公安、司法行政改革，完善司法人员分类管理机制，健全司法人员职业保障制度，坚决支持法官公正司法，有效提升队伍整体素质和执法战斗力。严格落实全面从严治党主体责任，积极践行“争当绿色发展排头兵”十条承诺，扎实推进“两学一做”学习教育常态化制度化，结合“干净干事创新业”作风建设专项活动，开展政法系统“我最喜爱的习总书记的一句话”主题演讲。县公安局和屏都街道被评为全省党的十九大维稳安保先进集体，松源街道被评为全省社会治安综合治理先进集体，县公安局被评为全省公安机关命案侦破突出集体。县司法局被评为2017年度省示范文明单位。

（县政法委办公室）

三感三度测评，群众安全感、满意度为98.62%，全市排名第五。

【维稳工作】 始终立足于庆元发展大局的需要，围绕社会大局态势，以主动担当的作风，出色完成全国两会、金砖国家峰会、中共十九大、世界互联网大会以及省领导到庆元调研、庆元大道开通仪式、香菇始祖朝圣大典等各项重大警卫安保任务，保障村级组织换届选举工作顺利开展。严密网络巡查导控，共上报市局舆情信息239篇，落地查证谣言、传播谣言人员共26人，其中行政拘留1人。加强对重点场所和重点部位的巡逻防范，做好对县域内各类重点群体和重点人员的稳控工作，累计巡逻9600余次，处置35起群体性事件和25起非正常死亡事件，确保“四个不发生”。全力助推衢宁铁路、旧城改造、“大坑区块”等重点项目建设，积极参与小城镇环境综合治理、“绿色发展、百团大战”、“大花园建设”山地开发环境整治重点活动，化解各类矛盾纠纷96起，排查各类不安定因素200起，为庆元经济社会发展保驾护航。

【治安防控体系建设】 始终将公共安全摆在重要位置，抓住防控难点，以无微不至的工作态

公 安

【概况】 庆元县公安局现址在庆元县濛洲街道91号，新建公安业务技术用房位于濛洲街道小济洋区块。内设29个基层派出所和科室所队，管辖16个乡镇、3个街道、345个行政村。2017年，共有2个集体予以记功，39人次先后被省、市、县三级党政机关单位记功表彰和授予荣誉称号。在全市“云端行动”综合绩效得分排名第三；在全县综合考评、党风廉政考核中，获评为先进单位；在全县政法工作考核中，获评三大工程建设先进单位、信访大化解工作先进单位。被评为2016年度全省公安机关命案侦破突出集体、2016年度全市禁毒工作先进集体和打击黄赌犯罪“铁拳2016”全市优胜单位，荣记集体二等功一次；被评为全省党的十九大维稳安保工作先进集体。经侦大队被评为全国“2017年打击银行卡犯罪成绩突出单位”、全省公安基层基础工作成绩突出集体。交警大队被评为2013～2017年度全市优秀公安基层所队，被市政府荣记集体三等功。经

9月3日，庆元公安在新窑卡口查控

度，彰显公安作为。开展“查控系列”专项行动，强化社会管控工作。制定专项工作方案和建立专项工作领导小组，对全县的重点单位、公共场所等重点地区和可能危及重大活动安全的重点人员开展排查整治行动。行动开展期间，出动警力3564人次，检查社会单位3473家次，摸排重点人员2577人次，查处黄赌毒案件16起，抓获黄赌毒犯罪嫌疑人26人，盘查可疑人员1185人次，检查可疑车辆2050辆次，抓获在逃人员3人。启动新窑、安溪省际公安检查站，共出动警力1268人次，检查过往车辆10382辆次，检查人员18171人次，查获违法犯罪人员5人，查缴管制刀具21把。扎实开展“一标双实”工作，采集更新基础数据，排查整治风险隐患，推进搭建防控网络，提速治安监控系统建设，烟花爆竹禁燃放工作有效开展，电动车防盗物联网系统扎实推进，治安秩序持续向好。

【惩治违法犯罪】 全年立刑事案件699起，比2016年下降41.2%，破案200起，刑事拘留176人，移送起诉252人，治安案件受案882起，查处859起，行政拘留74人，抓获上网在逃人员33人，全年无命案和抢劫案件发生，连续9年保持命案全破。全力惩治传统犯罪与新型涉众型案件，对侵财案件、经济犯罪案件和“黄赌毒”案件绝不姑息。深入惩治食品、药品、环境、枪爆犯罪。一是严打涉及民生犯罪。破获生产销售伪劣产品4起，联合市场监督管理局开展联合执法2次，拘留2人。破获电信网络诈骗团伙3个，抓获犯罪嫌疑人75人；破获“六合彩”赌博团伙1个，抓获犯罪嫌疑人59人。破获“侵犯公民个人信息”类案件2起，抓获犯罪嫌疑人9人，移送起诉7人。查获公民个人信息3亿余条，涉案金额达34万元，其中一起案件被公安部列为挂牌督办案件。二是严打经济领域犯罪。查处非法吸收公众存款、集资诈骗等涉众型经济犯罪，共立涉案金额3亿余元的虚开增值税发票案1起，涉案金额1000余万元的集资诈骗案1起，破获重大贩卖淫秽物品案件2起。三是严打“黄赌毒”违法犯罪。查处涉赌案件19起、涉黄案件2起、涉枪案件2起、食药环案件10起。破获传播淫秽物品牟利案1起，并入选全国“护苗2017”专项行动第一批典型案件。破获毒品案件6起，其中破获部毒品目标案2起，抓获毒品犯罪嫌疑人15人，缴获冰毒1184克，查处吸毒人员37人，作出强制隔离戒毒12人，查处“毒驾”3人。共铲除罂粟非法种植10处，合计132株，行政拘留1人，行政罚款2人。

【合成作战警务新型模式建立】 以实战需求为导向，积极探索建立多警种合成作战机制，充分整合各类资源，优化警力配置，于2017年3月成立情报、网警、治安、刑侦为一体的合成作战中心。自投入运行起，共获取各类有价值线索57条，直接破获刑事案件39起，抓获犯罪嫌疑人54人，锁定犯罪嫌疑人21人。其中，协助经侦大队抓获犯罪嫌疑人1人，抓捕在逃人员4人。通过专题研判会商，已串并案件7串72起，其中已破6串64起。协助刑侦大队破获“6·8”和“6·15”特大网络电信诈骗案，共抓获涉案人员69人，刑事拘留35人。

【惩治新型网络诈骗犯罪】 抽调网警、治安、情报等精干警力，组成专案组，收集分析网上的情报线索，摸清窝点地点、人员结构和资金流向后，县公安局组织大量警力，采取集群作战的方式，对各个诈骗窝点实施统一收网。先后破获假冒“淘宝代运营公司”网络诈骗案、“6·8”特大网络诈骗案、“6·15”特大网络诈骗案等系列新型网络诈骗案件。共抓获犯罪嫌疑人103人，采取强制措施75人，涉案金额达1000余万元，受害人遍布全国各地。

【“最多跑一次”改革】 主动顺应群众的期待和诉求，以“农村便民警务中心”为载体，设立“民生壹站”，为群众节省时间和减轻经济负担，共梳理“最多跑一次”权力事项118项，公布111项，公布的事项已达94%，达到上级要求的80%。加强户籍窗口规范化建设，创新推出“10+10”工作法、“容缺办理”服务、下放权限“协同办”工作法等便民举措。落实简政放权，设立公安综合服务窗口统一受理审批事项，按照“前台综合受理、后台分类审批”的工作流程操作，确保群众在“一个窗口”就能办成。租赁4700余平方米的新场地改善车管所服务环境，方便群众参加驾驶员考试、学习教育、办理车辆年度审验等业务。打破高速与地方违法处理的壁垒，5月2日起，实现违法驾驶员处理一次性到位。推出“360+1”服务新模式，360秒完成受理手续，确保群众护照办理、港澳签注“一趟办完”。打造“户籍365”工程，全县所有户籍窗口节假日不休息，开创365天都可办理户籍业务的工作局面。创新推出八小时外“10+10=100”工作法，户籍窗口每天安排人员值班，遇有群众急需办证，确保窗口工作人员10分钟内到达办公室，10分钟内为群众办好事。发挥县公安局三大微信公众号作用，公布包括户籍办理所需的详细材料、办理步骤，并附上相关表格及申请模板，方便群众查询下载。

【人口管理】 加强户籍窗口规范化建设，创新“10+10”工作法等便民举措。共送审核送制“二代证”13029张。县外迁入1090人，迁出县外2209人，县内迁移3293人，出生登记2333人，死亡注销1771人，分户2936人，为无户口人员补录户口19人，重人户籍删除24人。办理证件5750件，其中护照3203件，港澳通行证2168件，大陆居民通行证379件。积极做好“双备”数据库的新增、撤销、修改，报备法定不准出境人员数据610条。加强外国人员的管理，全县境外人员住宿登记434人次，均无差错。遣送“三非”人员2人（外籍妇女）。按照“一标三实”的基础数据采集要求，全力推进流动人口登记管理等基础工作，新增标准地址2294个，更新实有人口数据46407条，新建虚拟房屋2540间，新增场所单位2581个，完成IC卡式居住证管理模块的基础工作。登记流动人口11756人，登记出租房屋1187户，在册半年以上的流动人口为4452人。受理IC卡式居住证1547张，发放IC卡式居住证988张。全面落实全县423名在册吸毒人员和54名重性精神病人的管控措施。

【物品管理】 加强爆炸物品安全监管，共破获涉枪涉爆刑事案件2起、涉危治安案件3起，采取刑事措施2人，治安处罚1家单位，治安处罚2人。积极开展缉枪治爆和禁毒“流动课堂”宣传活动，有效提高群众参与缉枪治爆行动的积极性和防毒拒毒的意识。

【场所管理】 推进旅馆、民宿、网吧实名登记，检查宾馆、民宿共计592家次，处罚31家次，罚款8200元；检查网吧74家次，处罚网吧13家次，罚款6000元，移交县文广新局2家次。办理民宿特种行业许可证97家，办证率达到84%。继续推动寄递企业落实“三个100%”制度，共检查寄递行业730家次，封停1家，发放整改通知书15份，发现、整改隐患29处。

【交通管控】 开展“一创一治”系列整治行动，严查各类交通违法行为，全力保障道路的畅通有序。全年共查处各类交通违法35670起，与2016年同比增长51.5%，现场违法查处16573起，与2016年同比增长49.4%，其中，查处涉牌涉证5483起，清理“僵尸车”156辆，查处饮酒驾车149起、醉酒驾车47起，行政拘留42人，移送起诉60人。对全县乡镇的道路状况和交通设施的摸底排查，共排查出存在问题交通标志标线29处、事故隐患点18处，已整改47处。6月15日起，正式启用智能违停抓拍系统，城区主要街道机动车乱停乱放有明显改善。全县全年共发生上报道路交通事故39起，与2016年比上升25.81%；死亡19人，与2016年比下降9.52%；受伤37人，与2016年比上升85%。侦破交通肇事逃逸案件2起，侦破率100%。

【消防管控】 深刻吸取“2·5”天台火灾和杭州、温岭出租房屋火灾事故教训，深入开展消防安全大整治行动，实行进度清单、负面清单机制，共检查单位1934家次，整改消除火灾隐患2713处，临时查封20起，“三停”20起，行政拘留9人，行政处罚89起，罚款27.9万元，同比2016年各项指标均有大幅提升，确保辖区火灾形势稳定。全年发生火灾21起，死亡1人，直接经济损失170.2万元。共接警116起，抢救被困人员30人，疏散人员6人，抢救财产价值2800万元。

【平安林区建设】 先后组织开展“利剑”、打击破坏野生动物资源、禁种铲毒等专项行动，全年共查处各类破坏森林资源违法犯罪案件101起，其中刑事案件12起，林业行政案件89起。处理各类违法犯罪人员100人次，行政处罚89人，刑事拘留5人，取保候审7人，林业行政罚款人民币104.13万元，有力打击涉林违法犯罪行为。处理涉林案件13起，涉林矛盾纠纷8起，有效维护林区的社会治安稳定。同时，做好野生动物救助行动，出动警力392人次，会同有关部门清查早市、农家乐等野生动物经营场所65处，救助“三有”保护动物猪獾、翠鸟、刺猬，省级重点保护动物眼镜蛇等各类保护野生动物27只，有效保护县域内各类野生动植物资源。

【监所管理】 积极开展以“学规范、查隐患、找问题、补漏洞”监管执勤安全教育整顿活动、“三打击一整治”、监管场所“双安全”创建活动，规范看守所执法管理工作，健全监管工作机制，狠抓监所安全管理。2017年，看守所关押量比2016年同期减少16.31%，日均押量比2016年同期减少26.04%。拘留所关押量比2016年同期下降9.85%，日均拘量与2016年同期持平。完成监察留置室改造和市公安局监管支队帮扶组蹲点调研期间提出问题的整改工作。

【公安队伍建设】 一是强化政治建警。把思想政治建设置于队伍建设的首要位置，不断提升全体民警政治素养。强化“两学一做”学习教育常态化、制度化，以党建带队建，夯实全警思想理论基础；狠抓从严治警，严格落实中央八项规定，坚决查纠“四风”问题，开展党风廉政建设，落实全面从严治党主体责任层级管理制度。二是强化作风效能。组织开展常规体检“督廉”、定期体检“考廉”、专项体检“问廉”、综合体检“评廉”4个专项活动。共出动督察警力922人次，现场督察283次，开展网上督察437次，发现和纠正各类问题121个，发布督察通报12期，通报177人次，通报单位28个次，提出督察建议175条。健全外部监督制度体系，向社会各界聘请了21名警风警纪监督员，以共同推进公安执法规范化建设。加强协辅警队伍管理，制定并实施《全县公安机关协辅警队伍教育整顿实施方案》，确保协辅警队伍不出事。三是强化教育训练。组织220名民警赴浙江警察学院开展专项培训，组织2次实战化执法培训、2次全警心理健康辅导课，提高队伍警务实战能力和执法规范化水平。积极开展警营文化活动，分别组织限时征文比赛、首届演讲比赛、民警法律知识考试和法律知识竞赛，开展篮球、摄影、登山、拔河等各类文体活动。落实从优待警，积极与相关部门进行接洽，努力提高警务人员待遇，争取足额发放加班补贴和值班餐费，为稳定社会治安提供高水平的可靠队伍保障。

（周　鹏）

检　察

【概况】 2017年，庆元县人民检察院在县委和上级检察机关的正确领导下，在县人大及其常委会的监督下，在县政府、县政协及社会各界的关心支持下，全面贯彻落实中共十八届历次全会、十九大和习近平总书记系列重要讲话精神，紧紧围绕县委“生态立县、产业富县、开放兴县”发展战略，坚持践行“两山”理论和“绿色司法”理念，持续服务绿色发展，全力服务大局，全心服从改革，全面从严治检，充分激发检察队伍干净干事创新业的活力，各项检察工作取得了新的进展。

【生态环境综合治理】 助力全县建设美丽“大花园”，勇争最美“花骨朵”，创新生态检察新模式，严守生态底线，突出打击重点，批捕涉生态环境类案件5件、5人，移送起诉10件、12人。联合水利、环保等部门开展剿灭劣Ⅴ类水排查，养殖污染专项监督，打击违法销售禁用渔具、渔获物等专项行动9次，营造治水的良好法治环境。在依法惩治犯罪的同时，注重恢复被破坏的生态环境，促进了生态环境领域综合治理。助力“绿色发展　百团大战”行动。积极响应县委“绿色发展　百团大战”行动号召，严肃查办涉嫌污染环境和阻碍“三改一拆”“大搬快治”“五水共治”的犯罪案件，依法惩治暴力阻挠执法或聚众闹事的犯罪案件，为平安建设巩固、项目建设攻坚、综合环境提升、民生改善持久、蓝天碧水保卫的顺利开展保驾护航。

【保障非公企业】 根据县委“精准服务企业　振兴实体经济”和“双百”专项行动部署，制定服务非公企业年度计划书，与县工商联共同确定不同行业领域的12家企业作为年度重点联系对象，并根据企业需求和问题为各企业定制服务清单。推行领导班子“每周一访”制度，及时了解企业经营和发展情况，帮助企业防控犯罪风险和经营风险，审慎稳妥处理涉企案件，尽可能减少办案对企业生产经营活动的影响。

【惩治刑事犯罪】 牢固树立“谦抑、审慎、善意”理念，在把准事实和证据的基础上，主动与公安机关、人民法院密切配合，做到快捕快诉、快审快判，确保及时、准确打击犯罪，着力维护良好的社会治安环境，切实增强人民群众的安全感。全年共受理移送审查逮捕各类刑事案件78件、112人，其中批准逮捕70件、92人，不批准逮捕16件、20人。受理移送审查起诉各类刑事案件172件、260人，其中提起公诉78件、134人，不起诉32件、34人。专门设立未成年人刑事检察室，认真落实未成年人刑事案件特别程序，共受理移送审查起诉案件5件、7人，其中对1名未成年人作出不起诉决定，对7名未成年人的犯罪记录进行封存。

【公益诉讼】 积极回应人民群众对生态环境和资源保护、食品药品安全、国有财产保护、国有土地使用权出让等领域公益保护的期盼，探索推进公益诉讼在庆元的实践。全年共办理公益诉讼诉前监督案件3件，其中办理国有土地使用权出让公益诉讼诉前监督案件1件，成功追缴国有资产23.71万元；办理生态环境和资源保护公益诉讼诉前监督案件1件，督促7家口腔诊疗机构安装医疗污水处理设备，办理污水排入管网许可证。

【参与社会治理】 积极参与“平安庆元”建设，扎实做好中央十九大、世界互联网大会等重大活动维稳安保工作，推进涉法涉诉信访接待处置工作，依法移转和处理群众信访22件。加大涉检信访排查化解力度，主动参与党委政府信访化解工作，展现检察机关应有的担当。加大检察环节司法救助力度，为1名刑事案件被害人申请司法救助。成立“老娘舅”志愿调解服务中心，大力推进信访化解、轻微刑事案件和解工作，调解7起轻微刑事案件，调解金额120万元。充分发挥屏都检察室贴近基层优势，积极参与村级组织换届选举、矛盾纠纷化解、屏都新区和衢宁铁路政策处理等工作。坚持“谁执法谁普法”，开展“国家宪法日”“法治进校园”等系列法治宣传活动，做好以案释法和检察文书说理工作，增强公民法治观念。

【刑事侦查和审判监督】 坚持公检法三家相互配合，落实宪法定位开展法律监督，确保司法公正落到实处。全年共监督公安机关立案侦查1件、1人，纠正漏捕犯罪嫌疑人3人，监督移送1件、1人，提前介入6件、35人，向公安机关发出纠正违法通知书3份。加强审判监督，依法提出抗诉1件、1人，获得二审改判。追加遗漏同案犯4件、4人，其中1人被判处十年以上有期徒刑。

【刑事执行监督】 坚持“四个维护”刑事执行工作理念，与在押人员谈话104次。开展财产刑事执行专项检察活动，办理监督财产刑事案件18件。开展羁押必要性审查，督促办案机关变更强制措施7人。开展集中清理判处实刑犯罪未执行刑罚专项活动，对1件不符合保外就医条件的案件进行监督。深入基层司法所调查社区矫正人员12人次，监督收监1起社区矫正人员重新违法犯罪脱管案件。

【民事行政检察监督】 切实发挥对民事审判和行政诉讼活动的监督作用，共办理行政执法监督案件3件，民事执行监督案件1件，审执人员违法行为监督1件、2人。把民事行政检察打造成民生检察的品牌，重点聚焦环境、食品、医疗、公共安全等民生领域，强化民事行政诉讼监督，全年共发出检察建议7份，督促相关部门整改突出问题，有效保障人民群众的合法权益。

【监察体制改革】 按照中央、省委、县委和上级检察院部署，不搞变通、不打折扣，落实好职能划转、机构和人员转隶、案件清理移交等各项改革任务。划转编制数11个，转隶检察人员6人，其中具有检察官法律职务人员3人。加强与监察委的协调沟通，研究建立健全相关工作衔接机制，确保在现有法律框架内对线索处置、案件移送等方面实现无障碍沟通。2017年，向监察委移送线索和群众举报11件次，起诉监察委移送案件3件、3人。

【司法体制改革】 落实“谁办案谁负责、谁决定谁负责”的要求，制定《司法体制改革实施方案》《检察官绩效考核评价实施办法》等配套制度，强力推动司法责任制落实。实行检察人员分类管理，12名员额检察官、19名检察辅助人员、6名司法行政人员全部分类定岗到位，将85%的人力资源配置到办案一线。突出检察官办案主体地位，精简审批层级，授予检察官更多办案决定权，并加强监督制约，案件全部网上运行，实现办案质量和效率双提升。

【检察工作改革】 积极适应以审判为中心的诉讼制度改革，发挥检察机关在审前程序中的主导、过滤作用以及庭审中指控犯罪的主体作用，全面贯彻证据裁判规则，加强对案件事实、证据的审查把关，严格排除非法证据，全年共补充证据29件次。落实“最多跑一次”改革，将检察服务大厅打造成“最多跑一次”的主平台，详细编制10项“最多跑一次清单”，承诺6项“不用跑”事项，推行律师线上预约阅卷、查询案件信息等服务，提升服务效率和群众办事便捷度。

【检察队伍建设】 坚持正确政治方向。以推进“两学一做”学习教育常态化制度化为契机，深入学习党章党规、十九大会议精神和习近平总书记系列重要讲话精神，大力弘扬“红船精神”，强化检察职业道德教育，积极开展“干净干事创新业”主题教育实践活动，组织参与“党的十九大精神宣讲”、知识竞赛等活动，引导干警筑牢职业信仰，坚守职业良知，恪守职业操守。加强纪律作风建设，坚持每周由一名院领导带领，对机关作风建设进行监督检查，及时发现并纠正问题，不断提高检察干警的纪律作风意识。强化业务能力提升。以正规化、专业化、职业化为导向，综合运用选送培训、集中轮训、个案解析等方式，大力加强队伍素质能力建设。通过主辅岗工作机制和导师制，加快青年骨干人才培养。坚持文化育检铸魂聚力，精心打造检察荣誉室，通过展示院史、干警风采等内容，进一步增强干警荣誉感、归属感。自觉主动接受监督。自觉接受县人大监督、县政协民主监督、人民监督员监督和社会监督，通过邀请人大代表、政协委员、人民监督员和社会各界代表参加“检察开放日”等形式，虚心听取收集社会各界的意见和建议。以“两微一端”等新媒体讲好庆元检察好故事，传播好声音，传递正能量，微信、微博和新闻头条共推送文章85条，其中23条被《检察日报》，省、市检察院等官方微信、微博转发，“庆元检察”微信公众号被评为“浙江政法微信百期”排行榜——“检察系统十强”。着力推进案件信息公开，依法发布案件程序性信息343条，公开法律文书75份。主动破解阅卷难问题，着手部署应用电子卷宗系统对案卷进行扫描，实现律师全面、高效阅卷。

（吴　茜）

法　院

【概述】 2017年，庆元县人民法院以努力让人民群众在每一个司法案件中都感受到公平正义为工作目标，忠实履行宪法法律赋予的职责，各项工作取得新进展，为实现“生态立县、产业富县、开放兴县”发展战略提供有力的司法保障，为庆元“建设美丽‘大花园’，勇争最美‘花骨朵’”做出积极的贡献。全年受理各类案件5705件（含旧存303件，下同），审（执）结5281件，诉讼标的额8.29亿元，比2016年分别上升33.76%、33.29%和16.11%。36项主要质效指标中，平均审理天数、民事裁判自动履行率等28项指标同比优化，审判执行总体态势稳中有进。

【惩治犯罪】 依法严惩抢劫、涉毒、食品药品安全等严重危害社会治安和群众安全感的犯罪，促进社会秩序持续向好。突出打击涉众型经济犯罪，审结非法吸收公众存款、集资诈骗犯罪案件4件，涉案受害人1604人，涉案金额1.29亿元。对57名具有从宽处理情节的初犯、从犯、偶犯和未成年犯，依法适用非监禁刑或免予刑事处罚。完善“圆桌审判”方式和社会调查、犯罪记录封存、判后帮教机制，加强未成年犯权益保护。

【化解民商事纠纷】 坚持能调则调，当判则判。创新发展“枫桥经验”，大力推进立案调解、诉中调解工作。对不宜调解、调解不成的案件，及时依法作出裁判，引导公众增强法治意识。审结交通事故、医疗损害赔偿等侵权案件387件，保障公民人身和财产权利。审结买卖、租赁等合同纠纷案件906件，维护市场交易安全有序。审结婚姻、继承等家事纠纷262件，其中涉东南亚婚姻案件24件，推动家庭关系和谐友爱。妥善应对涉汇金城、金水湾、阳光水岸等楼盘的房地产纠纷群体性诉讼，审结商品房买卖、建设工程等案件220件，促进房地产市场健康发展。

【环境资源审判】 制定出台《关于为建设美丽“大花园”勇争最美“花骨朵”提供司法保障的实施意见》。积极探索惩治环境污染行为与生态修复的有机结合，责令被告人通过补植复绿、增殖放流、缴纳补偿金承担生态修复义务，将修复结果纳入量刑依据。认真审查环保类行政非诉案件，并作出准予执行裁定，依法支持环保部门处罚违法排污等行为。提前完成百团大战“国土拆违清积”目标任务，妥善审结涉老二中、菇城宾馆区块旧城改造项目租赁合同纠纷系列案件，助力征迁户腾空交房工作提前完成，保障“旧城改造”重点工作依法高效推进。

【执行破难工作】 加大执行力度，强化执行威慑。开展“春雷”“风暴”“秋风”及涉民生专项执行活动。畅通劳动者维权绿色通道，坚持开展岁末年初欠薪案件专项活动，为4批次94名工人追讨到劳动报酬177.51万元。陆续将118名恶意逃债的“老赖”纳入黑名单，并向社会曝光，限制出境、融资和高消费。规范执行行为，提升执行质效。出台财产保全、信访接待等制度，涉讼资产全部通过淘宝网公开拍卖，上线公告拍品76件，成交64件，成交额8619.6万元，平均溢价率59.57%，为竞买人节省佣金282.3万元，增强司法透明度和参与度。创新执行模式，成功司法网拍全国首例山场内现有林木资源，为林权抵押物处置变现工作做出有益探索。

【“三大机制”建设】 强力推进“大立案”“大服务”“大调解”三大机制建设，为群众诉讼、律师执业提供一站式、综合性、全方位服务。积极打造新型诉讼服务中心，面积从350平方米扩建至1400平方米，配齐自助立案一体机、案件查询自助一体机、排队叫号系统等现代诉讼智能设备，促进服务软实力提升。严格落实立案登记制，当场立案率在99%以上。积极推进网上立案、跨域立案、延伸立案，努力实现立案当事人及其代理人100%“最多跑一次”、50%“一次不用跑”目标。结对人口较多经济较为活跃的乡镇、街道，设立诉讼服务站5个，延伸诉讼服务到百姓家门口。与福建松溪、政和人民法院签订司法互助协议，共同开展跨省立案工作。设立“老娘舅”“美丽舅妈”调解分中心，坚持诉调对接多元化解矛盾纠纷。2017年，共引导、委托调解案件368件，诉前成功化解各类纠纷367件，立案调撤率48.10%，居全市法院第三位。

【司法改革】 以司法责任制为核心，稳妥开展司法人员分类管理等四项基础性改革。严格执行员额比例和法官入额标准，首批共遴选入额法官17人。以员额法官为核心，实行团队成员双向选择，组建6个组别16个新型审判团队。推进案件繁简分流，让审判驶入快车道。简易程序适用率84.31%，居全市法院第一位，平均审理天数42.46天，居全市法院第二位。适用庭审记录方式改革开庭1100件，庭审改革适用率69.53%，164件开庭案件在没有书记员出庭的情况下完成庭审记录，促进办案流程提速增效。出台《关于院庭长办案的规定（试行）》，在省高院规定办案数量基础上提高办案指标，院庭长办结案件2761件，占同期办案量的52.28%。院领导办结案件699件，占员额法官办案量的24.07%，比率居全市法院首位。

【司法公开】 认真贯彻县人大及其常委会各项决议、决定和审议意见，严格执行法院年度工作报告制度、法官任免制度，每月向人大常委会报告法院工作事项，自觉接受人大监督。落实好院长定向联络省人大代表工作制度，认真接受政协民主监督，走访联络人大代表、政协委员，主动通报法院工作情况，邀请代表委员旁听庭审、见证执行。逐步完善人民陪审员参审职权、履职保障、惩戒退出工作机制，一审普通程序陪审率100%。依法接受检察机关法律监督，认真对待检察建议，坚持实事求是和依法纠错原则，共同维护司法公正。落实阳光司法，全面深化审判流程、裁判文书、执行信息、庭审直播四大信息公开平台建设。加强执行信息公开，及时向当事人发送执行节点信息，并配备使用4G网络执法记录仪，客观记录执行实施全过程。庭审活动全程同步录音录像，庭审录像率100%。开展庭审互联网直播463次，庭审直播完成率全省法院第一。举办新闻发布会、公众开放日等活动8次，组织800余人次走进法院、了解法院。

【法院队伍建设】 深入学习贯彻中共十九大精神和习近平新时代中国特色社会主义思想，大力弘扬“红船精神”和红色老区精神，扎实开展“两学一做”主题教育及“干净干事创新业”等专项活动。扎实推进党风廉政建设，持之以恒改进司法作风。设立“法官课堂”，通过“传帮带”、庭审观摩、轮岗锻炼等形式，不断提升干警司法能力。全院4个集体、14名干警获得县级以上荣誉，1名干警被记个人二等功，1名干警被评为“全市最美公务员”。

（邹明夷）

司法行政

【概况】 2017年，庆元县司法行政工作紧扣县委、县政府决策部署，深入贯彻落实中共十九大精神和省第十四次党代会精神，谨遵“不忘初心、牢记使命”主题，准确把握全县建设美丽“大花园”，勇争最美“花骨朵”的新定位和新要求，工作突出重点，重点创出特色，以“尤为如此”的担当，切实为建设“中国最平安县”提供坚强有力的司法保障。

【法律服务工作】 一是公共法律服务体系有效推进。中心建设。按照省司法厅厅长马柏伟要求庆元争创兼具“形象窗口、服务窗口、法宣窗口、便民窗口”的“示范性窗口”的定位，高规格、高水平、高质量建设司法行政法律服务中心。法律顾问全覆盖。完善法律服务绩效考核，全面推进法律服务标准化、规范化建设。“最多跑一次”改革成效显著。按照标准化建设的要求，率先引入质量管理体系，梳理“最多跑一次”事项8项，取消当事人提交材料和表格12类。建成微信塔群工作平台并有效运行。充分运用“互联网+”等新媒体手段提高城乡公共法律服务水平，构建公共法律服务“快递到家”微信塔群，实现法律服务力量下沉、无缝对接、服务到户。2017年，省司法厅厅长马柏伟两次批示肯定庆元公共法律服务微信塔群、“互联网+法律服务”等工作，他特别强调“希望庆元县司法局将‘互联网＋法律服务’的新模式抓实抓出实效，形成具有山区特色的法律服务新模式”。二是惠企便民法律服务成效凸显。突出一个“早”字。制定出台《庆元县司法局关于开展惠企便民法律服务“十个一”活动的通知》，落实责任清单，拟定时间表和任务书，形成“人人抓落实、件件有着落”的法律服务工作局面。突出一个“实”字，企业法律顾问覆盖面不断扩大，消除一批“僵尸企业”，组织律师事务所担任破产企业资产管理人对破产“僵尸企业”进行破产清算重组，化解不稳定因素16起、70人次，主动防止多起上访事件发生，共办理“僵尸企业”拖欠原员工工资219人次，调处金额280.72万元。

【社区矫正和安置帮教】 社区矫正工作紧紧把握内紧外松、严格监管、严肃处置、严密跟踪、严防死守、不留死角的监管基调，狠抓落实。一是司法E通全面覆盖。用信息技术提升监管教育能力，做到全体干部，全员参与，全面落实，内设所配备，有效应对面临的省际边界线长、点多面广、社区服刑人员流动性大、动态监管难等诸多困难，编织起一张永穿不破的天罗地网。二是中心建设稳步推进。全县社区矫正中心建设严格按照省、市要求精细落实，两步走战略成效凸显，按照《浙江省县级社区矫正中心建设标准》，设立公检法联络室、接收报到室、宣告室、训诫室、心理咨询室、集中教育室等功能室，打造集管理、教育、服务于一体的社区矫正工作平台，建筑用房面积共计500多平方米，现已投入使用且运行情况良好。新的社区矫正中心在县委、县政府的关心下顺利推进，选址已落实，项目筹备正在稳步推进，已列入浙江省政法基础设施建设“十三五”规划项目。三是监地衔接无缝对接。在监地对接、入监帮教正常开展的情况下，强化与监狱联网信息核查工作，通过信息管理系统对刑释人员进行身份信息核实，2010～2017年，在十个县（市、区）中，庆元是唯一达到核查率100%的县。四是矫正模式创新有力。创新教育方式方法，鼓励社会组织参与社区矫正，与县义工协会、县志愿者协会（青少年事务发展中心）等社会组织签订协议，强化合作，充分发挥社会力量参与社区矫正的积极作用。

【“老娘舅”大调解品牌】 深入推进县乡村三级矛盾纠纷“大调解”体系建设，全面落实机构、编制、资金、财物，构建党委领导、综治协调、司法引领、部门联动、社会协同、群众参与的“大调解”工作格局。成立县“老娘舅”志愿者调解服务中心，负责全县“老娘舅”管理、业务指导及重大疑难复杂纠纷处理等工作。在25个重点部门、19个乡镇（街道）成立“老娘舅”志愿者调解服务分中心，在353个村（社区）成立调解服务办公室。

【“大平安”基层基础建设】 创新“兼任式”搭桥服务，在换届选举中全面实行村（社区）监委会主任兼任人民调解委员会主任制度，有效推进基层治理法治化。“双随机”监管进一步常态化，全年完成对全县2家法律服务所、6名法律工作者，3家律师事务所和10名律师人员的法律服务监管“双随机”抽查工作。实现随机抽查事项达到县司法局市场监管执法事项的100%。

【“大边界”和谐走廊建设】 积极搭建浙闽边界矛盾纠纷化解合作平台，继2012年后，2017年7月再次召开浙闽两省四县21个毗邻乡镇共49人参加的边界矛盾纠纷联防联调协作研讨会，共同签署《浙闽两省四县边界矛盾纠纷联防联调合作协议》，完善五项机制，搭建联防联调协作机制。2017年边界矛盾纠纷联防联调成效显现，各类跨

7月20日，浙闽两省四县边界联矛盾纠纷防联调协作研讨会在庆元召开

界纠纷下降至39件，比2016年下降57%，调解成功率由96%上升到99%，基本实现无重大边界矛盾纠纷、民转刑案件、群体性事件、非正常死亡等“四无”边界目标。

【公证工作】 高标准定位，公证案件质量显著提升。一是严格目标管理，积极为县重点项目建设、大型基础设施工程等提供全方位的公证法律服务，为民生工程保驾护航，为全县重大工程的顺利推进提供及时有效的公证法律服务，助力项目快速推进；二是严格制度管理，建立健全公证岗位责任制等各项管理制度，加强接待、受理、核实、审批等业务管理，规范公证文书档案，努力实现公证机构的科学管理和规范管理；三是严格程序管理，把好办证过程的申请、审查、出证三大关，认真执行公证质量的个人自查、公证处集中评查和市司法局进行评查等制度，确保不出现任何一件有质量问题的公证案件。2017年，县公证处共办理公证案年625件（其中国内公证事项393件，涉外及涉港、澳、台公证事项92件，招投标公证54件，协助重点项目、“五水共治”、“三改一拆”现场公证65件），业务收费28.3万元。

【普法工作】 开通法治宣传“直通车”，出动流动宣传车全程跟踪开展法律服务，编印换届选举法律知识宣传折页2万份，提供法律咨询4247人次，推送微信网络等信息80条，确保选举期间宣传活动时时有闻、处处可见、不漏一村一居、不漏一家一户。依托“菇乡说法”微信公众号、县公共法律服务网站、《菇乡庆元》司法专刊等，开设专题宣讲，共举办换届选举及剿灭劣V类水专题讲座179场，开展送法下乡活动287次，发放宣传资料73700份，播放公益宣传片83个。通过建立普法责任清单制度，明确把法治宣传作为各机关部门开展普法的首要责任、共同责任。一方面在本部门本系统内开展普法，把开展法治教育培训、增强公职人员的法治观念作为重要内容；另一方面，结合执法、司法和依法履职的实际，向执法对象和社会公众开展法治宣传，建立行政执法人员、律师等以案释法制度，把执法的过程变成宣传法律的过程，增强法治宣传的针对性、实效性。开展法治文化阵地建设，2017年实现全县8个省级民主法治村巩固率100%，成功创建全市首个企业法治文化礼堂，新创建欧迪、云屏山居等2家普法农家院，新创建后田法治主题公园1个。开展法治文化队伍创建，由34名法律工作者组建成县“七五”普法讲师团，为各单位举办法治宣传教育专题讲座提供师资力量。开展法治文化作品创作，根据基层调解故事拍摄法治微电影《春风化雨》，开展人民调解、法治宣教、社区矫正优秀案例选编工作，两篇人民调解案例入选《浙江省人民调解案例选编（2017）》。

【司法干部队伍建设】 开展“干净干事创新业”作风建设专项活动。认真开展专题学习和教育工作，每月组织全体党员集中学习，每季度组织专题讨论并撰写心得体会文章，将全面从严治党要求落实到每一个支部和每一名党员。开展正风肃纪专项行动，结合重大节假日、重要时间节点和群众举报情况，定期、不定期地开展正风肃纪常态化督察。通过“抓文明素养、抓硬件设施、抓创新驱动、抓文化建设”，成功创建由省委、省政府命名表彰的“2017年省级文明单位”。吴思远作为基层司法所所长的表率，被授予“浙江省司法厅十大最具影响力人物”。

【档案及信息宣传工作】 成功通过档案省一级达标。高度重视档案工作，对档案规范化建设高标准、严要求，省市考评组11月顺利通过县司法局档案省一级达标验收。信息宣传工作前三季度在全市司法行政系统位列第二，实现信息宣传连续五年保持前三的成绩。

（蒋晶晶）

人力资源　社会保障

人 事

【人事管理】 坚持科学设计、扎实推进、务求实效的原则，着力构建有效管用、简便易行的选人用人机制，逐步提高公务员和事业单位工作人员的规范化管理水平。为机关、参公单位招录公务员48人，招聘事业单位（国有企业）工作人员137人，安置军转干部1人、退役士官17人；施行公务员职务与职级并行、职级与待遇挂钩制度，拓宽公务员职级晋升通道，晋升正科级19人，晋升副科级9人。

【工资福利】 落实一次性专项奖金发放工作；推进法官、检察官工资制度改革，有17名员额内法官、12名检察官工资进行重新套改，人均增资1100元。认真做好精减下放人员审核工作，对278名申请人材料及信息进行审核，确认符合条件人员18人。认真做好工资晋升晋级工作，审核机关事业单位过渡期退休人员信息430人，办理退休人员279人，晋升公务员工资档次和工资级别1277人次，增加事业人员薪级工资1.2万人次。

【人才工作】 不断创新思维，多渠道多途径引进、培养人才。成立庆元县高级人才联合会，为各类人才成功搭建交流平台，拓展互动渠道。组团赴市外引才11次，引进硕士研究生4人，其中2人为“双一流”高校毕业生，缓解了庆元县人才紧缺状况。职称评审严格把关，评定各专业初级职称311人、中级职称59人，向省高评委推荐评审副高以上职称100人，其中教育37人、卫生40人。人才培养积极有序，建立博士后工作站1家，培养高技能人才211人（获证161人），职业技能鉴定2535人，发放职业资格证书2232人。

劳 动

【劳动监察】 不断加强执法力度，对涉嫌恶意欠薪的企业，坚决移送公安机关，依法追究企业负责人的责任。受理各类欠薪投诉42起，为252名劳动者追发工资4170872元。移送公安1起，涉及21名员工，计19.21万元。不断完善行政执法与刑事司法衔接机制，与公检法多方联动，对因企业经营不善导致的群体欠薪案件开通“绿色通道”。与县人民法院协调解决两家企业拖欠工资问题，涉及99名员工，计145万元。

【劳动仲裁】 立案受理劳动人事争议案件297件，处理结案295件，案件中止2件，其中调解件284件，裁决11件，结案率99.33%，调解率96.27%，为劳动者直接挽回经济损失9234340.07元。受理工伤认定申请203件，认定工伤188件，调节36件，劳动能力鉴定88件。这些案件的处理均做到合法、公正、及时。启动劳动人事仲裁庭改造工程，全力打造全市样板仲裁庭，提升服务为民新形象。

就业与社会保障

【就业服务】 出台庆元县公益岗位申报办法，定期开展送岗位、送培训、送政策下乡入村等就业援助活动。及时缓解就业困难人员生活负担，为135名“4050”（下岗失业人员女40岁以上，男50岁以上）灵活就业人员发放社保补贴47.65万元。摸底核实劳动年龄段人员的就业状态和就业意愿，通过技能培训、职业介绍等方式有针对性地给予帮扶。积极开发见习岗位，促进离校未就业高校毕业生“先见习再就业”，推荐51名高校毕业生参加见习训练，发放见习补贴42.93万元。严格办理基金拨付手续，为636人次发放失业金65.83万元。落实参保职工职业技能提升补贴政策，为9名职工（其中技能等级初级7人，中级2人）发放职工技能提升补贴3725元。

【基层平台建设】 不断完善基层服务平台建设，乡镇、街道配备专职劳动保障协理员22人、兼职村级劳动保障协理员338人。组织专（兼）职协理员集中/轮岗培训，及时发放待遇补贴。共发放专职劳动保障协理员岗位补贴、社保补贴88.30万元，兼职村级劳动保障协理员岗位补贴、工作经费62.82万元。

【人力资源市场】 实行人力资源市场常态化工作机制，确定每月16日为招聘集市日，立足网络平台建立网络招聘工作机制。举办6场大型招聘会，参与企业192家，提供岗位5434个，求职登记2828人，达成意向863人，当场录用331人。

【社会保险扩面】 参加养老保险11.79万人，新增2635人，参保率84.84%；参加医疗保险18.08万人，参保率98.67%；参加被征地农民基本生活保障1.5万人，新增1069人；参加工伤保险3.79万人，净增7098人；参生育保险1.52万人，净增870人。已认证城乡养老待遇人员2.52万人，认证率99.28%。当地认证的企业退休人员0.94万人，本地认证率97.34%；异地认证620人，异地认证率达96.88%。

【社保信息化建设】 多项社保业务实现掌上便利"一号通"，社会保险查询、家庭共济绑定、打印社保证明等业务整合到庆元人力社保微信公众号，实现公众号在线办理，打破地域限制，让"零上门服务"成为现实。推进"丽水掌上人社"宣传，关注用户超过19642人，家庭共济授权3639人，涉及金额198.2万元。23项社保业务实现全市通办，同时顺利接轨国家跨省异地就医结算平台。社保卡申领人数20.19万人，社保卡持卡人19.58万人。

【社保窗口服务】 以"最多跑一次"改革工作为契机，把社保各项业务窗口整合成"综合窗口"，实现社保所有窗口业务通办，改变过去各自为政的弊端，真正实现"一窗受理"机制，方便办事群众，提升窗口经办效率。地税局窗口入驻社保服务大厅，实现参保人员在社保服务大厅直接办理养老保险参保、签约及缴费的"一站式"服务。

（侯成成）

科　技

科技管理

【科技计划与管理】 2017年，庆元县科技局积极调整科技补助政策，优化县域创新驱动发展环境，通过对现有的科技政策进行部分调整，新增对省科技重点研发项目、国家知识产权（专利）示范企业、省知识产权贯标企业的奖励政策，同时调整部分政策奖励额度，通过三个阶段多轮讨论修改，制定并印发《关于补齐科技创新短板的若干意见》（庆委办发〔2017〕105号）文件，从而调动全县创新主体的科技创新积极性和创造性。全年新增国家高新技术企业2家，重新申报高新技术企业6家，新增浙江省科技型中小企业14家、市级知识产权示范企业7家、高成长科技型中小企业2家。截至年底，共拥有国家高新技术企业21家、科技型中小企业63家。

【知识产权工作】 做好“省级知识产权示范创建县”验收准备工作。根据《庆元县省级知识产权示范创建县工作实施方案》，深入推进省知识产权示范创建县建设，一是完善工作机制，着力优化创新驱动发展环境，补齐科技短板，进一步加强政策扶持力度。二是强化服务支撑。建立专利监控管理系统，同时大力推进知识产权中介服务机构建设，引进2家专利中介事务所和1家科技服务中介机构。加强专利知识普及工作，每年参与组织宣传活动4场。三是强化效益驱动。通过稠州银行的合作，并结合企业需求，完成专利质押贷款4笔，贷款金额达850万元。同时，突出专利示范引领作用，积极推进示范创建工作，培育市知识产权示范企业7家。全年累计申请专利542件，同比增长8.18%，其中发明101件，实用新型216件，外观设计225件；累计获得授权专利369件，其中发明15件，实用新型146件，外观设计208件；发明专利产业化项目1个。

5月22日，县科技局举办科技计划项目业务培训

科技服务

【企业帮扶】 精准服务对接，当好科技助理。根据高新技术企业三年培育计划工作部署，以申报省科技型中小企业为依托，对企业开展“五帮一化”服务企业行动，指导高新技术企业、科技型中小企业培育认定工作，收集企业技术难题，现场诊断辅导，引导企业更好地阐述自身项目优势和创新优势，带动一批优质企业进行申报推荐。针对2016年和2017年科技项目承担单位开展科技计划项目管理工作培训。促进相关企业自主创新和科技成果转化，加强科技计划项目及经费使用监督管理，提升科技项目管理水平，着力提高科技专项资金使用效益。

【科技下乡】 以“科技活动周”“知识产权活动周”“5·12”防震减灾日宣传等为载体，开展科技“三下乡”等一系列服务活动。利用专题讲座培训、科普图片展示、科普资料发放和科技咨询等方式，面向广大群众和企业开展服务，积极宣传循环经济建设和资源节约型社会在全社会普及能源、环境、健康等方面的科技知识，倡导健康文明的生产生活方式，提高广大群众的科技意识和科学素养。

【防震减灾】 一是强化台站日常管理。严格按照台站观测记录要求，定期查看设备，写好记录，保证地震观测数据真实、可靠、完整。对地震台监测设施和观测环境设专人负责。对台站每周进行两次观察、记录，及时处理安全隐患问题、消防安全设施配备不够齐全、部分线路老化等问题。针对存在的问题进行全面有效的整改。二是开展新版区划图和《浙江省防震减灾条例》的学习活动。积极对接配合省市地震局的工作，组织工作人员积极参加省、市有关业务学习、培训，不断提升地震工作人员工作能力和水平。认真完成省市指派的任务。深入持久地开展防震减灾知识宣传教育活动，切实提高公众防震减灾意识。联合各单位和乡镇开展一系列的宣传教育活动，利用新媒体，宣传板报、宣传手册等宣传资料和“5·12”、科技活动周、科技三下乡、国际减灾日等重要时间节点开展宣传活动。三是修订完善科技系统地震应急预案和庆元县地震应急预案。组织开展校园防震减灾应急演练、科技系统实战演练和乡镇地震桌面推演。指导乡镇地震应急工作，进一步完善地震应急防御系统。四是强化部门协作，合力推动防震减灾工作顺利开展。各科室围绕政府关于防震减灾工作的决策部署，按照各自职责加强协作与配合，认真落实防震减灾的各项工作任务。与全县村镇规划服务站联合开展农村抗震活动，组织学习《农村建房抗震设防应知应会手册》。联合有关单位和乡镇一起指导建房防震工作的指导。采购一批应急用品，充实地震应急物资储备库。对五大堡科普展示馆做好检查和监督工作，充分发挥两个展馆的作用。

【科技金融服务】 积极探索科技金融服务工作，通过与稠州银行的合作，结合企业需求，完成专利质押贷款4笔，贷款金额达850万元。

科技研究

【科技投入】 全县财政科技投入5684万元，比2016年增长3.86%，占一般公共预算支出的1.79%。积极兑现《关于依靠科技进步促进经济转型升级的意见》(庆委〔2012〕42号）文件政策。全面兑现专利授权、高新技术企业、研发中心、科技型中小企业等项目的科技奖励政策。全县累计兑现科技奖励政策经费450.55万元。

【高新技术产业与发展】 2017年，新增国家高新技术企业2家，重新申报高新技术企业6家，全县高新技术产业产值同比增长15.1%，高新技术产业增加值同比增长9.2%，高新技术产业投资额2.35亿元。

【科技特派员工作】 完善科技特派员工作。通过召开科技特派员座谈会，制定并出台《庆元县科技特派员工作管理办法》，对特派员的工作开展起到了推动性的作用。截至年底，派驻庆元的省级科技特派员17人（其中新任特派员7人，连任10人)、市级科技特派员3人、团队科技特派员3个，并陆续到岗到位。组织17项省级科技特派员专项项目的申报和签订合同工作，通过派驻不同乡镇的特派员联合调研，将特派员优势发挥到位。

【科技合作和交流】 庆元县三禾竹木公司与浙江西安交通大学研究院合作研发的“整竹展开三位一体技术设备”项目研究取得重大突破。该技术可整合整竹展开传统工艺多道工序，实现一体化、自动化、智能化改造，对整竹工艺具有重大的变革性意义。同时，技术完全研发成功并投产后，可直接减少企业用工10人以上，直接节省成本数十万元。

【建设省级重点企业研究院】 组织协调浙江双枪竹材研究院检测中心平台建设。针对浙江双枪竹材研究院检测中心平台建设的相关问题，县科技局组织相关部门适时就双枪研究院的建设情况、困难以及方向等展开研究，并形成三点共识：一是竹产业是全县最大的传统产业之一，建设竹产业检测中心，为整个行业提供检测服务是十分必要的。二是鉴于浙江双枪竹材研究院不具备行业管理职能，研究院设立的检测中心无法为整个行业提供服务，认为应与县市监局的产品质量计量检测所整合建设，增加竹制品的检测项目，或设立竹制品检测分中心。三是为了检测中心能正常有效运转，县编委办在原有机构人员编制的基础上，给予协调解决检测中心的相应问题，浙江双枪竹材研究院提供部分人员、经费，根据建设情况提供检测分中心的必要办公场地。

【网上技术市场】 推进浙江省网上技术交易市场庆元分会场工作。2017年，共完成技术交易总额1227.91万元，技术交易吸纳1500万元。积极组织企业参加2017年浙江省技术成果拍卖交易暨网上技术市场活动周。双枪公司通过成果拍卖会，现场成功竞价一件由农林大学研发的“一种竹材阻燃技术”。

（陈小芬）

教　育

综　述

2017学年，全县共有中小学33所，其中小学22所（含4个教学点）、初中8所、普通高中2所、中等职业中学1所；幼儿园29所，成技校4所。全县在校中小学生19284人，其中小学9796人、初中5302人、高中2220人、中职学生1966人；在园幼儿4684人。在编教职工2015人。全年发放各类学生资助金额达1363.867万元，资助19811人次。全县教育工作紧扣安全、质量、和谐主题，以创建省教育基本现代化县为总载体，凝共识，重投入，夯基础，强保障，补短板，促改革，提质量，办学条件持续改善，队伍建设不断加强，教育质量续创新高，教育氛围愈加浓厚，全县教育继续呈现绿色、协调发展的良好局面。

素质教育

【艺术教育】 发展素质教育，开展阳光体艺，体卫艺工作成效继续凸显。举办县第二届中小学幼儿园音乐教师技能比赛，52名音乐教师参赛。在市第七届“绿谷之春·文艺”比赛中，全县33个节目获奖，获奖率94.3%。在2017年省艺术节上，15件作品获奖，占全市获奖总数的24%，位居全市第一。第四届全国少年儿童书画作品征集展示活动中，荣获书法组一类4件、二类7件、三类7件，绘画组三类4件，庆元县实验二小被评为优秀组织单位。

【体育教育】 举办全县中小学田径运动会、篮球赛、足球赛。在丽水市第三届中学生排球联赛比赛中，庆元中学获得高中男子组第三名，庆元职高获得高中女子组第五名，庆元三中获得初中男子组第六名，庆元二中获得初中女子组第三名。在丽水市第四届运动会（竞技体育部）跆拳道比赛中，全县中小学生获得3金5银5铜，并取得团体总分第四名；在丽水市第四届运动会（竞技体育部）排球甲组比赛中，县中学生获得男、女队第三名；在丽水市第四届运动会青少年门球赛中，城东小学男子门球队获得团体冠军，五都小学女子门球队获得团体亚军。庆元二中、庆元县城东小学获评全国青少年校园足球特色学校。

基础教育

【学前教育】 全县学前教育发展体系已基本形成，学前教育网络布点基本健全，学前教育健康快速发展。全县共有幼儿园29所，其中有省一级园2所，省二级园7所。全县在园幼儿4684人，幼儿园教职工609人，专任教师362人，其中事业编制的幼儿教师114人。专任教师大专以上学历达92%，专任教师持有教师资格证比例达86%。学前三年幼儿入园率达98.32%，普惠性幼儿园覆盖率达93.13%，等级幼儿园覆盖面为89.49%，等级园比率为93.1%。已全面解决无证园问题。

【小学教育】 全县共有小学18所。其中100人以下小规模学校10所。全县共有300个教学班，在校学生9796人，较上学年减少685人。专任教师806人，其中女教师550人，具有本科学历469人，专科学科331人，中学高级教师30人，小学高级教师508人，教师学历合格率和教师证持证率达100%。学校占地面积231608平方米，校舍建筑面积131317.86平方米。

【初中教育】 全县共有公办初中4所，民办初中1所，九年制初中3所，班级137个，在校学生5302人，较上学年增加281人。专任教师464人，其中女教师261人，研究生2人，本科学历448人，中学高级教师151人，中学一级教师153人。占地面积325513.6平方米，建筑面积164632平方米。初中学业考试继续保持全市中上水平。蔚文中学首届毕业生成绩优异，获全市中考裸分状元。

【高中教育】 全县共有普通高级中学2所，共有57个班级（其中庆元中学45个班，濛洲中学12个班），在校学生2220人（其中庆元中学1777人，濛洲中学443人）。专任教师210人，其中女教师108人，研究生学历10人，本科学历200人，中学高级教师99人，中学一级教师42人。学校占地面积95822平方米，建筑面积47752.37平方米。2017年，庆元中学普通类第一段上线161人，其中普通文化类第一段上线117人，较2016年增长9.3%；体育类第一段上线30人；艺术类第一段上线14人。庆元县濛洲中学与庆元职高实行“两块牌子，一套人马”的管理模式，学校践行“以人为本，立德树人”的办学理念，注重“多层次、严要求”育人，教育教学成果显著，2017年高考再创历史新高，一、二段上线45人。

职成教育

【职业高中】 庆元职高开设食用菌、竹制品工艺与营销（电子商务）、电子电器应用与维修、会计、数控技术应用、计算机、旅游服务与管理、学前教育等8个专业，共48个班级，在校学生1966人。专任教师156人，其中女教师101人，高级教师55人，中级教师38人。学校占地面积78000平方米，建筑面积41453.93平方米。申报的中职校优势特色专业、中职校创新创业实验室2个省级项目立项，通过“丽水市中职德育品牌学校”验收。学校积极开展课程改革和现代学徒制人才培养试点工作，中职教育质量稳步提升。在全市中职学生职业技能大赛上，2人获一等奖，17人获二等奖，15人获三等奖；毕业学生“双证书”率达100%。269人参加高职单考单招，262人上线，总上线率为97.4%，另有127人被高职院校提前录取，录取总人数达389人。

【成人教育】 庆元县成职技校和竹口中心成技校通过省标准化成技校，全县标准化成技校率达到100%。组织成技校开展各类成人教育培训，老年教育培训7600人，约占60岁以上常住人口的31%。双证制教育培训148人，占全县常住人口的0.11%。扫除文盲391人，完成扫除文盲任务的122%。完成“十大民生实事”教育培训任务（免费开展农民实用技能培训和文化知识培训）11900人，完成市任务数的132%。指导成技校各受理点做好终身学习学分银行系统平台录入工作，录入各类培训共26534人。完成县政府与丽水文元教育集团续办“庆元县蔚文小学”办学协议书相关工作。完成行政审批服务“最多跑一次”系统平台建设与维护的大量工作。完成“双随机”工作方案及相关工作，开展民办学校、幼儿园事中、事后监督检查工作。

改善办学条件

【项目建设】 全年完成投资1.93亿元，新增建筑面积26692平方米。五都小学迁建工程顺利完

8月，庆元县五都小学投入使用

工并交付使用，菊隆中学、安南乡中心小学（含幼儿园）迁建工程、江滨小学扩建工程等项目稳步实施，蔚文学校小学部工程动工建设，实验小学分校等项目前期工作有序推进，暑期中小学校办学条件提升工程顺利完成，城区学前教育布局加快推进，城北幼儿园确定选址并着手项目设计。职高扩建工程“拔钉清障”工作顺利推进，启动了法定征收程序。推进全县教育系统危旧房改造工作，黄田中心学校教师宿舍、职业高中学生宿舍进行加固，封闭闲置校舍。房改房、集资房进行巡查。完成项目审计23个，审定经费9349.42万元。

【教育现代化】 教育装备现代化水平进一步提升。2017年，全县中小学教育技术装备经费总投入1320.22万元；生均教育技术装备经费投入762.34元。全县累计教育技术装备资产8090.84万元，生均4671.92元。新增计算机1033台、多媒体158套、移动终端399台。全县中小学图书馆图书装备经费总投入78.14万元，新增图书38385册，生均藏书量40.61册。全县中小学校音像教材征订经费共计1.5149万元。新建录播教室7个、学科教室3个、创新实验室2个（通用技术实验室1个，科技制作创新实验室1个），移动学习终端399台套，对40个教室进行灯光改造。创建省标准化学校2所、省数字教育资源建设与应用资源基地学校1所。省二级幼儿园新评1所、复评2所，创成市现代化达标校、达标校各3所。

师资队伍建设

【教师培养】 积极拓宽引才渠道，开展教师资格认定注册，全年共引录人才92人，认定132人次。持续发挥业务考试、专业技能比武、校长教师论坛等平台优势，有效促进师资队伍综合素养和专业水平不断提升。2017年度，获省教坛新秀1名，市学科（德育）带头人20人，市教坛（德育）新秀16人。省市中小学班主任基本功大赛捷报频传，其中蔚文学校初中部教师练维芬代表浙江省参加长三角班主任基本功大赛喜获综合三等奖、论文一等奖。深入实施“分层分类分级”培训，开展新一轮360学分全员培训工作，全年参加各类培训人数达6229人次，年人均达75.05学分，“学评教”满意率达98.75%，获评省师干训工作先进集体。

【教师队伍建设】 突出党建引领，深入开展“干净干事创新业”作风建设专项活动和“两学一做”学习教育。完成中小学校党的基层组织关系调整及乡镇学校教师党员组织关系转接，实现全县教育党建“一盘棋”。开展“廉政体检”“廉政谈话”“廉政知识测试”活动，实现干部廉情信息库全覆盖。参与全县“大搬快治”、小城镇综合整治、“六边三化三美”、“五水共治”、全域旅游、国卫创建、省级示范文明县城创建、旧城改造、“最多跑一次”改革等中心工作，助力美丽幸福新庆元建设。

（吴长久）

文化　体育

文 化

【概况】 2017 年，庆元县坚持以“浙江省基本公共文化服务标准化建设”为重点，认真实施文体惠民建设工程，深入开展群众性文体活动，推动文体民生事业全面发展。改革公共财政投入方式，制定政府购买公共文化服务指导性目录，采用政府招标、集中采购等方式，提高财政资金的使用效益。鼓励民间资本投入文化领域，增加文化体育经费来源渠道，构建多元化、多渠道融资体系。坚持新发展理念，聚焦补齐短板、提升效能，大力推进基本公共文化服务标准化、均等化，丰富优质公共文化产品向农村、基层供给，切实做好新形势下的送戏下乡、送电影下乡工作，公共文化服务体系建设迈上新台阶。全年送戏下乡 114 场，其中向社会购买演出服务 106 场；送电影下乡 3200 场，其中向社会采购农村电影放映服务 2000 场；送图书流通 12100 册；送讲座展览 23 场；组织文艺骨干送指导、送服务 2000 余人次；“文化走亲”演出 8 场。

【庆元县公共文化服务中心建设】 庆元县公共文化服务中心工程项目选址县城元帅公庙区块。经过调整后，该工程项目总用地面积 45360.5 平方米（约 4.54 公顷），项目总建筑面积 42889.72 平方米，建设内容包括图书馆、文化馆、剧院等。2017 年，县公共文化服务中心 PPP 项目先后完成公开招投标、签订施工合同等工作，并于 12 月 9 日举行开工仪式。

【文化惠民活动】 结合年度重要节假日和县委、县政府的中心工作，紧紧围绕“生态立县、产业富县、开放兴县”发展战略，着力丰富公共文化服务供给，以群众喜闻乐见的文艺形式送到基层，走村进社，推动文化宣传工作在基层生根开花。“乡村春晚”蓬勃开展。2017 年春节期间，全县共举办 70 场“乡村春晚”和 1 场“乡村春晚”精品节目会演，极大地丰富了广大群众的春节精神文化生活。充分发挥国家级群星奖“月山春晚”文化品牌的示范辐射效应，建立扶持引导机制，大力推动以农村、农民为主体的乡村春晚活动蓬勃开展。以重大节日和节庆为主线，先后组织开

10 月 17 日，庆元举办《光辉历程永恒记忆——喜迎十九大庆元红桥摄影诗文展》

展“享阅读之乐·建书香之城”第一届庆元县全民阅读节系列活动、“光辉历程 永恒记忆——喜迎十九大庆元红桥摄影诗文展”、“不忘初心 牢记使命”宣传贯彻党的十九大精神专场文艺演出等28场活动，丰富了群众的精神生活。挖掘资源，创新载体，开展形式多样的“文化走亲”活动。2017年，组织开展丽水九县（市、区）联合“文化走亲”活动8场。文艺工作者跨边界，进企业，下乡村，将精彩的文艺节目送到群众当中，与当地群众同台演出，切磋技艺。文化服务惠及群众。2017年，举办农村文化素质提升排舞培训，共培训学员177人次，连续第六年举办“菇星璀璨”春秋季免费培训班，培训包含国书法、国画、舞蹈、器乐等内容。完成“周末大家唱”活动12场次，涌现了一批优秀的群众歌唱者。

【遗产保护】 文化遗产保护有序推进。2017年，全国重点文物保护单位处州廊桥之如龙桥、西洋殿和省级保护单位卢福庙修缮工程顺利通过验收。完善处州廊桥之咏归桥日常养护工作。黄坛季氏宗祠修缮工程和大济古驿道修缮工程启动。有序推进文物平安工程，进一步加强庆元的文物保护工作，改善文物保护状况，确保文物的安全。浙闽联合申“世遗”。2017年，庆元县和泰顺县共同组团代表浙江省参加第六届中国成都国际非遗节暨2017年“文化和自然遗产日”文化部主场活动，对联合国急需保护的非物质文化遗产名录项目——木拱桥传统营造技艺进行展示。组团参加2017年第十二届中国（义乌）文交会，文创产品“木拱廊桥拼装模型——咏归桥”获文交会工艺美术银奖和创新设计奖，“木拱廊桥拼装模型——咏归桥”“半路亭桥”获得国家外观设计专利。参加中国浙闽木拱廊桥保护与申遗推进会、第六届廊桥文化节暨第七届廊桥文化论坛，全力推进“浙闽木拱廊桥”申报世界文化遗产的步伐。非遗文献《庆元廊桥》入选浙江省非物质文化遗产保护文献“百优”图书名单。2017年，公布第二批县级非物质文化遗产项目代表性传承人10人。

【文化市场执法】 2017年，日常巡查出动检查707人次，检查经营单位903家次，违规13家次；行政处罚立案调查13件，办结案件12件，移交1家次；警告9家次，罚款22000元，没收违法物品25件，取缔非法演出4起，取缔非法游摊4家，没收非法出版物341册。有针对性地开展校园周边环境整治、网吧市场专项整治、娱乐场所专项检查、印刷企业专项行动、“扫黄打非”系列专项整治行动等，顺利完成“护航十九大”等工作任务，确保全县文化市场健康、平稳、有序发展。文化市场工作取得突破，县“扫黄打非”办协调公安部门成立专案组，全力查办“浙江庆元QQ群传播淫秽物品牟利案”，该案件成功入选全国“护苗2017”专项行动第一批典型案件，已提请全国“扫黄打非”办将此案列为全国挂牌督办案件。省文化厅在庆元进行文化市场预警系统建设试点并召开浙江省文化市场预警体系庆元试点现场会，预警体系建设得到了肯定并在全省铺开。县文化市场行政执法大队荣获“全省文化市场综合执法先进集体”称号，2015年、2016年、2017年连续三年获此殊荣。

体　育

【概况】 2017年，庆元代表团竞技体育部在丽水市第四届运动会上金牌、奖牌、团体总分均排名全市第五，大众体育部破获金牌、奖牌、团体总分均排名全市第六，并获得体育道德风尚奖，在竞技体育部游泳项目，大众体育部门球、篮球项目上取得突破，顺利完成“保六争五”的目标任务。2017年，浙江省健身气功心法培训提高班在庆元开班，来自全省各县（市）学员120人参加培训。浙江省全民健身浙南片区运动会在淤上乡举行，共吸引来自全省各地28支代表队280名运动员参赛。先后组织举办全县迎“三八”趣味运动会、庆元县登龙头山爬山比赛、庆元大道山地自行车赛等赛事活动50场。11月，举办庆元县首届机关运动会。安南乡、左溪镇、荷地镇完成体育强乡镇复评工作，完成了10个行政村健身工程提升工作，全县共注册240名运动员。推进西洋湖水上运动中心项目落地，先后与浙江大学、上海体育学院、宁波江南一百体育文化有限公司等组织沟通交流，结合庆元地理特点，全力推进体育产业科学规划，《庆元县体育产业发展规划》

《庆元县运动休闲小镇发展规划》已进入编制阶段。庆元籍运动员练家明夺得2017年全国青少年举重锦标赛总成绩第一名，王楠获得2017年第十三届全运会500米双人皮艇第7名，黄暄获得2017年全国皮划艇锦标赛四人1000米皮艇第1名、双人1000米皮艇第2名，吴倩获浙江省皮划艇锦标赛2000米单人皮艇第四名。县体育中心成功创建浙江省体育后备人才基地。

【庆元县体育中心】 庆元县体育中心项目选址县城小济洋区块，该工程总用地面积约41133平方米(约4.11公顷)，项目总建筑面积22725平方米，建设内容有体育馆、全民健身活动中心、游泳馆以及室外篮球场、网球场、气排球场等。2017年，县体育中心PPP项目先后完成公开招投标、签订施工合同等工作，并于12月9日举行开工仪式，项目进入前期施工建设阶段。

（张丹萍　叶航初）

12月19日，庆元文体中心项目集中开工

广播电视　报刊网站

广播电视

【概况】 2017年，县广播电视台以马列主义、毛泽东思想、邓小平理论、“三个代表”重要思想、科学发展观、习近平新时代中国特色社会主义思想为指导，深入学习宣传贯彻中共十八届六中全会、十九大和习近平总书记系列重要讲话。坚持“围绕中心、服务人民，团结务实、开拓创新”工作主线，开展“两学一做”制度化常态化学习教育和“干净干事创新业”专项作风建设活动，各项工作得到全面进步、全面过硬和全面发展。为深入实施“生态立县、产业富县、开放兴县”发展战略，建设美丽“大花园”、勇争最美“花骨朵”提供强有力的舆论支持。分别获得浙江省广播电视对农节目服务工程建设考核广播、电视鼓励奖；荣获丽水市广播电视总台2016年度广播、电视新闻协作二等奖和广播电视安全播出奖第一名。叶发和被丽水市人民政府授予“护航G20·平安夺金鼎”个人行政嘉奖。

【广播电视新闻宣传】 紧紧围绕县委、县政府中心工作，贯彻执行新闻宣传方针政策，充分发挥广播电视宣传报道工作职能，把握意识形态主动权。一是围绕中心不放手，做好主题宣传报道。根据县委、县政府的重大决策部署做好新闻宣传报道，始终坚持团结稳定鼓劲的工作思路，以正面宣传引导为主基调，牢牢把握正确的舆论导向，做深做大主题报道，做精做细时政要闻，做活做亮民生新闻，努力改进和创新宣传报道的形式和方法。重点宣传报道全县宣传学习贯彻中共十九大精神以及全县重点工程、重大活动等重要经济社会活动，发挥广播电视主流媒体的舆论引导作用，占领新闻宣传主阵地。先后开设《全面剿灭劣V类水》《百团大战 绿色发展》《十九大时光》《全面深化改革》《“最多跑一次”改革》《菇乡先锋》等27个专题栏目，录制《“一把手”媒体亮像表态》23期和《我最喜爱习总书记一句话》，为庆元绿色发展提供强有力的舆论支持。全年播出广播稿件2865篇、电视稿件2131篇。积极参加“百名记者巡百河”大型新闻采访活动，《庆元：浙闽边城跨界协作 绿水青山捧出金山银山》荣获全市一等奖；《我县发现17棵野生政和杏 全球仅22棵》荣获2016年度丽水市新闻奖电视新闻类二等奖；《新媒体及其他研究：“互联网+”时代传统广电媒体的变革与创新》荣获丽水市广播电视政府奖学术论文类二等奖；《我县返乡青年发起“互联网+留守鸡”计划 山乡老人喜增收》分别荣获2016年度丽水市新闻奖广播新闻类二等奖、浙江省广播电视新闻奖二等奖。二是紧盯舆论监督重点，努力传播正能量。为有效畅通民意渠道，寻找问题，破解矛盾，促进全县干部工作作风大转变，努力推动焦点、热点工作和社会进步。11月14日，开播舆论监督节目《庆元关注》，利用新闻舆论的力量助推聚焦全县中心工作，着力创新广播电视新闻宣传报道形式，不断提升新闻宣传水平和舆论引导能力，先后推出《城区流动摊贩多 市容市貌亟待提升》《交通乱象时有发生 文明出行意识尚需提升》《户外广告乱象多 城市“颜值”亟待提升》等深度调查报道，共播出7期。三是强化对外宣传，提升质量和能力。加大与上级主流媒体的沟通协作力度，立足本地，深入挖掘，突出特色，抓住亮点，紧贴全县的主要工作，精心组织策划，做好新闻选题，优化报道方式，及时准确、全面深入地宣传报道全县经济和社会事业发展的新思路、新举措、新典型、新成效，以提升庆元“三张金名片”效应，努力向外界宣传庆元经济社会发展。被丽水广播电视总台录用广播新闻稿件937篇、电视新闻稿件368篇；被浙江广电集团录用稿件95篇；被中央电视台录用新闻稿件4篇（其中《网络诈骗案告破 受害人2000余名》被央视新闻频道《新闻直播间》、财经频道《第一时间》、国际频道《中国新闻》同时录用）；被中央人民广播电台录用新闻稿件3篇。四是突出对农宣传，服务三农更接地气。《菇乡绿野》作为庆元对农专题节目，充分应用新颖独特的手法切入报道视角，紧贴全县农民朋友实际需求、农村实际生活、农业发展现况。《菇乡绿野》节目选题紧紧围绕农村、服务三农，进行普及、宣讲农业知识，共播出125期，自制电视节目11期。报送5期自制电视对农专题节目，其中《山有千钟粟 粒粒皆是宝》《三个老兵的农场梦》《黑色地膜覆盖 番薯高产增收“新法宝”》《吴益民：小山村搏出百万产业 生态七彩山鸡变身金凤凰》被浙江省新闻出版广电局录用为通用性对农节目，录用率达80%;《包河到户新模式 盘活河道富百姓》获浙江省广播电视对农节目政府奖（广播类）二等奖。庆元县对农节目考核评比居全市第一。五是创新宣传手法，积极推动新媒体发展。积极推进广播电视新旧媒体融合发展探索与实践，努力传播全县经济社会发展主线，加强与县域内报纸、网站以及其他微信公众号运营商的合作，互为供稿，借鉴新闻素材，相互取长补短，对中央、省、市微信公众号上的优质内容进行转载，使用户接受内容更加广泛。8月16日，对“庆元新闻”微信公众号版面进行优化和调整，增加“视频资讯”“市民广场”“印象庆元”等便民元素，不断增加便民资讯和服务功能。为扩大“庆元新闻”微信公众号影响力，8月25日，开展关注送流量活动，进一步提高“庆元新闻”微信公众号的知名度，不断增加粉丝数量，关注人数由2016年的1682人增长到8309人，增幅达393.99%。全年推送微文260期，1725篇。

【广播电视事业发展】 致力基础项目建设，加大资金投入力度，攻坚克难推进项目建设，努力夯实广播电视事业基础。一是加快重点项目建设，夯实广播电视制播基础。庆元县广播电视制作中心项目建设工程，包含广播工艺技术用房、电视节目工艺技术用房互动演播室、播出机房工作区、电视制作演播区、新闻记者工作区、其他技术业务用房、配套设施附属用房等，按《广播电影电视行业标准》（GY/T5064-1999）三类建设规模确保。2月5日，完成项目建设用地初步选址；4月1日，项目建议书通过县发展和改革主管部门批复；5月27日，县发展和改革主管部门对项目进行调整，拟增加地下室开发利用面积约3000平方米，投资估算由5820万元调整到7210万元；5月19日，县住房和城乡建设主管部门规划建设项目选址；7月3日，工程可行性研究报告通过县发展和改革主管部门批复，确定项目总用地面积约5136平方米，总建筑面积约8297平方米，建筑占地面积约1376平方米，计划2019年11月建成并投入使用；12月19日，项目正式动工建设；12月25日，国土资源主管部门出具矿产资源压覆证明；12月29日，庆元县人民政府批复同意PPP项目合同及备忘录。二是稳步推进中央广播电视无线数字化覆盖乡镇补点工程。扎实做好庆元县中央广播电视无线数字化覆盖乡镇补点工程建设，提高全县乡（镇）、街道广播电视无线数字化覆盖范围，项目建成后每个基站发射两个频道15套无线数字电视节目（中央12套，省、市、县第一套），促进全县人民群众生活水平，工程分17个乡镇基站，总投资1400万元。7月20日，编制完成《庆元县无线数字广播电视覆盖工程乡镇补点实施方案》；7月27日，通过县发展和改革主管部门批复立项；9月7日，通过市文化广电新闻出版专家组的评审；9月12日，完成0.1697公顷建设用地征收，并通过占用林业用地省级林业主管部门审批。还先后完成塔桅系统设备、安装、集成设备采购、光缆采购等招投标工作。三是加大经费投入，现场直播设备全面升级。针对全县现场直播设备技术滞后，现场直播手段比较单一，积极争取县财政资金支持，投资141.7万元，完成新现场直播设备采购，该设备集高清录、播、转、传一体化，以及具备延时播放等功能，进一步提升县广播电视台现场直播硬件条件和软件实力，标志着全县电视现场直播水平由标清时代迈入高清时代。四是革新播出技术，实现高清转播。继2016年在全市率先实现自办频道节目《庆元新闻》高清、标清同步播出后，8月18日，县广播电视台对中央电视台《新闻联播》进行高清和标清同步转播，打造全高清播出频道走在全省前列，使全县电视用户能通过庆元电视台免费收看高清版的中央电视台《新闻联播》，为下一步庆元电视台实现电视剧、广告等全部节目高清播出奠定扎实的基础。五是健全播出机制，提升安全播出能力。规范安全播出流程，加强播出控制和技术人员教育力度，严格执行国家新闻出版广电总局广播电视安全播出规定，健全完善播出突发应急处置预案，实现“两个确保”和“零秒停播”的工作目标。9月21日，与县委宣传部、县文广新局、县社会服务指挥中心、县综治办、县公安局、县安监局等安全播出领导小组成员开展年度安全播出的应急演练，进一步提升和检验县广播电视台播出应急处置能力。完成县“两会”、干部大会等3场现场直播任务，完成中共十九大、世界互联网大会等重大保障期及重大节假日期间的安全播出工作。《庆元县广播电视台广播电视播出系统改造工程》获2017省新闻出版广电局科技创高新金潮奖三等奖。

【组织机构建设】 充分发挥妇女在各项工作中的积极作用，切实加强女干部职工的组织领导，3月15日，建立庆元县广播电视台妇委会，揭雅娟任主任，胡桂兰、沈从菊任委员。根据庆元县人民政府办公室《关于印发〈庆元县广播电视台主要职责、内设机构和人员编制规定〉的通知》（庆政办发〔2016〕30号），进一步优化内部机构设置，形成更加高效有序的运行机制，4月6日，建立庆元县广播电视台专题部、新媒体部和广播无线部，同时撤销庆元县广播电视台网络工程部、稽查收费部。12月5日，台属总编室、总工室和退休人员党支部正式更名为总编、总工和离退休干部党支部。

【广告经营管理】 广告经营整体运行平稳，截至12月底，庆元县广播电视广告信用综合指数均为100分，与全省19家广播电视广告播出机构并列第一；严格按照程序做好年度广播电视广告经营权招标工作，12月22日，2018年度广告经营权由衢州大度文化传播有限公司中标，标的额为119.3333万元，较上一年增幅34%，创造庆元县广播电视广告经营承包历史新高。

（叶发和）

新闻中心

【概况】 2017年，庆元县新闻中心根据市委、县委部署，认真开展“干净干事创新业”作风建设专项活动，紧紧围绕县委、县政府中心工作，按照新闻宣传工作思路，坚持正确的舆论导向，围绕中心，服务大局，依托“一报一网一论坛两微信公众号”，唱响主旋律，为努力推进庆元县经济社会持续健康发展营造良好氛围，为实现“生态立县、产业富县、开放兴县”战略提供强大的思想保证、精神动力和舆论支持。

2017年，《菇乡庆元》出刊241期，开设新栏目25个；中国庆元网新开设专题（专栏）8个，网站发布新闻8570篇，其中原创稿件4809篇，日均页面访问量1.32万人次；《处州晚报（庆元版）》编版48期，为国家、省市新闻单位提供新闻线索、素材720条（篇）。“掌上庆元”微信公众号用户13.5025万人，发布新闻资讯302期，日均阅读量为1.21万人次，“掌上庆元”现已成为县域范围内最具影响力的公众号，巩固和壮大了主流媒体的话语权和影响力。此外，“掌上庆元”被市委宣传部评为品牌新媒体，中国庆元网被评为浙江在线2017年度优秀支站，中心副主任吴采芬荣获丽水市第三批宣传文化系统“四个一批”人才。

【“干净干事创新业”作风建设专项活动】 2017年，根据活动部署，庆元县新闻中心召开了“干净干事创新业”作风建设专项动员部署会，并制定《县新闻中心关于开展“干净干事创新业”作风建设专项活动实施方案》，党员干部签订了争当“绿色发展排头兵”承诺。中心领导班子结合实际，分别给全体党员干部上了党课，加强了党员干部党性党风党纪教育。持续开展以全面自查自纠、核查个人重大事项报告情况、开展正风肃纪为主要内容的廉政体检活动以及深化新闻战线“走转改”活动，使党员干部加强和改进了工作作风，推出一批接地气、有品质的新闻报道，同时也展示了编辑、记者的新形象。

此外，庆元县新闻中心还积极利用报纸、网站、微信公众号大力宣传全县“干净干事创新业”作风建设专项活动等，为全县深入推进活动营造了浓厚氛围。

【主题宣传】 庆元县新闻中心利用网站等及时传递正能量，弘扬主旋律，先后开设了《我最喜爱的习总书记的一句话》《护航十九大　全力保平安》《贯彻全会精神　喜迎十九大》等专题专栏，为十九大胜利召开营造和谐稳定、生动活泼的舆论氛围。中共十九大召开后，庆元县新闻中心充分利用中国庆元网、《菇乡庆元》、“掌上庆元”微信公众号等媒介，以网站专题、报纸专版及时转载新华社、人民网等国家主流媒体有关十九大会议报道、精神解读、评论等。此外，还及时开设《新时代　新使命　新作为》《贯彻十九大　再创新业绩》总专题和专栏，大力宣传报道了庆元深入学习宣传贯彻中共十九大精神的具体举措和实际行动，传播庆元好声音，讲好庆元好故事，展示了庆元新形象。2017年，中国庆元网、《菇乡庆元》、“掌上庆元”已刊发学习宣传贯彻十九大精神方面的报道700篇（条）。

围绕全县干部大会提出的工作要求，聚焦“从美丽出发 干事创业开新篇”，开设《绿色发展 勇立潮头》《勇立潮头 干事创业开新篇》《绿色发展 百团大战》《深入推进“最多跑一次”改革》《深化“五水共治” 剿灭劣V类水》《菇乡梦 故乡情》等20个重点总专栏，2017年，刊发相关稿件1530篇（条），有力营造了“干净干事创新业”的浓厚氛围。此外，《菇乡庆元》还围绕贯彻落实县党代会精神、全县干部大会精神、省党代会精神，刊发了9篇评论员文章，策划专版19个，刊发报道105篇。

策划一系列报道，引起了各界广泛关注。聚焦“特定事件”，在“庆元林改模式”10周年之际，推出了《十年林改 惠民惠农》系列报道，分别从庆元林权管理中心、涉林改金融机构、融资担保公司、企业主以及从事林改工作的林业资产评估员和受益林农等多个侧面回顾庆元林权制度改革带来的变化和成效。此外，在5月18日庆元县解放68周年纪念日之际，也推出系列报道，进一步展现了庆元新成就、新面貌。聚焦“特定群体”，在高温时节，将镜头和笔触对准高温下的劳动者，以专题专版形式推出了具有人文关怀的《高温下的坚守》系列报道，该报道因持续播发、图文并茂收到了良好的社会反响。与此同时，持续刊发《梦想照亮前行》大型人物纪实系列报道，引起广大读者的共鸣。聚焦“特定节庆”，做足“第二届乡村文化旅游”报道系列，利用《菇乡庆元》、“掌上庆元”微信公众号优势，以专版、专页形式图文并茂地刊发了《赴一场菇城春天的别样约会》《我和杜鹃花有个约会》《好一场大饱“眼福口福”的盛宴》《恋上高山休闲农业乐园》《赏荷花 品美食 戏清水》等15个专题报道，营造了浓厚的节庆氛围，同时提升了庆元的知名度和美誉度。

【推进媒体融合】 2017年，庆元县新闻中心本着“把导向、抓重点、提质量”的理念，做好“新闻+服务”文章，整合报、网、微信公众号，形成合力，融合发展，提升整体影响力。“掌上庆元”有13.5025万用户。2017年，“掌上庆元”微信公众号发布新闻302期、中国庆元网微信公众号发布新闻67期。此外，从2017年9月下旬以来，《菇乡庆元》一、四版采用彩印，进一步提升了报纸的品位、办报质量。由县新闻中心、县委宣传部联合编辑，由浙江人民出版社出版的“庆元好故事丛书”之《梦想照亮前行》出版发行。

【网络安全】 中国庆元网加强网站安全保护工作，全力做好网络信息、内容管理等安全工作，定期开展各类安全检查，及时发现问题和消除安全隐患，并形成安全稳定运行长效机制。完善管理制度，网站平台监管有力有效。建立健全《庆元县新闻中心网站安全应急预案》《中国庆元网网络安全管理制度》《中国庆元网宣传管理值班制度》等，落实网络安全及事故责任追究制，确保各项工作高效、协调、规范、有序运转。9月27日，开展网络与信息安全应急演练，进一步完善应急处置机制，提高突发事件的应急处置能力。安全保障措施到位，网站平台安全有序。严格落实各项安全保障措施，加强网站、论坛信息安全防护工作，查找隐患，及时报告，消除风险。在金砖国家领导人厦门会晤、中共十九大、世界互联网大会等重要时期，严格按照应急响应要求配备力量，全力做好舆情保障工作。2017年，中国庆元网安全稳定运行，庆元论坛网络舆情总体平稳有序。

【网络问政理政】 积极回应民生诉求。在网络问政直通车的基础上，8月开通“书记信箱”网络理政平台。这两个平台成为市民表达合理诉求的有效渠道、党政机关为民服务的高效平台、实现清朗网络空间的有力工具、践行群众路线教育的现实举措。“建议开展电动车违法行为专项整治行动”“关于庆元大道的几点建议”“汇金城房产问题”“凯震大酒店后面石龙新街二弄的路面什么时候开始浇”等一连串涉及群众利益的问题，所涉部门都给予实名回复，并积极采取措施及时落实。2017年，问政直通车新收到网民提问133件，政府部门有效回复率达到99.2%。

（吴慧芬　周爱琴）

卫生　计生

综　述

全县共有县级医疗卫生计生机构5个（县人民医院、县中医院、县妇幼保健计划生育服务中心、县疾病预防控制中心、县卫生监督所）、1个社区卫生服务中心、17家乡镇卫生院、11个社区卫生服务站、90个村卫生室、9个企事业医务室、35家个体诊所、3家私营门诊部。全县卫生计生系统在职人员784人；在职医生人数为441人，其中取得执业助理以上资格人员294人；护士人数为246人。90个村卫生室共有村医112人。在编人员中，高级专业技术职称138人，中级职称131人，初级及以下职称614人，分别占总数15.6%、14.8%、69.5%，其中有138人享受政府津贴（正高级职称33人，副高级职称105人）。县人民医院、中医院全年共门诊453657人次，同比增加37553人次，增幅9.02%；基层医疗卫生机构共门诊222739人次，同比增加16860人次，增幅8.19%；全县县域就诊率85.13%。两家县医院业务收入合计2.44亿元，同比增加2204万元，增幅9.89%；基层医疗卫生机构业务收入共计2018.86万元，同比增加232.02万元，增幅12.98%。

（卫生计生局办公室）

医政管理

【医药卫生体制改革】 全面启动多种形式的医联体建设，县人民医院与屏都中心卫生院、县中医院与竹口中心卫生院组建医联体试点。县卫计局投入200万元，在全市率先购置两辆巡回诊疗车，车上配备B超、心电图、生化分析仪、血球仪、尿液分析仪等常规检查设备和药品。通过巡回诊疗的方式满足偏远山区群众的健康需求。加快建立公立医院补偿新机制，明确基础设施建设和大型医疗设备的投入由政府负责，《庆元县县级公立医院改革医疗设备购置补助方案》于12月28日的县政府常务会议通过。

【“最多跑一次”改革】 全面完成行政权力事项清单梳理，通过四轮的梳理，群众和企业到县卫生计生局办事事项主项18项，子项46项。根据“两集中、两到位”的要求，12月底，实现全部事项进驻行政审批中心办理。进一步优化放管服，45项事项实现“最多跑一次”，实现比为97.8%。

【医务人员培训】 举办乡村医生再注册培训，全县共有70人参加；全县共有424人参加2年一次的医师定期考核；组织全县医疗机构的临床医师、药师、检验师参加抗菌药物合理应用“云培训”；县人民医院在丽水市县级医院中率先停止门诊患者静脉输注抗菌药物（儿科患者除外）。

【中医药服务】 2017年，完成屏都、安南、荷地、贤良、淤上等5家卫生院中医馆建设。城区社区卫生服务中心中医馆和屏都中心卫生院中医馆被评为市级示范中医馆。7月7日下午，邀请省中医药学会会长肖鲁伟作《大健康建设的第一部法律〈中华人民共和国中医药法〉》专题讲座，全县干部职工中的中医爱好者及医务人员100余人参加。

（吴　方）

妇幼保健

【概况】 全县产妇总数2038人，建卡2032人，建卡率99.71%；系统管理1964人，系管率95.25%。住院分娩活产数2062人，100%住院分娩。产前筛查1772人，筛查率86.95%。全县3岁以下儿童5666人，系统管理5406人，系管率95.41%；7岁以下儿童11885人，保健管理11403人，保健覆盖率95.94%。助产机构接产活产1775例，新生儿疾病筛查1774人，筛查率99.94%；新生儿听力筛查1775人，筛查率100%。免费婚前医学检查1969人，婚检率98.84%；免费孕前优生检测821对；农村孕产妇住院分娩补助1447人，补助经费72.35万元；待孕及早孕妇女免费叶酸增补发放1610人；免费为1371名孕产妇提供艾滋病、梅毒、乙肝初筛检测，免费为11例感染梅毒孕产妇提供规范治疗，免费为116例乙肝表面抗原阳性孕产妇分娩的新生儿注射乙肝免疫球蛋白。完成531例乳腺癌、514例宫颈癌免费筛查；发放免费避孕药具33.2万只；成功创建“三优”指导中心省级示范点，“三优”教育培训覆盖率在80%以上。

（吴芝芬）

疾病预防控制

【传染病预防控制】 完成创国卫传染病控制工作资料的完善、充实、整理工作。2017年，全县无突发公共卫生事件报告；无传染病暴发疫情报告；乙类传染病报告病例数532例，发病率258.79/10万；丙类传染病发病679例，发病率330.30/10万；传染病预警信号分析处理100起。

【艾滋病防治】 一是按要求开展新发现的2例艾滋病毒感染者和病人的告知、流调、随防、咨询、干预，并对既往30例艾滋病毒感染者和病人定期进行随防、干预、胸片、CD4检测、配偶检测等工作。二是全县已有29例艾滋病病人、艾滋病毒感染者接受免费抗病毒治疗，定期为他们做随防、管理、CD4、毒载量检测等工作，并做好抗病毒药品出入库管理和领发登记制度。

【鼠疫监测】 2017年，在黄田镇东西村开展鼠疫固定监测12点次，流动点监测5点次。室内鼠密度监测共17点次，捕获宿主动物147只，平均鼠密度为2.88%；室外鼠密度监测共17点次，捕获宿主动物300只，平均鼠密度为5.88%。“逐日捕鼠法”共捕获老鼠410只。

【慢性病防治】 全县共报告2017年发病的慢性病1580例（糖尿病461例、肿瘤575例、心脑血管疾病544例），出生登记1339例，死因登记1121例。以创建省慢性非传染性疾病综合防控示范区为抓手，规范开展35岁以上首诊测压工作，全县2家县级以上医疗机构及19家社区卫生服务中心（卫生院）均开展首诊压测工作，覆盖率100%。

【脊灰疫苗查漏补种工作】 为继续保持全省无脊髓灰质炎状态，加强脊灰疫情防控工作，根据《浙江省2016～2017年脊髓灰质炎疫苗集中式查漏补种工作实施方案》，2017年3月13～17日，开展脊灰疫苗查漏补种工作，常住（流动）儿童第一剂应种54人，实种52人，接种率96.30%；常住（流动）儿童第二剂应种39人，实种38人，接种率97.44%；常住（流动）儿童第三剂应种47人，实种46人，接种率97.87%。全年无异常反应病例发生。

（周　敏）

卫生监督

【概况】 2017年，庆元县卫生监督所紧紧围绕全年卫生监督工作目标任务，深入贯彻学习中共十九大报告精神、“两学一做”学习教育活动，落实党风廉政建设责任制，全面实施“双随机一公开”抽查机制，严厉打击各种违法行为，不断强化卫生监督执法能力建设，有序推进学校卫生、饮用水卫生、公共场所卫生、消毒产品卫生、职业卫生、医疗执法等卫生监督执法工作。全年共查处各类卫生违法案件81起，其中一般程序36起，简易程序45起。严把准入关，进行审批程序再造，实现“最多跑一次”改革，共办理许可122件。完成国家和省级“双随机”任务，执行率和完成率均达到100%。继续推进智能移动执法系统应用，对各专业的监督、监测和处罚信息100%录入。积极推进“智慧卫监”项目建设，完成县级所有执法装备建设，在医疗废物、饮用水卫生和餐饮具集中消毒等领域深化实时检测、在线监控。加大信息宣传报道，共编制录用信息96篇次，其中在“健康浙江”微信录用7篇。积极参加全市卫生监督应急演练暨卫生监督技能竞赛，取得应急演练团体二等奖，个人一等奖和三等奖；精心组织参加微课作品评选，县卫生监督所制作的《不忘初心、继续前进》获全省三等奖。

【亮点工作】 一是污水“过滤嘴”——让口腔诊疗机构整治无死角；二是做好农村游医的查处工作；三是加强抗菌药物管理工作；四是扎实推进“最多跑一次”改革。

（季小芬）

爱国卫生

【卫生县城创建】 根据《关于命名2014～2016周期国家卫生县城（乡镇）的决定》[全爱卫发（3号）]文件精神，庆元顺利通过国家卫生县城考核并命名。

【卫生乡（镇）村创建】 创建国家卫生县城工作正式启动后，在县委、县政府的高度重视下，按照“为民创卫、科学创卫、系统创卫、和谐创卫”的工作思路和建设、整治、规范“三结合”创建理念，大力推进国家卫生县城创建的各项工作。开展卫生乡镇、卫生村和卫生先进单位创建活动。创建成果有省级卫生乡7个（举水乡、百山祖镇、竹口镇、黄田镇、安南乡、贤良镇、龙溪乡）、市级卫生乡（镇）9个。

【病媒生物防制】 为有效地消灭“四害”，巩固灭鼠成果，控制疾病传播途径，提高人民健康水平，确保农业丰收。县爱卫会下发了《关于开展春季城乡统一灭鼠活动的通知》，完成春季灭鼠工作。开展春秋季灭鼠行动，2017年通过统一招标，共投资100万元，投放药物54吨，防治措施规范，“四害”滋生地得到有效治理和控制。

【农村改水改厕】 大力推进农村改水改厕，农村饮用卫生安全水人口为173280人，占农村总人口的99.8%，其中使用自来水人口171559人，占99.4%。2017年，新增三格式标准厕所1747座，农村无害化厕所覆盖率达到90.29%。

【健康教育】 积极引导全民讲卫生，改陋习，自觉养成健康文明的生活方式和行为习惯，切实提高人民群众的健康素养。组织讲师团成员和工作人员开展公民健康素养巡回宣讲206场次，覆盖19个乡镇（街道）和8个社区。有省级健康促进医院1家，市级健康促进医院1家，市级农民健康教育学校1所，新增加银牌健康促进学校2所、铜牌健康促进学校4所、健康促进社区12个、健康促进单位49个、健康促进食堂8个。

【控烟】 积极开展控烟工作，全年在公共娱乐场所、窗口单位、大型商场进行控烟检查，张贴禁烟标志，创建市级无烟单位5家、县级无烟单位29家。

（张晓峰）

基层卫生工作

【概述】 向城乡居民免费开展十四大类国家基本公共卫生服务，建立城乡居民健康档案123552份，建档率89.86%；管理高血压患者11833人，管理糖尿病患者2973人。按服务规范要求落实相关随访服务及年度健康体检工作。2017年，共完成居民健康体检61217人，其中体检60岁以上老年人14352人，0～6岁儿童9162人，在校中小学生18904人，60岁以下成年人18799人，并将体检结果录入城乡居民电子健康档案，实施动态管理，加强后续服务。依据《庆元县推进责任医生签约服务实施办法》，有序开展责任医生签约服务工作，着重抓好老年人、儿童、妇女和慢性病患者、精神疾病患者、残疾人等重点人群签约服务。2017年，规范签约人数62590人，规范签约率30.39%，其中重点人群签约人数40025人，重点人群签约覆盖率68.47%。分级诊疗初显成效，2017年乡镇卫生院门诊占全县门诊量的32.01%，比2016年提高0.34个百分点。

（朱志丽）

红十字会

【概况】 认真开展救灾救助活动，全力帮助受灾群众解决燃眉之急，完成“康恩贝健康之旅——心脑血管疾病防治博爱行动”项目各项工作任务，救助515名低收入心脑血管疾病患者。积极做好“红十字博爱送万家”活动，对9个乡镇（街道）65个村（社区）的125户困难家庭进行救助，受益人数达354人，共发放慰问物资价值3.25万元，慰问款0.95万元。积极开展红十字公益性应急救护培训工作。制订救护培训工作实施计划，完成救护员培训534人次，救护知识普及4188人次。扎实推进红十字会关爱生命行动。积极开展形式多样的无偿献血宣传活动，成功动员26人进行留样入库，成为造血干细胞捐献志愿者，全县第二例造血干细胞捐献者蒋烨芳被授予“红十字公益之星”。积极做好人体器官（遗体、组织）捐献宣传和善后服务工作。2017年，全县成功实现角膜捐献1例。加强红十字会组织和队伍建设工作。开展形式多样的志愿服务活动，并对优秀志愿者进行表彰和奖励。联合各基层组织开展各类宣传活动。县实验小学成功创建成浙江省红十字示范校。紧紧围绕“红十字博爱周活动”主题，开展一系列红十字宣传活动。11月17日，召开第二届理事会第三次会议。进一步加强红十字宣传传播工作。与相关单位联合开展屏都街道、濛洲街道、竹口镇、黄田镇、淤上乡、举水乡等乡镇、街道的走村进户活动，共发放各类宣传资料及纪念品4000份。

（周福华）

卫生科教

【定向培养】 实行“招录与招聘并轨”，为县级医疗卫生单位定向培养本科生16人，为农村社区定向培养专科生5人，紧缺专业培养4人，100%完成招录计划；完成县实行学费补助的定向培养32人。

【住院医师规范化培训】 按照（浙卫发〔2016〕7号）精神，项目经费限于支付培训技能中心建设、师资培训补贴、学员待遇、规范化培训考核和质量评估，学员在培训期间按照国家及医院的相关规定发放薪酬及缴纳社会保障费用。基地培训学员，按每人每月发放1667元的标准规范化培训补贴经费，每人每月发放住宿补贴233元和生活补贴100元，以确保学员待遇与基地的正常运行。2017年，共有39人于县人民医院参加规范培训。

【继续医学教育】 2017年，全县协办国家级继续医学教育项目3项，成功申报并举办市级继续医学教育项目9项，协办市级学术年会1项。参加培训人员1641人次。加强继续医学教育学分管理，特别是中级以上卫技人员继续医学教育学分的达标率达到100%。

【基层卫技人员培养培训】 根据庆元县人民医院《关于做好2017年度基层卫技人员培养培训工作的通知》，进一步加大卫生人才培养培训力度，参加丽水初岗培训人员通过率维持在95%之上，并加强对初级岗位培训人员所在单位人员进行业务实绩考核及工作能力鉴定。全县在职人员参加省市技能培训116人，其中公共卫生技能培训14人，B超培训5人，乡村医生注册培训70人，生物安全实验室培训4人，定向培养生全科岗位胜任能力提升培训人数8人，好医师技能培训12人，乡镇卫生院院长培训6人，责任医生技能培训9人。

（王浩成）

计划生育

【概述】 服务管理进一步深化。实行生育全过程服务管理，强化人口信息化建设，全面推行生育登记网上办理。夯实计划生育基层基础，出台《村（居）卫生和计划生育服务员管理暂行办法》，规范村级卫生计生服务人员的录用、考核。积极开展计划生育宣传倡导，发放计划生育宣传折页20000张，开展“5·29”“7·11”等主题活动。流动人口管理更加到位。2017年，全县流动人口6.54万人，其中流出人口5.63万人，流入人口0.91万人，流动人口信息反馈率、接收率在95%以上。建设流动人口规范化服务中心，流动人口管理率进一步提升。依法行政工作扎实开展。规范社会抚养费征收程序，实行征信“黑名单”制，开展打击“两非”专项行动及“两代表一委员”计划生育审查。新修订《庆元县实施〈浙江省计划生育条例〉管理办法》和《庆元县公益金管理办法》。优先优惠政策有效落实。更加注重家庭发展，登记计划生育特殊家庭60户，共90人，计划生育奖励扶助700人，特别扶助51人。落实公益金补助33人，共计12.38万元。投保48万元，不记名打包为全县计划生育独生子女家庭参保意外伤害险。开展计划生育协会项目帮扶、“春苗计划”等。

（吴博凌）

民　政

民政事务管理

【养老服务工程建设】 2017年，推动县社会福利院（特护楼）、县老年活动中心、县社会福利中心3个项目建设。社会福利院（特护楼）正式投入运营，接收供养特困人员81人、社会老人13人；老年活动中心竣工验收，落实物业管理，进入试运行阶段，谋划内部设备采购和管理使用方案；第一社会福利中心已完成主体工程建设，进入二次装修阶段。2017年12月，县救灾物资储备中心及救助管理站动工建设，荷地社会福利中心进入基础建设阶段；屏都社会福利中心进入招投标阶段。着手谋划第二社会福利中心、庆元县第二生态公墓、黄田竹口区域社会福利中心。在第一社会福利中心的基础上，配合做好第二社会福利中心项目的征地和政策处理进度，完成30%的土地丈量任务。在黄田、竹口区域谋划社会福利中心一所，正在前期论证。经过多次选址论证，建议将龙星线（星光路）星古园、鹭鸶岙、塘凹等地块作为第二生态公墓的初步选址。

【养老服务体系建设】 出台《庆元县加快发展养老服务业的实施意见》《庆元县养老服务补贴制度实施细则》《庆元县关于进一步健全特困人员救助供养制度的实施办法》等文件。新建城乡社区居家养老服务照料中心43家，累计建成209家。发放养老服务补贴17.98万元，发放孤儿、困境儿童生活补助金713406元。完成《庆元县“十三五”老龄事业发展规划》编制工作。2017年9月，获“中国长寿之乡旅游文化服务示范城市”称号，吴克甸、吴式求被评为“中国长寿之乡乡贤人物”。推动养老机构“公建民营”实践，适时开展指导、督察，为在院老人营造一个健康温馨的家园。进一步落实慈善信托工作，完成同济社区和教场路两个“邮善邮乐”慈善超市选点建设，补助金额3万元。

【民间组织管理】 依照《社会团体登记管理条例》和《民办非企业单位登记管理条例》，依法对全县社团和民办非企业单位进行年检年审。应检社会组织152家，其中社会团体119家、民办非企业单位33家。年检合格的社会团体109家、民办非企业单位28家，年检合格的137家，不合格的13家（含撤销3家），注销2家（社团1家，民办非企业单位1家）。年检率90.13%。

【社会人才工作】 创新发展“三社联动”机制，统筹安排8个社区服务业补助经费10万元，鼓励社区专职工作者参加国家社会工作师资格水平考试。2017年年底，社会工作师从2014年的2人增加到26人。

【城乡社区建设】 推进示范型村级便民服务中心建设。指导申报新建或提升的便民服务中心23个，由乡镇、街道根据考核情况核发116万元补助资金。

【婚姻登记和收养登记】 优化婚姻服务。共办理结婚登记1547对，离婚登记362对，补发结婚证860本，补发离婚证26本，登记合格率达到100%。依法开展收养登记工作，完成收养登记14例。

【殡葬改革】 出台《庆元县骨灰安放跟踪管理暂行规定》，于4月1起正式实行骨灰跟踪管理制度，对657例骨灰进行跟踪。殡葬联合组分别组织6次对19个乡镇（街道）进行骨灰跟踪落实情况抽查，顺利推进骨灰跟踪管理工作。鼓励节地生态安葬，补助传统生态安葬97例、树葬1例，补助金额48600元。到推进“六边”青山白化治理。免费发放桧柏、爬山虎等苗木1.7万株，19个乡镇（街道）组织力量对845座坟墓进行绿化治理。隆宫乡莲湖村生态公墓建成并投入使用，黄田镇姚村、龙际村，岭头乡岭头村等村，也在积极谋划村级生态公墓建设前期工作。

【区划地名】 优化区划地名界线管理工作。开展界线联检工作，更换10个界桩的警示牌，对其中1个界桩进行修缮。举办浙闽线第三轮界线联检总结会，精心制作宣传展板、宣传片，完成各项会务工作，得到浙闽两省民政厅领导和各县市的一致好评。第二次全国地名普查工作通过省、市两级验收。大济村成功入选全省首批10个“千

大济村获“千年古村落”称号

年古村落”名录。完成各类门牌证明、编制和设置1741块，将街路牌设置融入全域旅游发展规划。

【移民工作】 核定直补移民3930人，核减县内行政机关公务员、事业单位在编在职以及死亡人员54人，提高移民直补人口的准确性，发放直补资金235.86万元。安排移民扶持项目26个，扶持资金628.26万元。项目竣工验收率100%，资金支付率93.75%。首次落实移民创业致富扶持政策。有60户移民符合扶持条件，发放创业致富扶持资金143.37万元。全面开展项目资金检查工作。委托第三方开展2014～2016年度项目资金监督检查工作，涉及17个乡镇（街道），涉及项目100个、资金2089万元。通过资金检查，规范资金使用，确保安全。组织电子商务培训、项目资金监督管理等培训4期，组织移民参加市级美丽家园建设，培训203人。

赈灾扶贫

【防灾减灾救灾】 宣传防灾减灾科普知识和技能，下拨救灾资金44万元，专项用于救助冬春期间因灾受困群众。按照救灾工作职责和要求，加强防灾减灾体系建设，做好防灾和救灾准备工作，强化汛期24小时值班制度，完善救灾应急预案，储备救灾物资，落实应急资金，确保灾情发生后救灾款和物资及时、足量供应。推进避灾安置场所建设。上半年由县两办督查室牵头，对已建设的179个避灾安置场所，开展全面督查活动。新建或改扩建避灾安置场所35个，顺利通过市民政局组织的检查验收，超额完成7个，完成建设任务的125%。

【救助慰问】 切实履行“上为政府分忧，下为百姓解难”的职责，充分发挥社会救助的兜底作用，有效保障困难群众基本生活。推进低保低边认定工作，按时间节点完成认定工作。特困人员262

人，发放保障金198.17万元。完善医疗救助流程、临时救助、重性精神病人救治管理工作，开展医疗救助10382人次，救助费用1107.47万元，批准送治重性精神病人149人次，累计结算146人次，救治费用117.86万元；开展临时救助1826户，救助费用153.34万元。

社会福利

【概况】 2017年，庆元县有福利企业2家，职工340人，其中残疾职工108人。实现产值21420万元，销售收入17617万元，实际减免增值税659.2万元。

【最低生活保障】 完善社会救助体系，开展社会救助赡养费核定试点工作，有效提高社会救助的科学性和精准性，扩大有效覆盖面。推进低保规范化建设，开展低保年度核查，掌握享受低保待遇人员的动态。在册低保对象3379户、6211人，占全县总人口的3.02%，其中城镇低保对象161户、312人，农村低保对象3218户、5899人，占农业人口的4.10%，发放保障金2566.15万元。注销低保对象3135人，新增低保对象2051人。按照居民家庭经济状况核对工作要求，完成低保对象车管、社保、工商、公积金、房管和地税等部门信息比对工作，核对低保对象5532户、14062人，不合格729人，不合格率5.18%。

老龄工作

【概况】 对60周岁以上的失能、失智人员开展评估，有1030人享受养老服务补贴696078元。新增百岁老人4人、90岁以上老人230人，发放奖励金25万元。为80岁以上老人开展免费意外伤害保险工作，参保人数4952人。开展老年电大教育宣传工作，从老龄经费中挤出6.35万元，购买老年电大书籍，送书下乡，供38个老年电大教学点1600名学员学习。组织县级老年电大讲师团赴38个老年电大教学点开展送课活动。

【老年人活动】 动员各单位和乡镇（街道）开展"送温暖""送文化"活动。走访慰问百岁老人和困难老人。组织老年文艺队参加市老龄办组织的文艺会演。组织各老年协会广泛开展庆祝活动，开展歌舞、腰鼓、秧歌等文艺节目演出。在"敬老月"期间，举办老年人门球赛，开展送戏下乡活动。有基层老年协会188个，根据市老龄办要求，完成老年协会规范化建设96.20%，基层老年基础建设薄弱，选择条件较好的10个老年协会开展规范化建设试点工作。免费办理老年人优待证3766张。县城老年活动中心选址小济洋区块，占地0.45公顷，总投资2233万元，年内完成主体工程建设。

拥军优属

【双拥优抚安置】 走访慰问驻庆元三支部队、现役军人军属等，发放慰问金243.17万元。接收退役士兵48人，采取自主就业和安排工作相结合的原则，对符合条件的17名退役士兵进行安置。及时发放优抚对象补助金。及时足额发放重点优抚对象抚恤补助金、老年生活补助金、军人奖励金等589.05万元。重视复退军人维稳工作。收集1978年以来参军人员信息，建立2965人信息库，耐心做好信访接访和回复。

（鲍慧斐）

乡镇　街道

濛洲街道

【概况】 濛洲街道为庆元县城关街道，东接五大堡乡，南连安南乡，西、北邻松源街道，街道办事处驻后田街1号。总面积75.5平方千米，其中耕地601公顷，林地6929.7公顷。辖4个社区居委会，25个行政村，12839户，39405人，其中农业人口14801人。获2017年度乡镇(街道)目标管理责任制考核二等奖，获评庆元县创建国家卫生县城工作先进集体。

【项目建设】 结合“绿色发展、百团大战”活动开展，挂图作战，推进项目建设。涉及政策处理的项目有26个，列入县征迁考核的有17个。主要有兰溪桥水库扩建工程安置地、公共文化服务中心、高速连接线六标、大济历史文化村落保护与利用、百山祖避暑乐氧特色小镇“生态古民居”等。17个项目已完成土地征收69.14公顷，房屋、简易房征收8216平方米。省“五水共治”重点民生工程——兰溪桥水库扩建项目已完成499户的指界丈量，完成目标任务的70%。通过项目建设，民生、文体事业蓬勃发展，交通环境得到优化。

【城乡环境】 重拳整治辖区环境。深化河长制，完成11个劣Ⅴ类水点位整治；实施周墩污水主管网改造、苏公桥巷污水治理等7个治理项目，完成1986头散养生猪整治，拆除猪圈等设施2284平方米；发挥义工组织、美丽帮帮团、美丽河嫂等团队的力量，开展“洁净乡村”工作，完成43个上级交办问题点位整改，组织各类整治活动43次，清理垃圾160吨。推进“六边三化三美”工作。完成上级交办的50处整改点的销号；实施喜鹊村“花样村庄”创建和精品村项目；田墩和西演村精品村建设已处于收尾阶段；下滩村被评为第五届全国“文明村镇”；“寻客栈”被中饭协评为2017年最受欢迎的民宿客栈；吴大兴荣获丽水市“花样农家”称号；半岱村成功申报创建丽水市农家乐特色村和市级美丽新家园。认真做好“三改一拆”“治乱拆违”工作。开展蓝色屋面整治78个点位、9.9万平方米。拆违面积15.5万平方米。拆后利用面积23.8万平方米，利用率为96.25%。

【工业经济】 工业经济稳步发展，工业产值15.36亿元，完成年度目标102.54%；工业投资任务持续推进，完成工业投资5883万元，其中技改投入完成4693万元，完成年度目标的104.29%；整治低小散企业10家，改造旧厂区10000平方米，招商引资实际到位资金6000万元，均完成年度任务目标。

【民生保障】 参加城乡医疗保险15675人，缴费人数14571人；参加城乡居民社会养老保险人数2652人，享受待遇人数1235人；参加政策性住房保险2915户，参加农村小额保险2635人。把社会救助和救灾工作做实做细，到推进辖区残疾人群体关怀工作，为629人持证残疾人发放补贴，介绍和安排残疾人就业12人；完成企业待遇领取人员生存认证3094人，申报及发放低保329户、548人，低保边缘户330户、584人，同步做好征地保险转职工养老保险、农村劳动力登记转移及就业、居家养老中心建设、防灾减灾、医疗救助、特殊对象优抚、地名普查、殡葬改革等工作。做好新形势下的计生工作，出生295人，综合计生率为99.32%；推进育龄妇女信息库数据核查清理工作，全面核查9875条信息，录入子女身份证信息6800条；做好全国生育状况抽样调查，探索社会抚养费征收方式和创新人口计生政策的宣传方式；开展全国生育状况入户调查工作，样本数据全部上传并通过系统审核。加快推进社保工作“最多跑一次”改革活动，真正做到转保等业务办理“一网点、跑一次”。

【新农村建设】 组织对建房审批、危旧房改造、办证、设施农用地审批等进行现场勘察。受理农民建房329起，完成农民建房审批、四邻意见审核203起，国土呈报表审核231起，完成廉租房报批工作。完成城区内3条背街小巷硬化1308.9平方米，实施半岱村塘垟、下滩村马下隆等3个土地开发项目，已完成46666平方米。推进农村公路管护工作，组织人员上路巡查、督察38次，涉及19个行政村、130千米。街道招投标中心共办理小额项目招投标35个，完成31个项目招投标，涉及金额2000万元。

【农林产业】 落实农业惠民政策：做好129.45公顷水稻生产政策性保险工作。做好四季动物防疫，完成351批次农药残留检测及12次农产品质量安全基地巡查工作，完成1207.8公顷风景林松材线虫调查。投资1912.33万元，做好大星小流域农业生态项目治理工作，对涉及的大坑、下坞等7个村进行土地平整、防洪堤建设及机耕路等基础设施提升，并做好周墩、大坑等村7.3千米林道硬化工作。主动应对防汛防台防灾工作，完成31张防汛防台形势图信息收集及上墙，加强对6个地质灾害点和2个山塘水库的监测。加强饮用水工程长效管理，做好下滩、下庄亭两村小流域建设和松源溪田墩段项目建设工作。整治拆除庆百公路沿线菇棚28个、5243.77平方米，补助金额13.1万元，新建菇棚4.9万平方米，食用菌生产基地道路硬化2814.43平方米。发展扶持农林水产业项目1个，新种蜜橘33000平方米；投资20万元，整治提升农业项目2个。

（张　羽　吴　乐）

松源街道

【概况】 松源街道为庆元县政府驻地，东、南与五大堡乡、濛洲街道相邻，西连淤上乡、屏都街道，北接百山祖镇和龙泉市，总面积122.98平方千米，其中山林12726.93公顷，耕地700.33公顷。辖28个行政村、5个社区，137个村民小组、42个居民小组，总人口42962人，其中农业人口15420人，农村常住居民人均可支配收入17268.9元。

【项目建设】 坚持“立足大项目、服务大县城、推进大发展”基本定位，集中精力推进33个政策处理项目。高速连接线（四标段、五标段）、石龙山—龙山公园（一期）、北门中国徒步城休闲广场、同心新村边坡治理工程等项目取得实效，完成土地征收17.98公顷。以全县项目政策处理集中攻坚行动为主抓手，在45天的政策处理集中攻坚行动中，在没有动用任何强制手

11月27日，五都大桥及南引线地面清表

段、组织手段、司法公正丈量，未突破政策底线的前提下，取得重大突破，完成五都大桥及南引线、桥山弃土场进场道路工程、屏都综合新区朱村五四区块黄泥水淹没区等8个项目政策处理尾留。累计征收丈量土地15.74公顷，完成目标任务的112.75%；完成房屋征收2户，拆除建筑面积2300平方米，完成目标任务的124.12%。

【工业经济】 工业企业323家，完成工业总产值26.2亿元，其中规模以上企业16家，完成工业产值12.05亿元。固定资产投资完成13000万元，其中技改投入完成11000万元，招商引资实际到位资金6250万元。进一步发展农民增收致富"新三宝"，持续引导和支持农村电子商务发展，吸纳从业人员1020人，农村电子商务交易额达3.85亿元；大力培育农家乐民宿产业，新开设农家乐5家；新增来料加工点3个，吸纳从业人员2100人，实现来料加工费2266.9万元。

【农林经济】 完成消除集体经济薄弱村年度任务，以稳增长、可持续为根本，推进"双增"工作。完成粮食播种685.84公顷。申报实施10项农林水产业发展项目。上报土地开发项目（含荒草地开发）29个，申报面积179.82公顷。成功举办第二届庆元仙草苑铁皮石斛节。完成28个普查区39个普查小区的农业普查工作。

【乡村环境整治】 突出抓好散养生猪污染整治和剿灭劣V类水两大行动。通过关停退养、移栏出村、整治提升等三大举措，完成处置1605头散养生猪的整治工作。针对坑西村劣V类水被丽水电视台《电视问政》曝光的实际，迅速开展联合整治，推进坑西村农村生活污水治理工程和水沟硬化，统筹财政"一事一议"项目，一并实施农村饮用水提升改造一期工程。全面开展剿灭劣V类水工作，完成3条小溪、24条小沟小渠的整治工作。依托项目治水，持续推进五一、五二、五四和坑西4个村的农村生活污水治理工程，完成班岱后、砻头、三溪、五一、五二、五四和坑西7个村的项目验收。"六边三化三美"彰显成效。完成省级点位整治3个、市级点位整治20个、县级点位整治98个、自查自纠点位12个。针对《每周聚焦》曝光的同德马路市场问题，联合多部门集中时间精力进行巡查整治，同德新农贸市场于5月11日正式投入使用，同德马路市场彻底消失，整治工作取得标本兼治的良好成效。完成高速连接线沿边房屋外立面改造42100平方米。有序推进薰山下生态文明精品示范村建设。拆违15.15平方米，完成年度目标任务的168.33%，被市"三改一拆"办公室正式命名为"基本无违建街道"。扎实开展危房排查、鉴定、治理活动，鉴定危房422幢，其中D级危房13幢，D级危房和涉公C级危房已基本治理到位。

【农村建设】 受理农民建房申请221户，办理农民建房审批手续130户。申报背街小巷改造35条，长度6052米，路面硬化1.2万平方米，15条完工并验收，落实建设补助资金270万元；3条在施工中。外立面改造投资117万元，完成庆元大道沿线五三、朱村等村75户农户房屋外立面改造，更新42100平方米。完成庆元大道沿边五三村19户农户屋面翻新，总投资5.7万元。完成农村文化礼堂申报1个。

【民生事业】 推进"四个平台"建设和"最多跑一次"改革，规范事项标准，开通便捷服务，方便群众办事，切实解决群众诉求。开展计生优质服务，计划外生育对象中已立案12例，完成2016年征收社会抚养费6例，征收金额272833元，依法起诉法院强制执行8例。计生率97.23%，"三查"率95.12%。走访慰问失独家庭、伤残家庭和困难家庭等特殊家庭62户、68人次。完成低保扩面和动态调整工作。新增牛路洋、底村、班岱后、菜业、五一和三溪6个村居家养老服务照料中心。办理城乡居民医保中途参保135人，办理养老待遇领取手续115人，新参保74人，养老中止手续32人，养老保险待遇、参保终止135人，征地保险转养老保险106人。完成城乡医疗、养老扩面调查4056人。完成城乡养老到龄提醒通知286人。完成城乡养老待遇暂停原因调查194人。完成企业退休人员生存认证4360人。

【信访工作】 落实综治、信访目标管理责任制和领导包案制度。完成村规民约和社区公约制定修订工作。排查调处各类案件492件，调处率100%。抓好来信来访受理工作，登记信访案件89件，化解报结78件。十九大期间成功化解遗留多年的信访积案1件。建立会溪村全民防控治安联勤点1个。

【大搬快治】 做好7处地质灾害点的排查、整治、人员撤离等工作；推进五一村“泥堆”滑坡、五二村山后塘滑坡及龙山隧道北侧滑坡治理工程；新建牛路洋村、楼下村两个避灾安置点；推进上庄焦坑、高漈两个搬迁安置村腾空、拆房、安置等工作，确保主汛期前完成红线范围内房屋拆除工作。

（陈　惠）

屏都街道

【概况】 屏都街道位于庆元县城西南部，东接松源街道，南邻淤上、隆宫乡，西界福建省松溪县，北与竹口镇接壤，总面积54.9平方千米，其中山林4847.53公顷，耕地597.53公顷（含水田564.33公顷）。驻地八都村海拔317米，距老城区10千米，54省道、55省道、高速连接线及即将开通的衢宁铁路穿境而过。辖12个行政村，71个村民小组，3695户，总人口10506人。2017年，被评为全省中共十九大维稳安保工作先进集体、第三次“百日对标”优秀乡镇（街道）、省“平安农机”示范单位等。

【项目建设】 完成2017年征地和房屋、简易房拆除任务，保障火车站站场、菊隆中学等三大类28个项目42个子项目的顺利推进。完成火车站地方配套、后门洋大溪淤区块、福利中心、金瑞沥青混凝土、黄弄安置小区、衢宁铁路庆元段、栖花园生态养生体验区7个攻坚任务，完成土地征收103.07公顷，迁移坟墓804穴，完成土地清表36公顷，迁移社坛和庙宇各1座，拆除红砖场1座。完成污水处理二期项目、余村安置小区项目政策处理。推进火车站安置小区建设项目，安置53户拆迁户，50户安置房开工建造。

【工业经济】 把招商引资与推动产业转型升级紧密结合，引进产业带动强、环境污染小、资源能耗少的优质投资项目。实际利用市外内资10536万元，完成年度计划的123.91%；浙商回归到位资金4600万元，完成年度计划的102.22%。街道有企业37家，其中规上企业9家。完成“低小散”企业整治提升16家，完成目标占比106.63%；旧厂区改造18522平方米，完成目标占比123.48%。实现规模工业产值75664万元，完成年度计划的84.45%；工业投入21273万元，完成年度指标的75.79%；工业技改投资19623万元，完成年度指标的115.43%；实际利用市外内引资10752万元，完成年度计划的126.41%；自营出口3293.17万元，完成年度计划的224.03%。

【农业经济】 特色产业发展势头良好，绿城集团甜橘柚基地、蔡段食用菌标准化基地、白岭头猕猴桃基地、余村千亩黄精中药材基地等产业转型和农旅融合成效凸显。有农业企业9家、专业合作社42家、家庭农场38家。2017年，规模粮食种植、水干果种植面积266.67公顷，生产食用菌（香菇、木耳）770万袋。义务植树3000株，生态公益林扩面累计1565.2公顷。

【产业建设】 以旅游业为龙头的第三产业崭露头角，坑里打造集乡村观光、采摘、农事农艺体验游于一体的景点；三山根博园打造集生态休闲、根石文化、养生文化、乡村艺术写生、艺术青瓷创作于一体的综合性根博园。引入社会资本参与三产发展，栖·花园生态养生体验区、菊水垂钓基地和三山根博园综合体等项目落地屏都街道，发展民宿、农家乐28家，其中五星级1家，三星级3家。通过产业融合发展，逐步释放生态和产业红利。

【设施建设】 实施松源溪流域综合治理工程，加强治水常态化管理，落实卫生保洁机制，开展农村环境整治工程，实现生活污水处理全覆盖。推进火车站安置小区、黄弄生态移民安置小区等项目，为建设宜居屏都筑牢基础。开展“治危拆违和环境整治”两战集中统一行动、“拔钉战”行动、“四无”企业整治行动等，拆违面积19.8万平方米，整治“蓝色屋面”8.66万平方米，完成年度任务的216.03%，成功创建基本无违建街道。落实河长“治、管、护、养”职责，抓各级河长履行职责情况，以通报、督察等多种方式督促各村全面完成村级河长制APP巡河制度，及时更新河长牌14块，确保街道域范围内治水、治污无盲区。推进剿灭劣V类水工作，整治点位29个，清理河道长度8090米，排摸出水口12个。认真开展小城镇环境综合整治工作，对大街改造进行规划设计，城市污水主管网落地铺设。完成165个点位整治，完成率100%。

【社会事业】 改善和加强教育、卫生、社会保障等民生事业。普及农村医疗保险，参保率99.51%。做好农村五保、低保动态调整和生活救助工作，确保群众生活水平得到改善。完成水库移民人口复核、移民创业致富补贴申报工作，落实6名重症精神病人丽水二院就医审核工作。做好坪坑村、菖蒲洋村养老服务中心建设申报工作。完成年度民兵整组、军事训练、兵员征集、战备值班及人防等工作，街道人武部被评为丽水市先进基层武装部。做好与学校各项工作对接，开展“防溺水平安假期”行动。完善基层工会、共青团、妇联工作制度，社会各项事业全面推进。

（陈小芬）

黄田镇

【概况】 黄田镇位于庆元县西北部，地处浙闽两省三县交界，以黄坞、葛田村各取一字得名。G25长深高速公路、229省道穿境而过。东南连竹口镇，西靠福建省松溪县渭田镇、溪东乡，北邻龙泉市小梅镇，距县城35千米。总面积125平方千米，其中毛竹林5333.33公顷，是丽水市最大的毛竹生产基地；林地9800公顷，森林覆盖率85%；耕地933.33公顷。辖27个行政村，其中李村、大坑和东西为少数民族村，89个自然村，4950户，16161人，除汉族外，有畲、黎、土家、土、侗、满、傈僳等16个少数民族。素有“中国灰树花之乡”“毛竹之乡”美称。被评为省级卫生

1月7日，黄田“铁军”助力小城镇建设

乡镇、市级基本无违建乡镇、丽水市文化强镇；在小城镇环境综合整治中，列一般镇全市第二名；获“寻梦菇乡·养生庆元”乡村文化旅游季工作先进单位一等奖、乡镇（街道）目标责任制考核三等奖等荣誉。

【三大产业】 一产：实现灰树花精品标准化生产，灰树花市场产销两旺。建设三济源、黄真源、葛田—桐山粮食功能区523.33公顷；推动白枇杷4公顷、甜橘柚0.67公顷、蓝莓2公顷等景观农业发展，引入海丰花卉菊花种植。二产：规模以上工业总产值7.77亿元，比2016年同期增长11.01%；战略性新兴产业产值实际完成10136元，比2016年增长5.72%。顺利签约汇联文具、浙江安益新材料有限公司等两家浙商回归项目；技改增效助推浙江欧迪实业有限公司持续发展，欧迪实业成功举办38周年庆典。三产：依托境内龙头山、台湖山及周边百万亩竹海旅游资源，谋划“两山一海”全域旅游产业发展，成功举办中共闽浙边地委游击队进驻崔上70周年纪念活动，第二届龙头山杜鹃花节和黄坞A级景区试运营，建成农家乐、民宿17家，美丽经济新业态有效提升。

【项目建设】 全面实施小城镇环境综合整治工作，规划建成面积为68公顷，其中核心区24公顷，三年计划投资11422万元，其中2017年采用EPC模式建设，新建11个项目，总投资5230万元。已开工项目11个，开工率达到100%，已完成外立面改造、多彩农田培育、南北入口景观工程、强弱电“上改下”、示范村居、新建公厕及中心街路面“白改黑”等项目。充分盘活收储厂房资源，实现“腾笼换鸟”，建成农产品集散中心、体育中心、生态示范小区、小镇会客厅等项目。总投资1600万元，实施黄田—中济、良官田—朱黄、台湖—台湖山等农村公路改造提升工程。投资1500万元，完成23个村农村生活污水改造工程。

【镇村面貌】 完成双坞村2.67公顷土地复垦整理工作。完成台湖村2.87公顷、上济村1.06公顷土地开发工作。全面开展农村危旧房排查治理工作，经鉴定，C级危房100幢、108户，D级危房17幢、20户。完成D级危房腾空11幢、12户，修缮治理4幢、4户，拆除2幢、4户。完成C级危房腾空17幢、20户，修缮治理17幢、19户，拆除6幢、6户，巡查监控60幢、63户。加快推进地质灾害“大搬快治”工作，拆除危房2530平方米，组织搬离65户、266人。完成实施投资79万元的三济溪流域重点山洪沟防洪治理项目以及县小型农田水利黄田灌区项目。

【环境整治】 结合每月28日主题党日活动，全面打响“环境整治　治乱拆违”集中攻坚战，开展剿灭劣V类水和生猪散养污染整治攻坚战，完成23条小沟小渠、生猪散养户65户、生猪247头整治。率先开展“厕所革命”，书记镇长任“厕所总长”，镇村干部争做“公厕所长”。率先成立“垃圾超市”，党员志愿者在各村当“流动营业员”。由党员、村民代表任“街路巷长”，以网格化全面推进门前“四包”。拆违8.5万平方米，土地拆后利用6.5万平方米，整治点位2112处。拆除旱厕438个，改厕920户，新建公厕7座。兑换垃圾7400千克。创成省级卫生乡镇和市级“无违建乡镇”。

【民生工作】 合力攻坚精准“消薄”。坚持以上下联动发力、管理发展统一、输血造血并重等方式，破解集体经济发展难题。新核准低收入农户538户、1050人，通过产业帮扶方式帮扶低收入农户375户、22万元，通过托底资金帮助低收入农户126户、7.2万元，通过产业项目建设帮扶40万元，通过助学帮扶10户、3万元。完成东西、洋垄、葛田和曹岭4个村“一事一议”项目建设投入资金652万元。引资联建浙江海丰花卉基地集体增收项目，双坞、李村、双溪、崔上和台湖5个村全面实现“消薄”。统筹推进社会事业。坚持民生保障落到实处，完成养老新参保131人，办理医疗报销125人；发放临时救助金11.05万元，救助246人次；医疗救助发放72.77万元，救助119人次；新核定低保290户、522人，低保边缘户248户、530人。人口和计划生育工作扎实推进，出生人口169人，计划生育率97.04%。

【社会治理效果明显】 全面打赢“平安夺金鼎”

攻坚战，顺利护航中共“十九大”，实施三大工程维稳安保工作，化解2件信访积案。重点开展企业安全、食品药品安全和交通道路安全检查，实现森林防火“零预警”、安全生产“零事故”；文体、武装、双拥工作效果明显，妇女儿童、青少年、老年人和残疾人权益得到有效保障。

【全面推进行政改革】 推进“最多跑一次”改革和“四个平台”行政改革工作，促进为民办事效率和提高为民服务水平。落实“最多跑一次”改革，梳理公布53项事项清单，制定“一事一表”，一次性告知办事流程，落实村级代办员，提升便民服务中心工作人员服务质量。推进“四个平台”建设，成立综合信息指挥室，优化资源配置，调整组织框架，整合网格员，将乡镇干部、部门派驻干部、村网格员纳入“四个平台”管理体系内，激发干部工作活力，提高镇村治理工作成效，打通服务群众“最后一千米”。大力培育文明乡风。

【补齐精神文明建设短板】 率先开展小城镇文明行动、移风易俗乡风文明行动。建成6个文化礼堂项目，制定党员干部置办酒席准入制度，举办“两个文明”行动专场晚会，寻找并表彰首届“最美家乡人”9人，设立首个“丽水市博士联谊会”活动点，引进“星期天工程师”。党员干部、名仕乡贤助力镇村发展，交相引领乡风文明新风尚。黄田农村精神文明建设呈现出积极、健康、向上的态势，逐步满足人民日益增长的美好生活需要。

（吴清清）

竹口镇

【概况】 竹口镇位于庆元县西北部，北接黄田镇，南邻屏都街道，西连福建省松溪县旧县乡，东依松源街道和龙泉市屏南镇，距县城20千米。总面积171.9平方千米，其中耕地580公顷，生态公益林13333公顷，森林覆盖率91.06%。G25高速公路、229省道及衢宁铁路穿境而过。辖16个行政村，总人口1.5万人。汇聚文化制笔、竹木加工、综合制造等60家企业，其中铅笔产量占全国30%，为“中国铅笔生产基地”“全国铅笔出口质量安全示范区”。拥有以甜橘柚、翠冠梨为主的367公顷省级现代水干果园区。竹口文化底蕴深厚、景观资源丰富，素有青瓷发祥地、尚书故里、《三字经》诞生地的美誉，拥有黄坛龙井、三坑溪天然浴场、十八卡等自然景观和后坑桥、阜梁桥、竹口战斗遗址公园等人文景观。2017年，获市级小城镇环境综合整治行动中心镇组第一名；成功创建省级无违建镇、省级卫生乡镇；成功创建省级体育强镇、书香城镇；被丽水市人民政府和丽水军分区评为优秀基层人武部。获县乡镇（街道）目标责任考核三等奖。

【中心工作】 小城镇环境综合整治完成市级点位183个、县级点位199个、镇级点位2697个。拆除违法违章和乱搭乱建6.5万平方米，拆除旱厕和灰寮94处、1100平方米，整治乱堆乱放1512处，清理垃圾770吨，完成3个企业的油漆烟尘整治。完成“劣V类水”沟渠治理21条、9400米及两个小池塘治理。完成444户、829头散养生猪整治，拆除猪栏727.05平方米，拆除猪圈及养殖设施3110.5平方米。开展“六三三”点位整治，整治省点位3个、市级点位10个、县级点位35个、

竹口镇竹中村文化礼堂

镇级点位145个。完成小城镇环境综合基础设施工程，包括中心大道改造、中山街改造、老公路改造、户外线缆治理、北入口节点提升、铅笔文化公园建设、污水管网等14个工程类项目。

【产业平台】 播种粮食569公顷，种植毛竹7466公顷，锥栗基地40公顷，种植甜橘柚93公顷，生产食用菌200万段。工业总产值208529万元，比2016年增长14.05%，其中12家规上企业实现产值171689万元，比2016年增长12.16%；完成税收6573万元；技改投入14500万元；招商引资10800万元。新培育农家乐民宿4家，其中精品民宿（外婆家民宿）1家。顺利启动新窑、平岭岗村A级旅游景区创建工作。建成铅笔文化展示厅、会客厅、平岭岗广场。开发三坑溪天然浴场并投入使用。成功举办"醉美三月——油菜花节"、第二届铅笔文化节、第三届竹口美食节等活动。

【社会事业】 开展核心价值观内容上墙、家风入户，家训作嫁妆、"双文明"建设、"竹口好人评选"等活动。中心学校23名考生参加中考，被庆中录取3人。中心卫生院通过国家级满意乡镇卫生院市级评审，建立全县首家远程影像诊断系统。参加城乡医疗保险9510人，参保率98.24%；参加城乡养老保险2133人，享受待遇1421人；被征地办理人数50人；申请纳入农村低保对象206户、375人，纳入低保边缘户对象233户、416人。大病救助326人，发放医疗救助资金170万元。完成381名残疾人基本情况和康复档案调查。

（周　碧）

荷地镇

【概况】 荷地镇总面积117.6平方千米，其中林地8771.30公顷，耕地937.6公顷，水田730.60公顷。辖26个行政村、140个村民小组。农业人口5727户，12635人，其中外出9695人，人口自然增长率-0.94%。粮食种植588.9公顷，蔬菜种植399.3公顷。集体经济355.8万元，增长11.73%。人均可支配收入14241元，比2016年增长9.22%。获全县乡镇（街道）目标管理责任制考核东部乡镇一等奖，获得全县先进基层党组织、"三大工程"建设先进单位、平安乡镇建设先进单位等荣誉。

【市级中心镇建设】 以市级中心镇建设为依托，规划投资7000万元，年内完成4006万元，比2016年增长48.35%。省级重点项目双苗尖发电场项目政策性处理于8月全面完成。荷地镇社会福利中心建设项目于11月开工建设。小流域农业生态治理工程完成85.56%工程量，完成农田改造26.67公顷。投资500万元，完成左溪溪石木下至胡处洋、南洋溪大岩村段的防洪堤建设。投资200万元，开展高洋水库除险加固等项目。启动荷地村小城镇综合整治，编制完成《荷地镇小城镇环境综合整治规划设计方案》。完成党建广场、荷地公厕、溪沿路绿化、省道沿线水沟盖板、分类垃圾房更新、荷地文体中心等项目的建设，拆除灰寮、旱厕等违章建筑80处、1600平方米。

拆除违建4.3万平方米，完成"三改一拆"目标任务的217.35%。整改"蓝色屋面"9处，451.76平方米。完成危旧房治理380户，其中拆除136户，修缮204户。重点完成荷地、洋边、黄沙和塘尾等6个村的"六边三化三美"工作，拆除村道路两边违章建筑、旧灰棚、灰寮和菇棚2600平方米，清理乱堆乱放80处，清理杂物215立方米，清理垃圾200吨。整治生猪养殖89户，关停退养整治存栏生猪169头。投资20万元，完成28条、50100米的小沟小渠和7个、2005平方米的小池塘整治；开展"河长制"治水工作，15个村级河长由村主任调整为村书记，巡查500人次，河道清淤70米。农村生活污水得到有效治理。完成投资700万元，建成污水处理终端9个，铺设主管3000米，铺设支管6000米，1322户接入生活污水管道，实施农村卫生改厕742户，荷地和塘尾等6个行政村的农村生活污水处理终端设施实现市场运行维护。完成地质灾害点签约203户、789人，拆除房屋2.2万平方米，其中165户、552人到同心新村安置。有效开展地质灾害防治工作，制定地质灾害防治方案和应急预案，完善各项制度，措施落实到位，解危56人次。立项土地开发65.13公顷，农整复垦8.44公顷，验收耕地26.67公顷，完成农村土地综合整治复垦8公顷。

【农业产业经济】 荷地茭白在第四届丽水市茭白节上荣获金奖。实施“茭白鞭”新苗育种技术推广和“一年两季”茭白种植实验田建设，以求进一步提升茭白亩产量。高山蔬菜交易市场人气鼎旺，最多一天发出茭白160吨。探索锥栗种植技术改良，邀请中国林科院亚热带林业研究所特派员驻镇研究锥栗产业高效栽培技术，确定2公顷锥栗山作为示范基地，以有效提升锥栗产量和效益。马家地养殖场重焕新姿，存栏生猪2000头。养蜂产业发展，杨郎坑养殖蜜蜂120箱。以香榧套种覆盆子为主的鱼桃坑众筹果园为引领，打造继茭白产业之后的山地农业产业园。11月第一期种植1000株香榧，被认养500株；第二期5000株香榧新苗完成种植。完善苏湖村上洋湖游步道、公厕、荷地村的景观节点、景点道路硬化等旅游基础设施建设。举办第二届荷地农事节，联合旅委举办“江浙之巅”音乐帐篷露营节等旅游节庆活动。邀请古村落保护协会和摄影协会拍大岩村和双苗尖风景片。扶持农家乐民宿发展，农家乐补助0.5万元～10万元不等。民宿客房补助标准为根据客房数量及建设标准，每间补助3500～8000元不等。新增农家乐民宿9家，床位110个，餐位130个，政府扶持农家乐民宿25.55万元。

【社会民生事业】 免费婚前医学检查和免费孕前优生健康检查目标人群覆盖率100%。做好低保边缘户及低保户的调查评定工作，做好在册低保、低边家庭年度核查工作，低保对象266户、489人，落实低保资金198.8万元。抓好农村低保、医疗救助、临时救济等惠民工作，落实大病医疗救助125人次，发放救助金50万元。临时救助93人次，发放救助金89100元。享受困难残疾人生活补贴255人，重度残疾人护理补贴149人。成功评选为省级文明乡镇。荷地村入选2017年度“美丽宜居浙江样板双百村”。杨桥村、黄洋村和茶垅村各举办1次乡村春晚。文化下乡4场。开展下乡送春联、“读书日”、“阅读比赛”等活动18次。组织130名学生参观荷地小学少年宫“二十四节气”主题馆。组织乡贤调查摸底600人，举办“乡贤”座谈会，为荷地发展献计献策。每月开展“全民洁净日”活动，发动党员、干部、群众参与洁净活动。完成分类垃圾桶更新，投放分类垃圾桶280只、小垃圾桶300只。完成巡查、养护农村公路17个路段，53.6千米。清除塌方3300立方米，修复水毁路基300米。

（吴梦燕）

左溪镇

【概况】 左溪镇地处庆元县东部，东与官塘乡接壤，南邻福建寿宁县，西连张村乡和荷地镇，北与景宁畲族自治县交界，是两省三县的交通要冲。驻地左溪村距县城65千米。辖26个行政村，其中8个村已搬迁至庆元县城，3868户，9435人。总面积142.7平方千米，其中山地14333公顷，耕地417公顷。获年度市级“大搬快治”工作先进集体、县级目标责任制考核三等奖、县级土地综合整治工作二等奖等荣誉。

“大搬快治”工作时间紧、任务重，涉及19个地质灾害点，754户、2150人（其中常住人口71户、128人）。完成山后、岚头、田坑自然村、岱上茶园湾自然村和石柱老桥头自然村等239户、801人的房屋拆除、审核公示等工作，其中选择实地住房安置有163户。160户完成安置房摇号，摇号完成量居全县第一。建立健全小城镇环境综合整治工作领导小组，召集镇村干部专题研讨左溪村小城镇环境综合整治工作。结合“三改一拆”和“六边三化三美”工作开展，提前对左溪村乱搭乱建、乱堆乱放开展集中排摸整治，组织镇村干部、“两代表”、应急分队883人次开展环境卫生整治和治乱拆违专项活动，完成村内1条主河道、3条小微水体、25处违章搭建、420处垃圾整治清理工作，拆除违建和废旧菇棚8200平方米。完成759幢、21440平方米危房排查工作，排查出疑似土木结构危房60幢。完成疑似危房鉴定工作，其中D级危房19栋，C级危房58栋。D级危房和涉及公共安全的C级危房实现腾空巡查率100%。总投资1144万元，开发土地治理400公顷，建设3596.13米溪流护岸、11758.57米机耕路、8座堰坝、5座机耕桥，涉及10个行政村。坚持质量安全两手抓，质量效益齐促进，已完成总工程量的80%，8个村完成相关项目建设。做好“五水共治”日常工作，通过“自查+互查”的模式开展不漏死角的排摸。结合生猪散养整治工作，对需整治的19个小微水体点位分类拟定整治计划，发挥村级河长、河道保洁员的作用，完成19个点位整治工作。统筹抓好基层治理体系“四个平台”建设，建成综合信息指挥室，实现规范化运转。推进“最多跑一次”改革工作，规范办事流程，梳理办事事项从140项减少到44项，规范政府自身行为、提升服务效率，让村民办事跑一次成为常态。完成外出创业人士和乡贤调查工作，登记外出创业人士和乡贤人员474人（外出创业人士450人，乡贤24人），成立乡贤组织，助推全镇经济社会建设。

【帮扶促增收】 通过产业帮扶的形式对水稻、高山蔬菜、水干果等种植产业，农家土猪、牛、羊、兔和蜜蜂等养殖产业以及食用菌生产、生产器械购置等开展帮扶救助。对60户低收入农户进行补助，累计补助资金94580元；对低收入农户进行托底救助帮扶，累计补助托底资金55100元。统筹帮扶26个行政村项目建设，对青竹和枧头村开展项目建设申报，拟建设青竹村机耕路、农业观光游步道，以项目建设促进地区产业增长、农户增收。做好低收入农户家庭子女教育帮扶工作，支持低收入农户家庭新成长劳动力接受职业教育，加大教育扶贫力度，对符合条件的12名低收入农户子女申请助学补助资金36000元。做好低收入农户结对帮扶工作，按照“一户一策一干部”的工作原则，开展结对救助工作，由单位领导、第一书记、镇干部、村“两委”干部、致富带头人分别进行结对帮扶。推进农家乐民宿创建升级工作，做好农家乐安全生产、食品安全的监督监管工作，确保各项工作有序开展。

【重点项目】 双苗尖风力发电项目，装机容量4000千瓦，总投资3.59亿元，60%土地征收任

10月24日，左溪镇“五个村官”开展志愿服务活动

务牵涉辖区，5月底并网发电。总装机4400千瓦，总投资5000万元的大潭门电站通过反复协商、捆绑式政策处理，项目建设进展顺利，1月16日投入运营。花岗岩开发项目，总投资3.89亿元，累计完成投资5600万元。大倬石材有限公司取得探矿权，业主已开通进场道路，建成办公、住宿板房，“探转采”程序已完成，投入正常运营。

【民生工程】 做好民政残联救助工作。按照县统一规定，做好民生保障工作。纳入低保户171户、321人，低保边缘户139户、303人，做到应保尽保。对不能纳入低保，但符合其他社会救助条件的低收入农户，给予自然灾害救助、医疗救助、教育救助、临时救助等专项救助，度过难关。落实残疾人“双补”工作，及时纳入符合享受政策的残疾人，享受残疾人生活补贴163人，享受残疾人护理补贴131人。利用会议、微信平台、展板等形式进行广泛宣传，详细解读生态搬迁政策。29户、91人享受生态搬迁政策，发放扶持资金52.5万元；正在接受审核的有6户、24人。做好农村政策性住房保险、城乡居民基本养老保险、城乡居民基本医疗保险的“三险”宣传落实工作。参加城乡居民基本医疗保险8100人，参保率98.10%，筹集资金254万元；参加农村政策性住房保险1139户；参加城乡居民养老保险1600人，筹集资金19万元。

（吴　康）

百山祖镇

【概况】 百山祖镇位于县境东北部，东与景宁畲族自治县和张村乡交界，南接五大堡乡和贤良镇，西邻龙泉市，北靠龙泉市和景宁畲族自治县，平均海拔1068米，是华东地区海拔最高的山区小镇，是旅游避暑、休闲养生之胜地。总面积190.26平方千米，辖17个行政村、92个村民小组，3309户，8007人。

【环境整治】 借势“六边三化三美”“五水共治”“三改一拆”“洁净乡村”“主题党日”等中心工作，深化“一周一巡查、一月一行动、一季一考评”机制，以点位式问题交办为抓手，开展环境整治行动等活动30多起，率先完成劣Ⅴ类水剿灭与生猪散养整治工作，完成省市县级点位整改170个。深化联动治水、村级河长竞聘、保洁市场化等机制，抓好河道保洁，压实村级河长责任，环境面貌有效改观。拆除违法建筑33000平方米，改善人居环境，拓展发展空间，排查鉴定C级危房110栋、170户，D级危房79栋、230户；拆除危房22幢、7799.7平方米；修缮87幢；104户D级危房全部腾空。

【项目建设】 围绕“绿色发展，百团大战”工作部署，项目建设继续保持高投入、大发展，项目投入4000万元。完成小城镇环境综合整治项目，总投资2037万元，其中整合其他项目完成投资1050万元。通过高起点编制整治规划，完成环境综合整治、配套设施完善、景观节点提升三大类13个新建（续建）项目建设，9月1日顺利通过省级验收，在一般乡镇评比中名列全省第二、全市第一。合湖至景宁寨后农村联网公路，完成6.4千米路基与硬化工程。投入80万元实施安保工程。小河流域综合治理投资1200万元，完成项目进度的90%。推进统筹实施财政“一事一议”、环境整治、村庄整改等项目，为美丽乡村、全域旅游建设打下坚实基础。

【农民增收】 采取生态精品示范基地模式，巩固农业基础地位。完成合湖、黄水、坑底片区44公顷粮食功能区建设，给2182户发放耕地保护资金52.25万元。食用菌生产298.6万袋。做好合湖、黄水、兰泥等村133公顷锥栗园区提升管理服务和技术培训。利用省科技特派员技术指导优势，引进藜麦种植与技术培训。推进精准扶贫，农村集体经济薄弱村增收工作完成目标任务，村集体经济总收入超过10万元，13个村经营收入在5万元以上。出台以种养及自主创业为主的扶持政策，发放特扶资金22.47万元，其中产业帮扶16.07万元，切实提升低收入农户增收能力。

【旅游业】 推进农旅结合，发展精品民宿群，引进工商资本1100万元，推进“青丘小筑”“车根十三号”等农家乐综合点建设。全域旅游接待游客27万人次，农家乐、民宿等综合经济收入1700万元，民宿经济再上新台阶。4月，通过举办百山祖首届顽石节启动仪式、百山祖亲子石画体验游、百山祖“疯狂的石头”画展等活动，吸引大批游客。8月，成功举办百山祖音乐狂欢节，国家及省、市45家媒体进行报道。全域旅游业活力不断增强，完成车根市级美丽经济示范村、黄皮县级“花样村庄”创建，车坑村、黄皮村成功创成省级AAA与A级旅游景区村庄。车坑村还被评选为省级养老示范基地，兰泥村获得“最具乡村特色村”称号。投资1000万元，推进百山祖美丽乡村及文化保护建设项目，对合湖、三堆、兰泥等8个村进行村庄整治、立面改造、文化保护、景观小品建设等。

【社会保障事业】 推进“最多跑一次”改革工作，梳理公布47项权利事项和公共服务事项，完成群众办事指南，提升服务群众能力。争取水库移民资金15万元，完成枫坪村居家养老照料中心工程项目。审核上报最低生活保障159户、274人，边缘户156户、316人。医疗救助72户，发放救助金45.8万元。临时救助75户、108人，发放救助金5.6万元。发放残疾群众生活补贴20.9万元、护理补贴17.7万元。发放孤儿生活补助金3.2万元。发放军属慰问金13.5万元。完成城乡居民基本医疗保险参保6367人，城乡养老保险参保3220人，政策性住房保险参保2305户，参保率均在98%以上。开展生育全程管理，出生86人，计生率97.6%，核对育龄妇女信息3223条，新增核对录入子女身份证号2630条。对在管建册的新婚、怀孕、生育一孩的1100名育龄妇女进行随访，及时掌握各项计生信息。

【村级换届】 第十一届村级组织换届工作高点定位，高点切入，高点起步，树立以换届选举凝聚人心、理清思路、谋求发展的工作举措，始终遵循“坚持党的领导、充分发扬民主、严格依法办事”的原则，实做到准备工作扎实有效、组织领导保障有力、实施过程依法有序、选举结果成效显著。选举产生新一届村支委干部26人、村支书17人，村委会干部31人、村主任17人、副主任1人，村监会干部49人、主任15人。其中专职妇女委员17人，大学生村干部副主任1人，“80后”进入村“三委”5人，“90后”2人，村支部书记、村委会主任一肩挑1人。

（张　庆）

贤良镇

【概况】 贤良镇位于庆元县东部，东邻张村乡，南接荷地镇，西连五大堡乡，北靠百山祖镇。驻地贤良村海拔600米，距县城42千米。总面积76.10平方千米，其中山林6548.07公顷，森林覆盖率90%，耕地370.17公顷，辖9个行政村，24个自然村、62个村民小组，2092户，5104人。贤良村被评为浙江省首批休闲旅游示范村。被评为省级卫生乡镇等殊荣。

【特色产业】 推进毛芋、石斑鱼、山地瓜、四方竹和小尖椒等特色产业发展。种植林下经济三叶青、黄精、七叶一枝花等中草药30公顷。扩大集贤居养殖规模，增放鱼苗4万尾。大鲵养殖业持续发展，突破40万尾。抚育新村54公顷锥栗园。

【旅游产业】 以漫闲凉亲水节为核心，不断提升漫闲凉休闲旅游品牌，成功举办第二届“邻里节”、第四届亲水节活动。7月29日，亲水节活动接待游客1万人，旅游经济效益突破百万元。在往届亲水节的基础上，成功引进缘游天下旅行社、王老吉等企业进行活动策划、组织等合作，形成政府搭台、企业唱戏、百姓参与的多赢局面。迎合网络信息时代特点，构建覆盖文化礼堂、谷仓公园、

7月29日，贤良镇第四届亲水节

亲水区块等休闲活动场所的公共 Wi-Fi，为游客提供免费 Wi-Fi 服务，丰富游客体验，取得良好的社会效益。青龙山猕猴吸引驯化工作加速推进。

【环境整治】 以“五水共治”“三改一拆”“大搬快治”“六边三化三美”等重点工作为抓手，每月开展农村环境整治集中行动，超额完成“三改一拆”年度目标任务，推进地质灾害点搬迁安置工作，率先完成生猪散养整治，打赢剿灭劣 V 类水攻坚战，创成省级卫生乡镇。

【社会保障】 核定低保对象 114 户、199 人，发放低保金 24.8 万元；临时救济 58 人，发放救济金 3.57 万元；救灾 24 户，发放救灾资金 1 万元；为 176 名残疾人发放二项补贴、生活补贴，2.3 万元；护理 57 人，发放护理补贴 4.2 万元。提供计生服务 1162 人，计划生育率 92.7%。实施低收入农户产业帮扶 78 人，托底帮扶 59 人。

【基础设施】 启动小城镇环境综合整治项目前期工作，以创省卫为抓手，全面推进农村环境综合整治，完成弱电下地、健康步道等内容。旅游基础设施建设不断推进，投资 150 万元，实施贤良农家乐综合体项目建设。农村基础设施建设不断完善，复兴桥、贤良村亲水平台、贤良半底坑栈道、黄淤溪沿路等基础设施项目先后竣工；完成库源村（半山源—库坑）道路、石川村后龙湾道路建设，结束库坑、后龙湾两个自然村无通村道路的历史；新建无障碍厕所 1 处。

（余　靖）

五大堡乡

【概况】 五大堡乡地处庆元县东部，距县城 18 千米，是连接县城与东部地区的通道，总面积 158 平方千米，其中山林 15883 公顷，耕地 559 公顷，辖 28 个行政村，1.15 万人，其中常住人口 6000 人。围绕县十四次党代会确立的“生态立县、产业富县、开放兴县”发展战略，抓好重点项目建设，持续推进环境整治、美丽乡村旅游发展和农民脱贫增收。荣获省美丽乡村特色精品村，全市“护航 G20、平安夺金鼎”工作先进集体和个人行政奖励，丽水市卫生乡镇，市“无违建”乡镇，县级乡镇（街道）目标管理责任制考核奖（二等奖）、落实全面从严治党主体责任先进单位、精神文明建设工作先进单位、纪检监察工作先进集体、先进基层武装部等多项荣誉。

【项目建设】 兰溪桥水库扩建工程前期如期完成。按时间节点完成兰溪桥水库扩建工程安置地选址、社会稳定风险评估、移民规划大纲、移民规划报告征求村民代表意见等工作。兰溪桥扩建工程征地移民安置规划大纲通过省专家组的评审，《兰溪桥水库扩建工程建设征地移民安置规划大纲》获省政府批复；12 月 1 日，《兰溪桥水库扩建工程可研评估报告》通过评审，完成年初制定各项目标任务。推进杨楼溪水库及供水工程政策处理。项目涉及濛淤、黄石、半溪、五大堡、濛淤和东山 6 个行政村，需征用土地 40 公顷，需征迁房屋 350 平方米，总投资 5 亿元。11 月 30 日，工程可行性研究报告获得省发改委批复；12 月初，完成界址确认并启动土地丈量工作，项目用地红线内 40 公顷土地已完成丈量。其他项目政策处理保障到位。完成省道 S329 兰溪桥段改建项目 3.5 公顷土地征用，保障项目无障碍施工。围绕庆百线美丽公路创建打造绿化节点的要求，完成后广清凉亭、西洋西桑坑和西洋殿桥头 3 个地块 2.1 公顷土地征用；完成西川大峡谷景区入口及停车场 1.2 公顷土地征用；完成濛淤历史文化古村落保护项目及昶园区块 3.17 公顷土地征用。

【乡村环境建设】 落实“五水共治”、“六三三”基础工作。完成拆除违章建筑 80 处、4.2 万平方米，整治“蓝色屋面”102 处、7650 平方米，乱堆乱放 178 处，菇棚 4 个区块、2.4 万平方米，完成年度目标任务。巩固落实“河长制”，使用河长履职 APP，强化河道村庄保洁执法督察整改，持久抓洁净乡村建设。抓生猪散养整治，拆除猪圈 35 处，处置生猪 715 头。打响剿灭劣 V 类水攻坚战，消灭小微水体 6 处、1610 米。坚持“两路两线、串点成线”，打造最美乡村风景线。在庆百公路沿线，持续推进美丽风景线周边村庄环境综合整治，完成后广、东坑和下段精品村建设，启动后广小城镇综合整治项目，谋划东坑瀑布景点开发，打造沿线下段、东岱等“花样村庄”。在省道S329沿线，西川景区已于9月开园。完成杨楼历史文化古村落保护利用项目建设，启动濛淤红色基地打造，开展五大堡村小城镇综合整治项目规划设计，突出濛淤、西川、杨楼和黄石等村，打造特色化、差异化的古村落群。不断完善基础设施建设。兴修水利工程：投入106万元，完成梧桐洋、濛淤、高大和杨楼村的防洪堤修复等小农水项目；新建防洪堤1处；新建堰坝2座。投资112万元，完成东山、濛淤、高大、西坑和杨楼等村竹林道路硬化工程5千米。

【农村经济】 改造提升传统产业。邀请专家授课、组织培训学习等方式，提高菇农在香菇、黑木耳等食用菌生产方面的知识技能，实现增品种、提品质的产业发展目标。对两路两侧周边破、乱、散的菇棚进行整治提升，搬迁、改造菇棚面积2.4万平方米。主动与浙江理工大学、丽水学院、市林科院等单位对接，落实栽培管理、贮藏加工和品牌营销措施，提升杨楼锥栗种植水平和效益。开展双增工作。抓住上级扶持村级集体经济发展壮大的契机，通过村集体综合楼兴建、投资农村集体经济发展基金等方式开展消除集体经济薄弱村工作。发展民宿、农家乐、特色葡萄、蓝莓和锥栗等产业，丰富“乡村一日游”内涵，促进美丽经济、美丽业态发展，提升家庭农场的示范带动效应，在杨楼区块发展锥栗林下经济，在温岙背区块规划建设珍稀中药材种苗基地，带动周边农民在产业和土地租金等方面增加收入；以东山岗农场农副产品加工为龙头，促进周边农副产业的发展，促进农民增收。引进工商资本，挖掘美丽乡村新亮点。开展黄石村黄泥房保护与开发利用项目。引进浙江水韵天城生态旅游开发有限公司并进入前期规划设计。整合五大堡片丰富的古道资源，加强古道及周边环境的基础配套设施建设，进一步打响江南最美古道（绿道）品牌。引进精品农业，促进农旅结合。创建濛淤蓝莓园、坛衕葡萄园、杨楼锥栗园和高大及东山岗家庭农场等农旅示范区6个。建立杨楼区块林下经济试种基地。完成温岙背珍稀中草药材种质种苗基地土地流转13.3公顷，并开工建设。

【社会保障】 推进“大搬快治”工作。完成北坑、东坑等村地质灾害点搬迁安置工作，拆除地质灾害隐患区内房屋3400平方米，安置群众17户、34人。开展黄石、坛衕两村的下山搬迁和地质灾害点整村搬迁安置工作，通过审核公示后，坛衕村62户、208人，黄石村120户、488人，已完成拆房或收归集体，通过抽签落实安置房130户。认真落实民生工作。抓好低保、低边和残疾人“两项补贴”申请调整、低收入农户帮扶、城乡居民医疗养老保险、农村小额意外保险参保等工作。做好计划生育政策宣传，利用会议、广播、宣传栏和微信群等方式进行宣传，实行生育登记APP网上办理，推进“最多跑一次”改革，计生工作逐渐向服务型职能转变。抓好信访工作。全年调处各类矛盾纠纷16起，办结信访件21起，强化信访积案和矛盾纠纷的化解，无赴省上京信访。全力护航十九大，认真落实各项措施，确保十九大期间和其他重要节日的社会稳定，抓好大坑区块综合整治期间6家企业稳控工作。

（洪敏洁）

岭头乡

【概况】 岭头乡位于庆元县东南部，东临荷地镇、左溪镇，南接龙溪乡和福建省寿宁县，西倚举水乡、五大堡乡，北靠荷地镇、五大堡乡。驻地岭头村海拔860米，距县城42千米。总面积123平方千米，其中耕地840公顷，山林11604公顷，山间盆地海拔600米～1000米。辖28个行政村，35个自然村，90个村民小组，4335户，10074人。获年度目标责任制考核三等奖、党务政务工作先进单位三等奖、土地综合整治工作三等奖、人口和计划生育工作进步乡镇等荣誉。

剿灭劣Ⅴ类水专项整治任务。对接福建省寿宁县托溪乡开展浙闽边界联合治水行动，落实管护工作，确保长效治水。创新工作机制，用两周时间完成生猪整治105户、削减生猪83头。拆除违法建筑30800平方米，完成年度任务20000平方米的154%，完成“蓝色屋面”整治2542平方米。完成岭头村小城镇环境综合整治总体规划编制，提前完成东出入口节点景观、市民广场提升改造等项目建设。完成塘堀、包谢村搬迁安置工作。启动大际头、小际头两村前期搬迁安置工作。组织排查C级、D级危房，并在C级、D级危房醒目位置设立警示牌400块，落实人员加强对338幢危房巡查管控工作，完成122户危房的修缮拆除工作。

【农业产业】 立足茭白、食用菌两大主导产业和田鲤鱼、锥栗、茶叶、高山蔬菜、油茶五大特色产业优势，围绕“一区”（茭白主产区）、“三园”（富楼源锥栗产业园、杨家庄食用菌产业园、岭头村高山茶叶产业园），“六基地”（大池洋龙爪粟种植示范基地、山翠湾毛竹种植示范基地、包果特禽养殖示范基地、东溪稻田养鱼示范基地、杨家庄油茶种植示范基地、包果中药材示范基地）。茭白种植307公顷，其中20公顷通过省级无公害产地认证；稻田养鱼107公顷；油茶种植95公顷。培育节瓜、黑花生等特色产业，探索天麻、黄精等林下经济作物种植。投资40万元，完成岭头村蔬菜基地道路建设工程。投资39万元，完成小际头村竹林主干道硬化工程。投资47万元，完成富楼源、徐洋、大池洋等村的小水利建设项目。投资75.3万元，完成大际头污水处理项目建设。开展下庄、大际头村40万元的扶贫项目规划测量等前期工作。完成杨家庄村粮食功能区基础设施项目道路硬化6700平方米。完成总投资2100万元的农发办项目的规划、测量、预算、评审、编制等前期工作，该项目将于2018年正式启动。启动投资1000万元的2018年度小型农田水利项目县建设项目的规划、测量等前期工作。组建“十大产业能人工作室”，深化技能型乡镇政府建设，培育乡村振兴的主体力量。12月28日，作为浙江省打好低收入群众增收攻坚战的唯一宣传典型刊登在中央政府网。成功举办首届茭白文化节、“十大产业能人”特色农产品推介会。

【民生工程】 强化对流动人口的管理，与嘉善县惠民街道签订流动人口计划生育管理区域合作协议。做好计生贫困家庭慰问帮扶，完善独生子女父母奖特扶政策，2户、3人享受特扶，42人享受奖扶，新增奖扶1人。规范低保管理，实现“阳光低保”。规范残疾人信息动态管理，落实困难残疾人“两项”补贴政策。加强特困救助工作，临时救助人员51人、3.38万元，冬春救助65人、

9月9日，岭头乡举办首届茭白文化节

2.6万元，医疗救助申请79人、46.12万元。加大殡葬改革，“青山白化”生态化治理，完成骨灰跟踪安放。完善11个居家养老照料中心日常运营，完成龙洋、塘堀、后仓坑和后村等村居家养老照料服务中心。建设党建爱心示范农场1个，免费为照料中心提供瓜果蔬菜。举办第十届乡文艺会演。切实推进“三大工程”实施，组织“红袖套”全民大防控工作，建立“老娘舅”志愿者调解服务中心，聘用乡、村级“老娘舅”87人。落实乡村两级矛盾纠纷“大调解”工作，开展信访积案大化解清零行动。集中开展重点人员和不稳定因素排查工作，完成十九大、第四届世界互联网大会期间的稳控工作。调处纠纷52起，调解成功率100%。抓好安全生产工作，未发生安全责任事故。

（吴玉群）

张村乡

【概况】 张村乡位于庆元县东部，东与景宁县相邻，南接左溪、荷地镇，西连贤良镇，北邻百山祖镇。地处瓯江源头，以山地为主，峻岭连绵，海拔1000米以上山峰有10座，森林资源较为丰富，南阳溪横贯全境，以溪为界分为南北两部分，素有“九山半水半分田”之称。总面积64.7平方千米，其中耕地250公顷、林地4860.87公顷。辖19个行政村，44个自然村，68个村民小组，2713户，6484人，其中外出劳动力2685人。农村经济总收入7110万元，农民人均年收入11280元。

以“技能课吧”为载体，继续探索技能型乡镇政府建设，分“技能课吧”学堂讲、“技能课吧”田间炼、“技能课吧”村居行、“技能课吧”一线评四个板块，以覆盖技能型政府工作要求。持续发挥“第一书记”引领作用，通过“第一书记”带项目、带资金进村，因村施策，切实抓好消除集体经济薄弱村任务。以“党建+”推动“8090”青年联盟进村入户“探民情、知民意、解民忧”，先后组织蹲点调研和中秋、重阳温情陪伴等活动36次，结合乡机关支部主题党日活动，到高山村开展各项志愿活动，服务留守老人。

【农业产业】 出台《张村乡特色农产品扶持政策》，重点发展方竹、荷花、西瓜等特色产业，新增农业产业基地10.6公顷。建立第一书记产业引导基金，项目化推进产业建设，精准扶贫，带动发展“集体经济+公司+农户”香榧基地1个，实施香榧人工授粉，解决香榧长期不挂果问题。澄湖村、山丘村以入股联建形式流转土地用于香榧种植，为当地农户提供扶贫就业岗位25个。制定低收入农户产业扶持政策，落实帮扶救助资金12.06万元，托底救助资金5.575万元，提升低收入农户增收能力。深化“互联网+留守鸡”项目，带动121户留守老人增收。

【基础设施】 拆除张村村“桑美”遗留危房2100平方米，完成党建主题广场、室外文化大礼堂项目建设。基本完成东川村综合服务楼、八角殿休闲公园、村居立面改造、张村村小城镇环境综合治理一期、水上梯田等重点项目设计前期。上吴坑村至黄亥洋自然村“村村通”公路实现通车。完成“茶渔饭候”民宿及张村乡农产品销售展示区建设，民宿经济走出关键一步。完成库山村农村饮用水安全巩固提升工程，澄湖村村委会综合楼、库山村和联合村居家养老中心建设等民生基础设施建设不断得到夯实。推进“大搬快治三年行动计划”，完成张村、道堂基、坑头共89户、302人异地搬迁工作。

【重点工作】 以“六边三化三美”“五水共治”“三改一拆”和“无违建乡”创建等工作为抓手，推进洁净乡村全民行动常态化和环境综合整治，拆除危建筑和破旧灰寮点位65处、1.55万平方米，完成县下达任务数的154.86%，拆后利用率98.45%。实行“第一书记”认领劣Ⅴ类水点位机制、点位销号机制，完成6个劣Ⅴ类水点位及17个隐患点整治任务。举办“太极山水·烟雨南阳”张村乡第三届亲水文化节暨“亲凉一夏”南阳溪水上冲关、民俗体验、亲子夏令营等活动，举办“全域旅游媒体庆元行”活动，35家新闻媒体参与活动和采访。张村亲水文化节被评为全县最具乡村特色节庆活动。

【社会事业】 参加医疗保险5528人，参保率98.07%；参加农村养老保险1605人，参保率

64.41%，其中1218人已享受养老待遇。农村低保116户、235人；低保边缘户103户、242人。医疗救助57人，救助资金22.67万元；发放临时救助资金4.67万元，帮扶42人次；享受五保供养17人，其中9人集中供养。抓好“三查”和外出人口管理，计划内63人，计划外0人，计生率100%。紧密开展防控H7N9禽流感行动，布点设卡，开展石灰消毒全覆盖，使用石灰400千克，集中圈养鸡鸭600羽，无一例疫情发生。

（姚晨琪）

淤上乡

【概况】 淤上乡位于庆元县西南部安溪流域，东邻濛洲街道、松源街道，南接隆宫、安南乡，西北与屏都街道毗连。有地质灾害A类点1个、B类点2个、C类点6个，省道线S229龙后公路自北向南横贯而过，东西两翼多山，中部河谷宽阔，水从东西两侧注入安溪，经菊水与松源溪汇合。驻地山根村，距县城15千米。总面积60.8平方千米，其中耕地662.9公顷，山林4451公顷。辖12个行政村，42个自然村，3862户，9247人。

【工业经济】 力推工业经济发展工作，打造工业经济发展平台，提升企业服务管理，做实招商引资工作，保持工业经济持续增长，促进工业经济提速上台阶。完成工业产值2.38亿元，完成工业投资6026万元、工业技改投资2076万元。通过“关停、提升、整合”构建落后产能淘汰机制和转型升级长效机制，整治“低小散”企业5家，旧厂区改造5667.3平方米，拆除辖区内高污染燃料锅炉3台。有8家入园企业，来料加工1200万元。

【农业经济】 稳定粮食种植260公顷，其中富硒米134公顷，完成政策性水稻扩面保险253公顷。发展特色产业，种植中药材15公顷、甜橘柚36公顷、蔬菜152公顷、西瓜5.5公顷、杨梅3.3公顷和蓝莓32公顷。推进食用菌工厂化生产，已建成坑口、黄泥弄和石坝3个食用菌加工基地；种植香菇132万段，参加香菇政策性保险80户、116.92万段；种植草菇0.6公顷；种植其他特色食用菌8公顷。百菇园、生态农业园、荷花园和蓝莓园功能正逐步完善，通过建设“两线两区四园”，举办黄沙洋油菜花节、局下西瓜节、吾田头沙滩排球赛和蒲潭漂流节等农事节庆活动，协助承办“千人游庆元”、浙南片区运动会，吸引众多游客观光，推进乡村农旅融合。

【设施建设】 投资3100万元，建设蒲潭二期安置小区基础设施：河道整治，市政管网建设（绿化10875.58平方米、道路硬化1万平方米、污水管网3500米），公寓房2幢，公租房1幢，农民建房排屋110幢地梁浇筑，防洪堤建设。累计投资近亿元的山花小区，已完成总投资的95%。投资1000万元，建设两幢安置楼，有安置房48套，每套120平方米；已建房屋232幢；部分区间道路工程等已完工；已有162户入住小区。小区设计总建筑面积769972.7平方米，占地面积21058.41平方米，绿化面积5503.97平方米，容积率1.48，建筑密度40.48%，绿地率10.61%，可住约300户、1500人。

集镇效益显现。建成卫生院、信用社并投入使用，车站主体工程建成。引导淤上村车下自然村进行整村，提升村民的生活品质，推动新农村建设纵深发展，带动村民致富。新建乡政府门口北入口至南部停车场1840米；整治乡政府东部荷花池11800平方米，其中游步道1100米；结合新建集贸市场新建一处公共厕所；新建安溪南部淳安移民区段两岸滨水游步道，滨水游步道旁护岸景观提升，提升整体人居环境。以局下低碳示范村为基础，着手银坑硐旅游前期开发。投资50万元，翻新苍岱房屋瓦面；投资50万元，建设苍岱至银坑洞游步道。投资14万元，修建吾田头农田水渠300米；新建服务用房与景观建筑，建设健身运动设施；整合吾田头天然沙滩，建成防洪堤斜坡清水平台；开辟吾田头旅游基地区块，形成集沙滩、青山、绿水、道路和堤坝于一体的沿溪风景线。支持、鼓励发展莲子种植业，通过硬化田埂、搭设采莲小道和游步道等方式，吸引游客前来采莲赏花、拍照留影。在长砻翁山村投资150万元进行民宿基础建设及蓝莓基地建设，投资120万进行翁山民宿特色村建设，投资130万元对蒲潭至翁山道路进行拓宽，投资50万元进行整村环境综合整治，推进乡村旅游发展。

【重点建设项目】 在蒲潭村委沙丘、沙丘尾征地3.63公顷，新建蒲潭二期地质灾害安置小区，安置小区设计排房110栋、公寓房30套、公租房16套，可供156户安置。组织塘根地质灾害隐患区群众搬迁安置，拆除隐患区房屋以消除隐患。“五水共治”取得阶段成效，推行“电子巡河”制度，实行环境卫生服务外包制度。为强化监督考核，乡干部每周组织开展环境卫生巡查，对环境卫生不到位点处及时提出整改意见，对污水处理设施周边进行绿化治理，定期对污水管网等设施进行检修，乡村环境卫生状况明显好转。完成安溪淤上片淤上乡校段防洪堤建设，改善农业基础设施条件、优化农业产业结构调整、促进农民增收致富具有显著效益。投资10万元，对黄泥弄道路进行硬化，投资10.5万元建设S229省道山根村段亮化工程，投资10万元建设黄泥弄休闲亭及长廊。投资210万元，新建及硬化蒲潭里地口防洪堤，并对农田道路进行硬化。投资65万元，装修外童村文化礼堂。投资105万元，对石坝、坑口、高山湾的林道进行硬化。对蒲潭坑口进行农村电网改造工程，对蒲潭村、涂坑村进行美丽乡村建设。

【社会事业】 开展最低生活保障对象、低保边缘户年度核查工作，确定低保对象1282人，发放最低生活保障金43.82万元。新建蒲潭村居家养老服务照料中心1个。落实移民项目资金，用于移民农业基础设施建设。城乡居民医疗保险签约8120人，参保率98.61%，农村小额保险参保率48.18%，政策性住房保险参保率95.16%。重视地质灾害防治工作，汛期地质灾害点巡查常态化。成功调处矛盾纠纷156起，处置信访案件18起。全面实行“食安通”食品药品安全监管巡查模式，顺利通过市级食安办创建。抓好质量保障、标准化、质量诚信和质量品牌体系建设以及重点领域质量监管。重视学校硬件设施建设和校园文化建设，获得市级教育现代化达标学校等称号。

（吴满兰）

安南乡

【概况】 安南乡总面积84.8平方千米，其中，山林7910公顷，耕地681.8公顷（包括水田568.7公顷）。辖14个行政村，39个自然村、72个村民小组，3187户，8094人。财政总收入922728万元，比2016年下降21.04%，其中，地方财政收入693万元；上缴国税、地税853万元。被评为2017年度信访“大化解”工作先进单位，获评全县党务政务信息工作先进单位二等奖、全县“寻梦菇乡·养生庆元”乡村文化旅游季工作先进单位二等奖、庆元县房屋与土地征收工作先进集体二类对象优胜奖、全县动物疫病防控目标管理考核先进乡镇三等奖，丽水市先进民兵分队、庆元县文明乡镇、庆元县先进团组织、庆元县十佳宣传思想创新（亮点）工作等荣誉。

【农林产业】 播种粮食作物422.9公顷，产量2231吨，其中水稻308.3公顷，产量1592吨。打造特色珍稀食用菌示范基地，“红托竹荪＋羊肚菌”套种试验成功。引进石蛙高效生态养殖技术研究项目，扶持壮大五岭根石蛙养殖基地。新开毛竹林道6.18千米，毛竹林主干道硬化7.57千米。完成锥栗林低产改造5个村，共60.4公顷。建成安隆、陈村和权山村毛竹示范基地3个，26公顷；新培养天宫山、兴安、夏金松等3家股份制家庭林场。

【工业经济】 规模工业产值5.02亿元；技改投资4510万元，完成目标100.22%；出口任务590万美元，完成目标107.27%。完成低小散整治5家及旧厂区改造5623平方米。完成庆元逸园工贸有限公司、浙江深海泵业科技有限公司等续建项目，顺利引进庆元县利箭竹木有限公司，招商引资4510万元，完成目标112.75%。

【乡村旅游】 做好旅游资源调查与保护工作，加大对五岭根保护区、吾际下村百花岩、姚氏宗祠、上余至下滩古道等旅游新热点的保护和适度开发。完成上余村休闲观光农业乡村接待中心（占地面积198平方米，建筑面积594平方米）主体工程建设，完成安隆村文化礼堂暨壮大村级集体经济综合大楼项目主体工程的80%（占地面积352平方米，集游客接待大厅、餐饮、民宿于一体）。投资219.0637万元，实施安隆村“一事一议”美丽乡村试点项目，建设游泳池、咖啡厅、休息大厅、足球场、鱼塘、游步道等基础配套设施，完成工程量的65%；成功举办安隆村第三届荷塘文化节，通过开展乡村美食、天然垂钓、水上拔河、荷塘旗袍秀等活动，吸引浙闽两省上万名游客观光，乡村旅游知名度不断提升。

【项目建设】 抓住项目建设“牛鼻子”，多措并举抢进度，推进项目建设。完成中心小学及幼儿园迁建项目进场道路的政策处理及清表工作，顺利开工建设。完成下滩至上余农村联网公路一期工程（安南段）4.3千米，稳步推进二期8.2千米工程建设的测量及政策性处理等前期工作。投入130万元，实施污水处理设施扩建改造工程，以及建设管理用房、设备安装、终端处理等，工程进入试运行阶段。

【乡容村貌】 以小城镇环境综合整治为契机，重点以安溪、黄竹和安隆3个村进行连线整治，通过清理卫生死角、清运乱堆乱放、整治乱搭乱建、改造提升卫生公厕、房屋外立面改造、创建美丽庭院等措施治理环境卫生，顺利通过省级卫生乡镇创建验收。投资1100万元，完成安溪村农贸市场改造，示范街人行道建设及水沟整改，南入口、示范街部分小节点整治绿化，省道文化街部分小节点整治绿化，省道文化墙、围墙、省道边绿化提升，广场提升，停车场、中转站，安隆村荷塘及玫瑰园景观工程，生态停车场等小城镇环境综合整治项目一期工程。拆除违法建筑43168平方米，完成年度任务的143.89%，完成安溪、安隆、黄竹等村“蓝色屋面”专项整治15200平方米，通过“无违建”乡镇创建验收。聚焦剿灭劣V类水，完成7条、337米剿劣任务，小微水体基本消除感官污染。聚焦散养生猪专项整治，完成关停退养121户、318头，移栏出村17户、495头，整治提升62户、89头，拆除猪栏91个。落实乡村两级11名河长巡河护河责任，不断巩固治水成果，实现既优环境又惠民生、人水和谐的良好发展格局。

【民生事业】 以精准扶贫为主线，完成低收入农户建档立卡和动态调整工作，延续低收入户结对帮扶机制，通过帮扶75户产业发展、28户托底救助、13户低收入农户子女教育扶贫、144户271人低保政策兜底、下山脱贫安置等措施，切实增强群众的“造血功能”。排查鉴定D级危房113户、C级危房85户，并对存在安全隐患的房屋实施分类处置，在房屋周边设置安全隔离带，视危房情况采取维修、腾空、拆除等措施，确保群众生命财产安全。完成危房硬治理103户，其中拆除66户，修缮37户，D级危房和涉及公共安全的C级危房腾空巡查率达100%。实施治理应急排险隐患点2处，落实集中安置点1个、分散安置点8个。

（胡玉萍）

隆宫乡

【概况】 隆宫乡位于庆元县西南部，距县城33千米，与福建省政和县、松溪县毗邻，是浙闽两省三县七乡交界地带。总面积68.7平方千米，其中耕地424.4公顷，山林5276公顷（包括毛竹林3533公顷），是浙江省“毛竹之乡”和庆元县毛竹重点产区。辖12个行政村，28个自然村，65个村民小组，2746户，7958人。基层党支部14个，党员323人。

【工业经济】 作为庆元竹制品加工的发源地，以发展毛竹产业经济为主。工业总产值3.73亿元，工业固定资产投资6015万元，工业税收1625万元，新发展规上企业2家。完成15家“低小散”企业整治和2万平方米旧厂区改造工作。坚持“以竹富民，以竹兴工，以工强乡”发展思路和“小乡镇、生态工业”发展理念，完成庆元县毛竹特色园区立项申报前期工作。

【农业经济】 农业总产值1.6亿元，人均年收入15338元。发展竹下经济，种植多花黄精和七叶一枝花26.7公顷。推进竹林示范基地规范化建设，有标准化示范基地建设的笋竹两用林2000公顷。以农民专业合作社为平台，抓好地域特色资源开发，累计开发高效笋竹基地267公顷，种植山药、紫薯等特色农作物67公顷，特禽（畜）养殖基地10公顷、蛋鸡4万羽。形成集奇花、异果、特禽（畜）、竹海于一体的旅游景观。

【设施建设】 完成林源村、中村候车点建设。启动隆宫至南山岗公路建设，完成桃园至隆宫农村联网公路工程、黄坑至铁岭省际联网公路工程。完成桃园村粮食生产功能区基础设施建设和黄坑革命老区项目建设。推进“一事一议”各项民生项目建设，完成生水塘村便民服务中心和黄坑村文化礼堂建设。实施招投标项目26个，投资额超3000万元。

【乡村环境整治】 开展每月28日“两战”统一行动，推进“大搬快治”和危旧房治理改造工作，完成“蓝色屋面”整治21640平方米，“治危拆违”5万平方米，获得市级“无违建乡镇”称号。开展日常保洁和垃圾清运工作，投入人力2388人次、机械63台次，清理农村垃圾3万吨、乱堆乱放物1.6万立方米。清理僵尸车14辆、路边广告牌18处。发挥为民服务功能，完成12个行政村污水终端提升工程。依托中国林科院亚林所力量进行全域景区化规划，推进12个村的基础设施建设、环境治理、休闲景观资源的挖掘。成功举办第三届乡村风情农事节，莲湖村被评为浙江AAA级景区村庄。

【社会事业】 参加城乡居民养老保险1726人，参加农村合作医疗保险6936人，参加政策性住房保险1948人。完成144户、295人低保户、低保边缘户经济核查工作，实现动态管理。落实救助政策，做好与医疗救助、临时救助衔接，发放医疗救助金15.85万元、临时救助金5.41万元。推进移民项目建设，做好移民后期扶持工作，发放移民创业致富扶持金27.99万元、移民贷款贴息金10.50万元。以“四个平台”推进“最多跑一次”改革，实现14项乡镇本级事项和46项服务事项“最多跑一次”。以“三大工程”建设为着力点，深化“平安庆元”“法制庆元”建设，成功调解矛盾纠纷115起。完成小关、黄坑、里地3村“消薄”工作。

举水乡

【概况】 举水乡位于庆元县城东南部，东与岭头乡接壤，南与龙溪乡毗邻，西南是福建省政和县岭腰乡，西连安南乡，北靠五大堡乡。驻地月山村海拔820米，距县城53千米。总面积79.9平方千米。下辖16个行政村，28个自然村，其中龙井面村为少数民族村(畲族)，户籍人口7032人，常住人口2071人。月山村是一个具有悠久历史的文化名村，有以全国重点文物保护单位如龙桥等为代表的一大批文物古迹，是中国“廊桥之乡”“月山春晚”的发祥地，先后被建设部、国家环保总局、文化部、农业部授予“全国特色景观旅游名村”“全国环境优美乡村”“全国基层文化建设群星奖”“中国最美宜居休闲乡村”等荣誉。

【环境整治】 稳步推进大整治。再续拆违“月山速度”。11月，对月山村头沿溪违章建筑进行拆除，一周时间完成25家农户的签约；一天时间完成2337平方米违建房屋的拆除。在月山还开展“六无创洁净农家，三美评最美庭院”的评比活动，进一步提升月山村美丽乡村建设水平。在各行政村开展“五破、五乱、五同治”“百日对标环境整治”行动，两周内拆除破旧灰寮58个、3171平方米，拆除危房3栋、1995平方米。精心规划强特色。在小城镇环境综合整治建设中，将月山元素融入项目建设中，在原有历史文化景区的基础上，增添“举溪记石刻”“水中望月”“鹊桥相会”等月山独特元素，凸显月山深厚的人文底蕴特色，使月山的美丽乡村更具本土乡愁气息。3月，小城镇环境综合整治设计方案获评全省第一批优秀规划。

【民生事业】 完成低保119户、234人，低保边缘户106户、235人的规范化管理。加强困难群众救助工作，受理困难群众医疗救助申请65份，发放医疗救助金30.13万元；临时救助68份，发放临时救助金49200元；发放产业帮扶资金11万元、托底救助资金4.7万元。做好基础性农民保险宣传，完成城乡居民基本医疗保险征缴5112人，办理意外伤害医疗报销11例，完成房屋保险976户。加大对特殊人群的关爱，为88人办理困难残疾人生活补贴，64人享受重度残疾人护理补贴。

【项目建设】 以“绿水青山就是金山银山”为寄托，推进“六三三”“五水共治”等环境提升工作，结合剿灭劣V类水工作，完成78户、148头的生猪整治工作，因地制宜在月山设立集中供养点。稳步推进地质灾害“大搬快治”工作，加快照田、杉源两个地质灾害村群众的搬迁事项办理，受理36户、132人。加快群众下山脱贫进度，完成生态搬迁23户、86人。积极争取林道硬化、公路提升等民生项目，完成月山至地虎坑、月山至蔡地两条公路拓宽提升，林道硬化建设4千米，地虎坑村便民服务中心、照田等村的小水利工程有序推进，改善乡域交通条件和基础设施水平。

【旅游事业】 以国家级AAA旅游景区月山村为核心的乡村旅游发展势头良好，群众参与旅游行业热情高涨，从2013年的6家农家乐、60个床位、300个餐位，增加至2017年28家农家乐、280个床位、1200个餐位，农家乐综合体、示范村初具雏形，民宿农家乐年收入日益可观。景区内接待中心、停车场等基础设施逐步完善，农家乐民宿行业从业人员逐渐增多，接待能力和服务水平大幅提升。接待游客12.5万人次，旅游收入1320万元。旅游产业的发展，还催生出“农旅结合”增收模式，更多农民将农产品转化为旅游产品，有“农旅融合”销售点4家。

【招商引资】 三大招商项目签约落地。3月，天宸农业公园项目，总投资3亿元，一期投资8000万元，项目重点开发地山梯田景区66.67公顷，涵盖地虎坑、大丘、杉源和黄山4个村。7月，浙江凡人文化有限公司入驻国坪村，以全村房、地、山入股的形式，与公司成功签约“谷坪公社”旅游景区项目，投资1.2亿元，将打造艺术化写生景区。9月，浙江海丰花卉基地落户，一期流转土地33.4公顷，投资5000万元，将在基地建设现代化育花温室大棚，培育菊花等花卉出口日本等海外地区。

（吴　强）

龙溪乡

【概况】 龙溪乡位于庆元县东南部，东、北接岭头乡，南界福建省寿宁县、政和县，西接举水乡，驻地西溪村距县城68千米。西溪流域属福安江水系，发源于岭头乡大毛峰南麓，由西往东经福安江注入东海。总面积44.5平方千米，其中耕地340公顷，林地3061公顷。辖12个行政村，15个自然村，53个村民小组。1358户，4480人，其中在村270户，外出1090户，外出农户占80.27%。经济总收入3685.63万元，人均纯收入13909.32元，同比增长7.95%。

【农业产业】 特色引领，增量提质，产业发展，稳中求进。绿茶产量75吨，红茶产量5吨，比2016年增长14.86%，供求平稳。种植水稻39.12公顷，覆盖8个行政村。稻田养鱼投入鱼苗650千克，比2016年增长24.86%。5个行政村生产食用菌114万段，实现茶、菌、栗、竹、渔产业健康发展。

【重点工作】 拆除西溪村凤洋路沿溪杂乱建筑和传统民居集中区域内的违章建筑65幢、14950.56平方米，推进西溪村污水处理提升工程、弱电入地改造、乱搭乱建整治、沿溪景观带、背街小巷整治、省级卫生乡镇创建等基础工作。开展“大搬快治”工作，大毛坪、李家坑两个C类地址灾害点常驻群众已全部撤离隐患点。后洋坑村于8月初完成所涉36户资格审核及搬迁农户同心新村一期第二批次安置房抽签安置工作。新增龙溪乡转水村、鱼川村、香里村、冯家山村4个省级传统古村落，申报成功村数占全县1/3。开展“五水共治”工作，全乡河道（小溪）11条，包括小微水体4条、7312米，小沟水渠19条、3200米，已全面整治到位。“三改一拆”行动中，全乡已累计拆违23513.52平方米，完成年度拆违任务234.85%，拆后利用面积16324平方米。

【生态林业】 举办林业实用技术培训4期，受训人数150人。完成义务植树2986株。毛竹配方施肥抚育10.67公顷，建成毛竹高效经营示范片2个、10.67公顷。锥栗产业发展稳中有升，产量50吨。10个行政村建立护林组织，有专职和兼职护林员13人，组建3支50人的义务扑火队伍。有效地控制火灾对森林资源的危害，保护森林资源。

【工业经济】 有营运电站6座（龙桥、陈岭、贵南洋、后洋坑、云雾亭和龙井），总装机容量3.3万千瓦，总发电量10259万千瓦时，比2016年增长7.12%，为县财政年增收税费762万元。

【民生保障】 以“四个平台”建设为载体，加快“最多跑一次”改革。建立以社保、民政、残联、计生、综合执法等与群众密切相关的业务部门为主体的便民服务办事大厅，提高服务质量。创新“零上门”服务拉近群众“零距离”。组织乡、村干部，兽医员，开展春、秋季药物动物疫病防控工作，对各村各养殖户的牛、猪、鸡、鸭、鹅等畜禽动物进行全面的疫病防控免疫，免疫率达到100%。保护特殊群体，关注妇幼健康。生育二孩及以上育龄妇女213人，妇女“三查”率98.86%。开展“三八”妇女维权周计划生育宣传、关怀“1+1+1”成长关爱项目等。推进城乡居民养老保险办理工作，参保1576人，其中老年参保744人，参保率达21.23%；正常参保1576人，参保率45.85%，完成年度目标的100%。按月领取养老金832人，发放养老金25.65万元。提高城乡低保覆盖率，70户、102人享受低保。1021人享受合作医疗补贴51.87万元。享受民政大病医疗救助22人，临时医疗救助67人。对176户、269人低收入农户进行扶持救助，基本实现集体经济薄弱村消除工作。结合“进企入户”走访专项活动，排查整治社会治安和公共安全问题。对12个村人民调解委员会的调解员作全面调整，有人民调解员32人，排查各类不稳定因素和各类矛盾纠纷38起，调处38起，调处成功率100%。及时掌握信访苗头，接收信访件5件，回复5件，回复满意率100%，把问题消灭在萌芽状态。成立“嘉平创业人员党支部”，方便在嘉善、平湖地区流动党员参加党组织活动。

（朱伟林）

江根乡

【概况】 江根乡位于庆元县东部，东南与福建省寿宁县交界，西靠左溪镇，北邻官塘乡。驻地江根村海拔860米，距县城86千米。总面积57.1平方千米，其中耕地290.9公顷，山林5214.7公顷。辖9个行政村，3个自然村、77个村民小组。有1999户、5817人。被评为抗洪（台）救灾先进集体，“三改一拆”“无违建县”创建先进集体，平安乡镇，森林消防工作先进单位。

【项目建设】 投资700万元，完成坝大线改造提升工程和庆寿隧道口地标景观带建设项目。投资480万元，完成箬坑村至仙岩通景公路续建工程。投资300万元，推进箬坑、水寨村居家养老服务中心及村内游步道建设。投资300万元，推进农发办续建项目建设。投资50万元，完成江根乡垃圾无害化处理存储掩埋点建设工程。投资45万元，建成坝头村沿溪625米防护栏。投资43万元，完成乡域内康庄公路短板修复工程。投资50万元，完成江根村、箬坑村的小农水项目建设，杉坑村微喷灌项目建设及江根村、坝头村、青田村河道清淤等水利项目。投资9.8万元，完成江根乡小学操场修建和塑胶球场铺设工程。新开箬坑村毛竹林便道2.7千米、青田村林道3千米，硬化杉坑村林道1.1千米、青田村林道1千米。投资开展20万元香菇菌棒生产厂建设。开展危旧房整治工作，发放补助资金90.48万元。

【农业产业】 稳定食用菌生产，不断探索发展高山蔬菜种植，加强万亩毛竹林抚育开发，使传统产业专业性不断提高。以杉坑、后洋为中心形成黄牛、山羊、高山田鱼、泥鳅、七彩山鸡等特色原生态养殖基地，大力发展原生态养殖业；以杉坑、后洋村160公顷油茶为依托，建设优质油茶基地；以6.8公顷上店高山有机茶基地为引领，改造老茶园，形成景观型茶园基地。跳出“农”字发展农业，加大资金扶持和政策、场地服务，鼓励人才回流，引导返乡青年创业，引进上店村在上海创业青年回乡创办“尚点农创园”。做精“互

联网 + 生态”“互联网 + 精致农产品”文章，利用淘宝和微信把群众生产的咸菜放到网上销售，让老百姓的“土疙瘩”变成“金疙瘩”。

【环境治理】 开展美丽乡村、“三改一拆”、“六边三化三美”、“青山白化”整治等工作。全面完成生猪散养整治工作和“大搬快治”工作任务，拆违面积 21041.3 平方米，完成县拆改任务 210.40%，其中宗教场所拆违 3 处、125 平方米，村庄危旧房、简易房拆除 260 平方米，拆除沿河道棚寮 5 处。召开乡贤会，发动江根乡贤一起为发展江根的美丽经济寻找“金点子”、建言献策。举办首届咸菜茶文化节暨 A 级景区化村庄创建誓师大会。江根乡咸菜茶民俗文化节被县农办、县旅委等部门评为庆元县最具乡村特色节庆活动。成功创建箬坑为 A 级景区村，成功申报坝头、箬坑 2 个村为省级传统古村落。创建民宿、农家乐各 1 家，新建旅游公厕 2 座，夯实全域旅游基础。

【社会事业】 对计生对象实行乡、村两级干部包干制，通过村干部宣讲团入户、育龄妇女会议、计划生育宣传月等活动，做好政策法规宣传工作。开展一年两次的育龄妇女“三查”工作，育龄妇女“三查”率 91.00%。加大城乡居民社会养老保险扩面及续保工作力度，参加社会养老保险 1178 人，参加农村医疗保险 4486 人。完成低保户和低保边缘户经济审核工作，确定低保户 114 户、222 人，低保边缘户 100 户、228 人。探索两省四乡联席会议机制，定期召开乡联席会议，拓展治安联防、森林防火、“五水共治”等联防联治，逐步完善联防机制。以党建联盟为基础，加强与福建省寿宁县大安、坑底、托溪等乡的交流学习，互学互促，互促互进。以“浙闽两省边界十里八村迎春歌会”为交流平台，切实加强边界文化交流。引导组织后洋、杉坑等村与交际村庄的文化互动。完成中共十九大、世界互联网大会、金砖五国会晤等护航任务。组织开展边界防盗防暴巡查，构建边界稳定有力保障。建立健全安全生产长效管理机制和食品安全监管机制。增加消防投入 15 万元，购置消防泵、维护装备，强化应急分队队伍建设。统筹推进人大、政协、宣传、统战、人民武装、群团等工作，到开展防汛、防地质灾害、

5 月 20 日，江根乡举行首届咸菜茶民俗文化节

森林防火、安全生产、食品药品监管、农村劳动力素质培训等。

（吴礼件）

官塘乡

【概况】 官塘乡位于庆元县东部，辖 9 个行政村，18 个自然村，35 个村民小组，1135 户，2987 人。其中农业 1050 户，2920 人，外出 2122 人。依托本地资源、生态、环境优势，积极发展“一村一品”，抓好食用菌、毛竹和高山蔬菜三大支柱产业，推进现代农业促进农民增收。坚持“红色追忆　峰上官塘”的发展定位，实施山区小流域、小农水、基础设施、道路交通和农田水利等项目。

【产业推进】 推进横坑、白柘洋和山头等村的美丽乡村建设，突出“手工编织”“以旧修旧”，推进全域“大花园”建设，打造官塘最美“花骨朵”；成功举办庆元第一党支部白柘洋第一届“七一”红色文化周活动，县内外 2500 名党员慕名而至，带动官塘乡的农家乐和民宿经济发展；顺利举办横坑村第二届采桃节，吸引两省三县游客，拉动经济发展。落实农村土地承包经营权确权登记前期工作，推进毛竹林、高山油茶、茭白和大球盖菇等产业发展，探索试种山露菜、羊肚菌和黄精等新型农产品，培育荷洋村毛竹高效示范园建设，保证高山生态羊、菜牛等养殖规模稳中有升。继续推广油茶基地林下种植藜麦、龙爪粟等产品。保有香菇产量 50 万段。粮食种植 150 公顷基本与往年持平，结构不断优化，花生、蜜桃等新型产品不断涌现。

【工程建设】 争取 2018 年度小城镇环境综合整治项目村，得到省农科院和县域范围乡村旅游专家的科学规划。争取省级“一事一议”项目 2 个，计 70 万元。基本完成投资 40 万元的官塘村游步道项目。投资 150 万元，完成官塘、横坑、白柘洋的截污纳管建设。成功申请横坑村、白柘洋村入选国家第四批古村落保护名录。推进危旧房修缮项目。落实 5 个地质灾害村“大搬快治”工作，生态搬迁 133 人，发放搬迁资金 84.6 万元，顺利验收荷洋村地质灾害治理项目。先后完成白柘洋至江根后洋 10.3 千米路面硬化工程和道路提升工程。清理道路塌方 600 立方米，修复水毁道路 25.3 千米。完成官塘村至横坑村 7 千米大中修项目。各村“村村通”工程均已顺利验收。完成横坑至景宁县水溪村连接项目前期规划测量，有望于 2018 年初开工。

【重点工作】 “五水共治”、“三改一拆”、“六边三化三美”、无违建乡创建等工作稳步推进。严格落实“河长制”，结合主题党日和洁净乡村活动，组织党员干部开展集体清河行动 36 次，加大环保设施投入力度，完善河道保洁长效机制。在“三改一拆”和“六边三化三美”工作中，完成县级交办整改点 68 个，自查整改点 102 个，拆违 14505 平方米，治危拆违 35 处，拆违率达 225.67%，“蓝色屋面”整治 27 处，1947 平方米，乡容乡貌得到改善。以“最多跑一次”改革为抓手，着手建立综治工作、市场监管、综合执法和便民服务等“四个平台”的基层治理体系。

【民生事业】 发放产业扶贫资金 6 万元，涉及农户 43 户。发放医疗救助 14 万元、其他救灾救济款 15 万元。主动严抓信访、维稳、积案化解工作，完成金砖国家领导人会晤、中共十九大、互联网大会期间的维稳工作，成功化解荷洋村土地开发信访积案。强化安全生产责任，公共安全常抓不懈，地质灾害、防汛抗旱和森林防火等预防避险能力不断增强。顺利完成县妇联、团县委、县残联换届工作。举办浙闽边界十里八村迎春歌会。参加社会养老保险 1162 人，参加农村医疗保险 2774 人。

（叶　静）

人 物

2017年新任县领导

【吴新清】 男，1966年10月出生，浙江庆元人，汉族，1989年8月参加工作，无党派，在职大学学历。历任庆元县交通局交通规划设计所副所长；庆元县交通局工程科科长、总工程师（副科级）、副局长，庆元县交通运输局副局长、总工程师（正科级），庆元县公路局局长（正科级），县交通运输局总工程师（兼）。2017年2月，任庆元县政协副主席。

【叶武】 男，1965年4月出生，浙江松阳人，汉族，1990年8月参加工作，1996年8月加入中国共产党，省委党校研究生学历。历任庆元县民政局科员、社事股副股长，庆元县委督查室主任；庆元县委督查室主任（副科级），庆元县农业局副局长，庆元县安南乡党委副书记、乡长、党委书记、人大主席，庆元县政府行政审批中心（招投标中心）主任、党组书记、县政府办副主任（兼），庆元县审计局局长、党组副书记、党组书记，庆元县政府办主任、党组副书记、党组书记、庆元县政府党组成员。2017年2月，任庆元县人大常委会副主任。

【吴小军】 男，1966年6月出生，浙江庆元人，汉族，1985年8月参加工作，1987年6月加入中国共产党，省委党校研究生学历。历任庆元县斋郎乡兽医员，庆元县车根乡政府文书、团委书记，庆元县斋郎乡党委委员、副乡长，庆元县合湖乡党委委员、纪检委书记，庆元县百山祖乡党委委员、纪检委书记，庆元县贤良镇党委副书记、纪检委书记，庆元县张村乡党委副书记、纪检委书记，庆元县江根乡党委副书记、乡长、党委书记、人大主席，庆元县黄田镇党委书记，庆元县环境保护局局长、党组书记，庆元县水利局局长、党组副书记、党组书记。2017年2月，任庆元县人民政府副县长。

【胡显平】 男，1970年1月出生，浙江庆元人，汉族，1991年8月参加工作，1997年4月加入中国共产党，大学学历。历任庆元县委组织科员、电教中心副主任、干部科科长、部务会议成员、副主任科员，百山祖乡党委书记、人大主席，百山祖管理处党组副书记（兼），庆元县委组织部副部长（正科级），庆元县民政局局长、党组副书记、党组书记，庆元县委组织部常务副部长。2017年2月，任庆元县人民政府副县长。

【叶仪俊】 男，1974年10月出生，浙江龙泉人，汉族，1995年10月参加工作，1997年11月加入中国共产党，党校大学学历。历任龙泉市龙南派出所民警、副所长，龙泉市看守所巡查中队副中队长，龙泉市公安局警务督察大队民警，龙泉市看守所所长，龙泉市公安局锦溪派出所所长，龙泉市小梅镇党委委员、派出所所长，龙泉市公安局治安大队大队长、龙泉市公安局治安大队大队长（高配副科级），龙泉市公安局副局长、党委委员，龙泉市龙南乡党委书记，龙泉市政府党组成员、八都镇党委书记、青瓷小镇党工委副书记（兼），庆元县人民检察院党组书记、代理检察长。2017年2月，任庆元县人民检察院检察长。

【李乘】 男，1983年4月出生，浙江淳安人，汉族，2011年3月参加工作，2005年5月加入中国共产党，硕士研究生学历。历任美国纽约罗伯特马里奥建筑事务所建筑设计师，浙江省建设投资集团下属省建工建筑设计院有限公司方案创作所所长、副总经理。2017年12月，任庆元县人民政府副县长（挂职）。

【郭名海】 男，1973年6月出生，江西崇义人，汉族，1994年9月参加工作，1999年10月加入中国共产党，大学学历。历任海南省军区教导大队副连职教员、排长（副连职）、副指导员、指导员、正连职助理员、工兵营修理所所长兼助理工程师、教导大队办公室副营职干事、代理教导员、教导员，海南省军区司令部直属工作处政治协理员、步兵某旅副政委，陆军某旅副政治委员兼纪委书记。2017年12日，任庆元县人民武装部政委。

（陈　涛）

2017年度庆元县获得高级专业技术职务人员名表

表5

姓　名	性别	出生年月	最高学历	现任职资格	取得时间	所在部门	备注
吴宏伟	男	2017—09	本科	高级教师	2017—02—22	教育	援疆半年
余新波	男	1979—10	本科	高级教师	2017—12—03	教育	
叶相群	女	1976—02	本科	高级教师	2017—12—03	教育	
林舒桃	女	1982—02	本科	高级教师	2017—12—03	教育	
耿　翠	女	1982—01	本科	高级教师	2017—12—03	教育	
姚昌远	男	1973—03	本科	高级教师	2017—12—03	教育	
瞿思锋	男	1980—11	本科	高级教师	2017—12—03	教育	
吴惟庆	男	1975—07	本科	高级教师	2017—12—03	教育	
胡传妫	女	1975—02	本科	高级教师	2017—12—03	教育	
周　爱	女	1977—09	本科	高级教师	2017—12—03	教育	
范世伟	男	1981—02	本科	高级教师	2017—12—03	教育	
杨冰琼	女	1977—11	本科	高级教师	2017—12—03	教育	
金光强	男	1969—10	大专	高级教师	2017—12—03	教育	
吴南菊	女	1975—03	本科	高级教师	2017—12—03	教育	
吴文清	男	1976—02	本科	高级教师	2017—12—03	教育	
姚秋芬	女	1978—11	本科	高级教师	2017—12—03	教育	
季文招	女	1969—08	本科	高级教师	2017—12—03	教育	
兰传理	男	1975—10	本科	高级教师	2017—12—03	教育	
龚帮花	女	1973—10	本科	高级教师	2017—12—03	教育	
胡利荣	男	1976—09	本科	高级教师	2017—12—03	教育	
叶海莲	女	1978—06	本科	高级教师	2017—12—03	教育	
吴明秀	男	1973—08	本科	高级教师	2017—12—03	教育	
周　瑕	女	1975—04	本科	高级教师	2017—12—03	教育	
吴丽丽	女	1976—06	本科	高级教师	2017—12—03	教育	
吴慧贞	女	1973—11	本科	高级教师	2017—12—03	教育	
吴芳玲	女	1980—09	本科	高级教师	2017—12—03	教育	
吴东霞	女	1978—04	本科	高级教师	2017—12—03	教育	
刘　丰	男	1976—01	本科	主任医师	2017—12—23	卫生	正高
吴祥宗	男	1973—06	本科	主任医师	2017—12—23	卫生	正高
张继付	男	1975—10	本科	主任医师	2017—12—23	卫生	正高
周明华	男	1965—02	专科	主任医师	2017—12—23	卫生	正高
李　霞	女	1973—01	本科	主任药师	2017—12—23	卫生	正高
范庆姿	女	1973—10	本科	主任护师	2017—12—23	卫生	正高
兰菊华	女	1977—09	本科	主任护师	2017—12—23	卫生	正高
胡冬娟	女	1969—12	本科	主任护师	2017—12—23	卫生	正高
王国菊	女	1972—02	本科	主任中医师	2017—12—23	卫生	正高
陈文斌	男	1968—04	本科	副主任医师	2017—12—23	卫生	
吴冬霞	女	1967—07	本科	副主任医师	2017—12—23	卫生	
吴利锋	男	1979—03	本科	副主任医师	2017—12—23	卫生	
徐红建	男	1982—09	本科	副主任医师	2017—12—23	卫生	

续表 5

姓　名	性别	出生年月	最高学历	现任职资格	取得时间	所在部门	备注
叶遇飞	男	1981—12	本科	副主任医师	2017—12—23	卫生	
陶昌琼	女	1982—09	本科	副主任医师	2017—12—23	卫生	
吴火妫	女	1968—11	本科	副主任医师	2017—12—23	卫生	
蔡丽娟	女	1972—01	本科	副主任医师	2017—12—23	卫生	
吴良姿	女	1972—02	本科	副主任医师	2017—12—23	卫生	
吴新琼	女	1974—11	本科	副主任医师	2017—12—23	卫生	
范良华	男	1971—12	本科	副主任医师	2017—12—23	卫生	
胡金妹	女	1980—02	本科	副主任医师	2017—12—23	卫生	
胡振平	男	1977—02	本科	副主任医师	2017—12—23	卫生	
范小明	男	1975—04	本科	副主任医师	2017—12—23	卫生	
姚金通	男	1980—05	本科	副主任技师	2017—12—23	卫生	
胡晓波	男	1972—03	本科	副主任技师	2017—12—23	卫生	
姚国花	女	1979—09	本科	副主任技师	2017—12—23	卫生	
吴丽媚	女	1979—08	本科	副主任护师	2017—12—23	卫生	
吴晓美	女	1980—11	本科	副主任护师	2017—12—23	卫生	
陈小玲	女	1979—11	本科	副主任护师	2017—12—23	卫生	
王思美	女	1982—08	本科	副主任中药师	2017—12—23	卫生	
刘长库	男	1964—09	本科	高级经济师	2017—12—02	岭头乡	
范金水	男	1963—08	本科	高级农艺师	2017—12—26	屏都街道	
吴夏华	男	1973—07	本科	高级工程师	2017—12—08	林业	
胡利松	男	1978—08	本科	高级工程师	2017—12—29	电视台	
吴维民	男	1978—02	本科	高级工程师	2017—12—31	交通	企业
吴秋花	女	1972—08	本科	高级工程师	2017—12—28	住建	
姚善武	男	1971—09	本科	高级审计师	2017—11—01	财政	公务员
吴丽花	女	1968—08	本科	副研究馆员	2017—12—28	文化	
夏　琼	女	1983—01	本科	高级工程师	2017—11—28	市监局	

（县人社局）

文　选

中共庆元县委办公室　庆元县人民政府办公室关于印发《“811”美丽庆元建设行动方案》的通知

各乡（镇）党委、政府，街道党工委、办事处，县属各单位：

《“811”美丽庆元建设行动方案》已经县委、县政府研究同意，现印发给你们，请结合实际，认真贯彻执行。

附件 1:《“811”美丽庆元建设行动方案》

附件 2:“811”美丽庆元建设行动任务责任分解表

中共庆元县委办公室

庆元县人民政府办公室

2017 年 3 月 3 日

附件 1

“811”美丽庆元建设行动方案

为深入贯彻落实《中共中央国务院关于加快推进生态文明建设的意见》（中发〔2015〕12 号）和《中共浙江省委关于建设美丽浙江创造美好生活的决定》（浙委发〔2014〕14 号）、《中共浙江省委办公厅浙江省人民政府办公厅关于印发〈“811”美丽浙江建设行动方案〉的通知》（浙委办发〔2016〕40 号）精神，加快推进我县美丽庆元建设工作，现根据《中共丽水市委办公室　丽水市人民政府办公室关于印发〈“811”美丽丽水建设行动方案〉的通知》（丽委办发〔2016〕84 号）的要求，开展 2016 ～ 2020 年“811”美丽庆元建设行动，特制定本方案。

一、指导思想和基本原则

（一）指导思想

高举中国特色社会主义伟大旗帜，以马克思列宁主义、毛泽东思想、邓小平理论、“三个代表”重要思想、科学发展观为指导，深入贯彻习近平总书记系列重要讲话精神，协调推进“五位一体”总体布局和“四个全面”战略布局，坚定“绿水青山就是金山银山”发展道路，深化“寻梦菇乡、养生庆元”发展定位，实施“生态立县、产业富县、开放兴县”发展战略，真抓实干，开拓前进，努力与全省同步高水平建成小康社会，争创“三项全国领先”（即生态环境质量、生态文化建设、生态制度保障全国领先），开创生态文明新时代。

（二）基本原则

坚持全面推进、突出重点。即统筹兼顾，全面推进生产、生活、生态协调发展，形成人与自然和谐发展现代化建设新格局；又突出重点，强化源头治理，全面消除违建现象，全面消除污泥浊水现象，全面消除脏乱差现象，努力改善空气质量，着力在突出环境问题治理、推进经济转型升级、改善城乡面貌、构建生态文明制度体系等重点工作上取得突破，从根本上消除环境污染。

坚持政府主导、社会参与。充分发挥政府在规划引导、完善立法、财政投入、示范引领等方面的带动作用，加强组织领导和顶层设计，为美丽庆元建设提供强大动力；发动和鼓励全社会力量广泛参与，强化市场在资源配置中的决定性作用，充分调动市场主体参与美丽庆元建设的积极性，形成全县上下齐心合力推进美丽庆元建设的良好局面。

坚持深化改革、强化责任。大力推进改革创新，研究破解制约环境保护和生态文明建设的对策措施，突出制度供给，不断完善生态文明制度体系，进一步健全环境监管执法体制；强化责任担当，加强监察执法，落实党委政府、相关职能部门和生产经营者生态环境保护责任，理清自然资源资产产权，严格执行环境损害问责制度，建立领导干部生态环境保护责任终身追究制度，层层传导生态环境保护工作压力。

二、总体目标和主要目标

“811”美丽庆元建设行动的总体目标是，到2020年，构建起较为完善的生态文明制度体系，形成人口、资源、环境协调和可持续发展的空间格局、产业结构、生产方式、生活方式，以水、大气、土壤和森林绿化美化为主要标志的生态系统初步实现良性循环，突出生态环境短板得到加强，生态文明建设主要指标和各项工作走在全市乃至全省前列，人民生活更加幸福安康，打造全省生态环境保护和生态经济发展“双示范区”，与全省同步高水平全面建成小康社会。

通过实施十一项专项行动，到2020年实现以下八个方面主要目标：

（一）绿色经济培育目标

——服务业增加值占地区生产总值比重达到48%，高新技术产业增加值占工业增加值比重达到8.7%。

——主要食用农产品中无公害农产品、绿色食品、有机食品认证比例达到55%。

（二）环境质量目标

——地表水断面达到或优于III类水质的比例达到100%；县城集中式饮用水水源地水质达标率保持100%；地下水水质保持稳定。

——城市细颗粒物（PM2.5）持续下降并完成市下达任务，环境空气质量优良天数比例达到99%，全县环境空气质量稳步改善。

——基本农田特别是农业“两区”土壤环境质量稳中有升，耕地土壤环境质量达标率保持现状并略有提升。基本消除重金属污染隐患。

（三）节能减排目标

——完成市下达的单位生产总值能耗、单位生产总值二氧化碳排放量指标。

——完成市下达的“十三五”主要污染物总量控制指标。

——完成市下达的主要重金属污染物减排指标。

（四）污染防治目标

——县城污水处理率达到100%，建制镇污水处理率达到80%。

——规模化畜禽养殖场整治达标率达到100%，农村生污水治理村覆盖率达到80%以上。

——县城污泥无害化处置率达到100%，农村生活垃圾无害化处理率达到100%，危险废物、医疗废物无害化处理达到100%。

（五）生态保护目标

——森林覆盖率稳定在86%以上，森林保有量达到247.3126万亩，林木蓄积量达到1280万立方米；县城建成区绿地率达到36%以上。

——自然保护区和受保护湿地面积占国土面积比例达到5.66%；国家重点保护物种保护率达到90%以上。

（六）灾害防控目标

——建立较为完善的灾害监测预警预报体系，建立健全县、乡、村三级自然灾害救助管理信息系统，积极培育应急救援社会力量，形成较为完备的灾害快速救援及应急处置能力。

——突出环境风险得到有效管控，建立县级环境应急物资储备体系，核与辐射安全得到有效保障。

——重污染天气、饮用水水源监测预警和应急响应体系不断完善。

（七）生态文化培育目标

——生态文化不断普及，全社会生态文明素养不断提高，公众对生态环境的满意度稳中有升。

——绿色生活方式加快形成，县城垃圾分类收集处置率达到 40%。

——创成省级生态文明建设示范区。

（八）制度创新目标

——自然资源资产产权、空间管制、总量管控等资源环境源头管制制度不断健全。

——环境监管体系不断完善，市场在资源环境要素配置中的基础性作用基本确立，环境经济政策创新积极推进。

——生态文明绩效评价考核奖惩机制和责任追究制度全面落实。

——标准体系不断完善，标准化对美丽庆元建设的规范和引领作用充分体现。

三、深入实施十一项专项行动

（一）绿色经济培育行动

1．**促进产业结构和布局调整**。深入实施主体功能区战略，积极推进重点生态功能区建设，逐步完善新型城市化战略格局，全面实施财政、土地、产业、环境等差别化区域政策，促进经济及产业发展空间格局更加合理，逐步形成人口、经济、资源、环境相协调的空间开发总体格局。统筹谋划区域产业发展格局，力促企业搬迁入园，推进产业集聚发展，争取用 3 年时间实现“工业园区外基本无工业，园区之内无非生态工业”目标。持续推进产业结构优化升级，根据产业政策导向和空间、总量、项目“三位一体”的环境准入原则，加快发展生态经济，努力形成有利于节约资源、保护环境的现代产业体系。深入推进“五水共治”“三改一拆”“六边三化三美”等转型升级系列组合拳，推动经济提质增效。（责任单位：县发改局、县经商局、县财政局、县住建局、县国土局、县环保局、县水利局、县治水办、县三改一拆办、县六边办）

2．**大力发展绿色产业**。坚持把生态农业作为富民增收的基础产业，围绕创建省级生态循环农业示范县、农产品质量安全放心示范县“双创”目标，以生态精品农业“912”工程为主平台，优化农业产业结构和层次。努力提高农业精细化和组织化水平，大力发展绿色农业。集中优势资源要素，实施传统产业“311”转型工程，全力做大做强做精竹木制品加工业、食品加工业、文教用品制造业，打造具有庆元特色的“浙江制造”品牌，推动质量强县、标准强县、品牌强县建设工作。加大食用菌产业扶持力度，完善提升产业发展基金，切实加大科技、装备制造、市场、产业集聚、精深加工、产业文化等投入，逐步实现从“食用菌大县”向“食用菌强县”转变。加快打造核心旅游景区，重点推进百山祖国家级生态旅游示范区、巾子峰国家级森林公园、双苗尖风景名胜区、西洋殿休闲旅游区、淤上古银矿洞国家矿山公园、大济历史文化保护村等重点项目建设，创建 5 个以上乡村旅游示范村，培育 2 个红色旅游教育基地，打造集观光旅游、文化旅游、红色旅游、工业旅游于一体的生态旅游经济。（责任单位：县发改局、县经商局、县环保局、县农业局、县旅委、县气象局、县市场监管局、县招商局）

3．**强化创新驱动**。深入实施创新驱动发展战略，大力推动技术创新发展，培育经济可持续发展的新动力，破除低端制造、传统市场、县域经济路径依赖。坚持以企业为主体，积极建设创新平台，着力推进产学研协同创新发展，培育壮大一批科技型企业。大力推进涉及人口健康、食品药品安全、防灾减灾、安全生产、生态环境和应对气候变化等领域的科技创新，加强生态、环境、资源方面学科研究和专业建设，加快关键共性技术瓶颈突破，推进先进成熟技术成果转化和推广，加强知识产权保护，积极培养和引进各类高端人才。（责任单位：县科技局、县发改局、县市场监管局、县经商局、县环保局）

4．**大力发展循环经济**。切实转变经济发展方式，强化资源能源节约，积极发展太阳能、风能等绿色可再生能源，严格实施用水总量管理，着力推动资源利用方式根本转变，持续降低能源、水、土地消耗强度和污染排放强度，有效推进节约型社会建设。加快淘汰高能耗、高排放落后产能，完善落后产能退出机制，严格总量控制，优化环境资源配置，提高单位资源环境负荷产出效率，以最小的污染排放、最优的环境资源配置产出最大的效益。按照“减量化、再利用、资源化，减量化优先”的要求，以县城、园区、企业为载体，积极推进园区循环化、生态化改造，鼓励企业开发绿色低碳产品，建立实施绿色采购消费政策。加快建立和推广现代生态循环农业模式，大力发展无公害农产品、绿色食品和有机产品。加快构建循环型农业、工业、服务业，发展产业间复合循环经济，推进社会层面循环经济发展，促进企业循环式生产、园区循环式发展、产业循环式组合、社会循环式消费。继续推行清洁生产审核，全面提高再生资源综合利用水平。（责任单位：县发改局、县经商局、县环保局、县财政局、县农业局、县市场监管局）

（二）节能减排行动

1．推进重点领域节能降耗。深入实施节能降耗“双控工程”，加强节能减排管理。以工业、建筑、交通、商贸等领域为重点，继续加强重点企业节能，加强重点用能单位能源计量器具配备和管理。加快推进传统优势产业改造，振兴装备制造业，切实提升重点产业能效。深入推进建筑节能、交通运输节能、商业及民用节能和公共机构节能，大力发展绿色公共交通，鼓励技术创新，持续推进全县节能降耗工作。大力发展和推广应用低碳技术，加快建设以低碳排放为特征的工业、建筑、交通体系，推进低碳经济试点示范建设。深入推进碳减排，开展重点企（事）业单位温室气体排放报告工作，开展碳排放权交易，实施低碳产品标准、标识和认证制度，以低碳行动倒逼调整产业结构、提升节能增效、优化能源结构、增加森林碳汇。力争全县单位GDP能耗和主要耗能产品单位能耗逐步达到全省领先水平。（责任单位：县经商局、县住建局、县交通运输局、县发改局、县科技局、县市场监管局、县旅委、县气象局、县招商局）

2．强化污染物排放总量控制。以环境质量改善为主线，完善区域主要污染物总量控制和减排机制，建立差别化的环境管理及减排减碳指标分配制度，开展按生态容量和行业标准制定减排减碳考核机制试点。持续强化结构减排、工程减排、管理减排等综合措施。全面整治提升重污染行业，加快推进热电行业超低排放技术改造和水泥行业等脱硫脱硝重点工程建设，切实巩固造纸、印染、化工、制革、电镀等重点行业废水深度处理效果。加快城镇污水处理设施建设与改造，完善配套管网。（责任单位：县环保局、县经商局、县发改局、县住建局、县招商局）

3．推进资源节约集约利用。全面推进国民经济各领域和生产生活各环节的节能、节水、节地、节材工作，对水、土地、矿山等资源利用实行全过程管理，全面建设资源节约型社会。坚守耕地保护红线，划定永久基本农田保护红线，实行最严格的耕地保护制度。综合推进“三改一拆”等工作，加大闲置土地清理力度，消化批而未用土地，特别是低丘缓坡试点范围用地，抓好城镇低效用地再开发。促进园区绿色低碳循环发展，大幅提升园区的主要资源产出率和土地利用率，显著提高固体废物资源化利用率和水循环利用率。确立用水效率“控制红线”，严格落实建设项目节水“三同时”制度，加快对高耗水行业、重点企业节水技术改造和城镇供水管网改造，鼓励全社会节约用水。加强再生资源回收网点统一规划、合理布局和规范建设，优化城市社区和乡村回收站点、分拣中心、集散市场“三位一体”的回收体系。加快推进工业固废、农业废弃物资源化利用。积极开展生活垃圾、建筑垃圾、城市餐厨废弃物和污泥等资源化利用，提高再生资源综合利用水平。（责任单位：县经商局、县发改局、县住建局、县水利局）

（三）“五水共治”行动

1．强化饮用水水源安全保障。推进饮用水水源地建设管理与污染防治，全面实施一级保护区物理隔离和短信提示，落实保护区污染源清理整治，加强饮用水水源集雨区范围生产生活污水和垃圾治理。全面完成饮用水水源污染隐患整治，严厉打击水源保护区内威胁水质安全的违法犯罪行为，加强道路水路危险化学品运输安全管理，督促饮用水水源上游及周边生产、使用有毒有害化学品的企业切实制订应急预案。加强农村饮用水水源保护和水质检测，保障农村饮水安全。完善饮用水水源预警监测自动站建设和运行管理，推广建设在线生物预警系统。到2020年，县城饮用水水源地建立水质生物毒性预警监测系统。（责任单位：县环保局、县卫计局、县住建局、县水利局、县交通局、县公安局、县国土局）

2. **加快环境基础设施建设**。推进工业集中供热，加快重点行业脱硫、脱硝、除尘改造。完善医疗废弃物、工业危险废弃物和生活垃圾分类收集、运输和处理设施网。加快城镇污水处理设施建设与改造，所有城镇污水处理厂出厂水水质执行一级A标准，到2020年，基本实现县城污水全收集全处理全达标。全面加强配套管网建设，强化城中村、老旧城区和城乡接合部污水截流、收集。深入实施污水排入排水管网许可证制度，建立和完善污水处理设施第三方运营机制。科学制定农村生活污水治理规划，建立健全长效运行管理机制，全面推进农村污水处理设施第三方运维。实施以分类收集、定点投放、分拣清运、生态堆肥、综合利用为主要内容的农村垃圾减量化资源化无害化分类处理。按照国家《水污染防治行动计划》的要求，建成覆盖全县所有集中式污水处理厂和工业污泥的处置设施，实现污泥处置的减量化、资源化和无害化。（责任单位：县住建局、县农办、县环保局、县发改局）

3. **加强重点流域、主要污染河段及城市内河治理**。健全长效机制，落实河长责任，巩固治水成果，全面推进重点流域和重点湖库水环境治理。加强良好水体保护，推进省级重点湖库生态环境保护试点工作。到2020年，庆元县总体水质保持优良。全面推进河湖清淤，建立河湖淤积情况监测和清淤长效机制，妥善处置利用污泥，到2020年，全面清除河湖塘库污泥。深入实施中小流域（区域）综合整治和河道采砂管理。大力整治建筑行业泥浆运输，禁止泥浆排入河道。合理开采地下水，强化地下水保护与修复。（责任单位：县水利局、县环保局、县国土局、县交通局、县住建局、县林业局）

4. **大力实施防洪水、保供水**。以防洪水项目为重点，全面推进病险水库除险加固、河堤加固、区域骨干工程建设；到2020年，江河干流和城市防洪排涝达到规划标准。以保供水项目为重点，全面推进供水水源及配置工程建设；到2020年，我县主要城镇集中式多源供水的工程体系基本形成，农村饮水安全保障水平基本与城镇同步，农业“两区”灌溉设施实现全覆盖。（责任单位：县水利局、县住建局、县农业局）

5. **深入推进抓节水、排涝水**。坚持统筹规划、协调发展、突出重点、全面推进，实施雨水示范、屋顶收集、改造器具、一户一表、节水型载体创建、农业节水改造、工业节水改造七大工程。实施“固河堤、疏河道、新开河、畅管网、除涝点、强设施”排涝水六大工程，加快构建高效完善的城市排涝体系，力争到2018年，完成排水管网的雨污分流改造。城市新区建设严格按照排涝标准配套排涝设施，确保不发生新的内涝。（责任单位：县住建局、县水利局、县经商局、县农业局）

（四）大气污染防治行动

1. **大力调整能源结构和产业结构**。严格控制煤炭消费总量，实施低硫、低灰分配煤工程。推进园区集中供热，到2017年，全县符合条件的工业园区（产业集聚区）全面实现集中供热。加快高污染燃料锅炉淘汰，2017年全面完成燃煤（重油）锅（窑）炉淘汰改造任务。积极发展清洁能源，到2020年，力争我县通天然气，天然气消费总量在一次能源消费结构中的占比提高至2.6%左右。加快可再生能源利用。强化规划环评，引导我县重点产业合理布局。加快淘汰落后产能。加快实施“腾笼换鸟”，力争到2017年，我县城市建成区全面完成大气重污染企业关停或搬迁工作。（责任单位：县发改局、县经商局、县环保局、县市场监管局）

2. **深化工业废气治理**。开展水泥、工业锅炉等重点行业领域废气清洁排放改造。加快VOCs污染治理，全面完成VOCs排放清单调查，建立重点管控企业名录，全面完成印染、涂装等13个主要行业VOCs整治任务，加强VOCs监测监控，重点企业配备VOCs处理设施运行在线监控装置。（责任单位：县环保局、县经商局、县发改局、县市场监管局）

3. **强化机动车污染防治**。严格机动车环保准入，分阶段实施机动车国Ⅴ排放标准。推进绿色交通县建设，大力推广清洁能源汽车，到2017年，出租车、城市公交节能清洁能源车配置率分别达到20%、10%以上。到2020年，力争节能环保型营运客车占比达到10%，公共汽车达到50%，出租车达到50%。加快清洁能源基础设施建设，扩大充电桩、加气站覆盖范围。提高车用汽柴油品质，推广应用浙Ⅵ标准汽油，根据国Ⅵ车用汽柴油标准要求，率先供应国Ⅵ标准车用汽柴油。实施道路畅通工程，落实公交优先战略。（责任单位：县交通局、县公安局、县环保局、县住建局、县农业局、县经商局）

4. 开展城市扬尘和生活废气治理。控制施工扬尘，建立健全扬尘污染控制和违法违规企业长效监管等机制。强化道路扬尘治理，建立城乡一体的环卫保洁清运机制。加强堆场扬尘管理，落实堆场封闭和防风抑尘等措施。严格控制餐饮油烟，推进餐饮单位高效油烟净化装置安装，建立健全定期清洗和长效监管机制。控制装修、干洗废气污染，推广水性涂料，开展城市干洗业废气排放规范化整治。（责任单位：县住建局、县交通局、县综合执法局、县国土局、县环保局、县招商局、县市场监管局）

5. 推进农村废气治理。加快推进农作物秸秆综合利用，到2020年，全县秸秆综合利用率稳定在90%以上。加强重点区域秸秆露天焚烧和火点测信息发布工作，完善目标责任追究制度。深化农业氨污染治理，到2020年，全县测土配方施肥面积稳定在22万亩，有机肥推广量稳定在0.5万吨左右。加强矿山粉尘防治，2017年9月底前，全县所有生产性的露天矿山按照《浙江省矿山粉尘防治技术规范（暂行）》要求实现达标运行。实施绿化造林工程，加强森林抚育。（责任单位：县农业局、县环保局、县林业局、县国土局、县交通局）

（五）土壤污染防治行动

1. 构建和完善土壤污染监测体系。进一步完善基本农田土壤污染监测监控体系，在全县建立农田土壤污染常规监测点和农田土壤综合监测点，开展农田土壤污染跟踪监测，查清农业“两区”土壤环境质量情况。加快构建土壤环境质量监测网，贯彻落实《国家土壤环境质量例行监测工作实施方案》，开展土壤环境质量监测国控点位布设，建立土壤环境例行监测制度，根据需求同步开展土壤环境专项调查和特定监测。（责任单位：县农业局、县环保局、县国土局、县财政局）

2. 推进农田土壤污染治理修复。贯彻落实《浙江省农业“两区”土壤污染防治三年行动计划（2015—2017年）》，开展农田土壤污染治理试点工作，探索农田土壤污染治理修复措施。到2020年，农业“两区”土壤环境质量得到进一步改善。加强农业面源污染防治，实施农田测土配方施肥和农药减量控害增效行动，大力推进农作物病虫害统防统治与绿色防控融合发展，加大高效低毒低残留农药推广力度，提高农药科学利用率。落实《浙江省农药废弃包装物回收和集中处置试行办法》，推进农药废弃包装物基本回收和无害化处置。（责任单位：县农业局、县国土局、县发改局、县环保局、县水利局、县林业局）

3. 推进重金属、持久性有机污染物防治。推进重金属污染综合防治，优化涉重金属排放企业空间布局。强化涉重金属行业整治和污染减排的倒逼约束作用，推动涉重金属行业提升工艺水平和产业层次。探索优化涉重金属行业企业信息公开、风险评估与损害鉴定、企业周边人群健康风险控制等制度，落实企业污染防治的主体责任，推进重点防控企业在线监测装置安装工作。加强我县境监测站重金属污染环境监测能力建设，加密监测水质断面、空气质量和土壤，对重点涉重污染源周边的水、气、土壤、农产品开展重金属定期监测，建立环境污染监测网络、农产品产地安全监测网络。到2020年，完成5类重金属污染物减排任务。有序推进疑似污染场地排查。加大持久性有机污染物防控力度，按照国家的部署和要求，采取积极措施，进一步降低持久性有机污染物的排放。（责任单位：县环保局、县经商局、县发改局、县财政局、县国土局、县住建局、县农业局、县卫计局、县市场监管局）

4. 加强危险废物安全处置。强化源头精细化管理，落实减量化要求，按照区域处置能力从严控制产生危险废物的建设项目。推进全过程监管，建成危险废物信息化监控平台，危险废物国控重点单位全部联网监控，实现对危险废物从产生到处置的全流程覆盖、全时段记录和链条式追溯。加快建设集中处置设施，按照《浙江省危险废物集中处置设施建设规划（2015—2020年）》

的要求，加强危险废物集中处置设施的组织建设和运行保障。到2020年，实现以县内危险废物“自产自消”，基本解决我县处置能力缺口问题，实现危险废物处置监管的源头管理精细化、贮存转运规范化、过程监控信息化、设施布局科学化、利用处置无害化。（责任单位：县环保局、县发改局、县财政局、县经商局、县交通局）

（六）“三改一拆”行动

1. 持续深化拆改工作。推进“无违建县”创建活动，全面建立网格化的违法建筑防控和治理体系，健全控违长效机制，形成立查立改、追责问责的长效管理制度，巩固深化“三改一拆”行动成果，实现违法建筑治理的长效常态。完善环境综合整治机制，加快旧厂区、旧住宅区和城中村改造，坚持“三改一拆”与推进新型城市化、新农村建设、优化国土资源开发利用等工作紧密结合，到2020年，基本完成存量违法建筑处置，拆后土地利用超过85%。（责任单位：县“三改一拆”领导小组各成员单位）

2. 深入推进“六边区域”环境整治。结合“两路两侧”专项整治，以“六边区域”为重点深入推进路边洁化绿化美化，以种植绿化和垃圾清理、违法建筑清理、违法广告清理为重点，把交通干线沿线打造成为展示区域形象的景观大道和生态走廊。借鉴河长制经验，在全县重要路段建立路长制、段长制。推进河边洁化绿化美化，以城乡河道为重点，加快恢复河道自然生态功能，加强河道采砂管理和河道生态工程建设，强化对主要骨干河道、城镇河网的清淤、疏浚、清障、保洁、生态护岸等综合治理，建立长效保洁管理制度。深化矿山生态环境整治，以国省道公路、铁路沿线为重点，加快推进废弃矿山生态环境治理与修复，重点做好露采废弃矿山的复垦、复绿及景观修复工作，积极推进绿色矿山建设，禁止在“两路两侧”“六边区域”新增经营性露天矿场。（责任单位：县六边三化三美行动领导小组各成员单位）

3. 提升生态园林城镇和绿道网建设品质。坚持生态优先、因地制宜、自然为要，科学确定城镇空间形态和建设强度，科学划定城镇建设开发边界，充分保留城镇特有的自然山水和人文景观风貌，把绿水青山和庆元优秀人文保留给城镇居民。加强城镇绿化生态建设，提高城市绿地率，加大城镇各类公园和绿道网建设力度，建成一批功能完善、景观优美、人文丰富、特色明显的城镇优质公园，推进城镇绿道建设，配建相应户外健身设施，为群众到绿道网点健身提供便利，打造绿道体育活动品牌，进一步宣传绿道、宣传全民健身。加强城市生态修复，积极推广城区立体绿化，努力提升城镇绿化生态容量。加快园林数字化，提升管理保护水平。开展绿色生态城区和美好家园建设，积极推进国家生态园林城市建设工作。（责任单位：县住建局、县财政局、县林业局、县农业局、县水利局、县环保局、县交通局、县文广新局、县旅委、县人社局）

（七）深化美丽乡村建设行动

1. 打造“美丽乡村”升级版。深入实施农村百河综合整治、千塘加固工程、农村环境综合整治、农村饮水提质增效等系列工程，推动城镇公共服务向农村延伸。进一步挖掘乡村景区资源、农业产业资源和乡土文化资源，美化乡村人居环境，加强农房设计，突出主题特色。借助“互联网+”，强化品牌推广和服务运营，推动“建设村落”走向“经营村落”，不断激发乡村活力。（责任单位：县六边办、县农办、县住建局、县旅委）

2. 全面推进农村环境整治。深化“千村示范、万村整治”工程，全面构建农村联网公路，实施农村饮水安全巩固提升工程。加快农村生活污水治理设施建设，对分散居住农户生活污水进行因地制宜处理，到2020年，基本实现农村生活污水处理设施全覆盖。加快农村生活垃圾集中收集处理，到2017年，实现村生活垃圾集中收集、有效处理基本全覆盖，大力推进农村生活垃圾分类和“户分、村收、有效处理”运行模式，实现减量化资源化无害化分类处理。加快农村绿化与生态建设，大力开展村庄道路、河湖水系沿岸和庭院绿化。扩大绿地面积，新建设一批森林村庄。加快转变农业发展方式，推进农业污染治理，开展农村“十小”行业综合治理。建立健全农村生活污水治理设施运行和管护机制，探索建立城乡一体的基础设施管护机制。全面推进农村农贸市场改造提升工作。（责任单位：县六边办、县农办、县环保局、县住建局、县交通局、县水利局、县

国土局、县农业局、县林业局、县卫计局、县市场监督管理局、县旅委）

3．强化农村特色文化保护建设。充分发掘村庄个性特色，推进特色精品村建设。全面传承地域传统文化，加大农村文化礼堂建设力度。加快建立覆盖全县的公共文化设施服务网络，提升农村基本公共文化服务标准化、均等化水平，丰富农村群众精神文化生活。不断提升农民文明素质，培养文明习惯。（责任单位：县委宣传部、县农办、县教育局、县文广新局、县民政局）

4．提升美丽乡村发展水平。推进农村体制机制改革，破除美丽乡村建设体制障碍，释放改革红利。深化农村产权制度改革，建立健全农村产权流转交易体系。全面推进户籍管理制度改革。加快构建“三位一体”农民合作经济组织体系。大力发展新兴业态，着力打造农业“两区”升级版、农家乐休闲旅游业升级版和农村电子商务升级版，发挥庆元特色乡土民宿文化、历史文化村落、有机农副产品等资源优势，挖掘深厚的农耕文化积淀，秉承“乡村生活”模式，为游客提供乡村休闲度假、观光娱乐、体验劳作、科普教育、文化体验、养生养老、健康生活的第二生活空间，把“沉睡资源”转化为发展资本，使“美丽乡村”转化成为“美丽经济”。（责任单位：县农办、县发改局、县经商局、县旅委、县市场监管局、县妇联、县招商局）

（八）生态屏障建设行动

1．强化重点生态功能区保护。加大对重要生态功能区、生态环境敏感区和脆弱区的保护力度。加强湖泊和湿地生态保护，遏制面积萎缩、功能退化趋势。到2020年，湿地保有量达到1.7358万亩。强化生物多样性保护，进一步推进自然保护区规范化建设和科学管理，省级以上自然保护区全部达到国家级规范化建设要求。（责任单位：县发改局、县林业局、县水利局、县环保局、县财政局）

2．加大生态修复力度。结合“五水共治”综合整治工程，在重点流域、中小河道、湖库、湿地和重要野生动植物栖息地实施生态修复。继续深入开展中小河流治理，加大河湖水系连通及水生态保护与修复力度，开展河道生态示范工程建设。对现状水质达到或优于III类的湖库，有针对性地制定实施生态环境保护和水生态系统修复方案。开展矿山生态环境治理行动，加大废弃矿山治理力度，到2020年县级公路与河道、铁路两侧1000米可视范围内废弃矿山治理率达到100%，全县绿色矿山建成率达到100%，全县废弃矿井治理率达到100%。（责任单位：县水利局、县环保局、县国土局、县林业局）

3．加快庆元大森林建设。严守森林、湿地、物种三条林业生态保护红线，到2020年，全县森林保有量达到247.3126万亩，森林蓄积量达到1280万立方米，湿地保有量达到1.7358万亩，自然保护区建设管理和珍稀濒危野生动植物拯救保护水平进一步提升。按照数量和质量并重、质量优先导向，着力推进国土绿化，坚持全民义务植树，深入持续开展绿化行动；推进美丽林相建设，到2020年，建设美丽林相32.7万亩，其中彩色林11万亩、珍贵林3.3万亩。着力推进森林城市、城镇、村庄建设，营造高质量的人居森林生态系统，改善人居环境品质。加强森林生态系统保护和修复，强化生态公益林建设和天然林保护，突出重点区域水源涵养林建设，到2020年，全面加强141.0763万亩省级以上公益林建设；新增公益林优质林分5.8万亩，累计建成公益林优质林分110万亩，提升重点防护林防护减灾功能，完善国土生态安全保障体系。（责任单位：县林业局、县交通局、县住建局、县旅委、县国土局）

（九）灾害防控行动

1．提升防灾减灾能力。加强防汛抗旱、森林防火、地质灾害防治等防灾减灾基础工程建设。严格落实防灾减灾设防标准，提高人员密集场所、重大建设工程和生命线工程的灾害防御性能。加强重大防洪减灾工程建设，加大水堤、山塘以及病险水库的除险力度，确保大江大河、大型和重点中型水库、城市的防洪安全。完善易涝常灾地区防洪排涝工程，到2020年全县水堤、水库、山塘等水利工程防护能力全面达到国家标准，形成比较完善的综合防洪减灾能力体系。健全自然灾害预报预警和信息发布机制。健全灾害预警预报信息发布机制，完善我县灾害应急救助指挥系统，构建快捷有效、协调有序的决策指挥平台，健全应急救助联动机制，加强预警信息发布规范管理。（责任单位：县水利局、县民政局、县气象局、县水利局、县国土局、县林业局、县科技局）

2．健全环境风险管控体系。完善环境风险防范制度，严守环境风险底线。加强区域开发和项目建设的环境风险评价，开展环境风险源调查。加强环境风险监控预警应急体系建设，形成较为完善的应对突发环境事件和重大生物灾害的风险防控体系，建立健全重污染天气、饮用水水源监测预警预报和应急响应体系。加强对重金属、化学品、危险废物、持久性有机污染物等相关行业的全过程环境风险监管，强化企事业单位环境风险监督管理。积极关注环境健康，探索开展环境健康风险评估，逐步构建应对损害群众健康的突出环境问题的管控体系。（责任单位：县环保局、县气象局、县卫计局）

3．强化核与辐射安全保障。加强核与辐射监测能力建设，按照现场监督检查、突发事件应急的需要，有计划地配备必要的辐射监测仪器和防护设备，促进辐射工作有序开展。加大对辐射环境监测和应急能力建设的投入。按照有关要求规范审批程序，严格执行建设项目环境影响评价制度和“三同时”制度，新建辐射项目环境影响评价和“三同时”执行率达到100％。完善放射性同位素（放射源）在线监控与预警网络，构筑辐射安全预警系统。（责任单位：县环保局、县公安局、县卫计局）

4．加强灾害快速救援及应急处置能力建设。健全灾害应急救援指挥体系，发挥防灾减灾委员会协调作用，完善灾害救援应急预案，加强减灾救灾科技装备建设和避灾安置场所、物资仓储网络建设。健全规范抢险救援体系，形成统一指挥、反应灵敏、协调有序、运转高效的灾害应急救援体系，提高抢险救援能力。加强灾害救援队伍建设与培训，有序推进社会力量参与救援。大力普及防灾避险知识，提高公众自救互救能力。（责任单位：县民政局、县公安局、县国土局、县人防办）

（十）生态文化培育行动

1．深入挖掘生态人文资源。传承庆元优秀传统文化，深入挖掘庆元传统文化中的生态理念和生态思想，加大文化遗产保护力度，积极创建特色文化产业村，加强历史文化名城、名镇建设，保护传承好庆元地域文化。加强面向人民的文艺精品创作，完善文化对外交流开放机制。大力推行以数字图书馆、数字档案馆、数字博物馆为核心的数字文化服务网络建设，建立完善公共文化服务政府购买机制，加大“文化三送”“文化走亲”等文化惠民力度，推动基本公共文化服务均等化。加强农村应急广播体系的使用和管理。（责任单位：县文广新局、县农办、县委宣传部、县委统战部）

2．全面提升公民人文素养。充分发挥先进思想文化的凝聚和引领作用，深化以中国梦为主题的中国特色社会主义和社会主义核心价值观宣传教育。组织开展“最美家庭”“最美行为”“最美群体”创建活动，积极推进社会公德、职业道德、家庭美德、个人品德建设。牢牢把握正确舆论导向，加强网上内容建设，提高网上舆论引导能力，积极传播庆元好声音。培育和激发全体公民建设美丽庆元、创造美好生活的主体意识，大力推进志愿服务制度化，推动养成与生态文明建设相适应的思想品德、职业道德、社会公德和家庭美德。深入开展宣传教育，增强公民法治观念和科学人文素养，提高全社会节约资源、保护环境的自觉意识。突出“四步走”“五个抓”，力争2017年创成全国文明城市。（责任单位：县委宣传部、县文广新局、县环保局、县司法局、县文明办）

3．大力弘扬生态文化。结合世界环境日、浙江生态日、丽水生态文明日、庆元生态日等纪念活动，展示生态环保成就、普及生态环保知识、弘扬生态人文精神。积极借鉴发达地区生态文明建设的先进理念、有效做法和具体制度，强化全社会的生态伦理、生态道德、生态价值意识，引导人们树立尊重自然、顺应自然、保护自然理念，形成政府、企业、公众互动的社会行动体系。积极开展生态文化重大理论和应用研究，繁荣“两美”主题文艺创作，着力构建包括学校、社区、家庭、企业和社会公益教育体系等在内的生态文明教育网络体系。（责任单位：县委宣传部、县环保局、县文广新局、县林业局、县总工会、团县委、县妇联、县工商联）

4．全面倡导绿色生活方式。加快实现生活方式和消费模式向勤俭节约、绿色低碳、文明健康的方向转变，避免奢侈浪费和不合理消费，使生态文明成为主流价值观，形成人人、事事、时时崇尚生态文明的社会新风尚。加强宣传教育，积极引导公众改变生活习惯，开展垃圾分类，积极开展生态环保“十件小事”活动，推广餐饮“光盘”行动，优先选用环保节能产品，积极鼓励绿色出行，加快构建绿色交通网络，推广绿色建筑和绿色新材料，使绿色低碳的理念融入日常生活的方方面面，形成绿色生活新格局。充分发挥机关单位的示范带头作用，以实际行动引领全社会生活方式绿色化。（责任单位：县环保局、县发改局、县经商局、县委宣传部、县住建局、县交通局）

5．深入推进生态示范创建。巩固深化卫生城市、园林城市、森林城市创建成果，积极推进文明城市创建工作。大力开展生态文明建设先行区、生态文明建设示范区、节水型城市和食品安全城市等建设，积极推进绿色家庭、绿色学校、绿色企业、绿色矿山等“绿色细胞”创建和生态文明教育示范基地建设。树立精品意识，加强典型培育，确保生态示范创建的先进性和示范性。加强生态创建动态管理，定期进行复核，建立完善退出机制，形成生态创建的长效机制和品牌效应。（责任单位：县环保局、县委宣传部、县教育局、县卫计局、县林业局、县住建局、县水利局、县经商局、县国土局、县妇联）

（十一）制度创新行动

1．建立源头严管制度。实施最严格的自然资源和生态空间保护制度，科学划定全县生态功能红线，建立健全环境质量安全底线。建立资源环境承载能力监测预警机制，继续实行空间、总量、项目“三位一体”的环境准入制度，对超载区域实行限制性措施。深入实施能源消费总量和能源消耗强度“双控制”，配合建立省、市、县三级用能预算化管理体系。健全主要污染物总量控制制度，实施行业性和区域性污染物总量控制，配合建立县排污权指标基本账户。建立碳排放强度、碳排放总量约束机制。（责任单位：县国土局、县环保局、县住建局、县林业局、县水利局、县发改局、县经商局）

2．完善过程严控措施。推进环境监管制度改革，完善生态保护预警监管机制，生态环境执法联动机制，配合推进实行县级环保部门由市级派驻体制。健全政府生态环境信息发布机制，建立环境新闻发言人制度。规范排污单位信息公开和信用等级评定制度。建立完善严格监管所有污染物排放、独立进行环境监管和行政执法的环境保护管理制度。完善行政综合执法体制，拓宽公众参与渠道，推进环保行政执法与民主监督、公众监督、舆论监督、司法监督结合，充分发挥公众、新闻媒体和社会组织的作用，全方位构建生态环境社会监督体系。建立环境执法司法部门联席会议制度，完善环境执法联动协作机制。实行最严格的水资源管理制度，探索中水回用、再生水利用激励机制。深化土地要素配置体制改革。培育第三方专业化环保运行组织和机构，推行环境污染第三方治理和污染源在线监测第三方运营。创新区域、流域环境管理考核模式，强化跨行政区域河流交接断面考核和环境空气质量管理考核。（责任单位：县环保局、县审计局、县国土局、县水利局、县林业局、县发改局、县经商局）

3．实施“恶果”严惩机制。建立生态环境损害责任终身追究机制，强化行政执法和刑罚处置，加大责任追究和违法惩治力度。调整优化对乡镇（街道）党政领导班子和领导干部综合考核考评实施办法及指标体系。推进自然资源负债表研究编制，在试点基础上全面铺开自然资源资产离任审计制度。建立健全环境问题约谈制度，对政府决策、执行失误以及不作为导致的环境损害问题建立责任追究机制。建立以环境损害赔偿为基础的环境污染责任追究体系，对造成生态环境损害的责任者严格实行赔偿制度，加大行政强制及行政处罚力度，构成犯罪的，依法追究刑事责任。探索建立环境污染损害赔偿责任风险基金，鼓励推行环境污染损害责任保险制度，对高风险企业实行环境污染强制责任保险。完善环保公安联动执法和非诉案件强制执行机制。（责任单位：县环保局、县委办、县委组织部、县统计局、县审计局、县公安局、县法院、县检察院）

4．强化多元投入机制。强化生态资源资产化的制度体系建设，加快建立自然资源资产产权制度和资源有偿使用制度。建立我县综合性环境权益交易中心，开展节能量、排污权、林业碳汇等交易，推行环境污染第三方治理制度。探索研究公益林分类补偿和分级管理机制，逐步完善森林生态效益补偿制度。创新基本财力增长机制和财税政策，合理调整和整合各类生态环保专项资金。建立环保资金使用绩效评估考核机制和专项审计制度。积极发挥财政资金引导作用，吸引带动社会资本和各类创业投资、股权投资参与美丽庆元建设，探索实施政府与社会资本合作（PPP）等模式。贯彻落实有关生态文明建设的各项税收优惠政策，积极发展环保社会公益基金。探索构建绿色金融体系，调整优化信贷结构，加强美丽庆元建设重点领域和薄弱环节的金融支持。充分利用多层次资本市场，做好保险资金投资项目对接，多渠道扩大美丽庆元建设融资规模。创新发展林权、排污权、碳排放权等绿色金融产品，促进各类企业自觉节能减排。（责任单位：县财政局、县金融办、县环保局、县发改局、县林业局）

5. 完善标准体系建设。以国内外、省内外先进标准为标杆，全面构建美丽庆元标准体系。推动“标准化+”全面融入美丽庆元建设各领域，积极开展绿色发展标准化示范区和美丽经济标准化试点建设，形成一批可示范、可复制的“标准化+美丽庆元”重要成果。探索美丽庆元标准实施效果评估研究，切实发挥标准化对美丽庆元建设的规范和引领作用。（责任单位：县市场监管局、县发改局、县经商局、县环保局、县农业局、县旅委、县农办）

四、保障措施

（一）加强组织领导

县委县政府美丽庆元建设领导小组要发挥牵头抓总作用，加强统筹协调和监督指导。要完善由县美丽庆元办公室牵头、各成员单位分工负责的工作体系，努力形成齐抓共管、密切协作的工作合力。形成县乡分级负责、各部门协作联动、全社会广泛参与的工作机制。各级各有关部门按照职责分工，各司其职、各负其责，确保工作落实到位，建立高效有力的协调机制和工作机制，合力推进美丽庆元建设。定期或不定期组织生态文明建设工作讨论会，研究解决生态文明建设中存在的问题。

（二）严格考核评价

把资源消耗、环境损害、生态效益纳入经济社会发展评价体系，进一步完善生态文明建设指标体系及考核办法。探索绿色GDP考核制度，树立正确的考核导向，更加注重生态环境、发展质量和转型升级，统筹兼顾生态、经济、民生、平安、党建五张报表。

（三）完善政策保障

严格执行环境保护法和相关法律法规。要强化建设美丽庆元、创造美好生活的立法保障，研究制定大气污染防治、农村环境保护、土壤污染防治和资源有偿使用、生态补偿、生态修复以及食品安全等重点领域政府规章或规范性文件，完善出台生态文明建设相关配套制度工作。针对生态文明建设与我县融合发展的新特点，落实加强生态环保有关规定，研究调整完善不适应我县生态文明建设发展和管理的现行政策规定。研究制定生态环境公益诉讼、污染损害赔偿等规范性文件，指导环境执法和司法实践。完善环境质量、污染物排放、环境准入等地方标准，强化标准引领。积极推行行业与企业社会责任标准和企业环境信用等级评价，切实增强企业的生态环境保护意识。

（四）强化科技支撑

坚持把创新摆在发展全局的核心位置，积极围绕创新人才队伍建设、创新平台建设和创新环境营造，不断完善创业创新生态、优化创业创新机制，推动大众创业、万众创新。大力发展生态环保技术和节能减排、循环利用关键技术，着力提升生态环境监测、保护、修复能力和应对气候变化能力。积极构筑完善环保人才培训、科技研发、成果转化相衔接的科技支撑体系，深入实施引进大院名校共建创新载体战略，深化产学研合作。强化生态环保科学知识普及，不断提高公众参与环境保护的能力，积极搭建环保科普知识资源共享平台。大力支持科技创业园、重点实验室、院士专家工作站等创业创新平台的人才培育和引进工作。

（五）引导社会参与

充分发挥主流媒体作用，多渠道、多角度、多方式宣传美丽庆元建设，完善公众参与制度，及时准确披露各类环境信息，扩大公开范围，保障公众知情权，维护公众环境权益。健全举报、听证、舆论和公众监督等制度，形成全社会共同参与的良好局面。以培育绿色生活方式为突破口，引导生态文明建设领域各类社会组织健康有序发展，发挥民间组织和志愿者的积极作用，形成全社会共同关注和参与的大格局。要进一步解放思想、转变职能，发挥好市场配置资源的决定性作用，鼓励和引导社会资本参与美丽庆元重大工程项目建设。要大力推广 PPP 模式，对社会资本参与的项目，积极落实各项优惠政策，形成综合回报机制，有效推动政府公共服务变革。

附件 2

“811”美丽庆元建设行动任务责任分解表

序号	专项行动及牵头单位	主要任务	责任单位
1	绿色经济培育行动（县发改局）	促进产业结构和布局调整	县发改局、县经商局、县财政局、县住建局、县国土局、县环保局、县水利局、县治水办、县三改一拆办、县六边办
		大大发展绿色产业	县发改局、县经商局、县环保局、县农业局、县旅委、县气象局、县市场监管局、县招商局
		强化创新驱动	县科技局、县发改局、县市场监管局、县经商局、县环保局
		大刀发展循环经济	县发改局、县经商局、县环保局、县财政局、县农业局、县市场监管局
2	节能减排行动（县经商局、县环保局）	推进重点领域节能降耗	县经商局、县住建局、县交通运输局、县发改局、县科技局、县市场监管局、县旅委、县气象局、县招商局
		强化污染物排放总量控制	县环保局、县经商局、县发改局、县住建局、县招商局
		推进资源节约集约利用	县经商局、县发改局、县住建局、县水利局
3	“五水共治”行动（县治水办）	强化饮用水水源安全保障	县环保局、县卫计局、县住建局、县水利局、县交通局、县公安局、县国土局
		加快环境基础设施建设	县住建局、县农办、县环保局、县发改局
		加强重点流域、主要污染河段及城市内河治理	县水利局、县环保局、县国土局、县交通局、县住建局、县林业局
		大力实施防洪水、保供水	县水利局、县住建局、县农业局
		深入推进抓节水、排涝水	县住建局、县水利局、县经商局、县农业局
4	大气污染防治行动（县环保局）	大力调整能源结构和产业结构	县发改局、县经商局、县环保局、县市场监管局
		深化工业废气治理	县环保局、县经商局、县发改局、县市场监管局
		强化机动车污染防治	县交通局、县公安局、县环保局、县住建局、县农业局、县经商局
		开展城市扬尘和生活废气治理	县住建局、县交通局、县综合执法局、县国土局、县环保局、县招商局、县市场监管局
		推进农村废气治理	县农业局、县环保局、县林业局、县国土局、县交通局

续表

序号	专项行动及牵头单位	主要任务	责任单位
5	土壤污染防治行动（县环保局）	构建和完善土壤污染监测体系	县农业局、县环保局、县国土局、县财政局
		推进农田土壤污染治理修复	县农业局、县国土局、县发改局、县环保局、县水利局、县林业局
		推进重金属、持久性有机污染物防治	县环保局、县经商局、县发改局、县财政局、县国土局、县住建局、县农业局、县卫计局、县市场监管局
		加强危险废物安全处置	县环保局、县发改局、县财政局、县经商局、县交通局
6	“三改一拆”行动（县三改一拆办、县六边办、县住建局）	持续深化拆改工作	县“三改一拆”领导小组各成员单位
		深入推进“六边区域”环境整治	县“六边三化三美”行动领导小组各成员单位
		提升生态园林城镇和绿道网建设品质	县住建局、县财政局、县林业局、县农业局、县水利局、县环保局、县交通局、县文广新局、县旅委、县人社局
7	深化美丽乡村建设行动（县农办、县六边办）	打造“美丽乡村”升级版	县六边办、县农办、县住建局、县旅委
		全面推进农村环境整治	县六边办、县农办、县环保局、县住建局、县交通局、县水利局、县国土局、县农业局、县林业局、县卫计局、县市场监督管理局、县旅委
		强化农村特色文化保护建设	县委宣传部、县农办、县教育局、县文广新局、县民政局
		提升美丽乡村发展水平	县农办、县发改局、县经商局、县旅委、县市场监管局、县妇联、县招商局
8	生态屏障建设行动（县林业局）	强化重点生态功能区保护	县发改局、县林业局、县水利局、县环保局、县财政局
		加大生态修复力度	县水利局、县环保局、县国土局、县林业局
		加快庆元大森林建设	县林业局、县交通局、县住建局、县旅委、县国土局
9	灾害防控行动（县民政局）	提升防灾减灾能力	县水利局、县民政局、县气象局、县水利局、县国土局、县林业局、县科技局
		健全环境风险管控体系	县环保局、县气象局、县卫计局
		强化核与辐射安全保障	县环保局、县公安局、县卫计局、县应急办
		加强灾害快速救援及应急处置能力建设	县民政局、县公安局、县国土局、县人防办
10	生态文化培育行动（县文广新局）	深入挖掘生态人文资源	县文广新局、县农办、县委宣传部、县委统战部
		全面提升公民人文素养	县委宣传部、县文广新局、县环保局、县司法局、县文明办
		大力弘扬生态文化	县委宣传部、县环保局、县文广新局、县林业局、县总工会、团县委、县妇联、县工商联
		全面倡导绿色生活方式	县环保局、县发改局、县经商局、县委宣传部、县住建局、县交通局
		深入推进生态示范创建	县环保局、县委宣传部、县教育局、县卫计局、县林业局、县住建局、县水利局、县经商局、县国土局、县妇联
11	制度创新行动（美丽庆元办）	建立源头严管制度	县国土局、县环保局、县住建局、县林业局、县水利局、县发改局、县经商局
		完善过程严控措施	县环保局、县审计局、县国土局、县水利局、县林业局、县发改局、县经商局
		实施“恶果”严惩机制	县环保局、县委办、县委组织部、县统计局、县审计局、县公安局、县法院、县检察院
		强化多元投入机制	县财政局、县金融办、县环保局、县发改局、县林业局
		完善标准体系建设	县市场监管局、县发改局、县经商局、县环保局、县农业局、县旅委、县农办

中共庆元县委办公室　庆元县人民政府办公室关于印发《庆元县创建省全域旅游示范县工作实施方案》的通知

各乡（镇）党委、政府，街道党工委、办事处，县属各单位：

《庆元县创建省全域旅游示范县工作实施方案》已经县委、县政府同意，现印发给你们，请结合实际认真贯彻执行。

中共庆元县委办公室
庆元县人民政府办公室
2017 年 7 月 21 日

庆元县创建省全域旅游示范县工作实施方案

为全面贯彻落实省十四次党代会精神，根据国家旅游局《关于开展“国家全域旅游示范区”创建工作的通知》（旅发〔2015〕182 号）和《丽水市创建国家全域旅游示范区工作实施方案的通知》（丽委办发〔2016〕51 号）文件要求，加快全域旅游发展、迎接大众旅游时代，结合我县实际及参照《浙江省全域旅游示范县（市、区）认定标准》，特制订本实施方案。

一、指导思想

以党的十八大和十八届三中、四中、五中、六中全会精神为指导，深入贯彻习近平总书记系列重要讲话精神，坚定“绿水青山就是金山银山”发展道路，以“八八战略”为总纲，统筹推进“五位一体”总体布局，协调推进“四个全面”战略布局，牢固树立“创新、协调、绿色、开放、共享”五大发展理念，深化“寻梦菇乡、养生庆元”发展定位，实施“生态立县、产业富县、开放兴县”发展战略，以“中国生态环境第一县”为核心竞争力，以构建庆元“大花园”、勇争最美“花骨朵”、打造全省“花园样板地”为统揽，以省全域旅游示范县创建为载体，按照“全域资源、全面布局、全境打造、全民参与”的思路，把庆元建设成为生产空间更加集约高效、生活空间更加宜居适度、生态空间更加山清水秀的多彩、绿色、健康大花园，打造成为江南最佳生态旅游目的地。

二、基本原则

（一）围绕主题。紧紧围绕“生态立县、产业富县、开放兴县”战略定位，推进美丽“大花园”建设、最美“花骨朵”打造，演绎好庆元生态、香菇、廊桥三张“金名片”，全面建成省全域旅游示范县、江南最佳生态旅游目的地。

（二）紧扣主线。以“国家公园、美丽城镇、美丽乡村、美丽田园”为主线，按照中心城区、集镇、农村、田园、景区的空间布局，以绿色交通走廊串点，把全县作为一个大景区来规划、建设、管理，统筹城乡发展，提升中心城区辐射能力、呈现农旅融合风景线、展现农村发展勃勃生机，建设全域景区化的美丽庆元。

（三）突出重点。以项目建设为重点，明确我县旅游产业发展的重点建设领域和项目，加大旅游项目投资力度，将加大投资作为推进旅游发展的核心动力，集中精力开展旅游景区景点建设和亿元以上项目招商引资工作，拓展旅游产业宽度。

（四）统筹兼顾。在强化旅游硬件投入的同时，注重旅游软环境建设，通过氛围营造、服务提升、人才培育、功能完善、产业布局和要素配置，齐心协力、齐头并进，推进庆元全域旅游工作提档升级。

三、总体目标

以“大花园”建设为统揽，以省全域旅游示范县创建拉开“大花园”建设的序幕，以全域景区化为导向，以“双十双百”工程为核心，以景区建设“1311”行动为重点，以乡村旅游“23245”计划为主线，形成体制围绕旅游建、平台围绕旅游创、产业围绕旅游转、产品围绕旅游造、要素围绕旅游配、形象围绕旅游树、环境围绕旅游治、管理围绕旅游抓的全域旅游发展氛围，努力成为践行“两山”理论的探路者和模范生，打造省全域旅游示范县创建的庆元样本，构建江南最佳生态旅游目的地。在“十三五”期末，全县形成10个高等级景区、20个精品美丽旅游示范村，累计完成100亿元旅游项目投入、实现100亿元旅游收入，最终达到“一年一变样、三年大提升、五年大改观”主客共享的全域旅游化目标。

四、创建任务

根据《浙江省全域旅游示范县（市、区）认定标准》，结合我县实际、整合全县资源，积极探索、大胆创新，各部门、各行政区域打破分割制约、联动合作，拓展县域旅游发展空间，通过构建全域改革创新、核心平台建设、全产业融合共荣、全行业产品体系、全要素覆盖共享、全方位品牌营销、全过程资源环境、全社会文明守信等八大发展格局，基本建成“一县双城”和“西进东出、北连南接”大交通格局，形成较为完善的“寻梦菇乡、养生庆元”发展战略规划、政策体系和主导产业集群，形成更具实力、充满活力的综合型全域生态休闲经济发展模式。实现旅游业增加值占地区生产总值（GDP）的比重达到7.2%，旅游从业人员占全社会从业人员的比重达到8.5%；旅游富民成效明显，重点旅游村镇农民人均可支配收入逐年提升，增幅不少于10%；区域内有明确的旅游主打产品，丰富度高、覆盖面广。

（一）构建全域旅游改革创新发展格局

1．创新全域旅游体制机制。全域旅游是一项综合性的系统工程，必须以“一号工程”的定位谋工作，以“一把手抓、抓一把手”的力度推工作。（1）强化对旅游工作的领导。成立全域旅游创建工作领导小组，由县委书记、县长任组长，充分发挥领导小组统筹协调职能，统一组织、领导、指导、协调全域旅游创建和全县生态休闲旅游产业发展工作，定期研究全县旅游发展重大事项。同时，建立县委、县政府双重领导体制，加强对旅游工作的领导。（2）推进体制机制创新。建立与全域旅游发展相适应的旅游综合管理机构，建立合力推进全域旅游工作的部门联动和旅游联席会议、涉旅项目前置审核、旅游项目联审、旅游规划公众参与、旅游标准化、文明旅游共创、旅游人才培养、党政干部培训、旅游工作考核激励等工作机制；完善县旅游委员会工作机制，强化县旅游委员会统领、统筹、协调旅游业发展职能；各乡镇（街道）成立旅游发展办公室，建立统一协调、纵向到底、横向到边的旅游工作机制，整合部门、乡镇（街道）资源，集中精力和财力有计划、有步骤地打造一批乡村旅游精品项目，改善现有乡村旅游发展资源分散、步调不齐的现状，完善乡村旅游产品体系。（3）推进旅游综合执法改革。全面落实全省关于建立高效有力、顺畅有效的旅游管理体制要求，推进我县旅游体制综合执法改革，建立“1+3+N”管理体制（建立旅游综合管理机构，设立旅游警察大队、旅游巡回法庭、市场监管局旅游监管分局，建立全域旅游综合监管工作机制）。

2. 加强政策扶持保障。出台加快全域旅游发展的综合性政策文件，制定创建实施方案和年度工作计划，并组织落实。加大对省全域旅游示范县创建所需的资金、土地、人才等政策扶持，涉旅单位的项目资金重点向旅游产业倾斜。强化土地保障，出台大力支持旅游发展用地的专项政策，年度用地指标中保证有一定数量用于保障旅游项目，旅游重点项目土地指标及时得到全面保障。利用我县林地资源丰富的优势，大力发展森林旅游度假项目，积极探索林地、缓坡地等旅游用地政策改革创新，开展旅游差别化用地、“点状供地”、公共旅游配套设施用地备案制等工作试点。制定重点发展的旅游项目、旅游企业按规定享受财税支持的税收政策；出台“特色村落景区化”、旅游产业业态培育和激励等政策，鼓励先行先试，优化众创空间。

3. 统筹全域旅游规划编制。依托庆元现状条件及资源构成，以“一核、一道、四区”（菇乡养生休闲发展核、海西醉氧省道、省级旅游农业创新先行区、菇乡工贸旅游创新示范区、国家避暑养生公园示范区、国家旅居乡村创新试验区）的空间结构布局旅游产业和项目，按照“全域化、一体化、标准化、生态化、景区化”原则，把全县作为一个大景区，精心编制实施《庆元县全域旅游发展规划》。将全域旅游发展工作纳入《庆元县国民经济和社会发展第十三个五年规划》，明确旅游产业定位，突出优先发展地位。打破行政区域概念，旅游发展作为重要内容纳入经济社会发展、城乡建设、土地利用、基础设施建设和生态环境保护等相关规划中，在实施“多规合一”中充分体现旅游主体功能区建设的要求。强化旅游规划执行和考核力度，建立旅游规划评估与实施督导机制，由县政府审批发布全域旅游发展总体规划及重点旅游专项规划。各乡镇（街道）要按照“产业集聚、要素集约、功能集成”的要求，研究旅游业态的发展和产业链的延伸，明确重点发展区块。

4. 完善旅游资金整合机制。以国家主体功能区建设、省重点生态功能区小城市、省级低碳县、省级农村综合改革等试点工作为契机，前瞻性地策划包装好旅游项目，积极争取上级政策支持。从2017年起，县财政统筹安排3000万元旅游发展专项资金，并每年按10%的比例逐年递增，主要用于创建省全域旅游示范县过程中的规划修编、项目建设、市场开发、行业发展等。在项目建设安排上，优先支持与旅游产业相关的基础配套建设项目，包括交通、邮电通信、电力、供水、环境保护等项目。

5. 深化投融资体制改革。正确处理自办与市场化、项目建设先手与后手的关系，设立旅游产业发展基金，大力推进“旅游公司实体化、旅游景区资本化、旅游资产证券化”改革，加快旅游业转型发展。抓住供给侧改革的机遇，改革创新投融资模式，推进旅游基础设施和公共服务的PPP等投融资模式改革创新，促进投资主体的多元化。引进产业基金、国内外知名旅游企业等进行资本或管理合作。引导金融机构加大对旅游产业、旅游企业和旅游项目的信贷支持力度，鼓励旅游企业利用资本市场融资，鼓励投资公司对农旅项目做好投资担保服务等。出台支持旅游企业发展壮大、支持浙商回归发展旅游业的政策，积极引进有竞争力的旅游骨干企业和大型旅游集团；鼓励本地旅游企业创品牌提升综合竞争力，鼓励旅游用品、户外休闲用品和旅游装备制造业的企业发展，培育有产业创新、产品创新、服务创新、管理创新、技术创新的中小微特色涉旅企业，培育3家行业品牌和行业龙头的旅游企业获省级以上旅游荣誉。整合国有优质资产，做强做大国有旅游发展公司，谋划县旅游发展有限公司“新三板”上市。

（二）构建多点开花的核心带动发展格局

1. 加大招商引资力度，实现百亿投资目标

将旅游投入作为推动旅游发展的主动力，建立主要领导联系旅游项目制度，千方百计加大旅游投入力度，创新多元化的旅游项目体制，以百亿投资撬动全域旅游发展。立足全域旅游发展的思路和定位，以城市旅游、乡村旅游、景区旅游投入为主战场，编制实施全县“十三五”旅游项目投资计划，加强旅游招商项目库动态管理，列入县内招商一盘棋，重点谋划一批类型优、业态新、特色明、带动强、效益好的旅游项目，并争

取列入省、市重点建设项目。积极开展多元化招商模式，鼓励社会资本参与开发投资，力争每年引进1个以上超5亿元及5个以上超1亿元的旅游项目。2017年完成旅游投资10亿元；年均旅游投资增幅达到30%以上，明显高于全社会平均投资增幅；到2020年底，累计完成投资100亿元，启动大洋湖湿地、生态古民居、兰溪桥核心旅游功能区、茶木淤国际养生旅游度假村、丽水栖•花园生态养生体验区等亿元以上旅游投资项目。

2. 依托五大核心平台，构建多点开花的发展格局

（1）大力推进国家公园建设。加快谋划创建百山祖国家公园，对百山祖核心景区、兰溪桥旅游度假区、艺宿西川景区、百山祖避暑乐氧小镇核心区（城东区块）、巾子峰核心景区等五个区块进行综合打造。重点推进百山祖景区的扩容提质，加快黄皮上下湖湿地区块开发，规划实施“一廊三区”（乡村道路山乡观景长廊和上下湖湿地生态观光区、黄皮古村民俗体验区、桥陌古村避暑养生度假区），改造提升通景公路，加快建设上下湖湿地巡护步道、瞭望塔、风雨亭、生态厕所、生态停车坪、管理用房及黄皮村管理服务中心、中小型停车场、换乘站点等保护提升基础设施；谋划茶木淤高山森林休闲区，修复凤百古道，将茶木淤区块打造成休闲养生健身区；实施庆百公路沿线“避暑胜地十二景”，建设特色主体木屋群、百山祖“珍稀动植物观赏园”等项目；以乡村旅游为重要补充，加快车根村、黄皮村、斋郎村和龙岩村等景区村个性化发展，促进景村融合、景村交融；围绕吃、住、行、游、购、娱等旅游“六要素”，推出特色饮食、特色产品，打造主题民宿，突出负氧离子等概念的挖掘和营销工作，开发森林负氧离子浴、森林泉浴和山野SPA等项目。

（2）大力推进美丽城市建设。把县城当作AAAA级旅游景区来建设打造，着眼提高庆元中心城区的集中度和首位度，建设山水园林城市、生态宜居家园，强化城市旅游综合服务功能，打造融山水、旅游、文化元素为一体的“花园人家”高品位会客厅，争创国家生态文明试点示范县、省级文明示范县城。一是改善城区面貌，按照城市更新、“退二进三”和“腾笼换鸟”发展新要求，致力打好“拆、治、归”组合拳，大力实施老二中、仓山路、菇城宾馆、学后路、黄麻淤等区块旧城改造，开展城市路面、立面和店面三大改造工程，着力打通断头路，实现旧城区面貌重大改观。二是塑造城市景观，突出“生态之冠、香菇之源、廊桥之乡”的城市特点，结合香菇、廊桥等文化元素，实施立体绿化和彩化、塑造绿化景观、打造特色城市小品，推进濛洲街精品示范街区、城市夜景亮化等一批城市美化项目，构建显山露水的“景观链”，形成山水城相融、独具城市特色的整体风貌。三是完善城区旅游综合服务功能，以景区化的标准，以入城通道风景带美化为契机，标准化、系统化规划设计旅游导览标识系统，谋划和建设公园绿地、休闲街区、休闲驿站和旅游集散中心等公共休闲设施，打造“城市绿道”、骑行专线等城市慢行系统，形成景城融合的城市旅游度假带。到2017年底，基本完成第二批“六个一”（特色小镇、民宿村、绿道、历史街区、绿地公园、地下空间综合开发项目）示范项目建设；到2018年底，完成1个城市展示中心、1个旅游集散中心、2个城区停车场、1条城市旅游线路、10千米城市绿道建设，建成布局合理、空间充足、功能完善的博物馆、文化馆、图书馆、科技馆、公园绿地、骑行专线等公共休闲设施。

（3）大力推进美丽集镇建设。把中心集镇作为人口梯度转移的重要集聚平台，强化产业支撑，完善基础设施，提升中心集镇承载能力。以交通干线、河道为中心，合理规划布局，加大沿线、沿岸整治力度，按照不同功能定位，差异化、特色化打造洁净宜居的美丽集镇，构筑点上出彩、线上亮丽、面上洁净的美丽风景线，开展省级卫生、文明乡镇创建，实现集镇面貌大改观。以全省小城镇环境综合整治为载体，以“9+6”建设为抓手（硬件上要建设一个乡镇主出入口、一条示范街、一个休闲公园、一个农贸市场、一个农村文化礼堂、一个示范村居、一套污水处理系统、一批地下管网系统、一个停车系统；软件上要有一个整洁环境、一个增收产业、一条美丽河道、一片彩色森林、一个文明公约、一家星级民宿），加大旅游服务咨询中心等旅游配套设施建设力度，完善旅游公共服务体系，提升旅游综合接待能力。到2018年底，各乡镇（街道）建成适宜居民和游客休闲的城乡绿道、公园绿地、休闲广场等公共游憩空间1处以上。积极谋划建设一批融合产业、文化和旅游功能为一体的特色小镇，梯次推进香菇小镇、避暑乐氧小镇、铅笔小镇、竹韵小镇、双枪小镇、贤良慢生活休闲小镇、龙溪茶香风情小镇等各级特色小镇的创建培育工作，重点加强月山省级旅游风情小镇培育创建工作，在特色小镇旅游功能的融合及A级景区的打造等方面主动服务，加强对接与指导，加大特色产业投资力度，逐步增强其旅游融合功能，加快形成特色鲜明、要素集聚、功能互补、管理有序、美丽宜居的集镇梯度格局，努力促使其成为我县旅游休闲产业发展的新亮点。

（4）**大力推进美丽乡村建设**。景色独特、底蕴深厚的乡村山水始终是我县旅游发展的核心资源。全力实施乡村旅游“23245”计划，到2020年底，重点培育20个以上精品民宿示范点，30个休闲观光农业点，做精做细莲湖、西川等20个精品美丽旅游示范村，打造4条美丽乡村风景线，5条乡村旅游精品线路（生态养生游、避暑亲水游、田园牧歌游、采风写生游、户外徒步游）。一是以A级旅游景区的标准推进特色村落的景区化提升。依托现有美丽乡村的建设成果，集中人力、物力、财力，有计划、有步骤地开展特色村落的提升改造，以点带面打造一批“特色化、品牌化、集聚化、融合化”四位一体、各具特色的景区化特色村，推进传统村落的活化更新，推动“建设村落”向“经营村落”转型，实现由景点旅游向全域旅游的转变。力争用5年时间，打造100个以上A级景区村，实现“百村景区化”，10个以上特色村落创建成为AAA级旅游景区。二是丰富乡村旅游产品业态。充分发挥乡村各类物质与非物质资源富集的独特优势，利用“旅游+”、“生态+”等模式，推进农业、林业与旅游、教育、文化、康养等产业深度融合，丰富乡村旅游业态和产品，打造各类主题乡村旅游目的地和精品线路，发展富有乡村特色的乡村休闲酒店、民宿和养生养老基地。三是建设美丽田园。建设“十大最美田园花海”，整合全县各乡镇（街道）农用地、高山梯田资源，寻找交通条件优越、土地面积较大、观赏效果最佳的田园，与色彩农林业相结合，优选“春夏秋冬”四季花卉品种，推进美丽田园治理，在海西醉氧省道两侧、龙山·石龙山七彩田园、淤上吾田头等区块，努力打造“十大最美田园花海”景观，特别是营造冬季田园花海，让淡季成为新的经济增长点。完善田园基础设施、打造田园综合体，依托“十大最美田园花海”，每年优选2～3个田园区块，加大政府资金投入力度，提升田园花海产品品质，完善田园游览区的入口、咨询点、停车场、旅游厕所、田间道路、生态河堤等硬件设施，使其具备基本的接待功能，使田园花海景观真正实现生态效益、景观效益和经济效益。建设现代农业景区，转型升级具有完善农业基础设施的现代农业观光园和农业基地，如黄坛水干果园、淤上黄沙洋、淤上吾田头、举水天宸农业等，以A级旅游景区的建设标准，增加旅游元素和配套功能，提供包括农业观光、科普教育、产品体验、旅游购物等各种旅游服务，创新特色旅游产品，加快复合产品的设计和非观光产品的开发，实现产业优化和功能升级，到2018年底，创建1个3A级现代农业景区。

（5）**大力推进景区景点建设**。有计划、有步骤地推进AAA级以上高等级精品景区建设，提升旅游产品核心吸引力和旅游发展核心动力。实施景区打造“1311”工程，在百山祖景区的扩容提质的基础上，新建2个国家AAAA级旅游景区，加快推进巾子峰国家4A级旅游景区创建步伐，谋划启动淤上银矿硐旅游区项目；立足月山大景区的打造提升，完善“双苗尖—月山”省级风景名胜区至荷地、举水、左溪、江根的通景公路及旅游导览系统等基础配套设施，建设华东高山露营基地，新建香菇小镇、大济、莲湖等10个AAA级旅游景区；依托生态古民居、兰溪桥水库扩容后的旅游功能完善，重点建设湖心度假天堂群落、东部溪谷秘境群落、北部廊桥故里群落等三大区块，打造避暑纳凉型的兰溪桥省级旅游度假区；依托松源溪流域治理和一溪两岸景观廊道项目，力争创建1个省级水利风景名胜区。

（三）构建全产业融合（一业融五化）共荣发展格局

1.“旅游+生态产业化”融合发展。立足丰富的森林资源，着力构建“一区一城十园”全域森林公园集群格局，开展巾子峰国家森林公园、黄田竹海森林公园、铅锌矿城市森林公园、马蹄岙最美森林公园、兰溪桥水上森林公园“五大森林公园”建设。命名浙江楠为庆元“县树”，建设万亩楠木林，打造“中国楠木城”。开展黄田镇黄坞村、竹口镇新窑村、隆宫乡莲湖村、安南乡安隆村、屏都街道洋背村、五大堡乡五大堡村、贤良镇贤良村、举水乡月山村、左溪镇左溪村、官塘乡横坑村“十大森林村庄”建设。依托森林公园集群，以农户、工商业主等为经营主体，建设十家集吃、住、游、娱、购等旅游要素服务为一体的生态友好型观光休闲森林人家集聚区。以乡、镇为建设单位，开展黄田森林小镇、竹口森林小镇、百山祖森林小镇、贤良森林小镇、龙溪森林小镇等“五个森林小镇”建设工作。发挥我县自然山水优质、生态景观优美、气候环境舒适等生态优势，发展户外运动游憩、气候养生度假等为主要旅游产品的新业态旅游产业，创建1个气候养生示范点、2个气象景观体验营地、1个生态漂流基地。

2.“旅游+农业现代化”融合发展。突出农旅融合发展，推进农旅融合集聚区建设，培育“丽水山耕”合作基地，加快农产品向旅游地商品转化。大力实施生态精品农业“912”创建工程，依托茶叶、水干果、高山蔬菜、中药材等特色农业产业，发展农业观光、农事体验、采摘赏花、农产品精深加工、休闲养生绿色食品、生态休闲旅游，培育一批可学、可看、可推广的生态精品农业示范典型，形成具有地域特色的休闲农业新业态。以农业文化遗产为基石，促进食用菌产业发展，推进食用菌全产业链全方面提升，打造菊水—安溪、曹岭—县城、县城—百山祖3条美丽田园风景线路。到2018年底，重点创建1个省级（丰乐）食用菌产业集聚区，完善提升隆宫莲湖、四山平潭岙等6个休闲农业综合体，新培育9个休闲家庭农场；到2019年底，新培育休闲农业观光区（点）12个、休闲家庭农场9家，建设美丽牧场6家，引导工商资本投资建设农旅融合集聚区，推进丰乐现代农业综合区A级景区创建工作。

3.“旅游+文体全民化”融合发展。推动“文+旅”深度融合，推进演艺市场资源联动共享，启动大型精品剧目创作工作，促进演艺市场与旅游景区互动，推出一批精品剧目定期驻场演出。挖掘香菇文化、廊桥文化、民俗文化等独特资源，把历史典故、民间传说、民俗风情等策划包装成大众喜闻乐见的文化旅游产品，开发一批以非遗传承、工艺美术品为特色的文化产业项目。打造西洋殿、大济—半湾展影基地，编撰《印象庆元》。推进“体+旅”融合，培育重大赛事、休闲运动、登山攀岩等一批体育旅游品牌。积极谋划开展“穿越梦幻廊桥、千年古道”山地越野比赛，承办2017浙南片区趣味运动会，举办庆元县食用菌传统技艺比赛（香菇节系列活动之一）。各乡镇（街道）依托文化大礼堂开展乡土特色旅游文化活动，做到以活动吸引游客，丰富旅游内容，增强旅游趣味性。依托红色文化和香菇文化，打造斋郎红色文化和龙岩香菇文化旅游区。到2018年底，打造“香菇功夫”等2个非遗展示体验点、莲湖村精品运动休闲旅游基地和10台特色乡村春晚，开发“浙江屋脊—千八线”徒步穿越和百山祖、双苗尖等徒步登山健身运动线路。

4.“旅游+新型工业化”融合发展。融入多元化产业、社会服务业，实现产城融合和景城融合。推进省级工业旅游点建设，依托竹木、铅笔、食用菌、中医药等块状经济，引导双枪、梦天、鸿星、百兴、方格、节节高等龙头企业以博物馆、展示馆、体验馆等形式，打造成集设计、研发、展示、体验、销售、物流于一体的工业旅游点。对符合条件的、积极性高的企业进行厂区改造以及新建工厂的规划设计进行引导，实行创新驱动，增加旅游元素和配套功能。实施竹木产业百亿行动计划，打造“全国竹木制品研发生产基地”；扶持和培育铅笔制造业品牌化发展，建设“中国铅笔生产基地”、“世界铅笔之都”。到2018年底，创建蕴本生物科技、方格药业等2个以上省级工业旅游示范点；打造1条工业旅游精品线路、1个中医药文化养生旅游示范基地、1个省老年养生旅游示范基地。

5.“旅游+电商网络化”融合发展。以电商扩消费，加强与大型旅游电子商务企业合作，搭建电商营销平台，开展跨境电商业务，完善微营销网络体系，常态化开展各类线上促销活动，不断拉动旅游网络消费，实现网络销售份额占比逐年增长。建立庆元县网上旅游平台，鼓励涉旅单位开发电子商务平台，全面实现旅游网络查询、预定、支付等功能；推动重要景区和休闲场所与携程、阿里巴巴等电商合作，设立自助取款、二维码扫码等设备，鼓励景区、休闲场所、乡村旅游点支持微信、支付宝等电商支付。

（四）构建全行业产品体系发展格局

1．打造特色旅游地商品。（1）加快推进农产品转化为旅游地商品三年行动计划，构筑庆元优质农产品与旅游市场的对接平台，巩固提升“中国食用菌产业基地”、“中国竹制品产业基地”、“中国铅笔生产基地”等区域特色品牌。到2018年底累计完成食用菌、竹木小家具、生态保健品、铅笔、水干果等81个特色旅游商品转化工作，农产品旅游地商品占农业一产产值比重达20%；到2020年，转化旅游地商品100个，占一产比重达25%。（2）开展创意旅游商品设计。通过融入生态、休闲和文化等元素，着力开发菌类盆栽、廊桥拼装模型玩具等本土特色文化创意产品。定期组织开展旅游商品大赛，研发地域特色旅游商品，并批量生产投放市场，丰富地方旅游商品体系。（3）完善旅游购物点。各乡镇（街道）依托民宿、农家乐设置简约型旅游购物点1个以上，在游客量较大的乡镇（街道），要利用旅游咨询服务点等场所设立旅游产品展示展销场所，不断完善旅游购物点建设。同时，依托我县食用菌加工业、生物医药产业、铅笔制造业、竹制品产业等涉旅商品优势产业，通过以奖代补的形式鼓励企业建立集培训、宣传、展示、销售、体验于一体的高品质旅游商品基地。到2018年底，打造1条特色商业街及霞岥路等4条特色美食街区，在高速公路服务区、车站、旅游景区、A级景区村庄培育10家以上星级农产品（旅游地商品）购物网点。（4）做好旅游商品的营销推广。充分利用各种平台宣传庆元旅游商品，在宣传包装和门店装修上植入庆元旅游商品品牌特色，深化旅游线路的策划整合，提高旅游产品的市场对接度。

2．打造旅游体验型产品。开展“新型旅游业态培育工程”，在“吃、住、行、游、购、娱”六要素中，依托农业、工业、文化、商贸等产业，努力补齐“娱”和“购”的短板，建设和培育一批农业、工业、文化、商贸旅游综合体以及体验型、娱乐型等特色鲜明、业态丰富的旅游综合体。出台鼓励办法，引导民间资本以现有农业园区、美丽乡村建设成果为基础，在山林、溪滩、河流、田地、果园等之上发展娱乐型、体验型、互动型旅游新业态，丰富旅游产品体系。依托人文资源优势，以文化体验、农事体验、影视体验、禅修体验、虚拟型和互动型体验为导向，重点培育和打造传统村落游、摄影采风游、红色文化游、菇神朝圣游等精品旅游产品。到2018年底，各乡镇（街道）至少培育1个以上旅游体验型产品。

3．打造旅游度假型产品。整合区域资源，以全域旅游为概念，突破现有乡镇边界，规划建设“一核三区”，构建旅居乡村创新试验区。以兰溪桥水库扩容为依托，将兰溪桥省级旅游度假区打造成旅居乡村创新试验区的标志性旅游产品，核心带动东部乡村发展；以贤良、张村等乡镇为重点打造山水娱乐度假区，以荷地、左溪等乡镇为重点打造高山乡忆旅居区，以举水、龙溪等乡镇为重点打造民俗文化体验区，重点推进月山风情小镇、荷地上洋湖户外运动基地、南阳溪百里画廊、青竹乡忆探险营地、高山生态茶园、横坑慢生活旅居村等项目，对现有乡村进行重塑，打造旅游度假型产品，丰富乡村文化内涵。依托自然资源优势，突出“精品、生态、休闲、养生”理念，注重山、水、林、桥、城、居、景的有机融合，重点培育和打造山水生态城市游、百山祖吸氧之旅、贤良亲水之旅等特色主题产品。到2018年底，各乡镇（街道）立足区域特点和资源优势，培育推出具有市场吸引力和品牌影响力的区域旅游特色主题产品1个以上。

（五）构建全要素覆盖共享发展格局

1．旅游交通全覆盖。立足“一江双心、一环双城”的城市布局，围绕“一绕三横三纵八通十连”公路主骨架网，以全省万亿综合交通工程为契机，借力打造对外“美丽经济交通走廊”，全力构建“西进东出、北连南接”大交通格局。一是力争开工庆景公路改建工程，积极争取仙居至庆元规划省道延伸工程，加快实施县城至举水段项目建设。推进城乡公交服务网络向旅游景区、乡村旅游点延伸，加快美丽经济走廊、自驾车房车营地和重要节点的公共交通及服务设施建设。二是加快推进百山祖至黄皮至贤良青草公路、官局至举水至寿宁下党公路建设，构建东部生态旅游观光环线，为百山祖大景区扩容提质、旅居乡村创新试验区构建破除瓶颈。三是谋划百山祖至巾子峰、下滩至上余、横坑至水溪等通景公路建设，加快旅游景区、A级景区村、娱乐体验基地等补充道路建设，不断提高旅游的可进入性，解决最后一千米的问题。四是加快谋划一类通用机场建设，谋划开设与丽水高铁站、武夷山机场、武夷山高铁站的旅游专线，打造面向金温衢都市群、福州都市区2小时交通经济圈，强化与闽北、闽东、赣东及温州地区的区域合作。到2018年底，开设连接高等级景区和车站、旅游集散中心的常态化旅游专线2条以上，主要景区、乡村旅游点设有公共站点，全县主要景区、车站、旅游集散中心等设有汽车、电动车租赁服务网点5个以上，切实推进游客交通“零换乘”。主要旅游景区、乡村旅游点、主要商圈等停车场满足使用，停车位总量达到6000个，制定切实有效的旅游旺季临时停车举措。

2. 景观廊道全覆盖。以庆元大道为核心打造融合庆元地方元素、体现菇城特色的旅游风景道，要求结合沿线景观风貌和旅游资源，具有通达、游憩、体验等复合功能，沿线因地制宜设置景观台、生态停车位、厕所等旅游服务设施，到2018年底，打造庆百公路、“庆元大道”等旅游风景道2条。深入实施彩色健康森林建设，推进美丽林相改造，引入景观园林设计理念，对沿线山体实施“腾林换景”，继续实施30万亩绿化造林，高质量完成沿线“溢洞”、“后门山”等五个节点850亩的美丽林相改造。深入推进“六边三化三美”、精品村、花样农家、历史文化村建设，形成一村一韵、一线一风格的旅游风景线。通往主要旅游景区、乡村旅游点的道路两侧景观提升，全面实现景观美化，宜林地段一律植树增绿、见缝插绿；主要旅游乡镇（街道）改造提升入城（镇）口景观，有地方特色；通往主要旅游景区、乡村旅游点道路沿线的村庄立面整洁美观；完善灯光照明设施，旅游重点乡镇（街道）主干路、次干道、支路的亮灯率达到98%。

3. 绿道网建设全覆盖。通过“徒步古道，骑行绿道”来展示庆元青山绿水自然风光，打造一个“慢生活”休闲系统。建设城市绿道、公路绿道、滨水绿道、田园绿道、森林绿道等具有特色性、文化性的多类型绿道系统，到2018年底，新建绿道150千米以上。

（1）创建醉美绿道。一是建设城市绿道。推进菇林菇寮、大济仕韵、菇乡文化园、后田绿地公园等项目建设，启动小济洋城市绿地公园建设，谋划城东大桥北岸公园和云鹤路、石龙街头、济川路等街角口袋公园建设。二是建设公路绿道。以4条最美风景线为依托，串联主要景区（点）、乡村旅游点、旅游特色乡镇，建设“主线＋支线＋拓展线”的绿道网状结构，打造海西醉美绿道。三是建设滨水绿道。加快推进松源溪“一溪两岸”景观工程建设，全面实施兰溪桥大坝至马蹄岙水库两岸绿道（骑行道）基础工程，立足百山祖“避暑乐氧小镇”的发展定位，建设往返长度约39.6千米的滨水绿道，实现松源溪干流水清、堤固、园靓、路畅、岸绿、景美的目标。四是建设森林绿道。重点实施铅锌矿区块边坡治理和矿山复绿工程，完成森林公园骑行绿道建设5.5千米。五是建设田园绿道。立足庆元的竹海、香菇、茶叶等资源，打造竹海氧吧绿道、菌菇养生绿道、薰山下茶园绿道等，把文化、体育、旅游融合为一个“大产业”进行发展，进一步推动庆元旅游文化和经济建设。

（2）打造中国徒步城。依托庆元良好的生态资源、丰富的人文资源，打造“深呼吸”、“慢生活”高端体验产品，构建“中国第一生态徒步城”。一是推进龙山·石龙山徒步城二期项目建设。规划建设“一轴二道三区”，即花溪景观轴、骑行绿道、徒步古道、七彩田园观光区、岙后菇乡民俗体验区、薰山下禅茶文化区，将其打造成都市田园·慢生活旅游度假区。二是依托甄选出来的十大最美古道，按照运动强度及距县城远近进行等级分类，重点对西川古道、千八古道等进行修复，对古道周边的古村落、古遗址进行重点修复和打造。三是进一步挖掘古道交通文化的特色内涵，巧用创新手段把古道文化内涵转变为可视可感的载体，完善古道驿站等服务系统，加强智慧古道建设，形成完整的古道旅游线路。

4. 旅游厕所全覆盖。深入推进我县公共厕所建设改革管理工作，再次对全县公共厕所进行排摸，在现状调查的基础上，对照《全国旅游厕所建设管理指南》进行全域、系统地规划设计。到2017年底新建、改建西川景区、龙山·石龙山公园、部分农业观光园等旅游厕所13座，确保高速公路服务区、旅游景区、交通集散点的厕所达到国家A级厕所标准。推进企事业单位、商业街区商铺、加油站、超市等厕所向公众免费开放且标志标识清晰规范，开展文明用厕宣传教育。到2018年底，在游客集中的场所建成第三卫生间10个以上。

5．旅游咨询、标识系统全覆盖。加速推进我县咨询服务体系建设，高品质、高定位建设我县旅游集散中心，在各A级景区、重点乡村旅游点、高速公路出口处、高速公路服务区、汽（火）车站设立旅游咨询服务中心（点），公布旅游咨询电话，专人负责接听，旅游特色乡镇可依托便民服务中心开展旅游服务咨询。高速公路出口、国省道出入口、A级以上景区通景公路和旅游重点村通村公路沿线都设有完备的旅游交通标识标牌，基本实现全县主要道路旅游交通标识标牌的全覆盖。主要旅游场所公共信息图形符号位置合理、符合规范、视觉效果好，旅游标识系统有中英文对照，外形美观，内容完整、规范、准确、清晰，维护保养良好。

6．智慧旅游全覆盖。（1）建立全域旅游数据中心：依托丽水市旅游数据中心平台，开辟庆元功能版块，建立一支旅游基础数据采集队伍，专人负责采集与运维工作，实现对全域涉旅数据的监测、集中展示和共享交换，丰富来庆游玩、住宿、消费等旅游数据，加大旅游数据研判分析力度，充分利用大数据，建立现代旅游科学评价机制。(2)智慧监管：建设庆元智慧旅游管理平台，全面对接移动、公安、交通等数据，实现旅游设施监控全覆盖，重点强化人流和安全监测，分析游客接待、停留时间、活动线路。（3）智慧导览：加快旅游免费WIFI网络建设，实现所有宾馆饭店、景区景点和重点乡村旅游点WIFI全覆盖；开发全域旅游专用APP，主要涉旅单位增设联网多媒体触摸屏；实现智能手机、平板电视自助导览，重要平台和3A级以上景区实现语音应景讲解；建立全域覆盖的指挥交通调度网络，统筹管控道路、集散中心和自驾服务。（4）智慧营销：开通旅游官方网站，完善微信、微博平台，编排发布庆元旅游资讯，加强与旅游频道、OTA网站等第三方媒体合作，借助新媒体开展旅游宣传营销。

（六）构建全方位品牌营销发展格局

1．县域品牌形象提升。

出台旅游宣传推广资金保障措施，每年度财政安排旅游营销资金不少于500万元。以“生态、香菇、廊桥”区域文化元素为基础，将旅游宣传与城市宣传相结合，在对外政务、商务以及经济文化交流活动中，创新推动“江南最佳生态旅游目的地”、“寻梦菇乡、养生庆元”、“中国避暑胜地”等品牌形象塑造，突出负氧离子等概念的挖掘和营销工作。积极实施和开展旅游品牌标识和吉祥物设计，以传统媒介和网络新媒体开展活动宣传、事件营销等，多途径多渠道强化品牌性、服务性、间接性和后续性信息扩充的传播，促进品牌知名度和美誉度的提升。

2．旅游要素品牌培育。

（1）培育“菇香”餐饮品牌。发挥“中国食用菌美食名城”的招牌优势，深入挖掘本地特色美食，注重地域文化的提炼植入，开发百菇宴、三公宴、农家宴、山野菜等特色旅游小吃。定期举办中国（庆元）食用菌美食节，组织开展地方特色美食评比和餐饮名店名厨评选活动，以品牌连锁、特色经营、个性服务等为重点，培育国家级、省级特色餐饮名店，努力打造特色餐饮品牌，鼓励餐饮服务和环境品质化、精细化，地域菜系系列化、个性化发展。积极发展西餐、咖啡、酒吧、茶室等休闲餐饮业，满足游客个性化、多样化需求。

（2）培育特色住宿品牌。以游客满意度和品牌化塑造为导向，在旅游住宿品牌形象、硬件配备、服务接待等方面实行标准化、特色化打造，沿主要景区及游线，加快布局融入生态文化、香菇文化、廊桥文化、竹韵文化、民俗文化等特色鲜明的主题酒店、青年旅社、度假酒店和民宿客栈等，建设不同层次、各具特色的乡村休闲酒店、乡村民宿、乡村客栈、乡村旅社以及乡村度假村等，力争培育五星级酒店1家、4星级酒店2家，不断提升我县住宿接待能力和服务水平。

（3）培育旅游商品品牌。鼓励绿色生态、设计创新、文化彰显、符合游客审美标准和购物走向的旅游商品系列研发；支持旅游商品经营电商化、连锁化、定制化发展；加大对旅游商品知识产权的保护。定期组织开展旅游商品大赛，研发地域特色旅游商品，并批量生产投放市场，丰富地方旅游商品体系。在高速公路服务区、车站、旅游景区、乡村旅游点等设立专门的地方特色商品展示销售场所。营造整洁舒适、价格合理、管理规范的旅游购物环境。

（4）培育文化娱乐品牌。深入挖掘和塑造生态、香菇、廊桥等地域文化，在影剧院、博物馆、图书馆、文化馆、景区景点等场地场馆，开展演艺演出、展示展览等活动，开展二都戏、香菇山歌、菇民习俗、香菇砍花法等地域传统文化展示，在市民广场、水上公园、生态公园等场所开展健身休闲活动。通过“中国香菇文化节”、“乡村文化旅游季”等节庆活动，包装推出具有庆元地域特色的休闲度假、文化娱乐等产品，提升“世界香菇始祖朝圣地”、“中国避暑胜地”品牌影响力，加快推进“浙闽木拱廊桥”联合申报世界文化遗产步伐。

3．旅游品牌营销模式。

（1）创新市场营销模式。实施精准化旅游招商和差别化旅游推介，联合县域旅游各行业、各部门，强化集约营销力度，加大客源地市场营销、网络营销、事件营销，大力打造休闲度假游、生态养生游、乡愁文化游、古道徒步游、竹海观光游等特色旅游产品，推出乡村慢生活游、薰山下禅茶文化游、岙后菇乡民俗体验游、千八古道徒步游、七彩田园观光游等线路，深度拓展休闲、养生、体验市场，延长游客逗留时间。每年新媒体、新技术等旅游宣传推广创新的投入力度占营销总投入20%以上，建立并形成有重点、多层次、全方位的宣传促销机制，扩大市场覆盖面。

（2）打造品牌节庆活动。结合地域历史文化、民俗风情和自然资源，做大做深“中国香菇文化节”和“中国避暑胜地”两大国字号品牌影响力，做特做精乡村文化旅游季升级版系列活动，深化“寻梦菇乡、养生庆元”区域品牌。以中国食用菌美食节等民俗节庆产品为基础，培育一批主题内涵多元、节庆举办常态、产业延伸互动的旅游节庆活动。借用乡镇、部门、媒体、推介、活动、政策等诸多合力，积极开展月山春晚、黄田杜鹃花节、贤良亲水节、莲湖采摘节、淤上田园花海节、安隆荷花节、江根咸菜文化节等一系列活动，推进常态化、市场化、品牌化，做大做强“以文兴旅、以节促旅”文章。

（3）深化区域合作。建立合作机制，深入开展联合营销。主动融入浙皖闽赣国家东部生态旅游实验区创建，积极对接基础设施互联互通规划布局，搭建合作平台，拓展合作范围，深化合作内涵，争当主角。积极推进“凤阳山—百山祖”特色板块与周边地区（如武夷山）旅游板块的对接合作，加大旅游资源布局开发。成立海西旅游联盟，打造海西全域旅游新格局；携手美宿联合创始人，搭建民宿众筹平台；签约浙江乡悦投资管理有限公司，成立浙江省十大特色主题村落保护利用基金，打造一批具有鲜明特色与吸引力的高品质乡村旅游标杆，最终实现“建设村落”向“经营村落”转化。

（七）构建全过程资源环境发展格局

1．开展生态环境大整治。以“五水共治”、“六边三化三美”、“三改一拆”等为抓手，加强闽江、瓯江、赛江等流域源头保护，创新推进大气、土壤污染防治，出台加强城镇村整体风貌管控的举措，深入推进两路两侧环境整治，全面实行“人畜分离”生态养殖。实现旅游重点镇、村生活污水集中处理、生活垃圾全部专业清扫、集中清运和无害化处理。优化农村人居环境，打造花样村庄、美丽庭院，争创“中国优秀旅游城市”、“国家园林城市”、“全国文明城市”等，牢牢守护蓝天、碧水、绿地，构筑起华东地区乃至全国更加坚实的生态屏障。

2．开展生态资源保护大行动。立足“中国生态环境第一县”品牌支撑，制订符合国家法规政策要求，并具有针对性的生态资源保护方案，建立与环保、农业、林业、水利等有关部门的生态资源保护协作机制。制订“空气重污染专项应急预案”、“水重污染应急预案”、“土壤重污染应急预案”、“生物多样性损毁应急预案”、“碧水映村建设实施计划”，并在此基础上不断优化生态环境，保护生态资源。广泛开展绿色系列创建，倡导低碳生活方式，实现国家级生态乡镇全覆盖。推动各层面积极参与生态文化建设，凝聚绿色发展共识，持续保持生态环境质量公众满意度全省第一。

3．**开展人文资源保护大行动**。制订符合国家法规政策要求，并具有针对性的文物资源保护方案，建立与文化、建设、民政、教育等有关部门的景观资源保护协作机制。着力挖掘展示庆元古文化深厚底蕴，用好用精庆元特有的古桥、古道、古村、古树、名人、姓氏等资源，扮“活”庆元古文化。进一步挖掘古道交通文化的特色内涵，打造西川古道、百丈古道等文化旅游精品线路和示范性古道；加快大济、杨楼等历史文化村重点村建设进度，让古村古屋成为村民增收致富的“聚宝盆”；以县域丰富的古树名木资源为依托，建设黄田黄坞松木、竹口黄坛阿丁枫、百山祖斋郎柳杉等古树群景观；以名人文化、吴氏文化为依托，建设胡紘文化园、刘知新故里等景点，举办吴氏宗亲大会、三字经诵读等活动。将菇神庙会、香菇功夫、百事吉剪纸、乌米饭、黄粿等传统文化民俗进行保护、宣传、传承和进一步挖掘。

（八）构建全社会文明守信发展格局

1．**全面推进全民引客工程**。重视招游引客工作，各级各部门一把手亲自抓，鼓励全社会共同参与，把招徕外地游客工作列入工作重点。各乡镇（街道）、县属各单位要主动走出去宣传庆元旅游，积极主动对接县外客源市场，带动县外游客来庆消费。发动县招商小分队、旅行社等力量主动对接各客源地市场，把庆元的旅游产品打入当地旅行社的线路推介中去。充分利用职工疗休养接待站平台，做好推介、引客、旅游接待工作。继续实施外地旅行社送团和本地旅行社地接奖励政策，对旅游企业组织大型营销活动、利用大平台宣传营销给予奖励和补助。加强导游队伍建设，建立常态化服务的旅游志愿者队伍，促进导游全民化，营造全民推旅游的良好氛围。

2．**营造文明旅游宣导氛围**。建立领导干部带头的“微笑·庆元”全域旅游志愿者机制，努力营造“家·庆元”和谐旅游氛围。积极落实《游客旅游不文明行为记录管理暂行办法》，强化对旅游市场主体行为的事前、事中、事后监管。充分发挥旅游协会、农家乐协会、餐饮协会、百山行者俱乐部、古村之友协会、旗袍协会等社会团体的作用，共同营造“全民兴旅”的发展氛围。进一步加强文明旅游宣传教育培训工作，狠抓导游领队的教育培训，加大文明旅游的正反面宣传力度。突出做好重点人群、重点区域、重点环节、重点时段的宣传引导。法定节假日期间，在高速出口设立包含旅游咨询、线路指引、住宿引导等服务的旅游咨询服务点；在庆元A级景区、农家乐（民宿）接待区（点）组织开展微笑服务及捡烟头、垃圾活动。

3．**健全旅游安全监管机制**。全面加强社会治安综合治理，建立健全安全管理机构和管理制度，安全处置预案完备，紧急救援体系完善有效。强化行业管理，加强对县域及中心城区旅游饭店、购物商店、旅行社、旅游车辆等行业监管工作，加强对重点时段、重点领域、重点部位的安全监管工作，确保旅游安全。按标准要求在旅游活动场地装备消防及其他相应安全设备，设置安全警示标志、护栏、安全通道，加强对游乐设施、滑索等特种设备实施安全监管并保证安全有效运营，确保主要旅游场所无严重安全隐患，避免发生较大及以上旅游安全责任事故。建立旅游安全风险提示制度，有互联网、微信微博和手机短信等旅游安全提示信息发布渠道。

4．**规范旅游市场监督管理体制**。以创建省级示范文明县城为载体，建立常态化的文明管理机制，广泛开展“文明旅游，从我做起”系列主题活动，增强市民游客文明旅游意识，形成齐抓共管的工作格局和全社会共同参与的长效机制。推行社会监督制度，设立红黑榜打造旅游诚信信息管理平台，建立旅游经营者和从业者的信用评价制度和黑名单制度，健全旅游投诉、处理机制，设立旅游诚信榜和曝光台；强势开展一系列专项整治行动，着力整治非法经营、价格欺诈、黑车黑导等游客反映强烈的突出问题，有效规范旅游市场秩序；实现导游管理体制由旅行社委派的封闭式管理向导游依法自由有序流动的开放式管理转变，实现导游执业的法制化和市场化；加强教育培训，加大行业文明旅游宣传，积极引导游客、居民、旅游经营者约束和规范各自行为，实现市场秩序规范化、旅游服务精细化，传播文明旅游、诚信经营正能量。

5．**构筑全域旅游共建共享格局**。通过积极引导社会资本参与旅游公共服务设施建设，建立旅游院校、科研机构参与旅游人才培养、旅游理论研究等合作机制，研究制订政府、企业与当地居民建立良好的旅游开发利益共享机制，全面落实对未成年人、学生、教师、老年人、现役军人、残疾人等群体减免门票等优惠政策，设立公共资源型景区免费开放日，主要涉旅场所配备为孕婴、老年人、残疾人服务的设施，共建共享美化生活、共建共享基础设施、共建共享公共服务、共建共享生态环境，真正实现旅游成果全民共享，形成共建共享的旅游发展大格局。

五、创建步骤

全域旅游的发展是一项长期持续、系统推进的工程，需要各部门、乡镇（街道）常抓不懈、狠抓落实，根据我县的发展实际和上级工作部署，创建工作计划从 2017 年 7 月份开始，县、乡、村三级联动、整体推进，力争到 2018 年底创成省全域旅游示范县，在此基础上进一步完善强化提升，到 2020 年争创国家全域旅游示范区，为美丽“大花园”建设锦上添花。

（一）宣传动员阶段（2017 年 7 月～8 月）

1. 成立全域旅游工作领导小组，制订创建工作实施方案，细化分解创建任务分工；

2. 召开动员部署会议，对各项工作进行安排和落实；

3. 充分利用电视、报纸、网络等新闻媒体，开展形式多样的宣传活动，大力宣传庆元县创建“省全域旅游示范县”的目的和意义，营造“全民共同创建”的良好氛围。

（二）组织实施阶段（2017 年 8 月～2018 年 10 月）

1. 按照《国家全域旅游示范区创建工作指南》和《浙江省全域旅游示范县（市、区）认定标准》，全面启动各项创建工作；

2. 认真组织开展自查、自检工作，每季度末以点评会等形式交流汇报所承担任务完成情况及存在问题；

3. 全域旅游推进办公室适时召开专题会议，研究解决创建过程中存在的困难和问题，并定期对各乡镇（街道）、各部门创建工作开展情况进行督查。

（三）整改迎检阶段（2018 年 11 月～12 月）

1. 全域旅游工作领导小组办公室按照《国家全域旅游示范区创建工作指南》和《浙江省全域旅游示范县（市、区）认定标准》有关要求，对各责任单位创建工作任务完成情况进行全面检查，查漏补缺。针对指导意见，查找不足，落实整改措施，确保按时完成各项创建任务；

2. 领导小组办公室会同各有关部门做好浙江省全域旅游示范县创建各项迎检准备工作，迎接验收评定；

3. 迎接专家考核组开展验收工作，确保验收顺利通过；

4. 针对专家考核组提出的不足，责令有关单位限期整改。

（四）提高完善阶段（2018 年 12 月起）

建立健全长效保障机制，积极巩固创建成果，进一步强化“省全域旅游示范县”的后续工作，争创“国家全域旅游示范区”。

六、保障措施

（一）加强组织领导。建立由县委县政府主要领导和分管领导任组长和副组长，县属各部门、乡镇（街道）主要负责人为成员的创建工作领导小组，坚持政府主导、部门联动，构建推动全域旅游的领导机制。进一步加强对旅游业重大政策、发展规划、体制机制改革、重大项目建设等工作的指导、协调和监督。各成员单位按照责任分工，细化实施方案，指定专人负责，建立工作台账，落实各项任务。在全县形成“全域旅游”联动推进机制。建立创建工作例会制度，定期召开创建工作汇报交流会、分析研究会，解决创建工作中出现的困难和问题。

（二）强化资金、土地等政策保障。出台省全域旅游示范县创建专项奖励政策，加大财政资金统筹和投入力度，鼓励和引导人、财、物、用地等要素积极向旅游业倾斜。在现有旅游发展专项资金规模上，逐年提高投入力度，支持企业推出创意创新业态和产品，满足市民、游客不同层次消费需求；保障旅游项目用地供给，有效整合新农村建设、生态建设、城市建设、基础设施建设的各项政策和资金，努力构建多元互补、融合共进的发展格局。

（三）改革旅游统计评价。县旅委、县统计局、县财政局、县人力社保局等部门要根据全域旅游的指标体系和旅游对国民经济社会发展综合贡献要求，每年安排旅游统计专项经费、建立专业旅游统计机构，安排专职旅游统计人员，乡镇（街道）、旅游重点村有专人负责旅游统计工作，拓展统计测算范围，建立全域旅游统计指标体系和旅游产业基础名录库，构建旅游大数据统计体系；按照旅游发展的新业态、新特点、新趋势设置评价指标；充分利用大数据，与旅游电商企业合作，探索建立适应全域旅游特点的旅游服务质量评价体系，加强旅游综合效益评估。

（四）强化旅游人才保障机制。建立健全旅游人才培养和引进机制，全面实施“四个一”旅游领军人才战略，三年培训1.5万名旅游从业人员，重点培养乡村旅游“致富带头人”，到2018年底，力争培育100名导游人才、100名旅游服务明星、100名旅游管理人才。鼓励庆元党校、电大、职业高级中学等教育机构，积极探索校企合作模式，建立旅游人才培养基地、实训基地和全域旅游人才专家库，制订旅游人才优惠鼓励政策，将旅游人才培训纳入县级人才培训计划，逐步建立旅游人才评价考核制度。

（五）强化督查，建立考核机制。进一步健全考核机制，将省全域旅游示范县创建工作内容纳入“庆元县目标管理责任制考核实施办法”重点工作考核。建立阶段小结、反馈、督查整改制度，定期汇报、检查和反思，对工作执行不力单位予以通报，确保各项工作落到实处。

附件：1.《庆元县创建省全域旅游示范县工作任务对标分解表》

2.《庆元县创建省全域旅游示范县涉旅项目一览表（2017～2020）》

附件1：

庆元县创建省全域旅游示范县工作任务对标分解表

序号	类别	工作任务	完成年份	专项组	责任单位（排序第一的单位为牵头单位）
	1．政策支持：包含体制机制、政策创新、旅游统计、土地保障、旅游项目、投融资机制、企业培育等7个方面				
	1.1体制机制				
1	1.1.1	成立创建省全域旅游示范县工作领导小组，由县委书记、县长任组长，建立县委、县政府双重领导体制，定期研究全县旅游发展重大事项	2017	综合协调组	县委办、县政府办
2	1.1.2	召开主要领导主持的全县全域旅游工作推进会议	2017		县委办、县政府办
3	1.1.3	建立与全域旅游发展相适应的旅游综合管理机构	2017		县委办、县政府办
4	1.1.4	建立合力推进全域旅游工作的部门联动工作机制	2017		县委办、县政府办
5	1.1.5	完善县旅游委员会工作机制，强化统领、统筹、协调旅游业发展职能	2017		县委办、县政府办、编委办
6	1.1.6	各乡镇（街道）成立旅游发展办公室	2017		编委办、各乡镇（街道）
7	1.1.7	将全域旅游工作列入对部门和乡镇（街道）年度目标考核范畴	2017	督查组	县委、县政府督查室

续表

序号	类别	工作任务	完成年份	专项组	责任单位（排序第一的单位为牵头单位）
	1.2 政策创新				
8	1.2.1	制定全域旅游示范县（市、区）创建实施方案和年度工作计划	2017	综合协调组	全域旅游推进办
9	1.2.2	出台加快全域旅游发展的综合性政策文件	2017		县委办、县政府办、旅委
10	1.2.3	出台“特色村落景区化”、旅游产业业态培育和激励等政策	2017		县政府办、财政局、旅委
11	1.2.4	建立旅游联席会议、旅游项目联审、旅游规划公众参与、旅游标准化、文明旅游共创、旅游人才培养、党政干部培训、旅游工作考核激励等创新工作机制 5 项以上	2017		县委办、县政府办
12	1.2.5	制定扶持重点发展的旅游项目、旅游企业按规定享受财税支持的税收政策	2017	财政保障组	财政局、旅委
13	1.2.6	统筹各部门资金支持全域旅游建设，统筹安排 3000 万元旅游发展专项资金，并按每年 10% 的比例逐年递增	2017		财政局
14	1.2.7	对旅游基础和公共服务设施建设的投入力度年度增长提高 10% 以上	2018		财政局
	1.3 旅游统计				
15	1.3.1	建立专业旅游统计机构，设专职旅游统计人员。	2018	体制改革组	旅委、统计局
16	1.3.2	乡镇（街道）、旅游重点村有专人负责旅游统计工作	2018		各乡镇（街道）
17	1.3.3	保障旅游统计专项经费	2018		财政局、旅委、统计局
18	1.3.4	建立全域旅游统计指标体系和旅游产业基础名录库	2018		旅委、统计局
	1.4 土地保障				
19	1.4.1	强化土地保障，出台大力支持旅游发展用地的专项政策	2017	土地保障组	国土局
20	1.4.2	年度用地指标中保证有一定数量用于保障旅游项目，旅游重点项目土地指标及时得到全面保障	2017		国土局
21	1.4.3	积极探索林地、缓坡地等旅游用地政策改革创新，开展旅游差别化用地、“点状供地”、公共旅游配套设施用地备案制等创新工作	2017		国土局
	1.5 旅游项目				
22	1.5.1	建立主要领导联系旅游项目制度	2017	项目推进组	县委办、县政府办
23	1.5.2	每年引进 1 个以上超 5 亿元及 5 个以上超 1 亿元的旅游项目，年度旅游投资 10 亿元以上，年均旅游投资增幅将达到 30% 以上，累计完成投资 100 亿元	2020		旅委、招商局、相关单位
24	1.5.3	启动大洋湖湿地、生态古民居、兰溪桥核心旅游功能区、茶木淤国际养生旅游度假村、丽水栖·花园生态养生体验区等亿元以上旅游投资项目	2020		旅委、相关单位

续表

序号	类别	工作任务	完成年份	专项组	责任单位（排序第一的单位为牵头单位）
25	1.5.4	加快谋划创建百山祖国家公园，对百山祖核心景区、兰溪桥旅游度假区、艺宿西川景区、百山祖避暑乐氧小镇核心区（城东区块）、巾子峰核心景区等五个区块进行综合打造。重点推进百山祖景区的扩容提质，加快黄皮上下湖湿地区块开发，规划实施“一廊三区”（乡村道路山乡观景长廊和上下湖湿地生态观光区、黄皮古村民俗体验区、桥陌古村避暑养生度假区），改造提升通景公路，加快建设上下湖湿地巡护步道、瞭望塔、风雨亭、生态厕所、生态停车坪、管理用房及黄皮村管理服务中心、中小型停车场、换乘站点等保护提升基础设施；谋划茶木淤高山森林休闲区，修复凤百古道，将茶木淤区块打造成休闲养生健身区；实施庆百公路沿线“避暑胜地十二景”，建设特色主体木屋群、百山祖“珍稀动植物观赏园”等项目；以乡村旅游为重要补充，加快车根村、黄皮村、斋郎村和龙岩村等景区村个性化发展，促进景村融合、景村交融；围绕吃、住、行、游、购、娱等旅游“六要素”，推出特色饮食、特色产品，打造主题民宿，突出负氧离子等概念的挖掘和营销工作，开发森林负氧离子浴、森林泉浴和山野SPA等项目	2020	项目推进组	旅委、百山祖管理处、林业局、水利局、百山祖镇、五大堡乡
26	1.5.5	谋划一批类型优、业态新、特色明、带动强、效益好的旅游项目，并争取列入省、市重点建设项目	2018		旅委
	1.6 投融资机制				
27	1.6.1	设立旅游产业发展基金	2018	财政保障组	财政局、旅委
28	1.6.2	推进“旅游公司实体化、旅游景区资本化、旅游资产证券化”改革	2018		旅委、财政局、金融办
29	1.6.3	推进旅游基础设施和公共服务的PPP等投融资模式改革，创新引进产业基金、国内外知名旅游企业等进行资本或管理合作	2018		旅委、财政局
30	1.6.4	引导金融机构加大对旅游产业、旅游企业和旅游项目的信贷支持力度，鼓励旅游企业利用资本市场融资，鼓励投资公司对农旅项目做好投资担保服务等	2018		金融办、财政局
	1.7 企业培育				
31	1.7.1	出台支持旅游企业发展壮大、支持浙商回归发展旅游业的政策	2018	工业旅游组	县政府办、旅委
32	1.7.2	积极引进有竞争力的旅游骨干企业和大型旅游集团	2018		招商局、旅委
33	1.7.3	做强做大国有旅游发展公司，谋划县旅游发展有限公司“新三板”上市	2018		旅委、财政局、金融办
34	1.7.4	培育3家省级以上旅游荣誉的行业品牌和行业龙头的旅游企业	2018		旅委、经商局
35	1.7.5	鼓励旅游用品、户外休闲用品和旅游装备制造业的企业发展	2018		经商局、旅委
36	1.7.6	培育有产业创新、产品创新、服务创新、管理创新、技术创新的中小微特色涉旅企业	2018		经商局、旅委
	2. 旅游规划：包含旅游发展融入、旅游规划前置、旅游规划、规划实施等4个方面				
37	2.1	旅游发展作为重要内容纳入经济社会发展、城乡建设、土地利用、基础设施建设和生态环境保护等相关规划中，在实施“多规合一”中充分体现旅游主体功能区建设的要求	2017	统筹发展组	发改局

续表

序号	类别	工作任务	完成年份	专项组	责任单位（排序第一的单位为牵头单位）
38	2.2	城乡基础设施、公共服务设施和产业发展中的重大建设项目，在立项、规划设计和竣工验收等环节，就其旅游影响及相应旅游配套征求旅游部门意见	2017	统筹发展组	发改局
	2.3 旅游规划体系				
39	2.3.1	编制实施《庆元县全域旅游发展规划》	2017	统筹发展组	旅委
40	2.3.2	编制旅游公共服务等专项规划或行动方案，形成层次分明、相互衔接、规范有效的规划体系	2018		旅委
	2.4 规划实施管理				
41	2.4.1	编制旅游发展规划	2017	统筹发展组	旅委
42	2.4.2	县政府审批发布全域旅游发展总体规划及重点旅游专项规划	2018		县政府办
43	2.4.3	建立旅游规划评估与实施督导机制	2018		县政府办、发改局
	3. 旅游交通：包含通景公路及基础配套设施、旅游交通集散、旅游客运服务、旅游交通标识系统、绿道慢行系统等 5 个方面				
	3.1 通景公路及基础配套设施				
44	3.1.1	谋划一类通用机场建设	2020	交通保障组	发改局
45	3.1.2	谋划百山祖至巾子峰、下滩至上余、横坑至水溪等通景公路建设	2020		交通运输局
46	3.1.3	力争开工庆景公路改建工程，积极争取仙居至庆元规划省道延伸工程，加快实施县城至举水段项目建设	2018		交通运输局
47	3.1.4	推进百山祖至黄皮至贤良青草公路、官局至举水至寿宁下党公路公路建设，构建东部生态旅游观光环线	2018		交通运输局
48	3.1.5	打造庆百公路、“庆元大道”等旅游风景道 2 条	2018		公路管理局
49	3.1.6	国省道、普通公路沿线建成旅游服务站（点）5 处	2018		公路管理局、旅委
50	3.1.7	建成自驾车（房车）综合营地 1 个	2018	项目推进组	旅委
	3.2 旅游交通集散				
51	3.2.1	谋划开设与丽水高铁站、武夷山机场、武夷山高铁站的旅游专线	2018	交通保障组	道路运输管理局
52	3.2.2	完善交通枢纽与旅游交通的接驳功能，力争实现交通换乘无缝对接	2018		道路运输管理局
53	3.2.3	开设连接高等级景区和车站、旅游集散中心的常态化旅游专线 2 条以上，主要景区、乡村旅游点设有公共站点	2018		道路运输管理局
54	3.2.4	全县主要景区、车站、旅游集散中心等设有汽车、电动车租赁服务网点 5 个以上	2018		发改局
55	3.2.5	汽车租赁联网运营，实现一地租车、异地还车	2018		发改局
	3.3 旅游客运服务				
56	3.3.1	开往主要旅游景区的客运班线，班次合理	2018	交通保障组	道路运输管理局
57	3.3.2	客运企业、旅行社与互联网平台合作，建有电子票务网络，有个性化的旅游客运定制服务	2018		旅委、道路运输管理局
58	3.3.3	企业开展有跨行业票务合作，提供“车票＋门票”等“一站式”票务服务	2018		旅委、道路运输管理局
59	3.3.4	支持共享单车等“互联网＋旅游交通”的实现方式	2018		住建局
	3.4 旅游交通标识系统				
60	3.4.1	基本实现全县主要道路旅游交通标识标牌的全覆盖	2018	交通保障组	交通运输局
61	3.4.2	确保我县旅游交通标识牌指向清晰、内容完整、信息准确	2018		交通运输局

续表

序号	类别	工作任务	完成年份	专项组	责任单位（排序第一的单位为牵头单位）
62	3.4.3	旅游交通标识牌与新建、改建公路主体工程同步设计、同步施工、同步验收	2018	交通保障组	交通运输局
	3.5绿道慢行系统				
63	3.5.1	建设城市绿道。推进菇林菇寮、大济仕韵、菇乡文化园、后田绿地公园等项目建设，启动小济洋城市绿地公园建设，谋划城东大桥北岸公园和云鹤路、石龙街头、济川路等街角口袋公园建设	2018	城市旅游组	住建局
64	3.5.2	建设公路绿道。以4条最美风景线为依托，串联主要景区（点）、乡村旅游点、旅游特色乡镇，建设“主线+支线+拓展线”的绿道网状结构，打造海西醉美绿道	2018	交通保障组	公路管理局
65	3.5.3	建设滨水绿道。加快推进松源溪“一溪两岸”景观工程建设，实施兰溪桥大坝至马蹄岙水库两岸绿道（骑行道）基础工程，立足百山祖“避暑乐氧小镇”的发展定位，建设往返长度约39.6千米的滨水绿道，实现松源溪干流水清、堤固、园靓、路畅、岸绿、景美的目标	2018	水利旅游组	水利局
66	3.5.4	建设森林绿道。重点实施铅锌矿区块边坡治理和矿山复绿工程，完成森林公园骑行绿道建设5.5千米	2018	林业旅游组	林业局
67	3.5.5	建设田园绿道。立足庆元的竹海、香菇、茶叶等资源，打造竹海氧吧绿道、菌菇养生绿道、薰山下茶园绿道等	2018	农业旅游组	农业局、相关乡镇（街道）
68	3.5.6	推进龙山•石龙山徒步城二期项目建设。规划建设“一轴二道三区”，即花溪景观轴、骑行绿道、徒步古道、七彩田园观光区、岙后菇乡民俗体验区、薰山下禅茶文化区	2018	项目推进组	旅委、旅发公司
69	3.5.7	依托甄选出来的庆元十大最美古道，按照运动强度及距县城远近进行等级分类，重点对西川古道、千八古道等进行修复，对古道周边的古村落、古遗址的进行修复和打造	2018		旅委、旅发公司、相关乡镇（街道）
70	3.5.8	挖掘古道交通文化的特色内涵，巧用创新手段把古道文化内涵转变为可视可感的载体，完善古道驿站等服务系统，加强智慧古道建设，打造高标准、高品质的精品示范道，形成完整的古道旅游线路	2018		旅委、旅发公司
71	3.5.9	建设松源溪驿站等5处休闲驿站	2018		旅委、水利局、相关单位
	4. 公共服务：包含旅游厕所、旅游咨询服务、旅游停车场、旅游标识系统、公共游憩空间等5个方面				
	4.1旅游厕所				
72	4.1.1	A级景区村庄、农家乐厕所完成整体改造	2018	项目推进组	旅委、相关乡镇（街道）
73	4.1.2	新建、改建西川景区、龙山•石龙山公园、部分农业观光园等旅游厕所13座	2018		旅委、相关乡镇（街道）
74	4.1.3	高速公路服务区、交通集散点、A级旅游景区的厕所达到国家A级旅游厕所标准	2018		旅委、相关单位
75	4.1.4	鼓励对外服务场所的厕所免费向游客开放	2018		相关单位
76	4.1.5	在游客集中的场所建成第三卫生间10个以上	2018		旅委、相关单位、相关乡镇（街道）
77	4.1.6	建立以商养厕等多元的市场供给方式	2018		旅委
78	4.1.7	有能源、材料、生物、信息等新技术的运用	2018		旅委、相关乡镇（街道）
79	4.1.8	开展文明用厕宣传教育活动	2018		旅委、相关景区

续表

序号	类别	工作任务	完成年份	专项组	责任单位（排序第一的单位为牵头单位）
	4.2 旅游咨询服务				
80	4.2.1	推进县域范围内旅游集散中心的布点建设	2018	项目推进组	旅发公司
81	4.2.2	对接协调高速公路黄田服务区的改造提升工作，完善旅游咨询、旅游购物等功能，设置专门的游客咨询中心，使其向交通、生态、旅游、消费等复合型服务区转型升级	2018	智慧旅游组	交通运输局
82	4.2.3	高速公路出口处、旅游景区实现旅游咨询功能全覆盖，设立旅游咨询服务中心（点）	2018		旅发公司
83	4.2.4	客运站实现旅游咨询功能全覆盖，设立旅游咨询服务中心（点）	2018	智慧旅游组	道路运输管理局
84	4.2.5	加大乡镇（街道）旅游服务咨询中心等旅游配套设施建设力度，完善旅游公共服务体系、提升旅游综合接待能力；重点乡村旅游点设立旅游咨询服务中心（点）	2018		相关乡镇（街道）
	4.3 旅游停车场				
85	4.3.1	主要旅游景区、乡村旅游点、主要商圈等的旅游停车场满足使用，停车位总量达到 6000 个	2018		交通运输局、相关乡镇（街道）
86	4.3.2	谋划布点建设生态停车场	2018	交通保障组	交通运输局、相关乡镇（街道）
87	4.3.3	制定切实有效的旅游旺季临时停车举措	2017		交通运输局
	4.4 旅游标识系统				
88	4.4.1	确保主要旅游场所公共信息图形符号位置合理、符合规范、视觉效果好	2018	智慧旅游组	旅委
89	4.4.2	确保旅游标识系统外形美观、内容完整、规范准确	2018		旅委
	4.5 公共游憩空间				
90	4.5.1	主城区建有博物馆、文化馆、图书馆、科技馆、城市公园、纪念馆、规划馆、骑行专线等公共休闲设施 10 个以上	2018	城市旅游组	住建局、相关单位
91	4.5.2	各乡镇（街道）建成适宜居民和游客休闲的城乡绿道、公园绿地、休闲广场等公共游憩空间 1 处以上	2018	美丽乡村组	各乡镇（街道）
	5. 智慧旅游：包含旅游大数据中心、旅游信息公共服务与咨询平台、智慧旅游基础设施、智慧营销等 4 个方面				
	5.1 旅游大数据中心				
92	5.1.1	建立省市县互通的全域旅游大数据中心，对全域涉旅数据实现监测与集中展示，具备旅游行业的监管、旅游产业数据分析、突发事件的应急处理等功能	2018	智慧旅游组	旅委
93	5.1.2	安排专人负责数据采集与运维工作	2018		旅委
	5.2 旅游信息公共服务与咨询平台				
94	5.2.1	建设庆元智慧旅游管理平台，统一发布旅游信息，无偿提供景区、线路、交通、气象、安全、医疗急救等必要信息和咨询服务，具备在线预订服务，线上线下咨询投诉服务，有旅游产品和旅游线路推荐服务	2018		旅委
95	5.2.2	加强与旅游频道、OTA 网站等第三方媒体合作，推动重要景区和休闲场所与携程、阿里巴巴等电商合作，设立自助取款、二维码扫码等设备，鼓励景区、休闲场所、乡村旅游点支持微信、支付宝等电商支付	2018	智慧旅游组	旅委
96	5.2.3	鼓励涉旅企业开发电子商务平台，全面实现旅游网络查询、预定、支付等功能	2018		旅委、经商局

续表

序号	类别	工作任务	完成年份	专项组	责任单位（排序第一的单位为牵头单位）
	5.3 智慧旅游基础设施				
97	5.3.1	加快旅游免费WIFI网络建设，实现所有宾馆饭店、景区景点和重点乡村旅游点实现WIFI全覆盖，开发全域旅游专用APP	2018	智慧旅游组	旅委、相关乡镇（街道）
98	5.3.2	主要涉旅场所（旅游景区、客运枢纽、商圈街区、3A级景区村庄、旅游宾馆、娱乐场）实现视频监控全覆盖	2018		旅委、相关乡镇（街道）
99	5.3.3	主要旅游消费场所实现在线预订、移动支付	2018		旅委
100	5.3.4	主要旅游区实现智能导游、电子讲解、实时信息推送	2018		旅委
101	5.3.5	建立游客行前、行中和行后各类咨询、导览、导游、导购、导航和分享评价等智能化旅游服务系统	2018	智慧旅游组	旅委
102	5.3.6	A级景区村庄实现光纤宽带覆盖	2018		相关乡镇（街道）
	5.4 智慧营销				
103	5.4.1	开通庆元旅游官方网站	2018	智慧旅游组	旅委
104	5.4.2	开通微信、微博等3个官方自媒体发布平台	2018		旅委
	6．旅游环境：包含环境卫生、景观美化、城乡风貌、资源保护等4个方面				
	6.1 环境卫生				
105	6.1.1	扎实推进“五水共治”“六边三化三美”“三改一拆”“小城镇环境综合整治”“美丽乡村”等中心工作，力争获得省市级荣誉	2018	综合协调组	相关单位
106	6.1.2	全域消除劣Ⅴ类水	2017		相关单位、各乡镇（街道）
107	6.1.3	城乡地面保洁到位	2018		住建局、各乡镇（街道）
108	6.1.4	深入推进公路两侧环境整治，切实消除可视范围内环境脏乱差现象	2018		公路管理局、各乡镇（街道）
109	6.1.5	确保县级、乡级、村级包干河段二类水质不下降，确保县域内1071条大小河道Ⅱ类以上水质达100%；城乡水域保洁到位，海岸、河流、湖泊、池塘、沟渠等各类水域水面洁净，无漂浮物，无乱倒垃圾现象	2018		水利局
110	6.1.6	实现旅游重点镇、村生活垃圾全部专业清扫、集中清运和无害化处理，生活污水集中处理，建制村的农村生活污水治理要求全覆盖，旅游重点村全村截污纳管率或集中处理率达到90%以上，一般村全村截污纳管率或集中处理率达到65%以上	2018		各乡镇（街道）
111	6.1.7	全面清理改造乡村旅游点的户外广告和招牌，拆除违规户外广告	2018		各乡镇（街道）、市场监督管理局
112	6.1.8	重点旅游村镇开展“改厨、改厕、改客房、整理院落”和美丽田园行动	2018	美丽乡村组	相关乡镇（街道）、农办、农业局、环保局
113	6.1.9	重点旅游村镇实现垃圾无害化、生态化处理	2018		相关乡镇（街道）
	6.2 景观美化				
114	6.2.1	深入实施彩色健康森林建设，推进美丽林相改造，继续实施30万亩绿化造林，完成沿线“溢洞”、“后门山”等五个节点850亩的美丽林相改造；通往主要旅游景区、乡村旅游点的道路两侧景观提升，全面实现景观美化，宜林地段一律植树增绿、见缝插绿	2018	林业旅游组	林业局
115	6.2.2	改造旅游乡镇（街道）入口景观2处	2018	美丽乡村组	农办、旅委、相关乡镇（街道）

续表

序号	类别	工作任务	完成年份	专项组	责任单位（排序第一的单位为牵头单位）
116	6.2.3	通往主要旅游景区、乡村旅游点道路沿线的村庄立面整洁美观	2018	美丽乡村组	各乡镇（街道）
117	6.2.4	完善灯光照明设施，旅游重点乡镇（街道）主干路、次干道、支路的亮灯率达到98%	2018		各乡镇（街道）
	6.3城乡风貌				
118	6.3.1	改善城区面貌，按照城市更新、“退二进三”和“腾笼换鸟”发展新要求，致力打好“拆、治、归”组合拳，大力实施老二中、仑山路、菇城宾馆、学后路、黄麻淤等区块旧城改造，开展城市路面、立面和店面三大改造工程，着力打通断头路，实现旧城区面貌重大改观	2018	城市旅游组	住建局
119	6.3.2	塑造城市景观，突出“生态之冠、香菇之源、廊桥之乡”城市特点，结合香菇、廊桥等文化元素，实施立体绿化和彩化、塑造绿化景观、打造特色城市小品，推进濛洲街精品示范街区、城市夜景亮化等一批城市美化项目，构建显山露水的“景观链”，形成山水城相融、独具城市特色的整体风貌	2018	城市旅游组	住建局
120	6.3.3	完善城区旅游综合服务功能，以景区化的标准，以入城通道风景带美化为契机，标准化、系统化规划设计旅游导览标识系统	2018		旅委、住建局
121	6.3.4	打造“城市绿道”、骑行专线等城市慢行系统，形成景城融合的城市旅游度假带	2018		住建局、旅委
122	6.3.5	基本完成第二批“六个一”（特色小镇、民宿村、绿道、历史街区、绿地公园、地下空间综合开发项目）示范项目建设	2018		发改局、住建局、农办
123	6.3.6	完成1个城市展示中心、1个旅游集散中心、2个城区停车场、1条城市旅游线路、10千米城市绿道建设	2018		住建局
124	6.3.7	积极谋划建设一批融合产业、文化和旅游功能为一体的特色小镇，梯次推进香菇小镇、避暑乐氧小镇、铅笔小镇、竹韵小镇、双枪小镇、贤良慢生活休闲小镇、龙溪茶香风情小镇各级特色小镇的创建培育工作	2018	统筹发展组	发改局、旅委、相关乡镇（街道）
125	6.3.8	重点加强月山省级旅游风情小镇培育创建工作	2017	项目推进组	举水乡、旅委
	6.4资源保护				
126	6.4.1	制订“空气重污染专项应急预案”、“水重污染应急预案”、“土壤重污染应急预案”、“生物多样性损毁应急预案”、“碧水映村建设实施计划”，并在此基础上不断优化生态环境，保护生态资源	2018	综合协调组	相关单位
127	6.4.2	制订符合国家法规政策要求，并具有针对性的生态资源保护方案，建立与环保、农业、林业、水利等有关部门的生态资源保护协作机制	2018		环保局
128	6.4.3	制订符合国家法规政策要求，并具有针对性的文物资源保护方案，建立与文化、建设、民政、教育等有关部门的景观资源保护协作机制	2018		文广新局
129	6.4.4	着力挖掘展示庆元古桥、古道、古村、古树、名人、姓氏等文化深厚底蕴，推动文化与旅游深度融合，扮“活”庆元古文化	2018		文联
130	6.4.5	出台加强城镇村整体风貌管控的举措	2018	城市旅游组	住建局
131	6.4.6	倡导绿色旅游消费，开展绿色饭店、节水节能型景区、酒店和旅游村镇建设	2018	体制改革组	旅委

续表

序号	类别	工作任务	完成年份	专项组	责任单位（排序第一的单位为牵头单位）
	7. 旅游产品体系：包含核心旅游产品、乡村旅游、产业融合产品、旅游住宿、旅游餐饮、旅游购物、休闲娱乐等7个方面				
	7.1 核心旅游产品				
132	7.1.1	加快推进巾子峰国家4A级旅游景区创建步伐	2018	林业旅游组	庆元林场
133	7.1.2	谋划启动淤上银矿硐旅游区项目	2018	项目推进组	淤上乡、旅委
134	7.1.3	立足月山大景区的打造提升，完善“双苗尖——月山”省级风景名胜区至荷地、举水、左溪、江根的通景公路及旅游导览系统等基础配套设施，建设华东高山露营基地	2018	项目推进组	旅委、农办、相关乡镇（街道）
135	7.1.4	新建香菇小镇、大济、莲湖等10个3A级旅游景区	2020	项目推进组	旅委、相关单位、相关乡镇（街道）
136	7.1.5	依托生态古民居、兰溪桥水库扩容后的旅游功能完善，重点建设湖心度假天堂群落、东部溪谷秘境群落、北部廊桥故里群落等三大区块，打造避暑纳凉型的兰溪桥省级旅游度假区	2020	水利旅游组	水利局、文广新局、旅委、濛洲街道、五大堡乡
	7.2 乡村旅游				
137	7.2.1	全面开展万村景区化创建，有明确的创建方案和工作计划	2017	项目推进组	旅委
138	7.2.2	打造100个以上A级景区村，实现“百村景区化”	2020	项目推进组	旅委、各乡镇（街道）
139	7.2.3	全力实施乡村旅游“23245”计划，到2020年底，重点培育20个以上精品民宿示范点，30个休闲观光农业点，做精做细莲湖、西川等20个精品美丽旅游示范村，打造4条美丽乡村风景线，5条乡村旅游精品线路（生态养生游、避暑亲水游、田园牧歌游、采风写生游、户外徒步游）	2020	项目推进组	旅委、农办、农业局、相关乡镇（街道）
140	7.2.4	以A级旅游景区的标准推进特色村落的景区化提升。依托现有美丽乡村的建设成果，集中人力、物力、财力，有计划、有步骤地开展特色村落的提升改造，以点带面打造一批“特色化、品牌化、集聚化、融合化”四位一体、各具特色的景区化特色村，推进传统村落的活化更新，推动“建设村落”向“经营村落”转型，实现由景点旅游向全域旅游的转变。力争用5年时间，打造100个以上A级景区村，实现“百村景区化”，10个以上特色村落创建成为3A级旅游景区	2020	项目推进组	旅委、相关乡镇（街道）
141	7.2.5	丰富乡村旅游产品业态。充分发挥乡村各类物质与非物质资源富集的独特优势，利用“旅游+”、“生态+”等模式，推进农业、林业与旅游、教育、文化、康养等产业深度融合，三富乡村旅游业态和产品，打造各类主题乡村旅游目的地和精品线路，发展富有乡村特色的乡村休闲酒店、民宿和养生养老基地	2018	项目推进组	旅委、相关乡镇（街道）
142	7.2.6	加快大济、杨楼建设等历史文化村重点村建设进度，让古村古屋成为村民增收致富的“聚宝盆”	2018	美丽乡村组	相关乡镇（街道）

续表

序号	类别	工作任务	完成年份	专项组	责任单位（排序第一的单位为牵头单位）
	7.3 产业融合产品				
143	7.3.1	立足丰富的森林资源，着力构建“一区一城十园”全域森林公园集群格局，开展巾子峰国家森林公园、黄田竹海森林公园、铅锌矿城市森林公园、马蹄岙最美森林公园、兰溪桥水上森林公园“五大森林公园”建设。命名浙江楠为庆元“县树”，建设万亩楠木林，打造“中国楠木城”。开展黄田镇黄坞村、竹口镇新窑村、隆宫乡莲湖村、安南乡安隆村、屏都镇洋背村、五大堡乡五大堡村、贤良镇贤良村、举水乡月山村、左溪镇左溪村、官塘乡横坑村“十大森林村庄”建设。依托森林公园集群，以农户、工商业主等为经营主体，建设十家集吃、住、游、娱、购等旅游要素服务为一体的生态友好型观光休闲森林人家集聚区。以乡、镇为建设单位，开展黄田森林小镇、竹口森林小镇、百山祖森林小镇、贤良森林小镇、龙溪森林小镇等“五个森林小镇”建设工作。以县域丰富的古树名木资源为依托，建设黄坞松木、黄坛阿丁枫、斋郎柳杉等古树群景观	2020	林业旅游组	林业局、相关乡镇（街道）
144	7.3.2	依托松源溪流域治理和一溪两岸景观廊道项目，力争创建1个省级水利风景名胜区	2020	水利旅游组	水利局、旅委
145	7.3.3	推进省级工业旅游点建设；实施竹木产业百亿行动计划，打造“全国竹木制品研发生产基地”；扶持和培育铅笔制造业品牌化发展，建设“中国铅笔生产基地”“世界铅笔之都”	2018	工业旅游组	经商局
146	7.3.4	建设美丽田园。建设“十大最美田园花海”，整合全县各乡镇（街道）农用地、高山梯田资源，寻找交通条件优越、土地面积较大、观赏效果最佳的田园，与色彩农林业相结合，优选“春夏秋冬”四季花卉品种，推进美丽田园治理，在海西醉氧省道两侧、龙山·石龙山七彩田园、淤上吾田头等区块，努力打造“十大最美田园花海”景观，特别是营造冬季田园花海，让淡季成为新的经济增长点。完善田园基础设施、打造田园综合体，依托“十大最美田园花海”，每年优选2～3个田园区块，加大政府资金投入力度，提升田园花海产品品质，完善田园游览区的入口、咨询点、停车场、旅游厕所、田间道路、生态河堤等硬件设施，使其具备基本的接待功能，使田园花海景观真正实现生态效益、景观效益和经济效益。建设现代农业景区，转型升级具有完善农业基础设施的现代农业观光园和农业基地，如黄坛水干果园、淤上黄沙洋、淤上吾田头、举水天宸农业等，以A级旅游景区的建设标准，增加旅游元素和配套功能，提供包括农业观光、科普教育、产品体验、旅游购物等各种旅游服务，创新特色旅游产品，加快复合产品的设计和非观光产品的开发，实现产业优化和功能升级，到2018年底，创建1个3A级现代农业景区	2020	农业旅游组	农业局、农办、旅委、相关乡镇（街道）
147	7.3.5	以农业文化遗产为基石，促进食用菌产业发展，推进食用菌全产业链全方面提升，打造菊水—安溪、曹岭—县城、县城—百山祖3条美丽田园风景线路	2018		农业局、食用菌管理局

续表

序号	类别	工作任务	完成年份	专项组	责任单位（排序第一的单位为牵头单位）
148	7.3.6	重点创建1个省级（丰乐）食用菌产业集聚区，完善提升隆宫莲湖、四山平潭岙等6个休闲农业综合体，新培育9个休闲家庭农场	2018	农业旅游组	农业局、相关乡镇（街道）
149	7.3.7	新培育休闲农业观光区（点）12个、休闲家庭农场9家，建设美丽牧场6家。引导工商资本投资建设农旅融合集聚区，推进丰乐现代农业综合区A级景区创建工作	2019		农业局、相关乡镇（街道）
150	7.3.8	打造1个气候养生示范点，打造2个气象景观体验营地	2018	项目推进组	气象局、旅委
151	7.3.9	打造1个生态漂流基地	2018		旅委、相关乡镇（街道）
152	7.3.10	创建蕴本生物科技、方格药业等2个以上省级工业旅游示范点	2018		旅委、经商局
153	7.3.11	打造1条工业旅游精品线路	2018		旅委、经商局
154	7.3.12	建设1个中医药文化养生旅游示范基地	2018		旅委、卫计局
155	7.3.13	建设1个省老年养生旅游示范基地	2018		旅委
156	7.3.14	建设莲湖村精品运动休闲旅游基地	2018		隆宫乡
157	7.3.15	打造西洋殿、大济—半湾展影基地	2018		旅委、旅发公司
158	7.3.16	各乡镇（街道）立足区域特点和资源优势，培育推出具有市场吸引力和品牌影响力的区域旅游特色主题产品、旅游体验型产品1个以上	2018		各乡镇（街道）
159	7.3.17	打造斋郎红色文化和龙岩香菇文化旅游区	2018	美丽乡村组	百山祖镇
160	7.3.18	打造“浙江屋脊—千八线”徒步穿越线路	2018	体育旅游组	文广新局、百山祖管理处、旅委、百山祖镇
161	7.3.19	打造百山祖、双苗尖等徒步登山健身运动线路	2018		文广新局
162	7.3.20	积极谋划开展“穿越梦幻廊桥、千年古道”山地越野比赛，承办2017浙南片区趣味运动会	2017	文化旅游组	文广新局
163	7.3.21	培育“香菇功夫”等2个非遗展示体验点	2018		文广新局
164	7.3.22	以名人文化、吴氏文化为依托，建设胡紘文化园、刘知新故里等景点，举办吴氏宗亲大会、三字经诵读等活动	2018		文广新局、文联、相关乡镇（街道）
	7.4 旅游住宿				
165	7.4.1	力争培育五星级酒店1家、四星级酒店2家，不断提升我县住宿接待能力和服务水平	2018	体制改革组	旅委
166	7.4.2	以游客满意度和品牌化塑造为导向，在旅游住宿品牌形象、硬件配备、服务接待等方面实行标准化、特色化打造，沿主要景区及游线，加快布局融入生态文化、香菇文化、廊桥文化、竹韵文化、民俗文化等特色鲜明的主题酒店、青年旅社和度假酒店、民宿客栈等，建设不同层次、各具特色的乡村休闲酒店、乡村民宿、乡村客栈、乡村旅社以及乡村度假村等	2018		旅委、农办
167	7.4.3	谋划培育白金级、金宿级民宿	2018	美丽乡村组	农办
	7.5 旅游餐饮				
168	7.5.1	发挥“中国食用菌美食名城”的招牌优势，深入挖掘本地特色美食，培育百菇宴、三公宴、农家宴、山野菜、特色旅游小吃	2018	体制改革组	旅委、经商局
169	7.5.2	打造霞帔路等4条特色美食街区	2018		经商局、旅委
170	7.5.3	定期举办中国（庆元）食用菌美食节，组织开展地方特色美食评比和餐饮名店名厨评选活动，积极培育国家级、省级特色餐饮名店，努力打造特色餐饮品牌	2018		旅委、经商局

续表

序号	类别	工作任务	完成年份	专项组	责任单位（排序第一的单位为牵头单位）
	7.6 旅游购物				
171	7.6.1	鼓励绿色生态、设计创新、文化彰显、符合游客审美标准和购物走向的旅游商品系列研发；加大对旅游商品知识产权的保护。定期组织开展旅游商品大赛，研发地域特色旅游商品，并批量生产投放市场，丰富地方旅游商品体系	2018	工业旅游组	经商局、旅委
172	7.6.2	出台推进农副产品转化为旅游商品的政策措施	2017	农业旅游组	农业局
173	7.6.3	完成食用菌、竹木小家具、生态保健品、铅笔、水干果等 81 个特色旅游商品转化工作，农产品旅游地商品占农业一产产值比重达 20%	2018		农业局、旅委
174	7.6.4	在高速公路服务区、车站、旅游景区、A 级景区村庄等设立专门的地方特色商品展示销售场所，培育 10 家以上星级农产品（旅游地商品）购物网点		智慧旅游组	旅委、农业局、相关乡镇（街道）
175	7.6.5	营造整洁舒适、价格合理、管理规范的旅游购物环境	2018		旅委
176	7.6.6	支持旅游商品经营电商化、连锁化、定制化发展	2018		经商局、旅委、国资公司、团县委
	7.7 休闲娱乐				
177	7.7.1	做大做深“中国香菇文化节”和“中国避暑胜地”两大国字号品牌影响力，做特做精乡村文化旅游季升级版系列活动，深化“寻梦菇乡、养生庆元”区域品牌	2018	宣传报道组	县委宣传部、旅委
178	7.7.2	以中国食用菌美食节等民俗节庆产品为基础，培育一批主题内涵多元、节庆举办常态、产业延伸互动的旅游节庆活动；通过“中国香菇文化节”、“乡村文化旅游季”等节庆活动，包装推出具有庆元地域特色的休闲度假、文化娱乐等产品，提升“世界香菇始祖朝圣地”、“中国避暑胜地”品牌影响力	2018		县委宣传部、旅委
179	7.7.3	借用乡镇、部门、媒体、推介、活动、政策等诸多合力，积极开展月山春晚、黄田杜鹃花节、贤良亲水节、莲湖采摘节、淤上田园花海节、安隆荷花节、江根咸菜文化节等一系列活动，推进常态化、市场化、品牌化，做大做强“以文兴旅、以节促旅”文章	2018	智慧旅游组	旅委、各乡镇（街道）
180	7.7.4	加快推进“浙闽木拱廊桥”联合申报世界文化遗产步伐	2018	文化旅游组	文广新局
181	7.7.5	开展二都戏、香菇山歌、菇民习俗、香菇砍花法等地域传统文化展示，在市民广场、水上公园、生态公园等场所开展健身休闲活动	2018		文广新局
182	7.7.6	打造 10 台特色乡村春晚	2018		文广新局，相关乡镇（街道）
183	7.7.7	启动大型精品剧目创作工作，推出一批精品剧目定期驻场演出	2018		文广新局、相关景区
184	7.7.8	开发一批以非遗传承、工艺美术品为特色的文化产业项目	2018		文广新局
	8．宣传推广：包含营销政策、品牌形象、营销方式等 3 个方面				
	8.1 营销政策				
185	8.1.1	制定有全域旅游整体营销方案	2018	宣传报道组	县委宣传部、旅委
186	8.1.2	营销工作纳入全域旅游发展大局，有明确的市场开发和营销战略	2018		县委宣传部、旅委

续表

序号	类别	工作任务	完成年份	专项组	责任单位（排序第一的单位为牵头单位）
187	8.1.3	出台旅游宣传推广资金保障措施，每年度财政安排旅游营销资金不少于500万元；每年新媒体、新技术、新手段等旅游宣传推广创新手段的投入力度占营销总投入20%以上，建立并形成有重点、多层次、全方位的宣传促销机制，扩大市场覆盖面	2018	宣传报道组	县委宣传部、旅委
188	8.1.4	有客源市场开发奖励政策；继续实施外地旅行社送团和本地旅行社地接奖励政策，对旅游企业组织大型营销活动、利用大平台宣传营销给予奖励和补助	2018	体制改革组	旅委
	8.2 品牌形象				
189	8.2.1	创新推动“江南最佳生态旅游目的地”、“寻梦菇乡、养生庆元”、“中国避暑胜地”等品牌形象塑造，突出负氧离子等概念的挖掘和营销工作	2018		县委宣传部、旅委
190	8.2.2	在汽车站、高速公路出入口等建成富有地方文化特色和旅游元素的门户形象3处以上	2018	宣传报道组	县委宣传部、旅委
191	8.2.3	积极实施和开展旅游品牌标识和吉祥物设计，以传统媒介和网络新媒体进行传播、节庆活动、事件营销、产品包装和产品体验等	2018		县委宣传部、旅委
	8.3 营销方式				
192	8.3.1	编印编撰庆元旅游指南、《印象庆元》等宣传手册，拍摄旅游宣传片。	2018		旅委
193	8.3.2	建立政府、行业、企业、媒体、公众、游客等多主体参与的营销机制	2018		旅委、相关单位
194	8.3.3	实施精准化旅游招商和差别化旅游推介，联合县域旅游各行业、各部门，强化集约营销力度，加大客源地市场营销、网络营销、事件营销	2018	智慧旅游组	旅委
195	8.3.4	采用微博、微信、微电影、APP客户端等新兴媒体进行旅游宣传推广	2018		旅委
196	8.3.5	整合利用各类宣传营销资源，建立推广联盟合作平台	2018		旅委
	9. 市场监管与安全保障：包含旅游执法、旅游投诉举报处理、日常监管、文明旅游、旅游安全等5个方面				
	9.1 旅游执法				
197	9.1.1	强化旅游质监执法队伍的市场监督执法职能	2018		旅委、相关单位
198	9.1.2	旅游执法检查常态化开展，对损害游客权益、扰乱旅游市场秩序的违法违规行为进行有效查处，曝光重大违法案件	2018		旅委、相关单位
199	9.1.3	公安、市监、物价等部门按照职责加强对涉旅领域执法检查	2018	体制改革组	相关单位
200	9.1.4	推进我县旅游体制综合执法改革，建立“1+3+N”管理体制，建立旅游综合管理机构，设立旅游警察大队、旅游巡回法庭、市场监管局旅游监管分局，建立健全旅游联合执法体系，建立旅游、公安、市监、交通、城管、物价、文化等多部门参与的联合执法和综合监管工作机制	2018		旅委、编委办、相关单位
	9.2 旅游投诉举报处理				
201	9.2.1	建立统一受理的旅游投诉举报机制	2018		旅委
202	9.2.2	创新投诉机制，形成线上线下联动、高效便捷畅通的旅游投诉受理、处理、反馈机制	2018	体制改革组	旅委、相关单位
203	9.2.3	旅游投诉举报受理热情友好、处理规范公正、反馈及时有效，结案率、满意率90%以上	2018		旅委

续表

序号	类别	工作任务	完成年份	专项组	责任单位（排序第一的单位为牵头单位）
	9.3 日常监管				
204	9.3.1	建立旅游企业和从业人员的信用评价制度，设立旅游诚信榜、黑名单和曝光台，并对失信行为开展联合惩戒行动	2018	体制改革组	旅委、相关单位
205	9.3.2	将旅游景区点纳入旅游“红黑榜”评价机制	2018	体制改革组	旅委
206	9.3.3	每年至少开展2次景区、旅行社、导游人员、旅游市场、涉旅场所等系列专项整治行动	2018	体制改革组	旅委、相关单位
	9.4 文明旅游				
207	9.4.1	开展文明旅游系列宣传活动，推行国内旅游文明公约和出境旅游文明指南	2018	体制改革组	旅委、文明办、团县委
208	9.4.2	建立旅游不文明行为记录制度和部门间信息通报机制	2018	体制改革组	旅委
	9.5 旅游安全				
209	9.5.1	有健全的旅游安全管理机构和管理制度	2018	体制改革组	旅委、相关单位
210	9.5.2	强化旅游、公安、交通、安监、卫生、食药监等有关部门安全监管责任	2018	体制改革组	旅委、相关单位
211	9.5.4	有完善的安全应急处置预案，有政府救助与商业救援相结合的旅游救援体系	2018	体制改革组	旅委、相关单位
212	9.5.5	建立公共安全风险提示制度，有互联网、微信微博和手机短信等旅游安全提示信息发布渠道	2018	体制改革组	旅委、相关单位
213	9.5.6	旅游景区公布最大承载量，及时发布警示，3A以上旅游景区实现流量实时监控、及时发布	2018	体制改革组	旅委、相关景区
214	9.5.7	旅游用车、客运索道、大型游乐设施等特种设备和旅游节庆活动等重点领域及环节监管到位	2018	体制改革组	旅委、相关单位
215	9.5.8	确保主要旅游场所无严重安全隐患，避免发生较大及以上旅游安全责任事故	2018	体制改革组	旅委、相关单位
216	9.5.9	有旅游保险产品，保险全面覆盖	2018	体制改革组	旅委
	10. 共建共享：包含旅游共建、创业就业、惠民富民等3个方面				
	10.1 旅游共建				
217	10.1.1	建立社会资本参与旅游公共服务设施建设的机制	2018	体制改革组	旅委
218	10.1.2	有完善的旅游志愿服务体系，建立服务工作站，制定管理激励制度，开展志愿服务公益行动，提供文明引导、游览讲解、信息咨询和应急救援等服务	2018	体制改革组	旅委、团县委
219	10.1.3	提升干部对全县旅游知识讲解水平，积极开展旅游人才培训活动，每年培训200人以上	2018	体制改革组	旅委
220	10.1.4	有鼓励支持旅游院校、科研机构参与旅游人才培养、旅游理论研究等的合作机制或合作实践	2018	体制改革组	旅委
	10.2 创业就业				
221	10.2.1	政府、企业与当地居民建立良好的旅游开发利益共享机制	2018	体制改革组	旅委
222	10.2.2	建有旅游就业需求服务平台	2018	体制改革组	旅委
223	10.2.3	有引导科技、艺术、创意设计等各类专业人才跨界参与旅游开发建设的政策和措施	2018	体制改革组	旅委
224	10.2.4	扶持发展创业型的个体私营旅游经济和家庭手工业	2018	体制改革组	旅委、市场监督管理局、妇联
225	10.2.5	建立健全旅游人才培养和引进机制，全面实施“四个一”旅游领军人才战略，重点培养乡村旅游“致富带头人”，力争培育100名导游人才、100名旅游服务明星、100名旅游管理人才	2018	体制改革组	旅委、相关单位、各乡镇（街道）

续表

序号	类别	工作任务	完成年份	专项组	责任单位（排序第一的单位为牵头单位）
226	10.2.6	鼓励庆元党校、电大、职业高级中学等教育机构，积极探索校企合作模式，建立旅游人才培养基地、实训基地和全域旅游人才专家库，制订旅游人才优惠鼓励政策，将旅游人才培训纳入县级人才培训计划，逐步建立旅游人才评价考核制度	2018	体制改革组	旅委、相关单位
	10.3 惠民富民				
227	10.3.1	全面落实对未成年人、学生、教师、老年人、现役军人、残疾人等群体减免门票等优惠政策	2018	体制改革组	旅委
228	10.3.2	有公共资源型景区免费开放日、开放周或开放月的举措	2018		旅委
229	10.3.3	实现旅游业增加值占地区生产总值（GDP）的比重达到7.2%，旅游从业人员占全社会从业人员的比重达到8.5%	2017		旅委、统计局、人力社保局、各乡镇（街道）
230	10.3.4	旅游富民成效明显，近两年，重点旅游村镇农民人均可支配收入逐年提升，增幅不少于10%	2018		旅委、统计局、相关乡镇（街道）
231	10.3.5	主要涉旅场所配备为孕婴、老年人、残疾人服务的设施	2018		旅委、相关单位

附件2：

庆元县创建省全域旅游示范县涉旅项目一览表（2017～2020）

序号	项目名称	建设性质	建设规模及主要内容	起止年限	总投资（万元）	责任单位（标▲为牵头单位）
1	上下湖湿地管护能力与生态旅游基础设施建设	新建	护林防火通道、湖区巡护步道、宣传介绍牌、生态公厕、标识系统，黄皮村环境整治、接待设施建设等	2018～2019	4000	▲百管处 旅委
2	全域旅游绿道慢行系统项目	新建	绿道慢行系统（步道系统、自行车路网系统）全域覆盖，主要建设滨水型、山林型、田园型、道路型等各类绿道，贯穿城镇、乡村和景区，绿道累计长度150千米以上	2017～2020	15000	▲交通 旅委 林业局 住建局 水利局 农业局
3	兰溪桥水库环湖公路	新建	三级公路4.53千米	2017～2019	8000	▲兰溪桥扩建工程指挥部 交通运输局
4	全域旅游景导系统项目	新建	做到公路沿线全域覆盖，完成全县主要景区（点）、高速连接线、县城区块、通景公路、A级旅游景区村的景导系统建设	2017～2020	2000	▲旅委 各乡镇（街道）
5	全域旅游智慧旅游项目	新建	建设旅游大数据中心、旅游信息公共服务与咨询平台、智慧旅游基础设施、智慧营销等设施	2016～2020	3000	▲旅委 各乡镇（街道）

续表

序号	项目名称	建设性质	建设规模及主要内容	起止年限	总投资（万元）	责任单位（标▲为牵头单位）
6	创建国家3A级景区旅游基础设施提升工程	续建	根据国家《旅游景区质量等级划分与评定》标准，主要建设游客服务中心、停车场、旅游厕所、游步道、标识系统等景区基础设施，将十大特色村落打造为国家AAA级旅游景区	2016～2020	5000	▲旅委 各乡镇（街道）
7	全域旅游咨询服务体系建设	续建	对旅游景区（点）、旅游乡镇、车站等地布局功能完善，富有地方特色，有效提供旅游交通集散服务和必要的旅游信息和咨询服务	2016～2020	10000	▲旅委 各乡镇（街道）
8	兰溪桥旅游度假区	新建	规划面积：60.75平方千米景区主要建设湖心度假天堂、山乡古道度假群落、溪谷秘境度假群落、廊桥故里度假群落、喜鹊村头迎宾群落，即：湖心度假天堂区：主要建设空中抵达平台、普渡码头、湖屿漫村水街、步蟾宫度假区酒店、有凤来仪水舞台、水底隧道、水袖半岛度假村、人工沙滩、黑森林巢穴居、温泉SPA度假村、清凉水上世界、水下古村、皮划艇基地、月生湖上露营地、茶山树屋度假村、自然探索中心、环湖景观公路、公路博物馆、兰溪桥景观大坝、瀑布奇观美丽人家等项目；喜鹊村头区：主要建设游客服务中心、多元交通换乘中心、大型生态停车场、商务会议主题酒店、喜鹊星空养生庄园、滨水商业街、乐活溪流生态河道、田园乡情美丽人家等项目；溪谷秘境区：主要建设跌宕溪流生态河道、洞宫山系悬崖峭壁、野生丛林游猎营地、葱岭夹岸花满蹊、香菇砍花培育农场、隐逸甘山户外北择、枝头观鸟餐厅（香菇原生态餐厅）、溪涧花谷美丽人家	2018～2020	135200	▲旅委 水利局 交通运输局 文广新局 招商局 濛洲街道 五大堡乡
9	西洋殿休闲旅游区（世界香菇始祖朝圣地）	新建	规划五大核心区域：菇神朝圣区、采菇人家菇文化区域、大溪谷休闲度假养生区域、白鹭洲生态示范区域、百山祖养生山野区域。将西洋殿休闲度假区建设成为集三公祭祀、文化论坛圣、生产体验、野外拓展、生态游玩于一体的4A级文化旅游景区	2019～2020	35800	▲旅委 文广新局
10	古银矿硐旅游区	新建	项目分为：古银矿硐历史穿越观光体验区；矿工风云叶宗留起义展示馆；月光风情旅游小镇（仓岱）；天仙宾舍养生中心（百丈），局下乡村旅游特色村等。项目开发总面积1000多亩	2019～2020	20000	▲旅委 淤上乡
11	徒步城	续建	石龙山—龙山公园一期：建设石龙山—龙山旅游步道、观景台、亭台楼阁、林道改造等；石龙山—龙山公园二期：石龙山·龙山谷地机耕道、梯田游步道以及骑行绿道、徒步古道、标识标牌、生态厕所等基础服务设施建设以及徒步城游客广场、景观、门楼及停车场项目	2016～2019	10587	▲旅委 住建局

续表

序号	项目名称	建设性质	建设规模及主要内容	起止年限	总投资（万元）	责任单位（标▲为牵头单位）
12	半湾文化休闲养生园项目	新建	拟在半湾村建设古青瓷博物馆、文化古村落、生态农业观光园综合休闲养生文化园	2019～2020	70000	▲濛洲街道 文广新局
13	大自然农业观光旅游度假园项目	新建	拟选址五大堡乡外洋村，建设综合性、现代化的旅游度假农业示范基地，建筑面积 300 亩	2018～2020	20000	▲五大堡乡 旅委
14	古村落保护和旅游开发项目	新建	在县城 10 千米范围内确定 2～3 个无人或少人的自然村为开发对象，打造特色村落住宅、精品民宿	2018～2020	10000	▲五大堡乡 驻深圳招商小分队
15	庆元县根雕生态文化园项目	新建	项目总开发面积 5400 亩，项目规划三大核心区域：人工湖乐园区、根雕文化产业园区、根雕博物馆区。主要建设生态根雕文化产业创意基地、休闲水上乐园、天然狩猎场、影视基地、高档商务会所、农家乐景区等，将廻龙村打造成为一个文化创作、生态体验、商业休闲一体化区块	2018～2020	30000	▲县委宣传部 屏都街道
16	庆元县古瓷文化名村项目	新建	项目总开发面积 1000 亩，规划建设古瓷坊、现代瓷坊、古窑遗址保护点、青瓷大师园、古瓷文化休闲长廊、农家乐等。将古瓷文化产业园建设成为集文化生产、文化研究、文化休闲、文化体验于一体的文化产业集聚区	2018～2020	20000	▲县委宣传部 竹口镇
17	全域旅游 A 级旅游厕所项目建设	新建	对全县公共厕所进行摸排，在现状调查的基础上，对照《全国旅游厕所建设管理指南》进行全域、系统的规划设计，确保城区和全县所有旅游景区、商业街区、公园绿地、乡村旅游点、客运枢纽、交通沿线、城区临街的厕所全部达到 A 级旅游厕所标准，游客集中的场所建设第三卫生间 10 个以上	2017～2020	2000	▲住建局 旅委 各乡镇（街道）
18	百山祖镇美丽乡村及文化产业保护建设	新建	桥陌村庄整治及美化；斋郎红色文化产业塑造、休闲农业产业提升；龙岩香菇始祖“吴三公”发祥地保护及村庄大道整治；栗洋 7 千米“千八线”古道开发；合湖省级美丽宜居示范村景观整治、农家乐提升、景观小品建设；三堆古树群保护；兰泥、黄水村庄整治外立面改造、景观小品建设	2017～2018	1000	百山祖镇
19	百山祖高山休闲度假村	新建	总用地面积 40 亩，分二期实施：一期规划为度假酒店、度假别墅区，生态矿泉水厂三个区域；二期规划包括度假会所、五显神庙宇、休闲茶庄、景观塔及度假疗养村	2019～2020	20000	百山祖镇
20	小城镇环境综合整治	新建	以整治环境卫生、整治城镇秩序、整治乡容镇貌为主要内容的小城镇环境综合治理	2017～2020	20370	各乡镇（街道）
21	A 级旅游景区村创建	新建	全县范围所辖行政村总数的 30% 的村根据创建标准建设必要的停车场、游步道、景观小品等旅游基础设施，创建 A 级旅游景区村	2017～2020	20000	各乡镇（街道）

续表

序号	项目名称	建设性质	建设规模及主要内容	起止年限	总投资（万元）	责任单位（标▲为牵头单位）
22	54省道菊水至后山桥段景观提升工程	新建	全线将近20千米景观提升	2017	1470	公路管理局
23	农村村环境综合整治	续建	农村生活垃圾、污水处理设施建设及其他环境治理工程	2016～2017	5000	环保局
24	竹海公园龙头山台湖山生态精品旅游线建设	新建	完成良官田、中济村、下济村、陈边村、湖头村、朱黄、双坞、台湖等沿线村庄基础设施建设	2018～2019	5000	黄田镇
25	七里香溪休闲农庄项目	新建	项目位于黄田镇，拟用地128亩，建设林荫生态停车场、5000平方米UFO形生态餐厅、休闲竹居、竹炭鱼菜共生式生态球、碳农耕森林复合蔬菜种植园、千日红观光区等	2019～2020	5000	黄田镇
26	咖图舍摄影交流坊	新建	打造集摄影培训交流、摄影旅游采风、住宿为一体高端民宿项目	2017～2019	550	江根乡
27	艺宿西川景区通景公路—S329（55省道）庆元县兰溪桥段改建工程	新建	二级公路3.7千米	2017～2019	22690	交通运输局
28	54省道庆元黄坛至菊水及55省道菊水至松源段公路景观工程	新建	用地面积384737平方米，实施总用地面积221529平方米	2017～2019	9946	交通运输局
29	A级旅游景区、A级旅游景区村通景公路提升改造工程	新建	对拟创建的A级旅游景区、A级旅游景区村的通景公路进行提升改造，主干道路与景区连接线以及相邻区域景区之间“最后一千米”通景公路的建设；通景公路沿线设有旅游服务站（点），具备观景、游憩、停车等功能；建有旅游风景道，沿线因地制宜设置驿站、观景台、生态停车位、厕所等配套设施；建有自驾车（房车）综合营地等	2017～2020	20000	交通运输局
30	月山廊桥文化景区	续建	游步道建设、古民居修复、古街区立面改造、旅游接待中心、月山剧院	2015～2019	5000	举水乡
31	天宸农业公园项目	新建	选址600亩地山梯田，创建“新农村建设+生态科技农业+旅游业”三位一体新农村生态科技农业模式	2017～2019	8000	举水乡
32	“谷坪公社”旅游景区开发项目	新建	利用国坪村整体古村风貌，对国坪村进行整体“修旧如旧”的改造，进行时代文化复舒、实践，纯乡愁的寄托等意境的打造，以写生采风等文化活动为景区开发目标，意在打造中国“最后一个山顶水村”	2018～2020	12000	举水乡
33	庆元县城市森林公园一期	新建	按一心一环四谷六区的规划布局建设综合性城市森林公园	2017～2025	31420	林业局
34	曹岭至百山祖彩色廊道及山地公园建设	新建	美丽林相建设6000亩，建山地公园2个	2017～2019	3700	林业局
35	巾子峰森林公园创建国家4A级景区工程	续建	总建筑面积4864平方米，包括巾子峰隧道口管理区、龙源管理区、龙源谷水上休闲区、鲤鱼岙管理区、山岱幽居景观环线和山岱岗次入口区等6个区块	2015～2017	7271	林业局

续表

序号	项目名称	建设性质	建设规模及主要内容	起止年限	总投资（万元）	责任单位（标▲为牵头单位）
36	森林旅游资源开发利用	新建	古树名木保护 300 株，森林古道修复保护 100 千米，培育森林小镇 1 个、林业体验园 5 个及森林人家特色村 10 个	2018～2020	5000	林业局
37	龙溪乡浙闽边界茶香风情小镇项目	新建	交溪村、转水村茶香文化旅游综合体打造；茶香文化展览馆、鱼川村茶园梯田观光旅游，西溪村一溪两岸景观带及浙闽边界小城镇综合基础设施建设；鹰峰茶园旅游农家乐综合体建设、后洋坑历史文化村建设	2017	1800	龙溪乡
38	隆宫乡珍禽养殖乐园建设项目	新建	项目位于隆宫乡莲湖村，总建筑面积 6000 平方米，占地面积 42000 平方米，建设珍禽养殖区、欢乐迷宫、休闲喂养区、宠物乐园、服务中心、农家乐、农产品展销中心、农业合作社等	2017～2019	1500	隆宫乡
39	隆宫乡最美休闲写生漫步道建设项目	新建	项目位于隆宫乡莲湖村，总建筑面积 80000 平方米，建设休闲漫步道、休憩区、体育休闲设施、摄影（写生）小品，种植观赏柿、花、矮灌木树种，设置健康知识标识等	2017～2018	600	隆宫乡
40	艺宿西川景区工程	新建	建设 1200 平方米艺宿西川云顶接待中心、20000 平方米云顶滑草体验园、3000 米云上水道、1000 平方米停车场、云顶水居木屋、环湖栈道、高空观景平台、休闲马道、山地养生健康道、西川村服务中心、印象西川情景演绎平台、梯田景观打造、配置观光车、标志标识、通信设施野猪窝野奢古村、溪流生态河道（漂流）、五大堡乡小城镇综合治理、楼溪水库大坝景观等	2017～2020	25800	▲旅委 水利局 五大堡乡
41	古道系统（徒步游）旅游基础设施项目	新建	对大毛湾—西洋殿—东坑村—桥陌村—黄皮村—百山祖镇、应岭尾—新处洋—西川—坛弄—北坑—贤良岱头林场、黄石古道等全县的古道进行修复，并建设必要的旅游基础设施	2017～2020	5000	旅委
42	五大堡乡濛淤历史文化村落保护与利用重点村工程	新建	建设五大堡乡濛淤村红色旅游景观节点、公厕、吊桥、村庄环境整治等	2017	700	旅委
43	庆元县百山祖避暑乐氧小镇“生态古民居”项目	新建	项目用地约 374 亩，其中 1 号地块约 90 亩（商服）、2 号地块约 149.6 亩（商住）、3 号地块约 134.4 亩（商服），配备旅游接待中心、游客广场、旅游厕所等旅游公共设施，充分利用“古民居”的建筑特色，以生态休闲养生旅游为主旨的度假式运营模式来经营	2017～2020	200000	旅委
44	庆元大洋湖生态养生（养老）休闲旅游度假区	新建	项目用地面积约 98 亩，主要建设山林鸟屋区、养生度假区、亲水体验区、高端休闲区、公共配套区及相关旅游基础配套设施	2017～2019	40000	▲旅委 庆元林场
45	百山祖茶木淤国际森林度假区	新建	建设百山祖茶木淤森林度假酒店、100 亩茶田及黄皮湿地部分开发	2017～2020	30000	▲旅委 百管处

续表

序号	项目名称	建设性质	建设规模及主要内容	起止年限	总投资（万元）	责任单位（标▲为牵头单位）
46	庆元县旅游接待服务中心（避暑乐氧小镇客厅）	新建	主要建设游客服务中心、停车场、旅游商品展销中心等	2018～2019	6000	旅委
47	生态养生养老状元山庄建设	续建	项目用地面积 21000 平方米，总建筑面积 22000 平方米	2015～2018	16000	旅委
48	百山祖国家 AAAA 级旅游景区扩容提质工程	新建	主要建设“心冻百山”滑雪场木屋群、百山祖珍稀动植物观赏园、百山祖高山度假村、企坑岙至上下湖湿地通景公路、羊岙—青草公路、菇山客乡村酒店、香薰山居旅游度假房产、庆百通景公路十二景等项目	2018～2020	44070	旅委
49	昶园四合院民宿项目	续建	该项目位于五大堡乡濛於村，古建筑资源、人文景观、自然风景丰富，项目建设内容为红色纪念公园、濛於古廊桥、应岭岚古道、昶园四合院等，绿色与红色兼备，自然与人文并存	2017～2018	2000	旅委
50	蜂巢驻宿．庆元站	新建	选址于西川村祠堂右侧延伸出去的整块平地及悬崖体，占地面积约 8 亩，主要建设内容为：宿营地区、悬崖酒店 3～5 个、餐厅包厢、美食长廊、浙江最长无边泳池、温泉、百米悬崖英雄秋千、狗熊秋千、特色民宿“水影栖居”、多功能无边观光露台、对面悬崖人工景观“鱼化龙”瀑布、独占鳌头雕像等	2017～2018	10000	旅委
51	五都禾木氧吧小镇	新建	位于巾子峰山脚（五都夏至湾），一期流转面积 1200 亩，总投资 10 亿元，建设以第五都市为主题的农林旅游特色小镇，构建在休闲中积淀、在旅游中陶冶的典范	2018～2020	100000	▲旅委 松源街道
52	大济历史文化古村落保护项目	续建	进村道路拓宽和人行道工程，文化广场、名登天府坊和大济溪景观节点打造及外立面改造，核心区旅游线路管线下地和外立面改造，核心区 5 幢古建古民居修复，村庄内亮化工程；大济村核心区内 3.9 千米巷道污水管道的埋设和路面恢复，路面恢复面积 7800 平方米；大济村核心区剩余巷道污水管道的埋设和路面恢复；环村路水沟整治，长度约 1.2 千米；新建公厕两座，河道清淤清渣，下洋道路硬化	2014～2017	3787	濛洲街道
53	西演村旅游综合体	新建	主要建设古民居建筑群、文化广场、景观亭、西演村口至兰溪桥水库大坝休闲绿道、游步道、攀岩、水上乐园等旅游基础设施以及配套的各类酒店（含酒店、酒店式公寓、联排产权式酒店、独栋产权式酒店）	2018～2020	20000	濛洲街道
54	历史文化村落保护利用项目	续建	历史文化村落重点村和一般村的保护和利用	2013～2020	23000	农办

续表

序号	项目名称	建设性质	建设规模及主要内容	起止年限	总投资（万元）	责任单位（标▲为牵头单位）
55	农家乐综合体创建	续建	创建市级农家乐特色村5个以上、农家乐综合体6个以上、二星级以上农家乐经营户（点）100家，全县农家乐床位数达到3000张，餐位数达18000个，接待能力和吸纳劳动力能力明显增强	2014～2020	20000	农办
56	“百村百亿”项目	新建	拟选址县城周边村落，将乡村农耕文化与度假相结合，打造具有标识感和传播力的村落度假景观	2018～2020	10000	农办
57	十八卡休闲度假村	新建	项目总开发面积约200亩，规划主要包括会务娱乐区、水上活动区、休闲度假区、体育健身区、森林浴场等	2019～2020	30000	农办 竹口镇
58	庆元竹山中药材农业综合体建设项目	新建	选址五大堡乡竹山村、岭头等乡镇，新建铁皮石斛、重楼等中药材基地100亩，并发展中药材深加工、乡村休闲等	2019～2020	4600	农业局
59	蔡段美丽乡村建设项目	新建	村庄环境整治、绿化亮化、景观营造、基础设施建设、产业培育	2017～2018	1000	屏都街道
60	三山根博园二期	新建	项目位于屏都街道菊隆隧道西侧，主要建设游客服务中心、千年根艺文化长廊、停车场、设备购置等	2018～2019	3000	屏都街道
61	丽水栖·花园生态养生体验区	新建	项目位于屏都街道，占地500亩，分树屋露营区、渔猎文化体验区、乡村采摘区、亲水休闲区、儿童游乐区、沿溪景观轴等区块进行打造	2017～2019	8000	屏都街道
62	气象主题公园建设工程	续建	建筑占地面积259平方米、总建筑面积479平方米，主要建设气象科普馆一幢及园林绿化、景观小品、园路、休闲等	2016～2018	1254	气象局
63	香菇小镇创建3A级及以上景区工程	续建	3.57平方千米，按一区四园的布局，进行综合打造	2017～2019	20000	食用菌管理局
64	松源溪流域综合治理工程	续建	治理河道干流26.3千米，支流24千米，打造省级水利风景区	2016～2020	60878	水利局
65	竹口溪流域综合治理工程	续建	治理河道40.43千米，新建堤防57.06千米，新建堰坝13座，以及基础设施配套建设	2016～2020	11300	水利局
66	清凉亭水利风景区	新建	在百山祖景区通景公路后广段创建清凉亭水利风景区	2017	500	水利局
67	岙后旅游休闲综合体项目	新建	该项目岙后村，占地2000亩，以生态开发为宗旨，集种植、养殖、旅游休闲、观光、养老、写生、民宿为一体的农村风情特色旅游综合体项目，兴建集餐饮、民宿、休闲、游乐为一体的多功能休闲园区	2019～2020	20000	松源街道
68	熏峰生态农业休闲综合体建设项目	新建	拟在松源街道底村建设熏峰生态农业休闲综合体建设基地，主要进行果树种植、销售、农家乐、餐饮、住宿、旅游等项目开发	2017	2300	松源街道
69	薰山下禅茶文化区	新建	利用熏山下村、薰山茶园、薰山梯田、薰山等旅游资源，打造薰山下禅茶文化区	2017～2019	3000	松源街道

续表

序号	项目名称	建设性质	建设规模及主要内容	起止年限	总投资（万元）	责任单位（标▲为牵头单位）
70	五大堡乡摄影基地建设项目	新建	主要建设内容包括摄影楼台和廊道、民食民宿等	2019～2020	1000	五大堡乡
71	最慢小镇3A级景区创建项目	新建	1. 打造猕猴戏耍区1000万（新建游步道及防护设施，旅游厕所、观景台，引入训猴团队）；2. 开发青龙峡景区5000万（新建游步道4千米，景区厕所3个，停车坪1个，观景台）；3. 黄淤休闲垂钓区2000万（新建游步道、钓台、厕所、停车场、房车露营基地）；4. 发展养生植物园5000万（利用岱头林场千亩中草药种植项目，建设中医药植物观光园、中草药陈列馆体验区，发展中医养生旅游商品，发展观光旅游）	2017～2018	13000	贤良镇
72	淤上乡长砻农业综合体开发工程	新建	蓝莓种植、观光道建设、旅游开发等	2017～2018	2000	淤上乡
73	淤上乡黄沙洋农业观光园提升工程	新建	观光廊、游步道、大棚建设工程等	2017～2018	1000	淤上乡
74	淤上乡安溪淤上段水上运动功能区建设工程	新建	水上设施、溪两岸景观带建设工程	2017～2018	1000	淤上乡
75	吾田头鲤鱼背沙滩水上公园项目	新建	项目位于淤上乡，拥有自然堆积而成的沙滩聚集地，河道上下阶梯水景优美，公路旁的梯田层层相映。可开发沙滩休闲、沙滩烧烤、农业采摘、花海观赏、旅游涉水等	2019～2020	3000	淤上乡
76	庆元县现代休闲农业综合体建设项目	新建	占地500亩，建成集生产、观光、科普、休闲、旅游、民宿、度假、农家乐等为一体的农业综合体项目	2018～2020	20000	淤上乡 农业局
77	南阳溪生态养生旅游区	续建	在南阳溪主流沿线全面开发生态养身、自然观光、生态体验等各类旅游产品，同时建设相对完善的旅游接待服务设施和旅游基础设施	2016～2019	3500	张村乡
78	金后西生态观光园区	新建	在张村乡金丝岱、后溪、西管岚等村打造几处重点的生态观光农业园区，以山茶油、高山红米、田鲤鱼、高山蔬菜等产业全面推广观光农业及产业发展	2017～2019	1500	张村乡
79	竹口镇崔家田历史文化村落保护	新建	一般历史文化名村建设	2017	700	竹口镇
80	竹口镇森林公园建设	新建	建设景观平台、凉亭、游步道及绿化	2017	600	竹口镇
81	庆元县黄坛农旅融合产业区	新建	对黄坛水干果基地、龙井瀑布群等进行农旅融合，综合开发	2019～2021	20000	竹口镇
82	三坑溪激流勇进项目	新建	项目位于竹口镇，全程共打造5千米漂流水道，是集峡谷体验、特色农家乐的农业观光项目	2018～2019	3000	竹口镇
83	新窑现代农业园项目	新建	项目位于竹口镇新窑，占地1000亩农田作为旅游观光农业建设基地，拥有明代建筑的窑址公园、寺庙建筑、基督教堂，发展农业体验、创意农产品加工等多元旅游产品	2019～2020	10000	竹口镇

续表

序号	项目名称	建设性质	建设规模及主要内容	起止年限	总投资（万元）	责任单位（标▲为牵头单位）
84	生态文明精品示范村建设	续建	实施“六边三化三美”村庄农房外立面改造	2014～2017	6000	住建局
85	城市夜景亮化工程	续建	城市部分街道重要建筑物进行亮化	2016～2017	5210	住建局
86	省级美丽宜居示范村建设	续建	续建月山村、车根村、新窑村等村庄的农房改造示范村建设；启动2～3个省级美丽宜居示范村建设	2015～2018	2810	住建局
87	小济洋城市绿地公园及城市展示馆	新建	总用地面积17210平方米，其中小济洋城市绿地公园9210平方米，城市展示馆约8000平方米	2017～2018	9500	住建局
88	丽水庆元祝家洋区块旅游综合开发项目	新建	该片区块位于松源溪与会溪交汇处，是老城的入城门户，景观地位重要，区内保留大量传统居民建筑，对该区块进行特色民宿集聚区，配套民宿酒店、商业休闲部分等综合开发	2018～2020	5000	住建局
89	庆元城市形象更新工程	新建	以江滨路、石龙街、松源街区块为重点，融入香菇、廊桥等特色文化元素，突出体现庆元特色风貌，对城市形象进行功能提升	2017～2020	30000	住建局
				合计	1468913	

附　录

2017年中共庆元县委文件目录一览表

表6

庆委发文	发布期	标　题
1	2017—01—04	中国共产党庆元县第十四次代表大会关于县纪律检查委员会工作报告的决议
2	2017—01—04	中共庆元县委关于印发县第十四次党代会纪委工作报告的通知
3	2017—01—10	中国共产党庆元县第十四届委员会工作规则
4	2017—01—10	中共庆元县委关于从严加强干部队伍建设锻造用力绿色发展潮头庆元铁军的决定
5	2017—01—24	中共庆元县委关于转发赵玻同志任职的通知
6	2017—02—03	中共庆元县委关于印发《庆元县深化监察体制改革试点实施方案》的通知
7	2017—02—08	中共庆元县委　庆元县人民政府关于命名、表彰2016年度政法平安综治先进集体和先进个人的通报
8	2017—02—08	中共庆元县委　庆元县人民政府办公室关于表彰2016年度信访工作先进集体和先进个人的通报
9	2017—02—08	中共庆元县委　庆元县人民政府办公室关于表彰2016年度先进集体和先进个人的通报
10	2017—02—21	中共庆元县委关于建立庆元县第十六届人民代表大会第一次会议政协第九届庆元县委员会第一次会议临时党委的通知
11	2017—02—21	中共庆元县委关于同意成立庆元县委老干部党校的批复
12	2017—03—30	中共庆元县委　庆元县人民政府办公室关于2016年全县工业经济发展奖励结果的通报
13	2017—03—30	中共庆元县委　庆元县人民政府关于2016年度全县招商引资工作考核奖励结果的通报
14	2017—04—05	中共庆元县委关于落实全面从严治党主体责任有关问题的整改方案
15	2017—05—03	中共庆元县委关于给予沈泉鑫开除党籍处分的批复
16	2017—05—03	中共庆元县委关于给予姚卢庆党政纪处分的批复
17	2017—05—03	中共庆元县委关于印发《中共庆元县委常委会2017年工作要点》的通知
18	2017—05—05	中共庆元县委关于给予施必钊党政纪处分的批复
19	2017—05—31	中共庆元县委关于调整县委全面深化改革领导小组的通知
20	2017—07—10	中共庆元县委关于给予吴孝安同志严重警告处分的批复
21	2017—08—10	中共庆元县委关于调整县委网络安全和信息化领导小组的通知
22	2017—09—07	中共庆元县委关于王忠同志任职的通知
23	2017—09—22	中共庆元县委关于深入践行新发展理念、增创县域发展新优势的决定
24	2017—09—22	中共庆元县委关于建设美丽“大花园”勇争最美“花骨朵”的若干意见
25	2017—09—27	中共庆元县委关于同意召开庆元县党外知识分子联谊会第三届理事代表大会的批复
26	2017—09—27	中共庆元县委关于同意召开庆元县第二次归侨侨眷代表大会的批复
27	2017—10—27	中共庆元县委关于同意召开庆元县第一次台胞台属代表大会的批复
28	2017—11—03	中共庆元县委关于给予叶兴良同志党内警告处分的批复
29	2017—11—17	中共庆元县委关于认真学习贯彻党的十九大精神的通知
30	2017—12—08	中共庆元县委　庆元县人民政府关于命名庆元县文明单位、文明乡镇（街道）的决定
31	2017—12—08	中共庆元县委关于印发《中共庆元县委巡察工作规划（2017～2021年）》的通知
32	2017—12—25	中共庆元县委关于转发申建军同志任职的通知
33	2018—01—05	中共庆元县委关于给予沈泉鑫行政撤职处分的批复
34	2018—01—05	中共庆元县委关于给予瞿华斌党纪政务处分的批复

2017年中共庆元县委办公室文件一览表

表7

庆委办发文	发布时间	标题
1	2017—01—04	中共庆元县委办公室关于召开县委十四届二次全体会议的通知
2	2017—01—05	中共庆元县委办公室　庆元县人民政府办公室关于建立低收入农户动态管理和帮扶长效机制的通知
3	2017—01—13	中共庆元县委办公室关于下属事业单位岗位设置方案的函
4	2017—01—13	中共庆元县委办公室　庆元县人民政府办公室关于调整庆元县县级河长的通知
5	2017—01—18	中共庆元县委办公室关于召开县委理论学习中心组学习（扩大）会暨务虚会的通知
6	2017—01—18	中共庆元县委办公室　庆元县人民政府办公室关于2016年度乡镇（街道）、县属单位落实全面从严治党主体责任检查考核情况的通报
7	2017—01—24	中共庆元县委办公室关于召开乡镇（街道）党（工）委书记抓基层党建工作述职评议会议的通知
8	2017—02—03	中共庆元县委办公室　庆元县人民政府办公室关于认真做好2017年节假日期间值班工作的通知
9	2017—02—06	中共庆元县委办公室　庆元县人民政府办公室关于召开县委十四届三次全会　十五届政府七次全会暨全县干部大会的通知
10	2017—02—13	中共庆元县委办公室关于召开中国共产党庆元县第十四届记录检查委员会第二次全体（扩大）会议的通知
11	2017—02—16	中共庆元县委办公室　庆元县人民政府办公室关于印发《关于开展“红袖套”全民大防控行动的实施方案》的通知
12	2017—02—16	中共庆元县委办公室　庆元县人民政府办公室关于印发《关于开展信访积案大化解“清零行动”的实施方案》的通知
13	2017—02—16	中共庆元县委办公室　庆元县人民政府办公室关于印发《关于建立“老娘舅”志愿者调解服务中心强化矛盾纠纷“大调解”的实施方案》的通知
14	2017—02—21	中共庆元县委办公室关于做好县第十四次党代会代表提案办理工作的通知
15	2017—02—21	中共庆元县委办公室　庆元县人民政府办公室关于调整庆元县地质灾害防治工作领导小组成员的通知
16	2017—02—21	中共庆元县委办公室　庆元县人民政府办公室关于成立庆元县土地整治工作领导小组的通知
17	2017—02—21	中共庆元县委办公室　庆元县人民政府办公室关于2016年度乡镇（街道）、县属单位落实意识形态主体责任检查考核情况的通报
18	2017—02—23	中共庆元县委办公室　庆元县人民政府办公室关于开展治危拆违和环境整治每月一次集中统一行动的通知
19	2017—03—06	中共庆元县委办公室关于召开庆元县贯彻落实丽水市第四次党代会精神学习传达会的通知
20	2017—03—06	中共庆元县委办公室　庆元县人民政府办公室关于印发《“811”美丽庆元建设行动方案》的通知
21	2017—03—10	中共庆元县委办公室关于限时报结省委巡视组反馈意见整改落实情况的通知
22	2017—03—16	中共庆元县委办公室　庆元县人民政府办公室关于调整“寻梦菇乡　养生庆元”乡村文化旅游季工作领导小组成员的通知
23	2017—03—15	中共庆元县委办公司关于成立庆元县村和社区组织换届选举工作领导小组的通知
24	2017—03—16	中共庆元县委办公室关于成立庆元县村和社区组织换届选举工作指导组的通知
25	2017—03—16	中共庆元县委办公室　庆元县人民政府办公室关于表彰2016年度抗洪（台）救灾先进集体和先进个人的通报
26	2017—03—22	中共庆元县委办公室　庆元县人民政府办公室关于表彰2016年度“六边三化三美”工作先进集体和先进个人的通报
27	2017—03—27	中共庆元县委办公室关于调整县级领导干部和县机关单位联系乡镇（街道）的通知

续表 7

庆委办发文	发布时间	标题
28	2017—03—27	中共庆元县委办公室　庆元县人民政府办公室关于做好村和社区组织换届选举工作的实施意见
29	2017—03—28	中共庆元县委办公室　庆元县人民政府办公室关于转发县档案局（馆、史志办）《〈庆元年鉴（2017）〉编纂工作方案》的通知
30	2017—03—28	中共庆元县委办公室关于印发《2017 年度县委理论学习中心组学习计划》的通知
31	2017—03—28	中共庆元县委办公室关于印发《中共庆元县委理论学习中心组学习制度》的通知
32	2017—04—06	中共庆元县委办公室关于召开县委十四届三次全体会议的通知
33	2017—04—06	中共庆元县委办公室　庆元县人民政府办公室关于印发《第七届"庆元生态日"活动方案》的通知
34	2017—04—06	中共庆元县委办公室　庆元县人民政府办公室关于表彰 2016 年度农村党组织第一书记（农村工作指导员）工作先进派出单位和优秀县派农村党组织第一书记（农村工作指导员）的通报
35	2017—04—10	中共庆元县委办公室　庆元县人民政府办公室关于开展单位和党员、干部违法用地违法建设专项整治行动的通知
36	2017—04—10	中共庆元县委办公室　庆元县人民政府办公室关于印发《庆元县地质灾害综合治理"大搬快治"三年行动实施方案》的通知
37	2017—04—10	中共庆元县委办公室　庆元县人民政府办公室关于印发《庆元县地址灾害避让搬迁安置实施意见》的通知
38	2017—04—19	中共庆元县委办公室关于开展剿灭劣 V 类水和散养生猪整治工作督导的通知
39	2017—04—26	中共庆元县委办公室　庆元县人民政府办公室关于印发《庆元县"绿色发展　百团大战"行动实施方案》的通知
40	2017—04—26	中共庆元县委办公室　庆元县人民政府办公室关于设立庆元县河长制办公室的通知
41	2017—04—26	中共庆元县委办公室　庆元县人民政府办公室　政协庆元县委员会办公室关于印发《中共庆元县委庆元县人民政府政协庆元县委员会 2017 年度协商工作计划》的通知
42	2017—04—27	中共庆元县委办公室　庆元县人民政府办公室关于成立县基层治理体系"四个平台"建设领导小组的通知
43	2017—04—27	中共庆元县委办公室　庆元县人民政府办公室关于印发《2017 年庆元县普法教育依法治理工作要点》的通知
44	2017—04—28	中共庆元县委办公室　庆元县人民政府办公室关于实行 2017 年庆元县重点项目投资领办制度的通知
45	2017—04—28	中共庆元县委办公室　庆元县人民政府办公室关于表彰 2016 年度项目推进工作先进单位及个人的通报
46	2017—04—28	中共庆元县委办公室　庆元县人民政府办公室关于调整庆元县小城镇环境综合整治行动领导小组成员的通知
47	2017—05—03	中共庆元县委办公室关于印发《中共庆元县委落实市委意识形态工作检查反馈意见的整改方案》
48	2017—05—05	中共庆元县委办公室　庆元县人民政府办公室关于印发《2017 年党风廉政建设和反腐败工作组织领导和责任分工》的通知
49	2017—05—05	中共庆元县委办公室　庆元县人民政府办公室关于印发《庆元县 2017 年度乡镇（街道）和县属各单位落实全面从严治党主体责任检查考核细则》的通知
51	2017—05—09	中共庆元县委办公室　庆元县人民政府办公室关于深入开展"精准服务企业　振兴实体经济""双百"专项行动的通知
52	2017—05—09	中共庆元县委办公室　庆元县人民政府办公室关于 2017 年第一批招商签约项目盯引任务分解落实的通知
53	2017—05—11	中共庆元县委办公室　庆元县人民政府办公室关于印发《庆元县 2017 年度重点工作任务分解清单》的通知
54	2017—5—11	中共庆元县委办公室　庆元县人民政府办公室关于对 2017 年度重点工作推进情况进行综合督查的通知

续表 7

庆委办发文	发布时间	标题
55	2017—05—16	中共庆元县委办公室　庆元县人民政府办公室关于表彰 2016 年度“五水共治”工作先进集体和先进个人的通报
56	2017—05—18	中共庆元县委办公室　庆元县人民政府办公室印发《关于开展高速公路连接线两侧及重点点位专项环境综合整治行动的方案》的通知
57	2017—05—18	中共庆元县委办公室关于调整县委办领导班子成员工作分工的通知
58	2017—05—19	中共庆元县委办公室　庆元县人民政府办公室关于印发《庆元县加强旅游人才队伍建设的实施办法》的通知
59	2017—05—31	中共庆元县委办公室关于启用中共庆元县委全面深化改革领导小组和中共庆元县委全面深化改革领导小组办公室印章的通知
60	2017—05—31	中共庆元县委办公室　庆元县人民政府办公室关于印发《调整和完善庆元县指挥部及重点工作推进办公室实施方案》的通知
61	2017—05—31	中共庆元县委办公室　庆元县人民政府办公室关于举办“我最爱的习总书记的一句话”微型党课比赛的通知
62	2017—05—31	中共庆元县委办公室　庆元县人民政府办公室关于表彰 2016 年度党务政务信息工作先进单位和优秀信息员的通知
63	2017—05—31	中共庆元县委办公室关于印发《县委全面深化改革领导小组 2017 年工作要点》的通知
64	2017—06—01	中共庆元县委办公室　庆元县人民政府办公室关于“十件要是”“十件微事”任务分解的通知
65	2017—06—01	中共庆元县委办公室　庆元县人民政府办公室关于开展庆元县外出创业人员和乡贤情况摸底调查工作的通知
66	2017—06—01	中共庆元县委办公室　庆元县人民政府办公室关于进一步落实《浙江省生态文明建设评价体系（试行）》工作的通知
67	2017—06—08	中共庆元县委办公室关于邀请市领导参加告诉连接线开通仪式的请示
68	2017—06—08	中共庆元县委办公室　庆元县人民政府办公室关于表彰 2016 年度“三改一拆”工作先进集体和先进个人的通报
69	2017—06—08	中共庆元县委办公室关于实施庆元县 2017 年压实党建主体责任清单制的通知
70	2017—06—09	中共庆元县委办公室　庆元县人民政府办公室关于印发《2017 年县委、县政府领导重点调研课题》的通知
71	2017—06—19	中共庆元县委办公室　庆元县人民政府办公室关于印发《庆元巾子峰景区创建国家 4A 级旅游景区工作方案和计划任务书》的通知
72	2017—06—19	中共庆元县委办公室关于召开全县领导干部会议的通知
73	2017—06—21	中共庆元县委办公室　庆元县人民政府办公室关于授予朱志成等 30 名同志庆元县“名医师（名护士）”“医坛新秀”荣誉称号的通知
74	2017—06—29	中共庆元县委办公室关于转发《中共庆元县委防范和处理邪教问题领导小组 2017 年工作要点》的通知
75	2017—06—29	中共庆元县委办公室　庆元县人民政府办公室印发《关于开展“寻找庆元最美风景”活动实施方案》的通知
76	2017—07—06	中共庆元县委办公室　庆元县人民政府办公室关于成立创建“浙江省全域旅游示范县”工作领导小组的通知
77	2017—07—06	中共庆元县委办公室关于印发《关于推进“两学一做”学习教育常态化制度化的实施意见》的通知
78	2017—07—06	中共庆元县委办公室关于印发《关于建立健全党风廉政建设党委主体责任和纪委监督责任落实机制的意见》的通知
79	2017—07—06	中共庆元县委办公室关于印发《2017 年庆元县党建工作要点》的通知
80	2017—07—10	中共庆元县委办公室　庆元县人民政府办公室关于建立县级领导干部和县机关单位联系乡镇（街道）农村土地承包经营权确权登记颁证工作和全面消除集体经济薄弱村工作的通知
81	2017—07—10	中共庆元县委办公室　庆元县人民政府办公室关于调整丽水市农村金融改革试点庆元工作领导小组成员的通知

续表 7

庆委办发文	发布时间	标题
82	2017—07—19	中共庆元县委办公室　庆元县人民政府办公室关于印发《庆元县“平安护航十九大大会战”实施方案》的通知
83	2017—07—19	中共庆元县委办公室关于开展党建主体责任落实情况年中检查的通知
84	2017—07—19	中共庆元县委办公室　庆元县人民政府办公室关于调整县级河长的通知
85	2017—07—24	中共庆元县委办公室　庆元县人民政府办公室关于表彰综合环境集中整治月先进集体的通报
86	2017—07—24	中共庆元县委办公室　庆元县人民政府办公室关于印发《庆元县创建省全域旅游示范县工作实施方案》的通知
87	2017—07—25	中共庆元县委办公室　庆元县人民政府办公室关于开展安全生产综合大检查的通知
88	2017—07—28	中共庆元县委办公室关于调整部分非常设机构成员的通知
89	2017—08—04	中共庆元县委办公室　庆元县人民政府办公室关于成立首届世界丽水人大会庆元分会场筹备工作领导小组的通知
90	2017—08—04	中共庆元县委办公室　庆元县人民政府办公室关于印发《关于实施消除集体经济薄弱村三年行动计划的意见》的通知
91	2017—08—10	中共庆元县委办公室　庆元县人民政府办公室关于成立庆元县消除集体经济薄弱村工作领导小组的通知
92	2017—08—10	中共庆元县委办公室　庆元县人民政府办公室关于全面调整“路段长制”纵深推进“六边三化三美”和小城镇环境综合整治工作的通知
93	2017—08—10	中共庆元县委办公室　庆元县人民政府办公室关于印发《关于建立基层治理全科网络制度的实施意见》的通知
94	2017—08—10	中共庆元县委办公室　庆元县人民政府办公室关于调整县国家安全工作领导小组的通知
95	2017—08—18	中共庆元县委办公室关于召开县委十四届五次全体（扩大）会议的通知
96	2017—08—18	中共庆元县委办公室　庆元县人民政府办公室关于印发《中央环境保护督察协调保障工作方案》的通知
97	2017—08—18	中共庆元县委办公室　庆元县人民政府办公室关于建立市综合考核及省 26 县发展实绩考核指标进度分析例会制度的通知
98	2017—08—18	中共庆元县委办公室　庆元县人民政府办公室关于转发《关于 2017 年度市综合考核工作实施意见的通知》《2017 年度县（市、区）考核指标目标值和计分办法》的通知
99	2017—08—18	中共庆元县委办公室　庆元县人民政府办公室关于印发《庆元县百山祖避暑乐氧小镇“生态古民居”项目配套扶持政策方案》的通知
100	2017—08—18	中共庆元县委办公室　庆元县人民政府办公室关于开展上半年“十件大事”“十件实事”“十件要事”“十件微事”完成情况专项督查的通知
101	2017—08—25	中共庆元县委办公室关于印发《关于当前我县意识形态领域情况的通报》的通知
102	2017—08—25	中共庆元县委办公室　庆元县人民政府办公室关于进一步规范县管领导干部外出请假审批和严格执行值班工作、保持通讯通畅制度的通知
103	2017—08—25	中共庆元县委办公室　庆元县人民政府办公室关于开展消防安全隐患集中排查整治行动的通知
104	2017—08—25	中共庆元县委办公室关于印发《关于进一步深化技能型乡镇政府建设加快建设服务型乡镇政府的实施意见》的通知
105	2017—08—25	中共庆元县委办公室　庆元县人民政府办公室关于印发《关于补齐科技创新短板的若干意见》的通知
106	2017—08—31	中共庆元县委办公室关于全县落实全面从严治党主体责任年中检查情况的通报
107	2017—08—31	中共庆元县委办公室关于推行“对标大比拼”工作机制的实施意见
108	2017—08—31	中共庆元县委办公室　庆元县人民政府办公室关于印发《关于庆元县推动传统媒体和新兴媒体融合发展的实施意见》的通知
109	2017—08—31	中共庆元县委办公室　庆元县人民政府办公室关于实行县领导和县机关单位与小城镇环境综合整治行动达标乡镇（街道、集镇）联系制度的通知
110	2017—08—31	中共庆元县委办公室　庆元县人民政府办公室关于调整庆元县创建“浙江省教育现代化县”工作领导小组的通知

续表 7

庆委办发文	发布时间	标题
111	2017—08—31	中共庆元县委办公室　庆元县人民政府办公室关于印发创建“浙江省教育基本现代化”工作责任分解与推进计划的通知
112	2017—08—31	中共庆元县委办公室　庆元县人民政府办公室关于印发《2017 年庆元县“扫黄打非”工作行动方案》的通知
113	2017—09—07	中共庆元县委办公室关于进一步规范“书记信箱”信件办理的通知
114	2017—09—07	中共庆元县委办公室　庆元县人民政府办公室关于表彰创建国家卫生县城工作先进集体和先进个人的决定
115	2017—09—07	中共庆元县委办公室　庆元县人民政府办公室关于成立松源溪流域综合治理工作领导小组的通知
116	2017—09—07	中共庆元县委办公室　庆元县人民政府办公室关于印发《庆元县促进农民增收致富专项行动方案》的通知
117	2017—09—07	中共庆元县委办公室　庆元县人民政府办公室关于开展第 33 个教师节庆祝活动的通知
118	2017—09—07	中共庆元县委办公室　庆元县人民政府办公室关于召开庆祝第 33 个教师节优秀教师表彰会暨省教育基本现代化县创建工作推进会的通知
119	2017—09—14	中共庆元县委办公室关于对基层党建、“大搬快治”、“四个平台”、技能型乡镇政府建设和“8+8”指挥部（推进办）开展综合督查的通知
120	2017—09—14	中共庆元县委办公室　庆元县人民政府办公室关于建立大防控平安维稳信息研判工作机制的通知
121	2017—09—14	中共庆元县委办公室　庆元县人民政府办公室关于印发《庆元县“特色古村落景区化”打造提升实施方案》的通知
122	2017—09—22	中共庆元县委办公室　庆元县人民政府办公室关于成立庆元县退役士兵安置和权益保障工作专班的通知
123	2017—09—22	中共庆元县委办公室　庆元县人民政府办公室关于举水乡落实维稳工作有关问题的通报
124	2017—09—22	中共庆元县委办公室关于印发《庆元县党委（党组）理论中心组学习实施细则》的通知
125	2017—09—27	中共庆元县委办公室　庆元县人民政府办公室关于印发《庆元县部门派驻乡镇（街道）机构和人员管理办法（试行）》的通知
126	2017—09—27	中共庆元县委办公室　庆元县人民政府办公室关于印发《关于进一步做好低收入农户精准扶贫工作的实施意见》的通知
127	2017—09—27	中共庆元县委办公室　庆元县人民政府办公室关于印发《关于做好服务保障党的十九大网络安全工作的实施方案》的通知
128	2017—10—17	中共庆元县委办公室　庆元县人民政府办公室关于建立庆元县省级示范文明县城创建责任网格工作制度的通知
129	2017—10—17	中共庆元县委办公室关于在“两学一做”学习教育常态化制度化工作中进一步发挥党员领导干部示范带头作用的通知
130	2017—10—27	中共庆元县委办公室　庆元县人民政府办公室关于成立庆元县基层治理体系“四个平台”综合信息指挥中心的通知
131	2017—10—27	中共庆元县委办公室　庆元县人民政府办公室关于成立庆元县特色小镇规划建设工作领导小组的通知
132	2017—10—27	中共庆元县委办公室　庆元县人民政府办公室关于成立民生实事项目人大代表票决制工作领导小组的通知
133	2017—10—27	中共庆元县委办公室　庆元县人民政府办公室关于成立县公共安全视频监控建设联网应用工作领导小组的通知
134	2017—10—27	中共庆元县委办公室关于印发《庆元县群团改革总体方案》及《庆元县工会改革实施方案》《庆元县共青团改革实施方案》《庆元县科协系统深化改革实施方案》的通知
135	2017—10—27	中共庆元县委办公室关于成立庆元县委老干部党校校务委员会的通知
136	2017—10—27	中共庆元县委办公室关于召开全县领导干部会议的通知
137	2017—11—03	中共庆元县委办公室　庆元县人民政府办公室关于印发《关于建立社区矫正工作责任清单制度的意见》的通知

续表 7

庆委办发文	发布时间	标题
138	2017—11—03	中共庆元县委办公室　庆元县人民政府办公室关于印发《2017 年庆元县项目政策集中攻坚行动实施方案》的通知
139	2017—11—03	中共庆元县委办公室　庆元县人民政府办公室关于印发《关于进一步深化庆元县预防青少年违法犯罪工作的实施意见》的通知
140	2017—11—17	中共庆元县委办公室　庆元县人民政府办公室关于调整兰溪桥水库扩建工程建设指挥部成员的通知
141	2017—11—17	中共庆元县委办公室关于开展党的十九大精神宣讲活动的通知
142	2017—11—17	中共庆元县委办公室　庆元县人民政府办公室关于进一步加强我县公共机构节能工作的紧急通知
143	2017—11—17	中共庆元县委办公室　庆元县人民政府办公室关于建立庆元县 2017 年度重大招商项目落地推进服务工作领导小组的通知
144	2017—11—17	中共庆元县委办公室　庆元县人民政府办公室关于印发《庆元县垦造耕地专项资金管理办法（试行）》的通知
145	2017—11—17	中共庆元县委办公室　庆元县人民政府办公室关于印发《庆元县地质灾害综合治理“大搬快治”三年行动提速攻坚工作实施方案》的通知
146	2017—12—01	中共庆元县委办公室关于切实做好 2018 年度党报党刊发行工作严格规范报刊发行秩序的通知
147	2017—12—01	中共庆元县委办公室关于印发《2017 年县委巡察工作情况的通报》的通知
148	2017—12—08	中共庆元县委办公室　庆元县人民政府办公室关于成立庆元县深化山海协作领导小组的通知
150	2017—12—25	中共庆元县委办公室　庆元县人民政府办公室关于印发《浙江省环境保护督察协调保障工作方案》的通知
149	2017—12—15	中共庆元县委办公室　庆元县人民政府办公室关于成立庆元县基本解决执行难工作领导小组的通知
151	2017—12—25	中共庆元县委办公室　庆元县人民政府办公室关于印发《庆元县全面深化河长制工作方案（2017 ～ 2020）》的通知
152	2017—12—25	中共庆元县委办公室关于印发《2017 年度农村基层作风巡查工作情况的通报》的通知
153	2017—12—25	中共庆元县委办公室　庆元县人民政府办公室关于征集 2018 年全县十件大事、十件民生实事和十件关键小事建议事项的通知
154	2017—12—25	中共庆元县委办公室　庆元县人民政府办公室关于印发《关于建立健全信息发布和政策解读机制的实施办法》的通知
155	2017—12—25	中共庆元县委办公室　庆元县人民政府办公室关于印发《关于支持人民法院团基本解决执行难工作的意见》的通知
156	2017—12—25	中共庆元县委办公室关于印发县级领导干部联系高层次人才、党建示范点及软弱落后党组织制度的通知
157	2017—12—25	中共庆元县委办公室　庆元县人民政府办公室关于印发《庆元县党政机关国内公务接待管理办法》的通知
158	2017—12—25	中共庆元县委办公室　庆元县人民政府办公室关于开展 2017 年度考核评比工作的通知
159	2017—12—25	中共庆元县委办公室转发《县委宣传部、县委组织部关于做好〈习近平谈治国理政〉第二卷学习宣传工作的通知》的通知
160	2017—12—25	中共庆元县委办公室　庆元县人民政府办公室关于开展 2017 年度乡镇（街道）目标管理责任制集中考核工作的通知
161	2018—01—05	中共庆元县委办公室　庆元县人民政府办公室关于印发《庆元县分级分责落实信访工作责任制实施细则》的通知
162	2018—01—05	中共庆元县委办公室　庆元县人民政府办公室关于做好 2018 年元旦春节期间有关工作的通知
163	2018—01—15	中共庆元县委办公室　庆元县人民政府办公室关于成立丽水（庆元）绿色发展综合改革创新区建设领导小组的通知

2017 年庆元县人民政府文件一览表

表 8

庆政发文号	发文期	标题
1	2017—01—04	庆元县人民政府关于要求转报新建衢州至宁德铁路（庆元段）建设项目用地的请示
2	2017—01—11	庆元县人民政府 2016 年度法治政府建设工作报告
3	2017—01—17	庆元县人民政府关于庆元县 2016 年消防工作情况的报告
4	2017—02—10	庆元县人民政府关于提请沈亦平免职的议案
5	2017—02—16	庆元县人民政府关于 2016 年度大气污染防治实施情况的报告
6	2017—02—24	庆元县人民政府关于报送《庆元县重点生态功能区小城市培育试点三年（2017 ～ 2019 年）行动计划》（正式稿）的请示
7	2017—03—05	庆元县人民政府关于报送 2016 年发展实绩考核指标完成情况的报告
8	2017—03—05	庆元县人民政府关于提请吴勤等职务任免的议案
9	2017—03—08	庆元县人民政府关于开展 2016 年度耕地保护责任目标考核自查工作报告
10	2017—03—08	庆元县人民政府关于竞争特别扶持财政专项激励政策的报告
11	2017—03—08	庆元县人民政府关于申报“两山”建设财政专项激励资金的请示
12	2017—03—13	庆元县人民政府关于《庆元县人大常委会关于庆元县乡村旅游发展情况报告的审议意见》落实情况的报告
13	2017—03—20	庆元县人民政府关于兰伶俐等同志组团赴德国法国访问的请示
14	2017—03—22	庆元县人民政府关于恳请解决衢宁铁路（庆元段）火车站场等配套基础设施用地、地质灾害综合治理“大搬快治”三年行动的新增建设用地计划及耕地占补问题的请示
15	2017—03—22	庆元县人民政府关于收回已落位新增建设用地指标的请示
16	2018—01—03	庆元县人民政府关于报送《浙江省庆元县国家重点生态功能区产业准入负面清单》及《浙江省庆元县国家重点生态功能区产业准入负面清单编制说明》的请示
17	2017—03—29	夫元县人民政府关于提请赵玻等任职的议案
18	2017—03—31	庆元县人民政府关于王国飞同志赴澳大利亚培训的请示
19	2017—04—12	庆元县人民政府关于提请吴勤等任职的议案
20	2017—04—14	庆元县人民政府关于报送 2016 年度实行最严格水资源管理制度考核工作自查报告的函
21	2017—04—18	庆元县人民政府关于要求提升食用菌科研条件与良种繁育能力建设工作专项经费的请示
22	2017—04—21	庆元县人民政府关于要求将庆元县列入省光伏小康工程试点县的请示
23	2017—04—22	庆元县人民政府关于要求批准庆元县定向培养小学全科及中学紧缺学科教师实施方案的请示
24	2017—05—27	庆元县人民政府关于报送庆元县“两山（一类）”建设财政专项激励政策实施方案的报告
25	2017—06—13	庆元县人民政府关于报批《庆元县矿产资源规划（2016 ～ 2020）》的请示
26	2017—06—13	庆元县人民政府关于要求批复《庆元县兰溪桥水库扩建工程建设征地移民安置规划大纲》的请示
27	2017—06—16	庆元县人民政府关于提请审议批准 2017 年地方政府债务限额和债务预算调整方案的议案
28	2017—06—29	庆元县人民政府关于要求将庆寿高速公路列入省高速公路网规划的报告
29	2017—06—29	庆元县人民政府关于要求将规划省道仙居至庆元公路庆元段延伸工程纳入省道调整范围的报告
30	2017—06—29	庆元县人民政府关于要求将规划省道仙居至庆元公路庆元段延伸工程纳入省道调整范围的报告
31	2017—06—22	庆元县人民政府关于 2016 年基本建设预算执行及 2017 年基本建设预算安排情况的报告
32	2017—06—22	庆元县人民政府关于 2017 年政府重大投资项目计划的报告
33	2017—06—23	庆元县人民政府关于庆元县 2016 年度环境状况和环境保护目标完成情况的报告
34	2017—06—29	庆元县人民政府关于要求将庆寿高速公路列入省高速公路网规划的报告

续表 8

庆政发文号	发文期	标题
35	2017—06—29	庆元县人民政府关于要求将规划省道仙居至庆元公路庆元段延伸工程纳入省道调整范围的报告
36	2017—06—29	庆元县人民政府关于胡献如同志赴美国交流学习的请示
37	2017—06—29	庆元县人民政府关于兰伶俐等同志组团赴德国法国访问的请示
38	2017—07—28	庆元县人民政府关于提请祝美群免职的议案
39	2017—08—04	庆元县人民政府关于庆元县参加全省第二十一届水利“大禹杯”竞赛活动的请示
40	2017—08—04	庆元县人民政府关于上报庆元县食用菌一二三产业融合提升试点工程项目实施方案的报告
41	2017—08—09	庆元县人民政府关于要求同意我县 2017 年度土地利用总体规划跨乡镇调整的请示
42	2017—08—11	庆元县人民政府关于融资担保清理整改情况的报告
43	2017—08—11	庆元县人民政府关于要求批准 2016 年度庆元县财政决算的报告
44	2017—08—14	庆元县人民政府关于 2016 年度能源“双控”工作的总结报告
45	2017—08—17	庆元县人民政府关于庆元县 2016 年度财政预算执行和其他财政收支的审计工作报告
46	2017—08—17	庆元县人民政府关于 2017 年上半年国民经济和社会发展计划、财政预算执行情况的报告
47	2017—08—20	关于中环督信转〔2017〕08161101—庆—001 号信访件的调查处理报告
48	2017—08—22	关于丽环督信转〔2017〕08191101—庆—001 号信访件办理情况的报告
49	2017—08—22	庆元县人民政府关于报批庆元县农村信用合作联社开展股份制改革试点的请示
50	2017—08—24	庆元县人民政府关于李见阳等同志组团赴希腊、匈牙利访问的请示
51	2017—08—25	庆元县人民政府关于丽环督信转〔2017〕08231101—庆—001 号信访件办理情况的报告
52	2017—08—28	庆元县人民政府关于丽环督信转〔2017〕08251101—庆—001 号信访件办理情况的报告
53	2017—08—28	庆元县人民政府关于庆元县杨楼溪水库及供水工程社会稳定风险评估报告的审查意见
54	2017—08—30	庆元县人民政府关于丽环督信转〔2017〕08271101—庆—001 号信访件办理情况的报告
55	2017—08—30	庆元县人民政府关于要求将庆元县列入 2018 年扶持村级集体经济发展试点县的请示
56	2017—8—31	庆元县人民政府关于报送《庆元县兰溪桥水库扩建工程建设征地移民安置规划大纲（报批稿)》的报告
57	2017—08—31	庆元县人民政府关于丽环督信转〔2017〕08251101—庆—001 号信访件办理情况的报告
58	2017—09—01	庆元县人民政府关于丽环督信转〔2017〕08281101—庆—001 号信访件办理情况的报告
59	2017—09—01	庆元县人民政府关于丽环督信转〔2017〕08291101—庆—001 号信访件办理情况的报告
60	2017—09—04	庆元县人民政府关于丽环督信转〔2017〕09011101—庆—001 号信访件办理情况的报告
61	2017—09—04	庆元县人民政府关于要求追加森林采伐限额的请示
62	2017—09—05	庆元县人民政府关于丽环督信转〔2017〕09031101—庆—001 号信访件办理情况的报告
63	2017—09—07	庆元县人民政府关于丽环督信转〔2017〕09051101—庆—001 号信访件办理情况的报告
64	2017—09—08	庆元县人民政府关于丽环督信转〔2017〕09061101—庆—002 号信访件办理情况的报告
65	2017—09—08	庆元县人民政府关于丽环督信转〔2017〕09061101—庆—003 号信访件办理情况的报告
66	2017—09—08	庆元县人民政府关于丽环督信转〔2017〕09061101—庆—001 号信访件办理情况的报告
67	2017—09—09	庆元县人民政府关于丽环督信转〔2017〕09071101—庆—001 号信访件办理情况的报告
68	2017—09—09	庆元县人民政府关于丽环督信转〔2017〕09071101—庆—002 号信访件办理情况的报告
69	2017—09—10	庆元县人民政府关于丽环督信转〔2017〕09081101—庆—001 号信访件办理情况的报告
70	2017—09—11	庆元县人民政府关于丽环督信转〔2017〕09081101—庆—002 号信访件办理情况的报告
71	2017—09—11	庆元县人民政府关于丽环督信转〔2017〕09091101—庆—001 号信访件办理情况的报告
72	2017—09—12	庆元县人民政府关于丽环督信转〔2017〕09101101—庆—001 号信访件办理情况的报告
73	2017—09—12	庆元县人民政府关于丽环督信转〔2017〕09101101—庆—002 号信访件办理情况的报告
74	2017—09—12	庆元县人民政府关于丽环督信转〔2017〕09101101—庆—003 号信访件办理情况的报告
75	2017—09—13	庆元县人民政府关于丽环督信转〔2017〕09111101—庆—001 号信访件办理情况的报告
76	2017—09—14	庆元县人民政府关于要求申报国家级竹产业质量提升示范区的请示
77	2017—09—15	庆元县竹制品行业“机器换人”智能化改造示范试点申请报告

续表 8

庆政发文号	发文期	标题
78	2017—09—27	庆元县人民政府关于申请创建省级园林城市的请示
79	2017—09—27	庆元县人民政府　景宁畲族自治县人民政府关于庆景线行政区域界线联检情况的报告
80	2017—09—29	关于庆元县要求新增 2018 年度地方政府专项债券的报告
81	2017—09—11	庆元县人民政府关于《庆元县兰溪桥水库扩建工程建设征地移民安置规划大纲》移民意见征求情况的说明
82	2017—10—12	庆元县人民政府关于《庆元县人大常委会关于庆元县 2016 年度环境状况和环境保护目标完成情况报告的审议意见》整改落实的报告
83	2017—10—16	庆元县人民政府关于 2017 年度公共财政预算调整草案的报告
84	2017—10—16	庆元县人民政府关于庆元县 2017 年政府性投资建设项目资金预算的报告
85	2017—10—17	庆元县人民政府关于兰伶俐同志赴加拿大交流的请示
86	2017—10—18	关于上报庆元县隐性债务的消化计划
87	2017—10—27	庆元县人民政府关于要求审批《庆元县生态保护红线划定技术方案》的请示
88	2017—10—26	庆元县人民政府关于要求拆除县级文物保护单位孔庙配殿（东厢房）的请示
89	2017—10—27	庆元县人民政府关于要求审议《庆元县生态保护红线划定技术方案》的报告
90	2017—10—31	庆元县人民政府关于申请建立龙珠湾省级森林公园的请示
91	2017—11—01	庆元县人民政府关于要求将“森林生态效益补助资金”纳入经营性收入科目的请示
92	2017—11—15	庆元县人民政府关于庆元县兰溪桥水库扩建工程社会稳定风险评估审查意见的报告
93	2017—11—15	庆元县人民政府关于要求审核《庆元县兰溪桥水库扩建工程建设征地移民安置规划报告》的请示
94	2017—11—15	庆元县人民政府关于要求对我县开展浙江省基本实现教育现代化县进行督导评估的请示
95	2017—11—20	关于庆元县要求新增 2018 年度地方政府债券的报告
96	2017—11—21	庆元县人民政府关于申报浙江省产业创新服务综合体的请示
97	2017—11—22	庆元县人民政府关于 2016 年主要污染物总量减排工作自查情况的报告
98	2017—11—22	庆元县人民政府关于申报庆元县珍贵树种和大径材培育示范县项目的请示
99	2017—11—23	庆元县人民政府关于 2012 ～ 2016 年地质灾害防治资金管理使用情况专项审计调查整改落实情况的报告
100	2017—11—27	庆元县人民政府关于报送《庆元县土壤污染防治工作方案》备案的报告
101	2017—12—04	庆元县人民政府关于请求省级农产品质量安全县放心县创建验收的报告
102	2017—12—04	庆元县人民政府关于要求对庆元县农产品质量安全追溯体系建设进行验收的报告
103	2017—12—05	关于庆元县政府购买服务整改情况的报告
104	2017—12—05	庆元县人民政府关于全县 2016 年度财政预算执行及其他财政收支审计工作报告审议意见整改落实情况的报告
105	2017—12—07	庆元县人民政府法治政府建设（依法行政）工作报告
106	2017—12—11	庆元县人民政府关于要求调出补充耕地指标的请示
107	2018—04—12	庆元县人民政府关于丽环督信转〔2017〕12081101—庆—0036 号信访件办理情况的报告
108	2017—12—12	庆元县人民政府关于浙江省环保督察组交办丽环督信转〔2017〕12091101 —庆— 0055 号信访件调查处理报告
109	2017—12—12	庆元县人民政府关于浙江省环保督察组交办丽环督信转〔2017〕12091101—庆—0053 号信访件的调查处理报告
110	2018—01—25	庆元县人民政府关于浙江省环保督察组交办丽环督信转〔2017〕12101101—庆—0071 号信访件的调查处理报告
111	2017—12—14	庆元县人民政府关于浙江省环保督察组交办丽环督信转〔2017〕12111101—庆—0091 号信访件的调查处理报告
112	2017—12—14	庆元县人民政府关于浙江省环保督察组交办丽环督信转〔2017〕12121101—庆—0122 号信访件的调查处理报告
113	2017—12—14	庆元县人民政府关于浙江省环保督察组交办丽环督信转〔2017〕12141101—庆—0232 号信访件的调查处理报告

续表 8

庆政发文号	发文期	标题
114	2017—12—14	庆元县人民政府关于审计报告（丽审农报〔2017〕51 号）整改落实情况的报告
115	2017—12—14	庆元县人民政府关于庆元县民政局、移民办等部门向不符合条件人员发放补助资金问题整改落实情况的报告
116	2017—12—15	庆元县人民政府关于浙江省环保督察组交办丽环督信转〔2017〕12121101—庆—0119 号信访件的调查处理报告
117	2017—12—15	庆元县人民政府关于浙江省环保督察组交办丽环督信转〔2017〕12121101—庆—0110 号信访件的调查处理报告
118	2017—12—17	庆元县人民政府关于浙江省环保督察组交办丽环督信转〔2017〕12141101—庆—0208 号信访件的调查处理报告
119	2017—12—17	庆元县人民政府关于浙江省环保督察组交办丽环督信转〔2017〕12141101—庆—0225 号信访件的调查处理报告
120	2017—12—17	庆元县人民政府关于浙江省环保督察组交办丽环督信转〔2017〕12141101—庆—0214 号信访件的调查处理报告
121	2017—12—17	庆元县人民政府关于浙江省环保督察组交办丽环督信转〔2017〕12141101—庆—0194 号信访件的调查处理报告
122	2017—12—17	庆元县人民政府关于浙江省环保督察组交办丽环督信转〔2017〕12141101—庆—0189 号信访件的调查处理报告
123	2017—12—18	庆元县人民政府关于浙江省环保督察组交办丽环督信转〔2017〕12151101—庆—0247 号信访件的调查处理报告
124	2017—12—19	庆元县人民政府关于浙江省环保督察组交办丽环督信转〔2017〕12151101—庆—0282 号信访件的调查处理报告
125	2017—12—19	庆元县人民政府关于浙江省环保督察组交办丽环督信转〔2017〕12161101—庆—0309 号信访件的调查处理报告
126	2017—12—19	庆元县人民政府关于浙江省环保督察组交办丽环督信转〔2017〕12161101—庆—0313 号信访件的调查处理报告
127	2017—12—19	庆元县人民政府关于浙江省环保督察组交办丽环督信转〔2017〕12161101—庆—0310 号信访件的调查处理报告
128	2017—12—19	庆元县人民政府关于浙江省环保督察组交办丽环督信转〔2017〕12161101—庆—0312 号信访件的调查处理报告
129	2018—01—25	庆元县人民政府关于浙江省环保督察组交办丽环督信转〔2017〕12181101—庆—0365 号信访件的调查处理报告
130	2017—12—21	庆元县人民政府关于提请李乘任职的议案
131	2017—12—22	庆元县人民政府关于浙江省环保督察组交办丽环督信转〔2017〕12191101—庆—0417 号信访件的调查处理报告
132	2017—12—22	庆元县人民政府关于浙江省环保督察组交办丽环督信转〔2017〕12191101—庆—0411 号信访件的调查处理报告
133	2017—12—22	庆元县人民政府关于浙江省环保督察组交办丽环督信转〔2017〕12201101—庆—0442 号信访件的调查处理报告
134	2018—01—4	庆元县人民政府关于 2017 年度消防安全工作情况的报告

2017 年庆元县人民政府办公室文件一览表

表 9

庆政办发文号	发文日期	标题
1	2017—01—04	庆元县人民政府办公室关于成立庆元县 2017 年春运工作领导小组的通知
2	2017—01—09	庆元县人民政府办公室关于推荐评选县级先进工作生产者的通知

续表 9

庆政办发文号	发文日期	标题
3	2017—01—05	庆元县人民政府办公室关于调整庆元县出口铅笔质量安全示范区建设工作领导小组的通知
4	2017—01—09	关于上报2017年度新增建设用地项目储备库的通知
5	2017—01—11	庆元县人民政府办公室关于认真做好2017年春运工作的通知
6	2017—01—11	庆元县人民政府办公室关于进一步做好人感染H7N9禽流感疫情防控工作的紧急通知
7	2017—01—11	庆元县人民政府办公室关于成立庆元县企业信用信息公示工作领导小组的通知
8	2017—01—12	庆元县人民政府办公室关于成立庆元县省级农产品市场体系建设试点县工作领导小组的通知
9	2017—01—17	庆元县人民政府办公室关于印发庆元县企业信息公示工作实施意见（试行）的通知
10	2017—01—19	庆元县人民政府办公室关于成立浙江庆元农村商业银行股份有限公司筹建工作小组的通知
11	2017—01—20	庆元县人民政府办公室关于调整庆元县农业综合开发领导小组成员的通知
12	2017—01—22	庆元县人民政府办公室关于进一步加强社会应急联动工作的通知
13	2017—02—04	庆元县人民政府办公室关于加快推进城镇危旧住宅房屋治理改造工作的通知
14	2017—01—24	庆元县人民政府办公室关于开展2017年全民义务植树活动的通知
15	2017—01—24	庆元县人民政府办公室关于印发《庆元县小额项目简易发包实施办法》的通知
16	2017—01—24	关于组织开展“百名行长进千企”活动的通知
17	2017—02—03	庆元县人民政府办公室关于表彰2016年度先进工作者的通知
18	2017—02—07	庆元县人民政府办公室关于表彰2016年度地质灾害综合治理工作先进集体和个人的通知
19	2017—02—07	庆元县人民政府办公室关于表彰2016年度土地综合整治工作先进集体和个人的通知
20	2017—02—08	庆元县人民政府办公室关于成立庆元县“除隐患、保安全、促转型”治危拆违攻坚战行动工作领导小组的通知
21	2017—02—08	庆元县人民政府办公室关于印发庆元县“除隐患、保安全、促转型”治危拆违攻坚战行动方案的通知
22	2017—02—13	关于成立庆元县府院联动“僵尸企业”处置工作领导小组的通知
23	2017—02—13	庆元县人民政府办公室关于做好县级政府信息资源目录编制工作的通知
24	2017—02—16	庆元县人民政府办公室关于切实加强春季森林消防工作的紧急通知
25	2017—02—24	庆元县人民政府办公室关于做好2017年度绿化造林工作的通知
26	2017—03—02	关于开展庆元县“剿劣V类水·全民大会战”专项行动启动仪式的通知
27	2017—03—04	庆元县人民政府办公室关于成立庆元县散养生猪污染专项整治行动推进协调领导小组的通知
28	2017—03—05	庆元县人民政府办公室关于成立庆元县“丽水山耕”品牌建设和农产品旅游地商品包装设计工作领导小组的通知
29	2017—03—05	庆元县人民政府办公室关于印发庆元县深化散养生猪污染专项整治行动方案的通知
30	2017—03—07	庆元县人民政府办公室关于做好2016年政务公开年度报告工作的通知
31	2017—03—07	庆元县人民政府办公室关于调整庆元县防治动物疫病指挥部成员的通知
32	2017—03—07	庆元县人民政府办公室关于成立特别扶持财政专项激励资金竞争性分配工作领导小组办的通知
33	2017—03—08	庆元县人民政府办公室关于表彰2016年度森林消防工作先进单位和扑火队伍的通报
34	2017—03—10	庆元县人民政府办公室关于印发庆元县突发公共事件医疗救援应急预案的通知
35	2017—03—10	庆元县人民政府办公室关于印发庆元县突发公共卫生事件应急预案的通知
36	2017—03—13	庆元县人民政府办公室关于开展行政规范性文件定期清理工作的通知
37	2017—03—13	庆元县人民政府办公室关于印发庆元县基层综合性文化服务中心建设实施方案的通知
38	2017—03—14	庆元县人民政府办公室关于调整庆元县公共卫生工作委员会成员的通知
39	2017—03—15	庆元县人民政府办公室关于调整庆元县防治动物疫病指挥部成员的通知

续表 9

庆政办发文号	发文日期	标题
40	2017—03—15	庆元县人民政府办公室关于印发庆元县防汛防台抗旱应急预案的通知
41	2017—03—17	庆元县人民政府办公室关于印发庆元县“最多跑一次”专项行动工作方案的通知
42	2017—03—17	庆元县人民政府办公室关于成立庆元县土地整治项目联合评审工作小组的通知
43	2017—03—17	庆元县人民政府办公室关于成立庆元县“最多跑一次”专项行动领导小组的通知
44	2017—03—17	关于建立“治危拆违”和“环境整治”每月集中统一行动日宣传联络机制的通知
45	2017—03—17	庆元县人民政府办公室关于印发《庆元县创建浙江省食品安全县宣传工作方案》的通知
46	2017—03—20	庆元县人民政府办公室关于印发庆元县户口迁移暂行规定的通知
47	2017—03—20	庆元县人民政府办公室关于成立庆元县电子商务工作领导小组的通知
48	2017—03—21	庆元县人民政府办公室关于印发《庆元县城中村治危拆违、小城镇环境综合整治、“六边三化三美”沿线违章建筑“拔钉战”专项整治行动方案》的通知
49	2017—03—22	庆元县人民政府办公室关于建立县政府领导兼任教育特邀督学制度的通知
50	2017—03—28	庆元县人民政府办公室关于废止庆政办发〔2014〕81 号文件的通知
51	2017—04—05	庆元县人民政府办公室关于调整庆元县深化医药卫生体制改革领导小组成员的通知
52	2017—04—07	庆元县人民政府办公室关于成立庆元县课程改革工作领导小组的通知
53	2017—04—07	庆元县人民政府办公室关于切实做好汛期地质灾害防治工作的通知
54	2017—04—10	庆元县人大常委会办公室　庆元县人民政府办公室　庆元县政协办公室关于做好 2017 年人大代表建议和政协委员提案办理工作的通知
55	2017—04—10	庆元县人民政府办公室关于召开 2017 年人大代表建议和政协委员提案交办会议的通知
56	2017—04—12	庆元县人民政府办公室关于重新印发庆元县特种设备重特大事故应急预案的通知
57	2017—04—12	庆元县人民政府办公室关于做好“5.12”防空防灾警报试鸣的通知
58	2017—04—13	庆元县人民政府办公室关于印发《庆元县垦造耕地目标责任考核办法》的通知
59	2017—04—18	庆元县人民政府办公室关于印发庆元县散养生猪污染专项整治行动相关配套方案的通知
60	2017—04—18	庆元县人民政府办公室关于印发《庆元县全境剿灭劣 V 类水行动方案》的通知
61	2017—04—18	庆元县人民政府办公室关于批转庆元县突发性地质灾害应急预案的通知
62	2017—04—18	庆元县人民政府办公室关于批转庆元县 2017 年地质灾害防治方案的通知
63	2017—04—18	庆元县人民政府办公室关于 2017 年政府工作报告任务分解的通知
64	2017—04—19	庆元县人民政府办公室关于开展城乡住宅火灾隐患排查的紧急通知
65	2017—04—24	庆元县人民政府办公室关于调整县食品安全委员会成员的通知
66	2017—04—25	庆元县人民政府办公室关于建立庆元县重大项目谋划联席会议制度的通知
67	2017—04—25	庆元县人民政府办公室关于开展“干事创业开新篇”重点工程立功竞赛活动的通知
68	2017—04—25	庆元县人民政府办公室关于印发庆元县县级政府信息资源目录的通知
69	2017—04—26	庆元县人民政府办公室关于成立庆元县新能源汽车分时租赁项目工作协调小组的通知
70	2017—04—26	庆元县人民政府办公室关于表彰 2016 年度庆元县房屋与土地征收工作先进集体和先进个人的通报
71	2017—04—27	庆元县人民政府办公室关于调整庆元县公共机构节能工作领导小组的通知
72	2017—04—27	庆元县人民政府办公室关于印发庆元县新型职业农民认定管理办法（试行）的通知
73	2017—05—05	庆元县人民政府办公室关于印发《庆元县“十三五”低碳发展规划》的通知
74	2017—05—05	庆元县人民政府办公室关于成立“三抓三强”推进队伍建设工作领导小组的通知
75	2017—05—08	庆元县人民政府办公室关于印发《庆元县人民政府办公室政务信息目标管理考核办法（试行）》的通知
76	2017—08—04	庆元县人民政府办公室关于成立综合交通建设推进行动指挥部的通知
77	2017—05—15	庆元县人民政府办公室关于调整庆元县阳光招生工作领导小组成员名单的通知
78	2017—05—19	庆元县人民政府办公室关于成立庆元县实验林场“4・23”车辆伤害事故调查组的通知

续表 9

庆政办发文号	发文日期	标题
79	2017—05—19	庆元县人民政府办公室关于印发 2017 年度全县无偿献血计划的通知
80	2017—05—22	庆元县人民政府办公室关于印发庆元县竹制品质量提升行动方案的通知
81	2017—05—24	关于做好丽水市第四届运动会比赛组队参赛的通知
82	2017—05—31	庆元县人民政府办公室关于废止庆政办发〔2014〕110 号文件的通知
83	2017—07—18	庆元县人民政府办公室关于转发《浙江省人民政府办公厅关于加快推进“多证合一、一照一码”改革的通知》
84	2017—06—06	庆元县人民政府办公室关于转发《报送省政府审批的行政执法决定法制审核规程（试行）的通知》和《报送省政府审批的行政执法决定事项目录的通知》的通知
85	2017—06—07	庆元县人民政府办公室关于县十六届人大一次会议分代表团审议《政府工作报告》的意见和建议办理工作的通知
86	2017—06—08	庆元县人民政府办公室关于开展政务数据归集工作的通知
87	2017—06—09	庆元县人民政府办公室关于印发庆元县关于 2017 年度农林水产业发展扶持政策的若干意见的通知
88	2017—06—09	庆元县人民政府办公室关于转发《浙江省人民政府办公厅关于深化“先照后证”改革加强事中事后监管的实施意见》的通知
89	2017—06—12	庆元县人民政府办公室关于印发《庆元县旅游地接奖励办法》的通知
90	2017—06—12	庆元县人民政府办公室关于成立会溪仓储物流中心征收（收储）集中攻坚工作组的通知
91	2017—06—15	庆元县人民政府办公室关于调整庆元县 PPP 项目推进工作领导小组的通知
92	2017—06—20	庆元县人民政府办公室关于报送行政权力事项文件材料归档范围及保管期限的通知
93	2017—06—22	庆元县人民政府办公室关于调整庆元县农村土地承包经营权确权登记颁证工作领导小组的通知
94	2017—06—23	庆元县人民政府办公室关于表彰 2016 年度特别扶持工作先进集体和先进个人的通报
95	2017—06—23	庆元县人民政府办公室关于调整浙江庆元农村商业银行股份有限公司筹建工作小组的通知
96	2017—06—26	庆元县人民政府办公室关于成立庆元县天然气管道建设指挥部的通知
97	2017—06—26	庆元县人民政府办公室关于调整庆元县企业股改上市工作领导小组成员的通知
98	2017—06—27	庆元县人民政府办公室关于调整庆元县互联网金融专项整治工作领导小组成员的通知
99	2017—06—27	庆元县人民政府办公室关于调整庆元县银行业金融机构不良资产处置领导小组名单的通知
100	2017—06—29	关于印发《庆元县“最多跑一次”事项电子化归档管理工作实施方案》的通知
101	2017—06—29	关于调整庆元县全面推进依法行政工作领导小组的通知
102	2017—06—29	庆元县人民政府办公室关于印发 2017 年庆元县法治政府建设工作要点的通知
103	2017—07—03	庆元县人民政府办公室关于下达 2017 年度森林采伐限额的通知
104	2017—07—03	庆元县人民政府办公室关于印发庆元县房屋使用安全常态化网格化监管工作实施方案
105	2017—07—03	庆元县人民政府办公室关于印发庆元县矿山事故应急预案的通知
106	2017—07—03	庆元县人民政府办公室关于印发庆元县危险化学品安全综合治理实施方案的通知
107	2017—07—04	庆元县人民政府办公室关于印发庆元县城乡危险房屋应急处置预案的通知
108	2017—07—07	庆元县人民政府办公室关于调整庆元县“最多跑一次”改革领导小组成员的通知
109	2017—07—07	庆元县人民政府办公室关于开展“一把手”引领“最多跑一次”改革活动的通知
110	2017—07—07	庆元县人民政府办公室关于调整住房公积金缴存基数的通知
111	2017—07—07	庆元县人民政府办公室关于建立庆元县农产品质量安全联席会议制度的通知
112	2017—07—10	庆元县人民政府办公室关于印发 2017 年庆元县毛竹运材道建设补助办法的通知
113	2017—07—10	庆元县人民政府办公室关于调整庆元县网络与信息安全协调小组的通知
114	2017—07—10	庆元县人民政府办公室关于调整庆元县信息化工作领导小组的通知
115	2017—07—12	庆元县人民政府办公室关于调整农村客运发展工作领导小组成员的通知

续表 9

庆政办发文号	发文日期	标题
116	2017—07—12	庆元县人民政府办公室关于成立庆元县屋顶光伏项目建设工作小组的通知
117	2017—07—21	庆元县人民政府办公室关于印发 2017 年庆元县食用菌产业扶持政策的通知
118	2017—07—21	庆元县人民政府办公室关于印发庆元县住宅小区配套幼儿园建设和管理实施办法的通知
119	2017—07—24	庆元县人民政府办公室关于调整庆元县使用正版软件工作领导小组成员及部分成员单位工作职责的通知
120	2017—07—24	庆元县人民政府办公室关于组建农村交通安全劝导站建设的通知
121	2017—07—25	庆元县人民政府办公室关于印发《庆元县同心新村一期第二批次抽签大会方案》的通知
122	2017—07—26	庆元县人民政府办公室关于调整庆元县征兵工作领导小组成员的通知
123	2017—07—27	庆元县人民政府办公室关于进一步加强严重精神障碍患者服务管理工作的意见
124	2017—07—28	庆元县人民政府办公室关于转发县咨询委 2017 年调研课题安排的通知
125	2017—07—31	庆元县人民政府办公室关于印发庆元县 2017 年度房屋与土地征收工作考核细则的通知
126	2017—08—01	庆元县人民政府办公室关于印发庆元县突发公共事件新闻发布应急预案的通知
127	2017—08—01	庆元县人民政府办公室关于公布山塘、水库等水利工程的产权权利人和管理单位（管理责任主体）的通知
128	2017—08—04	庆元县人民政府办公室关于印发庆元县不动产登记服务中心主要职责内设机构和人员编制规定的通知
129	2017—08—07	庆元县人民政府办公室关于成立原庆元县建筑公司企业改制历史遗留问题处置工作领导小组的通知
130	2017—08—09	庆元县人民政府办公室关于印发庆元县创浙江省区域推进语言文字规范化县工作方案的通知
131	2017—08—11	庆元县人民政府办公室关于转发《浙江省人民政府办公厅关于印发浙江省电子政务视联网视频会议管理暂行办法的通知》
132	2017—08—16	庆元县人民政府办公室关于成立庆元县水利文化遗产普查工作领导小组的通知
133	2017—08—17	庆元县人民政府办公室关于调整庆元县省级农产品质量安全放心县创建工作领导小组的通知
134	2017—08—21	庆元县人民政府办公室关于成立农村宅基地及住房确权登记发证工作领导小组的通知
135	2017—08—21	庆元县人民政府办公室关于开展非法加油站点集中专项整治工作的通知
136	2017—08—23	庆元县人民政府办公室关于印发《庆元县房屋装修管理办法（试行）》的通知
137	2017—08—23	庆元县人民政府办公室关于全面实施“放心消费在庆元”行动的意见
138	2017—08—23	庆元县人民政府办公室关于建立消费者权益保护工作联席会议制度的通知
139	2017—08—23	庆元县人民政府办公室关于印发《庆元县小城镇环境综合整治行动项目建设和资金管理办法（试行）》的通知
140	2017—08—24	庆元县人民政府办公室关于调整庆元县农业龙头企业管理工作领导小组的通知
141	2017—08—25	庆元县人民政府办公室关于印发庆元县小型农田水利工程“先建后补”“建管一体化”管理办法的通知
142	2017—08—25	庆元县人民政府办公室关于成立庆元县第二次全国污染源普查工作领导小组的通知
143	2017—08—25	庆元县人民政府办公室关于转发丽水市重大植物疫情防控指挥部关于组织开展红火蚁专项紧急调查的通知的通知
144	2017—08—25	庆元县人民政府办公室关于成立庆元县社会组织清理整顿和规范管理工作领导小组的通知
145	2017—08—28	庆元县人民政府办公室关于保留、废止和修改县政府（办公室）及部门部分规范性文件的决定
146	2017—08—28	庆元县人民政府办公室关于印发《庆元县养老服务补贴制度实施细则》的通知
147	2017—09—04	庆元县人民政府办公室关于印发《庆元县“十三五”老龄事业发展规划》的通知

续表 9

庆政办发文号	发文日期	标题
148	2017—09—05	庆元县人民政府办公室关于调整庆元县府院联动“僵尸企业”处置工作领导小组的通知
149	2017—09—08	庆元县人民政府办公室关于成立庆元县社会保险监督委员会的通知
150	2017—09—08	庆元县人民政府办公室关于成立庆元县水利文化遗产普查工作领导小组的通知
151	2017—09—11	庆元县人民政府办公室关于调整庆元县农业龙头企业管理工作领导小组的通知
152	2017—09—14	庆元县人民政府办公室关于成立庆元县竹制品行业“机器换人”智能化改造工作推进领导小组的通知
153	2017—09—14	庆元县人民政府办公室转发《丽水市人民政府办公室关于明确市、县（市、区）两级安全生产监督管理部门作为行政执法机构的批复》的通知
154	2017—09—15	庆元县人民政府办公室关于调整庆元县安全生产委员会与专业安委会成员单位及组成人员的通知
155	2017—09—15	庆元县人民政府办公室关于印发《庆元县全面改造提升传统制造业实施方案（2017～2020年）》的通知
156	2017—09—15	庆元县人民政府办公室关于全县集中开展连片违法搭建厂房专项整治暨治危拆违和环境整治9月集中统一行动的通知
157	2017—09—15	庆元县人民政府办公室关于公布左溪一二级水库等水利工程放水预警方案的通知
158	2017—09—15	庆元县人民政府办公室关于印发庆元电子商务创业园运营考核奖励办法的通知
159	2017—09—19	庆元县人民政府办公室关于转发《浙江省房屋使用安全管理条例》的通知
160	2017—09—19	庆元县人民政府办公室关于成立2017年浙江省全民健身浙南片区运动会承办筹备工作领导小组的通知
161	2017—09—20	关于成立庆元县批发零售业改造提升试点工作领导小组的通知
162	2017—09—20	庆元县人民政府办公室关于印发《庆元县农村宅基地及住房确权登记工作实施方案》的通知
163	2017—09—25	庆元县人民政府办公室关于印发庆元县气象灾害应急预案的通知
164	2017—09—28	庆元县人民政府办公室关于成立浙江汇力建设有限公司“9·9”车辆伤害事故调查组的通知
165	2017—09—28	庆元县人民政府办公室关于印发庆元县土壤污染防治工作方案的通知
166	2017—09—29	庆元县人民政府办公室关于加强农村留守儿童关爱保护工作的实施意见
167	2017—10—10	庆元县人民政府办公室关于黄业霖等同志职务任免的通知
168	2017—10—10	庆元县人民政府办公室关于做好2017年11月浙江省学考选考工作的通知
169	2017—10—11	庆元县人民政府办公室关于印发《庆元县应对极端天气停课安排和误工处理实施意见（试行）》的通知
170	2017—10—11	庆元县人民政府办公室关于切实做好2017年度柑橘黄龙病防控工作的通知
171	2017—10—19	庆元县人民政府办公室关于公布第十批县级农业龙头企业评定结果的通知
172	2017—10—20	关于成立庆元县毛竹特色园农业综合开发项目建设工作领导小组的通知
173	2017—10—22	庆元县人民政府办公室关于建立庆元县打击经济犯罪联席会议制度的通知
174	2017—10—23	庆元县人民政府办公室关于进一步在办文办会程序中做好政务公开工作的通知
175	2017—10—25	庆元县人民政府办公室关于周杨等同志职务任免的通知
176	2017—10—30	庆元县人民政府办公室关于调整庆元县减轻农民负担工作领导小组成员的通知
177	2017—10—31	庆元县人民政府办公室关于印发《庆元县公共安全视频监控建设联网应用工作实施意见》的通知
178	2017—11—01	庆元县人民政府办公室关于印发《庆元县小微企业孵化基地项目招商方案》的通知
179	2017—11—02	庆元县人民政府办公室关于调整庆元县商品交易市场提升发展工作领导小组的通知
180	2017—11—03	庆元县人民政府办公室关于印发《庆元县毛竹特色园农业综合开发项目建设工作方案》的通知
181	2017—11—06	庆元县人民政府办公室关于公布2017年度庆元县气象灾害防御重点单位的通知

续表 9

庆政办发文号	发文日期	标题
182	2017—11—07	庆元县人民政府办公室关于转发《浙江省人民政府办公厅关于建立重点工作清单“执行台账”制度的通知》的通知
183	2017—11—07	庆元县人民政府办公室关于建立庆元县 2017 年度重大招商项目落地推进服务工作组的通知
184	2017—11—08	庆元县人民政府办公室关于建立庆元县申报浙江省产业创新服务综合体项目领导小组的通知
185	2017—11—08	庆元县人民政府办公室关于调整庆元县减轻企业负担领导小组成员的通知
186	2017—11—14	庆元县人民政府办公室关于开展基层治理综合信息指挥平台用户信息认证工作的通知
187	2017—11—17	庆元县人民政府办公室关于调整庆元县养老服务体系建设领导小组成员的通知
188	2017—11—17	庆元县人民政府办公室关于印发庆元县自然灾害救助应急预案的通知
189	2017—11—17	庆元县人民政府办公室关于印发庆元县开展“庆元无欠薪”行动实施方案的通知
190	2017—11—17	庆元县人民政府办公室关于调整城乡居民基本医疗保险筹资标准的通知
191	2017—11—17	庆元县人民政府办公室关于调整庆元县公共文化服务重点县建设工作领导小组的通知
192	2017—11—17	庆元县人民政府办公室关于印发《庆元县主城区禁止限制燃放烟花爆竹管理的实施方案》的通知
193	2017—11—20	关于对未开工大项目实行“一周一报”制度的通知
194	2017—11—20	庆元县人民政府办公室关于印发庆元县关于加强农产品质量安全监管工作意见的通知
195	2017—11—20	庆元县人民政府办公室关于印发 2017 年度庆元县招商引资（浙商回归）工作目标责任制考核办法的通知
196	2017—11—20	庆元县人民政府办公室关于印发庆元县公共文化服务重点县建设两年提升计划（2017 ～ 2019 年）的通知
197	2017—11—20	庆元县人民政府办公室关于印发《浙江久灵笔刷有限公司（原造纸厂区块）收储工作方案》的通知
198	2017—11—20	庆元县人民政府办公室关于印发《庆元县正邦工贸有限公司和刘启武等 5 户宿舍收储工作方案》的通知
199	2017—11—22	庆元县人民政府办公室关于印发庆元县农村宅基地及住房确权登记发证工作实施细则的通知
200	2017—11—22	庆元县人民政府办公室关于进一步要求规范工程项目发包规定的通知
201	2017—11—22	庆元县人民政府办公室关于要求进一步规范工程项目发包规定的通知
202	2017—11—22	庆元县人民政府办公室关于转发《丽水市人民政府办公室关于加快移动基站网络覆盖助推“丽水大花园”建设》的通知
203	2017—11—23	庆元县人民政府办公室关于成立庆元县毛竹特色园管理委员会的通知
204	2017—11—23	庆元县人民政府办公室关于印发庆元县较重特大生产安全事故应急救援预案的通知
205	2017—11—27	庆元县人民政府办公室关于调整庆元县质量强县工作领导小组的通知
206	2017—11—27	庆元县人民政府办公室关于建立“政府主导、铁塔主责”基站网络建设工作机制的通知
207	2017—11—27	庆元县人民政府办公室关于公布庆元县农村饮用水工程水源地名录的通知
208	2017—12—04	庆元县人民政府办公室关于建立庆元县国有土地使用权出让等工作联席会议制度的通知
209	2017—12—06	庆元县人民政府办公室关于《庆元县一体化投资项目在线审批监管平台（2.0 版）应用试点工作实施方案》的通知
210	2017—12—11	庆元县人民政府办公室关于设立庆元县全面实施标准化战略（绿色生态发展标准化示范创建）领导小组的通知
211	2017—12—12	庆元县人民政府办公室关于做好乡镇实施民生实事项目人大代表票决制工作的通知
212	2017—12—18	庆元县人民政府办公室关于印发《庆元县城市立面综合改造工作实施方案》的通知
213	2017—12—18	庆元县人民政府办公室关于转发《浙江省国土资源厅　浙江省住房和城乡建设厅关于优化企业投资项目规划选址、用地预审办理流程的实施意见》的通知

续表 9

庆政办发文号	发文日期	标题
214	2017—12—19	庆元县人民政府办公室关于成立庆元县行政复议体制改革领导小组的通知
215	2017—12—19	庆元县人民政府办公室关于调整庆元县水土保持委员会的通知
216	2017—12—20	庆元县人民政府办公室关于成立庆元县加快融资担保行业发展工作领导小组的通知
217	2017—12—20	庆元县人民政府办公室关于成立庆元县推进企业社会责任建设工作领导小组的通知
218	2017—12—20	庆元县人民政府办公室关于印发庆元县职业病防治规划（2018 ～ 2020 年）的通知
219	2017—12—21	庆元县人民政府办公室关于印发《浙江梦天木业有限公司厂区收储工作方案》的通知
220	2017—12—22	庆元县人民政府办公室关于成立庆元县全球重要农业文化遗产申报领导小组的通知
221	2017—12—25	庆元县人民政府办公室关于印发《2017 年庆元县推进企业社会责任建设工作实施方案》的通知
222	2017—12—25	庆元县人民政府办公室关于调整重大农业植物疫情防控指挥部成员的通知
223	2017—12—21	庆元县人民政府办公室关于印发庆元县畜牧业绿色发展三年行动方案的通知
224	2017—12—29	夭元县人民政府办公室关于吴静红等同志职务任免的通知
225	2017—12—28	庆元县人民政府办公室关于调整庆元县招商引资（浙商回归）工作委员会成员名单的通知
226	2017—12—29	庆元县人民政府办公室关于推荐评选县级先进工作生产者的通知
227	2017—12—29	庆元县人民政府办公室关于邱欣欣同志任职的通知
228	2018—01—03	庆元县人民政府办公室关于印发《2017 年今冬明春火灾防控工作方案》的通知
229	2018—01—05	庆元县人民政府办公室关于调整重大农业植物疫情防控指挥部成员的通知
230	2018—02—08	庆元县人民政府办公室关于印发《庆元县建设美丽“大花园”勇争最美“花骨朵”十大行动方案》的通知

庆元县经济社会发展主要指标一览表

表 10

指标名称	计量单位	2012 年	2013 年	2014 年	2015 年	2016 年	2017 年
一、人口、劳动力及土地面积							
年末总人口	万人	20.64	20.63	20.65	20.57	20.59	20.55
年出生人口	人	2929	2734	2398	2388	2115	2758
年死亡人口	人	1119	1367	1527	1372	1290	1885
年末总户数	万户	8.17	8.33	8.52	8.60	8.68	8.81
年末单位从业人员数	万人	0.96	0.93	0.99	1.08	1.10	1.10
城镇私营和个体从业人员	万人	1.48	1.71	1.89	1.93	3.60	3.76
年末城镇登记失业人员数	人	511	441	451	437	448	406
行政区域土地面积	平方公里	1898	1898	1898	1898	1898	1898
其中：建成区面积	平方公里	6.3	7.5	8.1	8.4	8.7	9
城市建设用地面积	平方公里	6.29	7.49	7.1	8.36	8.38	8.75
其中：居住用地面积	平方公里	2.33	2.43	2.57	2.65	2.65	2.69
公共设施用地面积	平方公里	0.28	0.3	0.33	0.35	0.35	0.91
工业用地面积	平方公里	1.15	1.93	2.17	2.23	2.24	2.39
二、综合经济							
（一）地区生产总值（当年价格）	万元	428718	482916	531480	570193	625263	662337
第一产业增加值	万元	65808	70691	74646	77578	79328	81320
第二产业增加值	万元	191296	213848	233027	240133	259714	253825
其中：工业增加值	万元	145224	166783	182940	186530	201399	187868

续表 10

指标名称	计量单位	2012 年	2013 年	2014 年	2015 年	2016 年	2017 年
第三产业增加值	万元	171614	198377	223807	252482	286221	327192
人均地区生产总值	元	30887	34956	38541	41423	45507	47943
人均生产总值增长率	%	12.0	11.1	9.4	8.9	8.0	7.0
（二）财政、金融、保险							
地方财政一般预算内收入	万元	21511	25130	30057	35508	39101	42048
地方财政一般预算内支出	万元	130442	163361	184677	241717	267383	317822
年末金融机构存款余额	万元	567601	656270	76648	901504	1029648	1113760
其中：城乡居民储蓄年末余额	万元	284317	326020	402845	483709	584052	661217
年末金融机构各项贷款余额	万元	452390	590296	738065	789357	837026	917614
三、农业							
香菇产量	吨	4243	4444	5067	4932	5549	5446
水果产量	吨	11236	11618	12014	13352	13521	14589
茶叶产量	吨	505	521	528	519	521	536
粮食产量	吨	60278	58538	58577	53181	49498	49714
水产品产量	吨	1138	1168	1125	675	739	782
四、工业							
全部工业总产值	万元	696629	850471	959046	1016588	1097692	—
工业企业数	个	54	63	67	69	68	53
工业总产值（当年价）	万元	442067	559275	959046	629180	676714	582469
从业人员年平均人数	万人	0.89	0.96	0.92	0.92	0.88	0.77
主营业务收入	万元	422471	526487	573704	590415	626215	527292
主营业务税金及附加	万元	2574	3732	3902	4213	3369	3143
本年应交增值税	万元	9811	13033	12577	12021	13741	12794
利润总额	万元	27460	30138	33257	32896	35958	39765
五、交通运输、邮电通信、能源电力							
民用汽车拥有量	辆	8893	10869	12652	14264	16890	19172
其中：私人汽车拥有量	辆	7319	9222	11141	12939	15644	15541
公路客运量	万人	213	214	167	147	130	102
公路货运量	万吨	310	311	340	292	251	259
境内公路里程	公里	1646.3	1496.8	1511	1525	1552	1579.9
年末邮政局（所）数	处	19	22	21	21	21	21
邮政业务收入	万元	1210	1349	1546	1488	2003	2363
电信业务收入	万元	8585	8991	8829	8646	9325	9895
本地电话年末用户数	万户	2.71	2.43	2.4	2.11	1.82	1.62
移动电话年末用户数	户	170467	173887	173700	181574	190494	171318
国际互联网用户数	户	21428	25320	28829	32708	38135	44426
全年用电量	万千瓦时	19751	22013	26033	27144	30038	35534
其中：工业用电	万千瓦时	9831	10995	13494	13664	14358	17527
城镇生活消费用电	万千瓦时	5600	6071	6595	6991	7801	8001
六、贸易、外经、旅游							
社会消费品零售总额	万元	194132	225719	254956	284797	320517	358144
限额以上批零贸易业商品销售总额	万元	11891	19963	117447	79430	101134	32109
进口额（海关数）	万美元	33	19	2	5	14	—
出口额（海关数）	万美元	5543	7564	8124	8732	9805	—
当年实际使用外资金额	万美元	250	300	650	850	850	—

续表 10

指标名称	计量单位	2012 年	2013 年	2014 年	2015 年	2016 年	2017 年
七、固定资产投资							
固定资产投资完成额	万元	280334	347105	412342	477585	535540	—
其中：房地产开发投资完成额	万元	8413	28511	55969	48691	27441	—
其中：住宅	万元	7217	8699	33913	15996	17422	—
商品房屋销售面积	万平方米	0.69	0.97	2.9	4.27	3.9	—
商品房屋销售额	万元	4211	22299	48867	67697	39711	—
八、文教、卫生、科技							
学校数							
中等职业技术学校	所	1	1	1	1	1	1
普通中学	所	9	9	10	10	10	10
小学	所	21	20	19	20	20	18
专任教师数							
中等职业技术学校	人	128	138	163	151	160	156
普通中学	人	597	597	611	638	666	674
小学	人	800	783	892	794	803	806
在校学生数							
中等职业技术学校	人	2169	2128	2002	1979	2001	1966
普通中学	万人	0.81	0.79	0.75	0.73	0.73	0.75
小学	万人	1.09	1.08	1.09	1.08	1.05	0.98
体育场馆数	个	1	1	1	1	1	1
剧场、影剧院数	个	-	1	2	2	2	2
公共图书馆图书总藏量	千册、件	81.8	96.4	105.44	114.44	124.26	106.3
医院、卫生院数	个	21	22	20	20	20	20
医院、卫生院床位数	张	462	465	420	619	595	648
医生数（执业医师＋执业助理医师）	人	385	370	400	410	406	437
九、人民生活							
在岗职工平均人数	万人	0.9	0.93	0.97	1.04	1.06	1.05
在岗职工工资总额	万元	50110	56291	65425	85101	92032	103709
城镇居民人均可支配收入	元	22669	25004	26224	28454	31243	33805
城镇居民人均消费支出	元	14257	15376	17495	19054	20591	21893
基本养老保险参保人数	人	29892	33644	39470	38048	46778	67946
基本医疗保险参保人数	人	185400	187734	189390	168063	163338	160381
失业保险参保人数	人	10653	5156	5896	6415	6908	7379
社会福利院数	个	8	7	7	10	11	—
社会福利院床位数	张	685	798	910	1198	1263	—
社区服务设施数	个	16	28	17	28	223	31
城镇居民最低生活保障线以下人数	人	407	392	287	334	348	312
十、社会治安							
交通事故死亡人数	人	11	11	11	6	7	6
刑事罪犯人数	人	172	233	243	276	309	173
十一、市政公用事业							
城市维护建设资金支出	万元	9090	11116	15525	19341	37225	31083
年末实有城市道路面积	万平方米	79	83.4	91	98.16	106.3	111.6
排水管道总长度	公里	44	48.5	57.5	88.32	101.12	129.45
供水综合生产能力（包括自备水源）	万吨/日	3	4	4	4	4	4

续表 10

指标名称	计量单位	2012 年	2013 年	2014 年	2015 年	2016 年	2017 年
供水总量	万吨	345	329	396	440	477	433
其中：居民家庭用水量	万吨	219	222	380	289	290	308
用水人口	万人	6.57	6.83	7.1	7.67	7.52	7.54
液化石油气供气总量	吨	765	786	864	949	1150	1307
其中：家庭用量	吨	750	770	847	931	1030	1046
用液化气人口	人	63700	66500	69900	76100	74800	75400
年末实有公共汽（电）车营运车辆数	辆	46	47	39	35	34	41
全年公共汽（电）车客运总量	万人次	287	292	313	276	315	319
年末实有出租汽车数	辆	26	25	26	26	26	26
园林绿地面积	公顷	151	161	182	213	298	331
其中：公共绿地面积	公顷	90	92	93	96	98	99
建成区绿化覆盖面积	公顷	150	190	228	254	314	348
十二、环境保护							
工业废水排放量	万吨	327	229	320	272	184	68
工业二氧化硫排放量	吨	652	559	553	553	389	183
工业二氧化硫产生量	吨	652	559	553	553	389	183
工业烟尘去除量	吨	967	2870	968	873	662	612
工业烟尘排放量	吨	2820	4213	2153	718	884	619
工业固体废物综合利用率	%	99.7	99.8	98.8	100	100	100
生活垃圾无害化处理率	%	99.23	99.49	99.7	100	100	100